『粵西府縣舊志叢書』整理編輯委員會

主　編：孫長軍

副主編：蔡　平（执行）　鄧　建　劉　剛

編　委：（以姓氏筆畫爲序）

李玉晶　沈曉梅　閆　勖　張蔚虹　彭潔瑩　董國華　趙永建　蔡　平

裴夢蘇　鄧　建　劉世傑　劉　剛　劉　嵐　閻懷蘭　鍾嘉芳

粤西府縣舊志叢書

孫長軍　主編

乾隆吴川縣志

（清）沈峻　修　林式中　纂

彭潔瑩　整理

暨南大學出版社
JINAN UNIVERSITY PRESS

中国·广州

『粤西府縣舊志叢書』總序

一、『粤西』所指及叢書範圍

『粤西』與『粤東』相對，本是一歷史地名。《中國歷史地名大辭典》：『粤西，指今廣西壯族自治區，為廣西之別稱，因位於古百越（粤）地西部而名。』『粤東，指今廣東省地，因位於古百越（粤）地東部而得名。』清人汪森所輯《粤西通載》一百三十卷（《粤西詩載》二十五卷，《粤西文載》七十五卷，《粤西叢載》三十卷），書名『粤西』即指今廣西。其《粤西詩載序》曰：『凡系粤西之事，形之詩與文者，抄撮成一編。』雖然其中所錄詩文的書寫並非盡為今廣西之事，以廣西視角的觀照是明確的。至民國陳柱編輯明末清初至民國十三年十四家詩，則皆為廣西人詩作。今人曾德珪所編《粤西詞載》網羅清宣統三年以前廣西歷代詞作而成。以上所稱『粤西』，均屬史的稱謂。即便是當代學者面對廣西的歷史文化問題研究，仍有以『粤西』名之者，胡大雷《粤西文化與中華文化研究·前言》說：『之所以稱粤西文化而不稱廣西文化，則是出於我們的研究比較多地是注重文化史研究的考慮。』明清時期的廣東，有『粤中」「粤東」之稱。清乾隆時期范端昂輯撰的《粤中見聞》，是一部以廣東風物為記述内容的筆記散文。乾隆時期順德人溫汝能纂輯《粤東詩海》，則以清代廣東省域為範圍，收錄廣東本土詩人之詩作。吴永光《粤東詩海·前言》指出清代廣東的政區範圍：「粤東，或稱東粤，以其地處古百粤之東，故有此稱。含今廣東省、海南省及廣西欽州地區。」

現代意義上的粤西，一般是地理、經濟、文化等的綜合指稱，包括湛江市、茂名市、陽江市、雲浮市及肇慶市和江門市的部分地區。《廣東省今古地名詞典》：「粤西，泛指廣東省西部地方，包括肇慶市、湛江市、茂名市及陽江市。」隨着改革開放四十年廣東經濟社會的發展，珠三角地區向外的逐漸輻射，粤西的指稱範圍相應地也在縮小，今通常指廣東西部四個地級市，即湛江、茂名、陽江、雲浮。四市於明清時期分屬於雷州府、高州府、肇慶府及羅定州，其中湛江市所轄地域在明清時期盡歸於高、雷二府，徐聞、海康、遂溪屬雷州府，廉江（石城）、吴川屬高州府。雷州府三縣位處雷州半島，是雷州文化孕育、發展的主體區域，與雷州府毗鄰的高州府是雷州文化的輻射區域。故將高、雷二府所包含的舊志作為「粤西府縣舊志叢書」整理的對象，叢書名稱中的「粤西」僅指今湛江、茂名二市。

粤西府縣舊志整理所依據的底本為《廣東歷代方志集成》之「雷州府部」「高州府部」所收編的舊志。「雷州府部」含本府縣舊志十一種，即《萬曆雷州府志》《康熙雷州府志》《嘉慶雷州府志》《康熙海康縣志》《嘉慶海康縣志》《民國海康縣志》《康熙遂溪縣志》《道光遂溪縣志》《康熙二十六年徐聞縣志》《康熙三十七年徐聞縣志》《宣統徐聞縣志》。「高州府部」含本府縣舊志三十五種，即《萬曆高州府志》《康熙高州府志》《乾隆高州府志》《道光高州府志》《光緒高州府志》《嘉慶茂名縣志》《光緒茂名縣志》《康熙二十六年茂名縣志》《康熙三十八年茂名縣志》《康熙十二年電白縣志》《康熙二十五年電白縣志》《道光電白縣志》《光緒電白縣志》《民國電白縣志稿》《康熙十三年信宜縣志》《康熙二十六年信宜縣志》《乾隆信宜縣志》《光緒信宜縣志》《康熙九年化州志》《康熙二十五年化州志》《乾隆化州志》《道光化州志》《光緒化州志》《康熙八年吳川縣志》《康熙二十六年吳川縣志》《雍正吳川縣志》《乾隆吳川縣志》《道光吳川縣志》《光緒吳川縣志》《康熙六年石城縣志》《康熙二十五年石城縣志》《康熙五十一年石城縣志》《嘉慶石城縣志》《光緒石城縣志》《民國石城縣志》。合高、雷府縣舊志總為四十六種，除其中少部分因版面字蹟漫滅不具備整理條件外，均納入叢書之内。

二、舊志整理——地域歷史文化研究的基礎工作

從人類發展史看，任何一個民族或族群，在求得自身生存、發展的歷史進程中，都必然依賴於某一特定的地理空間，在這一地理空間内繁衍生息，既接受大自然的賜予，適應特定的地理環境，又在一定程度上影響甚至改變着周圍的自然地理環境，這種雙向互動便産生各式各樣的、帶有人的影響印蹟的、物質性的或非物質性的形態，我們通常將這些形態稱作『文化』。一種生命體與其生存的環境發生互動是普遍存在的，並非僅有人類如此，但其他生命體與環境互動産生的結果都不能稱作『文化』，惟獨人與環

境互動的衍生物才是『文化』。或者也可以這樣説，『文化』是人類的特有屬性之一。這種對『文化』內涵所指的認定，是以人與自然的二元存在為觀照點的，更傾向於人的主體地位。常言道『一方水土養一方人』，這是立足於自然空間環境的説法，將人看作自然的一部分。因為一方水土並非只養一方人，還養育着這方水土上的其他生命體。一方水土上的人受一方水土的滋養，反過來一方水土也在一定程度上受到人的影響，這一方水土的人與這方水土的互動，便構成地方文化，或稱作區域文化。

中國幅員遼闊，民族衆多，各地有各地獨特的文化形態和文化生成脈絡。從較大地域空間而言，湛江地方特色文化屬嶺南文化的構成部分，而今廣東政區所屬又是嶺南文化孕育、生成、發展的最主要區域。在這一區域中，由於早期百越民族的外遷與不同歷史時期中原漢民族族群的南下，北方漢民族和嶺南百越民族或融合，或獨立發展，形成了多樣化的族群文化形態，這些不同形態的族群文化有着特定的存在空間，諸如廣府民系所代表的廣府文化主要分佈在珠三角地區、客家民系所代表的客家文化主要分佈在粵東北地區、潮汕民系所代表的潮汕文化主要分佈在粵東沿海的潮汕地區。今湛江政區所屬區域最具特色的文化形態被人們界定為『雷州文化』，而且『雷州文化』在一定話語層面被指稱為廣東四大地方文化板塊之一。然而，雷州文化是怎樣性質的地域文化，是否如同廣府文化、客家文化、潮汕文化一樣主要基於三大漢族族群稱謂的文化類型，哪些方面的特質決定了它可與其他三大文化形態並列指稱，都缺乏必要而有力的註腳，常常給人以比附甚至是『攀附』的印象。再者，長期以來，官方話語和學術話語中，提起湛江的地域文化，往往籠統地以『雷州文化』概之，這種觀念所帶來的結果，一方面造成更廣大社會層面人們的誤讀，以為湛江的歷史文化就是雷州文化，連帶而來的是吴川、廉江兩地對雷州文化的排斥；另一方面，從事湛江地域文化研究的學者，多重視和傾向於雷州文化研究，而忽略了不能納入雷州文化圈層的廉江和吴川的地域文化，造成湛江地域文化發掘和研究上的不平衡局面。

之所以形成湛江地域文化話語中的諸多疑問（爭議），不少專家學者或地方文化人參與研究與闡釋地域文化，卻似乎沒有誰能說得更明白，也沒有哪一家說得更令人信服。究其原因，最根本的是長期以來看似越來越多的地域文化研究成果，卻僅僅是對部分舊有史料的反復使用和轉抄，對這部分被人們用熟了的材料轉換視角進行再闡釋和再使用，其結果就是無論文章還是著作，都給人似曾相識感。地域文化研究，並非純屬學術層面的基礎研究，而是一種綜合研究，是基礎性研究、闡釋性研究、傳承性研究、創新性轉化的應用研究的綜合。當下的湛江地域文化研究，僅僅停留在文化現象的闡釋性研究層面，基礎性研究不夠，闡釋性研究是片面的、缺乏整體性和客觀性的；缺乏和忽視傳承性研究與創新轉化研究，則失去了闡釋性研究的存在意義和價值。在基礎性研究、闡釋性研究、傳承性研究、應用性研究這一綜合研究體系中，所有研究都必然是從基礎研究做起。對於湛江而言，頭等重要的基礎性研究課題便是要弄清楚今日湛江政區範圍内，在歷史時期留下了怎樣的文化遺產，包括物質性文化遺産和非物質性文化遺產。這裏談到的文化遺產，是指今天仍見在的文化遺產，需要政府部門進行頂層設計，整合人力、物力資源進行全面普查。這是一項非常浩大的文化建設工程，涉及人的生存發展所旁及的一切方面，即留下甚麽就調研甚麽，並搜集、記錄、闡釋甚麽，最終以文字或圖片的形式將其固定下來，從而成為本土文化傳承後世的文獻源。地域文化研究的另一項基礎性研究工作，是要弄清中外各類文獻（主要是指歷史時期的文獻遺存）中究竟有哪些關於今日湛江政區範圍內的各方面文獻記載與文字呈現，並將其中所有相關文獻全部編輯出來，這就是湛江地方文化研究的文獻集成工作，進而利用現代技術手段將集成性湛江歷史文獻數字化，建立湛江地域文化研究文獻資料庫，為未來湛江地域文化的綜合研究提供第一手資料。

由以上表述可知，湛江地域文化研究的步驟是由基礎性研究到闡釋性研究、傳承性研究、應用轉化性研究層遞推進的。基礎性研究為後續研究提供第一手可信度強的文獻資源；闡釋性研究是對個體文化形態的認知研究；傳承性研究是對優秀的物質性和非物質性文化遺產的生態保護和傳承，使之血脈不斷；應用轉化性研究是在客觀認知和呈現文化遺產的前提下，進行基於個體文化遺產的現代創新和轉化研究，即歷史文化遺產的市場化運作，進入文化產業發展層面。

湛江地域文化的基礎性研究，包括『湛江地域文化研究文獻集成與數字化』（湛江歷史文化研究文獻集成）和『湛江歷史文化遺產普查與數字化』兩大工程。粵西府縣舊志整理屬湛江地域歷史文化研究文獻集成的重要內容，也是最主要的部分。

三、舊志整理與區域文化研究的學科歸屬

區域歷史文化元素的發掘、整理、研究與傳承，前提是必須摸清特定區域內的歷史遺存，由歷史存在文化元素所屬的門類，結合現代學術研究的學科分類，提煉歸納出一個地方歷史文化研究方向。在物質性的歷史文化遺産中，紙質文獻相對是最豐富的，也是區域歷史文化研究最重要的依據。紙質文獻包括歷代地方舊志、方志以外歷代本土與外來人士的本土書寫、歷代地方譜類文獻、歷代地方碑刻、歷代正史及地理總志的本土史事人物載錄等。其中，歷代地方舊志能相對最全面、最集中、最細緻地呈現一地經濟社會發展狀況。故地方歷史文化研究理應從方志整理做起。

就今湛江政區而言，其涉及的府縣舊志，雷州府所屬《雷州府志》三部、《海康縣志》三部、《遂溪縣志》兩部、《徐聞縣志》三部，高州府所屬《高州府志》五部、《吴川縣志》六部、《石城縣志》六部。雷州府部全部十一種及高州府部吴川、石城二縣十二種，是湛江本土府縣舊志，高州府部中的五種《高州府志》載錄了吴川、石城史事，以上總計二十八種，是湛江歷史文化研究資料的直接來源。另外高州府所屬《茂名縣志》四部、《電白縣志》五部、《信宜縣志》四部、《化州志》五部，總十八種，是湛江歷史文化輻射最近區域遺存的志書。

今收編粤西高、雷二府舊志的大型叢書主要有三種：一是上海書店等三家出版社合作出版的《中國

地方志集成·廣東府縣志輯》；二是臺灣成文出版社所出《中國方志叢書》；三是嶺南美術出版社出版的《廣東歷代方志集成》。前二者體例相像，於每一府縣僅收編一種志書。如成文版《中國方志叢書》收編《萬曆雷州府志》《萬曆高州府志》《光緒吳川縣志》《民國石城縣志》《宣統徐聞縣志》《道光遂溪縣志》《康熙二十六年海康縣志》，大致均為一府一縣歷代志書中較有代表性或較為完善的一種。惟《廣東歷代方志集成》不擇巨細，收錄一府一縣傳世所有舊志，為舊志校勘和研究提供了極大的方便。以往湛江本土舊志整理已有部分成果，主要有劉世傑、彭潔瑩點校《萬曆雷州府志》，蔡平點校《道光遂溪縣志》，廉江市地方志辦公室點校《民國石城縣志》，廉江市志編纂委員會辦公室點校《光緒石城縣志》。上述數種舊志整理本，啓動整理方考慮到普及和方便使用，均採取簡體橫排形式。『粵西府縣舊志叢書』的整理編輯工作，對所有高、雷二府遺存府縣舊志進行全面整理，包括之前已經整理出版的部分舊志，採用繁體豎排形式，以更貼近古籍原貌。

提及地方歷史文化研究，人們想到的往往是一地之風俗、人物、民間藝術、獨特的景觀等，故常見的地方歷史文化研究成果大都呈現為幾個人物、幾種民俗、幾類藝術形式、幾處文化景觀的學術書寫或文化書寫。實際上，這與地方歷史文化元素發掘研究的要求是存在很大距離的。一地的歷史文化構成究竟有甚麼，在哪里，如何表述，最可靠的依據就是文獻的載錄。地方舊志是一地過去時代經濟社會發展狀況的真實記錄，是百科全書式的，它可成為地方歷史文化研究學科體系建構的重要依據。古代地方政區建置主要基於人口數量的盈縮、人口的民族構成而變化，政區沿革與歸屬的變遷是區域歷史文化研究的首要問題，它是地域文化得以孕生發展的地理空間。與區域政區沿革相伴的，是這一特定地理空間中人們賴以生存的自然環境，它包括陸海格局、氣候狀況、山川分佈等。舊志中的《縣圖》《圖經》《沿革》《星野》《氣候》《風候》《潮汐》《山川》等屬此，歸於歷史地理學的研究範疇。特定地理空間的物産是人們賴以生存的物質資源，保持物産充足和可持續發展，又需要相應的水利設施、防災減災設施建設，這就是舊志中呈現的《土産》《井泉》《陂塘》《堤岸》《珠海》《貨物》等門的記述，為地方農業史研究的資料來源。一方水土、一方物産養育一方人，從而形成特定地域的習俗，體現在舊志中即《習尚》《言語》《居處》《節序》等，是民俗學研究的對象。在『普天之下莫非王土，率土之濱莫非王臣』的時代，王朝必設官以分理天下，舊志中的《秩官》詳盡地載錄了一地各級官府的職官設置，是制度史研究的內容。『為官一方，造福於民』，歷來是王朝對地方官員的勸勉，也是方正官員的夙願。於民造福之事，體現在各種與民生相關的舉措中，舊志中《城池》《公署》《亭館》《坊表》《驛鋪》《橋渡》《塔宇》等相當於今之市政建設之屬，歸於《建置》一門。地方官員履行安民職事的同時，還須大力發展地方經濟，並代為王朝抽取，上繳賦稅，《戶役》或《食貨》揭示的是稅制問題，當為地方經濟史內容。經濟發展了，百姓安居樂業了，又需要對其施以教育，於是學校之建是必不可少的。舊志中的《學校》提供的是古代一地的教育史料。為確保一方平安，軍事防禦是必須的。粤西背山面海，既要防山賊，又須禦海寇，《兵防》門提供的是古代的軍事史料。舊志中佔很大篇幅的是人物，具體分為《名宦》《流寓》《鄉賢》《勳烈》《貞女》等，是一地人物研究的重要文獻。《藝文》通常居舊志文本之末，為本土或異地官宦、文士、鄉賢等對當地的詩文書寫，既是開發地方旅遊資源的重要文獻依據，更是書寫一地文學史的重要研究文本。仍有《古蹟》《寺觀》《名僧》《壇廟》等，反映了一地的民間信仰和宗教信仰，是地方宗教等問題研究的基本材料。

四、粵西府縣舊志整理的路徑

粵西高、雷二府舊志整理工作分為兩個階段：

第一階段是將四十六種府縣舊志中凡具備整理條件的全部整理出來，作為『粵西府縣舊志叢書』的構成；第二階段是以整理本為基礎，將其中史料按現代學科視角分門別類，進行分類資料彙編。

本叢書編訂屬方志文獻的集成性工作，是分類資料彙編和地方文獻資料庫建設的基礎，故對整理對象不分內容粗細、篇幅大小、前後承襲狀況，均加以整理。整理方式為只分段、斷句、標點，而不校勘，文字忠實於底本，對底本明顯錯漏之處，一仍其舊，並以頁下注形式標示。舊志的斷句、標點工作，先雷州府部，後高州府部，先今湛江政區所屬各地舊志，後今茂名政區所屬各地舊志。

各舊志體例大同小異，名目不同，內容相類。各卷次排列及其所屬各門順序，始於《輿圖》，終於《藝文》。這一體制特點為舊志文獻的分類彙編提供了方便。同一府、縣不同時期舊志，後代志書對於前代志書內容多為承襲，補入前代志書所未涉及時間斷限中的史料。有的舊志編纂向後延伸到民國，有的只是至清代的某一個時期，如《石城縣志》和《海康縣志》都延及民國，而《遂溪縣志》僅修至清道光朝。舊志修纂和傳世狀況直接決定了府、縣史料的系統與否。資料的分類彙編，是將府、縣舊志中某一類型文獻編輯成卷，如《湛江舊志教育史料彙編》《湛江舊志海洋史料彙編》《湛江舊志文學史料彙編》《湛江舊志民俗史料彙編》等，以此作為地方歷史文化研究的課題選項和深層研究的依據。

本叢書的整理出版，得到湛江市文廣新局、廣東海洋大學科技處的大力支持，雷州市地方志辦公室、遂溪縣地方志辦公室在文獻資料上的支持也保證了整理工作的順利展開，出版方暨南大學出版社將本叢書列入其重點出版項目，亦是對整理工作的極大鼓勵。各舊志整理工作主要由廣東省雷州文化研究基地人員承擔，在先期文字錄入過程中得到廣東海洋大學文學與新聞傳播學院的學生幫助，在後期定稿時的技術處理上得到不少有關專家的指導，在此一併致以謝意。限於各種因素，雖然我們堅持以嚴謹審慎的態度對待舊志文本，並盡最大可能避免錯漏和斷句、標點問題，但仍然會存在這樣或那樣的不盡如人意之處，敬希讀者不吝指教，以便日後完善補正。

蔡　平

二〇一八年九月

『粵西府縣舊志叢書』凡例

一、今粵西湛江、茂名二市政區所轄，自古代至一九四九年前編纂之府志、縣志之刊刻本、鈔本等，均為本叢書整理出版對象。一地而成於不同歷史時期之舊志，盡予收錄，以明當地之沿革變遷與志書承續之脈絡。

二、所錄志書不論容量大小，均按府、縣傳世志書獨立分卷。

三、各志書整理，概以尊重原著、保持原貌為原則；原書之題記、序跋、圖版、註釋、引文等，悉予保留；不得不刪減之重複者，保留原目，以明全貌；原書字蹟漫漶，缺損嚴重者，據本地其他志書同類內容補入，以求完備。

四、部分舊志目錄與正文有異，均按正文釐定。圖版按原書所在位置排列，不作另行調整。

五、整理者按現行現代漢語規範對原書文字進行標點，一般不分段，原則上不作校勘，不出校記。原文明顯錯訛者保持原貌，以頁下注形式予以說明。原文使用的避諱字或缺筆字徑改，異體字一般不改，俗字均改為通行的繁體字。

六、各書有版本不同者，均以工作底本為基準作文字對勘；遇有內容較大差異者，擇其要者於『前言』中交代。

七、標點者所撰『前言』，主要交代編修者、修纂過程、内容、該書重要價值、整理工作情況，以及其他必要的説明等。

八、叢書採用繁體字竪排，原書用於敬稱、謙稱時之特定格式，均予取消。

九、各舊志原書在序跋、凡例、目録等的順序上多有不同，本叢書均釐為統一格式。

十、各舊志整理本目録包括兩部分：一是叢書總序、叢書凡例、整理者前言；二是原書各構成要素。原書目録融入整理本目録中，不再重複。

前言

一

吳川偏居嶺南一隅，古為百越之地，其建置沿革，代有不同。在秦屬象郡，漢為合浦郡，魏晉六朝，吳川歷經高凉郡、高興郡、羅州的變遷，隋廢高興郡，吳川屬羅州。隋大業二年，併羅州入高州。唐屬高州。宋屬辯州，宋太平興國五年，改辯州為化州，吳川仍屬化州。元改化州為化州路。明改化州路為化州府。洪武八年，又復為化州，次年降化州為化縣，化縣與吳川縣併屬高州。洪武十四年，陞高州為府，吳川屬高州府。清沿明制，仍屬高州府。

吳川地處粤西海濱，屢受海盜、山賊、倭寇侵擾，城池屢易。在明人的記載中，甚至認為吳川是『海上一大聚落，名為縣實則鄙也』（樊玉衡《周志樊序》）。明成化十四年，嶺西分巡道僉事陶魯，增修吳川舊城，開設四門濬濠，陳白沙有記，故吳川是『有志不傳，即傳亦疏略』（樊玉衡《周志樊序》）。明萬曆二十八年，吳川知縣周應鰲歷盡艱辛，修成《吳川縣志》十卷。周志『考之詳，志之博』『凡吳之天經、地紀、風俗、山川，靡不周知』（黄若香《黄志原序》），為其作序者，除周應鰲外，尚有前監察御史編管雷陽樊玉衡；吳川舉人吳廷彦作跋，跋后附有編校者姓氏：縣丞李慎思，署教諭化州訓導張守約、訓導謝夢豹，邑人舉人吳廷彦，選貢李旻、韓悦思，生員吳夢顔、林學行、林仲輝、王蛟、林有譽、吳紹鄒、李勗、黄大擢、陳紹選、王貂、楊一英、李惟標、麥峻、李兆龍、吳光裕、陳帝詔、陳在宸、張元志分校。周志及具體卷目終毀於焦火，其序、跋文見于清代修撰的《吳川縣志》。周志雖没有流傳下來，但是對於吳川縣志的修纂，實有初創之功。

清代統治者出於鞏固其統治及體現其治下與隆盛治的需要，修纂《一統志》。而『《一統志》取材於省，省志取材於郡，郡志取材於邑』（沈峻《重修吳川縣志序》），邑志因合一方之風土人物，搜羅靡遺，是修纂各志的根本。因此，清代統治者非常重視並鼓勵各省、郡、縣、邑對志乘的修纂，以備《一統志》之採擇。清代地方官吏也毫不懈怠，把能否在任期内續修方志作為考察政績的標準。在這個背景下，清代《吳川縣志》的修纂相對完備，共修纂了六部，並且都保存了下來。

康熙時期，《吳川縣志》一共修纂了兩部。第一部是康熙八年文林郎知吳川縣事蜀閬黄若香修訂；儒學訓導穗城陳龍光校正；邑舉人吳士望、渭韜參訂；貢生吳夢伯、陳春第、龍正伸、林廼熠、吳鼎羹、梁挺秀、彭毓祥，廪生李孫虬、林間挺、吳遂、林震煜、吳仲超、林震乾分校。黄志肇始於康熙七年冬，康熙八年夏即告竣，共四卷，分别是卷之一：天經志、地紀志、王制志；卷之二：文教志、官師志、民事志；卷之三：人物志、武備志；卷之四：藝文志、雜志。修訂者黄若香非常謙虚地在自序中說，該志『首在丞民之瘼，其他廢興舉墜，存乎其人』（《黃志原序》），而繼任者王如恒則認為『其書詮次有體，捃摭不遺細微，於事無掛漏，於詞無浮誇，於義無偏駁，可謂備極三長，參酌允當，有裨治亂者也』（王如恒《黃志跋》）。除黃若香自序，高州府事蔣應泰、黃雲史分別為黃志作序，黃若香、邑舉人吴士望、吴川知縣王如恒分別作跋，黃志編校者姓氏，附於王如恒的跋中。

清代修訂的第二部《吴川縣志》，作於康熙二十六年，由知吴川縣事李球隨續修，儒學教諭郭斌、訓導廖緒耀參訂；貢生林廼熠、林間挺、李孫虬、林震煜、梁挺芳、吴仲超、林震乾，生員林魁英、李焫苞、林中松、吴匡世、吴士灝、李作舟、林魁彥、吴載錫、林其翰、林中檜、吴騰雲、李冲漢、吴觀韶、林其菱、林其芹、梁麗觀分校。李球隨在自序中說：『余奉命尹茲邦，覽邑志，即以十九載之闕畧為憾』（《李志原序》），由此，李志無論在體例、卷目還是内容都因襲黃志，僅僅增補從康熙八年到二十六年間人事之闕畧而已。

雍正九年，吴川縣令盛熙祚有感於李志修後距今已四十餘年，『其簡冊之存者亦無幾』，而力祛核實難、典雅難、秉直無諱難，『信者登之，疑者闕之，疑信半者，存其疑以俟後之人之考定之』（盛熙祚《盛志原序》），經營審度，縣志最終修成，知吴川縣事章國錄作跋；儒學教諭駱兆龍校正；訓導許紹中參訂；舉人林春澤、吴國倫，貢生林苑蘭、吴觀韶、林紫雲、林紫芝、麥崇先、楊志行、陳首魁、李亘、陳純修、吴飛雲、林傑、陳道源，廩生鄭良、黃華信、吴樹錦、林玉潤、麥國樹、陳玉表、吴位子、黃家漢、林榮、李培、吴國琰、李郁分校，這是清代修訂的第三部《吴川縣志》。

清代修訂的第四部《吳川縣志》為本志，即沈峻修纂的乾隆五十五年《吳川縣志》，後文詳敘。

三十五年之後的道光五年，縣令李高魁歷時兩年，在沈志的基礎上『增補闕略，闡發幽潛，備三十餘年之典故』，修成縣志，李志『一切義例，悉從舊本』，從而『補前人之闕略，以作一邑之實錄』（李高魁《道光吳川縣志序》）。《道光吳川縣志》由吳川縣知縣李高魁、儒學教諭歐陽禮、儒學訓導葉載文總理，庚寅辛卯副榜東安學教諭林泰雯主筆，舉人吳河光、李玉茗、吳懋基，貢生林德夫、陳國光、吳士奇修纂，廩生鄭宇榮、莫比道、黃元律、吳揮猷、李昌泗、陳秉文、林昌裘，生員黃偉光、黃崢、易河成、李偉光分輯，增生林居有督修，校閱者為廩生黃華、生員林蔚林。

清代最後一部《吳川縣志》修訂于光緒十四年，毛昌善修，陳蘭彬纂，參與修纂者有舉人李文泰、貢生吳宣崇，由新寧縣教諭軍人陳廷秀、四會縣訓導舉人李若金、揀選知縣舉人林翰賢、孫光前、提舉銜恩貢生林詒熏、拔貢生吳士彬、副貢生陳嵩良、拔貢生林晉堃、林景瀾分纂，由林詒炘、鄭僑勳編輯，陳嵩梅等二十五人採訪，陳文錦繪圖。光緒《吳川縣志》的體例以阮元修於道光二年的《廣東通志》為本，畧有變通，共分為六門十卷：『曰地輿、曰建置、曰經政、曰職官、曰人物、曰記述，而分為子目則四十有三。』毛昌善對於該志，還是頗為自信的，認為『事紀必徵諸書，地里必驗諸目，詳而勿畧，核而勿浮。偽者辨之，訛者正之，冗者刪之，疏者補之，不濫襲舊志浮文而務得考古驗今之實』（毛昌善《重修吳川縣志序》）。可以說，光緒《吳川縣志》在諸舊志中史料最為詳細備至。

二

本次整理本《乾隆吳川縣志》所據底本，為嶺南美術出版社二〇〇九年出版的《廣東歷代方志集成》叢書，該叢書由廣東省地方史志辦公室輯。《乾隆吳川縣志》收錄在叢書的『高州府部』之二，為乾隆五十五年刻本，據故宮珍本叢刊影印。《乾隆吳川縣志》是清代修訂的第四部縣志，完成于乾隆五十五年，距上一部《雍正吳川縣志》六十餘年，由吳川縣知縣沈峻、儒學教諭歐陽梧、儒學訓導黎秀總理，進士陳聖宗，舉人陳張元、陳璋潤、李元琳，貢生林式中、莫鴻、易方澍、林泰雯、林懋修、李上猷修纂，庠生林紀蘊等十二人分輯，由監生吳泰周、生員黃武才校閱，福建澎湖協副將潘韜、候銓衛千總黃翼夫、候銓縣丞李超桐監刻，莫李秀校字，修纂者沈峻自序，書後有歲貢生林式中作跋。乾隆本把之前歷代《吳川縣志》序跋都收錄其中，共十四篇，包括已佚明萬曆本舊志及乾隆本序跋。

《乾隆吳川縣志》的體例，依循盛熙祚的雍正本《吳川縣志》。乾隆本認為，舊志各以類從，從天經、地志、王制、文教、宦師、民事、人物、武備、藝文直到雜志，區為十卷，未免繁簡懸殊。而雍正本盛志根據舊志條目而調整先後次序，使各卷帙停勻，便於觀覽。由此，乾隆本依循盛志，分為十卷，卷之一為輿圖、建置沿革、疆域、星野、氣候；卷之二為山川、城池、坊都、里甲、戶口、賦役、屯田、鹽課、津梁、水利、郵傳、恤政；卷之三為學校、祀典、官署；卷之四為壇廟、坊表、古蹟、塋墓、風俗、土產；卷之五為職官、名宦；卷之六為武備、武職；卷之七為選舉、貤封、流寓；卷之八為人物、節婦；卷之九為事蹟紀年；卷之十為藝文。值得一提的是，《乾隆吳川縣志》之後《道光吳川縣志》的體例，亦沿襲乾隆本，也就是說，雍正本、乾隆本、道光本《吳川縣志》的體例，都是一致的。

乾隆本認為，作志通弊，往往在於竄易前人之舊，以示更新，然而容易導致新者日增，故者日削，數易之後，遂至湮没不傳，這令修纂者沈峻扼腕不已。故而乾隆本的處理是，對於舊志所載有可疑之處，考《通志》《郡志》相符，則存而不論。

沈峻認為德行為本，文藝為末，故邑人有一二事質之聖賢而無愧，即可以表異於當時而垂美於後世，故卷之八記載人物、節婦以表德行，彰名教。卷之八所紀自宋至明『人物』三十四人，清一百一十一人。『節婦』，明代九人，清九十一人。這些『人物』『節婦』，或孝行動天，或忠誠衛國，或義薄雲天，或矢志苦節，或堅貞孝慈，以顯示吳川雖海之一隅，其士女咸知重德行，崇名教。而作者廣為搜採，悉以載錄，為的是使德教益以昌明，風俗更加淳美。

《乾隆吳川縣志》卷之九為『事蹟紀年』，以編年體記載從明洪武始，自清乾隆五十五年，一邑中四百二十餘年之祥異事。作者的目的雖在於『令後之官於茲土，暨鄉先生之留心掌故者，續續書之則，凡事之有關於政治得失，天時人事之故者，咸信而有徵，即為異時志乘張本』，然而卷中所紀吳川自明洪武至清乾隆五十六年這四百多年的日食、地震、颶風、電閃雷鳴、雨澇旱災等諸多『災異』事，事實上是非常豐富的氣候水文資料，為今人了解明清時期吳川的氣候天文情況，留下珍貴資料，具有研究價值。

總而言之，沈峻修纂的《乾隆吳川縣志》，從經世致用功能，備国史取材、有益於後之政教者的原則出發，記載了吳川古代至清乾隆五十五年間之事，舉凡吳川之輿圖地理、建置沿革、氣候風俗、地方物產、山川津梁、職官設置、戶口賦役、兵房雜差、古蹟墓塚、名宦鄉賢、節婦烈女、賦表藝文、災異祥瑞，林林總總，內容豐富，數據準確，史料翔實，信而有徵，具研究價值。《乾隆吳川縣志》無論是敘事還是記人，皆秉承醇正的儒家思想，頌揚忠誠衛國的志士仁人，公正廉明的地方官吏，堅貞孝慈的節婦烈女，造福一方的名宦鄉賢，作者通過為他們立傳樹碑，對吳川這遠離中原文化的僻陋海濱之城德教風俗的重塑，極具表彰倡導作用。《乾隆吳川縣志》在體例上承襲《雍正吳川縣志》，雖沒有創新之舉，然中規中矩，在文獻不足的情况下，沈峻在任吳川縣令第四年即組織邑中之縉紳耆宿，『周爰咨詢，務核其實，秉直以書』（林式中《重修吳川縣志跋》），重補六十年之缺，對後之《道光吳川縣志》，亦有承前啓後之功。

沈峻，直隸天津人，甲午副榜教習，曾以明經謁選居京師，乾隆五十二年丁未六月任吳川知縣。沈峻主政吳川第二年，即同合邑紳士耆老捐貲修復乾隆四十八年六月二十四日因颶風大雨而坍塌的吳川城女墻，加固各城門、更房，又在北門外三元宫左修建了龍神廟。乾隆五十四年，吳川多颶風急雨，沈峻再同紳士捐題修城。乾隆五十五年，沈峻捐俸重建因颶風傾圮已五載的邑學明倫堂，使邑中士子求學問道不再受淒風寒雨之苦。同年，沈峻又在官署增建二堂捲篷一座，花廳前小亭一座。除主持修纂《乾隆吳川縣志》，並為之作《重修吳川縣志序》外，沈峻的詩文尚有《重修吳川學明倫堂記》《吳川八景詩八首》《硇洲》《題林世禄之妻麥氏節孝》，均載於《乾隆吴川縣志》卷之十『藝文』。

林式中，吴川人，乾隆年間歲貢生，生平事蹟不詳。乾隆《吴川縣志》卷之七『選舉』有傳其名，除參與修纂《乾隆吴川縣志》，並為之撰寫《重修吴川縣志跋》外，卷之十『藝文』亦載其詩《八景之四》。

彭潔瑩

二〇一八年九月

目録

重修吳川縣志序

志與史異乎？載人文、紀風俗與夫山川物宜、古今因革之事，未嘗異也。然則將毋同乎？曰：不同。史以別善惡、寓褒貶，如馬遷傳《貨殖》《遊俠》《酷吏》，班固傳《佞幸》《外戚》是也。夫志則善善從長而已，且其體裁不一。史則綜貫成章，志則條分縷析。總之，覘是邦之文獻，則又無不同也。今天子纂修《一統志》，頒發宇內。蓋《一統志》取材於省，省志取材於郡，郡志取材於邑，邑志非其根抵歟？余令吳川四載，行其野則民願士秀，登其堂則賦少訟稀。因以暇日，謀之縉紳耆宿，重補六十年之缺。庶幾善善從長，與都人士共勉焉，如謂以史才自居，烏乎敢！時乾隆五十五年，歲次庚戌仲冬月，津門沈峻撰。

總理：

吳川縣知縣沈峻　直隸天津縣人，副榜。

吳川縣儒學教諭歐陽梧　廣東保昌縣人，舉人。

吳川縣儒學訓導黎秀　廣東欽州人，歲貢。

纂修：

進士陳聖宗　任惠州府教授。

舉人陳張元　陳璋潤　李元琳

貢生林式中　莫鴻　易方澍　林泰雯　林懋修　李上猷

分輯：

廩生林紀蘊　吳駿基　房貴綏

生員林鵬翀　李政　林懋昭　李玉芳　黃天佐　林日暄　李玉華　吳宜中　楊祖期

校閱：

監生吳泰周

生員黃武才

監刻：
福建澎湖協副將潘韜
候銓衛千總黃翼夫
候銓縣丞李超桐
莫李秀校字

周志原序

不佞往起家縣令，謬推擇郎吏部，愚不任毀以波及，外補吳川。吳川不當囊所筮丹陽、吳什一，而故斗大海，絶远高凉，俗輕剽椎埋，民不知有官吏，各以意自爲法，上下羯狭，雖邑自隋以來列職方乎，然固初縣也。予不佞，罔敢鄙彝。初視之，以丹陽、吳從事。比三年，而廢頗興、墮頗舉、奸宄頗戢，人民頗漸興起，以得肩於電、茂、石、信間，率及考績以稱。一日，吏民上顧電、茂、石、信各有志，而邑獨無，問求之故，府佚久矣。於是不佞復志其椎，手自拮据，始星野，終災祥，凡十卷，將付剞劂，乃作而言。世稱州縣吏徒勞無爲者，顧予嘗三爲令，而今乃知爲之不易也夫。丹陽、吳劇矣，品式具而難爲守；吳川眇矣，法紀疎而難爲創。予以丹陽之治治吳，合者什八；以丹陽、吳之治治吳川，離者十九。因其離而任之，則不勝弛；求其合而強之，則不勝張。將以守爲創，則紛更之患作；抑以創爲守，則因循之弊滋。譬之奕然，局屢變而法不必同；譬之醫然，症相疑而方不可執。要於風俗自移，而耳目無駭焉耳矣！予不佞，其何狀及此？顧常一不勝而股幾折，其能無志於斯乎！兹志亦所以爲志也，上自天經地紀，下及人民物産，一切掌故之舊而惟利害興除，所有志焉而未之逮者，稍稍附見其間。世不察其以予不佞爲自功而多之乎哉，則過矣。雖然，椎輪非大輅之質，而輿衛生焉；蕢桴非蕭箾之其於響，而均度出焉。斧衮始於疏練，傾宫肇於巢枝。後有作者，不以予不佞之無當，而緣飾潤色之，而託於吳川尚庶幾乎。惟實與一二有藉焉，予不佞，其又何敢避不作而辭不文爲？若曰彈邑無所事事，而必以翰墨爲勳績也？非予志也已。時萬曆庚子歲筆札以文其寂而掩其陋，則偏記短部，何幽暇蔑有，孟夏，江右吉州周應鰲如春父譔。

周志樊序

吳川距海不二里，故未有城。城之自成化戊戌陶公魯爲植，陳白沙先生記之，而故有志不傳，即傳當亦疎畧牴牾，於後何觀？志之自今勳部泰和周侯。侯故革除純臣文烈公是修之仍孫，生穎異，有祖風，弱冠舉其鄉，乙酉丙戌即成進士，筮令丹陽。丹陽于天下爲劇，侯治之，若習于丹陽也者。未期年，以最調吳縣，吳視丹陽更爲劇，侯治之，又若習于吳也者。于是海内嘖嘖推侯治平第一，積薦剡至數十餘，首薦至十餘，而入郎吏部司勳。無何，以事波及，中含沙之口，竟補外。侯杜德山澤五載，迫太夫人命，起就選，又得吳川。吳山〔一〕，海上一大聚落耳，名爲縣，實則鄙也，視吳、丹陽不啻百一。而顧賦未有程，役未有經，奸宄未有禁，寇賊未有防，商賈未有歸，譽髦之士未有造，其視吳、丹陽亦不啻什一。乃侯不以鄙視吳川，而以吳、丹陽視吳川，宵治簿書，訓其子伊吳至丙夜，日晏坐堂，皇吏捧牘，貫魚進食，頃罷兩造，片言立就。剖邑中無聲，四境稱爲，道不拾遺，諸所杷梳劘剔，一無吳川以前數千百年之所有，而其大指在興學育才，亟得人。爲縣官，用如學田、文峯塔、江陽書院之類，成不淹月

〔一〕吳山，應爲吳川之誤。

而人不告勞，則又一有吳川以後數百年之所無。侯之於吳川亦以勤矣，政成行報，最朝夕待遷，而猶手自削牘，勒成斯志，凡十卷。予不佞，適放海上，嘗僂行訪侯，侯介其邑人都閫錢君海、孝廉吳君廷彥，諸生吳子夢顏、林子學行，懋績嚴然，問序不佞。不佞曰：爾君侯既已舉吳川，而卓魯之矣，其又將卓魯後之爲吳川者於無窮哉。夫法施於一邑易，使人人師吾法難；被澤於一時易，使世世溉吾澤難。楚子文三仕爲令尹，而舊政必以告新，夫子忠之，蓋其所存者，卓也。顧子文能告於新之所及，而不能告於新之所不及，君子猶遺憾焉。今侯既以身闢吳川，而又手創斯志，以爲所不知之，後令告其爲子文，不既大乎。藉令夫子而在，即以仁許侯可也。吳川國於天地，而自侯始有立，與始有傳陶之築、陳之記，於茲志三矣。予往歲侍殿中，與聞侯吳、丹陽之政而茲，且行墟里中，目擊侯於吳川愈益甚，故不辭而樂爲之序。其有以吳、丹陽之舊一二附者，非以駢枝。侯要於嗣侯而卓魯者有厚望焉。雖然，非故侯意也，二君子與諸生意也。時萬曆庚子歲孟夏，賜癸未進士第，前監察御史編管雷陽黄岡樊玉衡序。

黄志原序

志吴志者誰？廬陵周公應鰲也。公飲吴水者三年，吏行冰上，人在鏡中，凡吴之天經、地紀、風俗、山川，靡不周知，宜乎其考之詳，而志之博已夫。何癸巳之役，祝融爲難，遂失其傳。邑子彭生毓詳始以藏編示余曰：此吴初志也，俟其緣故而鼎新與？予謝不敏。彭子同孝廉吴君士望，明經吴君夢伯、陳君春第、林君乃廼熖、吴君鼎羹、龍君正伸、梁君挺秀，黌士李孫虯、林間挺、林玉瑩、吴遂、林震煜、吴仲超，額手于余曰：吴陽雖陋，列于職方，吾侯奉揚聖天子休命，尹兹海邦社稷，人民尚其邀惠，不靳筆削以爲邑乘，光吴民且世世化于鼉玉焉。予又謝曰不敏。雖然亦既飲吴之水矣，周公之澤，去今二世。考其遺跡，靡不具舉。獨是剔蠹賦役利弊，纖悉有造于吴，今昔不同，沿革遞變，凡可舉行，不憚何規晉守焉。他如里役絲棼，杼柚已竭，一切裁省，大率以便民爲第一。夫民爲邦本，本固邦寧，如徒此利彼病，漠不關心，則以秦越人肥瘠視吴民也，胡志之修？況我皇上冲睿，柄政日昃，不遑兢兢於天心補救，專務愛民以迎天庥。文武諸太吏，尤急急於子惠兆民，惟恐旦夕之不即安衽席。今日之志，首在烝民之瘼矣，其他廢興舉墜，存乎其人。予不敢必惟有心周公之心，志周公之志，與二三君子，損益變通而謀籌剞劂焉耳，如其執是而課魯山中牟之績，知經而不知權，知常而不知變者也。變通宜民之術，端有賴於後之繼守是邦者。時康熙歲在己酉仲夏，上浣之吉，文林郎知吳川縣事蜀閬黄若香碧生甫書於靜山堂。

黄志蔣序

古稱三不朽業，功、德外，立言尚矣。學士大人服官蒞政，興利祛弊，不能取舊章而釐正潤色之於治道，奚裨增修郡志。予爲先六屬而總緝也，付鐫肇戊申冬，越春夏告峻。聿觀厥成，均有望古遥集先民是式之思。一日，吳川黄令持縣志請序曰：郡志成矣，如邑乘何？職責也。若網在綱，有條不紊。大綱舉而節目未張，是何異於觀海若而罔溯百川也。余曰：嘻！志異從同，志分從合。郡縣雖别，而同條共貫，流源歸一也。先是吳川海上一大聚落也，未城，城之成化戊戌中，陶之築、陳之記，有志不傳。繼萬曆庚子，周令聿新厥志而爲三，嗚呼都哉。莫爲之先，雖美弗新；莫爲之後，雖盛弗傳。周後七十年來，邑志一散于鼎革，再佚于遷析，不有纂輯其人，光贊前烈，徵論大者，天經地紀諸彙，無由衷次。而人物風土節槩無由悉，而文獻不足，邑非其邑，氣運隨之滋薄。善作不必善成，統將安歸。兹志成而補偏救敝，古道猶存，人心風俗，當不與世道而俱湮，識者知邑將興也。立言爲不朽業，郡志得，吳志而益彰矣。時康熙八年己酉仲夏，中憲大夫知高州府事古燕蔣應泰譔。

黄志黄序

吴川舊雖有志而弗傳，傳之自萬曆庚子周侯始，樊公玉衡序之詳矣。夫高州一郡，在幅員之内，不幾斗大，而吴川居六之一，其爲寬廣，又何如哉。周侯兩試繁劇，入居勳部，出宰斯邑，宜其綽有餘裕而爲是舉也。侯以後迄今復六七十年，其間饑饉洊及，兵燹頻仍，且屢屢矣。雞犬人民，罹于喪亂，城頭屋角，披自荆榛，又何有於志。當今承平日久，百廢具舉，既有作於前，必有繼其後。黄令手輯是編，此蓋不容或緩者，書成於己酉夏月，迨壬子冬。今上因輔臣請搜羣籍，用昭一統，命各省、郡、縣增修乘志，以備採擇。令猶懼前此之未盡周詳，不足以應也。重加校讐，略者補之，疑者闕之。嗟乎！吴川一志，雖肇自周侯，不幾泯滅。今博求聞見，廣詢都人，緣求鼎新，既昭文獻于足徵矣，而又自周侯以後，增綴其六七十年間事，豈易言哉。此令所以鄭重而再三竄易歟。兹且繕寫一冊，前質於予，予因拜手颺言曰：方今四海九州，罔有内外，率主率臣，教化行而刑罰措，禮樂興而政事舉。雍雍在上，肅肅在下，何莫非唐虞之致治乎！紀事有史，山川有籍。紀事之書，史官掌之；山川版籍，隸於大司徒，專其職守。伏覩我皇上大寶初授，遂命臣工纂修實錄，典禮告成，藏諸内府矣。惟是編年紀善之書，以垂奕世，而共千載。其京畿以外，金湯以內，山川形勢，土俗民風，行將彙爲一書，儲之外府，以宏觀覽。則吳川雖蕞爾一邑，苟非志載修明，亦烏以備纂裁而垂永遠哉。此令之所以重有是役也。雖然，惟書有曰：惟乃知民德，亦罔不能厥初，惟其終。祇若茲，往敬用治。余竊爲令誦之。時康熙十二年，歲次癸丑仲春，知高州府事昆陵黃雲史譔。

李志原序

邑乘將以垂遠也，然有所作於前，不可無所繼於後。苟年遠而不修，則事蹟失編。豈惟無以昭文獻之徵，而亦何以備朝廷典籍之儲乎？吳陽舊有志，弗傳。傳于前蒞吳之泰和周侯，後六七十年，蜀閬黄君令茲土而重修之。是二公者，一以創始爲功，一以增修爲任，固彰彰哉。自今遡黄君所修目，尚未及黄與周相距年數之半，而其間時日遞更，亦幾二十載，詎無逸事？矧聖天子撫有萬方，用昭一統，彙羣志以備採擇，而不可復爲增綴耶。余奉命尹茲邦，覽邑志，即以十九載之闕畧爲憾，作竊比黄君之想，而時以簿書未遑付諸邑之賢紳士共成之。屈指計，客歲孟冬，迄今半載，間未敢云撫字心勞而催科實拙，國賦攸關，焦思何限。未獲片晷，把筆手爲編輯，不亦有愧黄君耶？是用以爲弁言。時康熙丁卯歲孟夏之吉，知吳川縣事洺州李球隨循齋甫譔。

儒學教諭仙城郭斌憲邦甫

訓導辛山廖緒耀牧受甫參訂

貢生林廼熠山宗

林間挺篤生

李孫虬猶龍
林震煜肅子
梁挺芳亶佳
吳仲超邵倫
林震乾健子
生員林魁英　李芍苞
林中松　吳匡世
吳士灝　李作舟
林魁彦　吳載錫
林其翰　林中檜
吳騰雲　李冲漢
吳觀韶　林其菱
林其芹　梁麗觀分校

盛志原序

邑之志猶古列國之史，尚矣。三代以上，建侯開國，不過百里。吴川雖蕞爾，寧不得比於子男之國乎？由此言之，志之作也，亦綦重矣。吴之志，自明以前無徵者，固可無論。相傳昉於前令泰和周公章南，修之者閬中黄公碧生，然皆不可得而見。猶幸序記緣起之文尚存。則今之傳者，洛州李君所纂輯者也，乃距今已四十餘年，其簡冊之存者，亦無幾。石門吴君輔舟孝廉，試宰邑，慨然有志，修舉廢墜，爰屬學博駱君、許君暨邑之名彦，依倣舊志所存而差次損益之，彙萃搜討，未克成書，會授樂昌去。祚猥以非才，恭逢聖明御極與闢門之盛典，得膺民社之任，初試廉之靈山。庚戌之秋，捧檄來吴，恍憶束髮趨庭之日，熟聞先觀察旬宣嶺表，歇歷外臺，功業光顯於時而遺愛之，在吴邑者爲尤著。今幸承乏是邦，惴惴焉恒恐不克步武，勉竭駑鈍，以承先志。奉職之暇，許君攜所著錄邑志，進謀卒業，以垂永久。祚雖不敏，寧可無以繼成前賢之美，用備一邑掌故之闕耶。雖然，邑志雖小，其體例考據，紀載之難，則一也。夫世遠事湮，傳聞異辭則核實難；今不逮古，識薄詞陋則典雅難；彰善癉惡，徵信將來，則秉直無諱尤難。祚何人斯，烏能祛此三難，用無忝是舉哉。亦惟信者登之，疑者闕之，疑信半者，存其疑以俟後之人之考定之。譬之大匠作室，崇臺廣廈與夫曲院精廬，下而至於茅茨蔀屋曲之陋，小大雖殊，其辨方面勢，操斤削墨，亦各隨其地與材，以爲經營審度，底於落成。若夫丹雘藻飾，則猶有待於潤色焉。邑之爲志，亦猶是焉而已，藉曰能述，則祚豈敢。時雍正九年，歲次辛亥九月九日，試吳川縣知縣嘉興盛熙祚晴谷甫譔。

吴川縣志凡例

志之爲書，不越山川人物，制度文爲。然其間譔述體裁，不無先後分合之異。舊志以天經、地志、王制，迄於雜志，區爲十卷，各以類從，未免繁簡懸殊。今依盛志，仍舊志條目而差次其先後，庶卷帙停匀，便於觀覽。

作志通弊，每存自多之見，必欲竄易前人之舊，以示更新。每一纂輯，漸亡其故，數易之後，新者日增，故者日削，遂至湮没不傳。偶有所見，嘗爲扼腕。今於舊志所載，即有可疑，而考通志、郡志相符，悉皆存而不論。

古今作志者，例於條目之下，綴以小引，其初非不綜核典要，鏗鏘可誦，沿習既久，不啻陳言相襲，幾於千手雷同。今概從李、盛二志，類多直紀巔末，即間有加引者，亦不敢摭拾浮詞，致乖史體。

志一邑之事，似乎無取摶徵，然而上下數千百載，亦有資于考據。海濱僻陋，苦於無書可檢，或遇一事牴牾，往往引端而不能竟其緒，每爲悵然。學殖荒落，深用自愧，惟博雅君子諒之。

志載人物節婦以表德行，彰名教。考自宋以迄雍正間，數百年來前志所採錄者，每項不過數十人。近今數十年間，德教益以昌明，風俗更加淳美，雖海隅士女，咸知重德行、崇名教，不妨廣爲搜採，占小善者，悉以錄。乃君子善善從長之意，非爲濫也。

志載古今藝文，以表風尚、存文獻，亦君子善善從長之義。然必有關於一邑之典故者，則收之，惟恐不備。若夫題咏序記，越在他境，銘誌誄詞，載之家集，非一國之書，既其文可傳正，恐不勝紀載，故從其畧云。

仕宦誥勅類，不載於志乘，蓋恩榮褒美，用光存殁，固朝廷之極典，子孫所當保守。前志止錄有明蕭、林、吳三公誥勅，不敢删却。今後則止錄其姓名，誥章一槩不錄矣。

吴川縣志卷之一

吴川縣知縣津門沈峻丹崖甫纂

輿圖

李志曰，先王建邦啓土，南北殊方，幅員無論廣狹，大抵各有封守，不容踰越。邑固彈丸，猶然全烝之一臠而大裘之一腋也。辨方以治者，由分野、氣候，上順天時；由形勢、山川、地産，下察地利；由都隅、墟市、風俗，中盡人事而又本禮而爲之教，治道備矣！成周地理之書，有圖有志，圖以知山川形勢，志以知土俗人物，圖則大司徒職方氏掌之，志則小吏内史掌之。故繪圖於首，俾觀者按之如指掌云。

林震煜曰，吴川，古百粤地，唐虞三代皆未隸職。方秦平百粤，置桂林、南海、象三郡，吴川與雷州接壤，則屬象郡。自漢至唐，屢多沿革。宋太平改辯州爲化州，吴川屬之。明洪武降化州爲化縣，與吴川均屬高州，十九年陞高州爲府，化縣爲州，於是州屬府，縣亦屬府。我朝仍之不改焉。縣治三川環帶，因其逼于吴姓而冠之以吴也。向無城池，明洪武間乃立寧川所，築以土城。永樂元年，始易以磚。成化間，改砌巨磚，開濠設四門，東曰鎮海，西曰延華，南曰永和，北曰朝天。至萬曆間，新闢小西門以納水秀，名曰通川，爲五門矣。然而，鎮海一門逼海，居行者少，故閉不開，則依然四門也。城則周圍五百八十丈，高一丈八尺，厚一丈二尺，東至海五里，東北至茂名分界二十里，西至化州界四十里，西南至石城分界四十里，南至限門二十里，至硇洲一百四十里，東西相距八十里，南北相距一百七十里，環疆三百餘里。其山之在城以內者，憑高爲八景之一。高不過四丈，大不過半里。城外南一里有學案山，與北山朝對，高大無幾，故志不及載也。城東三里爲文翁嶺，高三十丈，周圍一里。又雙嶺，高二十五丈，周圍一里，與文翁並峙，爲城之後樂山。城北二十五里爲高嶺，高四丈，周圍一里。西北四里爲招義嶺，高五丈，周圍一里。四十里爲南巢山，與招義相等。稍西四十里爲麗山，高三十五丈。周圍二里許，爲八景之麗山樵唱，其峰圓淨如金，故麗之。二十里爲近信山，西五十里爲特思山，高百丈有奇，周圍五里，諸峰未有並者，故稱特思焉。六十里爲三台山，他處望之如寶蓋，三台爲特思所壓，城眺弗見，志故畧之。西南八十里爲特呈山，形圓而小，勢從遂溪平落嶺而來，拱於縣南，青秀聳起，上原有溫通閣，明解縉詠有『風送潮聲平落去，雨將山色特呈來』之句。北有茂暉場近焉，今閣與場俱圮，而場宮移在城中矣。又一百三十里爲馬鞍山，海中突起，形如馬鞍，其地最爲險要。南三十二里爲飛雪山，在限門之右，蓋限門飛雪亦八景之一也。東南四里爲白象山，皆細沙堆結，高十五丈。而縣龍發祖則自北二百餘里，在電白境內，名浮山者，昔人傳爲堯時洪水不没，高不啻三百丈，落爲平陽，去縣已遠，故邑乘不及詳。其海水遶縣之東上，由陽、電下抵雷、瓊，一望無際，惟一線通入限門，潮汐日至朔望，最稱洋溢。江水則三支合在梅菉，一支從浮山之麓發源，一支從信宜發源，一支從粤西博陸發源，皆由梅菉繞。縣治之西名吴水者，出限門而納諸海。其西有三川。一則自山墟而來，會於吴水。一則自博棹江而來，會於吴水。一則自塘綴歷平城江而來，會于吴水，而後悉歸限門以出。而限門以內，又有上下二滘，潮乾絶流，潮長則通於五里港新場海、廣州灣與硇洲也。其泉水惟縣北二里，有龍母井，極旱而泉不竭，往往祈雨立應，邑人立龍母廟禱祀之。

其古蹟則翔龍縣，在硇洲，宋帝昺即位於此，而陸秀夫、張世傑咸在焉。原設有翔龍書院，以興學校，今皆圮。古羅州在縣西北一百一十里，系前宋鎮南將軍檀道濟所築，有城，今圮。其寺廟多建於明季，無甚勝觀。而北門外之觀音堂，水口渡之三官堂，白沙渡之興龍寺，金蓮、真如二庵，亦遊人高士之所寄跡也。至於市鎮，則梅菉爲下，四府輻輳之區，百貨充陳，商賈雲集。芷苧界接限門爲福、潮商艘灣泊之所，以有易無，彼此稱便。塘𡌶在化、吴、石之交，歸市者亦衆。然而青箬裹鹽，綠荷包飯，殊不足觀矣。關則限門一榷，舊頗稱饒，今不可問。津則有水口渡、南巢渡、川滘渡、林公渡、公子渡、白沙渡、烏泥渡。船惟一葉，僅容數人。橋梁則有城中延華橋，城北四里有通駟橋，城南芷苧有躍龍橋，城西十五里有塘祿橋，二十里有官橋、淺水橋，三十里有平定橋。而亭榭，則城之西南里許有極浦亭，宋丞相陳宜中過之有題詠焉。城南三里有演武亭，爲操練士卒而設也。限門内東三里有雙峯塔，高七級，因水自西北隨來龍至縣，直趨於海，從順流處建之，爲一郡砥柱。邑中原無設驛，而水路要害，則限門東西兩炮臺，原有水寨官兵。國朝撤寨，設水師營以鎮之。復撥哨船配兵以守，可固金湯。寧川所向在縣治之内，今奉裁歸縣。軍皆爲民，謹依圖以爲之説。

按：《輿圖》以繪形勢，顧形勢本於天定，運用在乎人爲。昔者公劉遷邠，相其陰陽，觀其流泉。文公徙楚丘，望景觀卜之兼致，皆審形勢以爲運用也。吴邑形勢，山東峙而水西朝。舊來縣堂學宫遵向明之義，俱從南向。傳聞前令周公精於陰陽理氣，欲改西向，而有志未逮，止建雙峯塔以鎖長江之流海防。陳公又開小西門，以通川澤之氣，亦可謂善於運用矣。猶未全收其美也。至雍正六年，前學許君改建學宫西向。乾隆二十一年，前令楊公改建縣堂西向，前學黄君又開文明門於學宫前，復塞小西門，亦依然四門也。自是縣堂學宫後枕雙嶺之高峯，前納三川之秀氣，而特思、義麗諸山，羅列朝拱，誠能以乘地靈毓人傑，善繼周公之志，宜乎文風更振於前矣，並圖。

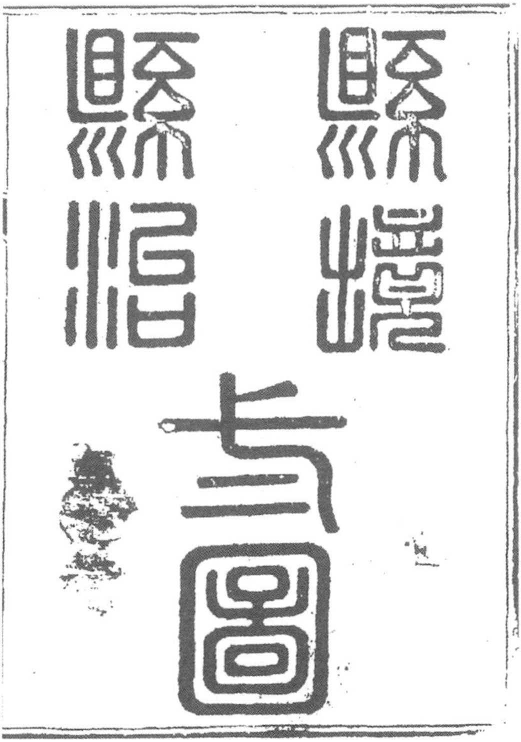

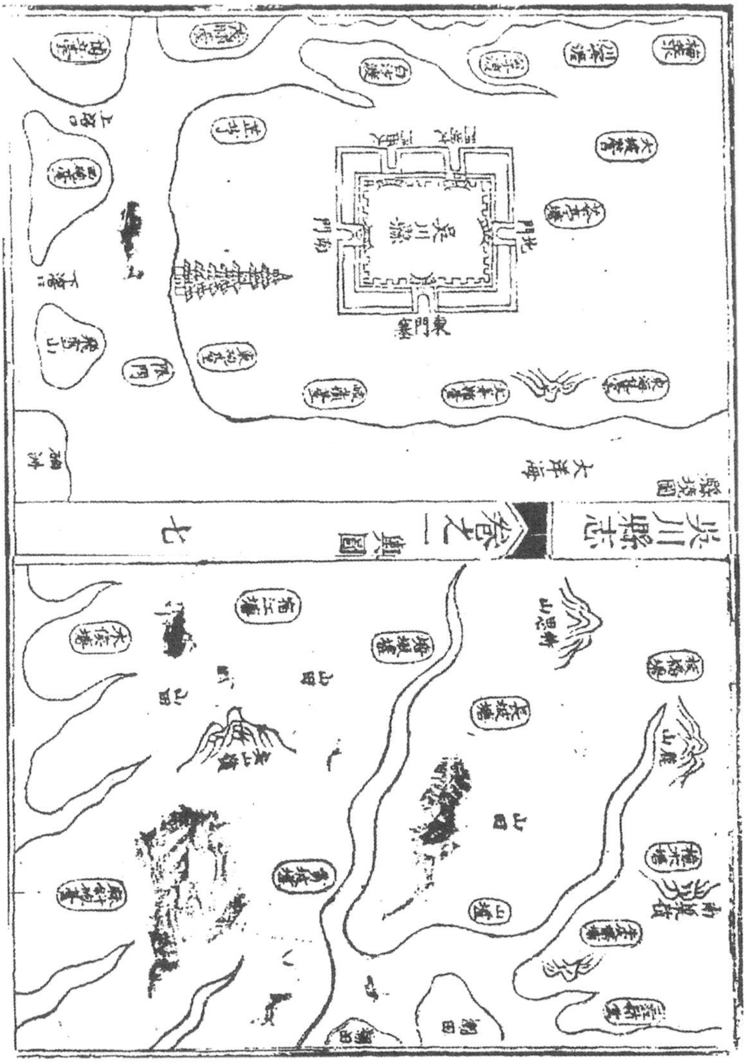
吴川縣志
卷之一
輿圖
七
縣境圖
大洋海
吴川縣
東門
南門
北門

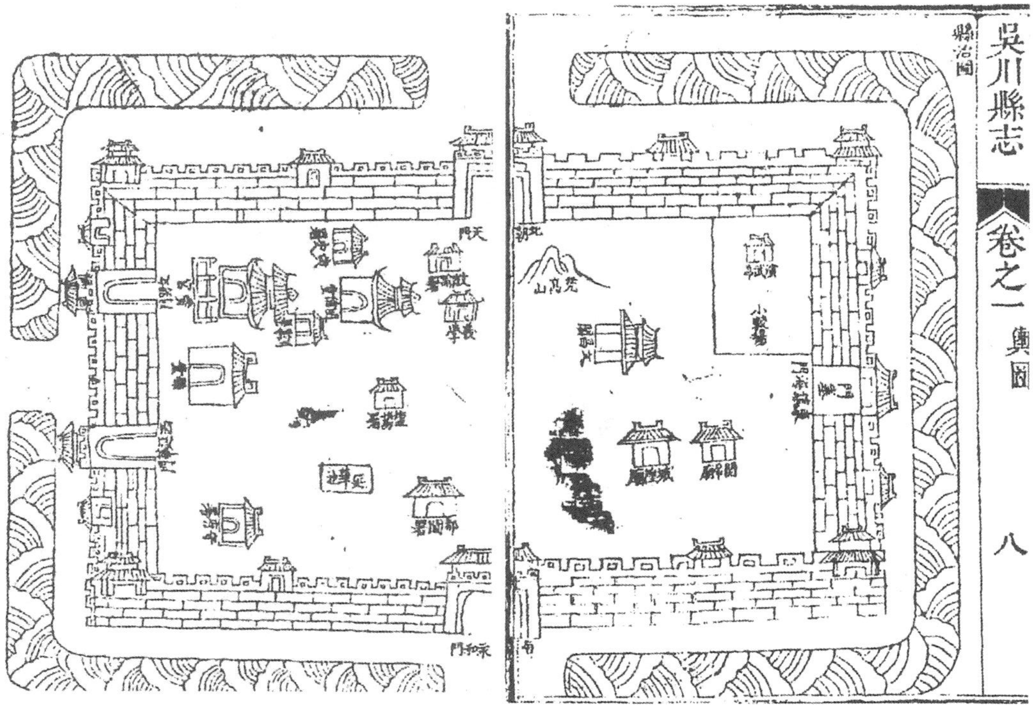
吳川縣志
卷之一 輿圖
八
縣治圖

按：硇洲孤懸海中，東西相距十餘里，南北相距三十餘里。其地脉則自電白暗鏡嶺穿海而來，堪輿家所謂『崩洪龍』也。四面環海，東邊怪石浮沉數十里，難以泊舟。西邊無石，通舟往來。南北亦多石，但各有港，可以泊舟其間。桑麻井閭，自成一區，仿佛南溟奇甸焉。國家因地設防，專營控制，與縣城雖隔洪濤，而哨船臺汛，聲勢相通，亦儼如接壤矣。並圖。

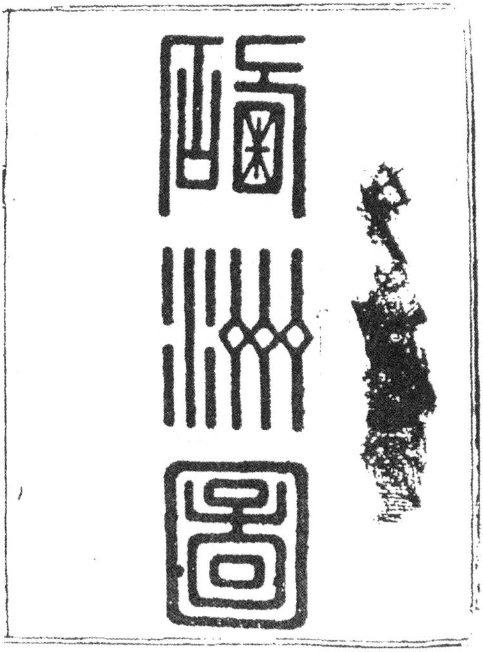

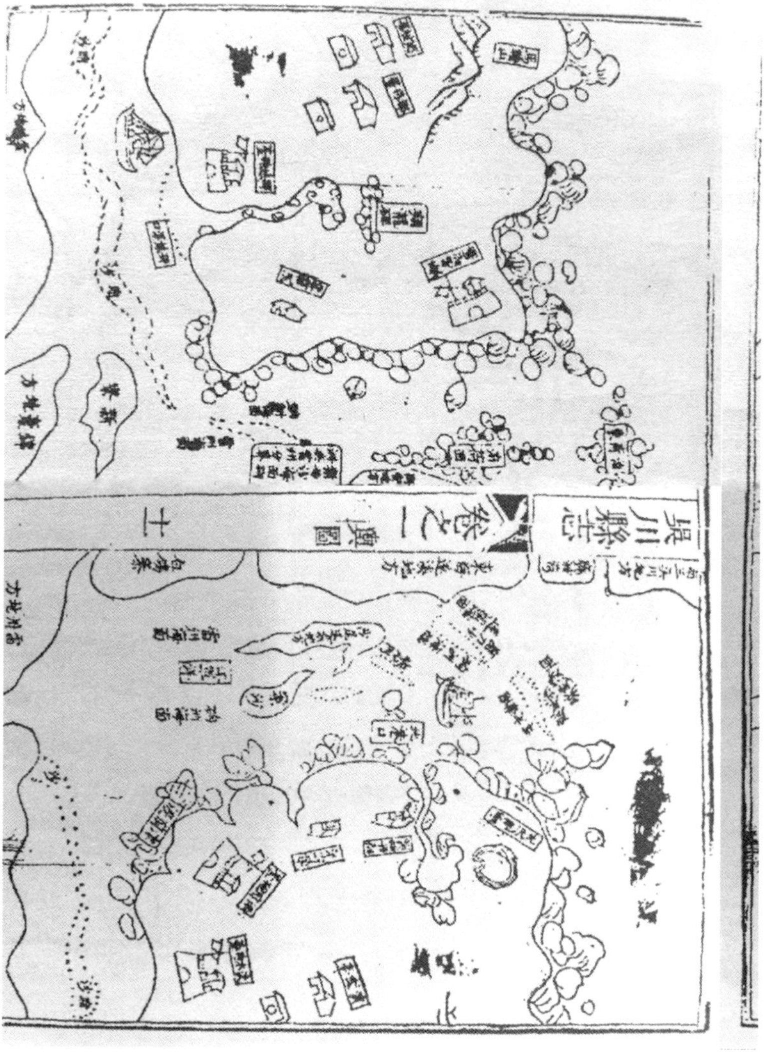
吴川縣志
卷之一
輿圖
十一

按：學校爲育才之地。考吴陽，舊有正疑書院，已成茂草。康熙間，前令宋公乃倡建義學，置田米爲贍士資。至乾隆間，前令張公重修，三建其棟，兩翼其廊，增撥田米以益膏火。前令王公又立齋長四人經理之。諸公後先籌畫，雅意作人，惟願共圖久遠。庶幾元圃之材，悉琢而成廟堂之器，不使嵩陽岳麓獨美千古也。並圖。

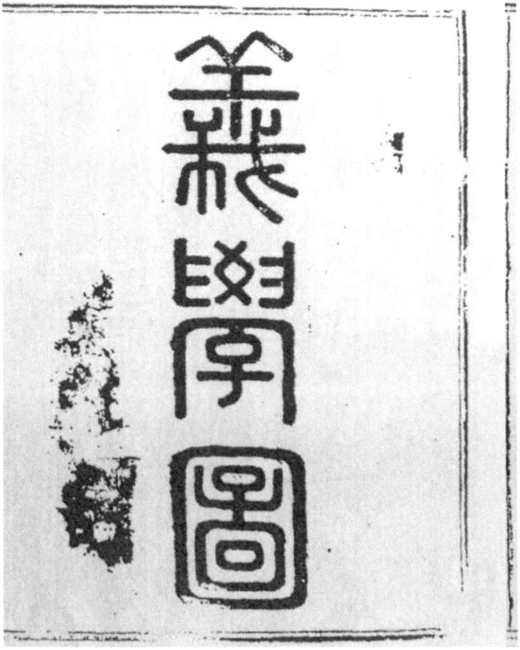

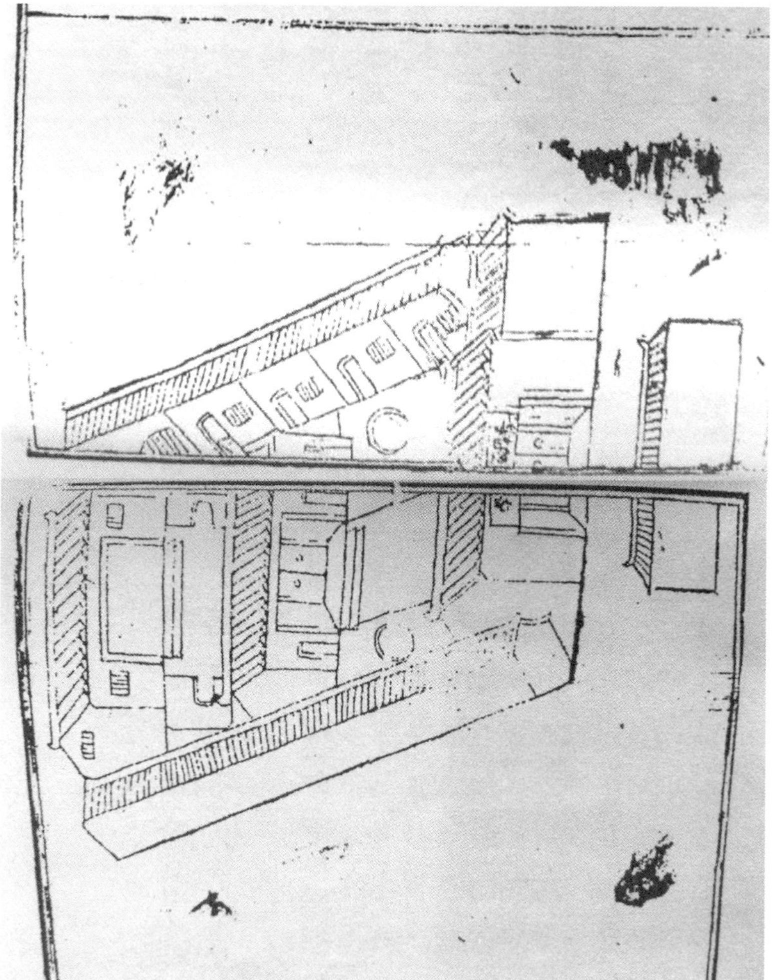

建置沿革

按：吴川建置，世遠年湮，或謂三川會流與地逼吴姓，故名。而沿襲更革，代有不同，必考稽歷代正史《地理志》，乃可循原竟委。蓋一字之譌，動成窒礙也，爰據通志、郡志合舊志而槩言之。

自嶺以南，皆古百粤地，爲南服要荒。秦平百粤，置桂林、南海、象三郡。郡置守一丞一尉一以典之。考《一統志》，肇、高屬南海，雷、廉屬象郡，而吴川與雷接壤，應亦屬之象郡。

秦末爲趙佗所據，佗稱南越武帝，傳五主九十三年。

漢武帝元鼎六年，遣伏波將軍路博德平南越，置蒼梧、合浦二郡，吴川爲合浦郡地。

三國，吴置高凉郡，又置高興郡。

晉以高興郡併入高凉。

宋復置高興郡。元祐初，鎮南將軍檀道濟於陵羅江口築城，因又置羅州。

梁大通中，置羅州吴川縣。大同元年，置高州於高凉郡。大寶元年，高州刺史李遷仕反，高凉太守馮寶妻冼氏襲擊之。

陳大建元年，嶺南大亂，馮寶卒。妻冼氏懷集百粤，據有其地，號爲聖母。陳亡降隋，歷梁、陳、隋，保有兹土，民賴以安。

隋廢高興郡，置電白、石龍、吴川、海安四縣，以吴川屬羅州。大業二年，并羅州入高州。三年，仍改高州爲高凉郡，隸九縣，縣仍屬焉。

唐武德五年，馮寶之孫盎降，析其地爲高、羅、春、白、崖、儋、林、振八州，授上柱國。高州總管封吴國公。天寶初，改羅州爲招義郡，縣仍屬之。

宋開寶四年，廢招義郡入辯州，并招義、零緑、石城三縣，餘地入吴川，屬辯州。太平興國五年，改辯州爲化州，縣仍屬之。

元至元間，改化州爲化州路，領縣三，仍宋制。置海北、海南道宣慰司及肅政廉訪司於雷州，隸江西行中書省。至正間，分置廣西行中書省領之。

明洪武元年，征南大將軍德慶侯廖永忠師，克廣州，遣參將朱亮祖開諭元守臣，使歸順。二年，海北、海南二道宣慰使副陳乾福奉表歸附。三年，改化州路爲化州府。八年，又復爲化州。九年，降爲化縣，與吴川均屬高州。十四年，陞高州爲府，化縣爲州，並屬高州府，隸廣東嶺西道。

國朝順治四年，巡撫佟養甲、提督李成棟率師入廣州，遣將方國泰、周朝、趙國威入高州邑，令王協卜率紳士耄老歸順，偕遊擊汪齊龍隨征高州，海防同知戴文衡、知縣陳培亨入吴，收版籍而涖焉，吴川仍隸高州。

疆域

李志曰：秦罷侯，置守郡，縣雖延袤廣狹，大小不齊，然皆山川迴環，民居利便，大約以百里爲制，縣治疆土，東至海五里，東北至茂名之蓮塘二十里，西南至石城之平樂四十里，西至化州之石寧四十里，東西相距八十餘里，南北相距一百七十里。環疆三百餘里。至化州七十里，至府一百九十里，至省一千七十里。北至京師八千八百里。正北陸路通高州，正南水路通瓊州，正東水路通省城，正西陸路通石城、遂溪。惟硇洲僻懸大海中，風順由小海一日可到，不順則由陸路渡海，三四日亦難定。

星野

《尚書·洪範》曰：庶民惟星。民既分野而居，星亦分野而佈。是故古之聖人，畫野分疆，而後世配以列宿。所封之國，各有分星，亦以驗休徵咎徵之應。但天度遼廓，渺茫難稽，况彈丸百里所繫，亦微乎微矣。謹依舊志，集衆說以參之。

漢《地理志》云：越乃牽牛婺女之分野。蒼梧、鬱林、合浦、交趾皆越分也。

《春秋緯書》云：牽牛流爲揚州，分爲越國。

歷代星書，皆以斗爲吳，牛女爲越之分野，自嶺南至於交趾。《禹貢》：揚州之域，其次星紀，其星牽牛。《帝王世紀》云：斗十一度至女七度曰須女，又曰星紀。費直云：起斗十度至女五度爲星紀。蔡邕云：起斗六度至女二度爲星紀。晉《天文志》云：南斗十二度至須女七度爲星紀。據此則星紀屬嶺南之境域，而牽牛其分野，明矣。

氣候

李志曰：天道有陰陽，而南北之地皆有高下，氣亦隨之。故寒燠之候，有不容一倒，而推辨方者，所宜攷鏡而慎之也。吳爲濱海之邑，地下土薄，風氣與中州不類。陽燠之氣常洩，陰濕之氣常盛。陽氣洩故四時恒燠，三冬無雪而多暖。陰氣盛則蒸濕過半，三春連暝而多寒，二氣既偏而相薄。故一日之內，氣候屢變。晴則燠，而陰則寒。所謂四時長似夏，一雨便成秋也。然幸地氣舒洩，瘴癘稍稀，夏遇西北風則凉，冬遇東南風則暖。夏秋間常有颶風大作。颶風者，具四方之風。初起於東，必轉北而西；而南起於西，必轉南而東而北，若未周四方，不踰月必再作，作必窮日夜而後止。其勢呼號怒烈，翻海揚沙，拔木偃禾，壞屋飄瓦，爲害不細。又云風雨並作，則禾稼始不傷。歲或不作，必有以感召之者，或亦理之可信。苐海吼不時，晝夜呼號，吼從上則多風，從下則多雨，或有時不吼，稍轉東風，則多魚。邑之地氣，多因是損。故諺云：高州有山無水，化州有水無山，惟有吳川稍可，不堪海水瀺瀺。

吳川縣志卷之一終

吴川縣志卷之二

吴川縣知縣津門沈峻丹崖甫纂

山川

李志曰：建置郡邑，必擇險固。吳川東南距海，西北據川，南雖咫尺瀕海，有限門爲塞，天險難越。陸路則東有赤水司，屬茂名縣，險隘足以控禦，北有南巢、川滘之水曲折而西，分爲三，川環帶隔，涉水陸，可稱形勝。

山

文翁嶺。城東三里，相傳昔有文翁煉丹其上，故名。

雙嶺。城東三里，高二十五丈，與文翁並峙。

水辰山。府志載：去城東五里。

招義山。城西北四里，昔有譚氏招義兵於此，以討僭耳，故名。

南巢山。西北四十里，西界化州。

近信山。西三十里，府志載：舊有仙棋蹟。

特思山。城西五十里，一名文筆峯，遇旱禱雨於此。相傳上有舊羅州刺史馮士翽并妻吳川郡夫人墓。

麗山。城西四十里，八景之一。

白象山。東南四里，沙積成嶺。

飛雪山。城南三十里，在限門之右，沙如雪飛，縈迴不散，八景之一。

特呈山。在南三都，去城八十里，上有溫通閣，下即古茂暉塲。

馬鞍岡。近硇洲，去城一百三十里，海中突起二峯，形如馬鞍。

北割山。府志載：去城四十里，納二水入海。

川

吴水。從陵羅江合三江渡分三川，繞縣南而出限門。

平城江。去城二十里。

零洞水。城西三十里，舊有零綠縣，今廢。其源出零洞山，流入於海，零洞山未攷屬何地。

洞雷水。隨潮上下。

三义江。在北十一都。

博棹水。經限門入海，府志云：去洞雷水二十里。

上滘口。在博立臺東。雍正八年，以海舟出入上下兩滘，稽查不便，乃以巨木爲柵，斷上滘，舟行從下滘。

下滘口。在西炮臺之東南，兩滘皆限門之上，爲出海之口。

限門。城南二十里，納三江之水入海，道曲狹，潮滿風急，舟不能行，府志云：去博棹二十里。

長城亘。出海三四里，東西橫亘，亦鐵板沙也。

李志曰：限門納高涼合郡之水歸於海，紆回灣環，波濤萬變。坡仙『大江東去，驚濤拍岸，捲起千堆雪』，若爲此而詠。古稱飛雪，殆此義歟？舟楫出入此門甚難，門之左右，海際去水面五尺許，兩岸沙磧堅鋭逾鐵，俗曰鐵板沙。中通一道，深不可測，屈曲靡定，廣約五丈餘，必慣習篙工，小舟夾岸前引，風靜尋道屈曲而行，若風湧觸沙，即舳艫亦難恃矣。出洋三四里，東西橫擁一磧，勢若長城，俗名曰長城亘，堅鋭難犯，此誠天造地設，合郡雄塹也。

五里港。去新塲村五里。

新塲海。茂暉塲建於此，去城四十里，舊有備倭營。

硇洲。去城百四十里，海中一島，可容千餘衆。宋端宗避元兵舟次於此，改名翔龍縣。

城池

李志曰：縣城在府治西南一百九十里，江環西北，海繞東南。地皆平坡，向無城池。洪武二十七年，廣東都指揮花茂題奏，命永定侯巡歷沿海地方，乃立寧川所防禦倭寇，千戶徐本築土城。永樂元年，千戶李忠重修，間以磚。成化三年，守備指揮俞鑑督軍開濠。十四年，分巡僉事陶公魯經營展拓，甃以巨磚，開設四門。嘉靖間，千戶王如澄濬濠。萬曆辛丑，嶺西道盛公萬年因平倭寇，復增築濬濠，添設敵樓四座。萬曆庚申，海防陳公所立新關小西門。

東門曰鎮海。因逼海，少居民，門塞。

西門曰延華。

小西門曰通川。亦塞。

南門曰永和。

北門曰朝天。

文明門。乾隆二十一年，教諭黃玉霦仝合邑紳士，捐貲開此門於學宫前，曰文明。塞小西門，依然四門。

四門城樓四。

四角敵樓四。

四面敵樓四。

窩鋪十二。

雉堞四百六十。

大小水關五。

城周五百八十丈，高一丈八尺，厚一丈二尺，濠塹周六百八十丈，深一丈五尺，廣一丈五尺。明嶺西守道盛公萬年，嶺西水陸兵紀云。吴川城周圍五百三十六丈，高一丈九尺，城樓四座，敵臺四座，閱驗垜眼窄矮，加築高濶，濠塹平淺，疏濬深濶各一丈五尺，又添設敵臺四座及四門守城器具。

四門城下每門發熕銃一函，子十五個；朗機銃二門，子八個；鐵彈二十斤；百子銃二門；鉛彈二十斤。四門城上每門鳥銃二十門；鉛彈二十斤；長柄斧十把，每把口闊六寸，重三斤半；藤牌四面。每守城軍一名，自置藥弩一把，藥箭二十枝，鎗刀鎝鑹，各隨帶備用。每二垛眼置油脂燈籠一盞，每三垛眼頓貯灰沙礮石，責令城軍搬運。

已上各城器具，凡有缺壞者，衛所掌印官及時呈請，係官置者即行造補，係城軍自備者，責令齊備。合用火藥，縣印官每年須多製造貯庫，有警，給衛所官軍應用。

乾隆四十八年六月二十四日，颶風大雨，女墻吹倒。五十三年，知縣沈峻同合邑紳士耆老，捐貲修復，并整理各城門、更房，現俱完固。

坊都

盛志曰：城居附郭之民，則區之以坊，類取佳名志美，或因地因人以表之，如繡衣、香名、製錦、從政，因人而名，即以名其地者也。舊志但列坊表，今增之。

南薰。

阜財。

太平。

太和。

來青。

製錦。

香名。

從政。

仁和。

建德。

繡衣。

迎恩。

李志曰：周禮以比閭族黨州鄉聯都鄙郊內之民，以鄰里酇鄙縣遂聯鄉郊外之民。今制鄉隅都圖，其於周制之所以聯民者，法異而意同矣。邑舊十八都，明景泰、天順間，海寇流毒，民遭蹂躪，死徙過半。當事因削其三，併作十五都。及萬曆間，新增東隅一都，爲十六。康熙元年，海氛未靖，凡沿海設立邊界，縣境南二、南三、南四三都，遷民徙居內地。康熙八年，復遷北八、北九、北十一、南一四都。其餘或一里而全遷，或一里而十遷八九，或遷廬舍而存田土，或遷田土而存廬舍。縣舊十六都，半屬丘墟，幸今展界，民皆復業，數十年生聚教訓，民歌樂土矣。

南隅都

上郭。

中街。

下街。

金雞垌。

蘇文。

塘蓮。

限口。

北一都

上郭。

石塹。

那蒙。

院村。

芷艼。

那良。

白沙。

謝村。

姚村。

限門。

北二都

院村。

那余。

川滘。

橫山。

羅山。

新村。

麻章。

北三都

奇艷。
塘郊。
佛塔。
大寨。
水口。
隔塘。

北四都

舖脚。
三江。
斗門。
塘口。
樟木。
潭村。

孟村。

北五都

水潭。

那鄧。

馬趙。

平城。

康山。

米收。

那葛。

北六都

山墟。

蒙村。

流泗岸。

薛村。

那羅。

博棹。

東岸。

上杭。

北七都

油行。

那亭。

麗山。

簡村。

那扶。

北八都

塘禄。

塘基。

木藥。

新定。
苧羅。
下苧。
尖山。
塘壩。

北九都

麻皮。
詹山。
洞梢。
上蒙。
山車。
北丹。
步龍。
德孤。
高山。

大路。

北十都

大垌。
南洋。
塘頭。
烏舅埇。
后頭。
狐貍嶺。
南埇。
張屋垌。
油窩。
甘村。
五角。
沙甲垌。
木灰。

古流坡。

北十一都

大岸。

平澤。

黃坡。

上蒙。

頓當。

三柏。

端德。

烏坭。

溫村。

南寨。

南一都

盧村。

塘覽。
木約。
黃那山。
南竈。
潭俗。
麻倖。
潭村。
石屆。
馬村。
潭思。
調辰。
米收。
麻斜。

南二都

茂暉。

乾塘。

米稔。

滿洲。

唐寧。

吳村。

博立。

坡頭。

麻水。

麻登。

莫村。

藍村。

南三都

地聚。

新竈。

麻簡。

胡村。

特呈。

新塲。

鳳輋。

地頭。

麻弄。

木渭。

青訓。

麻練。

廣州灣。

南四都 四村統名硇洲。

北村。

南村。

中村。

文字村。

東隅都

羅山。
後山。
龍芳。
上插。
平定。
殷底。
院村。
麻樟。
馬蕭。
扶林。
新村。

附墟市

梅菉。

板埠。
山墟。
塘墢。
芋隴。
黄坡。舊名丁當。
沙埕。舊名大園。
三柏。
乾塘。
坡頭。
龍頭嶺。
樟舖。
木約。
南門。以下五菉今廢。
水街。
白沙。
川滘。

蓼帘。

里甲

盛志曰：邑之有里甲，即古者井田丘甸之制，所以區其土田民人，而定其版籍者也。國朝撫有區夏，版籍因明之舊。攷明之初制，因邑之大小編戶爲若干里，而一里之中復區爲十甲，在城曰坊，附郭曰廂，即其民人之有田賦者以爲之長，一切簿書、期會、徵繇之事，實惟里長是司，非不綱舉目張，釐然以治也。厥後吏不奉法，繇役日繁，甚至公私之費，浮於正供，而里長始重困矣。邑舊有里長承應，雖現年之名屢經釐革，未免名去實存，因循不改。幸際聖天子在上，乾綱獨攬，大法小廉，沛養廉之典盡恤下之仁，即海隅萬里，如在袵席。凡察吏勤民之政，罔不備舉。熙祚承乏茲邑，雖代庖歲，目有一不便於民之事，悉爲裁汰。正供之外，未嘗絲粟累民，庶幾仰副朝廷愛民如子之德，意用無玷職守云爾。邑舊爲十八都，都爲十甲。明景泰天順間，併作十五都，萬曆間增東隅爲十六都，國朝迎之，詳坊都下。乾隆六年，又增北十都爲十七都。

户口

邑户舊額載軍民竈雜色共三千一百六十九户。順治八年，僅一千零八十九户，十六年屆亦然，迨兩次奉遷，共去三百三十二，存户七百五十七，視昔又減四分之三。康熙八年己酉，奉詔巡邊，撤藩復業，復回八十三，存户八百四十。至乾隆五十五年，實在民煙户二萬零八百三十一户。

邑口舊額載一萬零二百八十七，順治八年則六千六百二十五，視昔已少三千六百六十二。迨兩次奉遷二千七百零三，所存者僅三千九百二十二口，後展界復業，共復回一千一百六十四口，至十二三年共復回四百一十八口，尚遷移海島未復一千一百二十一口。至二十年，邑被寇踞之後，時屆編審，除逃絶二千四百五十三口，所僅存者四千一百七十二口。至乾隆五十五年，共計民丁口一十四萬八千九百五十八丁口，民丁八萬三千六百一十二丁，民婦女六萬五千三百四十六口。

賦役

盛志曰：邑明初，丁糧分徵，至萬曆四十八年，丁隨糧辦，名曰均冊。國朝仍之。

邑田賦自順治初仍明萬曆四十八年例，全書額載官民田地塘稅二千九百二十七頃四十七畝八分，起科田則二千九百零七頃二十二畝八分一釐，地則一十三頃七十九畝七分四釐，塘則六頃四十五畝二分五釐，厥例維均於田地塘內，每畝科官正耗米一升一合七勺二抄二撮積八十五畝三分零九毫，爲糧一石，派官米三千四百三十一石五斗八升九合六勺，溢會計額米一石零五升一合六勺，每畝科民竈米二升九合七勺八抄七撮九圭二粟積三十三畝五分七釐，爲糧一石，派民竈米八千七百二十石零三斗四升八合，溢會計額米二石六斗五升四合五勺，但夏農桑皆失，額向移抵補載今籍者官三千四百三十石零五斗三升八合，民竈八千七百一十七石六斗九升三合五勺，夏農桑一十六石五斗五升四合一勺，額外漁課四百四十九石零五升九合六勺，總計一萬二千六百一十三石八斗四升五合二勺，寧川所屯糧一千零一十九石一斗零一合。順治十六年，奉勘實荒稅一十二頃七十七畝七分九釐二毫一絲三忽有奇。越兩年，漸次墾復，迨康熙元年初，遷三百二十八頃六十九畝四分六釐九毫六絲，其漁課盡去。三年，再遷一千一百九十八頃六十三畝零六釐六毫四絲六忽，前墾復者復遷。題豁實在田地塘共稅一千三百八十七頃三十七畝四分七釐一毫七絲一忽。康熙八年，展界各業戶共墾復原續遷移田地塘稅一百九十九頃七十畝零九釐六毫七絲六忽。九年，分墾復原續遷田地塘稅三百一十五頃八十三畝五分五釐九毫零，又復回漁課米一十六石八斗四升六合。十年，分墾復回原續遷荒田地塘稅一百二十三頃八十五畝九分零。十一年，墾復回原續遷荒田地塘稅一百九十一頃零三畝八分零。十二年，復回原續遷荒田地塘稅一百零三頃一十八畝三分九釐零。十三年，復回原續遷田地塘稅一百零六頃五十四畝四分五釐五毫。十四年至二十八年，共墾回原續遷荒田地塘稅三十四頃五十九畝六分二釐四毫一絲八忽零，又坐落遷移海島未復業，共稅四百六十四頃零七分六釐六毫零，又失額稅二十九頃五十四畝三分四釐三毫零，尚存實稅二千四百三十二頃五十九畝一分一釐七毫九絲九忽。迨康熙二十年，復遭海寇蹂躪，人民逃散，田荒逋賦，任斯土者，每以積逋被罰，邑令秦松如目覩百姓流亡，力請各臺會題蠲免致聖宸衷。適康熙三十年，高、雷、廉總兵張奇英入覲，上親詢吳川縣田地，英以荒殘直陳，遂敕部議覆于康熙三十一年十月，奉戶部行文覆准豁免吳川逃荒稅六百四十九頃五十六畝零六釐七毫零七忽。康熙四十年至雍正七年，共墾復遷逃荒稅一百六十六頃零八畝二分八釐七毫七絲九忽，實存稅一千九百四十九頃一十一畝三分三釐八毫六絲九忽零，尚未復稅九百七十八頃三十六畝四分六釐一毫八絲。雍正九年，據民人自首墾復報陞遷逃荒稅共五十三頃六十三畝四分四釐六毫六絲。又自雍正十年起至乾隆九年止，共墾復遷逃荒除消外尚稅二百八十五頃五十一畝九分四釐六毫七絲六忽九微零，連前稅實在稅二千二百八十八頃二十六畝七分二釐二毫零，田地塘稅同，則科民竈米六千八百一十六石二斗七升二合三勺八抄八撮四圭四粟九粒，除漁課稅、契褂稅、屯丁及額外陞科與減，則陞另項起徵外，尚徵糧餉、差鈔、衣裝、物料等銀七千二百二十七兩五錢五分三釐，遇閏加銀二百二十兩零二錢五分三釐，派徵倉糧本色并夏農米二千九百七十三石九斗八升二合，又一項額外陞科與減則陞。自乾隆十年起至乾隆二十五年止，共起徵稅二十七頃六十八畝零九釐三毫五絲，徧徵糧餉，差鈔銀三十八兩五錢六分六釐，遇閏加銀三兩一錢七分，有起倉糧本色米四斗七升七合。

邑原額人丁四千三百二十二，內除鄉宦、舉貢、監生、員吏、役軍竈等項，優免二千一百二十三，又除南四以海中事，例免一百三十八丁，實全編民壯丁二千零六十一，民壯米八千七百一十七石六斗九升三合五勺，內除優免一千四百七十九石七斗五升六合五勺，例免三差，又加准丁米七十五石五斗五升，例免民壯，實編差徭米七千一百六十二石三斗八升七合，其民壯驛傳，除南四海中事，例免米二百三十三石八斗三升七合六勺，實編民壯米六千九百二十八石五斗四升九合四勺，驛傳准米無免，實編米七千零四石零九升九合。至順治十四年，扣徵優免米一千五百五十五石三斗零六合五勺，該免三差銀七百六十六兩九錢五分八釐三毫，解充兵餉。至康熙元年初，遷丁七百一十，續遷丁九百五十三，內優免丁一百五十七，尚實存丁二千六百五十九。迨康熙八年，展界隨糧復回人丁一百六十三，內優免丁二十六丁。九年，分復回二百五十九丁，內優免丁三十二丁。十年，分復回人丁九十八丁，內優免丁一十八丁。十一年，分復回人丁一百四十三丁，內優免丁二十六丁。十二年，分復回人丁一百二十九丁。十三年，分復回人丁一百二十八丁，尚遷移海島未復回人丁七百四十四丁。至康熙二十年，邑被寇踞之後，時屆編審開除逃絕一千七百六十二丁，所僅存者一千八百一十六丁。又康熙三十一年，題豁八百零八丁，尚存一千零八丁。康熙四十一年、四十二年至雍正七年，隨糧復回人丁二百三十丁，內優免丁四十八丁，實存一千一百九十丁，派徵差課則例遞年會入由單編審。雍正九年，隨糧報復人丁六十九丁。又自雍正十年至乾隆十四、二十一等年，隨糧報復人丁四百二十六丁，內有優免人丁一百四十七，實共人丁一千五百三十八丁，隨糧辦納。乾隆元年起至四十一年止，各編審新增盛世滋生人丁三千零二丁，欽奉恩詔永不加賦。

邑全書原額載女口一千八百二十二口，內除原遷編審冊報遷移婦女二百九十九口，又除續遷七百四十一口，尚實存七百八十二口。康熙八年，展界隨糧復回婦女一百二十四口。九年，復回一百九十一口。

十年，復回七十八口。十一年，復回一百零九口。十二年，復回八十二口。十三年，復回七十九口，尚遷移海島未復三百七十七口。至二十年，邑被寇踞，時屆編審開除逃絶六百九十一口，所僅存者七百五十四口。又康熙三十一年，題豁三百一十口，尚存四百四十四口。康熙四十一年、四十二年至雍正七年，復回九十一口，實存五百三十五口，派徵鹽課遞年會入由單編徵。雍正九年，隨糧報復二十七口。又自雍正十年至乾隆十四、二十一等年，隨糧報復婦口一百九十七口，實共婦口七百五十九口，隨糧辦納。乾隆元年起至四十一年止，各屆編審新增盛世滋生婦口三千零二口，欽奉恩詔，永不加賦。

硇洲田糧，自康熙元年遷界豁免。二十三年，展界大人以硇洲與欽州之澗洲俱在海外，非舟不渡，仍不給民耕，後因原遷硇民譚福臻于三十五年、四十年間呈請復業，時議覆以孤懸海外，非設營立官不足防禦，中止後酌改沿海營制，題准特設專營防汛。四十三年，知縣楊名彩復據硇民呈請復業。四十五年，咨部准其開墾原額田糧八十一頃二十五畝零。

屯田

原額屯田稅三十三頃九十七畝零三毫三絲三忽，每畝原科米三斗，共徵本色屯米一千零一十九石一斗零一合，該所經徵本色運納廣積倉內，除原題准豁荒陷無徵稅二十一頃六十六畝七分八釐八毫七絲六忽零，米六百五十石零三升六合六勺零，又續遷題豁荒稅七十六畝二分六釐二毫二絲七忽，米二十二石八斗八升八合六勺零，共實荒陷及遷移無徵税二十二頃四十三畝零五釐一毫零，米六百七十二石九斗一升五合三勺零，尚實徵熟税一十一頃五十三畝九分五釐二毫二絲九忽零，本色米三百四十六石一斗八升五合六勺零。又於康熙八年展界至六十一年墾復，共税二頃八十二畝九分九釐，内止初次科米三斗，餘悉照減，則例每畝科米八升八合八勺一抄，共米二十七石四斗九升七合六勺零。雍正六、八兩年，又墾復税五頃七十三畝零八釐九毫零一忽，照減則例共科米五十石零八斗九升六合零，實在連墾復共税二十頃一十畝零三釐一毫三絲零，共徵米四百二十四石五斗七升九合三勺零。又自雍正十年後起至乾隆六年，墾復，除消外尚起徵税七十二畝三分二釐七毫七絲零，共二頃零八十二畝三分五釐九毫零，實共徵米四百三十一石零二合八勺二抄七撮零，候撥各營兵食。

原額屯丁二百一十丁，内除康熙二十三年編審詳銷逃絶六十一丁，現在實存一百四十九丁。康熙十七年，部文起徵比照附近吴川縣民丁之例，每丁歲徵銀四錢三分三釐六毫八絲四忽，共徵銀六十四兩六錢一分八釐一絲六忽，遇閏加增銀三兩零九分零一毫一絲一忽，照徵起解。雍正三年，奉裁所官歸併縣轄一軍器等料，共銀九兩二錢三分三釐一毫，革汰無徵。雍正九年奉文，雍正十年爲始，將額派屯戸丁銀，按照屯糧米石匀派，該派屯丁二十九丁四分五釐，編徵銀七兩五錢六分三釐九毫九絲零，遇閏加銀二錢九分四釐零九絲零。乾隆元年至四十一年，各屆編審新增盛世滋生屯丁八十九丁，欽奉恩詔永不加賦。

外額

漁課米共四百四十九石零五升九合六勺，舊徵漁課油料并京水脚共銀六十四兩四錢一分四釐八毫，帶徵解司水脚銀六錢四分五釐一毫，遇閏加增銀五兩四錢三分八釐二毫，又徵漁課米銀一百四十八兩一錢八分九釐七毫，帶徵解司水脚銀一兩四錢八分一釐九毫，遇閏加增十二兩四錢七分二釐六毫，奉遷界外無徵，展界後漸次復回原額每石并科銀四錢七分八釐四毫零三忽，逓年額徵銀二百一十四兩八錢三分一釐五毫，遇閏加銀一十七兩九錢一分零八毫，向分課頭八名，每名分管十甲，催徵紛雜。雍正三年，知縣甯時文聽民各隨戶糧收歸都甲，以便徵納南工匠價原額銀三十六兩，水脚銀二錢八分八釐，除康熙三十一年十月内奉戶部行文，復准豁免逃荒無徵銀一十七兩零六分二釐五毫，水脚銀一錢三分六釐五毫外，尚銀一十八兩九錢三分七釐五毫，水脚銀一錢五分一釐五毫。雍正八年，奉行匠價有額無着，歸入地畝匀徵，按現在實税畝數派徵，共銀二十四兩六錢零九釐六毫九絲，遇閏加銀二兩零五分零五毫七絲。

雜税。三丫、烏坭渡逓年徵解税銀五兩。又自乾隆元年至五十五年止，新增梅菉、黄坡等渡，共徵餉銀十五兩五錢，内除詳奉撥抵李我承虚糧銀十兩零三錢一分二釐，餘俱解司充餉。

税契銀。全書載原無定額，隨徵隨解，買産人戶每價一兩，税銀三分，奩撥開墾每畝税銀五分，逓年歸入額徵解税銀二兩九錢一分三釐，帶徵科場費用銀九錢七分一釐。雍正七年以後，每年報出羡餘銀二三百兩不等。

學租銀一十二兩二錢四分，遞年徵解學院。

鹽課

竈籍本縣南一都正辨二百九十丁，南三都正辨四百丁，東隅七甲正辨七丁，共六百九十七丁，歲該課銀三百六十八兩三錢五分九釐三毫七絲五忽，竈田稅二百六十頃零三十九畝三分，折改米七百七十五石六斗五升六合五勺八抄，第南二、南三兩都并東隅七甲附居邊海前居，奉遷鹽田盡在界外，課銀無徵。至康熙八年展界，招回竈丁一百七十四丁五分。九年，分招回竈丁一百八十五丁五分，又於康熙二十三年招回竈丁一十二丁正，現在南二、南三、東隅共竈丁三百七十二丁，每丁派徵課銀四錢七分一釐五毫，共徵課餉銀一百七十六兩八錢一分二釐五毫，於康熙二十六年奉文按丁加增，共銀七兩五錢六分，內除康熙三十二年三月內奉文着免減半，加增銀三兩七錢八分。乾隆元年，奉旨加增銀兩，一槩豁免，共除加增銀三兩七錢八分外，尚實徵課餉銀一百七十六兩八錢一分二釐五毫，今在竈田米內徵輸。

設厰九座。

乾塘。

滘積。

南三。

博立。

瑶貫。

莫村。

潭思。

石角。

芧隴。

鹽竈共三百七十二隻，每年額收鹽一萬二千包，後復加額鹽二千四百包。至乾隆三十六年，又加額鹽一千二百包，共一萬五千六百包。

津梁

橋

延華橋。在城西，八景之一。萬曆間邑民林有實重建後，邑令周應鰲改造，橋邊構亭，曰『文明』。今廢。

飛霆橋。城西白沙渡，昔有雷降，故名，今圮。

唐禄橋。城西十五里，邑人唐禄建。

官橋。城西二十里，平澤村橋頭一大石有仙人跡，號『仙人石』。

淺水橋。城西二十里，邑人陳賢率衆建。

平定橋。城西三十里，邑人徐善政率衆建。

那叠橋。城西六十里。

通駟橋。城北四里，水自横山村來，北一都邱氏女造。駕以石梁，覆以亭，爲八景之一，今圮。

蘆花橋。去城二十里，在合江渡。

躍龍橋。去芷艼一里，邑令周應鼇建，設舟以備漲溢。

渡

川滘渡。城北十里，又名合江渡。

南巢渡。城北四十里，又名榕葉渡，自此至化州界。

調高渡。城西南四十里，自此至雷州界。

麻練渡。城西六十里。

硇洲渡。城南九十里，南通硇洲，北通地聚。

硇洲津前渡。城南水陸數百里。

新塲渡。城西南四十里。

新門渡。城西五十里。

進埠渡。城西四十里。

博立渡。城西三十五里。

車路渡。城西三十里。

古樓渡。城西三十里。

麻斜渡。城西南六十里，自此至遂溪界。

官渡。城西南五十里。

三丫渡。城西北三十里。

龍起渡。城西南五十里。

平城渡。城西二十里。

烏泥渡。城南十五里。

白沙渡。城西二里。

頓當渡。今歸白沙渡。

林公渡。城西十五里。

公子渡。城西北十里。

山墟渡。城北二十里。

水利

盛志曰：水之裨於民也，利莫宏於五穀。而堤岸陂塘，又所以障之，蓄之，俾其施不窮者。故陂有陂甲，塘有塘甲，各以統其衆及時修築，使鄉無旱乾水溢之患，而歲收灌溉之功，然所以督率而驅使之者，在乎上也。邑舊無陂塘，洪武二十八年，工部勘合，爲民興利除害。時縣令曹定令民修築積水以防歲旱，自是漸稱沃壤，即歲深月累不無傾圮，惟在時勤營繕，不至廢墜云爾，爰因其功而志之。

陂塘

廟底塘。北一都。

羅山塘。北二都。

竈頭塘。北四都。

那葛塘。北五都。

占村塘。北六都。

黄屋塘。北七都。

楊梅塘。北八都。

歸尋塘。北八都。

多倫塘。北八都。

吳家塘。北十一都。

唐祿塘。北十一都。

白水塘。北十一都。

神塘。南二都。

堤岸

新村岸。北二都。

三江岸。北四都。

院村岸。北二都。

羅叠岸。北二都。

三柏岸。北十一都。

黄坡岸。北十一都。

奇艷岸。北三都。

郵傳

吳用楫曰：吳川僻處海隅，非通衢孔道，驛站設而復遷。然郵筒往來，其能一日缺乎？

明初設三合驛，後遷石城。

縣前鋪。鋪兵二名。

茶亭鋪。城北十里，鋪兵二名。

大坡營鋪。城北二十里，鋪兵二名。

三江鋪。城北三十里，鋪兵二名。

樟木鋪。城北四十里，鋪兵二名。

南巢鋪。城北五十里，鋪兵二名。

塘郊鋪。

川滘鋪。

羅山鋪。

頓當鋪。

塘欖鋪。

扶林舖。

調高舖。以上七舖，舊設，今存其名。

塘報

明嶺西守道盛公萬年，平倭善後條教曰：吳、電海面距高州各幾二百里，軍情警報，急如星火，乃向因未設塘兵，俱差哨兵走報，多致違悞。且總哨平日虛冒，一遇查點不到，輒藉口差遣。合添設塘兵沿海十二名，陸路十八名，照派定信地遇，凡有警息及兵務，各星馳傳遞。若平常公文，自有舖兵。府、縣官不得混差，以疲其力。自後總哨若仍復以差遣爲辭，虛兵冒餉者，定行從重究處。

限門高山瞭望二名，凡有緊急事情，報至總哨。

新門沿海一塘二名，傳至限門、吳川。

限門一塘二名，傳至梅菉。

梅菉一塘二名，東路傳至王村，北路傳至王竹。

王竹一塘二名，傳至石鼓。

王村一塘二名，傳至赤水。

已上吳川營限門寨，每塘各分派一名，共設舖兵一十二名，每月支工食銀陸錢，歲底共支七兩貳錢。

恤政

康熙二年，奉詔蠲本年錢糧十分之三。康熙二十七年十一月，詔天下軍民，七十以上，免一子雜派差役侍養；八十以上給帛一疋，綿一觔，肉十觔，米一石；九十以上倍之。

康熙五十年，詔免廣東全省地丁錢糧及積逋。

雍正元年，上密諭督撫行社倉法令，勸諭州縣以漸而行，不可急迫出舊入新，以隨民便。社正司其出入，大約皆本朱子社倉之遺意，隨州縣人數之多寡，積漸行之，蓋恐以便民之美政反置擾民也。吳邑勸立社倉四所：

城東。

上郭。

流泗岸。

塘𡑞。

養濟院。在城北，歲久頹圮。康熙七年，邑令黃若香捐俸作草舍三間。

義塚。一所廣袤計五十餘丈，在舊大較塲演武亭左。萬曆二十七年，縣令周應鰲拾暴骸瘗之。

一所在城北郊，在康熙二十四年奉文建立義塚，軫念歷年用兵其間亡於鋒鏑，斃於饑寒，白骨暴露，於是設義塚一所，計四十餘丈。

一所在芷苧。

一所在塘掇。

一所在麻斜。令就近居民或貧不能葬及無主枯骨，報縣捐給埋葬。

一所在南門東偏。康熙二十七年，邑人捐貲修建盂蘭會，徧拾枯骨瘞之，每歲七月舉行。

雍正八年，特恩免廣東省地丁錢糧四十萬，每地丁銀一兩，免銀三錢九分八釐六毫。

乾隆十一年，詔免地丁錢糧。

乾隆十五年，詔天下軍民七十以上免一子雜派差役侍養；八十以上給帛一疋，綿一觔，肉十觔，米一石，九十以上倍之。

乾隆二十一年，詔免地丁錢糧。

乾隆二十五年，恩賞軍民老人肉帛，并免丁侍養。

乾隆三十五年，恩賞軍民老人肉帛，免丁侍養。

乾隆三十六年，詔免地丁錢糧。

乾隆四十二年，恩恤天下鰥寡孤獨、無告貧民。

乾隆四十五年，詔免地丁錢糧。恩恤軍民老人帛肉，七十、八十、九十以上，次第加賞。

乾隆五十五年，恩賞軍民老人帛肉，七十、八十、九十以上，次第加賞，恩免地丁錢糧。自五十六年起至五十八年，分三年次遞免。

吳川縣志卷之二終

吴川縣志卷之三

吴川縣知縣津門沈峻丹崖甫纂

學校

自古有邦所以久安長治者，端在於樹人。故多士克生，皆由學校栽培之力。我國家德教漸被百餘年矣，雖僻壤遐陬，莫不向化。吳處海濱，能自外乎？其間廣勵甄陶，超軼前代，謂非膠庠如昨，斯文聿新，環橋之盛再見於兹與！

學宫。原在舊縣治左，南向。元至正間，主簿唐必敬、教諭吳仲元建。洪武間縣丞汪季清、正統間知縣鄧宣、崇禎間邑進士吳鼎泰相繼重修。國朝雍正五年，訓導許紹中率紳士議請臺使即分司廢址改建，西向，一依舊制。

大成殿。四楹五間，兩廡東西五間，戟門兩楹三間。欞星門三座，俱西向。

崇聖殿。在大成殿後，兩楹三間，門三間。

明倫堂。在崇聖祠後。

名宦祠。在儀門左，三間。

鄉賢祠。在儀門右，三間。

文昌閣。在舊學宫，東西向，三間。邑令黄若香重修，後復圮，邑人重修。共捐置田米四石壹斗六升以供祭享香燈，今尚存，租數列後：

一米壙山田米約肆斗。批租一十石零二斗。

一那鄧潮田米約陸斗。批光租三十六石。

一下寮潮田米約壹斗。批傜租五石。

一豬兒塘山潮田米約壹石餘。批租七十一石。

以上共租壹百叁拾叁石貳斗，紳士輪流管理，爲誕辰飛昇祭享以及廟祝香燈之用。

奎星樓。舊志載在大成殿左，萬曆四十七年，署縣事海防同知陳所立建，今圮。

致齋所。

宰牲所。

饌堂。以上俱攝縣事丞徐崇善建。

號房。攝縣事丞徐崇善建，爲講習之所，凡二十餘間，在學東，今圮。

碑刻

明

臥碑。

正統七年修學碑。邑令劉震、攝縣事丞徐崇善、典史馮完重修，通判馬文饒篆額，教諭鄧宜譔文，訓導陳添書丹。

正德九年修學碑。邑令方宜賢修，高州府推官黄斌撰文。

嘉靖五年，御製敬一箴碑。

科甲題名碑。嘉靖三十八年，攝縣事丞周同立。

歲貢題名碑。嘉靖三十八年，攝縣事丞周同立。

海防陳公祠堂碑。崇禎四年。

國朝

臥碑。順治九年頒，雍正九年，署知縣盛熙祚立石。

御書四箴碑。康熙三十年。

御製訓飭士子文 康熙四十一年

國家建立學校，原以興行教化，作育人材，典至渥也。朕臨御以來，隆重師儒，加意庠序，近復慎簡。學士釐剔弊端，務期風教修明，賢才蔚起，庶幾棫樸作人之意。乃比年士習未端，儒效罕著，雖因內外臣工奉行未能盡善，亦由爾諸生積錮已久，猝難改易之故也。茲特親製訓言，再加警飭，爾諸生其敬聽之。

從来學者先立品行，次及文學。學術事功，源委有敘。爾諸生幼聞庭訓，長列宮墻，朝夕誦讀，寧無講究。必也躬修實踐，砥礪廉隅，敦孝順以事親，秉忠貞以立志。窮經考義，勿雜荒誕之談；取友親師，悉化憍盈之氣。文章歸于醇雅，毋事浮華；軌度式于規繩，最防蕩軼。子衿佻達，自昔所譏。苟行止有虧，雖讀書何益。若夫宅心勿淑，行己多愆，或蜚語流言，挾制官長；或隱糧包訟，出入公門；或唆掇奸猾，欺孤凌弱；或招呼朋類，結社要盟。乃如之人，名教不容，鄉鄙弗齒。縱倖逃褫樸，濫窃章縫，返之於衷，能無愧乎？况乎鄉會科名，乃掄才大典，關係尤鉅。士子果有真才實學，何患困不逢年。顧乃標榜虛名，暗通聲氣，夤緣詭遇，罔顧身家。又或改竄鄉貫，希圖進取。囂凌騰沸，網利營私。種種弊情，深可痛恨。且士子出身之始，尤貴以正。若茲厥初拜獻，便已作奸犯科，則異時敗檢踰閑，何在不至，又安望其秉公持正，爲國家宣猷樹績，膺后先疏附之選哉。朕用嘉惠爾等，故不禁反復惓惓。茲訓言頒到，爾等務共體朕心，恪遵明訓，一切痛加改省，爭自濯磨，積行勤學，以圖上進。國家三年登造，束帛弓旌，不特爾身有榮，即爾祖父亦增光寵矣。逢時得志，寧俟他求哉。若乃視爲具文，玩愒弗儆，毀方躍冶，暴棄自甘，則是爾等冥頑無知，終不能率教也。既負栽培，復干咎戾，王章具在，朕亦終不能爲爾等寬矣。自茲以往，內而國學，外而直省鄉校，凡學臣師長，皆有司鐸之責者，並宜傳集諸生，多方董勸，以副朕懷。否則職業弗修，咎亦難逭，勿謂朕言之不預也，爾多士尚敬聽之哉。

康熙二十二年修學碑。邑令秦松如。

康熙五十四年修明倫堂碑。邑令何美。

平定青海告成太學碑。雍正八年。

扁額

御書『萬世師表』。康熙二十三年。

御書『生民未有』。雍正三年。

御書『與天地參』。乾隆三年。

學署

教諭署名博文齋，訓導署名約禮齋。

教諭署。在舊學東。

訓導署。在教諭署後，今遷崇聖祠左。

盛志曰：按宋制，諸州置教授而縣無專官，或以他官攝學事。元於行省置儒學提舉，又設書院山長，亦無定員，路稱學正。縣有教諭、訓導。至明因之，始定諸縣設教諭一員，訓導一員。國朝因之。順治十五年，裁訓導。康熙三年，裁教諭，復設訓導。二十年，復並設教諭、訓導，額設弟子員廩膳生員二十名，增廣生員二十名，附學生員每歲科二試額取八名。雍正元年奉旨，州縣有人文差盛者准陞改，時學院惠士奇題准吴川以小學陞中學，每歲科試各取八文童、十二名武童，止歲試八名。康熙五十五年，通省軍籍另額取入府學，吴邑寧川所每歲科各取入文童一名，歲試取入武童一名。

大成殿

至聖先師孔子牌位。朱地，金書。

四配

復聖顔子。

述聖子思子。

在殿内東旁。

宗聖曾子。

亞聖孟子。

在殿内西旁。

十哲

先賢閔子名損。

先賢冉子名雍。

先賢端木子名賜。

先賢仲子名由。
先賢卜子名商。
先賢朱子名熹。康熙五十一年陞祚。
在殿內次東。
先賢冉子名耕。
先賢宰子名予。
先賢冉子名求。
先賢言子名偃。
先賢顓孫子名師。
在殿內次東。

東廡

先賢蘧瑗。
先賢澹臺滅明。
先賢原憲。
先賢南宮适。

先賢商瞿。
先賢漆雕開。
先賢司馬耕。
先賢有若。
先賢巫馬施。
先賢顔辛。
先賢曹卹。
先賢公孫龍。
先賢秦商。
先賢顔高。
先賢壤駟赤。
先賢石作蜀。
先賢公夏首。
先賢后處。
先賢奚容藏。
先賢顔祖。

先賢句井疆。
先賢秦祖。
先賢縣成。
先賢公祖句茲。
先賢燕伋。
先賢樂欬。
先賢狄黑。
先賢孔忠。
先賢公西蒧。
先賢顔之僕。
先賢施之常。
先賢申棖。
先賢左丘明。
先賢秦冉。
先賢牧皮。
先賢公都子。

先賢公孫丑。
先賢張載。
先賢程頤。
先儒公羊高。
先儒孔安國。
先儒毛萇。
先儒高堂生。
先儒鄭康成。
先儒諸葛亮。
先儒王通。
先儒司馬光。
先儒歐陽修。
先儒胡安國。
先儒尹焞。
先儒呂祖謙。
先儒蔡沈。

先儒陸九淵。
先儒陳淳。
先儒魏了翁。
先儒王柏。
先儒許衡。
先儒許謙。
先儒薛瑄。
先儒王守仁。
先儒羅欽順。
先儒陸隴其。

西廡

先賢林放。
先賢宓不齊。
先賢公冶長。
先賢公晳哀。

先賢高柴。
先賢樊須。
先賢商澤。
先賢梁鱣。
先賢冉孺。
先賢伯虔。
先賢冉季。
先賢漆雕徒父。
先賢漆雕哆。
先賢公西赤。
先賢任不齊。
先賢公良孺。
先賢公肩定。
先賢鄡單。
先賢罕父黑。
先賢榮旂。

先賢左人郢。
先賢鄭國。
先賢原亢。
先賢廉潔。
先賢叔仲會。
先賢公西輿如。
先賢邽巽。
先賢陳亢。
先賢琴張。
先賢步叔乘。
先賢秦非。
先賢顔噲。
先賢顔何。
先賢縣亶。
先賢樂正克。
先賢萬章。

先賢周敦頤。
先賢程顥。
先賢邵雍。
先儒穀梁赤。
先儒伏勝。
先儒后蒼。
先儒董仲舒。
先儒杜子春。
先儒范甯。
先儒韓愈。
先儒范仲淹。
先儒胡瑗。
先儒楊時。
先儒羅從彦。
先儒李侗。
先儒張栻。

先儒黄幹。
先儒真德秀。
先儒何基。
先儒趙復。
先儒金履祥。
先儒陳澔。
先儒陳獻章。
先儒胡居仁。
先儒蔡清。以上木主，赤地，金書。

崇聖祠

雍正五年，奉旨追封孔子五代王爵，改啓聖宫爲崇聖祠。
肇聖王木金父公。正中。
裕聖王祈父公。東一室。
詒聖王防叔公。西一室。
昌聖王伯夏公。東二室。

啓聖王叔梁公。西一室。以上木主，朱地，金書。

東配

先賢顔氏無繇。

先賢孔氏。

西配

先賢曾氏點。

先賢孟孫氏。

東廡

先儒周輔成。

先儒程珦。

先儒蔡元定。

西廡

先儒張迪。

先儒朱松。以上木主，朱地，墨書。

名宦祠

明

分巡嶺西道按察司僉事陶魯。

分巡嶺西道布政司右叅政盛萬年。

知縣陶歆。

陳衍。

鄧宣。

寥雲翔。

周應鰲。

朱宏。

王泰徵。

縣丞汪季清。

國朝

總督佟養甲。遼東人。

李率泰。

巡撫王來任。遼東人。

朱祚。山東人。

楊宗仁。遼東人。

楊文乾。宗仁子。

鄉賢祠

宋

進士鞠杲。

解元李凌雲。

明

進士林廷瓛。

吳鼎泰。

乾隆五十一年，邑令王椿年仝合邑紳民重修學宫，增禮門、義路兩門，泮池内築鰲魚以吐納池水，餘仍舊制。

乾隆五十五年，邑令沈峻捐俸重建明倫堂，三間四楹，屏風書刻聖經，兩廊各三間，兩楹勒碑於左廊壁上，以祈永久。

書院 舊志城中社學及各都村墟，有大舘四所，小舘十二所。

正疑書院。在舊學左，邑令周應鰲建。置田租五十石，爲膏火資。後書院圮而租亦失。邑令宋世遠於康熙三十年重建，爲義學，捐俸置田米五石，爲贍士資，後義學復圮，田亦爲豪強所侵。至乾隆十九年，邑令李彩重修義學，從紳士林春澤、吳樹錦等之請，擬將此田交紳士殷實者輪管。乾隆三十九年，邑令張恂增修義學，實查原田僅存三石四斗，又撥充公之田五石餘以增脩膏之用。乾隆四十八年，邑令王椿年於學中立齋長四人，將此田交齋長會同管理，每年供給脩金膏火，遇邑中有恩拔副歲貢生，亦在此項給錢十千文，年終齋長具支銷數呈縣查覈，詳報李、張、王三公，各勒碑立學堂中，土名田數列後。

一土名樟寨垌。山田米叁石肆斗。
一土名黄坭垌。山田米貳石肆斗。
一土名那余埇。田米玖斗。
一土名上插埇。田米壹石捌斗肆升。
一土名白沙埇。田米陸升。
一土名三柏坉埇。田米陸斗壹升。
以上共田米玖石貳斗壹升，每年約批租錢貳百千文，有增無□。

江陽書院。去城十餘里，邑令周應鰲建。置田租一百三十餘石爲膏火。□□□□□□人改作僧舍，名雙峯寺，塑周公遺像奉祀。因不法之僧將田租變置，紳士林式僑、林香賔等控縣。乾隆四十二年，邑令張恂審斷，得潮田米壹石貳斗，垉田米壹斗叁升，并陸地菅埇禾蟲埠等項，每年批租穀壹百貳拾陸石，并租錢數千文，着紳士輪流管理，不用住持僧，招廟祝以奉香燈，每年除香燈祭享及糧米所支外，尚剩報明長息，爲大比年舉行賔興之用。

書籍

四書大全。
五經大全。

性理大全。
通鑑。
朱子綱目。
周禮。
近思録。
伊洛淵源。
孔子家語。
國語。
戰國策。
史記。
前後漢書。
吕氏春秋。
左國文選。
國語評。
七雄策。
劉向二書。

六子書。

文章正宗。

淮南子。

二十四子真經。

管子。

韓子。

憲章錄。以上俱因寇亂被燬。

國朝新頒：

大清律。

四配贊。

訓飭士子文。

陳設及祭器圖一部。雍正三年頒。

聖諭廣訓。

上諭十卷。自雍正元年至七年。

祀典

文廟釋奠，歲用春秋仲月上丁日舉行。先一日省牲，儀注悉遵定制。

正位陳設：

帛一。白色。

白磁爵三。

牛一。

羊一。

豕一。

登一。

鉶二。

簠一。

簋二。

籩十。

豆十。

酒罇一。

四配陳設：每位一案。

帛一。白色。

白磁爵三。

羊一。

豕一。

鉶一。

簠二。

簋二。

籩八。

豆八。

酒罇一。

十哲陳設：每位一案。

帛一。白色。

白磁爵各一。

豕一。

羊一。

鉶各一。

簠各一。

簋各一。

籩各四。

豆各四。

兩廡陳設：每四位一案。

每廡帛一。

銅爵各一。

豕三。

每案簠一。

簋一。

籩四。

豆四。

崇聖祠

正位陳設：每位一案。

帛一。白色。

白磁爵三。

豕一。

羊一。

鉶一。

簠二。

簋二。

籩八。

豆八。

酒罇一。

配位陳設：每位一案。

帛二。白色。

豕羊各一。

每位銅爵三。
簠一。
簋一。
籩四。
豆四。
豕肉一。
兩廡陳設：
帛二。
每位銅爵三。
簠一。
簋一。
籩四。
豆四。
豕肉一。

儀注

通：執事者各司其事，執樂舞者各詣樂舞所，陪祭官各就位，分獻官各就位，正獻官就位。瘞毛血，迎神，行三跪九叩首禮。興，平身，奠帛，行初獻禮。引詣盥洗所盥洗，詣酒罇所。司尊者舉冪酌酒，詣至聖先師孔子神位前，跪，奠帛，獻爵，叩首，興，平身。詣讀祝位，跪。

通：衆官皆跪。讀祝畢，叩首，興，平身。詣復聖神位前，跪，奠帛，獻爵，叩首，興，平身。詣宗聖神位前，跪，奠帛，獻爵，叩首，興，平身。詣述聖神位前，跪，奠帛，獻爵，叩首，興，平身。詣亞聖神位前，跪，奠帛，獻爵，叩首，興，平身。

通：行分獻禮。十哲兩廡各引至神位前，跪，奠帛，獻爵，叩首，興，平身。復位。

通：行亞獻禮。同初獻，但無分獻禮與奠帛。

通：行終獻禮。如初。

通：飲福受胙。引詣飲福位，跪，飲福酒，受胙，叩首，興，平身。謝胙，一跪三叩首，興，平身，復位。

通：撤饌。送神。行三跪九叩首，興，平身。讀祝者捧祝，司帛者捧帛，各詣燎所。引詣望燎所，望燎，揖，復位。

通：禮畢。

正殿祝文

惟師德隆千聖，道冠百王，揭日月以常行，自生民所未有。屬文教昌明之會，正禮節樂和之時。辟雍鍾鼓，咸恪薦以馨香。泮水膠庠，益致嚴於籩豆。茲當仲春秋，祇率彝章，肅展微忱，聿修祀典，配以復聖顔子、宗聖曾子、述聖子思子、亞聖孟子。尚饗。

崇聖祠春秋仲月上丁日致祭，禮同文廟，惟無飲福受胙，不唱分獻。

祝文

惟王誕生至聖，爲萬世者之師，功德顯著。茲當仲春秋，謹以牲帛、醴齊、粢盛、庶品，祇奉舊章，式陳明薦，配以先賢顔氏、先賢曾氏、先賢孔氏、先賢孟孫氏。尚饗。

名宦祠春秋丁祭行禮。

陳設：

帛一。

豕一。

羊一。

籩四。

豆四。

祝文

卓哉。羣公懋修厥職，澤被生民，功垂社稷。茲當仲春秋，謹以牲醴，用申常祭。尚饗。

鄉賢祠春秋丁祭陳設行禮俱同名宦。

祝文

惟公邦之儀，羽鄉之典型。芳名盛德，矜式後人。茲當仲春秋謹以牲醴用申常祭。尚饗。

文昌閣。春秋祀，陳設、行禮同名宦。

祝文

惟神文章司命，人物權衡。職掌祿籍，陰隲惟均。茲當仲春秋謹以牲醴用申常祭。尚饗。

文廟樂章

迎神咸平之章　無舞

大太四 哉南工 至林尺 聖仲上，道太四 德仲上 尊林尺 崇仲上。維南工 持林尺 王仲上 化太四，斯林尺 民仲上 是黃合 宗大四。

典黃合 祀太四 有仲上 常林尺，精南工 純林尺 並太四 隆仲上。神黃六 其南工 來林尺 格仲上，於林尺 昭仲上 聖黃合容太四。

初獻樂寧平之章　有舞

自太四 生仲上 民林尺 來仲上，誰太四 底黄合 其仲上 盛太四。惟南工 師林尺 神仲上 明太四，度黄合 越仲上 前仲上

聖太四。

粢仲上 帛太四 具仲上 成林尺，禮黄合 容太四 斯林尺 稱仲上。黍太四 稷南上 非黄六 馨林尺，維南上 神林尺 之仲上

聽太四。

亞獻樂安平之章　有舞

大太四 哉仲上 聖黄合 師太四，實南工 天林尺 生仲上 德太四。作仲上 樂太四 以仲上 崇林尺，時仲上 祀太四 無林尺

斁仲上。

清黄六 酤南工 惟仲上 馨仲上，嘉林尺 牲仲上 孔黄合 碩太四。薦太四 羞南工 神黄六 明林尺，庶南工 幾林尺 昭仲上

格太四。

三獻樂景平之章　有舞

百仲上 王南工 宗林尺 師仲上，生林尺 民仲上 物太四 軌黄合。瞻黄六 之南工 洋林尺 洋仲上，神林上 其仲上 寧太四

止黄合。

酌太四 彼黄合 金林尺 罍仲上，惟南上 清林尺 且太四 旨仲上。登仲上 獻太四 惟林尺 三仲上，於黄六 嘻南工 成林尺

禮仲上。

徹饌樂咸平之章　無舞

犧仲上 象太四 在仲上 前林尺，豆太四 籩仲上 在黃合 列太四。以太四 享南工 以林尺 薦仲上，既仲上 芬林尺 既太四 潔仲上。

禮黃合 成太四 樂仲上 備太四，人南工 和林尺 神仲上 悅太四。祭黃合 則太四 受仲上 福林尺，率黃合 遵南工 無林尺 越仲上。

送神樂咸平之章　望燎同

有大四 嚴南工 學林尺 宮仲上，四黃合 方太四 來仲上 崇太四。恪黃六 恭南工 祀林尺 事仲上，威南工 儀林尺 雝仲上 雝太四。

欽仲上 茲林尺 惟南尺 馨林尺，神仲上 馭太四 還林尺 復仲上。明黃六 禋南工 斯林尺 畢仲上，咸南工 膺林尺 百仲上 福太四。

樂器

麾。

金鍾。

玉磬。

鼓。

搏拊。

柷。

敔。

琴。

瑟。

排簫。

笙。

簫。

笛。

塤。

篪

舞譜

初獻

自稍前向外開籥舞。

生蹈，向裏開笛舞。
民合手蹲，朝上。
來起，辭身向外，高舉籥朝面。
誰兩兩相對蹲，東西相向。
底合手蹲，朝上。
其正揖。
盛起，平身出，左右立。
惟兩兩相對，自下而上，東西相向。
師稍前舞，舉籥垂翟。
神中班轉身，東西相向立。惟兩中班十二人轉身，俱東西相向。
明舉翟三合籥。
度稍前，向外垂手舞。
越蹈向裏，垂手舞。
前向前合手，謙進步，雙手合籥。
聖回身再謙退步，側身向外，高手回，面向上。
粢正蹲，朝上。

帛稍舞躬身，挽手側身，向外，呈籥耳邊，面朝上。

具正揖。

成起，辭身挽手，復舉籥正位。

禮兩兩相對交籥，兩班俱東西手執籥。

容正揖。

斯向外退，挽手舉籥向外，面朝上。

稱回身正立。

黍稍前舞。

稷正蹲，朝上。

非左右垂手，兩班上下俱雙垂手，面相向。

馨起，合手相向立。

惟左右側身，垂手向外開籥，垂手舞。

神右側身，垂手向裏，垂手舞。

之正揖，朝上。

聽躬而受之，躬身朝上，拱籥而受之，三皷畢，起。

亞獻

大左右進步西外垂手舞。

哉右向垂手。

聖向外落籥面朝上。

師退回，正身立。

實正蹲。

天起身向外，轉向外舞。

生向裏舞。

德合手謙進步向前，雙手合籥存謙。

作兩兩相對，自下而上，兩班相對，舉籥東西。

樂上下俱垂手，惟兩中班上下十二人俱垂手轉身，東西相向。

以轉身，東西相對向立。

崇相向立，兩班上下以翟相籥。

時稍前舞蹈，兩班下，俱垂手向外。

祀向裏垂手舞。

無合手謙進步向前，垂手合籥。

斁回身再謙，兩班上下東西相向，合籥立。

清稍前舞，向外開籥翟。

酤向裏舞。

惟雙手平執籥翟，開籥翟。

馨合籥，翟朝上，正立。

嘉側身垂左手，兩班俱垂手，向外舞。

牲躬身正揖。

孔雙手舞籥翟射身。

碩躬面受之，躬身朝上，拱籥受之，一鼓而起。

薦一叩頭，舉左手，叩頭。

羞舉左手。

神復舉右手。叩頭。

明拜，一鼓畢，即起躬身，三鼓平身。

庶三舞蹈，舉籥向左，躬身舞。

幾舉籥向右，躬身舞。

昭舉籥復向左，躬身舞。

格拱籥躬身而受之。

三獻

百向外開籥舞。

王向裏籥舞。

宗側身向外，面朝上。

師朝上正立。

生兩班上下兩兩相對交籥。

民合手朝上正蹲。

物側身向裏落。

軌合籥朝上，正立。

瞻向外開籥舞。

之向裏開籥舞。

洋開籥朝上，正立。

洋合籥。

神向外開籥舞。

其向裏開籥舞。

寧進步向前，雙手合籥。

止回身，東西相向手謙。

酌向外開籥舞。

彼向裏開籥舞。

金開籥，朝上正立。

罍合籥，朝上正立。

惟向外垂手舞。

清向裏垂手舞。

且朝上正揖。

旨躬身而受之。

登躬身向左，合籥舞。

獻躬身向左，合籥舞。

惟躬身復向左右籥。

三合籥朝上拜，一鼓畢，平身。

於側身向外垂手。

嘻側身向裏，垂手舞。

成朝上，正揖。

禮躬身朝南受之，三鼓畢，起身。

舞器

節。

羽。

籥。

佾舞生三十六名。

樂工五十二名。

糾儀官二名。

禮生五十名。

祭器

錫爵三十箇。

木豆二百六十五箇。

木香爐五副。

錫罇一對。

木篚九個。

祝板一座。

鐵香爐一副。

錫爵二十個。

錫鍔鉶二十個。

錫燭臺一對。

木爵七十個。

木鉶二十三個。

木碗十一個。

鐵□一面。

鄉飲

明萬曆十六年頒行鄉飲酒禮圖式，每歲遵行。國朝順治間尚沿此例。

每歲正月十五、十月初一日於儒學行禮。前一日，執事者於儒學之講堂陳設坐次，司正率執事者習禮。至日黎明，執事者宰牲具饌，主席及僚屬司正先詣學，遣人速賓僎，以下比至。執事者先報賓至。主席率僚屬出迎於庠門之外以入。主居東，賓居西，三揖三讓而后升堂，東西向立。贊兩拜，賓坐。執事又報曰：僎至。主席迎接如前，賓介俱至。既就位，執事唱，司正揚觶，執事引司正由西堦至堂中北向立。賓僎以下皆立唱揖，司正賓僎以下皆揖。執事以觶酌酒授司正，司正舉酒曰：恭惟朝廷率由舊章，敦崇禮教。舉行鄉飲，非爲飲食，凡我長幼各相勸勉，爲臣盡忠，爲子盡孝。長幼有序，兄友弟恭。內睦宗族，外和鄉里。無或廢墜，以忝所生。語畢，執事者唱：司正飲酒。飲畢，以觶授執事。執事唱，司正揖。賓僎以下皆揖，司正賓僎皆復位。執事唱：讀律令。舉律令案於堂中引，引讀律令者詣案前，北向立，賓僎皆立，行揖禮。讀畢，復位。唱：舉饌案。執事者舉案至賓前，次僎，次介，次主，三賓以下各以次舉訖。唱：獻賓。主起席北面立。執事斟酒授主，主執爵詣賓前，置於席，稍退。贊兩拜，賓答拜畢，又斟酒授主，詣僎前如初，畢，主退。執事唱：酬酒。賓起，僎從之。執事斟酒，賓執爵詣主前，置於席，稍退，兩拜，賓僎交拜，畢，各就位坐。執事者分左右立，介三賓衆賓以下、以次斟酒於席訖。唱：飲酒。或三行，或五行，供湯。又唱：斟酒。飲酒。供湯。三品畢，唱：徹饌。候徹訖，唱：賓僎以下皆行禮。僎主僚屬居東，賓介三賓衆賓居西，兩拜訖，唱：送賓。以次下堂分東西，仍三揖出庠門而退。

凡鄉飲酒禮，序長幼，崇賢良，別奸頑，其坐席間，年高德邵者居上，年高淳篤者並之，以次序齒而列。其有違條犯法者不許干於良善之席，違者罪以違制，敢有諠譁失禮者，揚觶者禮責之。

主。□知府知州知縣，無正印官，佐貳官代，位於東南。

大賓。致仕官爲之，位西北。

僎。里中年高有德之人，位於東北。

介。以次位於西南。

三賓。以賓之次爲之，位於賓主介僎之後，除賓僎外，衆賓列齒坐，僚屬則序爵。

司正。教職爲之，主揚觶以罰。

贊禮。老年生員。

宣講上諭

康熙二十年頒上諭十六條，每月朔望，文武官集紳者軍民在明倫堂宣講。雍正二年，念小民遵信奉行，久而或怠，復推衍成文，名曰《聖諭廣訓》。頒行天下，令直省文武，朔望宣講，務使羣黎家喻户曉。雍正七年奉旨，各州縣於大鄉邨設立講約之所，於舉貢生員内選老成有學行者一人爲約正，再選樸實謹守三四人爲值月，每月朔望集里民宣講《聖諭廣訓》，闡明大義。又刊刻木榜上諭七條，竪立鄉約之所，俾宣講之□□民得以省覽。邑中設約所四，每所約正一人，值月二人。

芷芓。

塘塅。

流泗岸。

黄坡墟。

官署

吴用楫曰：古者設險守國，度地居民，諸侯、大夫各有宫室堂皇，以爲聽政宴飲之所，蓋政教所從出，下民所仰庇也。吴川縣署，舊有定制，雖兵燹之後日就傾頽，而繕葺猶存。居斯署者，亦思求民之瘼，俾有寧宇乃可耳。

縣署原在城内西，偏南向，明萬曆間，邑令王一俞建。二十五年，邑令周應鰲修，康熙八年傾圮，邑令黄若香重修。

乾隆二十一年，邑令楊士璣改建縣署，西向。

頭門三間。

儀門三間。

大堂三間。左爲寶寧庫二間，右爲寅賓館二間。

大堂下左右科房十間。

二堂三間。

門房二間。
二堂右爲幕僚所八間。
花廳三間。左右各一間。
廂房二間。
內署正房三間。廂房左右各一間。
側廳三間。廂房兩間。
廚房二間。
土地祠一間。在儀門右。
獄在縣署左。
常平倉在花廳前，共六十七間。
乾隆五十五年，邑令沈峻增建二堂捲篷一座，花廳前小亭一座。
教諭署在義學后，南向，三座，各三間一廳一頭門。
訓導署在崇聖祠左，三座，各三間一廳一頭門。
典史署在學宫右，三座，各三間一廳二廊。
茂暉塲鹽課司署原在南二都，去縣十里，今改建城內延華池左，南向，三座，各三間一廳。
都司署在南門內之右，南向，五座，共一十五間。

守備署在都司署右，西向，四座，共一十二間。
硇洲巡檢署在硇洲，内宅大堂頭門各三間，雍正九年請支刱造。
布政分司在縣治後，南向，年久傾圮，今學宫改建於此。
府館在布政分司左，南向，今廢。
海防廳在城隍廟西，南向，今廢。
縣丞署在縣署后，今廢。
河泊所在城南一里，今廢。
三合驛在城内儒學后，成化間遷石城縣。
遞運所在城南，成化間遷。
寧川守禦千戶所署在縣治左，即今典史署。

吳川縣志卷之三終

吴川縣志卷之四

吴川縣知縣津門沈峻丹崖甫纂

壇廟

社稷壇。在北門外，南向，南北十四丈，東西十丈。

風雲雷雨山川壇。在城南門外，南向，南北十四丈，東西十丈。明洪武三年定式壇壝東西，南北方二丈五尺，高三尺六寸，四面階各三級，壇下前面濶十丈餘，三面濶五丈，繚以圍牆，四面紅油，社稷由北門入，山川由南門入。石主。長二尺五寸，方一尺，埋於壇南正中，去壇三尺五寸，露尖圓出土。

辛牲所三間。

邑厲壇。在城外東北，南向，深二十丈，廣七丈。

先農壇。雍正五年奉旨創建，在城東郊五里，南向，祠三間，中奉先農之神。木主金書朱地，左右貯祭器、農具、種穀。祠前左右廂房一間，去祠前三丈築壇，縱横各二丈，高三尺，周圍磚砌。壇上以灰和土築平，四旁各有階級，繚以周牆。正中門樓一間。置耤田四畝九分，科米一斗四升六合，稅在北七都六甲，耕牛一，犁一，耙一，盛種青箱一。

附老農

雍正二年奉上諭：朕惟四民以士爲首，農次之，工商其下也。漢有孝弟力田之科，而市井子孫不得仕宦，重農抑末之意，庶爲近古。今士子讀書砥行，學成用世，國家榮之以爵禄，而農民勤勞作苦，手足胼胝以供租賦，養父母，育妻子，其敦龎淳樸之行，豈惟工賈不逮，亦非不肖士人所能及。雖榮寵非其所慕，而爵賞要當有加。其令州縣有司，擇老農勤勞儉樸，身無過舉者，歲舉一人，給以八品頂帶，以示鼓勵。

雍正七年復定三年一舉，著爲令。

城隍廟。在縣治東南，南向，深十一丈，廣四丈五尺，廟宇四層，各三間。康熙五年，邑令高鴻飛置田二石給香火，遷界後失。乾隆三十九年，邑令張恂仝紳士梁炤捐修，梁文朝承修，悉依舊制。

關帝廟。在城隍廟左，南向，深廣如之原廟宇，儀門各三間，雍正五年奉旨追封三代，建後殿三間奉祀。康熙五年，邑令高鴻飛置田一石給香火，遷界後失。乾隆四十年，邑令張恂仝合邑紳士捐修，梁文朝承修，增廣後殿，餘依原制。

春秋仲月致祭，預日省牲。五月十三日誕辰致祭如春秋，儀注同社稷壇，惟無飲福受胙。

陳設

帛一。

牛一。

羊一。

豕一。

籩四。

豆四。

祝文

惟帝乾坤正氣，君臣義彰。力扶漢祚，日月重光。忠肝義膽，千古流芳。兹當仲春秋，僅以牲醴，用伸常祭。尚饗。

雍正五年奉旨追封三代：

曾祖光昭公。

祖裕昌公。

父成忠公。

春秋仲月致祭，祭後始祭關帝，儀注同，惟行二跪六叩首禮。

陳設 每位一案。

帛一。

豕一。

羊一。

籩四。

豆四。

祝文

惟公誕生忠義，軼植綱常。仰思原本，功德難忘。追封三代，並祀烝嘗。聖朝特典，共慶顯揚。茲當仲春秋，祇奉成章，僅以牲帛，用薦馨香。尚饗。

社稷壇

春秋仲月上戊日致祭，先一日省牲。

陳設

帛一。黑色。

鉶一。

羊一。

豕一。

簠二。黍稷。
簋二。稻粱。
籩四。棗、栗、鹽、藁魚。
豆四。韭葅、醓醢、菁葅、鹿脯。

儀注

通：執事者各司其事，陪祭官各就位。獻官就位，瘞毛血，迎神，行三跪九叩首禮。興，平身，不唱，奠帛，行初獻禮。引，詣盥洗所，司盥者酌水進巾，詣酒罇所，司罇者舉幕酌酒，詣縣社稷神位前跪，不唱，奠帛，獻爵，叩首，興，平身，詣讀祝位跪。通：衆官皆跪。引讀祝，叩首，興，平身，復位。通：行亞獻禮。禮同初獻。通：行終獻禮。亦同初獻。通：飲福受胙。引詣飲福位，跪飲福酒，受胙，叩首，興，平身。撤饌，送神，三跪九叩首，興，平身。讀祝者捧祝，司帛者捧帛，各詣望燎所。引，詣望燎所，望燎揖，禮畢。

祝文

惟本縣社稷之神，職司土穀，品物滋生，蒸民乃粒，率土是賴。兹當仲春秋，禮宜報祀，謹以牲帛醴齊，粢盛庶品，式陳明薦。尚饗。

山川壇

春秋仲月致祭，先一日省牲，祭物、陳設、儀注俱同社稷，惟初獻通引皆唱奠帛。

神位

本縣境內山川之神。居左，帛二。

风雲雷雨之神。居中，帛四。

本縣城隍之神。居右，帛一，俱用白色。

祝文

惟神妙用神機，生育萬物，奠我民居，足我民食。某等欽承上命，忝職兹土。兹當仲春秋，謹以牲帛禮齊，粢盛庶品，式陳明薦。尚饗。

先農壇

仲春亥日致祭。

陳設

帛一。

鉶一。

羊一。

豕一。

籩四。

豆四。

簠二。

簋二。

儀注同社稷壇，祭畢行耕耤九推，職縣官秉耒，典史播種，茂暉場大使捧青箱，一老農扶犂，一老農牽牛，九推九返。

祝文

惟神職司稼穡，功在農桑，鋤兹稙穉，扶我稻粱，民資粒食，國賴輸將。聖朝報本，創建祠堂。仲春舉祀，永薦馨香。尚饗。

厲壇 每歲清明日、七月十五日、十月朔日祭無祀鬼神於城之北郊。

祭物

羊三。

豕三。

飯米三石。

香燭酒紙。

祭之日先牒告城隍神：

某等遵承禮部劄付，爲祭祀本縣闔境無祀鬼神事，欽奉皇帝聖旨，普天之下，后土之上，無不有人，無不有鬼。人鬼之道，幽明則殊，其理則一。今國家治人事神，已有定例，上下之職，紀綱不紊。此治人之法如此。天子祭天地神祇以及天下山川王國，各府州縣祭境内山川及祀典神祇，庶民祭其祖先、里社土穀之神。上下之禮，各有等第，此事神之道如此。尚念冥冥之中無祀鬼神，昔爲生民，未知何故而歿其間。有遭白刃而横傷者，有因水火盗賊而死者，有被人取財而逼死者，有被人强奪妻妾而死者，有遭横禍而負屈死者，有天災流行而死者，有爲猛獸毒蛇所害者，有因飢餓凍死者，有因戰鬭而殞身者，有危急自縊死者，有牆屋傾頽而壓死者，有死后無子孫承祀者，有在牢獄而死者。此等鬼神，或終於前代，或殁於近世，或兵戈擾攘流移於他鄉，或人煙絶斷久缺其祭祀。姓名泯滅於一時，祀典無聞而不載。此等孤魂，死無所依，精魄未散，結爲陰靈。或依草附木作爲妖怪，悲號於星月之下，呼吟於風雨之中。凡遇人間節令，心思陽世，魂杳杳以無歸；身墜沉淪，意懸懸而望祭。故敕天下有司依時享祭。命本處城隍以主此祭，鎮控壇場，鑒察诸鬼等類。其中果有生爲良善，誤遭刑禍，死於無辜者。神當達於所司，使之還生中國，來享太平之福。如有素爲兇頑，雖獲善終，亦出僥倖未經發露其事者，神當達於所司，迸之四裔。善惡之報，神必無私，欽奉如此。今某不敢有違，謹於本年月日在城北設壇，置備牲酒羹飯，享祭無祀鬼神等。衆然幽明異境，人力難爲，必資神力，庶得感通。今特移文於神，先期分遣諸將，召集合境鬼靈等衆，至日悉赴壇所，普享一祭。神當欽承敕命，鎮控壇場，鑒察善惡，無私昭報。爲此合行移牒，請照驗，欽依施行，須至牒者。祝畢焚牒。

祭無祀鬼神厲文 部頒

維雍正年歲次干支月干支朔越祭日干支，廣东等處承宣布政使司高州府、吴川縣知縣某等，遵承禮部劄付爲祭祀本縣闔境無祀鬼神事，欽奉皇帝聖旨，普天之下，后土之上，無不有人，無不有鬼。人鬼之道，幽明難殊，其理則一。故天下之廣，兆民之衆，必立君以主之，君總其大。又必設官分職於各府州縣，以各長之。各府州縣，又於一百户内設一里長，以綱領之。上下之職，紀綱不紊，此治人之法如此。天子祭天地神祇及天下山川王國，各府州縣祭境内山川及祀典之神，庶民祭其先祖及里社土穀之神。上下之祀，各有等第，此事神之道如此。尚念冥冥之中無祀鬼神，昔爲生民，未知何故而歿。有遭兵刃而横傷者，有死於水火盜賊者，有被人取財而逼死者，有被人強奪妻妾而死者，有遭刑禍而屈死者，有天災流行而歿者，有被猛獸毒蟲所害者，有爲飢餓凍死者，有因戰鬭而殞身者，有因危急而自縊者，有牆屋傾頹而壓死者，有死后無子孫承繼者。此等鬼神，或終於前代，或歿於近世，或兵戈擾攘流移於他鄉，或人煙斷絶久缺其祭祀，姓名湮滅於一時，祀典無聞而不載。此等孤魂，死無所依，精魄未散，結爲陰靈。或依草附木作爲妖怪，悲號於星月之下，呻吟於風雨之中。凡遇人間節令，心思陽世，魂杳杳以無歸；身墜沉淪，意懸懸而望祭。興言及此，憐其慘悽。故敕天下有司依時享祭。在京都有泰厲之祭，在王國有國厲之祭，在各府州有郡厲之祭，在各縣有邑厲之祭，在一里又有鄉厲之祭。期於神依人而血食，人敬神而知禮。仍命本處城隍以主此祭，欽奉如此。今某等不敢有違，謹設壇於城北，以月日置備牲醴羹飯，專祭本縣闔境無祀鬼神等衆靈，其不昧來享此祭。凡吾一縣境内人民，倘有忤逆不孝不敬親長者，有姦盜詐僞不畏公法者，有拗曲作直欺壓良善者，有躲避差徭耗損貧戶者，似此頑惡奸邪不良之徒，神必報於城隍，發露其事，使達官府。輕則笞杖決斷，不得號爲良民。重則流徙斬絞，不得生還。鄉里若事未發露，必遭陰譴，使舉家立染瘟疫，六畜田蠶不利。如有孝順父母，和睦鄉里親族，長懼官府，遵禮守法，不作非爲，良善正直之人，神必達之城隍，陰加護佑，使其家道安和，農事順遂，父母妻子保守鄉里。吾等合邑官吏，如有上欺朝廷，下枉良善，貪財作弊，蠹政害民者，靈必無私，一體昭報。如此，則鬼神有見察之明，官府非諂媚之祭。尚饗。

祠

三忠祠。景炎三年春正月，元兵入廣。時宋左丞相兼樞密使陸秀夫、樞密副使少保張世傑，奉端宗舟次硇洲，後人立祠與丞相文天祥並祀，故名。後圮。康熙五十三年，邑令何美改建於崇聖祠右，今學宮改建，祠亦遷焉。

冼太夫人廟。在縣治左，南向，深五丈，廣三丈五尺，廟宇及門各三間。明洪武十四年，縣丞汪季清建。後，邑人相繼繕修。康熙五年，邑令高鴻飛置有田米五斗贍給香火，遷界後失。

忠義祠。在舊縣治左，南向，祠堂三間，東西兩廊，門三間，雍正三年奉旨創建。今圮。

節孝祠。在舊縣治後，東向，祠堂及門各三間，東西兩廊，門前建坊表，雍正三年奉旨創建。今圮。

秦公祠。在北門外觀音廟左，爲邑令秦松如建。今圮。

觀音廟。在北門外，萬曆二十八年，縣令周應鰲建，後圮。順治八年，舉人吳士望同族人捐貲重建，廟二層，东西兩廊并廚舍三間。贍租三十餘石，載縣碑。

龍母廟。在縣北三里，順治間建。廟前有龍母井，今廟圮。

茶亭菴。在縣北十五里，廟宇二層各三間，明邑紳吳鼎元建。前建茶亭，鼎元子士楫每年捐租十二石以贍，寺僧設茶以濟行路。

天后宮。在茳芏，西向，廟宇及門三層，各三間，每歲福潮商船泊其下祈禱甚衆。

限門天后宫。在东砲臺上，年久傾圮。相傳閩商虔禱重修，在閩舟運甎甓木石，暮發晨至，咸訝爲神助云，閩人出入必禱於此。今移建芷芓。

五嶽廟。在南門外中街，西向，廟宇及門各三間。置有田米一石一斗。

東嶽廟。在五嶽廟右，南向，廟宇及門各三間。舊置有田米二石一斗。

真武廟。在南門外中街，西向，廟宇及門各三間，觀音廟在真武廟後三間。有田米七斗。

關帝廟。在城外西北書樓之右，西向，廟宇及門各三間。

都會廟。在關帝廟左，西向，廟宇及門各三間。

金蓮菴。在下街白沙，西向，廟宇及門三層各三間。

真如菴。在金蓮菴左，廟宇及門三層各三間。置有田米一石三斗八升九合。

興龍寺。在眞如菴左，廟宇儀門三層各三間。置有田米一石四斗五升一合。

三官堂。在梅菉水口山，去縣東北三十里。明萬曆間，邑紳吳鼎元捐貲建。按：此堂適當孔道，往來仕宦，咸憩於此。邑令黃若香置田米一石，以給香火，在江口湧。

龍神廟。在北門外三元宫左，南向，乾隆五十三年知縣沈峻建。

张惠二公祠。在城内文昌閣右，西向，乾隆二十五年建。

吳陽祖廟。在城内北門，東向，廟宇及門三層。

元壇廟。在城南一里學案山下，南向，二座各三間，嘉靖十二年建。

南門天后宫。在南門外左邊，西向，三座各三間，乾隆十八年建，四十八年重修。

白沙天后宫。在白沙渡頭，西北向，三座各三間，乾隆四十四年霞街林族捐貲建。

坊表

吳用楫曰：《書·畢命》篇曰：『表厥宅里，樹之风聲。』後世之坊表實昉於此。其中或以科第，或以顯宦，或以忠孝節義，均皆綸綍出自金門，芳徽垂於奕世。固示恩榮，亦將以爲勸也。

先朝遺直坊。在城内，邑令周應鰲爲宋進士鞠杲建。今廢。

信和坊。在城内西南，爲李凌雲建。今廢。

建德坊。在城外西南，爲李凌雲建。今廢。

繡衣坊。在城西北，相傳明初一老人赴京，太祖問以兩廣風物。對曰：江山繡麗，廣不如桂；人物繁盛，桂不如廣。太祖喜之，拊肩欣嘆，後老人於衣肩刺繡『御掌』。建坊於此，名曰『繡衣』。

聯珠坊。在北一都，舊志云：其地數墪相接如聯珠，故名。義亦無取，考洪武間舉人吳孔昭、孔光相繼登科，或係昆弟因建此坊，久而失傳爾。今廢。

恩榮坊。在城北，爲進士蕭惟昌建。今廢。

進士坊。在舊較塲，後爲進士林廷瓛建。今廢。

龍德坊。在北六都，爲舉人李冕建。今廢。
經魁坊。在北六都，爲舉人陈瑗建。今廢。
傳芳坊。在北二都，爲舉人凌霞建。今廢。
聯芳坊。在北九都，爲舉人陈達建。今廢。
登科坊。在城外，爲舉人吴獻建。考明無舉人吴獻，有景泰間舉人吴濬，恐濬字之誤。今廢。
冠英坊。在縣前横街左，爲舉人史孜建。今廢。
賔賢坊。在南門外，爲舉人梁守正建。今廢。
魁英坊。在城外，爲舉人林廷璋建。今廢。
文魁坊。在縣前，爲舉人李芳建。今廢。
世英坊。在城内廣積倉左，爲舉人吴朝玉建。今廢。
登雲坊。在南門外一里，爲舉人林廷瓛建。今廢。
桂林擢秀坊。在北門外，爲舉人高鴻建。今廢。
步雲坊。在南門外，爲舉人陈策建。今廢。
春榜題名坊。爲歷代進士建。今廢。
秋闈登雋坊。爲歷代舉人建，二坊俱嘉靖間縣丞周同建，在儒學前。萬曆二十七年，邑令周應鰲重修。今廢。
去思亭。在縣前東，爲明邑令金公楊華建。今廢。

去思亭。在縣前西，爲明邑令朱公宏建。今廢。

一門雙節坊。在城内，邑令周應鰲爲林彦幹妻李氏女林玉愛建。今廢。

貞孝慈壽坊。在縣前直街，天啓七年，御史吳尚默題，爲林慎妻麥氏建。今廢。

貞節坊。在縣前横街，崇禎四年，御史高欽舜題，爲林穎秀妻陳氏建。今廢。

貞節坊。在城内横街，崇禎六年，御史梁天奇題，爲林永秀妻邱氏建。今廢。

節孝坊。在城内節孝祠前，雍正三年奉旨爲李廷班妻吳氏建。

節孝坊。在霞街村，乾隆三年奉旨爲林玉潤、玉澤之母李氏建。

節孝坊。在板埠墟，乾隆十年奉旨爲易朝翰妻黄氏建。

貞烈坊。在黄坡墟頭，乾隆十一年奉旨爲李潤暢妻王氏建。

貞孝坊。在黄坡墟尾，乾隆二十七年奉旨爲甯愍聖妻梁氏建。

孝義坊。在山墟，乾隆五十二年奉旨爲陳秋潤妻李氏建。

貞孝坊。在北門外，乾隆五十四年奉旨爲梁尚殿妻吳氏建。

節孝坊。在洞梢村，乾隆五十五年奉旨爲詹周盛妻梁氏建。

平定縣。按府志載：邑本高涼郡平定縣地。又載：平定縣東海中有騂馬似馬，牛尾，一角，又有水犀似牛，其出入有光，水爲之開。事出《南越志》。今亦不聞産犀，惟瓊州海上産山馬。又文魮魚，聲如磬，吐玉，朱鱉吐珠。亦載《異物志》。

翔龍縣。在硇洲，宋景炎三年春正月，元兵入廣，帝舟次硇洲。夏四月戊辰，帝年十一崩，上尊謚曰裕文昭武愍孝皇帝，廟號端宗。羣臣皆欲散去，獨左丞相兼樞密使陸秀夫不可，曰：度宗皇帝一子尚在，將安置之。古人有以一城一旅興者，今百官有司皆具，士卒數萬，天若未欲絶宋，此豈不可復興耶？乃與樞密副使張世傑奉衛王昺庚午即皇帝位於硇洲，時年八歲。是日，黄龍見海中，羣臣皆賀。五月癸未朔，改元祥興，乙酉陞硇洲爲祥龍縣。時播遷海濵，庶事踈畧，二公正笏立朝，急遽流離中，猶日書《大學》進講。會知高州李象祖叛降於元。六月乙亥，帝舟次於新會之厓山。祥興即位詔曰：朕勉承丕緒，祇若令猷。皇天付中國民，既勤用德；聖人居大寶位，曰守以仁。藐茲幼冲，適際危急。惟我朝之聖神繼統，而家法以忠厚傳心。先皇帝聰明出羣，孝友天性。痛憤三宮之北，未嘗一日而忘。遺大投艱，丕應徯志。除兇刷恥，惟懷永圖。以趙孤猶幸僅存，盍使爲宗祧之主；以漢賊不容兩立，庶將復君父之仇。尚賴元勳宿將，義士忠臣，合志併謀，協心畢力。敵王所愾，扞我於艱。茲用大布寬恩，率循彝典，可大赦天下。於戲！人心有感則必通，世運無往而不復。成誦雖幼，有周寧後於四征；少康之興，祀夏實基於一旅。往來攸濟，咸與惟新。

翔龍書院。在南四都硇洲渡頭，去縣南一百二十里。宋景炎間，丞相陸秀夫建以興學。或藉爲行在之所。因陞爲縣，亦名翔龍。元末海寇麥福僭據廢址。明萬曆間知高州府歐陽烈重建，撰記。

羅州。在縣西北一百一十里，前宋元嘉初，鎮南將軍檀道濟於陵羅江口築城，置羅州。唐復置廉江縣。宋太平興國間廢。

零綠縣。在縣西北三十里。久廢。

龍母井。在北一都龍母廟前，去縣北三里。極旱，井泉不竭，禱雨立應，地勢窪下，雨集穢濁。康熙壬子，邑令黄若香捐俸，甃如旋螺以避之。

番鬼井。在芷苧斗門村後。昔有番鬼泊船於此，浚而汲泉，其井雖淺，泉出不竭，味甚清。

極浦亭。在城西南江邊。宋邑人李凌雲鄉舉不樂仕，隱居教授，建爲憩息所，後人因取爲八景之一。宋景炎間，丞相陳宜中經此，有題咏。萬曆八年，縣令劉逢旦續建三間，背山面流。二十五年，推官萬尚烈捐俸重修，後裔李孫虬、李孫賢等捐貲復修。因傾圮，邑人仍其址葺亭焉。

一覽亭。在明倫堂後，以其基獨高故曰凭高一覽。爲八景之一。後因圮改爲尊經閣，圮，改爲敬一亭，立五箴石碑於其中。萬曆七年，訓遵周敦裕見亭廢碑仆，仍立敬一箴碑，增築亭址而周砌之，建亭曰聚奎。名曰川上奇觀。今廢。

文明亭。在縣前延華橋上，縣令周應鰲建。今圮。

凝道亭。在正疑書院中，縣令周應鰲建。今圮。

讀書樓。在城外西北，背城面江上，郭吳氏建。後圮。邑令宋世遠建亭以供遊玩。復圮。吳族捐貲重葺。

石塔。在硇洲。元大德間，鄉民譚伯裘建。久廢。

雙峯塔。在限門内三里，邑令周應鰲因邑人之請，以江水自西入縣，直趨於海，堪輿家謂地氣不蓄，故民鮮蓋藏，士罕脱穎，乃於迴流處建塔，爲一邑砥柱，名曰筆塔凌霄。東莞徐侍御兆魁有記。

吴川八景

延華弄月。在城南舊學前街，邑人浚池，周圍磚砌，池水通潮，消長隨之。上有橋，橋畔築亭，以池近西城延華門，故名。池中鑿一圓井，水常澄澈。今廢。

凭高一覽。在舊明倫堂後，突起一阜，四望平遠，昔人建亭其上。今圮。

樞浦漁歸。在城西南，漁人泊舟之所。宋邑人李凌雲建亭隱居。宋陳宜中經此題名其地。

文翁聳翠。在城東三里，高三十丈，周一里許，昔有文先生煉丹於此，故名。輕沙淺草，春夏之交，蒼翠奪目。

東海朝陽。在城東五里。一望浩瀚，横無際涯，每當日出，水光接天。

通駟垂虹。在城北四里，壩岸橋梁，石甃堅緻，廣可通輿橋下，水出横山。

麗山樵唱。在城西四十里，高四十五丈，周二里許。

限門飛雪。在城南十二里，沙磧如山，潔白如雪，風起沙飛，迴環旋聚，爲海濵奇觀。

江陽八景

雙峯聳翠。
三台拱秀。
鳳池呈藻。
龍橋貫伍。
洲渚浮玉。
江樓待月。
沙嶼飛白。
海洋散綠。

塋墓

唐

羅州刺史馮士翽舊志作士箴墓。在北八都，特思山下。妻吳川郡夫人祔，久廢。《通志》載，武德六年，岡州刺史馮士翽據新會，廣州刺史劉威討平之。

宋

進士鞠杲墓。在溫村。

光禄寺卿吳頤墓。在城東北。

知高州府黄朝奉《流寓》載：本姓陳墓。在南二郡麻水竹兒環。舊志載：北五獨樹，今考陳氏家譜，北五獨樹乃公之孫墓也。

石龍知縣李穆墓。在城東文翁嶺，其子解元凌雲亦祔葬於此。

儋州學正林永墓。在茂名藍溪村下街嶺，子貢生屏山、解元兼山祔葬左右。

雷州教諭孫梅心墓。在黄嶺燕子窩，子舉人孫禄，貢生孫福、孫壽祔葬左右。

元

教諭吳貢元墓。在樟寨垌蓮花嶺。

明

山西道御史鄭鎔墓。在南一都龍塘石頭嶺。

蘇州府同知林廷瓛墓。在西山麻皮嶺。
兩淮運使吳鼎泰墓。在石埠塔。
戶部主事蕭惟昌墓。在北二都那佘村。
柳州推官孫璿墓。在唐基村銅鼓嶺，以石爲墳。
烈女林玉愛墓。在城北接官亭右。
教諭吳稟純墓。在斗門豬兒塘嶺。

國朝

贈奉直大夫陳鷂章墓。在北八都竹山嶺。

風俗

李志曰：嶺南吳陽最瀕海，山盡於斯，水亦盡於斯。歷来務鉛槧而登科目躋榮膴者，固代不乏人。戚族歲會月會有儀，而茅茨土階之風如故。冠禮惟紳士間行之，婚聘用檳榔，大都嶺南恒俗。然喪禮多不蔬食，春秋祀嘗名，宗各有祠。庶民以海爲業，專事魚鹽之利。風土或癘，多惑於巫覡，醫藥之効不講。即善見王下臨，亦竟莫問。商賈販魚鹽檳榔，少越他境，而他境之人亦鮮至。耕率惰窳鹵莽，故亦以鹵莽報。且其地多沙浮水淺，加之海吼頻號，風氣不聚此，貴顯隆盛不多見也。錢穀徭役逋負甚多，間有強悍無知惑於奸宄而撓三尺者，抑其風俗使然乎。自康熙初年，邑令黄公極力整飭，多方訓導，横肆者漸近淳良，稍變易焉。

芷芓爲海口市舶所集，每歲三月後，福、潮商艘咸泊於此，五月漸稀，歲以爲常。西北之田半近三江，歲一遇潦，民盡歉收。故戶鮮蓋藏，俗尚儉樸，專務耕作。

上元夜，張燈設樂宴會，俗以鞦韆爲戲。

春分後田始布種，謂之早造。

春社各里祀土神以祈豐年，秋社則報穀之成。

端午日競渡，稚子放風箏。

夏至後，復事種藝，謂之晚禾。

小暑刈早禾。

十月收晚禾，農事告成。其餘歲時伏臘俱同中土。

地産薯莨，民多種蒔以供商販，色黄可染。

婦女工績葛麻爲布。

按：李志所云，大率屬國初之風耳，厥後禮教彰明，雖屬海隅，循習漸歸矩度。如婚禮雖不遵古，親迎而納采，請期六禮之儀，亦未嘗盡廢。至於歸時素封家，不無有過靡者。若喪禮則不論富貴貧賤，而蓑蓑蹁躚之節，虞祭祥奠之規，槩能遵文公家禮而行此，自嶺以南，鮮有如是之謹率也。至於同姓不爲婚，娶妾必求知其姓，男不言內，女不言外，男女不雜坐，不同行，固常凜凜焉。此與采蘭贈芍之風，不更大相逕庭乎。又盛志謂上元夜張燈設樂，固今昔不殊，而以鞦韆爲戲，此風又久已衰息矣。

土産

海之産

鹽。茂暉場，生熟二種。

羊肚石。紋如羊肚，紫色，産硇洲。

鯊魚。有虎鯊，能化虎；鋸齒鯊；鹿鯊三種。

鮻魚。

魟魚。

燕魚。形似燕。

鰔魚。

三牙魚。

白目。

黄魚。

黄花魚。

赤魚。

鮚魚。

鯧魚。

石頭鱸。惱中有石。

馬五魚。

烏賊。又名墨魚，其骨即海螵蛸。

馬鮫。

鎖筒。

骨魚。不鱗而介有龜紋，其形正方。

蠟魚。

師婆。

鱒魚。

比目魚。一名鰈。

鰠魚。

梟唇。

赤眼魚。

沙鈎。

鱝魚。

塘虱。

龍虱。

獺。

蝨。

蜆。

鱟。雌常負雄，獲者得雙。

蚶。一名魁陸，俗呼尾路螺。

龍蝦。出硇洲，大者尺餘，頭如龍。

大蝦。

小蝦。

車螯。

螃蟹。

蟛蜞。有二種。

海醯。舊作海胆，非。

鰒魚。即九孔螺，產硇洲。

螺白。

紅螺。

沙螺。蚌屬，一名珪蟆，腹有小蟹，晝出覓食，還入冬，春最佳，一名西施舌，色白。

江瑤柱。似蟶而兩端殼不合，圓如截筒。

江之産

鯉魚。

鯽魚。

鱸魚。

鯇魚。俗名草魚。

鮎魚。

鱖魚。

刀魚。

鰻魚。

黃鱸。

鰣魚。

青魚。

鯿魚。

鮒魚。

銀魚。

鱉。

禾虫。

陸之產

稻。有赤白粳、糯數種。

早稻。五六月熟，米紅。

黏稻。小粒者米最白。

晚稻。十月熟，米柔。

糯。種有黑白，早晚俱堪釀酒。

芝蔴。有黄白黑三種，可榨油。

黍。有糯黄飯三種，正月種，四月熟。

粟。一名鷰掌，一名狗尾。

麥。止小麥一種，無大麥。

蕎麥。一名荍麥。

菽。有黄白二種。

花生豆。一名番豆，可榨油，可供籩實。

綠豆。

赤豆。

扁豆。有青白二種。

帶豆。有紅白二種。

樹豆。終年不絶，可作醬。

芥。

莧。有紅白二種。

甕菜。一作蕹。

薑。

白菜。
蒲籐菜。即苜蓿。
菠菱。
蘿蔔。有黄白二種。
莙蓬。葉肥厚而滑。
苦蕒。
茼蒿。俗名艾菜。
芹。一名水英菜。
蕨。初發如拳，根可爲粉。
筍。
茭筍。
茄。有紫白二色，一名倭瓜。
葱。
韭。
胡荽。一名園茜。
芋。有黄白紅牙各種。

薯。有黄紅白各種。
西瓜。
冬瓜。
筲瓜。皮青，形曲而長。
黄瓜。
苦瓜。
絲瓜。
蒲瓜。
香瓜。
匏瓜。
南瓜。有黄白二種。
柑。
橘。
石榴。
佛手柑。
柚。

桔。

荔枝。一名黑葉，一名進奉。

龍眼。

桃。

波羅蜜。有乾濕二種，形如西瓜，皮多刺，子類大豆，可啖，味甘氣羯〔一〕。

梅。

蜜忙子。

雀子。

菱角。

甘蔗。

李木子。俗呼檸檬，子實如橙，味極酸。

橄欖。

烏欖子。

番石榴。實如榴，皮淡青色，肉如瓜，淡紅色，味甘。

〔一〕羯，疑作羶，腥也。

番桃。木本，花五出，叢生，紫色，别莖，實如觚稜，綠色，六囊合而一，扁薄類豆莢攢成，味甚酸。一名洋桃，來自外洋也。

橼子。

桂。終年開者爲月桂。

蘭。

珍珠蘭。有青紫二色，一名魚子。

蓮。有紅白二種。

菊。有黄紅紫白四種。

海棠。有二種，一名鐵索，一名金絲。

茉莉。

芙蓉。有紅白二種。

木槿。有紅白二種。

蕉。

佛桑。一名扶桑。

夜合。

木棉花。

九霞。木本，葉如山梔，花自香亦相似。

山茶。有紅白二種。

胭脂䕀。

金鳳花。葉如合歡，花紅黄相間，形如鳳，終年不絶，實如豆莢。

紅蕉。花深朱，子黑而圓，如豌豆堅實。

胡竹。舊作扶，非。節長而薄。

刺竹。

紫竹。

筋竹。

泥竹。

勒竹。節間生笋，枝蔓不絶，大者蔭畝，可編籬。

黄竹。

蘆竹。

綿木。

桄榔。

樟。

槁。

榕。有大小葉二種。
楓。
黄皮果木。實如彈丸，備五味。
松柏。
葛布。出硇洲，精不及雷州。
綿布。
黄麻布。
白麻布。
波羅麻。草名，績爲布，類葛。
雉。
鵞。
鶴。
鷹。
鴈。
鴿。
燕。

鷓鴣。畏霜冷，早晚稀出。

斑鳩。

火鳩。相傳爲鰉魚所化，見明南海黄侍郎東海語。

鵪鶉。

鵲。

鳩。

梟。

鴨。

山呼。即鸜鵒。

山之産

虎。

豹。

鹿。

麐麖。

山豬。

狐狸。

竹根鼠。

鯪鯉。俗名穿山甲。

蜂蜜。

黃蠟。出西山。

白木香。內結黑色者更佳。

籐香。

吳川縣志卷之四終

吴川縣志卷之五

吴川縣知縣津門沈峻丹崖甫纂

職官

盛志曰：考唐制，縣有令、丞、簿、尉。宋以令爲知縣事、丞、簿司，惟尉有文武之分。元置達魯花赤一員，蒙古人爲之；縣尹一員，漢人爲之，並治縣事，丞以下同。明初置知縣一員，縣丞一員，主簿一員，典史一員，儒學教諭一員，訓導一員，寗川司巡檢一員，河泊所大使一員，廣積倉大使一員，茂暉場大使一員，遞運所一員，三合驛驛丞一員。國朝因之，添設硇洲司巡檢一員。今皇上留意人材，不拘資格，凡内外文武四品及員外翰林以上，咸得各舉所知。又州縣各舉孝廉方正一人，或破格薦舉一人，凡舉人貢監生赴部挑選引見，發各直省試用州縣及知縣以下等官，分別一年二年實授，遂有試用知縣。吳川自徐鍾乾始。

知縣

宋

莫士托。從府志增入。

元知縣二員，一名達魯花赤，一名縣尹。

達魯花赤：

法護兒丁。蒙古人，至正間任。

縣尹：

莫士純。擎雷人，大德年任，流寓於吴，爲莫族始祖。

凌桂榮。至大三年任。

張應薦。年代失考，《通志》注宋朝。

明

乞住。洪武二年任。

庚誠。溧陽人，監生，洪武十八年任。

曹定。洪武二十四年任。

林泰。永樂元年任。

陶歆。南直隸宣城人，監生，永樂十四年任，入名宦，有傳。

劉震。正統三年任，修學，有碑記。

陳衍。潮州舉人，成化三年任，入名宦，有傳。

鄧宣。韶州人，成化五年任，入名宦，有傳。

陳安。成化十五年任。

鍾英。浙江永嘉人，監生，弘治四年任。

蘇智。福建龍溪人，監生，弘治八年任。

胡經。汀州人，監生，正德三年任。

張禎。湖廣五開衛人，由監生，正德七年任。

方宜賢。福建莆田人，舉人，正德十年任。

廖雲翔。福建淮安人，舉人，正德十四年任，入名宦，有傳。

胡大化。南昌舉人，嘉靖二年任。

鄭希智。懷集舉人，嘉靖七年任。

經希伋。全州舉人，嘉靖十一年任。

葉秀。廣西人，先任教諭，嘉靖十四年任。

莫息。陽朔人，舉人，嘉靖十六年任。

謝德仁。吉水人，舉人，嘉靖二十年任。

程鎬。祁門人，監生，嘉靖二十五年任。

王汝翼。銅仁人，監生，嘉靖二十七年任。
謝明勗。莆田人，嘉靖二十九年任。
趙世德。福建人，舉人，嘉靖三十三年任。
丁一道。丹陽人，舉人，嘉靖間任，建名宦、鄉賢祠。
黄一楝。福建人，嘉靖四十五年任。
黎永清。廣西人，舉人，隆慶三年任。
葉春。浙江人，監生，萬曆二年任。
劉逢旦。廣西人，舉人，萬曆七年任。
陳霑。直隸人，歲貢，萬曆十年任。
王一俞。江西泰和人，舉人，萬曆十二年任。寬宏簡易，士民頌之。
吴中禎。建寧舉人，萬曆十六年任。
鄭人和。福建人，萬曆二十年任。
許宏基。廣西宣化舉人，萬曆廿三年任。
周應鰲。江西泰和人，進士，萬曆二十五年任。陞南京刑部主事，入名宦，有傳。
咼邦永。公安人，歲貢，萬曆二十八年任。
梁景朱。鬱林人，舉人，萬曆三十七年任。

李文淵。晉江人，舉人，萬曆三十四年任。
林憲會。莆田人，舉人，萬曆三十七年任。
唐盛世。全州人，舉人，萬曆四十一年任。
段冠。廬陵人，舉人，萬曆四十三年任。
李友蘭。浙江遂安人，舉人，萬曆四十五年任。
吳夢鰲。晉江人，歲貢，天啓三年任。
金揚華。秀水人，選貢，崇正二年任。
朱宏。廣西桂林人，舉人，崇禎四年任。陞崖州知州，入名宦，有傳。
曾用修。漳浦人，舉人，崇禎八年任。
童兆登。浙江慈谿人，進士，崇禎九年任。嚴明奏最，陞刑部主事。
王泰徵。湖廣人，進士，崇禎十一年任。調繁新會縣，入名宦，有傳。
徐鳴岐。浙江人，貢生，崇禎十二年任。
蔣堯勳。舊志尤谿人，崇禎十四年任。重建文廟。
王協卜。福建人，舉人，崇禎十七年任。順治四年歸順。

國朝

陳培亨。福建人，廩生，順治四年任。甫月餘，土寇陷城，不屈，死。

黄應乾。上虞人，貢生，順治八年任。十年，重建雙峯塔，西逆葉標犯城，被執而死。

周允斯。浙江人，順治十年任。十一年，爲僞藩李定國所逐，縣印遺失。

楊翼國。府志作圖，河南人，貢生，順治十二年任。闢防視事，居官詳慎，宅心恬淡。

高鴻飛。河南葉縣人，拔貢，順治十六年任。十八年始領印，陞江南徐州知州。

李光先。鉅鹿人，貢生，康熙五年任，卒於官。

黄若香。四川閬中人，丁酉舉人，康熙七年任。重修邑志。

陳宏章。遼東遼陽人，康熙十四年任。卒於官。

王如恒。遼東人，工部筆帖式，康熙十六年任。

秦松如。無錫人，康熙十九年任。力請題豁本邑虚丁荒糧，民愛其賜，建祠祀之。

于隆吉。山東人，監生，康熙二十三年任。

李球隨。直隸廣平人，難蔭，康熙二十五年任。重修邑志。

楊希震。四川人，舉人，康熙二十六年任。

宋世遠。山東膠州人，貢生，康熙三十年任。倡建義學，置田米五石爲贍士資。

倪楨。江南人，監生，康熙三十七年任。

楊名彩。浙江杭州人，監生，康熙三十七年任。

何美。福建人，癸酉舉人，康熙四十九年任。改建三忠祠。

田承謨。浙江人，丙戌進士，康熙五十六年任。

劉世沛。河南人，貢生，康熙五十八年任。

甯時文。山西稷山人，壬辰進士，雍正元年任。調澄海縣。

王希洪。湖廣人，癸巳進士，雍正六年任。

徐鍾乾。湖廣大冶籍，武昌人，廩生薦舉試用。雍正七年署任。

王維炳。鑲黃旗監生，雍正七年任。

吳用楫。浙江石門人，戊子舉人試用，雍正七年署任，授樂昌縣。

盛熙祚。浙江嘉興人，貢生薦舉試用，雍正八年署任，授惠州府龍川縣，重修邑志。

章國錄。江西瑞昌人，甲戌進士，雍正九年由廣寧縣調任。居心仁愛，用法寬平。

趙開輝。雍正十三年署任。

陳至陛。福建羅源縣人，廩貢，乾隆元年任，勸農興利，革弊除奸。

汪宗豐。茂名縣丞，乾隆十年署任。

鄭廷烈。貴州南籠府安南縣進士，乾隆十年任。

郭世奇。河南洛陽縣進士，乾隆十三年任。

秦安鎬。乾隆十五年署任。

王伯麟。四川保寧人，舉人，乾隆十六年任，陞兵部主事。

楊濂。貴州人，舉人，乾隆十七年任。

李彩。高州分府，乾隆十九年署任。

王廷瑤。直隸天津縣，舉人，乾隆二十七年任。

楊士璣。江南婁縣，甲戌進士，乾隆二十一年任。

朱朝棟。茂暉場江南吏員，乾隆二十八年署任。

李元本。直隸大興舉人，乾隆三十九年任。

趙學剛。江南徽州休寧舉人，乾隆三十八年署任。

張恂。雲南趙州人，丁卯舉人，乾隆三十八年任。陞崖州知州，入名宦，有傳。

黃宗傑。福建人，拔貢教習，乾隆四十四年任。

周克遵。湖南華容人，辛巳進士，乾隆四十五年任。

張暉。貴州人，副榜，乾隆四十六年署任。

王椿年。四川江津人，壬申舉人，甲戌明通進士，乾隆四十六年任。

李情。山西己亥舉人，乾隆五十一年署任。

沈峻。直隸天津人，甲午副榜教習，乾隆五十二年任。

縣丞

宋

毛士毅。府志傳富川人，紹興□□吳川簿攝令石城，寇李接攻城，士毅與尉曰：吾與若愛民社之，寄當以死衛百姓□□□□。力戰而死。事聞孝宗，嘉其忠，贈承事郎，《職官表》作『丞』，今仍舊志。

元

縣丞無考。

明

汪季清。江西饒州人，洪武初年任，攝縣事，入名宦，有傳。

鞠軍。洪武十二年任。

周彥博。洪武十八年任。

徐崇善。正統四年任署縣事，有功學校，湮没不傳，詳考《碑記》補載。

康練。泰和人，貢生，成化四年任。

王珏。山東人，弘治四年任。

蕭傑。湖廣巴縣人，監生，弘治六年任，重士愛民，賦平訟理。

周鎰。同安人，弘治十年任，葺學門修公署，九年任滿歸里。

劉景。浙江臨安人，正德元年任。

楊儀。湖廣應城人，正德七年任。

鄧璵。福建南平人，監生，正德十年任。

張學。泰興人，正德十四年任。

帥鑾。廬州人，正德十六年任。

陳世誠。餘姚人，監生，嘉靖五年任。

林珪。閩縣人，吏員，嘉靖七年任。

劉廷璋。長沙人，監生，嘉靖十三年任。

項湘。休寧人，監生，嘉靖十六年任。

徐珂。賓洲人，監生，嘉靖十九年任。

劉應時。廣西懷集人，監生，嘉靖二十三年任。遷古田知縣。

梁觀生。岑溪人，監生，嘉靖二十五年任。

黃鍾表。嘉靖二十九年任。

周同。湖廣郴州人，嘉靖三十五年任。攝縣事，刻《科甲題名歲貢題名碑》於學宫，今存。

連世祥。嘉靖四十二年任。

黃伯槐。隆慶三年任。

伍文光。泰和人，選貢，萬曆五年任。

董光世。萬曆九年任。

陳禦。萬曆十三年任。

范文鐸。萬曆十六年任。

羅棟。萬曆十九年任。

黃新。萬曆二十二年任。

陳志德。直隸武進人，萬曆二十五年任。遷代府紀善。

李慎思。平湖人，萬曆二十七年任。

黃來舉。東鄉人，萬曆三十年任。

吳應詔。永寧人，萬曆三十五年任。

劉鴻業。山陰人，萬曆三十九年任。
駱宗驥。萬曆四十五年任。
張正之。山陰人，天啓元年任。
曹宗慶。天啓四年任。
陳甫煒。漳浦人，歲貢，天啓七年任。
徐繩祖。吳縣人，儒士，崇禎四年任。
戴明。德清人，吏員，崇禎八年任。
董學時。武進人，貢生，崇禎十年任。
劉學海。貢生，崇禎十四年任。

國朝

徐啓璉。浙江人，順治四年任，土寇破城死之。
田三鳳。陝西人，貢生，順治十五年任，居官不職，御史張提問。
王嘉翰。順天人，貢生，順治十七年任。
劉正遴。盛京人，貢生，康熙二年任。卒於官。至康熙五年九月裁。

主簿

元

楊理合。

唐必達。至元九年任，修理學校。

明

趙明。永樂十年任。

梁欽。成化初任，十三年裁。

典史

明

宣德以前無考。

馮元。正統二年任。
方明暨。成化十年任。
祝聰。藤縣人，弘治四年任。
曹鸞。湖廣人，正德五年任。
余仁。豐城人，正德十一年任。
萬崇。正德年任。
黄浩。廣西人，嘉靖元年任。
黄玭。晉江人，嘉靖五年任。
陳佐。侯官人，嘉靖七年任。
萬濂。黄州人，嘉靖十年任。
陀佑。蒼梧人，嘉靖十六年任。
郭顯文。江西泰和舉人，嘉靖二十一年以黄州府同知謫任。
何烺。杭州人，吏員，嘉靖二十二年任。
竇仲環。全州人，吏員，嘉靖二十七年任。
鄭孚。嘉靖三十二年任。

陳文滿。嘉靖三十七年任。
毛本。嘉靖四十一年任。
劉春。隆慶元年任。
莊羨。隆慶元年任。
曾士賢。萬曆五年任，府志作曹。
陸橙。萬曆十年任。
周實。萬曆十六年任。
黄一濂。萬曆十九年任。
陳崇猷。福建龍溪人，吏員，萬曆二十三年任。陞四川都司大渡河守禦所吏目。
酈遜之。會稽人，萬曆二十九年任。
杜祥霄。贛州人，萬曆三十三年任。
鄒洪謨。長洲人，萬曆三十八年任。
周延振。萬曆四十三年任。
金應乾。萬曆四十六年任。
朱正洪。天啓二年任。

江一葉。天啓六年任。
熊茂。崇禎三年任，有去思碑。
沈國英。崇禎六年任。
洪有清。崇禎九年任。
方以矩。莆田人，崇禎十二年任。
魏守禮。崇禎十四年任。
吳道顯。浙江人，崇禎十六年任。
沈安忠。浙江人，崇禎末年任。

國朝

王大任。順治四年任。土賊破城死之。
張召卿。紹興人，順治十年任。
王用極。大興人，順治間任，陞吏目。
任其毅。大興人，順治□年任，卒於官。
陳公煒。紹興人，康熙四年任。

戴希聖。山陰人，康熙二十二年任。

賈顯瑞。陜西人，吏員，康熙二十八年任。

陳永鉉。北直人，康熙三十八年任。

邵九皐。浙江人，康熙五十二年任。

魯士毅。順天大興人，吏員，雍正三年任。

陳周書。江蘇甘泉人，吏員，乾隆三年任。

李希翰。蘇州崑山人，吏員，乾隆廿年任。

李性。四川華陽人，捐貢，乾隆二十七年任。

王崇兆。浙江人，乾隆三十年任。

唐雲龍。乾隆三十三年任。

鍾飈。乾隆三十五年任。

王玉麟。乾隆三十七任。

鄭梁。浙江人，乾隆三十九年任。

宋泰。浙江仁和縣人，由監生，乾隆四十九年任。

鍾梅。浙江會稽縣人，由國史館捐，乾隆四十九年任。

朱汝璵。江蘇吳縣人，由監生，乾隆五十三年任。

教諭

元

黄夢驥。大德間任。

吳仲元。至正間任。

明

馬保。永樂元年任。

雷諒。永樂十年任。

鄧宜。正統間任，見修學碑，舊志失載。

鄭和義。成化二年任。

王福。成化八年任。

全福。成化十二年任。

陸聰。高要人，成化十九年任。

林文振。福建懷安人，舉人，弘治四年任。

林昱。惠安人，監生，弘治十一年任。

余賔。福建順昌人，監生，正德元年任。

季鸞。横州舉人，正德九年任。

齊啓行。懷安人，舉人，正德九年任。

鄭皞。連江人，舉人，嘉靖二年任，遷宿遷令。

張震。德化人，監生，嘉靖十四年任。

王翔。晉江人，嘉靖二十年任。

羅拱宸。馬平人，嘉靖二十六年任。

王鼎。嘉靖三十一年任。

陳道正。長泰人，嘉靖三十九年任。

鍾山。海康人，嘉靖四十三年任。

陳夢龍。福建懷安人，舉人，隆慶二年任，陞合浦知縣。

陳世理。福安人，隆慶五年任。

陸琬。潯州人，隆慶六年任。

李熊徵。北流人，萬曆二年任。

王誠心。祁門人，萬曆五年任。教嚴而課勤。諸士翕然宗之。

葉逢春。惠州人，萬曆十年任。

顧榮逢。南雄人，萬曆十四年任。

鍾鳴暉。萬曆十九年任。

鄭岱。潮州人，歲貢，萬曆二十年任。

鮑潛。大埔人，萬曆二十八年任。

賴順。饒平人，萬曆三十二年任。

洪有成。遂溪人，萬曆三十七年任。

許希學。昌化人，萬曆四十二年任。

王雋。邵武人，天啓元年任。

施承芳。鄞縣人，貢生，天啓四年任。陞貴州知縣，有去思亭。

馬鳴鸞。順德舉人，崇禎年任，陞陽朔令。

李應正。零陵人，崇禎三年任。

蔡宗周。陽春人，崇禎五年任。

翁振宗。壽昌人，崇禎七年任。

王日逵。高要人，崇禎十年任。

孫士俊。浙江舉人，崇禎十二年陞麻城縣知縣。

許維藩。廉州人，歲貢。崇禎十五年任，卒於官。

國朝

吴士驊。順治四年任，土賊破城死之。

黄龍圖。福安人，順治八年任。

羅萬達。東莞人，廩生，順治十年任。

黄挺華。馬平人，嘉靖二十六年任。

鄭熙運。潮州人，舉人，康熙二年任，三年奉裁。

郭斌。南海人，歲貢，康熙二十一年復設。淹通經史，循循善誘。同修邑志。

馮士正。南海人，捐貢，康熙三十六年任。

張可梯。大浦人，歲貢，康熙四十六年任。

許元佐。澄海人，歲貢，康熙五十三年任。

黄斐。香山人，捐貢，康熙六十年任。

張兆桂。順德人，己卯科副榜，雍正五年任。

駱兆龍。徐聞人，丁丑拔貢，雍正八年任，同修邑志。
楊世鼎。海陽縣拔貢，乾隆元年任。
陳世蓮。順德縣人，解元，乾隆五年任。
黃玉霦。文昌縣人，辛酉舉人，甲戌明通進士，乾隆十三年任。培養士氣，啓迪惟勤。倡建文明門以興文運。
劉桐。乳源縣人，己酉拔貢，乾隆二十三年任。持躬廉潔，祭聖齋虔，師範端莊可敬。
陳直。高要人，己卯舉人，乾隆二十七年任。
吳者仁。高要縣人，己酉甲子副榜，乾隆三十三年任。博通經籍，教誨殷勤，師範端嚴足式。
李澤。四會人，廩貢，乾隆四十三年任。
曾昇平。和平人，廩貢，乾隆四十八年任。
歐陽梧。保昌人，拔貢，丁酉舉人，乾隆五十三年任。

訓導

明

徐壽。洪武二十二年任。
陳添。福建人，正統間任，舊志誤載正德間。

王昌。成化四年任。

黎鳳。蒼梧人，監生，成化二十五年任。

胡麒。廬陵人，監生，弘治三年任。

李震。桂林人，監生，弘治九年任。

余良。晉江人，監生，正德五年任。

何瑤。浙江分水人，監生，正德十年任。

朱良。歸善人，監生，正德十三年任。

嚴鉄。仙遊人，監生，嘉靖元年任。

唐文符。瓊山人，監生，嘉靖九年任。

詹泉。玉山人，監生，嘉靖十三年任。

黃徹。從化人，嘉靖十六年任。

周于德。福寧州人，嘉靖二十四年任。

葉昌煥。橫州人，嘉靖二十九年任。

何騄。恩平人，嘉靖三十七年任。

李絢。廣西人，嘉靖四十一年任。

錢大有。萬州人，嘉靖四十三年任。

馬鐸。隆慶四年任。
周敦裕。萬曆十年任。
羅文著。高明人，萬曆十四年任。
任先知。廣西人，萬曆十九年任。
何炌。海康人，由歲貢，萬曆二十三年任，陞靖江王府教授。
謝夢豹。德慶州人，萬曆二十七年任，有去思亭。
簡御熲。新興人，萬曆三十一年任。
黃昊。揭陽人，萬曆三十六年任。
葉高。封川人，萬曆四十五年任。
何思敬。儋州人，萬曆四十年任。
郭中奇。保昌人，天啓二年任。
鄭奇珍。合浦人，天啓六年任。
王時可。長樂人，崇禎三年任。
尹湯聘。永定衛人，崇禎六年任。
曾廷第。儋州人，崇禎九年任。
黃上奎。四會人，崇禎十三年任，卒於官。

胡聯芳。遠東人，崇禎十七年任。

魏應魁。嘉靖年人，舊志失載，附記於此。

國朝

郭域。浙江人，順治八年任。

賴新科。惠州永安人，順治十四年任，至十五年十二月奉裁後補翁源訓導。

陳龍光。番禺人，東莞籍，由歲貢，康熙三年裁教諭復訓導，於康熙四年任，八年同修邑志。科歲二歷循循無曠。

梁翹隆。恩平人，歲貢，康熙二十一年任。

廖緒耀。文昌人，歲貢，康熙二十六年任。同修邑志。

蒙昌桼。封川人，歲貢，康熙三十七年任。

吳大成。南海人，歲貢，康熙五十六年任。

盧方申。新會人，歲貢，雍正三年任。

許紹中。陽江人，歲貢，雍正五年任。六年倡率邑人改建學宮，西向，經營督理，三年不倦。同修邑志。

黎奕熊。番禺人，歲貢，雍正十年任。

吳誕登。澄海人，歲貢，乾隆七年任。

危其行。大浦人，歲貢，乾隆十六年任。

黄道高。瓊山人，優貢，乾隆十九年任。
易經。連州人，歲貢。
張文聰。曲江人，拔貢，辛卯經魁。
胡健。新會人，壬午科舉人，端嚴靜正，德器宏深。
黎秀。欽州人，歲貢。

寧川司巡檢

明

顧啓祥。
陳毅。
李廷鳳。
甘霖。福建人。
柯廷璋。雲南人。
田經。湖廣人。
柯襟。福建人。

林世殷。莆田人。

廖英。莆田人。

黄文焕。福建人。

伍廷慶。四川人。

陳衮。上虞人。

史袁。直隸人。

汪登雲。蕭山人，後裁。

廣積倉大使

明

季溫。江西人。

陸貴。江西人。

郭敦。

張清。江西人。

李寶。廣西人。

鄭文。福建人。

尹瓚。福建人。

施才。福建人。

熊修。江西人。

李憲。浙江人。

謝岳。直隸人。

高應試。溫州人。

宋應龍。韶州人。

徐世榮。福建人。

蘇志登。舊志未載，見崇禎四年署縣事海防同知陳公所立祠堂碑。

國朝

陸秀陞。南海人。

周應鰲。南海人，順治十一年奉裁。

河泊所大使

姓名無考。

遞運所

姓名無考。

三合驛驛丞

姓名無考。

茂暉場大使

明 洪武二年除授百長劉暹署木條印記，二十五年始改銅印，設大使一員，隸海北提舉司。

呂晉。

鄭仙。莆田人。

張珮。浙江人。

楊壽。天長人。

程尚官。

曾可傳。餘無攷，崇禎十四年裁。

國朝 雍正八年添設協理場務一員。奉委候選縣丞徐巖於本年任。

牛冲斗。

楊廷桂。康熙六年五月裁。

陳美。陜西人，康熙九年復設。

劉之璽。

鄭健。大興人，康熙十九年任。

蔡以謙。

王進祿。

張明秀。遼東人，康熙四十年任。

朱振聲。浙江人，康熙五十一年任。

趙繼興。浙江人，雍正四年任。

孫灝。浙江餘姚人，王府供事，由信宜縣尉題授正八品，管官監督司事。雍正七年任。

吴紹祖。浙江紹興山陰人，吏員，乾隆十年任。
常瑛。貴州舉人，乾隆十九年任。
朱朝棟。江南人，吏員，乾隆二十三年任。
馬良。正白旗舉人，乾隆二十六年任。
焦瑾。陝西舉人，乾隆三十二年任。
紀履中。直隸人，舉人，乾隆三十七年任。
毛栻。山東遵義人，明通進士，乾隆四十三年任。
楊瑢。四川舉人，乾隆四十六年任。
陶必榕。江蘇人，廪貢生，乾隆五十一年任。
廖雯蒸。福建汀州永定人，監生，乾隆五十三年任。

硇洲司巡檢　雍正九年添設。

徐大業。順天府大興人，吏員，雍正九年任。
張克新。河南武陵人，吏員，乾隆十二年任。
王秉章。浙江山陰人，吏員，乾隆十六年任。
高大川。浙江平湖人，吏員，乾隆二十三年任。

高鷺。乾隆三十一年任。

毛君壽。乾隆三十三年任。

蘇敦。乾隆三十六年任。

李爾渭。乾隆四十二年任。

陸元勳。乾隆四十六年任。

吴廷成。乾隆五十一年任。

洪璉。乾隆五十五年署理。

名宦

《詩》云：『樂只君子，民之父母。』凡膺民社者，茍有保民若赤之心，則善政善教，皆深入民之肺腑。雖風微人往，猶感泣而不能忘。吴邑地瘠民貧，諸君子後先子惠之，而父母之頌至今未泯人口也，特書之以誌遺澤於不朽。

明

陶魯。廣西鬱林人，廕監生。成化間嶺西分巡道僉事，平定山寇，屢立奇功。展吴川舊城增修，開四門濬濠，自公始。仕至兩廣布政兼巡撫。

盛萬年。浙江秀水人，萬曆癸未進士。分守嶺西道叅政，勦平倭寇，設立吳川營限門寨，著嶺西水陸兵。紀事見《武備志》。以剛直守正不畏强禦，爲宵小所中，左遷右江道，仕至江西按察使。

陶歆。宣城人，永樂十四年令吳。勤於蒞政，廉於持己，尤加惠貧民。先是民皆逃亡山谷，公招諭復業，相率而歸者八百餘戶，免其賦役，俾安田畝，有德於民甚厚，有去後之思。

陳衍。本省潮州人，成化三年任。秉心清慎，處事公平。勸農興學，革弊除奸，士民悅服。卒於官，輿論惜之。

鄧宣。韶州人，成化五年令吳川。宅心恬淡，用法寬平。當流寇殘破後，公署半淪於灰燼。殫力補葺，百廢具興。在任十一年，挂冠而去，百姓戀戀如失慈父母。

廖雲翔。福建懷安人，舉人，正德十四年任。秉性誠慤，潔己愛民，秋毫不染。在任六年以疾致仕。民愛戴之，久而不忘。按：懷安衛在今古田縣。

周應鰲。江西泰和人，萬曆丙戌進士。初任丹陽，調繁吳縣，陞吏部稽勳司主事諭謫，萬曆二十五年補吳川。德器宏深，才識敏練。甫下車即革弊政，建正疑書院，講課文藝。建雙峰塔於限門，收郡邑之水塔下。建江陽書院，置田租資諸生膏火。復因舊址築樓構亭，方欲改學宮、縣署爲西向以納山水之秀，尋遷南京刑部主事，不果。邑人至今猶追思焉。

朱宏。廣西桂林人，舉人，崇禎五年任。樂善遠奸，清廉果敢。時海寇李魁奇連年犯限門，率兵赴敵，邑賴以免。著有《一貫堪輿》行世。遷知崖州，士民懷德，立去思亭。

王泰徵。湖廣人，進士，崇禎十一年任。實心撫字，雅意作人，課士談經，史抉旨要，一時多士，蒸蒸蔚起。甫一歲調繁新會，士民勒碑以志不忘。

汪季清。江西饒州人，洪武初年任。以丞攝篆，潔己愛民，爲政務大體，不事煩苛，尤加意學校黌宫祠宇，廢者以興，即公署壇壝亭㯶津梁，悉營繕改觀。九載考績而去，民追思之。按：明初邊方攝官，久任即同正官。

國朝

佟養甲。遼東人，順治丙戌，率兵入粤，授兩廣部院。兵不血刃，馳檄九府，翕然歸化。開創之初，惟以潔己愛民爲心。戊子米價勝踴，斗米七錢，民有易子而食者。公捐俸賑恤，設法疏通，米價日減，存活甚衆。後提督李成棟叛，脅公至端州遇害。以勞定國，以身死難，莫不哀之。後奉行入祀名宦。

王來任。遼東人，康熙四年巡撫廣東時，屢經兵燹，加以兩徙，瀕海之民播遷流離。公至，安集流亡，條陳六大害，曰夫役，曰民船，曰私抽，曰採買，曰誣盜，曰擅殺。飛章請禁，於是民始更生。丙午科臨場大收遺才，揭榜儁者多出其所拔。未幾，以京察自陳，粤人皇皇如失怙恃，罷市輟耒，懇提督楊遇明以民情上疏，里排潘世祥等百餘人相率詣闕保留。值公病革，臨終復草遺疏，首以復界爲言，得奉俞旨，瀕海百萬生靈，俱得復歸田里。百姓立廟尸祝，尋奉行祀名宦。

朱宏祚。山東人，巡撫廣東，多惠政，康熙五十七年奉行祀名宦。

黄應乾。浙江上虞人，貢生，順治八年任。持己謙慎，禮士愛民。十年，捐資重修雙峰塔。秋七月，西逆葉標陷城，被執不屈死。

秦松如。江南無錫人，監生，康熙十九年任。時經遷界，復遭土寇冼彪踞海上，境内民皆逃散。公至即設法招徠，給牛種以資耕墾。二十年，重修學宫，延師訓士。旋以虚丁荒糧，民不堪命，力請題豁至三十一年。張總兵入覲，上詢得其情，遂敕部豁除吳邑獲免虚税之累。惜以積逋詿誤而去，未竟所施。民思其德，建祠祀焉。

國朝初闢，吳川土寇擾亂，守備王忠戰殁，城陷。海防同知以下五人皆死之。雖蒞任未久，無事實可紀，然以身殉城，較之踉蹌被逐，失印而逃者，相去懸絶。今列其名於後，並載各死事武臣五人，以俟後之博考事蹟者而表揚之。

海防同知戴文衡。

知縣陳培亨。

縣丞徐啓璉。

教諭吳士驊。

典史王大任。

吳川營守備王忠。

限門寨遊擊汪齊龍。

化吳石桑將應太極。

水師營桑將蔡應科。

吳川營千總袁其忠。

張恂。雲南大理府趙州人，丁卯舉人，乾隆三十八年任。宅心廉而公，折獄明而斷。嚴厲以除匪，誠懇以作人。其增撥學田，勤勞民事，善政多端，殊難悉數，而補積倉儲則其尤善者也。初，吳邑倉穀缺額過多，公盡心籌畫，數年間購補二萬，而儲蓄遂豐，故能有備無患。丁酉戊戌，吳邑大旱，公復竭力救荒，遍處設廠平糶外，咬破指血書名禱雨於天，又親歷各鄉，勸諭富室以賑濟。一時溝壑之民獲復蘇者甚衆。功聞於上憲，擢陞崖州知州。吳邑士庶，至今頌德不衰。

吳川縣志卷之五終

吴川縣志卷之六

吴川縣知縣津門沈峻丹崖甫纂

武備

盛志曰：三代以下，言兵制者，莫過漢之屯田，唐之府兵，以其猶不失寓兵於農之意也。然漢之屯田，止行於邊塞而不及於郡國；唐之府兵，止行於畿甸而不及於藩鎮。若明之初，蓋合漢唐之制而行之於天下者也。厥制所統於衛，衛統於都司，都司統於五府，大小相維，中外相制，法非不善也，迨承平日久，右文經武，軍士僅供驅役，積漸廢弛，因以不振，盡失立法之初意。然攷之吳川，先觀察分守嶺西，因平倭寇立營寨，而賊不臨城，亦何嘗不出於衛所。要在用之有道，處之有方，存乎其人焉耳。觀於一邑，可以推之天下，不信然哉！國朝兵制，滿漢並用。吳川仍營寨之舊，而重以叅遊之任，後雖裁汰限門寨而遊擊兼轄水陸，又置硇洲一營控扼海外，即升平熙洽，海不揚波，而備禦措施之宜，誠至周且善矣。

明

守備指揮。

寧川守禦所千戶。

副千戶三員。

百戶十員。

吏目一員。俱洪武二十七年設。

吳川營把總。

限門寨分總。俱萬曆二十九年添設。

國朝

寧川守禦所千總。雍正四年裁。

吳川營守備。順治四年設，九年裁。

限門寨遊擊。順治四年設，九年裁。

化吳石叅將。

中軍守備。順治九年設，康熙三年裁。

水師營叅將。

中軍守備。

千總二員。

把總四員。順治十五年添設，康熙三年裁。

吳川營水陸遊擊。

中軍守備。

千總二員。

把總四員。康熙二年設，乾隆卅一年改遊擊爲都司。

硇洲營守備。

千總一員。

把總二員。康熙四十三年設，雍正十年改守備爲都司。

盛志曰：按府志，明洪武二年，朱亮祖取廣東，遂命亮祖鎮守，建諸衛所。高州府衛一曰神電，所五：前後左右中，隸廣東都司，并屬前軍都督府，寧川則神電衛外所。二十七年，又以防倭添設沿海四所之一也。衛統軍士五千六百名，每千一百二十所，千戶統之，百一十二所，百戶統之。寧川守禦所官軍，正千戶一員，副千戶三員，百戶十員，吏目一員，總旗十五名，小旗二十七名，屯守旗軍一千一百九十名。軍有征操、屯種之分。征操者，每所撥旗軍八百教場操練，輪守城堡，八百戶統之，歲一踐更，計月支米。屯種者，每所撥旗軍二百，下屯耕守，二百戶統之。軍不支糧，屯耕自給，仍辨細糧輸納以給軍餉。明祖所調養兵百萬，不費民間粒米者也。相沿日久，衛務漸廢，逃亡日多。至明中葉，寧川軍士不過二百餘名，皆散處鄉屯。守城者不過十餘名，防禦怠弛，名存實亡矣。國朝裁千戶，設禦所千總一員，止司屯糧。

李志曰：寧川守禦所在城內永和門，洪武二十七年，廣東都指揮花茂奏准，差永定侯巡歷勘議，設防禦所千戶，徐本督工創土城，官署原額正千戶一員，續陞一員，副千戶三員，百戶十員，吏目一員，屯守旗兵一千一百九十名，陸續事故逃亡云。

萬曆二十九年，因中白艚船糴粟者勾藏倭寇，突入限門，防護無兵，攻圍吳川甚急，城幾不守。時當朝覲府縣俱闕正官，惟嶺西道盛公萬年駐電白，聞報，親調狼兵，徵募鄉勇，擒賊三十餘人，錮之獄，奸徒謀爲內應，潛入城。夜以鴿鈴爲號，即殲其渠魁八人，復調叅將郭酉科兵至吳，號令嚴明，不犯民間一草一木，遂勦平倭寇。公復以吳川邊海險要，守禦宜嚴，乃添設吳川一營官兵共五百三十六員名，把總領之，駐吳川教場。又添設限門水寨官兵五百十二員名，分總領之，以專捍禦，並屬海防官及陽電叅將管轄，爲海防善後之策甚詳，自後碰有寇患未嘗至城下。

李志曰：吳川營在吳川縣南二里。萬曆二十九年，倭寇犯城，調集官兵征勦，事平後建營防守。原設把總一員，哨官五名，旗隊兵五百三十四名。陸續奉文裁革旗總隊兵一百零一名，扣餉助虎門南韶崖黎兵食外，存四百三十三名。

限門寨在吳川縣南五里，海航必由之區，本郡必據之險也。東連䋲慶，西抵雷陽，上下凡五百里，而遥向撥蓮頭寨官兵二百五十一名看守。萬曆二十九年，緣倭警而設寨分總一員，哨官二名，隊兵二百五十名，并原撥官兵共五百零一名。左哨戰船九隻，右哨戰船八隻。陸續奉文裁汰隊兵六十一名，扣餉解助虎門南韶崖黎兵食，尚存官兵四百四十名，原設北津右司，併立蓮頭、限門二寨，距赤水而中分之，俾各守汛地司兵者，春冬二汛時其簡閲防守，視昔有加焉。又按邑自明萬曆二十九年設營寨以後，天啓五年，海寇犯港十餘日而去。崇禎二年，海寇李魁奇連年入寇，巨舟一百七十餘艘，俱爲官兵所敗。七年，劉香老入限門，又被追剿遠遁，而城池賴以無恙。雖主兵者剿禦有方，未始非置營立寨之功也。以上俱載李志。附載設立營寨及分汛、條約、兵船、塘舖於後。

廣東等處，承宣布政使司分守嶺西道，右叅政盛爲申嚴條約，以肅軍威，以固海邦，事照得高凉之地，東南距海綿亘六百餘里，倭奴北風而來信，宿可至電白，吴川爲必犯之地。西北倚於博陸，山箐盤鬱，猺獞雜處，於二廣爲聯絡之處。萬一中寇，則東西壤絶矣，其所繫之重如此。乃承平日久，武備寢衰，尺籍空虚，兵防單弱，以故前有電白之禍，近有吴川之虞。本道思爲結網補牢之計，乃力請兩院再增水陸官兵九百三十九員名，幸蒙軫念時艱，俯賜批允，深爲地方幸焉。故爲之派守汛地，爲之酌用戰船，爲之增定名數，爲之布立營壘，爲之置造器藥，爲之料理錢糧。時共訓練，稽其虚冒，申其號令，約其應援。雉堞之卑小者，撤而新之。池濠之湮没者，清而浚之。以至設塘報，謹斥堠，籍狼兵，慎城守，一切軍中機宜，時與二三將領共申飭之，徹土綢繆，稍已具悉。惟是兵心未一，面命爲難，時異事殊，善後不易。謀欲掇拾條欵，編列成書，水陸各自爲帙，捕隊而上，各給一帙，使與士卒習其耳目，齊其心志，且藉以垂永久，倘亦可爲高凉保障之一助乎！然本道猥以書生，鮮知兵事，區區臆説，無當於時。伏乞憲臺留神詳閲，如有一二可行，特賜叮嚀告誡，行回遵照刋發。仰藉寵靈，綏此海邦，本道幸甚！地方生靈幸甚！詳奉總督兩廣軍門戴名燿，福建長泰人，進士批據詳，水陸條約善後事宜已極詳悉，遠猷碩畫，足爲東海金湯，仰刋刻成書，分發大小將領，着實遵行。繳巡按廣東監察御史李名時華，浙江仁和人，舉人批水陸兵防布置，悉中肯綮，信能行，此佇見濱渤波恬寇盜喙息矣，尚何倭奴足患哉。依議刊行頒布，嚴督將領，着實遵行。有不如約者，以三尺法從事。

此繳！

萬曆三十年正月刊行條約

北津寨右司汛地，東界雙魚，西界白鴿，中以蓮頭、限門爲寨，巨海茫洋，倭警叵測，以故嘉隆間電白城陷，受毒甚慘。前車爲不遠矣。事平而後迄今三十餘年，衣袽不戒，防禦浸疎。至二十九年四月，倭寇突犯吴川，城幾不保。旋事徵兵，燃眉莫救。今詳兩院處餉增兵，添設限門分總，領兵一寨，與蓮頭舊寨，各派汛地互爲犄角，至於器械火藥，無者增之，壞者修之，更設塘報，嚴烽燧以便偵探。種種事宜，庶以補偏救弊。但立法之初，猶恐紀律未明，人心未肅，合申條約，輯彙成書，刊刻頒布，以永遵守。敢有不遵約束，軍法具在，决不輕貸！

水寨條約

一派守蓮頭、限門二寨，圖説。蓮頭限門二寨汛地，上自青洲港，與雙魚分界，下至硇洲，與白鴿寨分界。沿海地方計六百九十里，其中青洲山、黄程山、蓮頭山、放雞山、暗鏡山、博茂灣、磊嘴門七處，俱在外洋，乃賊船可泊之所。但恐風信不測，兵船難以久駐。至於青洲港、蓮頭港、赤水港、限門港、三合窩、新門港六處，可以泊船，即係防守要地。其青洲港在電白縣城之東，距城八里，人烟稠集，甚爲喫緊，應派七號船二隻劄守；艟艚一隻，專責巡哨。港外青洲、黄程前藍海面，而蓮頭港係電白縣咽喉，距城五里，應派左哨三號船二隻、六號船一隻劄守。左港右哨六號船一隻、七號船一隻劄守；右港艟艚一隻，專責巡哨。蓮頭外洋接前藍海面止。赤水港係電白之西港，内透各鄉村，距城四十里，應派三號船一隻、六號船二隻劄守；八號船一隻，專責自蓮頭海面巡至放雞山止。又艟艚一隻，專責自放雞海面巡至暗鏡山止。限門港係吳川縣門戶，離城六里，港通梅菉、化州達高州府，應派六號船二隻、七號船五隻劄守；八號船一隻，專責自暗鏡海面巡至博茂灣止。又艟艚一隻、專責自博茂海面巡至限門止。三合窩係賊船往來八把之區，窩有小港通限門内港，應派六號船一隻、七號船二隻劄守。東則策應限門，西可備禦新門。八號船一隻，專責自限門海面巡至三合窩止。其新門港係石城縣要地，離城八十里，應派七號船二隻劄守。艟艚一隻，專責自三合窩海面巡至新門止。又艟艚一隻，專責自新門海面巡至硇洲止。大船可恃攻擊，艟艚以便偵探走報軍情。

青洲港至青洲山三十里。

黄程至蓮頭山四十里。

蓮頭至放雞山五十里。

放雞至赤水港六十里。

赤水至暗鏡山四十里。

暗鏡至博茂灣六十里。以上電白縣境。

博茂至限門港六十里。

限門至磊嘴門八十里。

磊嘴至三合窩四十里。

三合至新門八十里。

新門至硇洲一百二十里。以上吳川縣境。

國朝順治四年，設守備一員，領吳川營，設遊擊一員，領限門寨，撤去把總、分總，而哨隊如故。九年，設化吳石衆將一員，駐城内，中軍守備一員，駐芷芋。而限門吳川營咸轄焉。十五年，添設水師營衆將一員，水師中軍守備一員，千總二員，把總四員，撥廣州兵船二十五隻，兵五百六十名，并原限門寨水兵四百四十名，共一千名，設衙門於芷芋陳屋廟右，惟吳川營兵轄於化吳石，以備遣調。

康熙三年，奉旨立界，芷芋既遷，遂撤去水師營衆將，又改化吳石營爲吳川營，別設遊擊一員，中軍守備一員，千總二員，把總四員，將水師營之船與水兵五百名移守雷州海邦。即撥海邦陸兵五百名，移鎮吳川，并簡閲吳川限門寨之兵五百名以屬之，共一千員名，續奉抽撥防守順德、增城、博羅、廣州、新城二十三名。八年，奉文除汰，不准，頂補步戰兵一十一名，守兵八十四名。十二年，奉撥化石營守兵四十四名，添入本營額數，共官兵九百二十六員名。歲需俸餉一萬二千六百九十六兩七錢零，糧米三千三百零四石八斗。

十九年，奉文通行高屬文武各官捐修，復吴川營哨槳船十隻，內十櫓；哨船二隻，八櫓；哨船二隻，六櫓；哨船二隻，四櫓；槳船四隻，俱係兵丁操駕，灣泊芷芓要口，分防限門東西二砲臺及麻斜、博立、茂暉港汛。二十年，奉文抽撥戰兵二十四名，守兵七名，入提標援勦營。二十三年，議定營制尚存實額兵八百名，步戰兵二百四十名，守兵五百六十名，歲需俸餉一萬一千六百三十四兩七錢零，糧米二千八百八十石。

四十年，奉撥戰守兵共九十二名，哨槳船五隻，歸入電白。撥電白戰馬三十匹歸入吴川。四十二年，奉撥步戰兵六名，守兵一十四名，歸入新設硇洲營充額，又將原額槳船二隻改造雙篷船，船三隻，又添設槳船二隻。

雍正六年，奉行將吴川營外海十四號艍船改編吴字第一號，十五號艍船改編第二號，內河六櫓船改造外海拖風，編列第三號。急跳船改造外海拖風，編列第四號。槳船改造外海拖風，編列第五號。現在外海拖風艍船五隻，內河哨槳船二隻，共船七隻，配兵巡防。七年，奉行添設外委千總一員，外委把總三員，通營額兵馬戰三十員，步戰一百七十四名，守兵四百七十二名。歲需俸餉銀九千六百二十七兩二錢零。遇閏加增餉銀七百七十一兩一錢零，官俸不加，歲需糧米三千一百八十一石九斗，遇閏加支米二百零三石一斗。

康熙四十三年，添設硇洲營守備一員，千總一員，把總二員，共官兵五百四員名。艍船四隻，拖風四隻，配兵巡查。

雍正十年，改硇洲營守備爲都司。

乾隆九年，撤芷芋船廠。十七年，復設芷芋船廠。大小修歸芷芋，拆造歸省。

乾隆三十一年，改吴川營遊擊爲都司。

砲臺

明崇禎間，叅議張公茂頤所創列限門以禦寇，知府姚公繼舜奉守道江公用世，復設東營房八十間，西營房二十間，設官廳以時操練，遷界後廢。張、江二公俱天啓壬戌進士。

國朝康熙五十六年，奉旨查沿海砲臺有應修之處，文武會勘。時兩廣總督楊公琳巡撫法公海，會同將軍提鎮分勘議覆發藩帑一千兩，吴川營、限門東西砲臺及麻斜爲三，因舊修築高大，硇洲營添設淡水砲臺，其津前、那娘、南港、北港四處舊有砲臺，亦皆修築。

五十七年，續發銀六百兩建造營房。

限門港東砲臺，半月形，向西，週一十三丈，臺身高五尺，垜子牆高四尺，臺面前後深三丈四尺九寸，垜子牆二十二，垜子眼二十個，當中通天砲眼五個，左右砲眼各三個。營房大小共一十八間，安砲八位，羣子窩蜂二千零二十個。撥改編第二號艍船一隻，配兵四十名，又撥內河雙櫓船一隻，配兵二十名，巡防捕盜每年撥官一員領之。

限門西砲臺，半月形，東向，高深廣狹同東砲臺，營房砲位亦如之。撥改編第三號船一隻，配兵四十名，又撥改編第五號船一隻，配兵二十七名。巡防捕盜每年撥官一員領之。

麻斜砲臺，半月形，向西，臺前月城牆廣一十一丈七尺，臺後橫牆自左至右，廣四丈五尺，臺身高八尺，垛子牆高四尺，週圍共二十九塊。垛子口二十九個，砲眼一十六個，馬路中濶一丈五尺，兩頭濶九尺。營房大小共一十九間，安砲八位，羣子窩蜂二千個。撥改編第一號船一隻，配兵四十名，又撥改編第四號船一隻，配兵三十七名，又撥四櫓船一隻，配兵二十名。巡防捕盜每年撥官一員領之。

墩臺

明洪武間，奉南京都院移文建各墩臺及舖舍，巡邏夫五名。

烽堠一十五處。

羅山。北三都。

尖村。北九都。

溫村。

南寨。俱北十一都。

沙飛。

茂暉。

吳村。

博立。

新場。俱南二都。

隨黎。

調高。俱南二都。

北涯。

扶村。

北聚。

麻簡。俱南三都。

盛志曰：按府志，前朝經畧防倭，沿海墩臺甚密，遇警舉烽，視敵多寡爲節，傳報得宜，以至克敵准奇功，違者軍法從事。承平日久，烽信不明，墩臺荒壘而已。康熙初，海寇未靖，遷民内地，復創立内邊新設烽堠。吴川共墩臺一十五處，但府志止載再遷之界，而其名數，不無互異，故不贅録。今列李志所載，兩遷舊制於後。

康熙元年，奉旨遷濱海居民歸内地，自里濕嶺至麻斜，一路立界墩臺二十二處：

里濕嶺臺。

郊邊坡墩。

東海兒大塘村臺。

瓜精坡墩。
心七洞心嶺臺。
上埠海塘嶺墩。
姚村蓮塘嶺臺。
九岐嶺墩。
限門東砲臺。
限門西砲臺。
龍貫嶺墩。
蜑步村邊臺。
滘坡墩。
茂暉臺。
乾塘墩。
吳村臺。
博立墩。
新埸村公堂背臺。
麻斜鹽田墩。

北花村面前坡臺。

麻斜西邊墩。

麻斜大砲臺。

康熙三年，奉旨再遷自里濕嶺至石門，一路立界墩臺一十七處：

里濕嶺臺。

郊邊坡墩。

東海兒臺。

瓜精坡墩。

白沙砲臺。

雷廟墩。

大岸砲臺。

馬村臺。

坡春嶺墩。

寨嶺臺。

尖山墩。

上垌臺。

透滘墩。

那黄臺。

木樟墩。

南埇臺。

石門大砲臺。

道路要隘營房四處：

大坡營。接茂名界。

長坡營。道通梅菉塘cell。

塘㙐營。道通石城、遂溪。

黄姜營。道通化州。

康熙八年，奉旨展界，勘復再遷營界，設官兵砲臺防禦，居民復歸耕種。自茂名界設立墩臺，起至麻斜，遂溪界止。沿邊墩臺數目：

東海嶺墩臺。

歧嶺墩臺。

限門東砲臺。

限門西砲臺。

茂暉墩臺。

博立墩臺。

麻斜砲臺。

雍正七年，改設東海岐嶺二臺，歸併文峯嶺臺作一汛，水陸塘汛共一十八處，額配外海艍船二隻，拖風船三隻，内河櫓船二隻。

一存城駐劄官三員，都府一員，守府一員，千總一員，配馬步守兵九十三名。

一東砲臺，把總一員，配馬步守兵三十五名。

一分防文峯嶺汛，配步守兵十名；分配第二號外海艍船一隻，配步守三十九名；分配内河兩櫓船，配步守兵二十二名。以上船汛係東砲臺專管督防。

一分防西砲臺，把總一員，配步守兵三十五名分防茂暉汛；外委一員，配步守兵九名；分配第三號外海拖風船一隻，配步守三十九名；分配第五號外海拖風船一隻，配步兵二十九名。以上船汛，係西砲臺專管督防。

一分防麻斜砲臺，千總一員，配步守兵三十五名；分防苧隴汛，配守兵五名；分防博立汛，外委一員，配步守兵九名。分配第一號外海艍船一隻，配步守兵三十九名；分配第四號外海拖風船一隻，配步守兵二十九名；分配内河四櫓船一隻，配步守二十二名。以上船汛係麻斜專管督防。

一分防大坡汛，額配把總一員，額配馬步守兵二十二名；分防茶亭□□□守四名；分防三江嶺塘，配步守兵十名。分防□皮橋塘，配步守兵十名。分防樟木塘，配步守兵十名。以上各塘汛係大坡汛專管督防。

一分防塘墢汛，把總一員，配馬步兵二十五名。分防板橋汛，配外委一員，配步守一十二名。分防長坡汛，配步守兵一十八名。分防宿江汛，配外委一員，配步兵一十九名。分防窑頭汛，配步守兵二十名。以上各汛係塘墢專管督防。

硇洲營係康熙四十三年正月初一日設立營制，額設官兵五百零七員名，戰船八隻，後陸續奉行裁改船隻及裁減兵丁，各官隨糧外，現在尚戰守兵三百七十五名，艍船二隻，拖風船二隻，快馬船二隻，臺汛八座。

淡水砲臺配兵三十名。

那娘砲臺配兵十二名。

南港砲臺配兵二十五名。

簕竹汛配兵八名。

津前砲臺配兵三十名。

北港砲臺配兵二十五名。

潭埠汛配兵十二名。

梓桐汛配兵八名。

艍船二隻配兵八十名。

拖風船二隻配兵六十名。

快馬船二隻配兵四十名。

防營兵四十五名。

較塲

吴川營大較塲。原在城南二里，廣四十丈。每月大操，調各營汛兵，分隊演習，上建關帝廟演武亭，今廢。乾隆二十三年，移建大較塲於北門外，接官亭之東，尺度如前。演武亭在較塲之北，小較塲在城内東北隅左傍，城垣廣二十丈，袤五十丈，演武亭在較塲之北。

硇洲營大較塲。在都司署之北，演武亭在較塲之東。

鄉堡

每堡立堡長一人，堡甲一人，管各堡夫，地方有事，會於各堡。明原十三處，今存九處。

城東堡。

城西堡。

白沙堡。

羅山堡。

舖脚堡。北四都。

樟木堡。

頓當堡。北十一都。

塘擨堡。北九都。

麗山堡。

文字堡。

南村堡。

馬鞍堡。

塘車。以上南四都。

武職

明

守備指揮 即洪武二十七年，設立備倭之員，舊志圖内載備倭營，在邑西南海濱。明世官制，諸衛有指揮、同知、僉事，此係同知、僉事分守者也。

俞鏗。神電衛，修城。

馮欽。雷州衛。
張濬。雷州衛。
范忠。神電衛。
黑恒。神電衛。
李宗玉。神電衛。
孫誠。雷州衛。
蔡金。雷州衛。
栢泰。
魏漢。神電衛。
馮佐。雷州衛，嘉靖十四年掌印，後裁。

正千戶

徐本。洪武二十七年任，始創寧川所土城。
李忠。永樂元年任，重修土城，圍以磚石。
胡山。深州人，永樂間由常山中護衛正千戶調。
胡濬。山子。

胡卿。濬子。

胡相。卿弟。

胡達。相子。

胡通。達弟。

胡學金。通弟，後無襲。

李桂。本所副千户。嘉靖十四年陞。

李橙。桂弟，无嗣，後无襲。

副千戶

王端。河南人，成化十年由神電衛左所調，有修城功。

王資。端子。

王如湛。資子。

王如澄。湛弟。初以湛男幼，未承襲，借職禦寇有功，還襲後，島夷犯海上，應調從征，屢獲奇功。初授神電衛指揮，復遇劇賊所至，克捷，歷陞惠潮叅將。

王龍。湛子。初幼及長，叔如澄，還襲，從征羅旁有功，陞神電衛指揮。

黄紀。福建連江人。成化十二年，由神電衛前所百戶陞居城東，爲黄氏始祖。

黄萬栢。紀孫。

黄世臣。萬栢子。

錢鏞。直隸江都人。弘治九年，由神電衛前所副千戶調。

錢鑑。鏞弟，無嗣。

錢鈺。鏞弟。

錢繼志。鈺子。

錢海。繼志子。素善騎射，有謀畧，膂力過人，生擒海寇數人。萬曆四年，征羅旁有功，遷神電衛指揮，撫按獎薦陞福印都司。

李杏。六安人。正德十九年，由本所百戶陞。

李桂。杏弟，陞正千戶。

百戶

蕭志。湖廣江陵人。洪武十三年，由陳州衛後所百戶調。

蕭禎。志子，無嗣，後無襲。

李福。山東高密人。洪武二十七年，由天策衛中所百戶調。

李壽。福子。

李順。壽子。

李承。順子。

李廷芳。承子。

李子實。廷芳子。

李希岳。子實子。

李亦靖。希岳子。

李逢元。亦靖子，無嗣。

李啓元。逢元弟，國朝奉裁。

王義。山東章丘人。洪武二十七年，由鷹揚衛百戶調。

王傑。義子。

王盛。傑子。

王欽。盛子。

王元。欽子。

王燧。元子。

王世英。燧子，無嗣，後無襲。

舒傑。合肥人。永樂二十三年，由潞州衛磁石百戶調。

舒廣。傑子。

舒成。廣子。
舒錦。成子。
舒松。錦子。
舒栢。松弟。
舒希董。栢子，無嗣。
舒希曾。希董弟，無嗣，後無襲。
宣友良。合肥人。宣德二年，由太河衛前所試百戶實授。
宣齡。友良子。
宣振。齡堂兄。
宣武仲。振子。
宣大勲。武仲子。
宣世仲。大勲子，無嗣。
宣儒。世仲族孫。
宣效曾。儒子。
宣時奎。效曾子。
宣天熊。時奎子，横行不法，縱軍害民，爲守道黄兆穰棄市。

黄金。世臣子，襲百戶，無嗣，後無襲。

趙福。丹陽人。正統二年，由宣州衛中所百戶調。

趙璽。福子。

趙寧。璽子。

趙泓。寧子，無嗣，後無襲。

李英。河南商城人。正統八年，由廣東南海衛調。

李興。英子，無嗣。後無襲。

錢鑑。江西靖安人。正統九年，由南京武德衛右所百戶調。

錢鍾。鑑子。

錢鎮。鍾弟。

錢禄。鎮子。

錢萬斛。禄孫。

錢應陽。萬斛子，攝理限門寨分總，後無襲。

馮完。無襲。

黄茂。江西高安人。正統元年，由興武衛中所百戶調。

黄璆。茂子，無嗣，後無襲。

甯清。合肥人。景泰四年，由南海衛中所百戶調。

甯傑。清子。

甯陞。傑子。

甯英。陞子。

甯大濟。英子。

甯大經。大濟弟，中武舉四科。

甯起吳。大經子。

甯遲。起吳子，國朝裁。

所吏目

顏挺。福建人。

林一山。福建人。

鄒相。襄陽人。

周易。江西人。

郭振。福建人。

唐復元。廣西人。

盛本澄。浙江人。

黄世明。

吳綸。浙江人。

孫應儒。浙江人。

徐文淳。浙江人。

方世臣。

吳應元。蕪湖人。

毛大垠。浙江鄞縣人，後裁。

附：

林德馨。本縣人。舊志載名邑把總，征寇陣亡。兩院奬其殉義，誤入元人。今正之。元無此官，亦無所謂兩院也。

吳川營把總

姓名無考。

限門寨分總

錢應陽。以寧川所千戶攝理。

盧寶。舊志未載，見崇禎四年署縣事海防同知陳公祠堂碑記。

國朝

守衛所千總

蔡大勝。江西吉安人。

鞠應宿。盛京人，陞浙江紹興衛。

陳國政。北直人，康熙十一年任。

鄭禎。直隸人，康熙十八年任。

趙炳。山東臨清人，康熙二十年任，清戎裕餉，兵民兩便。

陳栢。徽州人，康熙三十七年任。

朱越。直隸人，五十九年任，雍正四年奉裁。

吴川營守備

王忠。順治四年二月任，六月土寇攻城，營兵叛，力戰被殺，城陷，同知縣令、丞尉、教諭死焉。

限門寨遊擊

汪齊龍。順治四年二月任，九月爲雷州叛鎮黄海如所殺。

化吳石条將

應太極。順治十年，西寇犯吳、化，死於戰。

牛冲雲。陝西人，陞山西副總兵。

蘇昇。陝西人，治兵安民，一方保障，陞雷州副總兵。邑人立祠尸祝之。

化吳石中軍守備

王沾祺。湖廣人。

宋奎彪。

水師營条將

張華基。湖廣人，順治十五年任，陞湖廣副總兵。

蔡應科。揚州人，戰死雷州海上。

劉世亨。四川潼川州人，謀勇兼裕，地方安之，調廉州，後調廣西永寧州叅將。

水師營中軍守備

左良輔。南海人，順治十五年任。

刁起。山東人，奉裁調吳川營中軍守備。

水師營千總

何貴。

梁捷。

水師營把總

杜熊

梁祚。

吳奇泰。

蔡應球。

吴川營遊擊

紀登雲。陝西人，康熙三年，由陽江衆將調本營，管遊擊事，果敢直率，在任七年。

屈大法。遼東海州衛人，康熙九年任，膽勇精練，兵民畏服。

王德壽。正黄旗人，康熙十三年陞，十七年，海寇突境，守禦有方，城池賴以無恙。

李儀鳳。景州人，康熙二十二年任，材猷克壯，撫恤士卒。

李裕。浙江人，武進士，康熙三十年任。

龔漢。福建人，康熙三十六年任。

程龍。福建人，康熙三十八年任，卒於官。

田可啓。陝西人，康熙五十四年任。

李正芳。陝西人，康熙五十七年任。

施正和。福建人，雍正三年任。

許大猷。湖廣人，雍正四年任，陞衆將。

陳芳。福建人，雍正五年由本營守備陞。

蔡文昇。福建同安人，雍正六年任。

嚴武。潮州人，雍正十年任。

辛雄。福建人，乾隆六年任。

劉克江。潮州人。

周宗旦。江南人，由文舉賜武進士，有武而雅，行儒術，不威而克振軍聲。

洪秉彛。福建人，武舉。

朱承祚。肇慶人。

陳標。河南人，武進士，藍翎侍衛。

邱位中。吳川人。

都司 乾隆三十一年，改遊擊爲都司。

郭勛。湖南人，武進，乾隆三十二年任。

李國望。湖北人，武進，乾隆三十六年任，寬柔决策，中正存心。

黎日隆。東莞人，乾隆三十六年任。

許爵。澄海人，乾隆四十一年任。

蔡安廷。澄海人，乾隆四十五年任。

潘韜。吳川人，乾隆四十七年署任，歷陞福建澎湖總兵。

高瑞鳳。香山人，乾隆四十八年任。

陈天祥。福建人，武舉，乾隆五十三年任，勇力果敢。

李士榮。陸豐人，乾隆五十三年任。

吴川營中軍守備

刁起。山東人，水師營守備，奉裁調補。

謝勷。寧江人，武舉。

王德壽。康熙十一年任，見遊擊。

王先。上杭人，康熙十四年任。

朱啓端。密雲人，康熙二十一年任。

彭國棟。遼東廣寧衛人，康熙廿三年任。

王國用。江西人，康熙三十六年任。

許雄。福建人，康熙四十四年任。

陳芳。雍正元年任，見遊擊。

楊啓忠。福建人，雍正五年任。

曹國標。電白人，雍正八年任。

曹雄。電白人，雍正十年任。

王捷。潮州人，乾隆元年任。

陳杰。潮州人，乾隆四年任。

鄭宏名。山東人，乾隆八年任。

吳戴有。潮州人，乾隆十二年任。

簡爾岳。廉州人，乾隆十七年任。

黎日隆。東莞人，乾隆二十三年任。

傅傑。合浦人，乾隆三十四年任，巡防著績陞，調電白都司。

劉國掄。安徽人，武解元，乾隆四十四年任，恩威并著，書法佳。

劉榮祖。海陽人，乾隆四十四年任。

黃錫侯。朝〔一〕陽人，乾隆四十五年任。

吳錫璋。福建人，武進，藍翎侍衛，乾隆四十九年任。

胡潮清。順德人，乾隆五十五年任。

〔一〕疑爲「潮」

吳川營千總

宋德隆。

周從選。

袁其忠。安陸人，康熙九年陞，死於戰。

王先。見守備。

李雄。吳川人，康熙十七年陞。

張完。鳳陽人，康熙二十三年陞。

楊忠孝。江西人，軍功都督僉事，康熙二十四年降補。

陳盛。福建人，康熙二十六年任。

鄭宏才。翁源人。

陳華。吳川人，康熙三十六年陞。

申生。陝西人，康熙四十一年任。

陳宏烈。福建人，康熙四十二年任。

馮辛。陝西人，康熙四十二年任。

李奇龍。吳川人，康熙四十三年陞，武藝優，長軍機諳練，任滿候推守備，以年老告休。

張通。南雄人，康熙四十八年任。
施隆。福建人，康熙五十三年任。
梁應鉉。南海人，武舉，康熙五十三年任。
程暘。福建人，康熙五十七年任。
吳光。陽江人，康熙六十一年任。
吳昭。湖廣人，康熙六十二年陞。
張賔。海安人，雍正八年任。
李陞。廉州人，乾隆元年任。
陳瑚。雷州人，嚴謹巡防，撫馭有方。
袁登選。遂溪人。
許建德。古州功加。
周成祥。吳川人。
陳猷。吳川人。
陳陞。吳川人。
傅傑。合浦人，見守備。
李超榮。吳川人。

陳鎮疆。吳川人，訓練精勤，題陞守備。
符成龍。龍門人。
曾捷陞。合浦人。
林德。電白人。
鍾日秀。欽州人。
盧元陞。吳川人。
郭敏。合浦人。
王廷棟。合浦人。
傅君剛。合浦人。

吳川營把總

譚陞。吳川人。
陳明德。
蕭陞。南海人。
劉玉。
李雄。見千總。

殷懷禮。惠州人。
鄭典。吳川人。
謝昌。
趙昌隆。番禺人。
張完。見千總。
王秀文。陽江人。
鄭宏才。見千總。
陳有勝。陽江人。
陳華。吳川人。剿賊有功，陞千總。
張才。
沈秀。吳川人。
張廷佐。
劉化。
黃得功。遂溪人。
梁定。茂名人。
何定邦。新會人，武舉。

李奇龍。見千總。
劉正元。石城人。
葉茂祥。吳川人。
張通。見千總。
劉勇。陝西人。
洪泰。化州人。
吳光。見千總。
蕭奇。
楊柄。吳川人。
程暘。見千總。
陳興。福建人。
傅琮。茂名人。
文斗。吳川人。
吳昭。見千總。
葉雄。電白人。
李中興。電白人。

張厚。福建人。
徐顯。南海人。
劉鳳。
陳家壯。海康人。
蘇德茂。吳川人。
邱世隆。吳川人，陞烽火營叅將。
吳上明。吳川人，題陞電白千總。
傅俊。電白人。
周光。吳川人。
吳國標。合浦人。
傅君召。合浦人，督造死於王事，襲蔭其長子。
黄德贊。吳川人。
張武進。合浦人。
楊光振。吳川人。
王廷棟。合浦人，見千總。
盧元陞。硇洲人。

傅君剛。合浦人，見千總。

楊成斌。電白人。

蕭恒全。吳川人。

陳勝。吳川人。

林忠亮。電白人。

外委千總

黃仁。吳川人。雍正十年任，陞虎門守備，署龍門都司。乾隆二十三年，告休。

硇洲營守備

馬延眉。山東武進士，康熙四十三年任。

黃子清。湖廣人，康熙四十七年任。

施元勝。福建人，康熙五十一年任。

魯之芳。浙江人，雍正三年任。

蔡文郁。福建同安人，雍正九年任。

都司 雍正十年，改守備爲都司。

唐錫元。東莞人，乾隆九年任。

洪秉彛。福建人，乾隆十五年任。

楊志英。東莞人，乾隆十二年任。

陳傑。饒平人，乾隆十九年任。

鄭張廷。瓊山人，乾隆二十一年任。

何韜。東莞人，乾隆三十四年任。

陳頤。澄海人，乾隆二十五年任。

陳茂勲。福建人，乾隆三十八年任。

邊廷臣。直隸人，乾隆二十八年任。

利振剛。鎮平人，乾隆四十四年任。

張天助。瓊山人，乾隆三十年任。

陳輝。歸善人，乾隆四十八年任。

千總

許華。福建人。

陳貴。福建人。

劉勇。陝西人。

趙明。湖廣人。

余采。福建人。

許萬。雷州人。

程興。福建人。

黄會。海康人。

房德勝。吳川人，補授藍翎待衛，歷陞湖北遊擊，署施南協鎮。

楊麟。電白人。

招成萬。電白人。

許廷進。

蘇偉。

朱朝。吳川人。

把總

陳貴。福建人。

謝璋。直隸人。

余采。福建人。

林蛟。福建人。

程興。福建人。

董文華。陽江人。

石美。福建人。

李自華。江南人。

蔡金。合浦人。

許万。雷州人。

陳萬化。雷州人。

蔡聯高。海康人。

曾治。福建人。

文進。吳川人。

黃會。海康人。

高德明。福建人。

馮元韜。合浦人。

范國英。澄海人。

陳鎮疆。吳川人。

涂志隆。福建人。

朱朝棟。電白人。

鄺崇人。龍門人。

陳鳳。羅定人。

李超貴。吳川人。

蘇武。吳川人，歷陞守備。

許廷進。

鍾廷選。

劉通。吳川人。

楊榮耀。吳川人。

蔣魁雄。欽州人。

吳川縣志卷之六終

吴川縣志卷之七

吴川縣知縣津門沈峻丹崖甫纂

選舉

按：前代選舉多門，宋初設制舉三科，至天聖中增爲六科，後又增爲十科，如蘇軾中賢良，吳育中材識，富弼中異等，余靖中拔萃，應各有榜，其制與元明迥異。即明與國朝亦不盡同。吳雖小邑，登科甲者，代不乏人，或世遠事湮，莫可考據，惟依舊志，悉錄其名可耳。盛志於此門未免過執，無怪乎前令章公殷殷致辨也。

宋

鞠杲。元祐六年馬涓榜進士，有傳。

陳惟中。舊志載寶祐乙卯鄉舉，寶祐丙辰文天祥榜五甲，有傳。

吳頤。舊志載字味淡，景定甲子鄉舉，咸淳乙丑榜進士，光祿寺卿。

林兼山。舊志載由明經任湖廣江夏訓導，中嘉定壬午湖廣解元。

林可山。舊志載嘉定壬午湖廣解元，盛志謂一榜無兩解首，舊志未考，詎知宋朝取士一科而有數榜，況查林氏家譜，亦與舊志相合，則舊志亦未可厚非。

李凌雲。舊志載淳祐丙午解元。

林秀甫。舊志載咸淳丁卯中廣西榜瓊州府定安教諭。

林仲甫。舊志載兄弟同榜泰州學正。

陳子全。舊志列徵辟，惟中兄，太學上舍，有傳。

邱恩。舊志載宋吏，無事蹟可攷，姑附於此。

元

林顒。舊志載延祐戊午鄉舉。

林成甫。舊志載徵辟明經，舉授瓊州府教授，秀甫、仲甫兄。

吳仕元。舊志載歲貢，教諭。

吳貢元。舊志載歲貢，教諭。

吳應詔。舊志載歲貢，教諭。

吳應誥。舊志載歲貢，教諭。

陳伯鎮。舊志失載，考府志附入，至元間化州教諭。

按：舊志《選舉》合四朝，分項敘列，但制各不同，今仍盛志。宋元分紀於前，明與國朝合紀於後。

進士

明

林汞。洪武乙丑科丁顯榜進士，光祿寺良醞署正。

蕭惟昌。景泰辛未科孫賢榜進士，錦衣衛籍，庚午順天戶部主事。

林廷瓛。弘治庚戌科錢福榜進士，舉成化丁酉蘇州建昌同知。

吳鼎泰。崇禎戊辰劉若宰榜三甲，歷江陰、東明、龍泉三縣，癸酉南闈同考。

鄭鎔。字鴻亮，號鳴宇，由拔貢赴京，歷監中式洪武甲子應天鄉試第十八名捷，乙丑進士第三十名同丁顯榜。初任福建泉州府推官，欽取恩榮欽差山西道監察御史。萬曆十八年，奉巡按直隸監察御史何牒查核，纂修御史名錄，有傳。卒於任，墓在南一都。

顧禎。洪武甲子科舉人，乙丑科丁顯榜進士，光祿寺良醞署正。

李濬。正統丁卯科舉人，戊辰科彭時榜進士，未仕。

按：上三名盛志《執題名碑》止列歲貢，知縣章國錄據舊志、通志補入。

國朝

林闈階。乾隆丁丑蔡以臺榜三甲，任山西靈石知縣。

陳聖宗。乾隆庚子汪如洋榜三甲，任惠州府教授。

舉人

明

洪武

林彔。甲子科，見進士。

鄭鎔。甲子科應天鄉試，見進士。

顧禎。甲子科，見進士。

易璘。甲子科梧州府教授，盛志《執題名碑》載宣德乙卯，今依舊志列於此。

楊兼濟。丁卯科靖州學正，舊志作林。

吳孔昭。庚午科監察禦史。

陳鵬。癸酉科梧州知府。

吳孔光。丙子科雲南蒙自縣教諭。

林原宥。字堯三，號寬仁，洪武丁卯科舉人，任興業教諭。

孫迪哲。字其明，號善誘，洪武丙子科由貢中應天鄉試舉人任宜山教諭。

按：上二名盛志《執題名碑》削去，知縣章國錄據舊志、通志補入。

陳璆。庚午由貢中天順鄉試，任福州教授，盛志《執題名碑》止列歲貢，今依舊志補入。

永樂

陳乾。癸未科四川渠縣教諭。

彭完義。癸未科湖廣通山縣教諭。

陳保。乙酉科交趾長津知縣。

黄俊。辛卯科交趾王麻州吏目。

陳懋。辛卯科交趾典史。

林密。丁酉科廣西融縣訓導。

楊禧。庚子科廣西興安訓導。

黄敏。癸卯科廣西賓州訓導。

羅倫。癸卯科四川雅州學正。

吳埜。癸卯雲南中式，雩都訓導，孔光子。

吳灝。癸卯科由府貢，舊志謂吳埜，一名灝，總作一人。盛志依題名碑添入。

黎暹。戊子科交趾上蘭知縣。

陳英。辛卯科交趾都和典史。

陳珩。甲午科。上三名盛志《執題名碑》削去，今依舊志補入。

宣德

孫宏。壬子科陸川縣教諭。

陳韶。乙卯科廣西羅城縣教諭。

正統

李珏。戊午科平樂府訓導。

易恒。戊午科南直棣如皋縣知縣。

李冕。戊午科大名知縣。

林球。戊午科任廣西横州知州。

陳瑗。辛酉科。

易磷。甲子科中式廣西鄉試，盛志削去，今依舊志補入。

凌霞。丁卯科。

李濬。丁卯科，見進士。

景泰

陳達。韶之子，庚午科福建德化訓導。

吳濬。庚午科横州學正。

蕭惟昌。庚午順天中式，見進士。

史孜。癸酉科浦江縣訓導。

梁守正。癸酉科山東金鄉縣教諭。

成化

林廷璋。戊子科。

李芳。珏子，辛卯科南京兵馬司指揮。

吴朝玉。甲午科長沙府通判。

陳暹。韶之子，丁酉科蒼梧縣教諭。

林廷瓛。廷璋弟，丁酉科，見進士。

林榮。丙午科，舊志作世榮。

弘治

高鴻。壬子科福建懷安縣教諭。

陳天驥。乙卯科。

陳瓚。乙卯科，盛志《執題名碑》削去，今依舊志補入。

正德

林顯。庚午科紹興府教授。

陳策。癸酉科陵水縣教諭。

林秉全。丙子科建寧府通判。

嘉靖

吳淮。壬午科。

蕭廷輝。乙酉科江西永新縣知縣。

李德正。戊子科天長知縣。

李尚德。癸卯福安縣知縣。

萬曆

吳廷彦。乙酉科興化府通判。萬曆二十六年，同建雙峯塔，二十七年同修邑志。

吳鼎泰。己酉科，與弟鼎元同榜，見進士，有傳。

吳鼎元。己酉科，江西袁州府推官轉廣西太平府推官，陞順慶府同知，有傳。

吳一善。乙卯亞魁，改名應祥，徐聞縣教諭陞廣西象州知州，有傳。

天啟

麥倫。辛酉科，嘉興府通判。

吳鼎和。辛酉科，有傳。

崇禎

龍逢聖。癸酉科。

陳紹顏。己卯經魁，不仕。

陳參兩。己卯科，不仕。

陳聯第。壬午科，不仕。

國朝

康熙

吳士望。癸卯科，鼎泰子，禀性醇雅，兩修邑志，揀選知縣。

林春澤。乙酉科湖北黄安縣知縣，忠信明決，政簡刑清。奉旨養親，鹿鳴重宴。

陳景濂。辛卯科，苦志學問，未仕而卒。

雍正

吳國倫。己酉經魁。

乾隆

黄家漢。戊午科。

伍象雨。辛酉科。

麥國樹。甲子科辛巳恩科，欽賜翰林院檢討。

歲貢

明

洪武

林邦珖。壬甲恩科，任江西分宜知縣，居官清慎，民多愛之。

陳尹東。壬申恩科，任番禺教諭，借補訓導，前署湖北武昌知縣。

陳國成。癸酉科浙江仙居縣知縣，前署錢塘縣知縣，處州府同知。

林闈階。丙子科，見進士。

駱宗朱。己卯科，揭陽縣教諭。

吳元功。庚辰恩科。

林香寘。壬午科增城教諭。

陳聖宗。戊子科，見進士。

陳張元。丙午科。

陳璋潤。己酉恩科。

李元琳。己酉恩科。

吳友文。舊志載徵辟，由人才授本府訓導。

黄伯諒。舊志載徵辟，由儒士授南靜知縣。

黄宜興。舊志載徵辟，由儒士授黔揚知縣。

林瑤。舊志載徵辟，由文學授行人司正。

姚守正。舊志載徵辟，由人才授徐溝主簿。

李俊中。舊志載徵辟。

顧禎。見進士。

鄭鎔。拔貢，見進士。

陳璆。見舉人。

莫正立。吳江縣主簿。

張謂。融縣知縣。

吳體文。光禄寺監事。

孫迪哲。見舉人。

劉中。交趾諒山府知府。

李濬。見進士。

永樂

梁煥。交趾大灣縣主簿。

李垣。交趾清波主簿。

吴鼎。交趾上思州吏目。

林宗興。交趾鎮蠻府檢校。

陳仕明。

林譜。

吴彬。孔光子。

吴鶴。歷胄監任知事。

林煥興。上三名盛志《執題名碑》削去，今依舊志補入。

宣德

蔡純。

李□。廣西檢校。

李本誠。廣西知縣。

羅顯用。

張允倫。

易磷。見舉人，盛志誤作璘。

正統

余誠。臨淮知縣。

李華。常熟縣丞。

楊倫。

黄暹。州同。

吳休。經歷，舊志誤作烋。

梁譖。泰寧縣主簿。

莫讓。本省陽山典史。

李允。

景泰

吳俊。福州府知事。

鄭傲。

黎瑛。

張儒。

林杰。寶慶府照磨。

天順

孫璿。慶遠府推官，署柳州府知府，九載致仕。

陳厚。府貢例。

成化

邱順。

陳諶。江西雩都訓導。

劉廣。

吳璣。馬平縣知縣。

李琮。府經歷。

鄭琦。

林鵬。衛經歷。

黃榮。

林廷珪。

林廷玉。江西永新縣丞。

文耀。

伍湖瀾。

李啓。新平教諭。

弘治

盧倫。舊志作璘。

陳紹學。贛州府訓導。

李資元。恩貢，休吉教諭。

吳桂。興安訓導。

孫彥。句容主簿。

易章。

譚論。漳浦縣訓導。

邱芳。寧慶府經歷。

李凌雲。松溪縣教諭。

吳貞吉。

梁豪。

吳經綸。臨江府訓導。

蘇俊。延平府訓導。

正德

孫時舉。

李朝陽。文昌縣教諭。

易中。

孫良。柳城縣訓導。

易彦。蒼梧縣教諭。

吴挺秀。雲南州吏目。

林起莘。

林才傑。拔貢，任晉江縣丞，陞蒼梧知縣。

梁建中。

黄中。江華訓導。

梁謨。盛志《執題名碑》削去，今依舊志補入。

嘉靖

吴國器。上猶縣訓導。

李明。府貢，沙縣主簿。

林秉性。吉水縣主簿。

陳鎰。光澤縣教諭。

陳朝元。茂名貢，政和知縣。

李萃。平南縣訓導。

李魁。石城貢，寧國府經歷。

李常。瓊州府訓導。

李世嘉。府貢，訓導。

陳明德。嵊縣丞。

陳善藝。

甯斐。周府浦江王教授。

陳道亨。舊志入例貢，盛志列此。

楊景芳。太倉州訓導。

李觀光。府貢，陽朔縣教諭。

梁國器。崖州訓導。

陳廣業。

易元吉。本府訓導。

林全忠。府貢訓導。

李維精。廣德州學正，署建平知縣。

陳時宜。

孫朝用。

梁第魁。漳州府訓導。

楊茂。湖廣臨湘訓導。

李弼。應天府訓導。

史廣記。

李崇烈。府貢。

張鳳岐。州貢。

陳浚。懷集訓導。

李志乾。

李名實。教諭。

李志宏。

陳積德。府貢。

林灝。

林彥相。府貢，歙縣教諭。

易學就。府貢，樂清訓導。

林憲武。

楊朝會。南寧府訓導。

黄恩重。州貢。

陳廷實。州貢。

陳廷瑄。府貢。

張士望。州貢。

林伯麥。府貢。

吳巨元。

譚中懷。

李曙。府貢，從化訓導。

彭斐。瓊山縣訓導。

林瀞。廉州府訓導。

陳道顯。石城貢。

林肇昌。府貢。

黄鼎重。

李道立。州貢，文昌訓導。

李邦龍。文昌訓導。

麥璣。江西王教授。

吳允迪。

黃思温。博羅教授。

林渤。

李汝諧。

林惟鎮。陽江教諭。

易有孚。

黃仲仁。廣州府教授。

苑瓊。岷府教授。

劉邦奇。遂溪訓導。

吳一迪。

譚廷佐。

隆慶

陳學。

李屹。

甯汝賢。福建訓導。

李鳳翥。合浦訓導。

薛邦政。萬州學正，岷府教授。

曾尚明。平海衛訓導。

萬曆

林肇泰。肇昌兄。

潘廷瑞。崇義訓導，陞惠州教授。

林漸階。澄邁訓導。

李彥輔。上饒教諭。

李夢周。常州府訓導，陞淮府教授。

李森。瓊州府訓導。

康蒼溪。容縣教諭。

康李栻。陽春教諭。

黃襲。

黃銘。

邱國舉。定安教諭。

楊謙。增城縣教諭。

韓仲仁。延平訓導，府志仲作重。

陳守諒。漢陽府訓導，遷淮府教授。

陳日遷。建安縣丞，陞淮府紀善。

吳稟純。高要訓導，感恩教諭，有傳。

李資乾。羅定州學正，拔貢。

彭克試。韶州府訓導，陞柳城教諭。

李兆龍。與修邑志。

邱如嵩。南海訓導。

林學賢。肇昌子，全州學正。

邱國望。順德訓導，陞灌陽教諭。

黄績。選貢，坐監考職教授。

韓悦思。恩貢，泰和縣丞，與修邑志。

李旻。選貢，太倉州判，陞周府審理，文行兼優，稱□君子，與修邑志。

李仲煌。潮州訓導，遷雷州教授，持己嚴正，足爲多士，坊表兩庠，建祠尸祝，遷淮府口。

李晟。恩貢。

邱從周。

葉鵬。萬州訓導。

崔喬茂。

吳紹鄒。有傳，與修邑志。

林懋賞。

林懋績。長樂訓導。

王貂。與修邑志。

陳世胄。府志未載。

李秋標。長沙訓導，陞安化縣教諭。

李勗。歷番禺訓導、靈山教諭、肇慶府教授，友教多士，咸沐薰陶，三學諸生立碑以志不忘。

吳崇德。訓導。

陳廷瓚。崖州學正。

林有譽。靖州訓導，封川教諭，郥陽經歷，有傳。

楊一英。與修邑志。

泰昌

林自得。恩貢，海寧縣主簿，署縣事。

天啓

梁麟祥。恩貢。

吳光裕。封川訓導，順德教諭，潯州教授。

林華棟。辛酉科副榜准監。

楊潮。

李偉標。惠州教授。

麥峻。歷惠州訓導、福安教諭、鎮海衛教授。

凌尚仁。

崇禎

吳士甯。鼎元子，戊辰恩貢，壬午北闈副榜。

林柱鼎。戊辰貢。

常宗思。選貢，金華通判。率迪宗黨，嘉言懿行，有古君子風，年九十六，士大夫共推碩德。

李應陽。東莞訓導。

劉化。南海訓導。

陳在宸。南雄府教授，與修邑志。

譚宏基。己卯拔貢。

陳奇偉。秉心醇謹，制行狷介。

陳光世。

李粹。

吴士霖。鼎元子，澄邁訓導。

陳敏。

易從周。

林廼熠。旌奬尚義，與修邑志。

麥挺芳。

林浩蓁。九載棘闈，兩登乙榜。

林瓊樹。拔貢，國子監學正。

陳應龍。

甯衍武。

陳聯第。癸酉丙子副榜。

陳振魁。

吴鼎羹。持己德禮是尚，訓子義方維嚴。

林柱國。

常懋庸。壬午副榜。

林浩茕。恩貢，徐聞訓導，海廣教諭。

吴孟褒。

梁方是。

附例貢 仍舊志。

吴睿。賦性樂易，不以世務攖心，教子成立，人謂盛德之報。

楊甘來。雷州府教授。

李孫豸。

附例監 仍舊志。

黄鑑。

林宏高。

林廷棟。

李宏泰。考授通判，敬以持已，讓以接物。

劉寧邦。

林華陽。

林天俊。

林祉。事二母間言不生，處鄉鄰賙恤不吝。

吴乾時。

吴聖祝。

吴光宸。

陳孔垂。

魯先聲。

陳廷選。

國朝

順治

吴士望。見舉人。

陳鳴登。恩貢，國子監博士。

常修庸。

梁挺秀。拔貢，與修邑志。

梁挺芳。府拔貢。

陳春第。端方尚義，與修邑志。

林昌宙。府貢。

龐猶龍。由廪入國子監，任瓊州教授。

姚太祥。

李參天。府貢，孝友性成，端方勤儉，邑中之士多受訓迪。

康熙

麥華岐。

林可櫟。好古博達，恬淡山林。吳邑能文之士多出其門。

吳夢伯。恩貢，孝恭慕義，與修邑志。

龍正伸。與修邑志。

彭毓祥。府貢，與修邑志。

吳聯魁。

林震煜。與修邑志，作輿圖說。

林間挺。十四年旌奬尚義，立義塚收埋枯骨，在壇地外邊嶺東，與修邑志。

李孫虬。與修邑志。

陳二生。府貢。

關名魁。
梁鼎鰲。
林震乾。與修邑志。
李炳倫。
麥秀岐。府貢。
李鳳英。府貢。
陳會啓。
吳仲超。文昌訓導，與修邑志。
吳冲雲。乙丑拔貢。
陳璣。
林中松。府貢，與修邑志。
李冲漢。海康訓導，署教諭，與修邑志。
陳文鰲。
李于琮。
吳騰雲。質直樂善，好學不倦，與修邑志。
吳德秀。

林魁彦。府貢，文行兼優，邑令宋公延爲義學師，與修邑志。

吴載錫。與修邑志。

吴觀韶。丁丑拔貢，與修邑志。

陳所藴。

吴國佐。

伍瑞。

陳景廉。乙酉副榜，見舉人。

陳瑾。

古佩景。原姓黎。

陳睿。恩貢。

李時成。

易嚴聰。

林峻。

麥崇先。順德訓導，與修邑志。

林紫芝。澄邁訓導，與修邑志。

楊志先。

陳首魁。和平訓導。

李亘。龍門訓導，復選翁源訓導，與修邑志。

林中檜。廩貢，韶州府訓導。

林紫雲。廩貢，香山訓導，與修邑志。

吳飛雲。捐貢。

林宜瀛。捐貢。

吳聖舉。捐貢，山西安邑縣丞。

易暢元。廩貢。

楊志行。新寧訓導。

楊時行。

楊待舉。恩平訓導。

雍正

林苑蘭。元年恩貢，與修邑志。

陳純修。元年拔貢，與修邑志。

周公軾。

吳國倫。見舉人。

楊嵩。樂會訓導。
覃思遠。府貢。
吴文中。己酉副榜，甘貧嗜學，孝友端方。
陳道源。己酉拔貢，大埔教諭。
林傑。與修邑志。
陳梓陞。龍門訓導。
吴樹錦。曲江訓導。
楊世英。捐貢。
吴時芳。捐貢。
陳輅。廪貢。
黄建章。
林世翹。
林偉。廪貢，任新會感恩兩學訓導，陞烏程縣丞，署德清□□□□。
陳玉表。合浦訓導。
伍象兩。乙卯拔貢，見舉人。
乾隆

李培。元年恩貢，大埔教諭，與修邑志。

陳梓楝。恩貢，會同教諭。

林世泰。

吳元宗。

麥國樹。優貢，見舉人。

薛裕。

陳麟詔。

吳若宗。

麥夢龍。花縣訓導。

林宏朝。辛酉科副榜，永安縣教諭。

吳宸颺。辛酉拔貢，開平教諭。

吳霁雲。

林世崧。高明訓導。

麥爲儀。

麥國材。

陳輪。

梁際時。

易若思。丁卯副榜。

吳國琰。新安訓導。

黃華信。恩貢，與修邑志。

林國瑞。恩貢，正直不阿，道範堪仰。

林世憲。肇慶府訓導。

林玉潤。恩貢，與修邑志。

林叔溪。恩貢。

林大華。龍川訓導。

楊藩。

林一華。廪貢，儋州訓導。

林邦瓚。癸酉拔貢。

黃德厚。廪貢，新興教諭，崖州學正。

吳文蔚。

符顯。

黃德屏。癸酉拔貢，原任平遠州知州，陞安順府同知，後任常熟縣縣丞。清白盟心，慈祥撫衆，士民德政傳歌。

李郁。
黎綱。
龍仁。
李卓峯。
楊藹。恩貢。
吳靜。
吳紹季。
李中立。鄉飲正賓。
林奠都。仁化訓導。
楊宗洛。乙酉拔貢。
李元焱。雷州府訓導。
吳凌文。徐聞訓導。
陳孔誘。乳源訓導。
陳韓書。
常璟光。
林泰雯。庚寅辛卯兩科副榜。

林邦瑺。
吳美周。恩貢。
林式僑。
林式中。
周文明。
黃敏修。丁酉拔貢，己亥恩科順天副榜。
楊樹松。
林若崇。恩貢。
李本卓。
姚壯猷。
梁周封。
陳珩。
莫鴻。恩貢。
邱肇來。
吳造周。恩貢。
吳振發。

陳腹蘊。

李建榮。

詹周佐。

易方澍。恩貢。

李上猷。己酉拔貢。

林懋修。己酉拔貢。

李上耀。廩貢。

李上元。廩貢，國子監肄業，發署香山教諭。

李上岐。廩貢，國子監肄業。

黃卿才。廩貢，國子監肄業。

易業鎬。

黃文才。廩貢，國子監肄業。

國朝武進士

易中。乾隆己未科駐京提塘官。

武舉

易中。乾隆丙辰，見進士。

吳元方。乾隆辛酉。

易業富。乾隆壬申。

吳龍川。乾隆乙酉。

吳滙川。乾隆庚寅。

林開第。乾隆甲午。

易連標。乾隆丁酉。

易高飛。乾隆庚子。

易連翀。乾隆庚子。

李潁珠。乾隆庚子，署瓊州鎮標千總。

貤封

文官

覃恩封贈

宋

吳蒲。以子頤貴贈光禄寺卿。

明

蕭希聖。以子惟昌任戶部主事，贈承德郎，配莊氏封安人。

林煥。以子廷瓛任永嘉縣知縣，贈文林郎，配陳氏封太孺人。

吳紹鄒。以子鼎泰任江陰縣知縣，贈文林郎，配林氏封太孺人。

明戶部主事蕭惟昌勅命二道 仍舊志。

勅曰：戶部司養民之政，其任匪輕，故置屬詳於諸部，苟非其人，曷稱厥職。爾戶部山東清吏司主事蕭惟昌，發身賢科，擢任斯職，歷年既久，式著公勤。是用進爾階承德郎，錫之勅命，以爲爾榮夫。朕正治官，以貴庶務之實，爾懋廉慎，用臻來效，毋怠朕命，其往欽哉。

勑曰：夫婦，人之大倫。故朝廷推恩羣臣，命必及之。爾户部山東清吏司主事蕭惟昌妻凌氏，端靜莊淑，克相其夫，兹特封爾爲安人，祗服榮恩，永光閨閫，天順八年七月十二日。

明永嘉縣知縣林廷瓛勑命四道 仍舊志。

勑曰：國家隆使臣之禮，原教子之功，爵賞既加其身，褒封必及其父，義實通於今昔，制不異於存亡。爾林焕，乃浙江溫州府永嘉縣知縣林廷瓛之父，晦跡韜光，讀書履善，義方之美，已收效於甲科。禄養之榮，竟遺哀於風木。乃因子績，昭示褒崇。兹特贈爾爲文林郎浙江溫州府永嘉縣知縣，庶靈爽之尚存，服休光於無斁。

勑曰：母之德不專於鞠育，有教者存；子之職不限於旨甘，惟名是顯。爰錫推恩之命，用成報德之心。爾陳氏，乃浙江溫州府永嘉縣知縣林廷瓛之母，端莊有則，敬慎無違。徵令子之才名，式彰慈訓，援朝廷之彝典，宜示褒章。兹特封爲太孺人，服此光榮，益隆嘉祉。

勑曰：郡縣親民之政，每詢於按部之間，朝廷錫命之榮，或出於攷績之外，故法有定制，而恩有特施。凡沾旌異之名，必在褒嘉之列。爾浙江溫州府永嘉縣知縣林廷瓛，拔雋賢科，擢官邑宰，蒞下式勞於撫字，持躬克篤於慎勤，薦剡交騰，寵恩宜布。兹特進爾階文林郎，錫之勑命。於戲，治民先於獲上，已徵名績之良善，始貴乎保終，庶竭猷爲之益。明訓具在，尚克祗承欽哉。

勑曰：士夫名行豈無内助之資，朝廷褒封，必有旁推之命，典章具在，風化所關。爾浙江溫州府永嘉縣知縣林廷瓛妻李氏，出自名族，嬪於儒門，職能供饋，祀之勤居，不廢詩書之訓，爰因夫貴，用示國恩。兹特封爲孺人，益虔儆戒之心，以迓嘉祥之至。時弘治十一年六月二十一日。

明江陰縣知縣吴鼎泰勅命四道 仍舊志。

勅曰：夫士也，鬱青霞之奇志，如修夜之不陽。從古根之茀，燕貽鵲起，與身何異。而惠邀明綸，光凝幽穸，亦足以自慰也。爾貢生吴紹鄒，乃直隸常州府江陰縣知縣吴鼎泰之父，文與行饒，志隨才奮，彙月書於芹校，屢吐金聲；剖天章於棘闈，竟成璞泣。蹉跎三策，蹭蹬一經。維爾力並思以篤親，詩兼禮而訓子。雙珠潤浦，色喋韋賢之門；片玉輝崑，光呈郗詵之籍。肆今白眉振藻，亦既赤縣分符，積抱藉抒覃章斯畀。是用贈爾文林郎，如子官湛露懋浥，幽扃宿壤，頓書此日。

勅曰：賢令比衆母，言慈也。揆厥所自，必有賢母肇啓之，而後以壼慈，慈衆劬勞，豈弟若浥注，然曉懷伊蔚，若之何使無報也。爾林氏乃直隸常州府江陰縣知縣吴鼎泰之母，毓自儒風，嬪於彦士。居室無逸脱簪，兼輓鹿之勤；出門有功解佩，廣弋鳧之業。迨青氈莫展驥足，而丹穴已呈鳳毛。三徙既成一同，初試絢荆巖之虹玉。爵拜陵陽，朗豐匣之霜鐔，功歸歐冶。是用贈爾爲太孺人，龍章彩徹，鶴隴馨騰。

勅曰：毘陵介處江陰，夙號腴壤。邇來法紀廢弛，扞罔滋衆，遂脊脊稱難治矣。剖煩理劇，寔資長材。朕是以特慎其選。爾直隸常州府江陰縣知縣吴鼎泰，德宇泓澄，才諝敏練。唫案頭之青玉，業裕鯉庭；縱埒底之黄金，名蜚雁序。睠爾逡巡，釋屩趾赤舄以高翔。取次歌琴，手朱絃其立調。爰從藥榜，遂試花封。鵬將六息而搏風，扶搖自奮；刀欲一鳴而出匣，盤錯無艱。保障蚤識，優爲美錦。寧須學製，鸝鳴在望。駿惠宜敷，是用覃恩。授爾階文林郎，錫之勅命，史稱循良，則龔黄卓魯，最矣。高山景行，雖不能至，而心嚮往之。夫千里之行，不起於足下乎。爾勿以不能至自阻也，朕且有顯擢焉。

勅曰：語有之維棠取甘，爲蘗取苦。蓋芾棠之甘，出於茹蘗之苦也。鬱鬱縞綦，豈伊旦夕，乃絲綸而可遺之。爾直隸常州府江陰縣知縣吴鼎泰妻李氏，賦德溫恭，褆躬淑慎。秉敬戒而賔君子，桓汲惟勤，更篤齊媚，以事尊章。任思克叶。佐同磨礪，處囊而穎脱南方；力贊騰驤，振足而圖收冀北。既裁絲而展素，且畫荻以詒謀。茲良吏作有腳之陽春，惟淑媛效同心之陰雨。是用封爾爲孺人，歆承紫綍，益砥素絲。時崇禎二年十月十五日。

國朝

麥廷英。郡庠，以子國樹翰林院檢討贈徵仕郎，配李氏封孺人。

麥國樹。翰林院檢討贈徵仕郎，配洪氏封孺人。

林天秀。邑廩，以孫春澤任黄安縣知縣贈文林郎，配陳氏封孺人。

林繩正。以子春澤任黄安縣知縣贈文林郎，配羅氏封孺人。

林愈昶。候銓縣丞，以孫邦珖任分宜縣知縣贈文林郎，配李何二氏封孺人。

林聯芳。候銓州同，以子邦珖任分宜縣知縣贈文林郎，配陳氏封孺人。

陳克恭。以孫聖宗任惠州府教授贈文林郎，配黄氏封孺人。

陳志仰。以子聖宗任惠州府教授贈文林郎，配黄氏封孺人。

楊甘來。雷州教授，以子志行任新寧訓導贈文林郎，配李氏封孺人。

陳天覺。以子道源任大埔縣教諭贈修職郎，配冼氏封八品孺人。

黄通理。貢以子德厚任新興教諭贈修職郎，配麥氏封八品孺人；以子德屏任常熟縣丞贈修職郎，麥氏封八品孺人。

陳輪。貢以子尹東任番禺教諭贈修職郎，配林氏封八品孺人。

麥瑞華。以子崇先任順德訓導贈登仕郎，配柯氏封孺人。

林中檜。韶州府訓導，以子偉任新會訓導贈修職左郎，配朱氏封八品孺人。

李上枝。以子亘任龍門訓導贈修職左郎。

林紫雲。香山訓導，以子世憲任肇慶府訓導贈修職左郎，配陳氏封八品孺人。

捐封贈

陳鷂章。以孫尹東番禺教諭加贈奉直大夫，配林氏鄭氏加封五品宜人。

陳輪。貢以子尹東番禺教諭加贈奉直大夫，配林氏加封五品宜人。

吴士澄。庠生，以孫元功舉人揀選知縣加贈奉直大夫，配李氏陳氏加封宜人。

吴霽雲。歲貢，以子元功舉人揀選知縣加贈奉直大夫，配林氏加封宜人。

吴元功。舉人，以子澧川州同職銜加贈中憲大夫，配楊氏加封恭人。

吴澧川。貢候銓州同加授中憲大夫，配陳氏加封恭人。

梁炤。候選州同授儒林郎，配吴氏封安人。

梁瓊覩。以子炤候選州同贈儒林郎，配駱氏封安人。

詹厚齋。以孫祿瑞候選州同贈儒林郎，配湯氏封安人。

詹萬興。以子祿瑞候選州同贈儒林郎，配韓氏封安人。

李芳震。以孫珩候選布政司理問贈儒林郎，配張氏封安人。

李高梓。以子珩候選布政司理問贈儒林郎，配駱氏封安人。

武官

覃恩封贈

楊信興。以曾孫元超任春江遊擊贈武翼大夫，配譚氏封淑人。

楊春魁。以孫元超任金門鎮贈武功大夫晉贈武顯大夫，配陳氏封夫人。

楊鼎餘。以子元超任金門鎮贈武功大夫晉贈武顯大夫，配梁氏封夫人。

楊元超。任福建金門鎮誥授武功大夫晉授武顯大夫，配李氏封夫人。

房振登。以孫德勝任湖北遊擊贈武翼大夫，前江西都司贈昭武大夫，配詹氏封淑人，前封恭人。

房位棟。以子德勝藍翎侍衛贈奉政大夫，任江西都司贈昭武大夫，任湖北遊擊贈武翼大夫，配梁氏封宜人，再封恭人、淑人。

房德勝。藍翎侍衛，任湖北宜昌遊擊，誥授武翼大夫，前授奉政大夫，配梁氏封淑人，前封宜人。

邱秩陞。以孫位中任碙石遊擊贈武翼大夫，配林氏封淑人。

邱顯剛。以子位中任碙石遊擊贈武翼大夫，配蔡氏封淑人。

邱位中。任碙石遊擊誥授武翼大夫，配李氏封淑人。

邱世隆。任香山都司誥授昭武大夫，配甯氏封恭人。

陳鼎鼐。以孫鎮疆任廣海寨守備贈武德郎，前贈武信左郎，配吴、謝二氏封宜人安人。

陳瑚。以子鎮疆任廣海寨守備贈武德郎，前贈武信郎，配吴氏封宜人安人。

潘有洪。以孫潘韜任雷州守備贈武德郎，配文氏封宜人。

潘國沛。以子潘韜任雷州守備贈武德郎，任龍門都司贈昭武大夫，配黄氏、沈氏封宜人、恭人。

潘韜。任龍門都司誥授昭武大夫，配楊氏封恭人。

高輔朝。以子高懷藍翎侍衛贈奉政大夫，配關氏封宜人。

高懷。藍翎侍衛誥授奉政大夫，任左翼守備，配姚氏封宜人。

許國經。以孫許全任龍門千總贈武信左郎，配曾氏封安人。全歷陞虎門遊擊奉旨催責致命焉。

許英富。以子許全任龍門千總贈武信佐郎，配麥氏封安人。

吴允茂。以孫上明任電白千總贈武信佐郎，配董氏封安人。

吴卓祺。以子上明任電白千總贈武信佐郎，配孫氏封安人。

莫經華。以孫子英任龍門千總贈武信佐郎，配陳氏封安人。

莫爲升。以子子英任龍門千總贈武信佐郎，配黄氏封安人。

高瑞鳳。以子天奇任雷州把總贈奮力校尉，配朱氏封孺人。

高天奇。任雷州把總敕授奮力校尉，配陳氏封孺人。

黄永泰。以子德贇任本營把總贈奮武郎，配陳氏封孺人。

黄維斌。以孫德贇任本營把總贈奮武郎，配劉氏封孺人。

潘澤泮。以孫潘淮任電白把總贈奮武郎，配黄氏封孺人。

潘接周。以子潘淮任電白把總贈奮武郎，配吴氏封孺人。

流寓

按：志乘例載流寓，蓋昔賢之所棲遲，即後人之所憑弔。其仕宦經過，卜居此地，爲一族之鼻祖者，悉紀其始，即或偶然閲歷，間有遺文，亦稱片羽吉光，不容汶没，庶幾善善從長之義云爾。

宋

吳保金。閩之莆田人，太平興國間以進士歷官光祿大夫，晚謫高凉參軍，遂占籍吳川，爲上郭吳族始祖。

林永古。閩莆田九牧端州刺史葦之裔，監簿上林矩之孫，宋明經任瓊府儋州學正，宦滿回籍，道經吳川，遂卜居於附城下郭，爲林族始祖。有《真儒陳白沙贊》，見《藝文》。

黄朝奉。景德初知高州，政先教化，創學，興文，多士，喁喁向化。居民編竹爲廬，頻罹火患。乃令易竹以瓦，不給者助之，州人德焉。

李穆。閩之漳州府龍溪人，宋嘉定間進士。初任龍川令，後遷石龍知縣，時石龍與吳隣邑，俱隸化州。宦滿，民扳留不忍去，遂遊寓於吳，後占籍三栢鄉，爲李族始祖。

李定遠。閩之羅源人。以進士官永寧州刺史，道經吳川，樂此風土，因家焉。遂爲那羅村李族始祖。

孫梅心。原籍福建長樂縣人，宋舉人，任雷州教諭，致仕卜居於吳之唐基，爲唐基奇艷始祖。

陸秀夫。宋端宗景炎三年，爲左丞相兼樞密使。張世傑，景炎三年爲樞密副使加少傅，同奉帝居碙洲。端宗崩，奉帝昺即位，侍皇太后楊氏聽政焉。

陳宜中。宋端宗丞相，因宋室不支，欲往占城請兵，道經吳川，題詩極浦亭，見《藝文》。

明

解縉。吉水人，洪武中爲翰林學士，奉命封交趾。道經吴川題詠，見《藝文》。按：解於永樂間以交趾參議督餉化州，縱遊山水，得罪下獄，非因出使也。

樊玉衡。黄岡人，萬曆癸未進士，監察御史，以上書請皇長子册立冠婚，直指宫闈，聲震一時，謫成雷州。以事至吴川，有雙峯塔記八景詩，見《藝文》。

朱慈爥。明宗室，益藩也。國變，避地如安南往返，道經吴川，有題詠，見《藝文》。

毛毓祥。武進人，進士。崇禎間以知縣分校粤闈，後陞禮部侍郎。國變後隱於吴川，著作見《藝文》。

吴川縣志卷之七終

吳川縣志卷之八

吳川縣知縣津門沈峻丹崖甫纂

人物

按：嶺南秀氣，代産名賢。吳邑雖屬彈丸，而鍾文翁麗山之靈，忠孝廉節之士，自宋以迄本朝，亦時輩出。夫德行，本也；文藝，末也。人能於根本之地，有一二事，質之聖賢而無愧者，即可以表異於當時而垂美於後世矣。爰志之，以勵風尚焉。

宋

鞠杲。邑人，其先河南鞠詠之後也。宋元祐初登進士，元符初，章惇、蔡卞以憸邪羅織善類，先生獨懷憤懣，上書數其罪惡，詞頗抗直，罹黨籍遷謫，坎壈終身。

李凌雲。邑人，生有淑質，穎異能文。及長，厚重寡言，以博學篤行舉於鄉，恬淡不仕，祟祀鄉賢。

陳惟中。字子敬，宋寶祐四年進士，知文昌縣。景炎中，端宗遷硇洲，惟中轉餉至井澳，將趨硇洲，元將劉深帥師來追張世傑，前鋒稍卻，深縱火攻。惟中與吳川司戶何時方朝食投箸而起，親冒矢石，俱被創力戰，天反風，宋兵亦乘上流縱火，深兵始遁去。府志載：何時，撫州樂安人，寶祐中文天祥榜進士，以朝奉郎謫吳川司戶，與元將劉深戰，勝之。

陳子全。惟中兄也，以太學上舍爲廬陵丞。景炎丁丑，聞元兵陷臨安，與主簿吳希爽、尉王夢應起兵勤王，復袁州，元兵敗走。已而湘部諸郡縣相繼陷没，子全中流矢死。希爽力戰，亦死。夢應收殘卒，趨永新，圖後舉，力不能支，亦死。廬陵稱三忠，立祠祀之。爽，府志作奭。按，通志載：陳子全同時陳子敬起兵江西，應文天祥。疑子敬，字惟中耳。

元

按：府志載張友明於宋，疑即宋末元初人也。

張友明。天性剛勇，每以忠義自負。至正九年，海寇犯合浦，逼瓊山宣尉使檄，四郡合兵討之。時化州路通判游宏道招友明爲先鋒，會諸郡兵艘追遁寇於海南澄邁之石礶港。友明窮追奮勇，部下無不一以當百，俄海南番兵赴水遁，寇乘勝四合，諸軍皆潰。友明獨以孤軍倡宏道與石龍簿木蘖飛武德將軍、廉州路同知羅州仕顯從之，决死戰，援絶不支而死。邑人祀之鄉賢。

明

林廷瓛。字公器，號南峯，世居下郭，受業陳白沙先生，登弘治庚戌進士。初令永嘉，開拓學宫，興起斯文，遷建昌府同知，廉敏公慎。未幾，以内艱去，士民建生祠以祀。後補蘇州同知，嚴革織造陋規，大甦民困。公生平篤志理學，進退以義，功名富貴淡如也，以故不得大用，無媿白沙高弟云。子二，長秉全，孝廉；次秉性，明經。

吴禀純。號養吾，居上郭，以明經任感恩教諭，賦性純孝，制行端方，時父母及太父母均染疫，骨肉中有避匿者，獨夫婦以侍左右，治湯藥，躬浣滌，既而後先皆歿，昕夕哀毁。復值海寇犯境焚掠，毅然不避喪櫬，獲免遇飢寒覓升斗，不以自私必分之。昆弟初授高要訓導，遷感恩教諭，給貧士膏火，謝絶脩脯，講課勤懇。崇正間郡邑諸生高其德，僉舉鄉賢。二子：紹鄒，明經；紹洛，儒官。孫七：鼎泰，進士；鼎元、鼎和，咸舉於鄉；鼎羹，明經。曾孫二十人：士望，舉人，士甫、士衮、士霖，皆明經。簪組蟬聯，人謂明德之報云。

吴紹鄒。字道宇，感恩學博，禀純子也。生而穎異，爲博士弟子，屢試棘闈，數奇不偶，以明經終。生平至行純篤，父卒官，哀痛幾絶，扶櫬歸里，不爲俗移，殯於中堂。撫弟妹，咸盡力。族人興化别駕廷彦宦歸自閩，殁於羊城，無子，遺二妾，爲經理其喪，籍其橐授之，纖毫不私。子二：鼎泰、鼎元，别有傳。

吴鼎泰。字葆中，號陽衢，性敦孝友，執親喪哀毁骨立，終年未嘗御酒脯。少篤志於學，垂髫試高等領餼。萬曆己酉，與弟鼎元同舉於鄉。崇禎戊辰成進士，初令江陰。六年，定條鞭，公役米革官戶嚴，寄庄禁腳馬繩羡耗，且捐俸備荒沙田充餉，移倉於青暘，省遞運之費，分校南闈，網羅名士，以脂韋弗工，改調而去。邑人德之，建遺愛祠於青暘，且摭其政績上當事，祀諸名宦焉。調東明，適流寇披猖，設方略守備，有捍禦功，調浙之龍泉，清慎如素。甫三月，解組歸。士庶遮留載道。及歸里，置祀田，設義學，助婚喪，族人與里閈無不受其賜明經。伯子士衮，孝廉；仲子士望，季子士佳；孫嘉祉、嘉禧、嘉禎，皆列黌序，祀邑鄉賢。

吴鼎元。號仁衢，鼎泰弟，袁州司理，折獄明允，遷太平。奉詔討河南寇，設策勦撫渠魁李埛楚授首，民獲安堵，當事上其功，晉順慶府同知。未幾，解組歸里。

吴一善。改名應祥。萬曆乙卯亞魁，禀性端嚴，澄心嗜學，不欺暗室，廉潔自守，惟以成就後學爲懷，七上公車，不第。母老家貧，始授雷州、徐聞教諭之官，手不釋卷，好修如常。事父母至孝，臨財以義，課弟子以文行，師嚴道尊，兼以闢門鑿渠，改學建署，徐之士，誦聲至今不替。惜天不假年，丁丑會試，旅寓南雄寺中，端坐而逝，甫殁，陞象州知州。

林有譽。號匪溢，髫年失怙，母脱簪珥課學。未幾，母殁，哀慕不忘矢志，卒業領郡飱。萬曆末歲薦，初授湖廣靖州司訓。適州以酷烈激變，諸生競譟，幾燬聖宫，公獨奮身撲滅，義叱諸生，乃罷去。厥後悔禍繪象以祝焉，直指薦疏，云清怡粹品，博雅宏才，時已晉封川教諭，五閲月，以前剡章轉鄖陽衛經歷，不屑簿領，辭禄還里，與子弟講學，賦詩自娱。有《宦途倦飛》二集，林棲二十餘年，長吏罕識其面，邑令童公高其行，以望隆通德顔其門，郡守黄公朝英，靖州人，知其事，深加敬禮，嘗造廬焉。

吴鼎和。天啓辛酉孝廉，事親至孝，友於誼篤，少年登第。喪偶，人有勸其續婚者，毅然矢不再室。生平篤志嗜學，志期遠大，竟不仕而卒。

吴世紹。孝廉，廷彦父也。父殁奉母，竭力甘脆，委曲承歡。無何母失明，世紹哀號而籲者窮百方，言與淚俱以舌舐目，周旋不離側。一日，樵於江之南，聞母有暴疾，弗遑待舟，憑筏以涉，忽爲陽侯滅頂，吴邑咸目爲孝子。

李擅懿。貢生，三栢人也。秉性孝謹，持己端方。時值兵燹，寧死不辱，竟被害。

陳以類。庠生，居乾塘，早失怙恃，事繼母純孝。母篤疾，徬徨無措，赴父墓前號泣竟日，願以身代。至夕，夢中忽若父告之曰，母疾得魚羹可救。逹旦入海，遍求弗得，望天號泣。忽有白鷗啣魚而飛墮於前，持歸爲羹，母疾果愈。他日，母病，嗜鮮蠔，時盛寒，解衣入水，採取盈筐歸奉，母病復愈。里黨賦詩美之，請於都諫李學曾，聞之郡守陳公宏載，擬薦於朝，因謝事不果。

吴龍。庠生，髫齡嗜學，清介自持，非公不至宰庭，市井罕識其面。萬曆間賓於學宫，授冠帶。

林引鳳。正直不阿，壯老一節，姓名不掛訟牘。萬曆間推介賓。

吴日新。庠生，雅志清操，行誼無忝於鄉評，固邑之好修士也。萬曆三十年介賓。

張才賦。庠生，生平樸茂禔躬，不越繩矩，族善。逋賦能率先急公，不爲俗移，萬曆間介賓。

麥嘉光。壯游黌序，晚年隱居，沉静寡營，處家勤儉，與衆無忤，稱潛德焉。

吴人傑。庠生，性質悃愊，始終以清白自守。

林邦達。庠生，禀性樸茂，不蓄機巧，邑人之稱厚德者必歸焉。

林時浡。庠生，內行純備，恤二嫂，教猶子成立，扶植善類。

林朝弼。庠生，居家克敦孝友，處里閈周及貧寒，葢今人而行古道者也。

林懷。仗義好施，性負剛直，有古俠士風。

林愷。性剴亮冲怡，於世無忤，且常周人之急。

吳紹洛。庠生，孝廉鼎和父也，持己嚴正，訓五子皆成立，父卒於官，奔喪哀毁致疾，葬祭盡禮。崇禎間授儒官，延大賓，壽六十六，閣老陳公子壯有序。

吳明宰。庠生，惇行無媿，勉力報其嗣祖，友於誠篤，與人樂易，教子義方。

林永喬。事父母以孝，處兄弟以和，且輕財仗義，設粥賑濟，常於白沙、公子二渡，具舟以濟涉，親戚不能婚葬者，每爲周恤。以高年舉鄉賓，邑人推重焉。

林蘚。庠生，苦志窮經，數奇不售，以德禮持躬，義方訓子，多士樂從之，里人咸稱高行，年五十二而卒。

吳貴。增生，行己謹慤，設教方嚴，事親誠孝。

吳夢顔。庠生，立心謹愿，制行詳審，凡公事身歷務期底績，雙峯塔之建，功居多焉。前令周公推重。

吳道中，庠生，坦直自矢，仗義侃侃，吳邑艱鉅之事，多取决焉。崇禎間舉鄉賓，邑人咸稱不忝所舉。

國朝

吳士衮。貢生，天性孝友，好學能文，年長當婚，遭親喪，朝夕哀毁，有勸之娶者，折以大義，堅拒不從，處同氣恩義俱至勵族黨。惟廉耻是尚，好施尚義，瘞枯骨，賑饑寒，終身不倦。順治十四年，有司旌獎尚義，數奇不遇，士論惜之。

吳奮第。貢生，謹厚持己，和易與人，因遷界産業悉廢，甘貧如飴，久厄名場，困頓成疾，年未艾而卒，輿論惜焉。

林玉瑩。貢生，博學能文，父病，腹結，藥餌弗效，力禱於家廟，願以身代，尋愈。父歿，事母盡孝，卒後營喪葬，痛哭至絶，廬墓期年。事兄友愛彌篤。

吳士標。庠生，少失怙恃，依祖父母，盡孝，好學能文，葬父母至罄家食貧終身。

林天秀。庠生，敦孝友，文行丕著，後進樂其教育，鄉里仰其謙光，稱古君子。

林瑤植。補弟子員，父歿，偕母避寇化州。蓬戶疏食，奉養倍殷。母卒，絶粒數日，哀毁踰常，適風雨夜作，屋茅盡捲，零雨及棺，乃解衣以覆，衝寒成疾，病亟，顧柩未掩，抱恨掩泣以逝。進士周鳳來題其墓。

李作楫。庠生，貢生孫虬子也，溢文爾雅，學行並懋，屢拔前矛，試棘闈者五。

林中桂。庠生，廉潔忠厚，事父母孝，處兄弟無間言，邑人重之。

歐陽鳴宗。庠生，甘貧守道，絶跡公門，師範嚴正，邑人敬之。

林全初。郡庠生，持己耿介，訓子義方，異母昆弟無間言，甥孫幼失恃，撫恤備至，得以成立。順治十七年舉鄉賓。

林廼炤。庠生，九歲失怙，母邱氏撫植。迨長，苦志力學，勵節敦行，儀容莊肅，見者避道。

陳憲教。庠生，孝友端方，年踰四十一不間定省，嘗館於外，有以時菓餽者必先上父母，越日介返以服人。康熙十八年，海寇犯城，結義勇保護鄉井，所全甚多，邑令屢加旌獎，年八十餘卒。

李九鼎。庠生，幼失怙，事母至孝。崇禎末爲諸生，敦睦族黨，輕財好施，生平慷慨尚義，言行足門皆有所成就焉。

陳廷冠。廩生，敦厚樸直，一生不履公門，安貧篤學，屢拔前茅而設教無私，不計修脩脯，士出其咸惜之。

麥方惠。廩生，少失怙，事母盡孝，訓俗以行誼爲先，卓然有先正遺風，苦志力學，數奇不遇，人

吳初錫。郡廩生，居家孝友，篤志嗜學，足跡不履公庭。

易經世。庠生，倜儻負才畧。少年親喪，教養幼弟。康熙十三年值兵亂，條陳積弊，皆切當時事。

梁登甲。庠生，幼失怙，恪遵母訓，義方教子，獎掖後學，子挺秀、挺芳同入泮，同餼於于庠，甲午同選拔，嘗拾遺金不去，俟其人還之。

李孫賢。廩生，事親行己不媿儒者，生平不設機巧，可謂篤行之士。

林孔昇。廩生，素性謙謹，不以賢智先人，講學課藝，族黨賴其陶成甚多。

陳位中。庠生，世居流泗岸，勁節自守，族黨賴其維持，邑令張公顏其門曰：不媿太邱。舉介賓。

吳鼎臣。增生，醇謹端方，型家範俗，凜然不可犯，年七十八而卒。邑人推其齒德。

吳之瑋。增廣生，義以正己，禮以訓俗，勤學好問，至老不怠。瑋，府志作璋。

然後敢食。兄憲輝至館，必衣冠迎之。居喪三年，不御酒肉，不入内室，家雖懸罄，洒如也。

楊峻。庠生，性清介，賦詩弄琴，超然物外，親歿，撫育二弟，雖成立，後偶染恙，撫摩備至，二弟學業不進，輒歸哭於親之几筵。未三十遭鼓盆，不復娶，鰥居没世焉。

林其翰。庠生，天資卓犖，雅有胸襟，爲文直追古人，不囿於風氣嶺表，聲稱藉藉，所著有《南海文瀾》十卷，藏於家。

陳景濂。號東海，辛卯舉人，苦志好學，工文章，與同時余鱗傑齊名，太守魏公男、鄭公梁深所賞識。

楊元瑛。字玉華，號晴寫，郡庠生，瑚琳人，讀書爲人，詳載郡志，性尤純孝，事繼母如所生母。嘗臥病，躬親湯藥，歷數寒暑無倦容，迨母氏即世，□欲捐生，後竟以此得羸疾焉。嘗受知□□□□□，宰人嘗以三千金乞公一言，公慨然曰：『予行未孚於衆，致人敢干以私，自愧之不暇，敢尤人乎。』因善謝其人以去，公之勵行如此。

梁挺茂。生於明天啓丁卯。居貧食力，淡泊寡營，年迨期頤，精神矍鑠，歿於雍正丙午，壽百歲，亦吴川所僅見者，惜以家貧，未及請旌。

麥廷英。庠生，贈徵仕郎，賜翰林檢討，國樹之父。生平孝友忠信，雍睦親黨，饒有萬石君遺訓。

麥國樹。字柱臣，博聞強記，簡練揣摩一部四書題作文殆遍，足不出戶庭者數十年，屢試輒冠一軍，學憲王高郵以孝友端方，特疏題薦。恩准優貢，旋登乾隆甲子賢書，年八十餘猶上公車，欽賜翰林院檢討。致仕家居，而五經諸史，歲必一過。

吳國倫。己酉經魁，生平嗜學，文藝優長，設教數十載，登賢書者多出其門，邑人咸敬仰之。

林宏絢。字衮卿，號渭淵，秉性耿介，自幼而嗜學，文章宗先正，力黜浮華，弱冠遊泮，□□□辛酉副車催授永安教諭。生平澹泊寧静，□□貨利不入其心，而動必以正，非公事不至公堂。有子羽氏之風焉。碩望久著於鄉邑，邑侯楊李二公疊舉鄉飲大賓，至庭訓有方，世濟其美。子式僑、式中，並列歲薦；孫文飛、文捷，食餼采芹。

林闈階。字雋升，號雲衢，丙子丁丑連捷進士，家本寒素，齠年即自力於學，能自得師。後任山西靈石縣令，居官甫閱月即拂衣而歸，閉戶日坐書巢中，了無榮辱之色。

陳尹東。字漸南，號泗溪，自少純篤，克敦孝友，刻志芸窗，弱冠補弟子員，壬申登賢書，初署當陽縣知縣，繼署武昌同知，後署武昌知縣，值湖水爲患，公設法拯溺，捐俸濟饑，民賴以甦。後又改教番禺，三總兩齋，一攝監院，培養士氣，德教旁敷，不特一邑蒙化雨也。二子：長張元，孝廉；次張仲，庠生。

陳國成。字秉均，癸酉舉人，爲人磊落不羈，□□吟咏，分發浙江試用知縣，上憲一見，即以異才目之，攝篆錢塘煩劇，卓有異政，紳民有時雨清風之目題補仙居，未到任而卒。

易宗亮。庠生，幼失怙，事母色養兼至，待兄弟友愛彌篤，與戚友處八十餘年，雖遭横逆，恬然而受，惟以不爲善自責。莊狀元滋圃爲文褒之。

麥崇先。歲貢，順德訓導，家貧克孝，善誘有方，前志經其手定，闔邑咸以爲公。

林紫雲。歲貢，任香山訓導，生平孝友可風，廉節足式，舊當里長之艱難，親屬咸賴其顧恤。至秉鐸大邑，勸課惟殷，多士群沾雅化，壽八十八而卒。

林紫芝。歲貢生，任澄邁訓導，篤孝嗜學，好義敦行，遷黌宮，新文閣，與修邑志，亦有成績。

林香實。字廷翼，號雅齋，天資聰穎，未冠入泮，登壬午賢書。生平倜儻好義，朋友多賴以維持，曾有某孝廉身故無嗣，妻將改嫁，公素不謀面，即捐金以贈，幸存節義，且假手旁人，不以示恩，爲尤難焉。司鐸增城，僅一載終於官，士論惜之。子溥章、鵬翀俱登黌序。

房德勝。字明高，號宣一，以侍衛任湖北遊擊，署施南副將，幼失怙，性最孝，每以王事靡監，不遑將母爲心，歷仕途四十載，紫誥三頒而孺慕之志弗衰。迨解組歸田，壽八十二。公雖以武顯而雅好儒術。子貴綬食餼於庠，能承父志焉。

易中。號梅溪，武進士，官授京塘，雖身列武班而躭志詩書，雅歌投壺，意弗尚也。凡梓里同寅中有厄於京邸者，恤之如至戚。闔邑共仰其高誼。子三：業富、高飛、連標皆武孝廉；孫演河、文庠，洵爲一門濟美。

陳偉論。庠生，與弟偉觀，幼失怙，性至孝，以祖父母與父窀穸未安，奔走號泣。夢老者命葬於文曲嶺，至山，果見老者指示穴處，如言開鑿，有大石平坦，容三棺，葬畢，回顧老者，倏不見，觀者感駭，異爲孝感云。

鍾錫豪。正直謙和，事繼母能得歡心，撫孤如同己子，歲荒常竭貲賑濟，助婚葬之不逮者。至於捐嘗田建祖祠，尤爲敦宗睦族之誼焉。

鍾漢國。學生，幼失怙，事母以孝聞，母偶有拂意之事，必長跽慰勸，色霽乃起，遇母病輒終日不食，惜年僅五十而終，未竟其志也。生平和兄弟睦鄉鄰，人無間言，又其餘行。

陳宏功。庠生，孝友勇敢。康熙初，流賊時肆劫掠，倡率捍禦，族賴以全。三子：仲梓、陞季、梓棟，俱以明經司鐸。

吳霽雲。歲貢生，好學能文，義方訓子，每歲延師，族內有貧而不能學者，邀而就讀，丙辰歲荒，發粟賑濟，沾其惠者甚衆。

林榮。陪貢生，博通經史教育，問徒不受脩脯，前修邑志，亦與其事焉。

吳若宗。字公傳，號魯堂，歲貢生，清心寡欲，矢志學文，幼失怙而恪遵母訓，奉寡嫂而産業不爭，蓋所謂廉介樂善士也。

吳元功。字斂子，號儻齋，庚辰恩科舉人，處□履厚而謙冲之氣，藹然可挹，凡吳邑義舉，無不捐貲倡首，諸如救貧濟饑，施棺掩骼之事，不可枚舉，上憲與邑侯疊旌其門，人咸目爲長者云。

李培。字材因，號果齋，恩貢，大埔教諭。自幼失怙，事母始終克盡其道，生平謙恭樂易，周恤鄰貧，秉鐸名邑，不受脩脯羔雁而化雨春風，至今猶在人耳目間也。

林叔溪。恩貢生，敦行好學，理解融徹，遊其門者咸仰之如泰山北斗，即鄉里平常之人，見之者莫不加敬焉。

楊嵩。字伯岳，號柱中，瑚琳人，樂會縣訓導，姿性豪邁，人不敢干以私，遠近士民有疑事而不决者，得公一言立判。家素豐，於貧乏兄弟飢寒友生，有求於公者，如欲以給。尤孝於事親，及父母殁，葬於雷陽，每月必往省視，有終身孺慕之風，享年八十有六。

□□□。歲貢□□龍川訓導，爲人廉靜寡營，英資卓犖，博通經史，誘人不倦，遊其門者類多名士焉。

吴元方。辛酉武舉，髫年遊泮，壯歲鷹揚，賦資篤厚，持己端方，人當急難則解之，族有大典則倡之，亦士之善者歟。子三：匯川，武舉；靈川，光川。孫一材、一榮，皆武庠。

李雲登。字天簡，號健菴，正貢生。學問醇正，師範端嚴，負笈從遊者每年不下百人，鄰里鄉黨有曲直未分者，無論尊卑長幼，得公一言，無不帖服，雖婦人孺子亦無不知有天簡先生也。

陳抱。廪貢生，生平孝友，輕財仗義，凡事關風化者，力肩其任，如建文場，營祖祠，送學田，皆文教中之美事焉。

李本卓。歲貢生，文章古奧，屢試前茅，五經四子之書研究數十年，晝夜不疲，確有心得，作有《學庸論語註解》，未竟而終，士林惜之。

林仲律。庠貢生，好施樂善，見義勇爲，移建縣署，開文明門，爲力居多。乾隆戊戌己亥兩年□□大旱，餓殍相望，日爲粥以飼飢者，傾囊不足稱，貸典産以繼，人多賴以全活云。

黎綱。字應五，號古愚，歲貢生，清貧，力學至老弗衰，《學庸》一書，體認精切，先儒語錄，無不融貫通曉，邑中名士多出其門。

吴靜。歲貢生，賦性良善，淡泊寡營，事繼母能得其歡心，卒歸於慈愛，友於諸弟，白首無間言。楊邑侯舉爲鄉飲正賓，自以爲有愧，卒力辭之。年六十有四，易簀時對子孫族人，猶諄諄以忠厚爲囑。

李中立。字介夫，號强齋，歲貢生，溫厚端方，尤重孝弟，父赴省考貢，卒於旅邸，匍匐扶櫬而歸，苦志力學，自壯至老，手不釋卷，邑侯李公舉充鄉飲正賓，享年八十有八。

陳孔誘。歲貢，乳源司訓，生平嚴正，宅衷廉隅勵俗，其事父母也，兩堂奉養，無間人言，且性喜恬靜，寡交遊，耻苟得，惡奔競，不愧老成典型焉。

林傑。歲貢，生平孝友端方，疏財重義，族屬孤貧，資以廩食，性好讀書，塵視金玉，父遺金數千盡以與弟，爲烏程縣縣丞京費，有正直君子之風。

黄定中。庠生，公正任俠，凡吴邑有大興作艱鉅難勝之事，無不一力任之，排難解紛，若出天性。

吴若益。貢生，公道爲心，事多仗義，遇邑中建造、饑饉事，咸樂資助。陳邑侯顔其門曰：惠遍殁後，各族縉紳先生誄之者衆。

吴元文。貢生，尊師重道，教子義方，凡遇歲饑，不惜發粟以濟，至族中建祠，常捐金以助焉。

陳介行。庠生，事親以孝聞，設教里黨，雅意成就後學，有清貧者不計其脩脯焉。

易鵬。增生，苦志詩書，教誨子弟，凡遇梓里爭鬬，必親以理排解，合族舉爲族正，壽八十有五。

鄭良。邑正貢生，貧而好學，會舉鄉飲大賓，與修邑志，此真廉靜士也。

黃殿宣。邑庠，孝友性成，父没，遇生辰諱日，必痛泣而奠，兄弟至老不分居，甘貧嗜學，訓子義方，亦肫篤君子也。

李存性。事父母以孝聞，母葬大禹山，地陡，遇水漲廬墓，守視。至於歲饑賑濟，又其佳事焉。

陳就虞。庠貢生，少孤貧，奉母至孝，友愛兄弟，人無間言，嘗傾貲以保祖墓，絶無德色，族黨以義愨見推。

梁炤。庠生，職授州司馬，多財樂施。凡遇歲荒，每爲減價以糶，邑中義舉，必捐貲倡首。戊寅大旱，縣發常平，時公僑居博立，目覩時艱，特請邑侯楊公運米至庄，并代爲輸發，處置得宜，南一二啚所，賴以全活者，皆公之力。

李時芬。庠生，秉公守約，富貴貧賤，視之如一，室如懸罄，而舌耕所得，反以給貧士膏火之資。

林東藩。庠生，秉性醇篤，孝友端方，而親屬之窮乏者亦賴其扶持，有古君子風焉。

陳而兆。國學生，性成厚樸，簡靜居心。戊戌歲饑，捐囊周濟，曾經李撫臺顔其門曰：任邮可風。

麥□。郡庠生，存心溫良，待人公正，教家訓俗，息訟解爭，饒有古人風範。

林邦瑞。字文玉，號美田，國學生，賦性坦易，不立厓岸，而義之所在，不少假借，與邑侯張公交至契，而始終未嘗一語及私，劇爲所器重。子泰雯爲王公延主義學，嘗戒之曰：『教讀乃士之常，若借此以作干請計，吾所不取。』其子亦守之不衰。

李高梓。字翰柱，號拱南，國學生，以子珩布政理問贈儒林郎，質直尚義，樂於施與，常捐金倡建梅菉社倉，貯穀防饑，諸如建祠立嘗，尊師重道，無不得大體。

孫系會。字受一，號統萬，國學候銓縣丞，爲人仗義，族中貧不能娶，孀不能守者，皆給以田産并周鄦鄰里，捐資成美，臨終焚券，諸美舉，洵有君子風焉。壬申三子錦、鑑、鈞同進黌宫，論者謂厚德之報。

鄭嵩號。常修國學。天性肫篤，事父送死有□□，泣血三年未嘗□□□意至傾己囊以濟□□飢寒助膏火以教族中子弟，其行皆可以砥礪末俗焉。子五，子瑛，候銓縣丞，餘俱邑庠國學。

揚樹松。歲貢生，字四榮，家貧嗜學，秉性簡厚，母逾九旬而孺慕不忘口繼之資，亦公諸昆弟焉。

李自蘇。國學生，候銓縣丞，慷慨仗義，和睦鄉鄰，冠婚喪祭，凡有不足者，必爲之資助云。

林大參。貢生，言行謹篤，善事父母，其母患喘，常不能寐，仝妻陳氏日夜扶持。及歿，執喪誠慎，族中有貧無以爲葬者，輒助之，不能娶者，捐貲完姻，其高義如此。

林祖德。增生，髫年穎異能文，弱冠即受知於惠學憲，淹通經籍，潛心理學，手抄左史，暮年不輟。奉侍父母惟謹，父有疾，傾私囊以供藥餌。歲饑，平價發糶，房親貧乏者，尤加意賑恤焉。生平敬師儒，篤友誼，修身訓子，洵足克紹南峯前嚴云。

林長蘇。郡庠生，孝友端方，溫恭恤物，邑侯□公會舉鄉飲介賔。

吳國芳。字仲香，號蘭菴，性最孝，凡服勞奉養皆真心流露，非襲儀文，讀書務法前賢，作文力追先正，恭以持己，恕以待人，德厚學深，不遇於時，蓋無意於名利者也。

李自暢。字克茂，號燕堂，貢生，早歲失怙，事母孝謹，終身如一日。母歿，哀痛欲絶，祭祀必盡其誠，設立家塾，延師訓子，數子皆蜚聲庠序。元琳，孝廉，人皆以爲盛德之報。

林復瀚。字通漢，庠生，幼失怙恃，哀毁欲絶，事祖母得其歡心，撫兩幼弟幼妹，友愛異常，兩弟故多病，破産以供藥物，日泣父□□前願以身代，兩弟相繼歿，哀鬱成疾，逾年而卒。子懋修，拔貢生；懋昭，庠生。

麥國棟。增貢生，英風卓卓，智畧過人。弱冠遊泮，公正果决，鄉黨敬服，人咸以□□獻王彦方□之。

林序綸。監生，候選衛千總，禀性孝友，齠年失怙，事母極盡孝養，待異母弟兄友愛，同鄉□□困乏，周恤之無遺力。壯年而歿，人惜之。子日暄，庠生。

鄭輝。庠生，持己恭事親孝，型家範族，有先正風，且輕財仗義，建宗祠，營祖墓，終身未嘗疾言遽色。子孫繼美，無非盛德之報云。

李芍苞。字果琼，郡廩正貢，少失怙，事母至孝。國初海寇爲累，携母逃竄，得粒食悉以奉母，自忍飢，晏如也。遷居中街，苦志力學，持己恭慎，决事以義當道，多引重焉。

李冲漢。字爲章，歲貢生，海康訓導，經史子集無所不窺，尤究心理學，秉鐸海康邑，振興文教，凡訓生徒必語以宋五子之學焉。

林在鎬，郡庠生，幼聰慧能文，屢試優等，雖童稚與語，必盡其誠蓄。蒸嘗建祖祠，一人之力居多。

李若香。字叶伯，號泮齋，庠生，孝友天成，行誼不苟，少聰穎，九歲能文，生平以聖賢自責，嘗自言曰：『士子讀書，所學何事？舉不得爲聖賢路上人，亦當向聖賢路上走。』今觀其文，皆真性磅礴，不愧其言云。

吳晉。字用錫，邑增生，禀姿穎異，賦性淳良，弱冠採芹，耄年嗜學，生平孝友克敦，一言一行，皆爲鄉黨模範。而苦志上達，十戰棘闈，數奇不遇。

吳元起。庠貢生，字喜子，號一堂，養敬祭誠，孝友無間於人言。生平嗜學，七戰棘闈，寄情詩歌，曾屢薦鄉飲大賓，凡遇邑中興革大典，無不竭力以勷厥成焉。

陳式東。字法南，貢生，秉性孝惠，執親喪哀毁骨立。乾隆戊寅年歲荒，出家資賑濟貧乏，族黨賴以全活者甚衆。

李慕相。字任卿，號枚卜，郡庠，性敏悟，善屬文，爲人孝友端方，弱冠遊泮，家貧，親老辛苦奉養，極得歡心。至宗族義舉，身肩其任，一鄉賴其維持者十年。

孫鈞。字秉生，號簡菴，郡廩，敦孝友，崇節義，慈良易直，常存□人利物之心，捐資督修塘菉橋，使往來無礙而行人共沐其澤焉。

吳時著。幼而好學，因家貧，廢書服賈，事母至孝，性好推解。

李元果。貢生，性醇厚，事父母能孝，待兄弟以和，尤好施與。戊戌歲饑，發粟賑濟，臬臺顔其門曰：爲善必昌。

楊體乾。字美中，號霞侶，逸叟也。明嘉靖年間由東莞遷吴川瑚琳鄉，好施與，矜孤寡，族黨佃戶感其恩惠，不舍忍去，從遷者三百餘人，公皆助資斧，至今猶食舊德焉。創立義田祭田以垂永久。子謙，由歲貢任增城教諭，後之人文繼起，簪蟬聯皆公肇其基云。

楊甘來。字衍九，號快生，瑚琳人。任雷州府教授，竭己救人，能化強暴。時寇盜擾攘，公與長男道行設策連結，鄉民互相保救，由是賊不敢犯，鄉里德之。生六子，三博士三明經，其六子志行任新寧訓導，敕□公文林郎，享壽八十二而終。

楊志行。字貞節，□□嚴，任新寧縣訓導，秉性□直友愛，□□□□□人才自子姪□□□□□掖獎勸，曲意玉成。嘗躬耕北三地，時四鄰疊遭水殃，公詣邑侯乞緩徵以甦民困，一方受惠焉。

楊舒泗。字杏源，號鄒山，職監生，賦性溫厚，恬靜自持，雍容樂易，與物無忤，嘗自謂於法不敢擅出於創，於俗亦豈盡隨於因，尊崇祖訓，參酌時宜，咸得其正，一時共推爲長者，至其建嘗田設義學，屢行賑濟，尤懿行之表見者。

楊祖望。字副贍，號蒿亭，邑庠生楊元瑛之長子也。性高潔，讀書爲文，卓然成家，年十六肄業高涼，作有《高涼山諸記》，爲當時名宿所賞。不幸怙恃早世，偕兩弟苦志勵學，故能學問純粹如此。易若思。丁卯副榜，事親至孝，奉後母甚得懽心，待寡嫂撫孤姪，恩義兼盡。生平輕財重義，樂施予教，授生徒善誘有方，族黨戚友，翕然稱之。

吳邦卿。貢生，號敏菴，幼失怙，與兄邦倚事母楊孺人，孝敬無間。及兄歿，撫姪如子，卜葬祖父母幽宅，蓋克敦孝義如此。

節婦

盛志曰：吳川越在海徼，自宋明以來，寇亂相尋，幾無寧宇，民生其間，抑何不幸歟。及披覽邑乘，數百年中以節烈傳者，不下二十人，其生於世胄，夙嫻禮教者固已，即華門蓬戶之下，往往不乏其人，何風之古也。嗚呼！歲寒知松柏，不信然乎。若夫高凉爲馮冼故國，當年犀渠錦繖，保障嶺表數十州，智勇絶倫，以榮名終，誠千古所僅見，豈山川靈淑之氣獨鍾於婦人耶。凡若而人者，或表揚當時，或幽光未闡。方今聖天子首重名教，凡節操顯著者，咸得列於祠祀，流芳不朽，則纂輯志乘諸君子，爲功於世道，又豈淺鮮哉！

明

吳氏。麥靖妻，南三都吳英之女。成化十年適靖，生一子曰成甫。七月，靖卒，時吳年十九，甘貧守節，竭力課子爲邑庠生。其孫維嘉，復補邑廩生。年八十餘而終。

陳氏。林憲邦妻。年十八適憲邦，尋卒，陳氏才二十二歲，二子亦殤，以姪學易嗣，遊邑庠，娶李氏至二十八歲，學易又夭，陳與李復取姪學書子仰高爲學易嗣，年老而志益堅，通學公舉學使蔡公書『正節之門』以旌。嘉靖萬曆間，巡按陳公蔡公先後旌表。

李氏。林彦幹妻，玉愛即其女也。隆慶三年，流賊劫掠，林氏一家三十餘口俱被擄，獨李氏及女不從，罵賊不去，李氏死於家，玉愛死於市。事聞郡太守吳公國倫，判牘云：李氏玉愛，首倡大義，因罵賊而捐身，繼則全正隨同母而遇難。吳川一裔土耳，民俗頗不甚淳。彦幹一匹夫耳，儀型豈必盡善。今李氏爲夫義不受辱，玉愛爲母義不偷生，禍起一時，鋼如百錬，抗聲罵賊，心已烈於丈夫。骿首稱兇，性不移於天植。血濺海洋之岸，可使蟲賊膽寒，屍分家廟之前，無媿先人面見。一門雙節，五嶺稀聞。相應遵照，亟爲轉達表揚，以慰英魂，以挽頽俗。時臺省監司以『正烈』表其門。分守道桂云：玉愛誓不從賊，駡不絶口被殺，其足可刖，其首可斷，其身不可辱。正氣完節，真可以風世教。

邱長姊。邑人邱東漢之女。許聘林三松，未嫁而三松死，長姊即往守制，曰：『生縱不得與同室，死寧不得與同穴乎？』母兄勸諭，即自經力救而免煢煢孑立，年五十餘而卒。

陳氏。庠生林懋植妻也。海寇突至，氏與翁姑俱被執，賊欲殺姑，氏求代死，且曰：『釋姑先歸，則贖金至矣。』乃縱其姑，而縛翁婦及一蒼頭登舟。向夕，贖至，陳度賊將釋翁而留己，乃剪髮付蒼頭曰：『持此以示吾夫。』遂沉於水，時年二十五。

麥氏。教授璣女也。年十七適庠生林慎，十九而寡，遺一子甫三月，而家無擔石之儲，翁姑勸其他適。氏斷髮毀顔以死自誓，名其子曰『全節』以見志。後遭寇變，冒火以救夫棺，入河以援姑溺，竟獲免難，若有神物護持。崇禎間建坊旌表，壽九十二而終。

陳氏。庠生林穎秀妻，訓導陳廷誥孫女。年十七歸穎秀，三載夫亡，傭績以事翁姑。一日颶風大作，城舍俱隳，氏伏夫櫬號泣，片瓦不颺，一念之誠，能回風伯之暴。教子天俊入太學。崇禎四年，奉旨建坊旌表。

邱氏。林永秀妻。年二十一而孀，遺孩甫及期，痛哭幾絶，欲從地下，姑以撫孤強之起。既而姑病，氏斷指髮以禱。時海寇焚掠，里人盡竄，氏念夫未葬，守死不忍離，幸火未至而賊遁，不及於難，人以爲節孝所感。教子廼炤遊泮。崇禎六年奉旨建坊。

李氏。常州府訓導李夢周女，庠生林懋建妻也。早年夫死，無子，哀毀不食，自經者數矣。婢覺救之而甦，因繪夫像，朝夕敬奉，哭不絶聲。守志六十餘載。崇禎十二年，御史旌其門曰『正若流芳』。壽九十二而終。

國朝

譚四姊。芷芓人，增生譚璁女也，十七未字，順治五年閻兵搶掠，四姊被擄，不從，極口駡賊，因剜其股而殺之。

舒氏。吴萃奇妻。年三十三，順治五年爲閻兵所執，不從見殺。

錢氏。吳亮朝妻也，順治十二年，西寇犯境被執，寧死不辱，竟被害。

李氏。林其菁妻也。康熙十九年，海寇掠梅菉，氏年二十一，被執不從，爲賊所害。

吳氏。李廷班妻。生子培，甫二十餘日而喪夫。矢志苦節，事其孀姑林及祖姑黄，以克孝稱，存歿盡禮。撫孤成立，餼於庠，後任大埔教諭，四世單傳，賴以復振。雍正八年，請旌建坊。

黎氏。林翰英之妻。年二十二生子，名子禎，甫期，夫亡，撫子成立，娶譚氏，生子世隆數月，子禎亦歿。時譚氏年二十四，姑憐其少，勸之改適。氏愀然曰：『姑孀守二十餘年，所恃以娱桑榆者，惟夫耳，今夫不幸，倘氏亦去，姑老誰養？稚子誰育耶？願繼姑志，必不效喪節婦。』遂與姑共甘苦，紡績以給，環堵蕭然，晏如也。世隆年近六旬而譚氏尚康强，兩世苦節，邑人憐之。

張氏。庠生楊炳然妻。年二十八夫亡，痛哭喪一目，毀容矢志，孝事二姑，姑歿，與翁柩經營合葬盡禮。邑被寇踞三年，田荒，税逋，合族俱逃。獨氏撫四孤成立，又相繼而歿，遺孫二人，方在乳哺，亦氏撫育婚娶，年八十二而卒。

黄氏。吳聖祝妻，邑庠生吳裔超母。年十九適吳，未幾夫被兵死，時超方期，氏事翁姑及祖姑盡孝，翁姑歿，無期功之親可依，窮年紡績，撫子成立，年八十二。

張氏。邑人李亦白妻。白幼避寇南寧府，娶氏生子紹芳，年二十五而寡，衣食莫繼，父母欲奪其志，氏堅不從，撫孤成立，寄身營伍。雍正三年，廣西提督韓良普以『勁節幽芳』表其門。六年，携子歸吳，得還故土。

陳氏。邑庠吳士澄室也。賦性端莊，事繼姑無間言，睦妯娌，勤獲訓，立父嗣，置産室，尤爲孝而賢者。今以孫元功貴貤贈宜人，曾元林立，四賢書六明經，食餼遊泮者十有三人，無非厚德之報。

李氏。廩生林玉潤附生林玉澤之母。年二十七夫故守節，端儉淑慎，孝事寡姑，歷久不倦，喪祭盡禮，撫教二子，克有成立。乾隆二年，建坊旌表。

黃氏。係廩貢易暢元之媳，易朝翰妻也。年二十于歸，五年夫故，無子，孀守，孝敬翁姑，生養死葬，盡禮盡哀，治家勤儉，閨範端莊，養夫胞弟一子承祀，族黨仰焉。乾隆十年奉旨旌表建坊。

王氏。王業生女。自幼言笑不苟，孝事父母，許聘李潤暢爲妻，將嫁而暢卒，氏聞訃一痛幾絶，水漿不入口者七日，誓欲奔喪守節，父母不允，潛素衣疏食飲泣三年。迨父母轉受邱聘，女見時窮勢迫，泣於夜，焚香告祖，潛赴江水端坐而死。詰朝，父母搜其衣帶，有願歸葬李家遺囑。李家憐氏冰心，迎棺合葬，擇服姪李卓茂爲嗣，士大夫爲詩文弔之。乾隆十一年奉旨旌表建坊。

陳氏。李樹秀聘妻。生而端莊孝順，未及于歸，夫故，始適夫家，時年二十一，孝事翁姑，先意承志，生事死葬，無不盡禮，備嘗艱苦者三十餘年。乾隆十七年，奉旨旌表建坊。

李氏。歲貢陳孔煥之媳，陳其珩妻也。二十歲于歸，夫故，誓不欲生，念姑年老子幼，矢志支持，紡績以供甘旨。凡遇翁姑疾病，湯藥親調，衣不解帶，及遭喪葬，變賣簪環，心力曲盡，訓子義方，持家勤儉，鄉里咸敬，法焉。乾隆十八年，奉旨旌表建坊。

梁氏。邑人梁廷選女，許聘甯翰徽第三子戅聖，未嫁而戅聖死，時氏年十八，聞訃絶食，幾至傾生。

即服孝往守制，立夫胞兄志聖子峩承嗣，侍奉翁姑，生養死葬，盡敬盡禮，不出閨門者三十四年。乾隆二十七年，奉旨建坊，旌表節孝焉。

林氏。林春達次女，陳學源次媳，監生模妻也。端莊淑慎，時氏年二十八，模故，痛哭不絶，矢志苦節，孝事翁姑，和睦妯娌。翁姑雙歿，葬祭必誠，立堂姪陳宸璿爲嗣。乾隆二十七年，奉旨欽旌，永表節孝。

李氏。乃陳偉紀妻，會同教諭陳梓楝三媳，年十八于歸，二十孀守，經營故夫塋，孝敬翁姑，志姑撫夫長兄監生陳偉綜次子星輝，繼撫夫六弟增生陳偉絨長子星奎爲嗣。乾隆二十七年，奉旨欽旌，永垂節孝。

林氏。監生陳紹琦妻，貢生陳用楫之母也。貞靜淑慎，夙嫻姆儀，年二十五孀守，兒孤親老，克盡孝慈。洎祖姑亡，喪祭盡禮。孤子成立，式穀倍殷。孀居三十餘載，動輒辛勤。乾隆二十七年，奉旨欽旌，永垂不朽。

鍾氏。李鳳韶妻。年十七于歸，秉性淑慎，翁姑祇將菽水，夫子敬戒無違。迨雙親淪亡，髮夫告逝，抱養房姪以承宗祧。厥後葬親葬夫，無不盡禮，孀守三十餘載。乾隆二十九年，奉旨欽旌，以志不朽。

李氏。陳秋潤妻，監生敏本母也。秉心貞節，賦性冰霜，于歸兩載，夫與翁同逝。未幾，而祖翁與兩姑又復繼亡。命愈蹇而節愈堅，遇彌艱而孝彌篤，盡心營葬，事事盡禮。後撫姪爲兒，教之成立。總一生，貞孝四十餘年，族黨咸敬仰之。乾隆四十二年，奉旨旌表建坊。

梁氏。化州監生梁琦女，邑監生詹周盛妻，貢生文錦母也。年二十結褵，未幾破鏡，孤兒遺腹，二老臨年。氏矢志苦節，事翁姑以孝聞，存歿盡禮。撫孤成立，列於縉紳。年逾六旬，常謹禮度，合鄉稱其貞孝莊慈。乾隆四十六年，請旌建坊。

曾氏。曾志明女，趙富國媳，趙光秀妻也。將娶，秀身故，氏聞訃，自將手織白布三疋包裹夫骸，絶食三日，易服自縊。伊父報女爲夫身死，氏翁憐氏冰心就義，迎棺合葬於那余坡脚嶺，立次孫趙禮宗承祧，蓋所謂蔀屋中之烈女也。士大夫多有詩文弔之。乾隆四十七年，奉旨旌表，聿昭奇節。

吳氏。係州同梁炤次媳，梁尚殿之妻也。氏年十六未嫁夫亡，聞訃時泣縊數次，母兄力勸，始免捐生，願往夫家守節，翁姑遂禮接成服，以成其堅志。奉雙親，撫嗣子，孝慈兼致，守婦道而端壺儀，所貞操者四十餘年矣。閨範流芳，鄉鄰敬仰。乾隆四十九年，奉旨旌表建坊。

招氏。乃李永藹妻，廩生李上明母也。年二十賦于歸，歲廿三悲破鏡，兩兒妖〔二〕而髮夫亡，家翁淪而繼姑寡，命愈蹇而節愈堅，家愈艱而孝愈篤。以婦代子，撫姪爲兒，營喪葬，訓孤兒，舉一生辛勤者，蓋三十六年矣。鄉黨仰其貞節，家人奉爲典型。乾隆五十三年，奉旨欽旌，永昭不朽。

黃氏。乃生員黃匡臣女，修職郎李超桐長媳，李玫之妻也。賦性溫恭，幼嫻內則，氏年十八于歸，旬日適遭破鏡，氏絶飲食，幾至捐生。迨承翁姑訓，遂以婦供子職，立嗣承祧，事翁姑以孝，訓二子以

〔二〕妖，當作『夭』。

慈，矢志冰操者，會三十五年矣。鄉黨咸敬仰之。乾隆五十三年，奉旨欽旌。

梁氏。梁雲呈之女，許字譚有紀之子文學爲妻，未嫁而學卒。氏時年十八，聞訃慟倒氣絶，復甦即欲往守喪，父母勸阻，氏絶粒數日，竟自縊而死。夫家聞之，迎其柩與學合葬於大皇樹嶺，一時遠近文士作詩致輓。邑侯陳公題其墓。

李氏。林春韶妻。年二十一于歸，二十七夫亡，家貧無子，矢志靡他，擇弟春瑞之子延真爲嗣，孀守五十載以全節終。

吳氏。李時薦妻。年二十于歸，二十八而夫亡，家貧無子，惟姑在堂，氏乃食力事姑，養生送死，克敦婦道，以姪李大文爲嗣，孀守三十餘載，人無閒言，現年届六旬。

陳氏。吳殿秀妻，秉質幽貞，賦性端謹，年二十于歸，甫經四載，而夫亡無子，氏矢志自守，竭誠奉親，一切財產任憑父兄措置，不計多寡，并慮夫禋祀弗嗣，辛勤蓄積，自置田米六斗永爲夫蒸嘗，使血食不絶，以從弟吳殿瓊之次子吳候承嗣，年六十有二而卒。

林氏。吳鴻嗣妻，年二十于歸，閱四載而夫亡，姑老子幼，事姑訓子，胥得其道，年逾六旬而終。

洪氏。蔡楨周之妻，邑增蔡元菁之媳。年二十于歸，閱一歲而夫妖〔二〕，無子，嗣子尚幼，氏仰事寡姑，俯育幼子，孝慈克盡，現年五十七歲，孀守三十餘載，節操始終不渝，業經移文，詳請旌表。

〔二〕妖，當作『夭』。

蘇氏。鄭夢吉妻。秉心慈孝，賦性堅貞，年二十四于歸，二十九夫卒，家徒四壁，親老子幼，氏則孝事翁姑，養生送死，自然合範，奉養二子亦底於成立焉。現年六十六，子德榮，國學生。

楊氏。黄司培妻，貢生黄上玫母也。年十九于歸，閱五載而夫亡，止生一子，雙親在堂，氏則孝事翁姑，生事死葬，必誠必信，義方訓子，節儉持家，卒底於豐豫焉。孀守五十餘載，壽七十餘歲而卒。

吴氏。林才周妻。年二十于歸，閱四載而夫亡，無子，氏能存攬家業，廢而復興，擇從姪廷悦以繼夫嗣焉，現年六十。

陳氏。吴捷昇妻，監生冠川祖母也。年二十于歸，二十六而夫亡，悲痛欲絶。後以事歸寧母家，父母以家貧勸令他適。氏則怒形於色，不辭而歸，絶迹不復至焉。居家孝事雙親，教養幼子，孀守三十七年，壽六十三歲而終。

孫氏。李毓仁妻，年二十二于歸，二十八而夫亡，獨生一子，幼穉多病，家無儲積。氏獨紡績供奉雙親，撫養幼子，艱難備嘗，享年七十有七而終。

陳氏。李爲瑚妻，歲貢生李健榮母也。年十八于歸，閱數載而翁姑繼喪，又兩載而夫復亡，時氏年二十有七，二子甫離襁褓，家業蕩然。氏獨力撑持，營葬三棺，撫養二孤，克底成立，年五十八而終。

陳氏。龐元燦妻。年二十三，夫亡，越數月生一子偉倫，娶鄭氏，生三子。年二十八，而倫又亡。鄭氏事姑，愛敬兼盡。姑年五十二，亦繼夫而亡。氏典裳鬻釵，喪葬盡禮。迄今年五十九，與姑陳氏，俱孀守三十年。一門雙節，殆足風焉。

招氏。龐仲德妻。二十一于歸，未兩載，而夫亡。越三月生一子。家無擔石，志矢冰霜，敬事翁姑，養送無憾。迄今年五十有四，節守三十一年，四鄉共仰閨範焉。

邵氏。孫子敬妻，二十于歸，生一子念，二〔二〕夫故，氏欲從亡。但念翁姑年老，幼兒無依，志矢柏舟，閨門不出。迄今年五十有七，孀守三十五年，敬奉翁姑，撫育孤子，承先啓後，兩無遺憾焉。

鄭氏。孫士材妻。年二十七，夫亡。一子尚幼，足不出閨閫志，時凜冰霜。長伯盡廢家業，氏無怨言，事姑孝順不違。姑死，棺殮葬祭，身肩其任。至遭歲凶，寧枵腹以自苦，不叩富門，不登外室。迄今年五十有九，節守三十二年，梓里共憫其苦，欽其儀焉。

鄧氏。莫春華妻，莫李平、李睿、李秀母也。年廿六，夫亡。絶食六日，幾殉夫葬。但念翁姑年近古稀，無人奉養，勉強節哀。勤紡績以供菽水育幼兒，迨翁姑繼逝，氏廢簪裳，力營喪葬，慘傷過度，至於喪明。今年七旬有三，苦節四十餘年，牧四世以一爨，獲子孝而孫賢，鄉黨莫不惜贊焉。余因顏其門曰：節並松筠。

李氏。陳闢書妻。十九于歸，念五夫故，與祖姑凌氏，阿姑易氏，俱年未三十，矢志柏舟，喪祭盡禮，課子成名。一門三寡，仝壽古稀，邑侯朱公以『節孝可風』旌其門。

姚氏。李堂妻。年二十五，夫亡，無子，姑繼亡。氏矢志冰霜，事翁盡孝敬，孀居三十五年。姪邑

〔二〕二，據文意應爲『而』之誤。

庠士忠承祧。

易氏。增生林崑材妻。于歸數年，崑歿，無子。以崑兄巍材之子秉乾爲嗣。氏年二十八，慇懃教子。乾長，娶陳上華之次女爲媳。越八月，而乾復亡，時陳年十九，與姑矢節孀居，或以繼嗣無人，勸之他適。陳以姑一生苦節，滿望承祧，不幸夫故，願甘同守。今易年六十有八，孀守已四十一年。陳今年已五旬，勵志又三十二載。姑媳二人，伶仃孤苦，形影相弔，人共稱爲一門雙節云。

楊氏。林華初妻。于歸甫逾載而夫亡，無子，家貧如洗。誓欲捐軀以殉，旋以姑老不果。姑尚有二子於氏夫爲兄而饘粥，惟氏是任。姑歿，典裙布以殮。終年獨處一小室，詬誶盈耳，煢然以紡績度日，童穉罕覩其面。現年六十有三。

李氏。林鍾城妻，年十九于歸。越三載而夫亡，無子，家徒四壁。翁又多疾，氏躬承湯藥，養生送死，皆其自力。逾年而翁姑雙亡，氏抱三杖呼號迫切，死而復甦，自是□□□□□夫翁姑之柩皆賴以厝焉。現年五十有九，而妯娌送迎，足不踰閾。

麥氏。業儒吳元宏妻，年十八于歸。甫兩載而夫亡，無子。氏堅心自守，紡績奉親，生事死葬，克敦婦道，以夫弟次子齊川爲嗣。享年八十有四。

吳氏。庠監生陳孔讓妻。年二十三而夫亡。氏甘貧矢節，教育二子吾清、吾潔成立焉。現年五十有三。

黄氏。梁遴選妻，年十八于歸。祇將菽水，敬戒無違。越五載而翁亡，服喪三年，而姑又逝，姑喪未滿，而夫又亡。自于歸至二十七歲，九年之內長遭凶憫，痛哭不絕。夫既無子，又無弟兄，家貧如洗，難於擇繼，乃食貧自守，紡績以葬三棺，年六十六終焉。厥後，女壻監生李元翰始爲擇立族姪梁聯榮爲嗣。

陳氏。廩生李若香妻，秉心貞節，賦性孝慈。年二十于歸，事翁姑以孝，二十五夫故。時氏哀痛欲絕，自縊者數次，婢覺救之得甦。有遺腹子，撫養成人。足跡不出閨閫，孀居三十九載，壽六十四而終，與夫仝葬院村城頭嶺。子元炳，監生，孫玉芳、玉華，同遊泮。

李氏。庠生麥國沛妻。年二十二而夫亡，子生方數月。時氏痛哭欲絕，翁姑以撫遺孤強之起，自是屏鉛華，矢苦節，後經五十年未嘗有豫色。孝事翁姑，克敦婦道。年七十，有一子挺，庠生。孫實發，廩生，有聲庠序。

李氏。關時用妻。年十九于歸，二十三而夫亡，遺腹子未產，而且翁姑連喪，依倚無人，四壁空存，饔餐難繼。氏食力教子，備歷苦況者五十八載，年八十一而以全節終。

董氏。李鳳翥妻。年十八于歸，二十一而夫亡。親老子幼，事親育子，曲盡其道。現今五十有一，治家有法，人無間言。

吳氏。李懋昭妻。年二十于歸，甫三載而夫與翁相繼歿，遺腹一子，旋殀。家貧如洗，拮据營葬翁與夫二柩。事姑孝敬益篤，没而喪葬盡禮。以從兄惠昭子松齡爲嗣，撫育教誨，俾至成人。現年六十有三。

楊氏。吴崇鄒妻。年二十五孀守，撫育二子，奉養雙親，存歿盡禮。一生辛苦五十餘載，年七十九而卒。

麥氏。林世祿妻。年二十于歸，廿三孀守。奉養寡姑，謹循禮法，後立堂姪廷維爲嗣。六十二歲而卒。

吴氏。陳敬授妻。年廿一于歸，數月夫亡。奉孀姑，撫猶子，生事死葬，莫不盡禮。所苦節者三十餘年，迄今五十四歲矣。

凌氏。李吐枝妻。年十九于歸，廿六孀守，事親以孝，教子以慈，二子並列膠庠。年八十五而卒。

陳氏。冼君鄭妻，生員冼介章母也。氏十八于歸，廿八破鏡。葬翁姑，撫三子，教以耕讀。於今六十有二，所孀苦者三十四年。

陳氏。生員易爲清妻。年十八于歸，廿六破鏡。教育二子中錦、中實，俱列武庠。營葬雙親，更加謹慎。孀守五十餘載，年八十而終。

黄氏。林泰元妻。二十結褵，逾年夫歿。遺腹子復汪及長，娶李氏。未及三載，汪死，李殉。氏以祖撫兩代之孤，貞操三十餘年，六十餘歲而歿。蓋所謂一門雙貞烈也。

林氏。李嗣白妻。十九于歸，廿三孀守，擇姪監生李鳳揚爲嗣。清操四十餘載，年六旬餘而終焉。

林氏。詹早昌妻。年廿四孀守，於今三十六年。事寡姑，教孤兒。謹守禮法，年近六旬而貞操如一日也。

林氏。陳韶九妻，庠貢陳嘉猷母也。年二十于歸，三載夫亡，姑老子幼。上供甘旨，下訓和丸。迨姑喪，殯葬盡禮。子遊黌序，訓戒彌殷。孀守五十餘載，壽七十七而終。

凌氏。吳珏妻。賦性貞靜，秉質端莊。十八于歸，二十孀守。撫嗣子，奉雙親。苦節一生，竭盡孝慈之志。至今五十五歲，孀守三十三年，亦閨範之貞操可挹者。

梁氏。吳盈川妻。年二十八夫亡，無子，以兄之子庠生鳳岐爲嗣。翁姑早逝，節守靡他。現年六十有六。

林氏。梁沛之妻。二十于歸，二十四夫死，無子。家貧如洗，人皆勸其他適。氏念翁姑年老，奉侍無人，竭力紡績以供菽水，撫姪景光爲嗣。現年六十六歲。

李氏。龍奇煥妻。年十八于歸，二十四而夫故。家貧親老，氏紡績事親，教子翰清成立焉。壽八十四而終。

林氏。陳德九妻。年十九于歸，二十五夫故。家貧，矢志孝順雙親，養兄陳常九之子爲嗣。現今七十有五。

陳氏。儒生李芬妻。結褵四載而夫亡，止生一女，家貧如洗。氏窮餓自守，以兄之次子載永入繼，未幾而嗣子旋亡。氏事舊姑、撫弱孫，茹荼飲冰者五十餘年，壽七十有八。

陳氏。李鳳至妻。年十八于歸，自力以養翁姑。越一年而翁卒，逾六年而夫又卒，並無半畝之遺。父母欲奪其志，不從，婦姑二人更相爲命。逾年，姑又繼夫而卒。氏伏櫬號泣，幾不欲生，旋以三棺未葬，不可不留身以畢吾事。厥後，得嗣子飛香，尚幼，而營葬三棺皆氏之力焉。現享年七十有七。

林氏。郡庠鄭周綿妻。二十結褵，廿五破鏡。奉翁姑，生事死葬，撫嗣子宇瑞，教育彌殷。至今六十六歲，孀居四十餘年。紡績之勤，始終不惰也。

蘇氏。庠生龍在天妻。年二十于歸，六載夫故，姑老子幼，紡績爲生。及姑没，喪葬盡禮。苦節六十餘年，至今八十二矣。

李氏。林萬紫妻。二十結褵，廿三破鏡，親老無子，終不變節。事翁姑，營喪葬，撫姪國璧爲嗣。備嘗辛苦者四十餘年，現今六十有九。

蘇氏。楊時茂之妻，庠生楊沾露之母也。年二十于歸，甫年餘而夫亡，時氏生子方兩月。矢志守節，上事翁姑，下撫孤兒，嗣翁姑相繼亡，氏盡禮盡哀，義方訓子。享年六十七而終。

黄氏。吴兆元妻。年二十于歸，二十四歲夫亡，矢志守節。撫孤泰昌成立。今年五十有四，猶勤紡織不倦，可稱貞苦者矣。

李氏。林一菖妻。年二十于歸，越三載夫亡，無子。家徒四壁，紡績以奉翁姑。越數歲，翁姑相繼而亡，氏號泣哀切，盡禮盡誠，三棺賴以葬焉。現今七十有六。

陳氏。貢生詹威武妻。年二十于歸，事翁姑孝謹。二十六歲夫故，越數載而翁姑俱殁，盡禮盡誠，和丸教子。邑侯王公顏其門曰勁節千秋。壽八十一而終。子周裔、周德，俱國學；孫文炳、大魁，俱庠生。

梁氏。施揚瑞妻。年十八于歸，一載夫亡，撫遺孤，奉父母，勤勞紡績以供饔飧。矢志冰霜者曾四十餘載矣，年及六十餘，而女工猶不輟焉。

戚氏。鍾錫貴妻。年二十五孀守，教孤兒有成立，事後姑盡敬。遇翁姑喪葬竭力。生平不信師巫邪説，此亦女中有士行者。現今七十餘歲。

李氏。陳上瓊妻。年十九而孀，衣食莫繼。父母勸之他適，弗從。傭績自活，撫孤成立。苦志五十餘載，鄉閭共仰閨範焉。

許氏。王尊義妻。年十八于歸，旬月夫故，奉翁姑孝。及遭喪葬，盡禮不懈。立王建猷以承禋祀。現今六十有五，所苦節者四十餘年。

李氏。邑庠孫鑑之妻。年二十三于歸，二十八夫亡，越四月生一遺腹子。矢志苦守，撫孤成立，娶媳黃氏。數載子亡而媳亦逝，養一嗣子。未幾而又故，形單影隻。現年六十有七，鄉鄰共恤之。

林氏。陳煥珠之妻，生員陳本第之母。年十九于歸，二十三孀守。奉事翁姑，與後姑盡禮盡孝。及翁姑俱亡，氏紡績以營葬，和丸以教子。現年七十有二，四鄉共仰閨範焉。

梁氏。吴德仁之妻。年十九于歸，二十夫亡，幾欲與夫同逝。因家姑在堂，乃矢志冰霜，紡績以事家姑，招嗣子以承夫祀，奈家無擔石，無人肯嗣。歲月遷延，患〔一〕結難解，至二十二歲而卒。

〔一〕底本作『痣』，當爲訛字。

朱氏。梁振鴻之妻。二十一歲于歸，二十六歲夫亡，子大欽方在襁褓。有以姑老子穉勸改適者，氏剪髮自誓。撫孤守節四十餘年，卒全其行。

林氏。吴茂達妻。年十八于歸，二十夫故，遺腹一子，家貧姑老。氏全節事姑，育子成立。年五十二而卒。

朱氏。易振熙妻。二十于歸，數月而夫亡，無子。父母以家貧欲奪其志，氏輒投水，被救得甦。自是節烈不磨，紡績度日，孝事翁姑，壽八旬而卒。

李氏。吴翰糧之妻。事姑能盡孝，二十六歲夫故。矢志柏舟，教子成立，即候銓縣丞鼎三也。迄今花甲幾周，貞操益勵云。

吴川縣志卷之八終

吴川縣志卷之九

吴川縣知縣津門沈峻丹崖甫纂

事蹟紀年

盛志曰：志之體例，猶夫史，史有紀傳、志表之體，則事以類從，取其博而備；有編年之體，則始終條貫，取其約而該。昔之作志，槩從紀傳之例，於編年或闕焉。舊志志祥異一則，例用編年而附以興廢之故，意誠善也。然取捨詳畧，猶有未備，因其所紀少，爲增輯，更之曰：事蹟紀年。志昉於明，故斷自明洪武始，定吳川之歲，以迄於今。俾一邑數百年中之事，展卷瞭然，且令後之官於茲土，暨鄉先生之留心掌故者，續續書之則，凡事之有關於政治得失，天時人事之故者，咸信而有徵，即爲異時志乘張本可也。

明

洪武二年己酉，元海北、海南宣慰使副陳乾福降。

三年庚戌，改化州路爲化州府，吳川屬焉，知縣乞住始至。

八年乙卯，復改化州，吳川仍屬焉，縣丞汪季清攝任。

九年丙辰，降化州爲縣，吳川改屬高州。尋仍爲州。

十四年辛酉，改高州爲府，吳川仍屬州，屬府設河泊所，後裁。

十八年乙丑，知縣庾誠任。
二十四年辛未，知縣曹定任。
二十七年甲戌，設寧川所千戶，徐本始築土城。
二十八年乙亥，奉工部勘合，知縣曹定始令民間修築塘堰，興水利。
永樂元年壬午，知縣林泰任，千戶李忠修城。
十四年乙未，知縣陶歆任。
正統三年戊午，知縣劉震任。
四年己未，知縣劉震、典史馮完重建大成殿。
七年壬戌，縣丞徐崇善攝縣事，重修學宫。
十三年戊辰，有星孛於南斗。
十四年己巳，大水溺人畜。
景泰七年丙子，冬，有大星自南東入天璧，有聲。
天順二年丁丑，春二月，海寇犯寧川所。
成化三年丁亥，知縣陳衍任，指揮俞鑑開城濠。
五年己丑，知縣鄧宣任。
十四年戊戌，大水溺人畜。僉事陶魯拓舊城，易以巨磚。

十五年己亥，大有。知縣陳安任。
十八年壬寅春三月，地震，四月，天水至，八月始退。是年災傷。
二十三年丁未元日，有白氣如練漸消，有聲如雷。八月二十二日夜，地大震。
弘治四年辛亥，知縣鍾英任。
八年乙卯，知縣蘇智任。
十一年戊午，七月十一日初昏，有大星自東南經西北，聲如雷。
正德二年丁卯春朔，日有食之。
三年戊辰，知縣胡經任。
七年壬申，知縣張禎任。
九年甲戌，知縣方宜賢任，修學宫。
十年乙亥六月朔，日食，星晝見。
十二年丁丑，夏不雨，秋八月，大水。
十四年己卯，知縣廖雲翔任。
十六年辛巳，颶風發，雨大作，傷禾稼。
嘉靖二年癸未，知縣胡大化任。
四年乙酉，秋冬恒雨。又自十一月十八日至五年九月，日未出之，先既入之，後赤氣亘天，雖雨亦然。

七年戊子，知縣鄭希智任。

十年辛卯，三月初二，日大雨，雹震電。

十一年壬辰，知縣經希伋任。

十四年乙未，知縣葉秀任。

十六年丁酉，知縣莫息任。

二十年辛丑，知縣謝德仁任。

二十一年壬寅七月，颶風大作，壞官民牆屋。

二十二年癸卯，八月十六日，月食甚。

二十四年乙巳，五月朔，日有食之，星晝見。

二十五年丙午，鹹潮泛湧，異於平時，沿海田被傷者過半。高鄉苦旱，輟耕者亦多。知縣程鎬任。

二十七年戊申，府境内大疫，吴邑尤甚。三四月不雨，六七月大水，傷禾。九月霜露繁。晚禾多秀不實，穀價高，民艱食。知縣王汝翼任。

二十八年己酉，三月朔，日食，大水傷禾。

二十九年庚戌，知縣謝明昺任。

三十二年癸丑，正月朔，日食。

三十三年甲寅，知縣趙世德任。
三十八年己未，署縣事丞周同建學宫、齋舍。
三十九年庚申，知縣丁一道任，建名宧、鄉賢祠。
四十五年丙寅，知縣王一棟任。
隆慶二年戊辰，流寇掠縣境。邑人林彦幹妻、李氏女玉愛罵賊死之。
三年己巳，知縣黎永清任。
四年庚午，五月朔，日食。
萬曆二年甲戌，知縣葉春任。
五年丁丑，九月二十三日申時，彗星見西方，白氣亘天，至十一月漸不見。
七年己卯，知縣劉逢旦任。
八年庚辰二月朔，日食，九月，彗星見西方。
九年辛巳九月至十二月，啓明星不見。
十年壬午，知縣陳霑任。
十一年癸未，十一月朔，日食。
十二年甲申，知縣王一俞任。
十三年乙酉，城外上郭虎暴。

十六年戊子，知縣吳中正任。

十七年己丑四月，颶風大作，壞屋傷禾。

二十年壬辰，知縣鄭人和任。

二十二年甲午，旱潦不時，五穀不登，歲大饑。

二十三年乙未，米價騰貴，民大饑，多流離死亡。知縣許宏基任。

二十四年丙申，又饑，有『隻鵝只換三升穀，斗米能求八歲兒』之謠。

二十五年丁酉，風雨時，禾稼稍登。知縣周應鰲任。

二十六年戊戌，風雨時，歲大有。十二月二十九夜，地大震。

二十七年己亥，風雨時，早晚禾稼大登。米價每石二錢。九月二十一日，建限門塔，是日海中三龍見。十二月，塔前小港出海粉。

二十八年庚子正月，城外下郭有豹至，知縣咼邦永任。

二十九年辛丑四月，倭寇吳川圍城甚急，分守嶺西道盛公萬年募集鄉勇，擒獲驍賊，乃宵遁。始置吳川營及限門寨，增築敵樓，城垣濬濠，設四門軍器。

三十一年癸卯，知縣梁景朱任。

三十四年丙午，知縣李文淵任。

三十七年己酉，知縣林憲會任。

四十一年癸丑，知縣唐盛世任。
四十三年乙卯，知縣段冠任。
四十五年丁巳，七月十四日，颶風大作，傾屋拔木，有舟自水中飛屋上，禾稼盡淹。八月十五日，風又大作。知縣李友蘭任。
四十七年己未，署縣事海防同知陳所立於城西開通川門。
天啓三年癸亥，知縣吳夢鰲任。
崇禎二年己巳，海公魚死，流入限門。是年海寇李魁奇犯境刦掠。知縣金揚華任。
四年辛未，知縣朱宏任。
五年壬申四月，海寇劉香老入限門，大肆刦掠。六月，大水泛漲江船至縣前，壞民居無算。
六年癸酉，海公魚死，流入限門，民剞割三日。
七年申戌，海寇劉香老復入限門，官率民船連環攻賊。忽南風汛發，賊縱火燒船殆盡。八月，三江堤崩，自此北三都田大被潦患。
八年乙亥，知縣曾用修任。
九年丙子，知縣童兆登任。
十一年戊寅，知縣王泰徵任。
十二年己卯，大旱。六月颶風大作，破商船八十餘艘。知縣徐鳴岐任。

十四年辛巳，九月初九日，地震。知縣蔣尭勳任。重建文廟。

十七年甲申，三月朔，日食，天地昏暗。知縣王協卜任。

國朝

順治三年丙戌，十二月初二日戌時，雷鳴。王師入粵。

四年丁亥春，三鎮取高州，遣遊擊汪齊龍、守備王忠領山水營寨至吳川。知縣王協卜歸附。二月十三日，黑暈四圍侵日。四月，海防同知戴文衡、知縣陳培亨入吳川。六月八日，土寇龍泉、楊千秋、鄭哨牙六倡亂，號爲義兵，攻城。時汪遊擊與縣不協回郡，守備王忠率營兵敗之，斬鄭哨牙六。次日復戰，敗，守備王忠死之，城陷。同知戴文衡、知縣陳培亨、縣丞徐啓璉、典史王大任、教諭吳士驊俱被殺，死者無算。聞郡兵至，散去。十五日，郡兵下縣。會李定國攻高州，告急，撤兵還郡，留汪遊擊招撫吳川。時故明守道黃兆穰，連結山寨拒王師，通李定國。秋七月，定國遣施尚義、葉標、古鼐等復犯化州，村社間咸樹白幟應之。吳川遂分東西水，兩地對壘，民不聊生。八月二十九日，遊擊汪齊龍爲雷州叛鎮黃海如所殺。是夜，風雨異常，飄人淹禾。自是夜，常聞人馬聲，恍如齊龍。五年戊子春，黃海如復還兵雷州，黃兆穰招集山水營寨，畫守吳川。時大饑，穀價每石二兩餘。五月大水，秋九月，粵提督李成棟叛，挾總督佟公養甲至肇慶，被害。遣將門可義下高、雷、廉、瓊，兆穰迎戰而敗被執。可義破吳川城，屠戮甚慘。七年庚寅冬，僞將冷宏傑、唐天星攻城，男婦被難無算。

八年辛卯，知縣黃應乾任。

九年壬辰，改設化吳石營參將一員，守備一員。九月降將杜永和船泊鳥坭、芷苧等處，颶風覆舟，溺死甚衆。

十年癸巳，重建雙峯塔。四月，有山馬二至，一□石塹河，一自城東南角入城。七月，土寇同謀，勾引葉標、施尚義復犯，化吳知縣黃應乾以下被執而死，化吳石參將應太極陣亡，海防通判劉士芳統兵追勦，遁去。又七月二十七日，頓當墟雷擊死四十餘人，邑父老相傳被擊者即土寇同謀未滅之衆。八月，大兵至，勦殺土寇殘黨甚多。知縣周允斯任。

十一年甲午三月初二日，李定國自廣西復出石城，陷高州、化州，吳川知縣周允斯被逐，失印。四月，李定國將高文桂、黃元才破電白。八月甲午朔，日食。冬十二月十四日，平南王、靖南王督大兵破李定國於新會。十九日追至高州，定國盡焚冊籍西遁。二十八日總兵李公率泰安撫遺民，吳川賊亦遁，高、雷、廉始定。

十二年乙未，縣令楊翼國始蒞吳川，失印，未給關防視事。

十三年丙申，太白晝見。

十五年戊戌，設水師營參將一員，守備一員，千總二員，把總四員。

十六年己亥，知縣高鴻飛任。

十七年庚子，有龍過芷苧，壞民居，有死者，崩陷田塘。

十八年辛丑，始給縣印。

康熙元年壬寅，二月朔，日食。三月初，遷界。八月初六至十六，颶風大作者三，禾稼盡淹，歲大饑。

二年癸卯，水災，民饑，奉詔蠲本年錢糧十分之三。

三年甲辰冬，復遷界，裁水師營參將。十月，改化吳石營爲吳川營，設遊擊一員，守備一員，千總二員，把總四員。十二月，彗星見東南方，芒如帚，長二三丈，又有二星相鬭，地震如雷。

四年乙巳八月，地震。

五年丙午八月十三日，城北上郭二虎忽至，遊擊紀登雲統兵擒之。十月十二日，雷電大作。十二月十九日，雷鳴。知縣李光先任。

六年丁未，自六月十三霪雨至九月，禾稼盡淹。

七年戊申正月，海公魚入港。是月廿四日初昏，西方白氣如練，長數丈，形如劍，數日始散。知縣黄若香任。

八年己酉，大有。重修邑志。

九年庚戌，大有。

十年辛亥，大有。

十一年壬子九月，颶風壞城垣、民舍、營房。

十三年甲寅，大有。

十四年乙卯三月初四日，天中白暈，四圍侵日，自巳至午不散。至六月，高、雷、廉總兵祖澤清叛，勾西逆馬雄糾党李董郭稱將軍，雄踞高郡，厚斂横征，解糧米，供夫役，死者無算。知縣陳宏章任。

十六年丁巳四月，海寇謝厥扶率船百餘隻突港。索民獻米，民盡驚逃。後祖澤清計誘至高，擒之。其子謝昌聞風遠遁。知縣王如恒任。

十七年戊午三月，祖澤清復叛，額將軍與平南王率滿漢官兵恢復高州。秋九月初一日，那良土棍陳懿，那囉李大頭，六黄坡、李天、揹二等，勾引海賊冼彪船數百號直入内地擄掠。時吳川營千總袁其忠率兵出芷苧禦敵，被創陣亡。城西沿河一帶，盡爲寇踞。土地荒蕪，田賦積逋自此始。

十八年己未三月，縣令王如恒以賊艘不退，孤城危急，車騎赴郡，請高、雷、廉馬總鎮調兵防守，遣南雄守備宋璘及鎮標左營遊擊楊國泰等，分布堵禦，海寇衝三江營，殺提標趙把總，自是賊勢愈熾，入據冼村、水潭、那鄧、那良、大岸爲巢穴，沿村焚掠，擄男婦，屠耕牛，慘不堪言。十月，署縣令陳萬言遣典史謝宗太招練鄉勇百餘人付吳川營，委把總陳華督之渡河。華，本邑人也，素知水道，不避艱險，奮勇身先士卒，力攻水潭賊寨，城内官兵繼之。楊遊擊、宋守備協攻冼村、那鄧二巢，賊大敗，妻子溺水而死者無數。餘艘仍泊於十二埇、郁律、硇洲、新門諸處。時吳川營遊擊王德壽、南雄守備宋璘固守城池，吳川營中軍守備王先守東砲臺，鎮標左營遊擊楊國泰守西砲臺，鎮標陳千總、張把總分守坡頭地方，以備應援。

十九年庚申，知縣秦松如任。四月，時疫流行，海寇謝昌、李積鳳船數百號連䑸嘯聚，於六月初二、初三日，由三合窩入滘，直攻西砲臺營。時協守城池守備宋璘，分守東砲臺守備王先，連兵渡江應接，晝夜交攻。初四早，賊艘分，一路對敵，一路乘潮駛入梅菉焚掠，擄婦女，仍聚十二埇勒贖。九月，彗星見西方，有氣如練，長五六丈。嶺西道時公國棟目擊荒殘，發穀二百石，發牛二十頭，賑濟。廣東督糧道蔣公伊憫其困苦，代納本年倉米三千餘石，闔邑殘黎得生。蔣公，江南常熟人，順治進士，浙江布政。

二十年辛酉，奉頒上諭十六條。疫更烈，邑人多死，戶絕者幾半。三月，順德蔡總兵、虎頭門水師張總兵統率舟師，調吳營戰艦爲前導，沿海蕩勦賊首，謝昌、冼彪等聞風漂突瓊南，後爲舟師追至撲滅，殘黨不知所之。廣東署布政司耿公文明捐俸銀七百兩，代買牛種給發難民，荒田賴以開墾。督糧道蔣公伊又代納本年倉米三千餘石，恩同再造。

二十二年癸亥，差石公柱、杜公臻浙江秀水人，吏部侍郎，戊戌進士，會同總督吳撫院、李開界准民採捕，重修學宮。

二十三年甲子，知縣于隆吉任。御書『萬世師表』四字頒懸文廟。風雨時，禾稼稍登，夏復廩膳三分之一。

二十五年丙寅，知縣李球隨任，重修邑志。

二十六年丁卯，詔免歲貢廷試。風雨時，禾稼豐登。二月，縣令李球隨目擊民逃田荒，積欠累萬，單騎詣兩臺，痛陳民隱，准停徵十八年至二十四年未完田賦，民困始甦。知縣楊希震任。

二十七年戊辰，大有。十一月，詔天下軍民七十以上免一子雜派差役侍養，八十以上給帛一疋、綿一觔、肉十觔、米一石，九十以上倍之。

二十九年庚午，大有。

三十年辛未，奉頒御製四配贊。亢旱。知縣宋世遠任，建義學。

三十一年壬申，水傷禾。十月，奉旨豁免吴川荒逃税六百四十九頃五十六畝零，並免人丁八百零八丁，婦女三百一十口。

三十五年丙子，旱。知縣倪楨任。

三十六年丁丑，大旱。是年平定沙漠，詔以本年歲貢爲恩貢。

三十七年戊寅，穀價騰貴。知縣楊名彩任。

三十八年己卯，十二月初三日丑時，雷大震，至午又震。

三十九年庚辰，晚禾歉收。

四十一年壬午，歲凶。《御製訓飭士子文》頒行天下，朔望宣講。

四十三年甲申，設硇洲營守備一員、千總一員、把總二員。

四十五年丙戌，大有。

四十六年丁亥，自九月十八夜大雨，至二十二日晴，傾壞民房無數。晚禾歉收。

四十七年戊子，大有。

四十八年己丑七月十三、十四兩日，鹹潮泛湧，城西俱被淹。

四十九年庚寅，知縣何美任，修明倫堂，改建三忠祠。

五十年辛卯，詔免廣東全省地丁錢糧及積逋。

五十一年壬辰，瘧癘。詔以宋儒朱熹升祔十哲之次。

五十二年癸巳，穀大貴，每斗百文。恭逢聖祖皇帝六旬萬壽，大赦天下，鄉試、會試特賜恩科，恩詔內開，自五十年編審丁口數定爲常額，續生人丁，永不加賦，仍造盛世滋生戶口冊。

五十五年丙申，詔以宋臣范仲淹從祀孔子廟兩廡。

五十六年丁酉，知縣田承謨任。

五十八年己亥二月二十八日，早有雲氣，暈若連環，排空久之。知縣劉世沛任。

六十一年壬寅，亢旱。

雍正元年癸卯，蝗。知縣甯時文任。恭逢恩詔，大赦天下，以本年歲貢爲恩貢，鄉試、會試特賜恩科，奉旨追封孔子先世木金父公爲肇聖王，祈父公爲裕聖王，防叔公爲貽聖王，伯夏公爲昌聖王，叔梁公爲啓聖王，更啓聖祠爲崇聖祠，設五代木主，春秋致祭。詔天下舉行社倉，本邑勸立社倉四所。

二年甲辰，奉上諭，有司擇老農之勤勞儉樸、身無過舉者，歲舉一人給以八品頂帶榮身。詔天下州縣建孝悌忠義祠、節孝祠、節孝坊。欽定文廟祀典，兩廡復祀先賢蘧瑗、林放、秦冉、顏何、縣亶，增祀先賢牧皮、公都子、樂正克、公孫丑、萬章，復祀先儒鄭康成、范甯，增祀先儒諸葛亮、尹焞、黄幹、陳淳、何基、魏了翁、王栢、趙復、金履祥、許謙、陳澔、羅欽順、蔡清、陸龍其，崇聖祠兩配增祀先儒張迪。

三年乙巳，御書『生民未有』四字，頒懸文廟。詔天下設立社學，奉旨追封關帝祖父三代公爵，郡縣擇本地廟之大者置主供奉後殿，每歲春秋致祭。

四年丙午三月十二日，雨雹。九月初十日，颶風，鹹潮泛漲，傷禾。詔天下建先農壇，自五年爲始，通行耤田禮，正印官秉耒，佐貳執青箱播種。

五年丁未，火災。

六年戊申二月初五日，地震。知縣王希洪任。訓導許紹中改建學宫，西向。

詔民間不得擅用黄銅器皿，舊存者繳官給價。

七年己酉，奉旨邊僻士民官音讀書，限八年，外舉貢監生員、童生，不能官話者，不得與鄉會科試，特恩免廣東省次年地丁錢糧四十萬。每地銀一兩免銀三錢九分八厘六毫。詔南工匠價銀兩，以庚戌年爲始，派入税畝編徵。詔天下設立約，正朔望宣講《聖諭廣訓》，三月試用知縣徐鍾乾任。閏七月，知縣王維炳任。十二月，試用知縣吴用楫任。本年題定各官養廉銀數，本縣知縣每年六百兩完糧，火耗額定每兩加一錢六分九釐。

八年庚戌，頒發《御製平定青海告成大學碑》文，勒石學宫，頒發上諭《大義覺迷録》一部，設硇洲巡檢司。九月，試用知縣盛熙祚任。

九年辛亥九月，知縣章國錄任。

十三年乙卯，清丈地畝，署事知縣趙開輝任。

今上皇帝乾隆元年丙辰，大有年，罷清丈報溢米加税。知縣陳至陛任。恭逢恩誠，大赦天下，以本年歲貢爲恩貢，加增鄉試、會試名數，特賜恩科。凡軍民七十以上免一子雜派差役侍養，八十以上給帛一疋、綿一觔、肉十觔、米一石，九十以上倍之。

二年丁巳，歲饑。

三年戊午，御書『與天地參』四字頒懸文廟。

九年甲子，蝗，大傷禾稼。撤芷芧船厰，改歸省厰辦理。署事知縣汪宗豐任。

十年乙丑，知縣鄭廷烈任。

十一年丙寅，蠲免地丁錢糧。

十三年戊辰，知縣郭世奇任。

十五年庚午，署事知縣秦安鎬任。詔天下軍民七十、八十、九十以上者次第加賞。

十六年辛未，知縣王伯麟任。

十七年壬申，知縣楊濂任。恩詔天下，以本年歲貢爲恩貢，鄉試、會試特賜恩科。復設芷芧船厰，大小修歸芷芧，拆造歸省，從總兵楊永和之議也。

十九年甲戌，署事知縣李彩任。十月，知縣王廷瑶任。

二十年乙亥二月朔，日食，署事知縣陳志儀任。

二十一年丙子，築南三等處生鹽池漏，從司鹽之議。三月，知縣楊士機任，改建縣署，西向，開文明門，塞通川門。恩詔蠲免全省地丁錢糧。

二十二年丁丑六月，颶風壞屋拔樹。

二十三年戊寅，大旱，穀價騰貴。移建大較場於北門外接官亭之東。十二月朔，日食。

二十五年庚辰，大有年，建張惠二公祠。恩詔天下，以歲貢爲恩貢，鄉試、會試特賜恩科。凡軍民七十、八十、九十以上者次第加賞。

二十六年辛巳，彗星見西北方。六月，大風急雨。

二十八年癸未，三月朔，日食。九月朔，又食。署事知縣朱朝棟任。

二十九年甲申，疫大行，邑人多死。九月朔，日食。九日，颶風大雨，蝗蟲損禾。知縣李元本任。

三十二年丁亥，五月十七日颶風。

三十三年戊子，十二月朔，日食。

三十四年己丑，五月朔，日食。七月十一日，颶風，大雨，地震。

三十五年庚寅，五月朔，日有食之。恩詔天下，以歲貢爲恩貢，鄉試、會試特賜恩科。凡軍民七十、八十、九十以上者次第加賞。

三十六年辛卯，六月，暴風急雨。恭逢皇太后八旬萬壽，恩詔蠲免全省地丁錢糧。

三十八年癸巳，三月朔，日食。六月十二日，大水浸入城門至縣署，照牆內民居多淹，貧者流離失所，滿道悲號。是日，縣令李元本支粥濟饑，并三江堤崩，晚禾大被水患。八月，署事知縣趙學剛任。十二月，知縣張恂任。

三十九年甲午二月朔，日食。八月初八日，疾風稠雨。

四十年乙未八月朔，日食。十二月朔，又食。

四十二年丁酉，大旱。皇上封關帝謚法『忠義神武』四字。恩詔天下，加恤養濟院鰥寡孤獨無告貧民。

四十三年戊戌，歲饑，穀價騰貴。九月九日酉時，地大震，有聲如雷，瓦屋幾傾。

四十四年己亥五月朔，日有食之。署事知縣黄宗傑任。恩詔天下，以歲貢爲恩貢，鄉試、會試特賜恩科。

四十五年庚子四月，知縣周克遵任。詔免天下地丁錢糧，軍民七十、八十、九十以上者，次第加賞。

四十六年辛丑閏五月，署事知縣張暉任。十月，知縣王椿年任。

四十八年癸卯六月二十四日，颶風大雨，房屋署廟盡壞，邑人之失所者無算。城亦傾圮。

四十九年甲辰七月朔，日食。八月十三日，疾暴雨。

五十年乙巳七月朔，日有食之。詔天下以歲貢爲恩貢，軍民七十、八十、九十以上者，次第加賞。

五十一年丙午正月朔，日食甚。知縣王椿年、各紳士捐題重修學宫。十二月，署事知縣李情任。

五十二年丁未六月，知縣沈峻任。

五十三年戊申五月朔，日有食之。

五十四年己酉五月朔，日食。七月十七日，颶風急雨，海船溺水甚多，死者無算。早禾歉收，癘疫大行。縣令沈峻仝紳士捐題修城。十一月，雷鳴。

五十五年庚戌，風雨時，禾稼登。縣令沈峻重建明倫堂，并重修邑志。恭逢皇上八旬萬壽，大詔天下，以歲貢爲恩貢，鄉試、會試特賜恩科。軍民七十、八十、九十以上者，次第加賞。

五十六年二日二十一日，地震，有聲。

吴川縣志卷之九終

吴川縣志卷之十

吴川縣知縣津門沈峻丹崖甫纂

藝文

慨自六經以降，世無全文，作者不一，體式亦異，《離騷》作而詩賦興，《史記》作而傳記起。吳邑雖隸南服之一隅，而文運日啟，文章亦蔚然可觀，且群山秀麗，海水汪洋，有風雅之士宦遊此地者，題咏亦復不少。茲輯其有關邑事者登之，以備諷覽焉。

吳川縣城記

明翰林檢討　新會人　陳獻章

書城濮、城郢之旨，得之《春秋》，然後知長府之役，可罷於魯人，而譏鄭子産惠而不知爲政，非孟氏之故也。昔寇盜充斥於高凉，百姓凜凜，委性命於豺虎之林，臬司陶公被命來專是方經畧，大著討賊之聲。高凉之民倚公以爲命。寇既平，公於是城吳川，縣城厚一丈，高二丈，周五百八十丈，亦勞矣。自師旅興，而民滋弊。是役也，公實圖之，豈得已哉。經始於成化戊戌之秋，越明年冬，城始克成。民喜曰：『衛我者生我，勞我者惜我，公大惠我，何可忘。』父老相與言於官，遣生員李凌雲以狀走白沙，謁文記之。

適予與二三友登碧玉楼，望厓山慈元廟與大忠祠，照映上下，顧謂凌雲曰：是公與僉都御史東山劉先生名大夏，湖廣華容人，成化進士，兵部尚書之偉績也。無費於民，民爭趨之，大有功於名教，是之謂達。爲政之首務，皆可書。凡公之功在民，不違《春秋》義例，可書者时焉爾矣。施於無事之日，如是而弗已焉，其效不亦遠乎？老子曰：『治大國如烹小鮮。』

通川門啓運楼碑記

海防同知署縣事 陳所立 長樂人

邑地脈由大陵以東諸山，兩山夾輔，自梅麓南來至芷苧而西抱，背負大海，面吸二川，鑑、羅三江之水，吞吐於限門，特思、唐麗諸山，羅列而東拱，蓋扶輿秀氣局結於西，形家言之詳矣。

舊城西一門，僅通寧川所，達海防公署，近築延華館，浚延華池溝，西入之潮而注之。縣治、學宫，既不得改而西向，加以委巷鬱塞，不能發越地靈，吞納奇秀。所立寤寐思維，謀闢一門疏廣衢，達於學宫，通山澤之氣，食兩方之美。

縣令叚君冠、學博王君儁、葉君高咸以爲善，乃請於守道戴公、太守王公，皆報可，且給鍰助焉。無何，所立攝吴篆悉索其俸薪，以成厥事。費不損帑，工不擾民，自經始以至落成，晏如也。且購得錢氏城外地，撤去其屋，俾見川流之勝，名是門曰通川。舊門曰延華。楼曰啓運。則司理曾公所命也。楼不加於當制，惟是北牕軒豁，四墉缭密，景足以眺，宴足以歡，形足以守，疏暢足以致殷阜，氣運足以興人文，則山川之自爲勝，非以斯楼勝也。是爲記。

重修儒學碑記

縣教諭　吉安人　鄧宜

嘗謂國家致治，在於賢才。賢才之成，本於學校。帝王相承，率由茲道。洪惟聖朝内設國子監以來，天下之英髦，外立郡縣學，以育民間之俊秀。豐其廩餼，免其差徭，遴選師儒，以司教鐸。無非欲得正材以資任用而已。皇上臨御以來，惓惓於此，尤慮所在有司罔體是心，而又慎簡賢良。分理學政翰林編修安成彭公琉，以文學才行兼備，宜爲後學儀表。欽承敕諭僉憲廣東正統丁巳，按臨吴川視學舍，皆壞陋弗支，而聖殿爲尤甚。命大尹劉公震、掌史馮公完修理。越明年戊午夏，掌史謀於大尹，重建大成殿，用木刻四配十哲像。己未秋，貳尹徐公崇善至邑，謁先師，以学校多廢墜不修，而堂屋将傾頽，且聞僉憲公命，又明年庚申夏，遂同掌史重建明倫堂。用磚砌堂基大成殿，既而貳尹徵收預備穀碩，掌史督夫役築石城，而門廡齋舍未克完美焉。辛酉秋，徐公穀完視篆，縣治無事，乃以農隙命工起欞星門、東西齋廡、新饌堂、厨屋、神庫、卷房、闢月臺，修沙墀與凡出入道路，俱砌以磚，周圍墻垣，悉蓋以瓦。卑者培之，曲者直之，大其規模，增其欵制。若夫泮池，雖有其名，而無其實，於是用石甃基，以木爲橋，而又加以闌干，以至文昌祠、先賢牌、神厨、宰牲房、公廨、凉亭，悉更新之。又闢東蔬圃爲號房二十餘間，軒窗典雅，制度精經，諸生講息，咸有其所矣。抑觀徐公之理其事，有如家事焉，或日至數次，或終日在學，教其用工，慰勞民力，木植抓之於山林，磚瓦教人爲陶埴。是以衆樂趨事，其成功爲易耳。

壬戌暮春，厥工既畢，丹青相映，黝堊交輝，學校煥然而一新。又選俊秀子弟四十人送學讀書聽考，補弟子員。由是生徒濟濟其盛，吾伊之聲，晝夜無間矣。雖然，是固本於掌史馮公祇承僉憲公命以倡其始，而實由於貳尹徐公克成厥終焉。何則吳川瀕海民頑，素稱難治。自非徐馮二公，德足以使人，才足以幹事，其不至於方命者幾希。今二公惟以作興學校爲事，可謂能體皇上之心，善繼僉憲之志，而知爲政之先務者，始見吳川之士風益振，而民德歸厚矣。其於治化豈小補哉！予忝教是邑，躬逢盛事，遂記其實，勒諸石廡，垂於不朽焉。

重修儒学碑記

明本府司理　漳浦人　黃斌

吳之有學舊矣。迨我朝肇造區夏，崇重儒學，治教休明，譽髦輩出，視昔蓋有加焉。第邑殊濵海，氣候不時，颶風歲作。以故堂宇傾頽，齋舍將爲榛莽。先是正統丁巳，安成彭公以翰林編修督學按部視正殿齋舍宅地甚，命縣經營大修，規模比舊益竑，歲久又頽，飄於風雨，將不可仍也。正統癸酉，郡守陳公嘉表目擊而嘆曰：『學校者，教訓之地，禮義所自出。凌敗若是，何由正教而淑人耶？』慨然捐資，令有司撤舊而增修之。維時邑宰更代者不常，雖或志於經畫，而緒竟未就。

越明年甲戌，莆田方公奉命來牧。下車之初，謂是役終不可緩，毅然以興復爲任。乃命工傭役取木於山，輦甓於陶，而宊棟櫨桷楹礎之類悉備。且首建明倫堂，偶列東西二齋，以至兩廡，師舍一新。視政之暇，躬敦其事。經葺修砌，丹雘黝堊，皆躬自區畫。門庭堂宇，各樹之額，皆其手書。締構麗弘，不五踰月而工告成。居無何，君以美調就道，雖不獲親覩其成效，然而文風丕振，士氣爭自濯磨，行將陟華躋要，取青紫如拾芥者，皆君之所陶鑄也。其功詎小補哉。今雖移賢他邑，遺愛在人，善不容没。是宜壽厥績於石，用垂永久。君名宜賢，字恒達，方伯某公猶子，韶州公冢孫也。

重修儒學碑記　邑令　秦松如

聖王御宇，莫不以整風俗、振人才爲要務。學校者，風化所從始，人才所自奮也。辟雍鼓鍾，泮水鸞旂，釋奠臨雍，圜橋聽講，詩歌而外，史不勝紀。

今天子尤加意文教。凡四方之學校，罔不修舉。而於秉鐸之設，必簡慎乎其人，所以整風化振人才至亟也。越在海隅，而子衿貽刺茂草，心傷教化不行，或連百里無弦誦聲。不特非所以爲風化人才計，而與聖天子崇文廣教之至意大相背，謬其可哉！松如以康熙庚申視事兹土，方寇氛之肆，盡城社而荆榛，車服禮器之堂，鞠爲牧馬横戈之地。豈惟宫牆瓦礫，堂廡丘墟，求所謂先聖先賢之式憑者而不可得。余愴心者久，然鯨鯢甫息，鴻雁莫旋，未能以集蓼茹荼之吏而勉於庀材，亦未能以形鳩面鵠之人而使之趨役，勢則然也。閲二載，而中澤漸寧，人心稍輯，既念朝廷之至意，不可以遐陬僻壤，令文教之不覃敷，未墜之斯文，不可以使廟貌久湮，而不於建學明倫之亟亟。是役也，經始於壬戌之冬，而落成於癸亥之夏。襄厥事者，爲陳廣文龍光，經理董率者，爲明經吴夢伯、林間挺、林震煜，以及諸生吴士佳。蓋殫五越月之經營，而頹者舉，廢者興，前此之麥秀而黍離者，頓然翬飛而鳥革。堂啓大成兩廡秩諸賢之祀，櫺星拱户，泮池環荇藻之香，及於敷教有堂，啓聖有殿，鄉賢、名宦有祠。豈惟美輪美奂，巍然海表之靈光。庶幾宗廟百官，想見尼山之禮樂。其費，則余捐薄俸者百餘金。而都人士之相助以有成者，約更集其十之七。蓋襄事之功與經理董率之勞，其勿可泯也。而余則又安敢自以爲力乎哉？

雖然，余以地方受過行罷職而去矣，獨念此邦之風俗，將率是而進於淳，其教化之行浸淫而返於古。以幾於三代之治，則所謂風化之興，胥於是乎！在其士人之文章學術，咸沐浴於振德之有，自翕然丕變，其所積之習而蔚乎。以興煥人文於天下，爲皇國之羽儀，則所謂振人才者，亦於是焉始之。是學校之修舉，未必非極浦延華地靈之一助也。故不可以不爲之記。

翔龍小學記

明　本府知府　泰和人　歐陽烈

學在吳川縣南，硇洲馬鞍岡下。宋景炎幼主駐硇洲，海中黄龍見，改元祥興，丞相陸秀夫因建翔龍書院。至是，知府歐陽烈憫其民遠居海島，鄙蒙不事詩書，又爲城市豪民異地黠商所欺，搜選子弟可教者六七人，請於督學蔡公，與之衣巾，而作新之，修復書院，擇師教育。父老咸欣喜，趨事訪求舊址，不獲。遂圖洲之形勢，以進請裁度表位。余乃按圖營基，據馬鞍之勝，挹牛山之秀，命寧川千户王如澄董其工，後爲堂三楹，奉先師，扁曰敷文堂。堂左右各一室，爲塾師教讀之所。東西翼以書舍各五，爲諸生肄業。東曰：仁、義、禮、智、信，西曰：視、聽、言、貌、思，前爲門扁，曰翔龍小學。繚以垣堂之後，磐石崟嶻，建閣其上，曰皇極。循脊分左右龍虎，四圍隙地俱屬焉，以備繕修。是役也，費不斂而民自趨，力不勞而工自成，誠海外一大觀也。

重修演武亭記

萬曆壬午舉人　茂名人　李元暢

昔在大司馬法中，春教振旅，辨鐸鐲鐃鉦之用，習坐作進退疾徐疏數之節，夏教夜戰，秋教晝戰，冬乃大閱，通三時之教而並舉焉，武事乃自古重之矣。我朝遵古定制，由兩畿達天下郡邑，皆修武備，宜其列屯坐食，皆精鋭矣。乃緩急則盡不爲用，此何以故？豈非有治法而無治人哉？若吴令王公，蓋所謂以治人行治法者。夫吴錯大海爲五嶺咽喉，西南近諸島嶼，一不守，則沿海諸城盡流血矣。故負郭有校士塲演武亭，其制卑隘，歲久且就圮，鼯鼠白日走梁間，吹蠹塵射人，殊非所以壯軍威鼓士氣也。王公覯，旋之明年，政熙物洽，乃謀諸武弁曰：『夫軍禮尚容，奈何坐令其敝。』即日下更新之令，推贖鍰以佐費，無何版幹具，畚築興，山虞納材，梓人削墨。卑者拔而峻，隘者廓而閎，圮者易而堅。前施楹者三，其後一楹，則舊所無，翼翼改觀矣。亭既落成，因而講武。是日，幢節爲亭生色，劍戟爲亭有聲。海上長風怒濤，魚龍草木，各隱隱爲亭助勝。已而號令由此亭出，賞罰由此亭明。則熊虎貔貅之士，無不一當百千戶。甯君起而揖王公曰：『微公之力，有是哉。』乃走幣屬李子記之。

李子曰：吾鄙人也，烏足爲君重。雖然，吾嘗適吴，與公談名理，其遒勁森嚴如武庫且動曰：吾聞之師曰，公所師者，爲念菴、東郭二先生，皆當代大儒，吾始以公爲工於儒耳。而不知其通於將。及退而問其政，則學宫之修也自公，繇輕自公，賦斂薄自公，山海無援枹鳴鏑之虞自公，以脱巾枵腹之卒一轉而醉醪挾纊者自公，是公之政，又如淮陰將兵，多多益善者。然則公之功在吴，獨一亭也乎哉。昔魯侯修泮，史克記之曰：既作泮宫，魯侯之功。是因文事而及武備，君子謂其善頌。今以公之武備如彼，而文事又若斯之修也，蓋合德魯侯矣。請效史克之頌頌之，甯君曰善。

雙峰塔記

御史進士　東莞人　徐兆魁

粵吴川周邑侯者，以高第初令丹陽，宏抱偉畧，不逾年而政成諴和。當事奇其才，調繁蘇吴，及報績，以洽行第一晉勳部。未幾，爲宵小啣，復出宰吴川。蓋吴川僻處海澨，不當丹與吴之什一。乃侯不鄙其民人，甫下車則講禮讓，課農桑，躬爲率先。匝歲而綱舉目張，百廢俱興，尤於造士作人，首惓惓焉。維時兆魁正奉璽書按部閩中，閩之士大夫且交口艷稱吴川侯，波及於商船者稅，視昔殺至什也，益徵。侯之皭然不滓，不減姑蘇時。而所傳羡鏹之絶，淫供之杜，城社與虎豺之嘯伏於草莽者，盡纖不訌。三年間，闓澤凝爲膏露，教思溢爲甘雨，鯨海不波，犬夜無吠，穀登民熙，老穉賡舒長之日，而思創鉅鎮於浮屠也。翕然而有請矣，侯方謂用民而盡其力者，府怨又進，諸士耆諳之，則羣懽呼於庭曰：向也，士懵於師之無，良民悴於政之如焚。今比及三年，化行俗美，時和歲豐，得所沾溉於杜淫絶弊之惠者無算。敢不唯唯。於是相率而樂輸，其羸益以各長，貳所捐俸括而計之，可無煩公帑。侯乃諏日興工，甫三月而七級竣，特思兩山若揖其前，殆天造而地設，然此雙峰塔之所由名也。塔前爲書院，有樓有堂，左右有僧房、書舍，環堵植以榕筠而苞桑之固，已具其所爲翼。是塔者，計在千百年外，然皆侯之經營規畫。而其精神且徹上穹而綰羣情，故能無飄風震林之驚，而有子來不日之成。侯之所爲令，聞長世也，不與浮屠並永埒崇哉！

而適以記問兆魁，方值衰疚中，弗宜以卹恤姓名厠於高賢之間，辱在同志，其何以辭？且聞首事之時，神龍見海，工成之日，瑞藻獻珍，四方之環而觀者，已若聲振大千。他日雲濃露潤之倫，豹變龍興之士，題名雁塔且彬彬，後先與中州比隆弦歌，夫寧有窮期耶？昔楚臣伍舉，誦其先君莊王爲匏居之臺，以望國氛。然本不妨守備，用不煩官府，民不廢時務，遐邇各無相盭，不佞謂是役有焉，又況計在爲國樹人，匪直炫一時觀美。而彼以數年成之不足者，侯以三月樹之有餘，且也收八荒爲我闥，截萬頃之波瀾，蹲虎豹而走蛟龍，巋然舉吳川載造而金湯之。暇日，侯攝衣而登，諸士曳履而從，相與挹斗牛之墟，海天一色，身世兩忘。千百祀之前而若侯俟，千百祀之下而若侯爲之。符語曰：建無窮之基，亦有無窮之聞。以是卜侯之食報益無量已。侯名應鰲，周姓，字如春，别號章南，江右吉州之泰和人，丙戌進士。兆魁爲同年兄弟云。

重修雙峯塔記

國朝邑令　上虞人　黄應乾

粤之東嶺以西爲高凉郡，吳川其屬也。山川秀媚，萬頃汪洋，支流屈曲，故人文傑起。其君子先禮讓，而小人樂桑麻，海濱鄒魯，舊矣。不佞承乏是邦，歷覧山川勝槩，不覺心曠神怡。層巒遠翠者，麗山也；曲折鎖鑰者，限門也；爲翰爲屏者，文翁也。雖通泗之橋久斷，而極浦遺碑猶存。至硇洲一塔，世遠人湮，弔其故址，不可攷矣。僅得元代刘耿陽之詩云：『卓聳奇觀障碧川，勢吞寶麗與雲連。幾來高處擡頭望，撐起高凉半壁天。』由此觀之，限門去硇不遠。雙峯塔之建，匪獨吴邑之砥柱，實高凉之屏障云。自明萬曆間應鰲周先生宰是邑，政成化洽，肇建此塔。孤峯獨聳，列峙層輝。其外則萬壑朝宗，層濤捲雪而已。於今六十年，日月遷流，風雨漂薄，雖有基無壞，而土木不免朽蝕。居此地者，所宜亟圖也。每於公餘，輒有繫思。何幸明經吴鼎羹、孝廉吴士望及二三友生，雅有同心，羣謀於予，願董厥成。余曰：長吏事也，可使前美弗繼乎？亟捐資鳩工焉。而邑之賢士大夫，翕然從之。是舉也，豈特山川生色，人文獨鍾，占甲第之鼎盛已哉！將高凉一郡，袛斯民而席之，永如磐石矣。屬予爲序，予不敏，獨欣然不辭者，亦冀後之君子有感於斯言云爾。

水月樓記

萬曆癸未進士　前御史　黄岡人　樊玉衡

吴川原自西粤至信宜，而派經郡城，歷石龍直放乎縣之限門，入海則風氣宣洩，人文用湮，堪輿家以爲是於塔宜。泰和周侯由治邑高第晉勳部，已復出宰吴川三年，政成化洽。則以邑士民之請爲建浮圖七級，曰雙峯塔。塔之前爲江陽書院，顔其堂曰會源。左右僧肇曰樓，正曰雲間洞天。又前左右爲横舍者十，而撮其勝於巖菓之樓，曰水月。自去年九月經始，至今年正月落成。人咸嘉侯之神於創，而侯則以塔記屬其同年徐侍御海石院，記作於楊太守景渚堂，記作於謝司理侍東，皆一時名人鉅筆，而間走一介雷陽，以茲樓問記於不佞。玉衡，流人也，姓名足掩人耳，其何敢以辱茲樓，又何敢以不文辱於二三賢豪之側？雖然侯與吳之人則既命之矣。

按西方書，一月普現一切水，一切水月一切攝。天地之間，月妃日水妃火，若作之合然。然日與火遇，非惟不相攝而適相競，惟夫弦之朝望之夕，冰魄銀濤，輝映瀠洑，巨爲河海，細爲沼池。月一而水莫不受之，水非一而月莫不入之。交相爲攝，而莫知其所以爲然。故太極統體人心，人心各具太極。說者擬之月落萬川，蓋天下之善，言道體者，莫水與月若也。茲樓前倚長江奔潰澎湃之勢，來自千里；後枕山海滉瀁浩瀚，粘天浴日，而不可極視。時其萬宇一徹，明月徐來，侯與賓從仰而登頫而眺，於以反觀義理之昭融，盡撤外物之障蔽。天高地迥，心曠神怡。寧知水爲月耶，月爲水耶？水月爲樓，樓爲水月耶？然則天下之爲水月者，孰與茲樓，又孰與侯多耶？抑聞吳故巖邑，咫尺海壖，寇盜奸宄，往往蜍蝕鯨訌，其間士不乏穎秀，然科第闕如，風氣無論於洩而疑若未盡開。

自侯下車，一不鄙彝其民之所爲，一切爬梳蕩滌，更始改觀，而於多士則爲之戒期會課，躬自校閱，指授俊髦，咸集臯比，刻正疑，引繩諸編以準的之。凡內外書院各一而茲塔則成，不三月標勝一方，孕靈全郡，尤其彰彰較著者也。侯之心蓋自具一水月觀而已。異日，是樓巍然與黃鶴、岳陽爭雄，並峙于雲霄，寧獨以其山川之勝而已也。自昔名樓如齊雲落星，井幹百尺，非不號稱巨麗，然祇以貯聲技，供燕遊會，不數十閏而澌滅無餘，惟『吳興明月樓，有溪上玉樓。上月清光合作水晶宮』之句，疑於近之，然亦未有倡明此道，若韩昌黎之振德於潮，雖其遺椽棄甓，去之千年，猶實若靈光，況乎侯政學何必遜韓。茲樓之傳吳川，又一潮陽也已。

侯諱應鰲，字如春，號章南，吉州之泰和人也，中丙戌進士。兩宰劇邑，擢司勲吏部以忌補外，今忌者敗廢，而侯政再成，膺特薦行登庸於朝。先是海中龍見塔與樓成，而地產異藻，説者謂侯蔚起及人文蒸變之符云，乃作頌曰：零綠雄都，鑑羅源水。一瀉千洋，合郡作尾。堪輿家言，洩極貴止。窣堵挽回，人文之以。爰始爰謀，工力浩止。周侯惠來，式歌且喜。載院江陽，載塔雙屺。中有岑樓，俯瞰蒼涘。是名水月，環峙奇詭。空明流光，顯見心體。梧桐邵月，濂溪周沚。江門而三，自侯紹媲。潮陽木鐸，至今振耳。日月文章，誰實嗣美。美錦既成，鋒車莫軹。海龍徵應，為侯特起。層霞在望，衮繡帝朰。億萬斯年，名樓是記。

嶺西守道盛公生祠碑

進士　直隸下江巡按御史光祿寺丞　南海人　王學曾

記有之至誠而不動者，未之有也。以彼鋭名者急，自標異若見，以爲非常可喜，然内與其心之誠違，而外與天下之事幾違。即使煒然於世以奠國基浹人心，斷不期然。惟夫宗工鉅人，本一誠以爲張弛斯令，人久而歌思，如周人之不忘召公也。

擕李盛公建節嶺西，在歲之己亥，時粵中眷眷多事，采金於山，采珠於海。一時虐焰薰灼，輕扞厲禁。往往内交亡命扼關津之喉，察舟車之載，攫擾無所極。公乃毅然以國事爲己任，調其宜而□之上，復決其宜而行之下，獨見之鑒與衆慮絶，雖浡氣雲湧而神情自定，即崎嶇交錯，而陰規厥成。要以思通於元解，不鏡而常明，慮發於圜機，無轂而善運已。維時僂夷寇我吳川，發軍授策，挫其鋭，擒其桀黠與所以謀賊者，賊褫魄解圍，彈凡安堵，生靈全活無算。諜其泊放鷄山，猶思奮螳臂公，遂濳師爲雷陽犄角。錦囊搏戰，大破賊，斬其梟帥，追奔逐北，比至欽州。折馘執俘，靡有孑遺。

當事者上其功，纚纚與胡太保劉廣寧相伯仲，而以寡擊衆則過之。公曰：與其當事而竭蹶，孰與未事而預防。於是增北津、限門寨與蓮頭分地晝守，俾雙魚、白鴿間熢燧相屬。訓吴川新募士，使之分番戍守，益水陸兵拊循狼猺，藉其力爲鞏固高凉山海計，樓櫓營壘，絡如，繹如。雉堞廓而高，湯池濬而深，謹斥堠，嚴賞罰，著水陸條約，給行間。使將習士，士習器，坐作進退擊刺之法，素練於蒐苗獮狩之中。他如化州之讙譁，雹白之危疑，公出片紙，馳諭帖伏。又如鑿山通道之説，興民苦於供億疲於奔命，以公抗顔中止。又穿山引泉灌附郭，旱田爲沃壤，當兵荒後，枯骨蔽野，則捐俸掩埋之。善政善教未易更僕數，以故嶺西之人倚公若慈母，兩臺廉得其實，交章薦於朝，遷公秩而仍其事，以從民望。壬寅專臬復權視嶺西，先是公入握藩篆適榷璫，欲借司帑排闥而入，公力爭之。惟示以應解應留狀，且曰：筦籥之司，東南命脉係焉，安得竭澤承風旨，璫不能奪。尋檄有司毋聽宵人縲絏吾蒼赤，毋杭敝我市賈而吸其膏脂，毋指我民間廬墓爲金穴。一如嶺西約法。至抑運官之苛虐，毋使東瘠西肥，察署官之徵輸，毋使借符爲暴，是皆才以誠運，而靡有倦勤。無論嶺西之人不忘，即粤以南，口碑載道。其何以不塞讒慝者之口。

余謂貴竹之社稷有靈，是以借公而嘉惠之。不然，豈其可以施之貴竹者，顧不可究竟於粤也。今宇内多艱，廊廟求賢若渴，鼎望如公，吾知大拜在旦夕間，彼區區貴竹，豈能久羈星軺哉。嶺西薦紳林君友夔邵武府教授、友松教諭、江君山太平府教授、陽電衆戎張君榜、明經朱振周桂陽州州判暨其民士材官以及閭左戌德公深去而思之不已，相與祠公於電白城，生事公，如公在粵。祠成，介紹吾郡博士弟子員陳儼徵言於余，以圖不朽。余謂盛吉視事二十年，天下稱有恩無怨。公之勳名德望，無愧焉。宜民之春秋歌舞不斁夫。祠在邑治之東，爲堂爲廡若干楹，董其事而任勞者，中堅徐以思揮使馬達動、把總鄭應熊、李建勛、張朝棟也。公名萬年，字恭伯，號若華，秀水人。萬曆癸未進士，時萬曆歲次庚戌季秋，吉旦立石。太僕寺少卿古岡何熊祥篆額，廣西平樂府富川縣知縣電白張文耀書丹。

盛公祠堂記

廣東布政陞湖北巡撫辛丑進士　王士俊

公諱萬年，字若華，浙江秀水人，前明萬曆以名進士，官嶺西衆政，有功於高、雷、廉、電白，建祠祀之，因其所駐節之地也。今雍正八年，文孫熙祚復令吳川，來請余文刻之牲石。余讀其家傳，因嘆粵東之慮，莫大於海防。而海患之烈，莫甚於明季。非守土君子爲之悉心籌畫不可也。方公官粵時，倭寇吳川，焚燒賈舶，日本之旗偏植城下。公以守城兵單弱招狼兵策應，先斬其內應，倭遂宵遁，是公之大有功於高也。未幾，復訌於雷，踞錦囊所，制府檄。公攝嶺北道禦之，公募舟由間道從天而下，出賊不意，多鼓鈞聲搗其巢，賊窮蹙，計無所出，殺所掠婦女首擲於外，公乘高以長矛刺之，賊盡殲焉，是公之大有功於雷也。又有海外之倭，復刦廉郡，公調兵追斬五十餘級，沉其船溺死無算，是公之大有功於廉也。復以嶺西沿海七百餘里，兵少汛遠，城池無備，因添設吳川營限門寨分守水陸要害，增築高州、電白、吳川城，濬其濠，旋刻嶺西水陸兵紀一編，自雙魚至白鴿，兵船劄守游巡陸設塘汛，如綦之有罫，布之有幅，紀載井井，公悉心籌畫，不但盡瘁於居官之時，而且慮周於去官之後，其爲嶺西福曜何如哉？生平風節矯矯，挫稅監，安良民，不但備倭功烈也。嗚呼！若公者，豈非社稷臣歟？余嘗考之於古，如欒公之配食於社，屬相文翁齊相石慶之立祠郡邑，以至南陽桐鄉渭城之繼起，皆人心之不可終泯者。盛公之祠，亦猶行古之道也。雖然公之功於高、雷、廉無何不在，則公之神靈當亦無何不在。而吳川尤公之功所由昉也，則祀之於電也可，祀之於吳也可，即並祀之於高、雷、廉也亦無不可。熙祚壯年有志，苟能繩其祖武，則益光前烈。余將拭目俟之矣，遂記之。

景徽堂跋邑令　盛熙祚

熙祚捧檄茲土，披閱圖志，因憶先資政公建節嶺西，平高、雷、廉倭寇，功在吳川居多，其善後之策亦於吳川尤備。境內之硇洲，又宋末遠祖進義校尉公偕張太尉扈從航海，祥興建號之地，厥後遂志厓山，兩世宦績咸在。熙祚猥以草茅之賤，幸際聖明，得承乏是邦，即非才譾劣亦當勉思報稱，無墜家聲。爰追書祖德，志其大畧，懸之聽事，庶幾景念前徽，仰酬國恩於萬一云爾。

吳陽義學田租碑記　高州分府署縣事　李彩

今聖天子崇儒重道，壽考作人，菁莪棫樸之化，涵濡百有餘年。山陬海澨，莫不連茹彙進，賔王國而觀光揆厥由來，學校實人文之淵藪也。吳陽義學之興，自邑令宋公始。當日捐廉俸，置學田，以爲師生脩膏之費，駸駸乎文風日上，科目連翩鵲起，宋公大有造於多士，而多士亦往往頌公之德不衰。邇來租係官收，未免胥役中飽，遂致脩金膏火，日給不足。今年春，余奉檄攝是邦，紳士林春澤、吳樹錦等，首以懇培學校，具告余查閱前規租值，從廉侵漁不少，義學之有虛名而無實效者，職是故也。因思士爲齊民坊表，宜加培植以成棟樑。爰重修學舍，命諸君督理之，允其所請，將宋公學田歸殷實紳士輪管，每年議租錢壹百千文，務宜有增毋減，以供脩金，以給膏火。其收支數目，設簿登記。一簿繳官，一存司事，歲底會同稽覈，以杜侵蝕外，此有斷歸義學田畝，現係陳一高等承耕，亦議准逢恩拔、歲貢之生員輪管，給銀拾兩資其盤費，尚有餘租，并不逢考貢之年，仍充義學資斧。由是脩金頗厚，膏火日充，師若弟爭自濯磨，共相砥礪，上克副朝廷作人之雅化，下不辜宋公造士之深心。行見人文蔚起，士習丕變，而義學實效。匪今斯今矣，諸君勉乎哉。恪守今日之議，毫無染指，歷久不渝，是余所厚望也。爰弁數言，并開規欵。勒石以誌不朽。

重修吳陽義學增置田租記

邑令　張恂

氣運關乎人才，人才興於學校。古之黨庠術序，皆雅化作人，而治道所由隆也。我國家重熙累洽，政教休明，都会郡县，莫不有學。又命有司隨地設立義學，以广其教仰，窮鄉僻壤，皆被以敦詩說禮之風，猗□。何其盛也。

吴陽瀕臨大海，固蕞爾邑也。而文风丕振，甲於高郡，豈獨海諸侯之国？其人智而多文，豈抑其教化使然也。癸巳冬，余膺簡命來治於兹。甫下車，與其士大夫相接，咸彬彬有禮樂風。巡行鄉邑，則弦誦之聲達於丘墟籬落間，遂欣然樂之，謂有以得乎。性之所適，而思與士民相安於余之拙也。迨閱視吴陽義學，見其基趾湫隘，而歷年既久，不免風雨之剝蝕。不禁慨然曰：是余之責也夫。乃捐廉興修，因其舊而擴充之，兩閱月而厥功告成。然後講習有所，寢息有地，齋廚之屬，罔不備具。記其費二百餘金，而規模較遠矣。又慮師生脩饌之資，時嘆支絀。爰取前歷任撥值田租，去浮核實，次第清釐而附以視事，後經斷歸公田，數處資斧亦於是少優矣。

顧余承乏六載，竊愧德薄才疎，未能大有裨益。所望吴之人士，敬業樂羣，愈加奮勵。則人才蔚起，科甲連翩騣騣。然有向上之勢，庶克副作人之盛也哉。若乃增美式廓，歷諸久遠，更有俟乎後之君子焉。是爲記。

重修吴陽義學增置田租記　邑令　王椿年

吴陽義學之設，自邑令宋公始。當日捐廉置田，爲師生脩膏費以興一方文教，實大有造於吴論者，比之文翁之在西蜀焉。厥後攝篆李公、明府張公，皆以與起教化爲己任，重修學舍，廣延生徒。聽政之暇，親詣塾館，進諸生而教之。此邦之人，亦仰體雅意，爭自濯磨。至今户誦家絃，幾於海濱鄒魯矣。予丁丑歲，奉簡命得宰是邦，星馳數千里抵任後，與都人士相接見，首詢義館脩金膏火之數，并實核李張二公存留底簿。因嘆二公美意固有餘，而師徒之實，被者仍嫌不足。爰與同城學博曾公、黎公，選擇諸生中文行並優、才堪勝任者，得吴君雄川、駿基，林君潔文、紀藴四人，立爲齋長，將存留底數交四人經紀，并浼學博二公爲總攬，移案儒學，爲久遠計。從前各佃所入，歲僅百千，今細核田畝，聽民批耕，可得二百千，無傷於民，有裨於士。此予區區之苦心，願與學博及齋長諸君，實心實意，垂諸永久者也矣。學校乃培植人材之地，而人材乃國家所資以爲用者，典綦重矣。况讀書談道爲吾輩淵源一脉，心心相印。予年老矣，然每遇一二佳文，擊節嘆賞，縱案牘頻繁，未嘗不撥冗以追尋宿奸。諸生果能於雪案螢窗嘉修贈我，我又寧不於蟲飛月出，辛苦憐君乎？諸生勉乎哉。上以副朝廷作人之隆，下不負夙心相期之雅，是則予之所厚望也夫！

重修吴川學明倫堂記

邑令　沈峻

余以明經謁選居京師，因得縱觀太學、辟雍、石鼓、古檜諸蹟，給筆札試彝倫堂者數四，其規模宏壯，威儀肅穆，非郡邑學所能髣髴。今天子釋奠禮成，必御焉。圜橋觀聽者以萬記。懿爍顯隆，垂教久遠，其諸三代同風者歟。丁未夏，來令吴陽。展謁聖廟，詢邑學之明倫堂，則鞠爲茂草，蓋颶風傾圮已五載矣。喟然久之，與學博黎君亟謀興復。會海氛未靖，守令屬櫜鞬馳逐，不暇安問詩書。今年盗平，歲大稔。余又謀之黎君曰：其庶幾乎。因會計官租所入可百金，飭材鳩工，凡宋桷埏埴之類，皆心忖躬度，纔五旬落成，費亦廉矣。志載此堂廢興不一，今雖奮焉恢復，而前此之因循罔恤，與後此之嗣葺勿衰，恒視乎其人。夫士君子讀聖賢書，凡以修身應物而已。倫常必飭若閑焉，不可踰也。能務此則居爲良士，出爲循吏，應規中矩，以仰副國家興賢育才至意。若徒揚扢風雅，侈然謂名教中人，吾懼其本實先撥，非所以維人道存良心也。孟子曰：人倫明於上，小民親於下。嗚呼。可以思矣。董是役者，學博黎公秀、歐陽公梧，例得備書。

建張惠二公祠碑記

邑人連捷進士　林闈階

先王之制，祀典也，捍患禦災，則祀之；能賞均法，則祀之；明民供財，則祀之。非此族也，不在祀典。所以崇德報功，而黜淫祀之妄。

舉吳川自康熙十七年，越三載，土寇冼彪勾引海寇謝昌等，盤踞内地城西一帶，蹂躪荒殘。勦滅之後，按戶比徵，流亡未復，波及親隣。貪墨之吏，復肆酷凶，縶累相望，田卒汙萊積連一十餘年。父老所傳：一走土寇冼大鼻，再走署縣老彭。談虎色變，何況當時。幸神君秦諱松如承侘傺之餘，勞心撫字，未獲安寧。力請憲臺會題蠲免。時張公諱奇英以兵部進士第一人總戎高、雷、廉，目覩吳電二邑凋疲，繪圖入覲。伏承祖仁皇帝親咨民瘼，公委曲言狀，涕洟交流。精誠所格，感動宸衷。敕部蠲免吳、電逋糧二千餘石，由是鷄犬不驚，并里復業。時康熙三十有一年也。衣食足而禮義興，農耕於野，士肄於庠，暮夜絶追呼之。擾泮水、揚芹藻之風，家有弦，戶有誦。蓋吾人沐浴於太平之澤者深矣。

康熙六十一年，學院惠公諱士奇由翰林侍讀□□□□學政首以古學倡率士子棲臨高郡，知吳士俊髦濟濟，而額溢□山奏廣吳學生員四名，又諄諄以經史相勸勉，謂前粵士習操觚事帖括而鮮淹通，公點定《勸學》二編以爲程式。蓋作文，不知《左》《國》猶瞽之無相，倀倀其何之。更以三禮煩碎，士子罕讀，特自訂定《通解》以便士子講閱。於是粵士咸知經史，而吳邑科名日盛。流風餘韻，文教日新。是吳之人生於張而教於惠，衣被者，不止在吳，而吳尤其切至者也。吳人食二公之德，飲二公之和，報答無由。

雍正初，敬設張公尊主，供奉於文閣下。乾隆八年，又敬設惠公神主仝龕合享，而未有專廟。庚辰冬，貢生麥爲儀、生員林玉澤首倡大義，力勸捐題建二公祠宇。首事貢生薛裕、陳道源、楊藩、吳文蔚等，踴躍捐題而苦不給伯澤，乃朝夕竭力經營，艱難告竣。合捐題銀若干、溢費若干建祠。附文閣東偏一堂一門，意存餼羊耳。落成之日，合邑懽赴。以剛柔牲儀，迎主敬奠，用安公靈。衆議享文昌之日，春秋各舉一祭，紳士咸在，必敬必誠，庶以報公於萬一，而精爽不此式憑乎？

夫出水火而登袵席者張公也，是捍患禦災而供財者也。宏汲引而澤彬雅者，惠公也，是能賞均法而明民者也。皆祀典所載，毋容議者。乃吾人猶以規模隘小，血食無資爲病，則又在有力好義者之善其後云。

陳氏宗祠碑記

明進士 戶部右侍郎 毛毓祥

陳氏居吳川之流泗岸，自判路公卜築以來，人文蔚起，科名踵盛，饒有世德。迄今高涼著族必推穎川之遺語，云積厚者其發長，殆信然哉。先是，陳之始祖，諱朝泰，字三山者，於宋景德年由閩之羅源入粵，官高凉刺史，因以爲家。其先居吳川之博棹鄉，至元泰定初，凡七世。而再遷流泗岸，歸然稱善地，誠千百世無窮之業也。厥後傳九世，若璆若鵬。以洪武之庚午癸酉，次第舉於鄉璆。初授南康教授，有繼室所遺二子在康，其遠條亦且蕃衍。鵬則官梧州太守，治尚廉明，政聲特著，梧人至今口碑不絕。與刺史三山公後先一揆，再傳十世，瑗亦以正統辛酉魁東，粵人謂潁川爲科名世踵所由來矣。自是明經迭出，自邑令而廣文如朝元輩，則又班班可考也。

余，吳人，偶以謝事托信宿於斯，見其家之勤者毋或輟於業，儉者毋或詭於方，忠厚者任悃幅之自然，華懋者志風雅而可。則緣茲俗習遡厥貽謀，豈其初有殊教歟，何風之隆也。仰百尺之枝而知其根本，觀萬折之水而信其淵源，陳猶行古之道哉。故家不一人，人不一類，類不一事，皆能以高會之矩矱行諸日，用而無失，惟恐或有隕越以戾其初者，要之，感霜露而盡志物，仰榱桷而念功德。余深幸陳之有漸而不憂其既也。家祀雖云舊矣，當其未遂立廟之日，陳之孫子誠早夜負罪而未敢即安，向或格於議，艱於地。迨丁丑邀乃祖之靈，大啓孫子福慧，既卜吉。越明年夏，即鳩工鼎建方告成。而己卯紹顏、壬午聯第兩君後先獲雋，邑人益以此振飭精誠，毖修祀事，顧兩君與余有夙交，不失文章道義，亦復十二年於斯矣。余今日者，以屬族而式瞻廟貌，又辱爲之記。良有遇合，故務核其世美而不徒效鋪揚，庶幾陳之先人，善其後以入遠昌大之報，其世澤爲不可量云。

孝子陳君以類詩序

吏科給事中　李學曾

德莫大於孝，雖本人性之常，而古今以孝稱者，曾不多見，宜乎感乎人心而嘆羡於無已也，夫豈我有所爲而爲以要人，何其乾塘陳君以類，早失所恃，事繼母王孺人如所生，晨夕承歡，左右就養，凡職所當供與力所可竭者，無少靳愛，終始如一，未嘗如世俗以妻子貨畜分其心，鄉人賢之。一日，孺人嬰疾，藥弗奏功，勢且日篤。君徬徨無措，乃奔赴厥先君墓號泣竟日，願以身代。至夕倦息，夢中恍若面承先君諭，謂母疾必得烏魚羹而後可。既覺識之。達旦，入海遍求之漁人，非時弗得，遵海而南，號泣於天。俄有白鷗啣二魚飛而徘徊，遺之於前。即持歸，親劙爲羹，以奉孺人，疾尋愈。他日，孺人又疾，思嗜鮮蠔，時天大寒，雖服重納，處邃廬猶不免於怯。君乃解衣衝寒入水，略無難色，採取盈筐，歸而烹，奉以慰孺人，疾遂已。内而宗族，外而鄉黨，靡不交口贊揚，以爲今之王祥孟宗也。事聞於郡，郡守陳公弘載奇之，命郡邑諸庠師生，制幛屬文，攜以踵門稱賞。時特舉其泣魚之大者，而採蠔之小者在所畧，方擬薦於朝，而陳公遽解任去，代是守令皆非陳公志，事遂寢，幾於湮晦。鄉人至今以爲闕典。兹親友林顯宗十數輩復有所感，相率裝軸，各賦一詩，爭頌其美，徵余言以序。余竊謂以類行跡，酷與古王祥孟宗相似，然二子在當日，脱無表章之者則必泯没，何以垂名遺編流芳終古若是哉。且二子之世既遠，今聞其風，想其德，尚能使人興起，矧以類在閭閻中爲人人所接見而觀式者，豈容於漠然弗加之意哉！以類之孝盡其在我，初非有所爲而爲，名之顯與晦弗恤也。親友此舉，蓋出於秉彝好德之心不能自己者，誠非阿其所好也。予亦徒能言，而力弗逮於薦，敬述以爲司風化者告。

祭烈女林玉愛文 明本府知府進士　吳國倫

隆慶己巳十二月，高州府知府吳國倫，遣官致祭於烈婦李氏、烈女林玉愛之靈，曰：嗚呼！汝母子胡弗造於天，而羅愍鋒若茲哉！汝母子胡獨全其天而得死所若茲哉！方其聞寇也，龍母震驚，海若怒號，虎士棄壘，戈船不操。汝母子非有符召可待也，胡不畏而走耶？及其被執，比屋一炬，千夫血刃，乞息偷生，載途累卵，汝母子非有羽翼可舉也，其能幸而免耶？嗚呼！天可墜，陸可沉，非汝閾不可履。血可漂，雨可飛，非汝宗不歸。胡罵賊之舌勁於天兵，而抗節之身屹如長城。嗚呼！爲汝母子蓋烈丈夫之所難也，豈其挾三山爲砥柱，以挽巨壑而浴扶桑耶？胡誓之激烈而就之徙容若是哉？嗚呼！抵爲瓦之甓，汝憤難平，覩曹娥之碑，汝哀難鳴。爰敦我師，羣醜告俘，爰表汝宅，唱茲好修。斷路弗迹，爰秉若初。遊魂弗返，來方孔都。汝母子有靈，其少慰耶。今遣官陳詞，而以少牢之禮祀，汝其聽而饗之。

祭張總鎮文 代宋邑令作　邑拔貢　吳冲雲

嗚呼！天下有生千萬人之身而不能自生其身者乎？聞之天地之大德曰生，而人咸得之以爲生，於時有春，於人有仁。故天地行春之令，其化日舒以長；君子能盡人之性，其享年悠以久。此先聖所以訓仁壽也。曷爲至仁如公，而天不爲永其壽耶？公燕山豪傑，庚戌掄大魁，歷涉侍從，時薄海內外，莫不謂聖朝得人，爲蒼生慶。未幾，出鎮邊疆九谿諸路，勳業爛然。皇上念公累著勤勞，特擢高雷廉總戎，爲天南長城寄。公自下車來，息烽燧，靖魭鯢，育蒼赤，德威所至，莫不傾心。竊念三郡之戴德，在高凉較深，而高凉之被澤，惟吳爲最，何也？吳川海邑，寇踞連年，災侵繼至，荒煙蔓草間幾無人矣。間有孑遺，而俯仰無依，又鳥獸散。嗚呼！吳民日漸以少，吳糧日積以多，吳之逋賦不蠲，吳之殘黎皆斃。雖有民牧，末如之何。誰爲鄭挾，爲吳民垂淚灑丹青也。公惻然久之。會入覲大廷，錫藩晝接。公則以吳地荒糧俯堦痛陳。伏遇宸衷愷切，特諭豁蠲此因。皇上如天之仁，在公未必自居乃績，然公嘉謨入告，實發於中之大不忍，非有所爲而爲也。今者吳之民悲者喜，病者愈，而徙者旋矣。即令損吳民之生以生公，於千百歲俾得分茅胙土，與國同永，吳民亦所心願，詎計公竟飄然而長逝也。倘亦仁者不可知而壽不可必耶。昔魯公殉希烈之難，後數年顯於羅浮；張留侯輔漢成功，願棄世事從赤松子。公殆太羅之真人，天特遣之以赦此一方而不得久食人間煙火也。嗚呼！公騎箕尾矣，上而九重爲之攝潮，下而僚友爲之涕洟。以至三郡之深山窮谷，牧豎樵夫，莫不悲號，如喪考妣。語云：其生也榮，其死也哀。惟公有焉。以視乎獵高官取印如斗，而澤不被於羣黎者，當時則榮没而已焉，其相去爲何如耶。然則仁雖不壽，其年數曷嘗不壽於其理也。且公鳳毛濟美矣。介弟孝廉類，皆花萼相輝，行將翼贊，王朝雨霖，海內自有以廣公未竟之仁於天下後世，公雖死猶生也，又何憾乎哉。某承乏茲土，向被帡幪，此荷奏蠲更沾高厚滿，擬率吳士庶躋彼公堂，敬效封人之祝，孰意斗山未仰，訃告倏聞，其所以躃踴號泣而感激於公之仁澤者，又何日已也。嗚呼！公其有知吳之宰在是矣，吳之紳士在是矣，吳之農工商賈亦在是矣。曩以若輩幾死，而公生之多，若輩既生而公死，則是能生千萬人之身，而不能育生其身者也。公聞斯言，毋亦惻然傷感，惜若輩之□□末由耶。對靈輀而泣奠，祈來格以來嘗。嗚呼！伏維尚饗。

陳宜亭傳

翰林院侍講　廣東學院　顧仔

翁諱天覺，字方鄉，號宜亭。其先閩人也，始祖朝鳳公，以宋進士刺高凉，宦滿遂家焉。族姓蕃衍，代有聞人。大父紹曾餼郡庠，父光省攻舉子業，遭明末兵燹，弗竟。翁之生時，順治十有七年也。幼穎慧，頭角嶄然，不與羣兒伍。甫授書，輒渾然脫口，衆謂陳氏有子矣。無何海寇猖獗，吳川固瀕海，蹂躪殆劇，翁避居廉江，已而丁丙艱，產業蕩然，困蹇特甚。乃翁老，不復持家政，翁始分舉業功爲頤養計。丁丑旋吳，年已壯矣。區區以諸生老，豈其志哉。翁性至孝，乃翁疾憂形於色，夕則望北叩顱請減算延乃翁壽，既捐館，每遇生諱，旦雖遠出必疾歸，設奠戚戚然，哀號如初喪也。

翁歸吳後，經理故業，家道漸饒。族間有貧不能娶，死不能葬者，傾囊助之。州閭鄉黨中時濟人之急，無少吝。癸巳歲大饑，吳民鬻子自給，翁往往代之贖，時有老翁突至其家，素未謀面，問之，但以親戚對，遽曰：『願濟穀若干石。』翁如數與之，不復問姓字。嗚呼！若翁者，殆所謂積而能散者耶。有以留餘爲翁勸者，翁曰：『多藏厚亡，吾之遺子孫者，當別有在也。』常得陰隲文釋義，酷愛之。晨夕間常舉以語其子道源，道源曰：『爲善思報，聖賢所不取。』翁曰：『三代以下有所爲而爲善，不猶愈於不爲者耶？』客至則彈棋笑語，終日不倦。好學砥行之士，禮意彌虔。其力學無資者，必多方扶植，務成其材。易簀時猶切語後人曰：『吾常欲置學田，建書舍，教吾族之貧而俊者，今無及矣。汝曹能繼吾志，吾雖死無憾也。』其好義如此。《詩》曰：『孝子不匱。』又曰：『凡民有喪，匍匐救之。』翁之謂歟。

限門賦 李元暢

吳川濱海，而縣其南三十里有限門焉，納鑑江、零洞、譚莪之水放於海門，廣盈丈，夾磧對峙，如虎牙錯淺流中，逶迤蜿蜒而入，即瞿塘灩澦之險不能過。每風濤搏激，雪浪山立，其響如輕雷聞百里。是門也，北達燕齊，旁通閩廣，西南走諸島嶼，望瓊雷硇洲，僅隔衣帶水，風勁可一瞬航之。海上多故，此門設半旅可當劍閣一夫也。商船至，非購篙師定檣，鳥不敢入，稍失觸淺流中夾磧，舟立碎。蓋亦海濱之雄鎮也。因賦之，俾履險者慎焉。其詞曰：

登文翁之崔嵬，望南溟其一杯。面巨靈之擘石，駢重門而洞開。納三川之績水，轟萬古之奔雷。挺螺峰以成戟，斷鰲極以爲棖。限天險以南北，通潮汐而往來。故能咽喉水府，闔闢乾坤。陽侯抱關而擊柝，馮夷效職以守閽。長鯨透而恍呈魚鑰，濃煙合而俄列藩垣。呀百越而呷八閩，總舸艦出入之戶；控牂牁而引碣石，立華彝保障之根。其爲狀也，斷磧橫絶，如環半缺。對錯猛牙，雙沉積鐵。含形内虛，盤紆曲折。險雲結駟而長驅，高浪翻車而無轍。或命火鱃而建羽旗，或吐晴虹而安棹楔。其爲怪也，大塊噫氣，海怒波揚。飛濤起沫，雪照炎鄉。振地軸勢動天閶，類鉅鹿之戰，人馬咆哮而落魄；似漁陽之役，鼓鼙嗚咽而斷腸。當其金樞吐月，扶桑出日，風靜蜃樓，浪恬鮫室，羣靈雜遝而曳裾，層波澎湃而鼓瑟。指安期於蓬萊，恨登龍之無術。憶博望之仙槎，觸支磯而蕩潏。及其出斯門也，貢琛甘泉，輸粟幽燕。巨艦連屋，危檣棘天。候風掛席，占星涉川。迅若鯤鵬之展翅，疾如騏驥之加鞭。一息千里，所屑不待於經年。若乃雕題鑿齒，寇我門庭。青天黯淡，白日沉冥。龍爭虎鬭，山搖海傾。血流百谷，燧暗千城。樊噲荷戈以排闥，終軍無路以請纓。故治不可以忘亂，而國惟在於足兵。至於商楫當門，津迷水涸。天道惡盈，風濤交惡。暗石穿舟，利同干莫。貨隕深淵，人填巨壑。骨纏恨而難銷，魂依貪而靡泊。故宗元有招賈之文，而蔡襄戒弄潮之樂。亂曰：闞不在高，所重禦戎。闞不在深，所貴能容。蜀閣高矣，揖盜而入。龍門深矣，掃軌而急。惟茲限也，通一箭也，藏污辭也，鎖宇縣也。閉而席，毋折而嚴，敢告執戟寂如水，毋囂如市，敢告行李。

望海賦　邑令　黄若香

吴陽三面瀕海，惟西北一隅可達郡城。遊斯地者，靡不登高遥盼，發濠上之思，因望海而賦之。其詞曰：

緊巨浸之氣，惟海爲廣漠兮，莽乎無垠。渺洞庭而芥青草兮，睇百川於一塵。吞淮濱而吸汝漢兮，殫朝宗其未盈。納彭蠡而引湘沅兮，氣鞭五老而波擁衡雲。彙八表而聚百靈兮，噓吸天地之氤氳。若乃三山作□兮，弱水環其外。金銀爲闕而球瑯作棟兮，珊瑚爲蓋。方壺相望而員嶠與依兮，瀛洲若帶。十洲爲嶼而列仙徙倚兮，雲裳荔佩安期是儔。而偓佺古處兮，飱丹霞而啜沆瀣。於是蛟螭晝舞而魚龍怒號兮，駕霧□霆。蜃樓海市倏忽變幻兮，疑帝疑神。長鯨噴沫，怪鯉掀鬐兮，雷雨奮興。五山特兀六萬歲，其一更訴巨鰲於帝庭。鵬擊三千，渺滄海於一粟兮，還鼓櫂於龍門。若夫馮夷爲患海若揚波兮，靡堅不格。白羽萬斛，横飛歷亂兮，恍如裂帛。轟轟砰砰，洸潰抵觸兮，鍧若黄鍾，鋩猶矢石。朝發滄溟，夕斷紫塞兮，飈車羽輪，疾於過隙。淼淼浩浩，水天一色兮，禹蹟其乂，鮫官是宅。亂曰：西望珠崖，南顧硇洲兮，在水中央。黄龍綠藻，各呈異兮，長發其祥。限門天險，鎖鑰吴陽兮，利有谷王。極萬祀而朝陽，燭八荒而永炤兮，三千丈之扶桑。興酣縱目，躡足蓬萊之上兮，又何瀛海之未可徜徉。

吴川八景詩八首

明縣丞　汪季清

延華弄月

春容二十花冥冥，露華還逐瑶草生。朱襴錦袿夢蛺蝶，琉璃倒浸寒玉清。誰家午夜開寶鏡，珠光艷艷妝臺静。娥眉香漬紫綃衣，紅薇帳暖鴛鴦飛。

凭高一覽

危亭迥絶雲間起，豁達東西千萬里。曉來風露清泠泠，快我塵襟耿如洗。乘間杖舄爲誰看，狂歌拍碎青欄杆。夜深北斗跨海去，飛閣照耀疑流丹。

極浦漁歸

孤城半關隅千里，一水接山山接水。小舟兩兩天際來，數聲柔櫓波濤裏。解簑繫纜當市前，賣魚沽酒醉即眠。新城題詩德閣老，庢山風雨埋龍髯。

文翁聳翠

隔海之山何以名，峩峩亘古青復青。山崖一視海底日，洪濤朝夕相喧爭。振衣一嘯凌絶頂，涼風浩浩天地永。蜀川劍閣高嵯峩，文翁之化今若何。

東海朝陽

扶桑萬仞亘天赤，老烏戲吞扶桑側。木公金母坐不言，須臾跳出天中日。我來三年臥海湄，彷彿夜半金雞啼。金雞夢徹碧雲裏，鳳凰梧桐鳴何時。

通駟垂虹

長江流水清如油，霞光五色飛金虬。神人叱虬駕秋水，萬年鐵鎖沉銀鈎。相如抱琴坐橋石，江心水仙招不得。從來四牡何翩翩，長門一賦直千年。

麗山樵唱

大山巉嚴多險阻，小山秀麗應可數。平林風月人語稀，隔山日聽樵人斧。斧聲丁丁鳥嚶嚶，臨流欸乃溪谷鳴。觀棋自顧歸去晚，何人五十行負經。

限門飛雪

巨鰲劈破混沌石，萬古幽闢隔南北。太陽六月飛雪寒，蛟螭夜舞波濤泣。波光蕩蕩雲皤皤，惡鬼典守不敢呵。我當騎龍奮迅出，天瓢滿注蘇民疴。

八景　邑舉人　凌霞

躍耀朝陽出海東，浮光翠色聳文翁。限門浪蹙輸飛雪，通駟波涵映碧虹。樵唱麗山煙景外，漁歸極浦夕陽中。等閒一覽凭高久，月滿延華淡靄籠。

八景之四　邑令　章國錄

延華弄月

連天海色東沉冥，襟抱西江爽氣生。闢戶莫教□□異，延華便覺涵虛清。蛾眉貪戲天邊麗，鸞鏡爭隨水底明。何日當軒憑坐弄，種花直滿斗方城。

凭高一覽

平蕪四顧欲臨高，一突成窗便自豪。瀾海無波眸任放，光天可問首何搔。超然臺上空齊物，莞爾城邊小割刀。我獨菁葱長在望，雲中有詔切民勞。

文翁聳翠

極浦零星數點山，一峯獨秀水雲間。彩霞炫擁虞淵日，麗筆光搖蘇海瀾。鼎煉漫傳勾令隱，化成欲與蜀賢班。潮州自昔何風氣，丕變人文只等閒。

限門飛雪

此間只有鹽晅白，驀地何來雪映寒。當戶劈開雙戟立，捲沙驚作散花看。峻嶒鐵鎖重關曲，委折舟通一線難。猶戒劍門能守險，莫教潮溢度飛翰。

吴川八景詩八首　邑令　沈峻

延華弄月

小沼瀠洄半綠苔，明蟾倒影一奩開。何當展盡秋千頃，更引凌波素女來。

凭高一覽

眼中丘壑皆吾有，世外烟霞不可名。留得此山供嘯傲，五雲北望是神京。

極浦漁歸

網魚換酒非謀婦，泛宅浮家且學仙。葉葉風帆斜照外，不知誰是志和船。

文翁聳翠

曾是當年化蜀人，數峯高聳碧嶙峋。試窺滄海難爲水，待看桑田欲起塵。

東海朝陽

萬頃金波弄曉暉，絳官明滅是耶非。扶桑有客垂綸坐，驚起鵾鵬帶影飛。

通駟垂虹

臥水橋長想霽虹，不須駟馬路常通。當年灞岸衝風雪，宛在溪光樹色中。

麗山樵唱

季子行吟負擔時，爛柯山下草離離。而今麗澤能求友，伐木聲中盡是詩。

限門飛雪

鼙鼓聲中捲怒濤，皚皚如雪與山高。錢塘八月差堪擬，不覺森寒上鬢毛。

八景之四　林蘭階

極浦漁歸

蘆荻溪邊暗酒家，漁人沽酒傍蘆花。朝飛輕艇隨飢鷺，夕棹殘陽向宿鴉。燈火滿江看漸近，榜歌沸水聽逾譁。賣魚夜赴灘頭市，醉倒無扶臥白沙。

文翁聳翠

平蕪落盡簇高岡，削出蕘峯俯大荒。雨過春烟飛黛碧，月明秋水上葭蒼。海中鰲斷蓬遺股，嶺外天開嶽一方。千載名同人化蜀，笋班羅列在偏傍。

東海朝陽

曈曈瑞靄跳金丸，倒映西峯墜曉寒。雞唱扶桑纔一線，蜃成樓市已三竿。煙開鰲背清光黑，雨過龍鱗照耀丹。徐福丱兮何處去，朝來誰爲洗銅盆。

麗山樵唱

牧笛先聞山上山，樵歌又□□微間。斧聲入韻珠喉囀，柴擔無弦野調閒。曲向雲林深處度，腔從泉石轉中彎。鵑啼鶴唳相賡和，歸路牛羊聽鳥蠻。

吴川八景詩八首 邑教諭 吳者仁

延華弄月

輕織銀波皺碧池，閒來弄月想當時。非從茂叔游歸晚，定趁天依鑿去遲。掬水有光珠在掌，搖天無際玉生姿。宜人最是清秋夕，欲擷瓊葩寄所思。

凭高一覽

杜陵一覽小羣山，誰以名亭壯此間。特地翬飛憑目縱，倚天雲捲稱心間。東溟掌裏杯浮檻，雙嶺牕前玉琢鬟。高處置身籠百態，江村煙樹點斑斑。

極浦漁歸

極浦亭臨碧漲流，前灣漁艇晚來休。一鈎新月竿間掛，千點繁星火暗浮。蘸蟹倚篷呼熱酒，扣舷逢處鬭清謳。江天樂事南城外，夜静還喧笑莫愁。

文翁聳翠

一峯高聳插晴空，閱盡滄桑倍鬱葱。綠染海紋翻翠雨，青搖天色振林風。陰陰欲滴嵐初霽，點點疑浮日正融。洞有丹爐苔絢久，蒼顏依舊當名翁。

東海朝陽

萬頃洪濛氣曉蒸，拍天濤捲旭朝昇。圖成太極陽初動，柱出紅盤浪數層。玉燭調來波久静，金烏飛起漢將凌。欲知百尺容光照，爲語東樓一試凭。

通駟垂虹

綠堤踈柳夾清渠，直跨長虹待使車。未霽賦曾成杜牧，高題人且認相如。波平臥穩休驚馬，練引光浮或躍魚。何事豪吟明遠飲，斜川低影正紆餘。

麗山樵唱

石徑横斜綠樹森，採樵人競唱山陰。大聲谷應嘔啞任，互答林幽續斷尋。影亂夕陽僊罷奕，行遲後侶澗流音。長松欹擔驚棲鶴，猶寄高腔繞隔岑。

限門飛雪

滙得三江到此門，盤空沙嶼激濤翻。因風碎洒天根白，擬雪寒驚海國喧。乍點溪滣仍是玉，高凌鷂首總如騫。閒時柳繫舟横港，應覺絲絲亂絮繁。

八景之四　次前韻　邑歲貢　林式中

凭高一覽

誰云望遠在高山，一草亭開小阜間。地迴江村含霧湧，天低煙樹列牕閒。晴朝乍睹潮翻雪，殘夜猶看月墜鐶。萬象總歸遊客眼，階前踏破綠苔斑。

極浦漁歸

夕陽影裏浦迴流，爭泊漁舟興未休。點點寒燈洲渚近，聲聲歸棹荻蘆浮。儵魚換得風前醉，短笛吹殘月下謳。逸響依稀彭蠡岸，幽亭夜聽遣閒愁。

東海朝陽

滄溟萬派氣蒸蒸，一顆靈輝水底昇。乍覺金烏飛數尺，旋驚銀浪爍千層。波涵曙色天無際，槎泛晴光漢可凌。欲對澄清觀化日，好尋東閣畫欄凭。

通駟垂虹

數里清流直到渠，橫空甃石引高車。波侵蝃蝀光還射，馬踏鯨鯢背自如。接武未逢題柱客，倚欄可數在淵魚。謾誇廿四吹簫夜，一片煙浮夕照餘。

極浦 如占城道經吳川 宋丞相 陳宜中

顛風急雨過吳川，極浦亭前望遠天。有路可通寰宇外，無山堪並首陽巔。嶺雲起處潮初長，海月高時人未眠。異日北歸須記取，平蕪盡處一峯圓。

追和前韻 邑令 黄若香

誰知越儌有吳川，萬里銀濤際遠天。渺渺孤臣投異域，茫茫故國望危巔。鶴歸未必重栖翼，龍去何年起蟄眠。彷彿秦庭聞痛哭，天荒地老月難圓。

題特思山 明邑進士 林廷瓛

嶺海撑持有此山，孤高形著兩儀間。煙霞淨盡人爭見，風月晴和我正攀。青則芙蓉天不改，員於車蓋世應難。特思時渴雲霓望，便作滂沱雨一番。

題特呈山溫通閣 明學士 解縉

峯濯滄溟應斗魁，波瀾繞翠浪頭排。火煙光起鹽田熟，海月初昇漁艇回。風送潮聲平落去，雨將山色特呈來。地靈福氣生天外，自有高人出世才。

追和前韻 章國録

岑高未擅嶺南魁，倒海風波獨自排。平落何方擎柱起，特呈此地障瀾迴。山逢名句遐陬顯，跡仰前徽故里來。蘇海韓潮尤百代，江陽碑口憶世才。

特呈山 邑舉人 陳景廉

地極東南水拍天，層波還擁翠峯連。星懸北閣承朝露，影到前村起暮烟。颯颯潮風嵐氣靖，峻峻石徑浪花圓。巨靈爲恐狂瀾倒，特敕崇巒障百川。

望海 解縉

吴川望海水溟溟，萬斛龍驤一羽輕。砂磧煮鹽凝皓月，潮痕遺貝麗繁星。硇洲夜露金銀氣，神電晴嵐鸛鶴鳴。玉節南來入北極，安邊歸頌海波平。

次韻 高州知府陞河南學道 王際有

曉上城樓望海溟，濤光浩渺一帆輕。扶桑何處天生日，海宿從來晝有星。萬國歸航修幣貢，百蠻戰艦息笳鳴。使臣筆採風謡去，海不揚波頌治平。

次韻 邑令 李球隨

茫茫無際見溟溟，急浪飛催市舶輕。萬斛潮來噴粒雪，片帆高去拂天星。螭龍出没隨波舞，鶴鷺蹁躚傍嶼鳴。北闕久敬清晏曲，硇洲四望頌昇平。

吳川觀海歌 姚岳祥 字宇定，化州人，萬曆丁丑進士，庶吉士。時張居正奪情以抗疏謫戍，岳祥獨左右之，遂謝病歸。

燭龍蒸鬱海若驕，白浪茫茫山欲搖。惡風晝起鳴萬馬，瘴露昏昏噴怒潮。張帆怯見紅旗動，鼓鼙疑將赤岸飄。更有潢池弄兵者，連艘撾鼓西南下。揚戈頓使洪濤腥，一炬堪憐萬家赭。白骨漂流葬魚腹，夜夜水濱新鬼哭。馬上將軍知不知，猶向華筵厭粱肉。萬里堯天覆幬均，海隅渺渺念吾民。寄語將軍須努力，好教一戰淨妖氛。

限門 先公觀察嶺西，平倭寇於此 盛熙祚

南溟潮頭如雪山，鵬搏鯤運摧人寰。何時巨靈沉積鐵，兩涯盤互波灣環。艨艟巨艦不得度，儼若海底鎖重關。當年草竊偶闌入，蜂屯豕突須臾間。嚴城百雉屹砥柱，從容裘带障狂瀾。指揮偏裨殲此賊，霜鋋照日雕弧彎。平沙莽莽横殺氣，落日慘淡朱旗殷。戈船激電掃殘孽，寧遺一舸今生還。星羅置戍壘棋布，籌邊樓上風雲間。海山如黛波如鏡，功在汗簡疇能删。聖朝尚德天廣大，九譯通道來八蠻。王圖

無外頌有截，日所出没消神姦。朅來旬宣故疆在，大鼎一臠豹一斑。昔爲長松今小草，峩峩祖德窮躋攀。

限門 吴冲雲

滄波萬頃水晶宫，雙璧嶙峋夾岸雄。闢闔有機隨化轉，盈虚無界任潮通。逶迤沙影飛寒雪，浩瀚波紋響細風。地到南荒天作塹，恩波湧處總來同。

硇洲弔古 明 本府知府 進士 湖廣人 吴國倫

一旅南巡瘴海邊，孤洲叢樾繫樓船。從容捲土天難定，急難防元地屢遷。丹鳳未傳行在所，黄龍虚兆改初年。當時血戰潮痕在，長使英雄淚黯然。

硇洲 宋端宗航海駐蹕於此，端宗崩，立衛王，黄龍見海上，因改元祥興，以此地爲翔龍縣。 盛熙祚

草草君臣噩浪中，難將成敗論英雄。當年馬鬣無坯土，此地龍翔有故宫。寡婦孤兒亡國恨，楊太后復立，帝昺才九歲。捐生取義古人風。厥後覆舟厓山，帝后與左丞相樞密使陸公秀夫、太尉樞密副使張公世傑暨六軍咸没。余遠祖進義校尉公朱張恂亦與難。厓山彷彿英魂在，一體三忠祀典同。厓山三忠祠，祀陸丞相、張太尉、文信公，余遠祖都統制進義公與同時殉難十三人配享。見《厓山志》。

硇洲 邑令 沈峻

亂石圍孤島，龍翔想故宮。極天鯨浪黑，向日鬣帆紅。朝夕雲煙變，蓬瀛遠近通。已無泉客淚，慎爾蜑船風。

次韻 邑教諭 歐陽梧

一洲環若掌，萬戶瞰龍宮。漁舍茅多白，沙田土半紅。扶胥千里接，儋耳片帆通。尺地存炎社，長懷國士風。謂三忠也

游雙峰塔 樊玉衡

春日過訪周章南使君招遊江陽書院，登雙峰塔，還飲水月樓。時張學博、錢都閫、吳孝廉在坐，即席賦。萬曆庚子二月也。

駘蕩春風拂荔香，天涯名勝恣徜徉。樓開水月空今古，塔湧雲霄接混茫。賓主東南千氣象，乾坤漂泊任行藏。酒酣繫節千年事，江漢秋陽此一堂。

題雙峰塔 吳士望

創建於今七十年，凌凌風勢直參天。屏連北嶺山爲障，襟带西江水並漩。海兆神龍應有意，地呈異

藻詎無緣。人文自此從風起，是我周公澤未湮。

重陽登雙峰塔　黄華信

宇宙茫茫古又今，巍然一塔尚堪尋。幾杯菊酒增高興，千仞秋風散俗襟。獻兆神龍形不再，符祥瑞藻跡俱沉。登臨誰把遺徽繼，莫負前賢一片心。

江陽書院八景之四　樊玉衡

洲渚浮玉

浪痕欲没巨鰲簪，片玉晴浮似遠岑。千古依稀留地肺，四時突兀見天心。誰從灧澦移江峽，若送金焦過海尋。不盡觀濤枚叟意，高歌擊節動吟襟。

江樓待月

江上高樓尺五天，樓前皓月印通川。三三兩兩人來去，萬萬千千月缺圓。坐挹清光瞻顧兔，閒窺真際到飛鳶。些兒識得程周趣，浩唱狂吟幾往賢。

沙嶼飛白

渺渺平沙入望淹，天高地迥散廉纖。中春暑路疑飛雪，漲海遙空似撒鹽。拂檻晴光鋪素練，披襟曉色媚疎簾。玉田瓊圃知非遠，險韻新題漫自拈。

海洋散雪

洪波無際拍天浮，重碧層青極望收。萬頃琉璃生遠色，千年靺鞨散晴眸。夢回深淺蓬壺路，思入飛騰鸞鶴儔。何事望洋頻嘆息，果然奇絶冠兹遊。

題茶亭八首 憨山道人 全椒人 釋德清

萬里投荒日，時方大火流。經年頻望雨，三歲不登秋。蔽野驚人骨，悲風動地愁。天高難以問，心折此淹流。

其二

焚澤非炎徼，行人獨愧醒。瘴煙千嶂黑，草木四時青。颶觸秋濤怒，人蘄厲鬼靈。從來皆浪迹，今日更漂萍。

其三

火宅誰堪避，清凉自可求。天低偏近日，樹老不知秋。海月心何寂，空雲思欲浮。却憐無住客，終許寄滄洲。

其四

舊説雷陽道，今過電白西。萬山嵐氣合，一錫瘴邊迷。末路隨蓬累，殘生信馬蹄。那堪深樹裏，處處鷓鴣啼。

其五

遠道經行地，孤雲獨可憑。有家俱是客，無累即爲僧。毒霧薰心醉，炎風透骨蒸。翻思高臥處，儼若履層冰。

其六

行脚原吾事，擔簦故所能。心懸萬里月，肩荷一枝藤。旅食愁蠻語，安禪喜俗僧。降魔空説劍，今日始先登。

其七

出世還行役，誰悲道路難。長戈聊當錫，短髮不勝冠。沆瀣餘三島，炎烝厲百蠻。天南回首處，落日是長安。

其八 按：清〔一〕萬曆朝，爲慈聖太后禮重居京師後，因事羅織，謫戍雷州，大率緣黨禍波及者。

皇天無不覆，豈獨外遐荒。曲折吾生短，馳驅世俗長。但知心是雪，不覺鬢如霜。隨地堪埋骨，君恩詎可忘。

〔一〕據文意，應爲『明』。

舟次吳川督餉　明　高州知府　興國人　曹志遇

臥閣暫抛琴鶴侶，輕舠旋覓水雲居。只緣海上傳烽警，且學關中督輓輸。路哭幾人憐馭馬，機忘有客欲知魚。諸艘鱗次需飈發，未許朱厓上罷書。

節婦李氏烈女林玉愛詩　吳國倫

羨爾孱然質，堅於百鍊鋼。自看身是寶，豈顧刃如霜。雪裏挺松柏，禽中見鳳凰。世人皆有死，誰似汝名香。

其二

深閨蠅不到，殘賊夜知尋。便下殺人手，難移烈女心。半生無寸纇，一死重千金。只恐芳名泯，含愁爲苦吟。

寄奉陳白沙先生　林廷瓛

經年不接先生面，此日誰開後學茅。久欲傳詩無淨稿，更從何處解新嘲。畫師縱得青山妙，一幅難量萬仞高。會了方圓圖學意，千年終有一人豪。

贈南峯林廷瓛 陳獻章

黄甲科名重一時，病夫何早閉齋闈。洪鈞賦與一如是，問我去來都不知。人畏丹青應自試，道能舒卷更何疑。天機莫道難尋處，山峙川流盡我師。

贈林南峯之永嘉 大學士 李東陽

楚客曾經粵地遊，每從杭士説溫州。城因海近魚頻入，山爲霜繁稻更稠。民力故知非往歲，甲科今已得名流。登臨不與承宣事，肯放功名過黑頭。

秋八月重過吴川與諸生小集吴氏廬賦詩寫懷 明 益王子 朱慈燭

吴水吴山畫不如，重過先問故人居。林間野色秋心冷，海水風颿客興疎。寄傲無非千日酒，停雲未荷半行書。相看共結天涯社，遮莫閒愁一嘯餘。

秦邑侯新堂落成賦贈 江南人 敖瓛

碧榕秋老一庭陰，案牘清閒耐晚吟。靖却洪濤鯨息浪，飛來中澤雁歸音。鄉思不隔湖山夢，帝眷應憐撫字心。慚愧風塵嘲俗吏，不從今日始鳴琴。

次韻 邑貢生　林震煜

庭花鬬錦綠成陰，臥治依然抱膝吟。喜載酒來人問字，聲從金出鳥知音。鴻軒靜寄青霞侶，匡谷遥聯白社心。吾道於今應不遠，好從言室聽鳴琴。

次韻 邑庠　林魁彦

芙蓉堤畔已成陰，幾度公餘花下吟。開閣潮生鳴浦夜，臨亭籟發玉篁音。三年酌水懸清節，萬里瞻雲矢素心。自古循良同著績，吴江琴似賚江琴。

東海蓮塘頗堪遊賞，因勘田得縱目焉，意欲構亭以公同好 邑令　何美

路出蓮塘香十里，東連溟海眺層波。不因農事聊停屐，幾使林泉笑擲梭。漁子由來收鷸蚌，碩人何處樂槃阿。郊原漫聽輿人頌，食德先疇斂不苛。

由廣寧調任吴川署中偶感 章國錄

鳧飛千嶂出岧嶤，極浦平沙更寂寥。灌莽不留天自潤，輕舠還戒浪頻搖。冰凝腹底無憂瘴，水淡江源豈畏潮。只擬雨山猶潤海，匡君待我結蓬茅。

贈節孝陳門李氏詩 三水進士　右江道　陸蒼霖

茹蘖清操遠近聞，誦揚端合有龍文。臨流切痛求魚腹，廬墓真誠感鹿羣。婦可承顔爲孝子，母能專教即嚴君。翘瞻慈竹成高節，自有孫枝上拂雲。

題林世祿之妻麥氏節孝 邑令　沈峻

名門貞節重鄉閭，太息當年輓鹿車。夜雨自繅園客繭，金盤常薦錦江魚。膝前令子能承業，史冊雄文爲特書。我欲瓣香陳俎豆，春來丙舍草成墟。

林永像贊 陳獻章

派分九牧，監簿流長。振鐸儋耳，胥宇吴陽。桂枝雙馥，蘭萼頻香。科名藹藹，珂佩鏘鏘。統垂未艾，緒纘無疆。珠聯璧合，照耀穿楊。

林廷璋贊 陳珪 字禹成，化州人，嘉靖己丑進士。起家縣令，内擢時嚴嵩當國，絶不與通，謫青州司理遷南戶部，歷楚閩藩遷浙江布政，以忤胡宗憲歸。所著有《羅江集》。

瀰海浴日，翠岫炫文。誕生吉士，畋索漁墳。魁名早掇，鋭志瓊林；公車屢上，弗就縉紳。玉樓倏召，瘗璧埋金。修文地下，顏卜等倫。駿鴻事業，留厥後昆。

林廷瓛贊 明解元進士狀元文敘子　南海人　倫以諒

星輝王良，海渺蘅芳。繡虎言就，剸犀擅長。郎星移度，佐我黄堂。功成熊襜，帝錫鸞章。厥父厥母，實惟顯揚。嗣有二秉，式紹書香。兆珍其閫，居國之光。百千萬祀，斯宦斯鄉。

林秉全贊 瓊州定安人　尚書　王宏誨

惟公亭亭，束髮受經。已千已百，磨就青萍。有天不負，秋鶚搖翎。登壇三載，食餼十齡。學優而仕，别駕建寧。金籯不滿，書囊惟罄。南峯之訓，一枝來青。而子而孫，亦敬而聽。

吴川縣志卷之十終

周志跋

我明肇造區夏，一統有志，方國都邑有志。吳陽雖蕞爾，亦宜勒紀載，以昭龜鑑，而故獨闕焉。長老紳逢嘗嗛然嘆曰：孰與再造我吳而乘之也者。歲丁酉，徼天幸，周大夫來宰是邑。大夫吉泰和世胄也，以丙戌上第，兩試劇邑，治行冠三吳，晉銓部郎，已復爲令。夫以大夫璆瑯之質，飈霆之才，泰華喬岱之望，冰壺秋魄之操，視彈丸吳，何異函牛之鼎烹雞？而顧不鄙夷其風土，昕夕拮据耋宿，蠹剔積猾，陶鬻衿韋，噢咻黎赤，臂無攘而隅無向，下擔未浹歲而弊掃風恬，厥有寧宇。又嘗憫邑之凋敝，而度改觀，而獨於邑乘未新。蒿目於邑者，久之不肖彥乘間跪而請曰：大夫蒞茲土也，桃李笑春風，桑麻舒綠埜，傑構鱗錯，自有吳來靚所未靚。不借巨椽爲我吳史，其若城社父老之靈何？於是大夫驩然曰：何旦治簿書，宵篝燈磨，勘攷圖經，摭故實，自天紀地維以迄建置文物、銖纍櫛比，犂爲十卷，一僅五旬，既擬壽剞劂。會直指樊公自雷陽入吳，大夫介廷彥偕錢君海問序焉，彥呰窳謬附大夫門墻，飫聆點雪之秘，目擊大夫所爲再造我吳者，萬年如一日也。而斯志行精嚴詳核，書法逼左、狐、班諸名家，且獲直指公鐘呂聲帨其論，真足不朽哉。又寧我二三紳逢躍戴鴻裁，即童白有知，且加額明賜而尸祝焉。

語曰：善建者不拔。又曰：得全者全昌。大夫峻績竑猷，今膺特陟台垣，載筆承明之廬，標寰寓而節鉞之，則波及一吳者，固其嚆矢耳，敢不揣狂瞽，次第大夫功，能以爲將來左券。萬曆庚子，端陽吳廷彥譔。

附編校姓氏：

縣丞李慎思

署教諭化州訓導張守約　訓導謝夢豹

邑人舉人吳廷彥　選貢李旻　韓悅思

生員吳夢顏　林學行　林仲輝　王蛟　林有譽　吳紹鄴　李昜　黄大擢　陳紹選　王貂

楊一英　李惟標　麥峻　李兆龍　吳光裕　陳帝詔　陳在宸　張元志分校

黄志跋

往歲戊申，奉命入吳，冬杪即荷，皇恩展界，旋有修志之舉。兹壬子冬杪，復蒙上命，有大修《皇清一統志》之役。展誦檄文，切切問者，山川形勢，風俗人物，戶口丁繇。是役也，美哉！其永清大定之休徵乎！余復以昔日所修者，詳加纂輯，刪煩增要，綜核備至，寧質不文。昔夫子嘗曰：無徵不信，不信民弗從。予將以異日之信且從者，載而弗畧。是志也，不特有當於一邑文獻，行且有徵，一代文獻。我聖天子于宵旰之暇，省覽吳陽邑志，不幾爲薄海煢民廑東顧之憂乎。吳陽蕞邑瀕海，數年之內，田賦漸廣，戶口漸增，然海利未興，民用未足，司民牧者雖極意撫綏，其何能于既庶之後，而亟議既富也耶。予心裕力綿，惟有仰藉聖天子洪恩，暨諸憲司如天之德，爲吾民作休養，元元之助而已。語曰：千金之裘，非一狐之腋。吳陽遭遇盛朝汪波，繼是而興者，起斯民於哀鴻，而更加之衽席。安知周泰和之舊澤不可復見於今日乎！是予之志也夫，是予觀志之志也夫。時康熙癸丑春王正月，知吳川縣事蜀閬黄若香書于靜山堂。

黄志跋

康熙戊申夏，蜀之閬中黄公奉簡命來視吳篆，觀風振俗，稽獻考文，將以爲維新政教之助，而深慨乎邑乘之殘缺也夫。志固史也，古史無官，自太史、小史、内史、外史之官設，而史始不見於郡縣，此志之所由以作也。是故有一統志，有府州志，有屬縣志，而吳陽以兵燹變更之後，其放失遺棄者二十餘年於兹矣。雖然，豫章周令公之編述，猶可考而知也。但其中時異制殊，不可無紀，人文節義，不可無紀。及今不續，後將淪遺，而觀風問俗者曷徵焉。但侯以其事關鉅典，遂請命於郡侯，而郡侯怡然俞曰：可爰屬望侶以志之。夫志，重事也，固尚其識之明，尚其學之充；既尚其學之充，尤尚其心之正，望何人斯而敢勝是任哉！兼之南宮試逼，應制靡遑，第辭弗獲，已乃摸寫府志之成蹟，發揮周令公之遺意，而掇拾其事，采輯其文，類編成帙，少俾邑人觀感而興起焉。初不敢飾詞而干譽也。邑乘嚴國史之實録也，後之君子，欲徵文獻之迹，而濬史記之源者，未必不以是爲餼羊，而或繾綣于兹志云。時康熙己酉仲夏之吉，邑舉人吳士望拜手敬跋。

黄志跋

志乘之書，古尚之矣。人情物産，治亂興衰，災異因革，于是焉載。所以攷其正淫，别其土俗，當事者因之以施政教焉。故邑有志，郡有志，省會有志，皆列于編年記事，據事直書，書成而獻之天子，以備採輯爲一代之史，誠哉尚矣！若夫吴邑之志，創始則有廬陵周公，續編則有蜀閬中黄公。其書詮次有體，捃摭不遺細微，於事無掛漏，於詞無浮誇，於義無偏駁，可謂備極三長，參酌允當，有裨治亂者也。然時日遷流，事有二公所不及見者，不能不俟之後人，以爲續編，無少緩也。余之涖斯土者，蓋兩載于茲矣，于二公殆有續編之責，且身歷亂離者，不知凡幾，其間如大奸大惡，叛逆不道，亦應舉事直書，以爲天子獻。不寧惟是，海氛作亂，庶民失業，流徙他方，有鄭俠不盡繪之圓，書之以儆告後人，固所願也。不幸家遭多難，戊午臘而丁先嚴之大故，遂有志未逮，殆缺如焉。謹贅一詞于編末，志予負罪於二公暨後人也。是爲跋。時康熙十八年，歲次己未三月，知吴川縣事中都王如恒譔。

附編校姓氏：

儒學訓導穗城陳龍光雲夫校正

邑舉人吴士望渭韜參訂

貢生吳夢伯長西　陳春第寅廷
龍正伸際飛　林廼熖山宗
吳鼎羹禮衢　梁挺秀稟佳
彭毓祥吉臣
廪生李孫虬猶龍　林間挺篤生
吳遂今直　林震煜肅子
吳仲超邵綸　林震乾健子分校

盛志章跋

方今聖天子奠安區夏，雖海外絶島，皆入職方。矧嶺南濱海之地，距神宗纔九千里而近，肅然綱紀所曁，訖胥蜃戶蛋民，盡舉而登袵席，蓋統歷史所傳未有之極盛也。吳川居高郡下流，尤稱極浦，背枕大洋，面控限門之險，海濤拍天，潮蒸颶吼。觸耳目之所接，平蕪蒼凉；視珠江内地已自不逮。乃今幸際盛世，道一風同，至於海隅蒼生，罔不率俾。廻覽數十年前往事，殘於寇而困于徭，求如此日之吳民，實屬夢想所不到。蓋於邑乘可覩焉，於此益嘆邑乘之紀載，前可鑒而後可興爲，不可闕也。攷吳所由昉，漢通南彝，祗隸象郡。唐宋以來，屢有更置，明始奠城居，故前志率多荒畧。亦至明之中葉，吾鄉周君章南自勳曹左遷下邑，百爲整頓，而志乃特傳，繼此而有閩中黄君之增修，洺洲李君之纂輯，猶賴嗣響焉。無何版策皆已蔑如，所僅存者，亦散見於一二章縫敗篋中，壞爛而弗全者也。迄今皇上御極之七年，石門吳君輔舟修舉廢墜，甫同邑彦蒐討，將次成編，未竟厥緒，會調輒去。復得嘉興盛君晴谷以賢良繼膺特簡，兼擅掩雅才，實踵其事，遂復毅然取吳君之草創而釐訂之。退食之餘，一手裁定，於其舊本之殘訛蕪雜，而覺有未安者，更極苔碑蠹簡之旁搜加折衷，於省郡通志之鑿據，而悉爲之補其殘、辨其訛，并芟其蕪雜，討論修飾之功，爲已勤也。而潤色又無遺力焉，蓋亦幾與章南比烈矣。書成，既脱稿，又以優調去龍川。適不佞亦自廣寧量移茲土，踉蹌而來，亟出此稿，加商確而蒇以加也。因即囑予序其端，且曰此稿仍攜赴會城，將付剞劂氏矣。顧此志吳志也，盛君既去吳，猶以剞劂自任者，此中又有率祖攸行之意焉。盛君之祖觀察公諱萬年者，向嘗分節於嶺西，其有功德於吳川最著，乃省郡皆有紀而吳志獨缺，千載不朽之績，必待表於慈孫，而吳志亦賴觀察公之靈，以成此美舉，併俾後之人亦得坐享其成，勞而遞傳不替也。苐予更竊有感焉。邑志之作，非徒漫紀故事也。於田野山川，可以覘吳之昔荒今闢焉；於賦役戶口，可以覘吳之昔散今聚焉；於風化習俗，可以覘吳之昔澆今淳焉；於分野災祥，可以覘吳之昔否今泰焉。凡此皆吏治得失所由關，即今聖諭所爲諄諄也。而於名宦之志，尤以壯賢勞於遐陬；人物之志，尤以奇鍾毓於僻壤；藝文之志，尤以昭精華之發越，直與海珍競採焉。而盛君皆一一釐訂之。正所謂前可鑒而後可興者也。則此志雖邑乘乎，通于史矣。若徒漫紀故事云爾也，則亦稗官雜紀、野老集談之類耳，亦焉能爲有亡而必枉費日力，又災梨棗爲哉！書此以復於盛君，亦竊尾附于末簡，因以見志云。時雍正十年，歲在壬子，知吳川縣事章國錄書。

儒學教諭駱兆龍騰九甫校正

訓導許紹中子立甫參訂

舉人林春澤仁卿甫

吳國倫經五甫

貢生林苑蘭　吳觀韶

林紫雲　林紫芝
麥崇先　楊志行
陳首魁　李亘
陳純修　吳飛雲
林傑　陳道源
廩生鄭良　黄華信
吳樹錦　林玉潤
麥國樹　陳玉表
吳位子　黄家漢
林榮　李培
吳國琰　李郁分校

重修吴川縣志後跋

志乘之作也，由來尚矣。莫爲之前，雖美而弗彰。莫爲之後，雖盛而弗傳。考吴邑自明以前，雖有志而弗傳，傳之自萬曆廬陵周侯始。越六十餘年，修之者則國朝蜀閬黄侯。又越六十餘年，洺州李侯，嘉興盛侯，相繼纂輯。是二志者，承周黄之舊，詮次有體，掇拾無遺，義極詳明，詞歸簡要，誠足爲一邑之龜鑑，大有裨於政教者也。乃距今又六十餘年矣，其天經地紀，人情物産，雖無變更，而時異制殊，且人文節義，紛然日出，不可無紀。及今不續，後將無所考稽，是文獻不足，而觀風問俗者，曷徵焉。幸際吾侯蒞任兹土，才高學足，識見超羣，於公餘而覽邑志，每以六十年之闕畧爲憾，爰屬合邑紳士諸生，命中以續志之。

夫志之與史，同而異，異而同也。苟非夙擅三長，不能以勝其任。如温公居洛十九年始成《通鑑》一書，其研思索慮，既不同率爾之操觚，而其更事之多，閲世之久，又有以窮其變。然帝魏寇蜀，相沿不改，後日猶有遺憾焉。中何人斯，而敢膺是命哉。但辭不獲已，乃不揣謭陋，襲前志之成書，參以郡志之採録，畧者補之，疑者闕之，此數十年間，人事錯出或有傳聞未確者，皆與諸君周爰咨詢，務核其實，秉直以書。雖見淺辭陋，要皆一一請命於吾侯，未嘗擅專其事，既類編而成帙，是爲跋，以表衷。所謂附驥尾而名顯，非以干譽也。而後之君子，未必不藉是以爲考稽云。時龍飛乾隆五十五年，歲在庚戌季冬之吉，邑歲貢林式中拜手敬撰。

圖書在版編目（CIP）數據

乾隆吳川縣志／（清）沈峻修；（清）林式中纂；彭潔瑩整理．—廣州：暨南大學出版社，2020.12
（粵西府縣舊志叢書／孫長軍主編）
ISBN 978－7－5668－2954－2

Ⅰ．①乾…　Ⅱ．①沈…②林…③彭…　Ⅲ．①吳川縣—地方志—清代
Ⅳ．①K296.54

中國版本圖書館 CIP 數據核字（2020）第 163948 號

乾隆吳川縣志

QIANLONG WUCHUAN XIANZHI

（清）沈　峻　修
（清）林式中　纂
彭潔瑩　整理

出 版 人：張晉升
策劃編輯：杜小陸
責任編輯：潘江曼　朱良紅
責任校對：劉舜怡
責任印製：湯慧君　周一丹

出版發行：暨南大學出版社（510630）
電　　話：總編室（8620）85221601
營銷部（8620）85225284　85228291　85228292　85226712
傳　　真：（8620）85221583（辦公室）　85223774（營銷部）
網　　址：http：//www.jnupress.com
排　　版：廣州良弓廣告有限公司
印　　刷：深圳市新聯美術印刷有限公司
開　　本：850mm×1168mm　1/32
印　　張：13.75
字　　數：350 千
版　　次：2020 年 12 月第 1 版
印　　次：2020 年 12 月第 1 次
定　　價：108.00 圓

炼油装置技术问答丛书

硫黄回收联合装置技术问答

（第二版）

肖　锋　刘　洋　杜　君　编著

中国石化出版社

内 容 提 要

本书从生产实际出发，以问答的方式详细介绍了硫黄回收联合装置(气体脱硫、溶剂再生、酸性水汽提、硫黄回收等单元)操作人员应知应会的工艺、设备、仪表、电气、安全基础知识及操作技能。主要内容包括：装置基础知识、装置基本操作知识、设备基础及操作知识、仪表基础知识、安全环保知识、事故处理知识。

本书可作为硫黄回收联合装置操作人员的培训教材，也可作为从事硫黄回收联合装置生产、管理技术人员的参考书。

图书在版编目(CIP)数据

硫黄回收联合装置技术问答／肖锋，刘洋，杜君编著.—2版.—北京：中国石化出版社，2023.4
(炼油装置技术问答丛书)
ISBN 978-7-5114-7020-1

Ⅰ.①硫… Ⅱ.①肖… ②刘… ③杜… Ⅲ.①硫磺回收-回收装置-问题解答 Ⅳ.①TE644-44

中国国家版本馆CIP数据核字(2023)第055629号

中国石化出版社出版发行
地址:北京市东城区安定门外大街58号
邮编:100011　电话:(010)57512500
发行部电话:(010)57512575
http://www.sinopec-press.com
E-mail:press@sinopec.com
北京富泰印刷有限责任公司印刷
全国各地新华书店经销
*
710×1000毫米16开本29印张489千字
2023年4月第2版　2023年4月第1次印刷
定价：88.00元

前　言

硫黄回收是石油炼制工艺的重要组成部分，随着清洁燃料要求的日趋严格，气体脱硫、溶剂再生、酸性水汽提、硫黄回收装置已成为炼油厂、大型天然气净化厂、煤气净化厂等必不可少的配套装置。随着国内原油(包括高硫、高酸、重质原油)加工量的持续增长，硫黄回收等环保装置越来越受到人们的关注与重视。

中国石化出版社《硫黄回收联合装置技术问答》一书于2010年出版，随着石油化工工业的发展，硫黄回收装置与十几年前相比，已有很大发展，新技术也有更多的应用。同时，这一时期，我国国家及行业标准与规范也有很多进行了更改和修订。在此情况下，有必要对全书进行修改，以满足新形势下，硫黄回收装置相关人员的需求。

本书第二版的修订，在保持第一版基本构架的基础上，收集了大量最新文献资料和标准规范，对全书内容作了全面的更新和补充。本书第二版主要增加了硫黄回收工艺技术新进展，在工艺、设备、催化剂、产品质量升级等各方面的新知识。

本书共分为六章，主要内容包括：装置基础知识、装置基本操作知识、设备基础及操作知识、仪表基础知识、安全环保知识、事故处理知识。近年来，尾气处理过程因工艺的升级，处理方式各个企业不尽相同，例如后碱洗工艺等，本书介绍的尾气处理过程可只作为参考。书中有关塔盘层数及其他某些数据可能与读者所在装置不尽相同，仅供读者参考。

本书由中国石化股份有限公司天津分公司肖锋、刘洋、杜君修订，参加修订的还有中国石化股份有限公司天津分公司范金泉，兰州城市学院岳桂杰、保承军，全书由肖锋统稿。本书第一版编写人员有中国石化股份有限公司天津分公司肖锋、刘洋、范金泉、武滨，兰州城市学院岳桂杰、保承军，全书由肖锋统稿。

编者在修订过程中参考了许多文献资料，在此谨向各文献资料的作者表示衷心的敬意和感谢，向指导本书修订的中国石化出版社王瑾瑜和李芳芳老师表示诚挚的谢意。

由于编者知识水平有限，书中不妥之处在所难免，恳请同行专家学者和读者予以批评指正。

目　　录

第一章　装置基础知识

1　气体脱硫及溶剂再生单元生产原理是什么?

用一种高选择性的甲基二乙醇胺[$CH_3N(C_2H_4OH)_2$，简写为 MDEA]高效脱硫剂吸收干气、液态烃和制硫尾气中的 H_2S，再将含 H_2S 的脱硫剂富液送至再生塔再生，将 H_2S 脱出作制硫原料，胺液循环使用，这样达到净化干气、液态烃和制硫尾气的目的。依据是溶于水的 H_2S 和 CO_2 具有微酸性，会与胺(弱碱性)起反应，生成会在高温中分解的盐类。用于脱硫的胺溶液至少有一个羟基团和一个氨基团的作用是使水溶液达到必要的碱性度，促使酸性气的吸收。

利用甲基二乙醇胺来吸收 H_2S 和 CO_2 发生的主要反应如下：

$$2R_3N+H_2S \rightleftharpoons (R_3HN)_2S$$

$$(R_3HN)_2S+H_2S \rightleftharpoons 2R_3HNHS$$

$$R_3N+H_2O+CO_2 \rightleftharpoons (R_3HN)_2CO_3$$

$$(R_3HN)_2CO_3+H_2O+CO_2 \rightleftharpoons 2R_3HNHCO_3$$

H_2S 能够直接、快速地和胺起反应，生成胺硫化物和氢硫化物，CO_2 也参与反应，产生取代氨基甲酸的胺盐，但反应速度相对要慢。上述反应在水溶液中都是可逆反应，虽然这些产物都是化合物，但在正常条件下具有明显的蒸气压，使平衡溶液中的组分随着酸性气分压而变化。当这些化合物的蒸气压随着温度而变化时，就可以利用热量将吸收的气体从溶液中汽提出来。

2　醇胺法脱硫的工艺原理是什么?

醇胺法脱硫是一种典型的吸收-再生反应过程。醇胺按连接在氮原子的氢原子数，可以分为伯醇胺(如一乙醇胺 MEA)、仲醇胺(如二乙醇胺 DEA 和二异乙醇胺 DIPA)和叔醇胺(如甲基二乙醇胺 MDEA)三类。

由于醇胺和 H_2S、CO_2 主要反应都是可逆反应，在还原气吸收塔中反应平衡向右吸收方向移动，原料气中的酸性组分被脱除；在溶剂再生塔中平衡向左移动，释放出溶剂中吸收的酸性组分。同所有其他的吸收-再生反应过程一样，加压与低温有利于吸收；减压与高温有利于再生，但为了防止溶剂分解，再生温度通常≤127℃。

N-甲基二乙醇胺是一种高效选择性的脱硫剂，对 H_2S 有较高的吸收能力，硫化氢在 MDEA 中的反应：

$$H_2S+R_3N \longrightarrow R_3NH^+ + HS^- \quad \text{（瞬间反应）}$$

$$CO_2+H_2O+R_3N \longrightarrow R_3NH^+ + HCO_3^- \quad \text{（缓慢反应）}$$

N-甲基二乙醇胺是一种选择性脱除硫化氢的较理想溶液。

3 气体脱硫及溶剂再生单元处理介质主要来源有哪些？

气体脱硫部分主要处理常减压的液化石油气和加氢裂化的液化石油气及干气，溶剂再生部分对炼油厂气体脱硫所产富胺液及加氢裂化、蜡油加氢、柴油加氢等装置的各脱硫单元的混合富胺液采取集中再生方式。所产含 H_2S 酸性气去硫黄回收单元，富胺液闪蒸气体去低压瓦斯总管。

4 气体脱硫及溶剂再生单元技术特点是什么？

气体脱硫及溶剂再生单元技术特点包括：

1）采用溶剂集中再生方案，使溶剂再生操作做到统一标准和管理，不但溶剂及酸性气质量有了可靠保证，而且还节省了能耗、投资和占地；

2）气体脱硫及溶剂再生单元采用复配型脱硫溶剂 MDEA，具有节能、腐蚀小、不易降解变质等优点；

3）采用常规汽提再生工艺，再生塔底重沸器热源采用低压蒸汽，该方案是被普遍采用的工艺方案，其技术成熟、投资少、能耗低、操作简单，设备及溶剂全部国产化。

5 什么叫溶剂抽提？

抽提也称萃取，它是利用各组分在溶剂中的溶解度不同而使液体或固体混合物分离的过程。抽提分离时要求混合物组分在溶剂中的溶解度不同，同时加入溶剂后形成的两相必须具有不同的密度。

6 脱硫 H_2S 去除率的定义是什么？

脱硫 H_2S 去除率的定义公式是：

$$H_2S\text{ 去除率}=\frac{\text{富液中总}H_2S\text{ 含量}-\text{贫液中}H_2S\text{ 含量}}{\text{富液中}H_2S\text{ 含量}}\times 100\%$$

7 简述甲基二乙醇胺的基本性质及指标。

甲基二乙醇胺（MDEA），其分子式为：$CH_3N(C_2H_4OH)_2$，相对分子质量

119.16，对吸收 H_2S 有较强的选择性。MDEA 是无色（常温下）或淡黄色（30℃以上）黏稠液体，有类似氨的气味，呈碱性，能溶于水、乙醇和丙酮，具有吸收作用，能吸收空气中的二氧化碳和硫化氢，MDEA 闪点高，但是剧烈受热后会形成爆炸性混合物，碰到受热面或明火会着火。其主要指标见表 1-1。

表 1-1　脱硫剂指标

项　　目	指　　标
外观	无色（常温下）或淡黄色（30℃以上）黏稠透明液体
总碱度（以 MDEA 计）/（g/L）	850~1000
密度（20℃）/（g/cm^3）	1.031~1.053
溶解性（水溶性）	与水互溶

8　简述酸性水汽提单元生产原理。

酸性水可以看作一种 H_2S、NH_3 和 CO_2 等多元水溶液。它们在水中以 NH_4HS、$(NH_4)_2S$、$(NH_4)_2CO_3$、NH_4HCO_3 等铵盐形式存在。这些弱酸弱碱的盐在水中水解后分别产生游离态 H_2S、NH_3 和 CO_2 分子，它们又分别与其中气相中的对应分子呈平衡状态，因而该体系是化学平衡、电离平衡和相平衡共存的复杂体系。因此控制化学、电离和相平衡的适宜条件是处理好酸性水和选择适宜操作条件的关键，影响上述三个平衡的主要因素是温度和分子比。由于水解是吸热反应，因而加热可促进水解作用，使游离的 H_2S、NH_3 和 CO_2 分子增加。但这些游离分子是否都能从液相转入气相，这与它们在液相中的浓度、溶解度、挥发度大小以及与溶液中其他分子或离子能否发生反应有关。如 CO_2 在水中的溶解度很小，相对挥发度很大，与其他分子或离子的反应平衡常数很小，因而最容易从液相转入气相。而 NH_3 却不同，它不仅在水中的溶解度很大，而且与 H_2S 和 CO_2 的反应平衡常数也大，只有当它在一定条件下达到饱和时，才能使游离的 NH_3 分子从液相转入气相。显然，通过加热可降低气相中 H_2S、NH_3 和 CO_2 的分压，促进它们从液相进入气相，从而达到净化水质的目的。

汽提过程中存在如下化学平衡、电离平衡：

$$NH_3+H_2O \rightleftharpoons NH_4^++OH^-$$

$$H_2S \rightleftharpoons H^++HS^-$$

$$NH_4^++HS^- \rightleftharpoons (NH_3+H_2S)_{液} \rightleftharpoons (NH_3+H_2S)_{气}$$

$$CO_2+H_2O \rightleftharpoons HCO_3^-+H^+$$

$$NH_4^++HCO_3^- \rightleftharpoons (NH_3+CO_2)_{液}+H_2O \rightleftharpoons (NH_3+CO_2)_{气}+H_2O$$

对酸性水净化而言，CO_2 的存在并无影响，但是由于 CO_2 的存在，特别是在低温条件下，会与氨作用生成氨基甲酸铵。氨基甲酸铵是一种白色结晶性粉末，熔点 59~61℃，会造成管道和阀门堵塞，加速设备腐蚀。

$$2NH_3(气)+CO_2(气)=\!=\!=NH_2COONH_4(固)\downarrow$$

9 简述酸性水汽提工艺概况及特点。

酸性水汽提主要有单塔低压汽提工艺、单塔加压汽提氨侧线抽出工艺及双塔加压汽提工艺。

（1）单塔低压汽提工艺

酸性水在一个低压汽提塔内完成汽提。塔顶酸性气中的 H_2S 及 NH_3 等一起被送至硫黄回收装置，净化水由塔底抽出。单塔低压汽提工艺具有流程简单、操作简便、投资低、占地少、能耗低等优点。对 H_2S 及 NH_3 含量均较低或 H_2S 含量高、NH_3 含量低的酸性水最为适用。下游的硫黄回收装置要能处理含 NH_3 的酸性气。

（2）单塔加压汽提氨侧线抽出工艺

酸性水在一个加压汽提塔内完成汽提。塔顶富含 H_2S 的酸性气从汽提塔顶分出，在塔中部抽出一股含 H_2S 的富氨气，从而使 H_2S 及 NH_3 分开，净化水由塔底抽出。富氨气经三级定温定压分凝后首先得到较高纯度的氨气。单塔加压汽提工艺实际上是将脱 H_2S 塔与脱 NH_3 塔合为一个塔，该工艺具有流程较简单、能耗中等、占地中等、控制难度较高等特点。如果下游硫黄回收装置不能处理含 NH_3 酸性气而且在占地不能太多的情况下，适于采用本工艺。

（3）双塔加压汽提工艺

酸性水首先在脱 H_2S 塔中加压汽提，主要将 H_2S 从塔顶脱出，H_2S 汽提塔底的污水送往脱 NH_3 塔在较低的压力下进一步汽提。NH_3 从脱 NH_3 塔顶部脱出，净化水由脱 NH_3 塔底部抽出。对原料的适应性强，对 H_2S 及 NH_3 含量高的酸性水尤其适用。操作上易于控制，但流程较复杂，投资能耗较高，占地多，开工时间较长。

根据全厂总流程的安排，如需要液氨或氨水作为产品，可在双塔加压汽提工艺或单塔加压汽提氨侧线抽出工艺后设置氨回收系统。

如需生产氨水，则高纯度的氨气经水吸收制成氨水。如需生产液氨，则定温定压分凝后的高纯度氨气需要采用氨水洗涤法、结晶法或者氨水洗涤与结晶联合工艺进一步处理，提高氨气的纯度，然后经吸收、加压蒸馏、冷凝后制成液氨。

10 酸性水汽提单元单塔低压汽提工艺的特点是什么？

单元采用单塔低压汽提工艺具有投资少，设备、工艺简单，消耗小等优点，目前大型酸性水汽提装置中大部分采用此工艺。

11 简述硫黄回收单元生产原理。

硫黄回收单元采用制硫(Claus)部分燃烧法。制硫部分燃烧法制硫的基本工艺是使含 H_2S 酸性气在酸性气燃烧炉内用空气进行不完全燃烧，严格控制配风量，使 H_2S 反应后产生的 SO_2 量满足 H_2S/SO_2 分子比等于或接近于 2，未反应的 H_2S 与生成的 SO_2 在没有催化剂的高温条件下进行反应，生成气态硫和水，随后经冷凝步骤分离出液体硫黄，分离硫后的过程气经加热或用高温气掺和进入催化反应器(称为转化反应器)，其中未反应的 H_2S 和 SO_2 在催化剂存在下继续反应，生成元素硫和水(仍为气态)，转化段生成的元素硫也经冷凝分离加以回收，催化段反应一般分为两段，为了提高 H_2S 总转化率也有设三段甚至四段的，实际反应是比较复杂的。

12 简述硫黄回收装置组成。

硫黄回收装置包括五部分：制硫部分、尾气处理部分、烟气净化部分、液硫脱气部分和溶剂再生部分。

13 硫黄回收单元组成内容是什么?

硫黄回收单元由四个不同转化步骤和一个硫物理状态转变阶段及一个溶剂吸收阶段组成，即：制硫热转化、制硫催化转化、产品硫液化、产品硫脱气、尾气加氢还原、烟气净化、胺溶液中的 H_2S 吸收与再生。

14 硫黄回收装置原料有哪些?

一般来说，硫黄回收装置的原料为上游溶剂再生装置、气体分馏装置脱硫单元及酸性水汽提装置来的酸性气。

15 制硫热转化阶段(转化炉内)的各种反应是什么?

酸性气在酸性气燃烧炉前端的燃烧器中发生燃烧反应，所有的可燃成分按以下反应进行：

$$CH_4+\frac{3}{2}O_2 \longrightarrow CO+2H_2O+5538\text{kcal/Nm}^3$$

$$C_2H_6+\frac{5}{2}O_2 \longrightarrow 2CO+3H_2O+9190\text{kcal/Nm}^3$$

$$C_3H_8+\frac{7}{2}O_2 \longrightarrow 3CO+4H_2O+12743\text{kcal/Nm}^3$$

$$n\text{-}C_4H_{10}+\frac{9}{2}O_2 \longrightarrow 4CO+5H_2O+16355\text{kcal/Nm}^3$$

$$i\text{-}C_4H_{10}+\frac{9}{2}O_2 \longrightarrow 4CO+5H_2O+16282\text{kcal/Nm}^3$$

$$H_2+\frac{1}{2}O_2 \longrightarrow H_2O+2578\text{kcal/Nm}^3$$

所有的反应几乎完全向右侧进行，也有少量烃类被完全燃烧成 H_2O 和 CO_2。与酸性气燃烧炉相关的 H_2S 的制硫反应如下：

$$H_2S \longrightarrow H_2+\frac{1}{2}S_2-905\text{kcal/Nm}^3$$

$$H_2S+\frac{3}{2}O_2 \longrightarrow H_2O+SO_2+5531\text{kcal/Nm}^3$$

$$H_2S+\frac{1}{2}O_2 \longrightarrow H_2O+\frac{1}{2}S_2+1674\text{kcal/Nm}^3$$

分解反应中的 H_2S 耗量占进料酸性气 H_2S 含量的约 6%。热转化反应进行的程度，主要由进料酸性气中 H_2S 浓度和该浓度 H_2S 燃烧反应所能达到的火焰温度决定，热转化反应也受到热反应器内气体停留时间的影响。

酸性气中所含的氨在以下反应中被氧化：

$$2NH_3+\frac{3}{2}O_2 \longrightarrow N_2+3H_2O+3380\text{kcal/Nm}^3$$

通过在燃烧器内将酸性气与助燃风适当混合，达到最低的火焰温度，并使被烧掉的气体在酸性气燃烧炉内停留适当时间，可使氨全部被分解。还要考虑导致形成 COS 和 CS_2的副反应，COS 和 CS_2的生成同酸性气中所含的 CO_2浓度和烃类有关。

在高温反应段存在下列副反应：

$$H_2S+CO_2 \longrightarrow COS+H_2O$$

$$CH_4+2S_2 \longrightarrow CS_2+2H_2S$$

$$S+O_2 \longrightarrow SO_2$$

16 制硫转化反应器过程气原料预热方式是什么？

制硫转化反应器过程气原料预热方式有直接预热法和间接预热法两大类。

其中直接预热法包括：

1）掺和法，包括外掺和法和内掺和法。

2）在线加热炉法，包括以酸性气为燃料和以燃料气为燃料两种方法。

间接预热法包括：

1）蒸汽加热法；

2）气-气换热法；

3）电加热法。

17 氨气去除率的定义是什么？

氨气去除率是指酸性气燃烧炉排放过程气中所含氨气占原料酸性气中氨气的百分比，即：

氨气去除率=酸性气燃烧炉排放过程气中所含氨气量/原料酸性气中氨气总量×100%

氨气去除率的大小一方面表明酸性气燃烧炉烧氨火嘴的燃烧效果情况，另一方面过程气中氨气含量少（高的氨气去除率），将减少在三级硫冷凝和二级转化过程中的结盐概率，保证过程气系统较小压力降，维持装置长周期运行。

18 氨气在酸性气燃烧炉内的化学反应有哪些？

氨气在酸性气燃烧炉内的化学反应包括：

（1）氨氧化反应

试验显示氨与 O_2 的反应速度低于 H_2S 与 O_2 的反应速度，所以在缺氧的情况下 H_2S 夺走了酸性气燃烧炉内的绝大部分的 O_2。因此氨氧化反应不是酸性气燃烧炉内的主要反应。

$$2NH_3+\frac{3}{2}O_2 \longrightarrow N_2+3H_2O$$

试验表明 NH_3 与 O_2 在大于1200℃的环境下开始发生实质的氧化反应而且反应微弱，H_2S 在400℃时即大量与 O_2 发生氧化反应，因此在1200℃以下时 H_2S 与 O_2 的反应速度大于 NH_3 与 O_2 的反应速度，而在硫黄回收酸性气燃烧炉中的反应是在缺氧的环境中发生的，因此在 NH_3 与 O_2 反应之前，H_2S 就与 O_2 发生反应而生成 SO_2。

酸性气燃烧炉中的反应顺序是，H_2S 最先与 O_2 发生反应，其次是 NH_3 与 SO_2 的反应，最后才是 NH_3 的氧化反应。

（2）氨的热分解反应

氨的分解反应直接受到反应温度的影响。在1100℃时90%的氨气分解，在1200℃时氨气的分解达到100%，但这是在没有 H_2S 和水的状态下的测试结果。H_2S 和水的出现会抑制氨气的热分解反应。

$$2NH_3 \longrightarrow N_2+3H_2$$

当酸性气燃烧炉内水的含量与氨含量为1∶1时氨气的热分解率在1200℃时低于20%。

（3）氨与 SO_2 反应

氨与 SO_2 的反应贯穿整个烧氨反应过程。NH_3 和 SO_2 在700℃时即开始反应，相对于 NH_3 与 O_2 在1200℃时才开始微弱氧化反应，这一事实说明 NH_3 在酸性气燃烧炉内的氧化反应其实是 NH_3 与 SO_2 的反应。反应方程式为：

$$2NH_3+SO_2 \longrightarrow 2H_2O+H_2S+N_2$$

19 氨气去除率的影响因素有哪些?

根据硫黄回收工艺要求，酸性气燃烧炉后的过程气中氨气的最大允许含量为100μL/L到150μL/L(目前这个标准提高到了50μL/L)，这意味着氨气的去除率在99%以上，同时随着氨气含量的增加去除效率也将提高。影响氨气去除率的因素有三个，即我们常讲的3T：停留时间(Time)、温度(Temperature)和混合程度(Turbulence)。

试验结果表明：高的酸性气燃烧炉膛温度、较长停留时间(国外停留时间一般控制在1s以内，因超过1s，转化率很少提高；国内一般按1~2s考虑)有利于提高氨气去除率。而混合程度取决于燃烧器的结构、燃烧混合气的压力、酸性气与空气的混合方式等，但显而易见，混合强度越高越有利于提高氨气去除率。

在这三个因素中温度是前提，如果温度达不到烧氨温度，再长的停留时间和再强的混合也达不到理想的烧氨效果，在温度满足烧氨要求的前提下(实际操作中一般要求1250℃以上)，增加另两个因素的任何一个都有助于提高酸性气燃烧炉的烧氨效率。

但是在满足温度要求的前提下如果酸性气燃烧炉内的过程气混合不均匀或停留时间不够也都会直接影响酸性气燃烧炉的硫黄转换率和烧氨的效果。例如：酸性气燃烧炉烧嘴火焰区域的温度很高，如果反应物在烧嘴内混合得不均匀，NH_3 就会与氧气发生部分的氧化反应而生成NO。NO又会进一步氧化成 NO_2，在充满 SO_2 的气氛中 NO_2 与 SO_2 反应生成 SO_3，从而成为 H_2SO_4 的来源。H_2SO_4 对于设备具有很强的腐蚀性。

20 制硫催化转化阶段发生的反应是什么?

制硫反应是个平衡反应，低温利于该反应的发生，但当温度低于硫露点温度时，会使液硫沉积在催化剂表面而失去活性，因此，催化反应温度一般控制在210~350℃，在此温度范围内，硫元素的形态主要以 S_8、S_6 为主。在氧化铝催化剂作用下此阶段分两步完成，首先在最佳的转化反应器入口温度下进行 H_2S 和 SO_2 的转化，转化完成后生成的硫再进行冷凝和分离。主要反应如下：

$$2H_2S+SO_2 \longrightarrow 2H_2O+\frac{3}{8}S_8+557kcal/Nm^3$$

$$S_8(气) \longrightarrow 4S_2(气)+4327kcal/Nm^3$$

$$3S_8(气) \longrightarrow 4S_6(气)+444kcal/Nm^3$$

气态硫的平衡反应同燃烧相、催化转化相和工艺气冷却相有关。

在一级转化反应器内还会发生 COS 和 CS_2 水解生成 H_2S 的副反应，这一反应需要在高温的催化剂上完成，由于影响到总的 H_2S 转化深度，该反应尤为重要，反应如下：

$$COS+H_2O \longrightarrow H_2S+CO_2$$

$$CS_2+2H_2O \longrightarrow 2H_2S+CO_2$$

21 H_2S 转化为硫的平衡转化率与温度的关系是什么？

酸性气燃烧炉内 H_2S 的平衡转化率一般为 60%～70%，平衡转化率主要取决于反应温度、酸性气中 H_2S 含量和空气中 O_2 的含量。显然提高反应温度、增加酸性气中 H_2S 含量和空气中 O_2 的含量，都有利于提高平衡转化率。平衡转化率以 550℃ 为转折点，分为两部分，右边部分为高温反应区，H_2S 的转化率随温度升高而增加，代表了工业装置酸性气燃烧炉内情况；左边部分是低温催化反应区，H_2S 的转化率随温度降低而迅速增加，代表了转化反应器内情况。

22 转化反应器级数与转化率的关系是什么？

转化反应器级数愈多则转化率愈高，但设备投资也随之增加。而转化反应器的级数并不与转化率的提高成正比，级数愈多，转化率提高愈来愈少。如采用一级转化反应器的转化率为 16%～18%；采用二级转化反应器的转化率比采用一级转化反应器增加 7%～11%；采用三级转化反应器的转化率比采用二级转化反应器增加 0.5%～2%；采用四级转化反应器的转化率比采用三级转化反应器增加 0.2%～0.5%。

确定转化反应器级数不仅要考虑经济因素，更重要的是必须满足环境保护要求。通常转化反应器级数采用二、三级。

23 制硫硫黄液化阶段发生的反应有哪些？

热转化阶段和催化转化阶段产生的硫黄在硫冷凝冷却器（简称冷凝器）内液化，主要反应如下：

$$S_8(\text{气}) \longrightarrow 8S_1(\text{液})+1117\text{kcal/Nm}^3$$

$$S_6(\text{气}) \longrightarrow 6S_1(\text{液})+1171\text{kcal/Nm}^3$$

$$S_2(\text{气}) \longrightarrow 2S_1(\text{液})+1372\text{kcal/Nm}^3$$

24 制硫工艺的主要分类方法有几种？

根据酸性气中 H_2S 含量不同，制硫工艺大致分为部分燃烧法、分流法和直接氧化法三种工艺方法。

（1）部分燃烧法

酸性气中 H_2S 含量高于 40%（体）时，推荐采用部分燃烧法。全部酸性气进入酸性气燃烧炉，同时按照过程气 H_2S/SO_2 分子比等于或接近于 2 的比值来控制入炉空气量，以获得最高的平衡转化率，剩余的 H_2S 将继续在转化反应器中进行催化反应。

（2）分流法

酸性气中 H_2S 含量在 15%~40%（体）时，推荐采用分流法。即 1/3 体积的酸性气进入酸性气燃烧炉，配以适量空气使酸性气中 H_2S 完全转化为 SO_2，燃烧后气体与其余 2/3 体积的酸性气混合后进入转化反应器中进行催化反应。

（3）直接氧化法

酸性气中 H_2S 含量小于 15%（体）时，推荐采用直接氧化法。它是将酸性气与空气分别加热到一定温度后，直接进入转化反应器中进行催化反应，所配入空气量仍然为 1/3 体积 H_2S 燃烧生成 SO_2 所需空气量。

上述三种方法酸性气中 H_2S 浓度划分范围并非十分严格，关键在于酸性气燃烧炉内必须维持稳定燃烧温度，否则装置将无法正常运转。

25 制硫工艺气加氢还原阶段主要反应是什么？

制硫工艺气加氢还原阶段主要反应包括：

$$CO+H_2O \longrightarrow H_2+CO_2 \quad (1)$$

$$SO_2+3H_2 \longrightarrow H_2S+2H_2O \quad (2)$$

$$S_x+xH_2 \longrightarrow xH_2S \quad (3)$$

$$COS+H_2O \longrightarrow H_2S+CO_2 \quad (4)$$

$$CS_2+2H_2O \longrightarrow 2H_2S+CO_2 \quad (5)$$

加氢反应器中装有钴-钼催化剂，具有加氢和水解功能，可以使反应（1）~反应（3）和反应（5）基本完成，反应（4）为 COS 的水解反应，会受到平衡的限制（10~40μL/L）。

26 简述硫黄的理化性质。

硫黄原子序数 16，相对原子质量 32.06，单质硫俗称硫黄，为淡黄色脆性结晶或粉末，有特殊臭味，能溶于二硫化碳，不溶于水。硫黄有多种同素异形体，斜方硫又叫菱形硫或 α-硫，在 95.5℃以下最稳定，密度 2.1g/cm^3，熔点 114℃，沸点 445℃，质脆，不易传热导电；单斜硫又称 β-硫，在 95.5°以上时稳定，密度 1.96g/cm^3；弹性硫又称 γ-硫，是无定形的，不稳定，易转变为 α-硫。斜方硫和单斜硫都是由 S_8 环状分子组成的，液态时为链状分子组成，蒸气中有 S_8、S_4、S_2 等分子，1000℃以上时蒸气由 S_2 组成。

硫黄不溶于水，稍溶于乙醇和乙醚，溶于二硫化碳、四氯化碳和苯。沸点为 444.6℃，自燃点为 248~266℃，与氧、氢、卤素（碘除外）和大多数金属元素反应，在空气中液硫接触明火即可燃烧，燃烧时发出蓝色火焰，生成二氧化硫，粉末与空气或氧化剂混合易发生燃烧，甚至爆炸。硫黄在受热或冷却时发生如下现象：

黄色固体$\overset{112.8℃}{\rightleftharpoons}$熔化成黄色流动液体$\overset{250℃}{\rightleftharpoons}$暗棕色黏稠液体$\overset{300℃}{\rightleftharpoons}$暗棕色流动液体$\overset{414.6℃}{\rightleftharpoons}$橙黄色气体$\overset{650℃}{\rightleftharpoons}$草黄色气体$\overset{900℃}{\rightleftharpoons}$无色气体

液体硫黄具有独特的性质，130~160℃，黏度小流动性好，160~180℃由于S_8环链开环破坏黏度升高，190℃以上链平均长度缩短，黏度又变小。

硫分子中的硫原子数随温度不同而异，当加热硫黄时存在如下平衡：

$$3S_8 \rightleftharpoons 4S_6 \rightleftharpoons 12S_2$$

随着温度升高平衡向右移动。在熔点-沸点区间S_8与S_6共存，随着温度升高S_8逐步减少，S_6逐步增加，在沸点时，S_2开始出现，700℃时S_8为零。

硫黄不能与氧化剂、油类等放在一起，当空气中含有2%以上硫黄粉末时可能发生爆炸。硫黄主要用于制造硫酸、亚硫酸、硫化物、二硫化碳、火柴、黑色炸药、杀虫剂、药物等。

27 尾气处理部分的工艺技术主要有哪些？

尾气处理部分的工艺技术目前国内引进和开发的主要有以下几种：SCOT、Super Claus、MCRC、RAR、Clauspol-300及SSR。

28 尾气处理工艺按化学原理可分为哪三大类？各有什么特点？

自20世纪60年代尾气处理工艺问世以来，国外开发并实现工业化的工艺有数十种，按其化学原理可分为三大类：尾气加氢还原吸收工艺、低温Claus工艺、H_2S直接选择氧化工艺。

（1）尾气加氢还原吸收工艺

尾气还原吸收工艺是通过加氢反应将尾气中的SO_2、S_x还原为H_2S；COS、CS_2水解为H_2S。然后采用胺法选择吸收尾气中的H_2S，富液经再生释放出酸性气，酸性气则返回制硫部分循环处理。该工艺的特点为：硫回收率高（≥99.8%）；排放气净化度高（<960mg/m^3，符合GB 16297—1996环保规定）；投资高；操作费用高。Shell公司的SCOT工艺，NIGI公司的HCR工艺，Parsons公司的BSR/MDEA工艺，KTI公司的RAR工艺等都属于此工艺。

（2）低温Claus工艺

低温Claus（亦称亚露点法）工艺是指在低于硫露点的条件下尾气中的H_2S和SO_2继续进行Claus反应生成元素硫。这类工艺一般是在常规Claus装置之后再配置2~3个低温转化反应器，反应温度一般控制在130℃左右，由于反应温度低，反应平衡向生成硫的方向移动，因而可提高硫的转化率。生成的液硫会沉积在催化剂上，故转化反应器需周期再生，切换使用。该工艺的特点为：总硫回收率低

(98.5%~99.5%)；排放气净化度低(>4000mg/m^3)；投资低；操作费用低。

属于低温 Claus 工艺的主要有：Lurgi 公司和 SNPA 公司的 Sulfreen 工艺，Delta 公司的 MCRC 工艺，IFP 公司的 Clauspol 工艺等。

(3) H_2S 直接选择氧化工艺

H_2S 直接氧化工艺是将尾气(或贫酸性气)中的 H_2S 直接氧化生成硫黄的方法。该工艺的特点与低温 Claus 工艺相同。

H_2S 直接选择氧化工艺主要有：Parsons 公司的 BSR/Seletox 工艺和 BSR/Hi-Activity 工艺，Comprimo 公司的 Super Claus 工艺，Linde 公司的 Clinsulf 工艺等。三大类尾气处理工艺的比较见表 1-2。

表 1-2　三大类尾气处理工艺的比较

名称	低温 Claus	尾气加氢还原吸收	H_2S 直接选择氧化
基本原理	采用高活性催化剂，在低于硫露点温度下进行 Claus 反应，生成元素硫	在催化剂作用下，尾气中的 SO_2 和元素硫还原为 H_2S，而 COS 和 CS_2 水解为 H_2S。然后，H_2S 被胺液吸收	尾气中的 H_2S 在催化剂作用下直接氧化为元素硫
总硫回收率	98.5%~99.5%	≥99.8%	98.5%~99.5%
排放气净化度	>1500μg/g	<300μg/g	>1500μg/g
投资费(相当于两级常规 Claus 费用)	30%~40%	180%~200%	30%~40%
操作费用	低	高	低

29　SCOT 工艺的特点是什么？

SCOT 工艺系荷兰 Shell 公司开发，自 1973 年第一套工业装置交付使用以来，在世界各地有 200 多套 SCOT 工艺装置投产，居所有尾气处理工艺装置之首。SCOT 装置规模从 3t/d 到 2100t/d 不等，装置总硫回收率可达 99.8%以上，净化尾气中硫化物含量<300μg/g，符合 GB 16297—1996 环保标准。SCOT 工艺被证实是减少 SO_2 排放最为有效的方法，该工艺成熟(建有 185 套工业装置、有 27 年的历史)、运转可靠(故障率低于 1%)、操作弹性大(25%~100%)、抗干扰能力强(进料气组成稍有变化，对装置总硫回收率没有影响)，但该工艺装置投资高，尤其是加氢反应器所需热源和氢源由在线加热炉提供，造成操作复杂和操作费用增加。

30　Super Claus 工艺的特点是什么？

Super Claus 工艺是荷兰 Comprimo 公司等开发的，该工艺属于直接将尾气中

的 H_2S 氧化为元素硫的硫回收工艺。自 1988 年第一套日产硫黄 100t 的工业装置投产以来，有 100 多套装置投产。

该工艺的特点是：

1）以 H_2S 过量运转方式代替传统的以 $H_2S/SO_2=2/1$（分子）苛刻比例调节运转方式，操作灵活性大。

2）催化剂仅对 H_2S 进行选择性氧化，H_2、CO 等组分不会被氧化，也不会因为副反应生成 COS 和 CS_2，即使是在超过化学计量的氧存在下，SO_2的生成量也非常少，在缺氧的条件下，H_2S 将同催化剂上的金属氧化物反应生成金属硫化物，但只要 O_2过量催化剂很容易再生。

3）过程气中高浓度的水含量不会影响 H_2S 的转化率。

4）装置投资和操作费用与普通 Claus 相当。

5）总硫回收率分为 99%和 99.5%两种，净化尾气中硫化物含量>1500μg/g，不能满足 GB 16297—1996 环保标准。

31 MCRC 工艺的特点是什么？

MCRC 工艺是加拿大矿物和化学资源公司开发的一种硫黄回收与尾气处理一体化的硫回收工艺。该工艺将最后一级或两级转化反应器置于低温下操作，在工艺流程和技术经济性方面有一定的特点，因此自问世以来颇受重视，自 1980 年第一套工业装置投产以来，至 2005 年已有 16 套装置投入运转。装置采用与传统 Claus 装置基本相同的流程，全部设备可按 Claus 装置的规范设计制造，无任何特殊要求。催化剂再生是整个操作的一部分，无须单独设置再生循环系统，而只要在普通 Claus 装置上增加少量阀门即能灵活控制。另外装置操作方便，容易管理，操作费与同样转化反应器级数的普通 Claus 装置相当，投资约提高 10%，而硫回收率可提高 2~5 个百分点。总硫回收率分为 99%和 99.5%两种，净化尾气中硫化物含量>1500μg/g，不能满足 GB 16297—1996 环保标准。

32 RAR 工艺的特点是什么？

RAR 工艺是意大利国际动力学技术公司（KTI）开发的一种尾气处理工艺。我国于 20 世纪 90 年代引进该工艺，分别在茂名和南京建有生产装置。RAR 工艺属于尾气加氢还原吸收类工艺，它与同属于尾气加氢还原吸收类工艺的 SCOT 工艺相比，主要区别是无在线还原气发生炉，因此有人将它称为无燃烧炉的 SCOT 工艺。该工艺的主要特点是外供氢源，加氢反应器热源由反应器进出口物流换热并附设电加热器以供装置开停工、事故及特殊工况时使用或其他外部热源（间接加热炉、蒸汽等）提供。无在线炉工艺意味着无额外的惰性气体进入系统，使过程气总量较 SCOT 工艺减少 5%~10%，从而具有设备规模小、尾气排放量相对较少的特点。它同时具有 SCOT 工艺的其他优点，装置总硫回收率可达到 99.8%以上，净化尾气中硫化物含量<300μg/g，符合 GB 16297—1996 环保标准。

33 Clauspol-300 工艺的特点是什么?

Clauspol-300 工艺是在 Clauspol-1500 工艺的基础上发展起来的，Clauspol-1500 工艺是法国 IFP 开发的，自 1971 年第一套工业装置投产以来，至 2005 年已有 35 套工业装置投入运转(包括 Clauspol-1500 工艺和 Clauspol-300 工艺)。1993 年，IFP 在改进了 Clauspol 反应塔部分的溶剂循环回路冷却方式和采用精确可靠的在线分析仪改善 H_2S/SO_2的比值控制后，推出了 Clauspol-300 工艺，使装置的硫回收率由 98.5%提高到 99.5%。至 2005 年采用 Clauspol-300 工艺建成的工业装置有 5 套，大连西太平洋石化公司的 300t/d 硫回收装置就是其中的一套。在 Clauspol-300 的基础上，IFP 又推出了 Clauspol-99.9 工艺，该工艺采用溶剂循环减饱和回路新技术和高水解活性的 CRS-31 催化剂，据称装置总硫回收率可达到 99.9%，但未见工业化报道。

34 SSR 工艺的特点是什么?

SSR 工艺系齐鲁石化公司开发的硫回收成套技术，国内已有几十套装置采用 SSR 工艺技术。SSR 技术同样属于尾气加氢还原吸收类工艺，装置总硫回收率可达 99.8%以上，其特点是利用装置自身热源作为制硫转化反应器和加氢反应器热源，用外供氢作氢源，取消了传统的 SCOT 工艺在线加热炉设备，同样具有设备规模小、尾气排放量相对较少的特点。该工艺装置总硫回收率可达 99.8%以上，净化尾气中硫化物含量<300μg/g，符合 GB 16297—1996 环保标准。

35 LS-DeGAS 工艺技术的特点是什么?

LS-DeGAS 工艺技术由中国石化齐鲁研究院自主研发，其技术特点是：

1）该技术可降低硫黄回收装置 SO_2排放浓度至 100mg/m^{3}以下，达到国际领先水平，满足 GB 31570—2015《石油炼制工业污染物排放标准》的排放要求。

2）该技术采用净化尾气作为液硫脱气鼓泡的气源，节约了氮气、蒸汽的用量，在满足液硫脱气质量要求的前提下，无任何公用工程物料的额外投入，具有投资省、能耗低的特点。

3）该技术使液硫中 H_2S 满足小于 10μg/g 的指标要求，消除了液硫在储存、运输和加工过程中的安全隐患，以及现场的异味，具有良好的环保效益。

4）该技术开发了低温耐氧高水热稳定性的 LSH-03A 液硫脱气废气加氢专用催化剂，可将尾气加氢反应器入口温度降至 220℃，节能效果显著，同时满足液硫脱气废气含氧及高水蒸气含量的使用工况，液硫脱气废气可直接引入加氢反应器，经加氢转化为H_2S，并通过胺液吸收返回制硫单元回收元素硫，避免了该废气进入尾气焚烧炉引起的排放影响。

5）选用高效脱硫溶剂，净化气中硫化氢含量降至20μg/g以下。按照GB 31570—2015《石油炼制工业污染物排放标准》，要求还原气吸收塔出口硫化氢含量降低至20μg/g以下，尾气吸收系统需采用专门的高性能复合脱硫剂。

6）选用高性能催化剂，净化气中COS含量降至20μg/g以下。

7）尾气吸收单元增加制冷系统，降低急冷水、循环水和胺液的温度，保证吸收效果。

36 无在线炉硫黄回收及尾气处理工艺技术的特点是什么？

山东三维化学集团股份有限公司自行开发的“无在线炉硫黄回收及尾气处理工艺技术”自1998年实现工业化，至今已经在国内外设计、建设了百余套工业装置。“无在线炉硫黄回收及尾气处理工艺技术”的基本原理与国外技术如Claus+SCOT、KTI的RAR工艺、NIGI的HCR工艺相同，所以产品质量和尾气排放质量相当。

无在线炉硫黄回收及尾气处理工艺技术的特点是：

1）无在线炉硫黄回收及尾气处理工艺技术前部高温燃烧消除杂质影响，该工艺产出的硫黄均能达到优等品的标准。

2）工艺控制方式灵活多变，可根据装置规模大小选择不同的过程气再热方式，如采用高温掺和阀加热(年产硫黄6×10^4t/d以下)、蒸汽加热以及气-气换热(年产硫黄6×10^4t/d以上)等方法。

3）工艺所有物料的加热均采用自身热源，全部余热利用，基本上实现自给自足，不消耗公用工程热源。

4）在同等尾气净化度时，尾气排放量和污染物(SO_2)绝对排放量相对较少。

5）对外供氢纯度要求不高。加氢反应器气源可以是氢气、一氧化碳，而且对其浓度要求不高。对于无氢气、一氧化碳的装置还可设计还原气发生炉自产氢气及一氧化碳。

6）操作简便，装置操作弹性大，可根据酸性气原料情况，通过调整工艺设计，利用伴烧、富氧等工艺来改变装置操作范围至20%~130%，为上游装置的扩能改造提供有利条件。

7）装置停工处理简便，开停工时间短，可以实现制硫与尾气处理同时开工、停工而不相互影响，减少了装置的开工时间和停工处理时间。

37 后碱洗工艺技术的特点是什么？

许多烟气脱硫方法都能获得较高的脱除效率，但脱除效率的高低并不是评价脱硫脱硝方法优劣的唯一标准，选择时不但要进行综合技术经济比较，还要根据项目所在地区条件选定工艺系统。

一般来讲，烟气脱硫主要方法有石灰石-石膏湿法脱硫、氨法脱硫以及钠碱法脱硫等，石灰石-石膏湿法脱硫及氨法脱硫流程较长、产渣量大、装置庞大，适用于场地空旷的发电厂。氨法脱硫流程较长，一次性投资高不适合已有硫黄回收装置增设后碱洗设施类项目。钠碱法脱硫中 NaOH 溶液是炼油和化工行业烟气净化吸收塔使用最多的吸收剂，具有脱硫效率高、产渣少、流程短、装置小等优点，但运行费用相对较高。

38 烟气深度净化工艺都有哪些？

硫黄回收装置的SO_2排放浓度需按≤50mg/Nm^{3}设计，必须配套烟气深度净化工艺，现阶段可供选择的烟气净化工艺主要包括以下几种：

（1）碱液吸收工艺

本工艺的脱硫机理是二氧化硫溶于水生成亚硫酸溶液，与 NaOH 进行酸碱中和反应，生成亚硫酸钠，生成的亚硫酸钠绝大部分作为吸收剂循环使用，一小部分经氧化生成硫酸钠后排放至污水处理厂，Na_2SO_4可回收利用生产工业芒硝。循环液的 pH 值通过调节氢氧化钠溶液的加入量来调节。吸收二氧化硫所需的液气比根据二氧化硫的入口浓度、排放的需求和饱和气体的温度来决定。化学反应式如下：

脱硫反应：

$$SO_2+H_2O \longrightarrow H_2SO_3$$

$$SO_3+H_2O \longrightarrow H_2SO_4$$

$$2NaOH+H_2SO_3 \longrightarrow Na_2SO_3+2H_2O$$

$$2NaOH+H_2SO_4 \longrightarrow Na2SO_4+2H_2O$$

$$H_2SO_3+Na_2SO_3 \longrightarrow 2NaHSO_3$$

$$NaOH+NaHSO_3 \longrightarrow Na_2SO_3+H_2O$$

氧化反应：

$$2Na_2SO_3+O_2 \longrightarrow 2Na_2SO_4$$

酸碱中和后含盐 7%的含盐废水排至污水处理厂。处理后烟气中的二氧化硫含量可降低到 50mg/Nm^{3}以下。

代表工艺有“SWSR-6 硫黄回收尾气深度净化工艺”“动力波尾气碱液脱硫工艺”“HOV 尾气处理技术”等。

（2）CTS 络合铁液相氧化脱硫工艺

CTS 络合铁液相氧化脱硫工艺，即 CTS 络合铁工艺，是利用铁离子在液相中将 H_2S 直接氧化成单质硫，同时回收硫黄的脱硫工艺技术。在将 H_2S 氧化为单质硫的过程中，催化剂中的三价铁离子被还原为二价铁离子，而通过向催化剂溶液中鼓入空气，利用空气中的氧气将二价铁离子氧化为三价铁离子而使失活催化剂得以再生后循环使用。CTS 络合铁工艺具有硫化氢脱除率高、操作弹性大、运行可靠、开工周期长、操作条件温和等优点，排放尾气中 H_2S 小于 10μg/g。

代表工艺有美国 MERICHEM 公司的 LO-CAT、烟台新瑞环保科技有限公司的 BLUER-PRO、美景(北京)环保科技有限公司的 CTS 硫回收。

(3) 氨法脱硫技术

氨法脱硫技术采用99.6%液氨作为吸收剂吸收烟气中的 SO_2，生成的亚硫酸铵溶液被鼓入的空气强制氧化生成硫酸铵溶液。整套工艺系统包括烟气系统、吸收循环系统、氧化空气系统、蒸发结晶系统、硫酸铵后处理系统、吸收剂系统、工艺水系统和检修排空系统等。氨法脱硫技术的基本工艺路线为：硫回收装置来的尾气进入吸收塔，经洗涤降温、吸收 SO_2、除雾后的净烟气经塔顶烟囱排放。烟气中的二氧化硫被吸收，形成的亚硫酸铵溶液，经氧化、浓缩，得到一定浓度的硫酸铵溶液，再送入蒸发结晶系统，得到一定固含量的硫酸铵浆液。一定固含量的硫酸铵浆液，再经旋流器、离心机、干燥机后，得到水分<1%的硫酸铵，再进入包装机包装即可得到商品硫酸铵。氨法脱硫技术具有工艺流程较简单、脱硫效率高、可资源化回收二氧化硫、适用负荷范围广、无二次污染等优点，尾气中二氧化硫含量可控制在 50mg/Nm^3以下，但该技术存在以下问题：需要外购氨液，另外由于氨的腐蚀性较强，直接氨法脱硫对设备及管道腐蚀严重。脱硫溶液中的氨水浓度需要维持在较高水平，这样在气液接触过程中，容易导致大量的氨气挥发进入烟气中，造成氨的逃逸损失。同时，逃逸到烟气中的氨气还很容易与烟气中残留的二氧化硫作用，在烟气中形成难以捕集的铵盐气溶胶粒子，导致严重的二次污染。

代表工艺有江苏新世纪江南环保股份有限公司的高效氨法脱硫(EADS)技术、山东明晟环保科技有限公司的明晟氨法脱硫、福建龙净环保股份有限公司的“单塔双区”“单塔三区”“单塔四区”等。

(4) 有机胺溶剂吸收 SO_2工艺

该工艺是采用有机胺溶剂从尾气中选择性捕集 SO_2。采用低压/饱和蒸汽汽提吸收剂中的目标化学物，将吸收剂循环回吸收塔再利用。解吸出的纯的水饱和 SO_2 产品可送往后续装置。胺液净化单元用于去除吸收剂中的杂质，保证吸收能力的最大化和吸收剂补充量的最小化。采用该方案可满足大气排放二氧化硫低于 50mg/Nm^3的要求，但是流程复杂，投资较高，设备管线腐蚀性较强，需选用较高材质。

代表工艺有壳牌全资子公司康索夫公司 CANSOLV SO_2清洁系统技术、成都华西化工研究所股份有限公司离子液循环吸收工艺。

39 《石油炼制工业污染物排放标准》对脱硫溶剂再生系统、酸性水处理系统和硫黄回收装置的能力配置是如何要求的?

GB 31570—2015《石油炼制工业污染物排放标准》第 5. 4. 5 条规定,“酸性气回收装置的加工能力应保证在加工最大硫含量原油及加工装置最大负荷情况下,能完全处理产生的酸性气。脱硫溶剂再生系统、酸性水处理系统和硫黄回收装置的能力配置应保证在一套硫黄回收装置出现故障时不向酸性气火炬排放酸性气”。

40 中国石化对硫黄回收装置配置是如何要求的?

中国石化炼油事业部《降低硫黄装置烟气排放二氧化硫浓度指导意见》的相关内容规定:“硫黄回收装置为环保装置,装置负荷应留有适当的富余,以确保装置在紧急情况酸性气少放火炬或不放火炬,装置运行负荷以 70%~80%为宜,采取 N+1 配置。”

41 国家标准对二氧化硫排放是如何要求的?

GB 31570—2015《石油炼制工业污染物排放标准》明确:新建企业自 2015 年 7 月 1 日起,现有企业自 2017 年 7 月 1 日起,大气污染物排放控制按本标准的规定执行,不再执行 GB 16297—1996《大气污染物综合排放标准》和 GB 9078—1996《工业炉窑大气污染物排放标准》中的相关规定。

《石油炼制工业污染物排放标准》中二氧化硫排放限值为:工艺加热炉 100mg/m^3,酸性气回收装置 400mg/m^3。需要采取特别保护措施的地区二氧化硫排放限值为:工艺加热炉 50mg/m^3,酸性气回收装置 100mg/m^3。

42 简述工业硫黄的技术指标。

工业硫黄按形态分为固体产品(GB 2449. 1—2021)和液体产品(GB 2449. 2—2015)。

固体工业硫黄外观有块状、粉状、粒状和片状,呈黄色或淡黄色,无肉眼可见杂质。固体工业硫黄按产品质量等级分为 A 级、B 级和 C 级,其技术指标应符合表 1-3 的要求。

表 1-3 固体工业硫黄技术指标

项目	指标		
	A 级	B 级	C 级
硫的质量分数(S)(以干基计)/%	≥99. 95	≥99. 50	≥99. 00
水分的质量分数/%	≤2. 0		

续表

项目		指标		
		A 级	B 级	C 级
灰分的质量分数(以干基计)/%		≤0.03	≤0.10	≤0.20
酸度的质量分数(以 H_2SO_4 计)(以干基计)/%		≤0.003	≤0.005	≤0.02
有机物的质量分数(以 C 计)(以干基计)/%		≤0.03	≤0.30	≤0.80
砷(As)的质量分数(以干基计)/%		≤0.0001	≤0.01	≤0.05
铁(Fe)的质量分数(以干基计)/%		≤0.003	≤0.005	
筛余物的质量分数/%	粒径大于 150μm	≤0	≤0	≤3.0
	粒径为 75~150μm	≤0.5	≤1.0	≤4.0

注：筛余物指标仅用于粉状硫黄。

液体工业硫黄技术指标应符合表 1-4 的要求。

表 1-4　液体工业硫黄技术指标表

项目	指标		
	优等品	一等品	合格品
外观	常温下呈黄色或淡黄色，无肉眼可见杂质		
硫(S)/%(质)	≥99.95	≥99.50	≥99.20
水分/%(质)	≤0.10	≤0.20	≤0.50
灰分/%(质)	≤0.02	≤0.05	≤0.20
酸度(以 H_2SO_4 计)/%(质)	≤0.003	≤0.005	≤0.01
有机物(以 C 计)/%(质)	≤0.03	≤0.10	≤0.30
砷(As)/%(质)	≤0.0001	≤0.001	≤0.01
铁(Fe)/%(质)	≤0.003	≤0.005	≤0.02
硫化氢和多硫化氢(以 H_2S 计)/%(质)	≤0.0015	≤0.0015	≤0.0015

注：以上项目除水分、硫化氢和多硫化氢外，均以干基计。

43 塔板数对脱硫效果有什么影响?

对于干气、液化气，脱硫塔塔板数越多，脱硫效果越好，塔板效率越高，脱硫效果越好。

44 简述 H_2S 的基本性质。

H_2S 气体相对分子质量 34、沸点-60.4℃、熔点-85.5℃、自燃点 260℃，密度 1.54kg/m^3(是空气的 1.19 倍)。H_2S 为无色具有臭鸡蛋味的剧毒气体，不易飘散，溶于水、乙醇。易燃，与空气混合能形成爆炸性混合物，遇明火、高热能引起燃烧爆炸，与浓硝酸、发烟硝酸或其他强氧化剂剧烈反应，发生爆炸。爆炸上限46%(体积比)，爆炸下限4%(体积比)。空气中含H_2S达0.035mg/m^{3}时，人即可嗅到，且其臭鸡蛋气味的强烈程度与其浓度成正比。当浓度超过10mg/m^{3}时，臭鸡蛋味反而减弱，甚至不能觉察，但这正是最危险时刻，往往会出现“闪电式”中毒死亡。H_2S对人体的危害程度见表1-5。

表1-5　H_2S对人体的危害

等级	浓度/(mg/m^3)	接触时间	人体反应
轻度	0.035	接触	嗅觉可闻
	30~40	接触	臭味强烈
	70~150	1~2h	发生嗅觉疲劳，闻不到气味
中度	300	1h	出现呼吸道刺激症状，引起神经抑制，长时间接触可引起肺水肿
重度	760	15~16min	有生命危险
	1000	数秒钟	急性中毒身亡
	1400	顷刻	立刻昏迷死亡

45　二氧化硫的基本性质是什么？

二氧化硫(SO_2)是一种无色、有强烈刺激性气味，比空气重的气体，常聚积在地面上，这种气体是含硫燃料在燃烧时形成的，如加热炉烟道气中含量较多，这种气体轻微中毒时，会造成呼吸道或眼睛的黏膜发炎，空气中SO_2含量在20%以上时，会造成呼吸困难或呼吸道出血，失眠甚至窒息和死亡。

46　氨的基本性质是什么？

氨为有毒气体，易溶于水、乙醇、乙醚，相对分子质量17，沸点-33.5℃，熔点-77.7℃，闪点0℃，自燃点651℃，相对密度($\rho_{水}=1$)0.82，相对密度($\rho_{空气}=1$)0.6，爆炸上限27.4%(体积比)，爆炸下限15.7%(体积比)。

与空气混合能形成爆炸性混合物。遇明火、高热能引起燃烧爆炸。与氟、氯等接触会发生剧烈的化学反应。若遇高热，容器内压力增大，有开裂和爆炸的危险。

低浓度氨对黏膜有刺激作用，高浓度可造成组织溶解坏死。急性中毒：轻度者出现流泪、咽痛、声音嘶哑、咳嗽、咯痰等；眼结膜、鼻黏膜、咽部充血、水肿；胸部X射线征象符合支气管炎或支气管周围炎症状。中度中毒上述症状加剧，出现呼吸困难、发绀；胸部X射线征象符合肺炎或间质性肺炎症状。严重者可发生中毒性肺水肿，或有呼吸窘迫综合征，患者剧烈咳嗽、咯大量粉红色泡沫痰、呼吸窘迫、谵妄、昏迷、休克等。可发生喉头水肿或支气管黏膜坏死脱落窒息。高浓度氨可引起反射性呼吸停止。液氨或高浓度氨可致眼灼伤；液氨可致皮肤灼伤。

47 催化剂的作用是什么？

一个热力学上可以进行的反应，由于某种物质的作用而改变了反应速率，在反应结束时此物质并不消耗，则此种物质称为催化剂，它对反应施加的作用称为催化剂作用。

催化剂之所以能改变反应速率是因为在催化剂存在下使反应改变了历程，从而改变了反应的活化能。根据 Arrhenius equation(阿伦尼乌斯公式)，反应速率常数为：

$$k = Ae^{-E_a/RT}$$

式中，k 为速率常数，R 为摩尔气体常量，T 为热力学温度，E_a 为表观活化能，A 为指前因子(也称频率因子)。

变量一共只有两个，一个是热力学温度 T，一个是表观活化能 E_a。低的表观活化能 E_a 意味着提高反应速率。

正因为如此，催化剂不能改变化学平衡。一个化学反应进行到什么程度是由热力学决定的：

$$\Delta Z^0 = -RT\ln K_p$$

式中，ΔZ^0是产物与反应物的标准自由能之差，K_p是以压力表示的化学平衡常数。由此式可以看出：反应物、产物的种类、状态一经确定，此反应的平衡也就确定了，与催化剂的存在与否无关，因此催化剂不能改变化学平衡，只能改变平衡到达的速度。这样，热力学上不能发生的反应，催化剂也不能使其发生。

48 多相催化剂反应的步骤是什么？

当催化剂和反应物不在同一相时，称为多相催化，对于多相催化剂，在大多数情况下，催化剂是固体，反应物是液体或气体。经过许多学者的研究，对多相催化的历程进行了相当清晰的描述。

多相催化剂反应的完成包括以下步骤：

1）反应物通过催化剂外表面的膜扩散到催化剂外表面。

2）反应物自催化剂外表面向内表面扩散。

3）反应物在催化剂表面上吸附。

4）反应物在催化剂内表面上反应生成产物。

5）产物在催化剂内表面上脱附。

6）产物自催化剂内表面扩散到外表面。

7）产物自催化剂外表面通过膜扩散到外部。

以上七个步骤可以归纳为外扩散、内扩散、吸附和反应四个阶段，如果其中某一个阶段比其他阶段速率小时，则整个反应速率取决于该阶段的速率，该阶段成为控制步骤。

49 催化剂的表征是什么?

催化剂的催化性能不仅取决于它的化学组成，而且与其物理、化学的诸多表征性质密切相关，所以催化剂的表征是任何一相催化研究不可缺少的组成部分。

1）孔结构：由于反应是在催化剂固体表面上进行的，而且主要是在内表面，所以催化剂的孔结构是十分重要的因素。

2）表面积：因为反应是在催化剂表面上进行的，表面积对分散催化剂活性组分起重要作用，它与催化剂活性密切相关，当然并不与催化剂活性成正比，这是因为活性表面只占总表面的一部分，还有一部分表面由于孔径太小或传质原因而不能发挥作用。催化剂总表面积的测定目前所采用的方法基本上均为低温物理吸附法，而其中的 BET 法则(BET 是三位科学家 Brunauer、Emmet 和 Teller 首字母缩写)更是推崇为催化剂表面积测定的标准方法。

3）孔体积：是单位质量催化剂所有细孔体积总和，是催化剂孔结构的参数之一，一定的反应要求催化剂具有一定范围的孔体积，通常在一定的四氯化碳蒸气压力下，测得样品对四氯化碳凝聚体积，而近期用的是氮吸附法，通过公式计算出来，单位用 mL/g 表示，符号为 V。

4）孔径：用来表示催化剂平均孔径的大小，它是基于假设催化剂有 n 个孔，从表面到内部大小相同，是圆柱状，柱长为 L。通过公式 $d=2V/S$ 计算出，单位用 nm 表示，符号为 d。

仅知道载体或催化剂的平均孔径是不够的，还要知道孔体积对孔径的分布(简称孔分布)。一般催化剂或载体不可能做到所有的孔径都一致，而理想的载体或催化剂则希望孔径尽可能地集中在某一范围内，因此就要知道不同孔径的孔体积占催化剂总孔体积的比例。催化剂的孔径可按大小分为：大孔(20nm)，过渡中孔(2~20nm)和细孔(2nm)，一般可用吸附脱附等温线来求得。

50 催化剂的使用性能指的是什么?

催化剂的使用性能主要是指活性、选择性、稳定性，还有其他性能：机械强度、再生性能、耐热性能、形状等。

催化剂活性，反映催化剂加快反应速率的性能。随加工量的增加，活性逐渐下降。它可以用在一定的工艺条件下，以单位催化剂获得的目的产品收率或转化率来表示。

催化剂的选择性是指催化剂加快目的反应和抑制副反应的性能。选择性的高低可以通过目的产品的产率(生成率)来表示。

催化剂的稳定性是指催化剂在工艺反应条件下能够保持较高活性和选择性的时间。

51 部分燃烧法的定义是什么?

将全部酸性气引入酸性气燃烧炉，所配的空气量由烃类完全燃烧和三分之一的 H_2S 燃烧成 SO_2 所需的空气量来计算，这样炉出口的过程气中 H_2S 与 SO_2 的比值在2∶1左右，在转化反应器中借助于催化剂转化成硫黄。这种生产硫黄的方法就叫部分燃烧法。

52 过程气的定义是什么?

硫黄回收装置内的气体总称为过程气。这只是工艺上的划分，气相物料在进酸性气燃烧炉之前称酸性气和风，在出尾气捕集器后称尾气。

53 风气比的定义是什么?

进炉的空气量与进炉的酸性气量之比称为风气比。它是硫黄回收操作中的关键指标之一。

54 什么是分子式?

分子式是用元素符号来表示物质分子组成的式子。正确书写分子式可以看出物质分子是由哪些元素的原子组成的，各元素的原子数和质量百分比。

55 什么是溶液的浓度? 溶液的浓度有几种表示方法?

单位溶液中所含溶质的量叫溶液的浓度。

表示方法有质量浓度、摩尔浓度和体积浓度。

56 当量燃烧指的是什么?

当量燃烧是指可燃物完全燃烧，其配风量为按化学反应所计算的完全燃烧所需的空气量。

57 硫黄潜含量的定义是什么?

酸性气中全部 H_2S 转化为硫黄的量称为硫黄的潜含量。其计算方法为：

$$\text{硫黄的潜含量(kg)} = \frac{\text{酸性气总量} \times \text{酸性气浓度} \times 32}{22.4}$$

58 硫黄回收率的定义是什么?

硫黄回收率(SRET)的定义:

$$SRET=\frac{SF-STGS}{SF}$$

式中 SF——酸性气进料中的硫含量, kg/h;

STGS——尾气中以 H_2S、SO_2、CS_2、COS 和 S 蒸气存在的硫含量, kg/h;

我们常以实际硫黄产量与酸性气中硫潜含量之比作为硫黄回收率。

$$\text{硫黄回收率}=\frac{\text{实际硫黄产量(kg)}}{\text{酸性气中硫潜含量(kg)}}\times 100\%$$

因为 1kmol 分子的 H_2S 气体在标态下体积为 $22.4m^3$, 每个 H_2S 分子中潜含一个硫原子, 其原子量为 32kg/kmol。

$$\text{硫黄回收率}=\frac{\text{实际硫黄产量(kg)}}{Q_{\text{酸}}\times V_{H_2S}\times\frac{32}{22.4}(\text{kg})}\times 100\%$$

式中 $Q_{\text{酸}}$——酸性气体积流量, m^3/h;

V_{H_2S}——酸性气中 H_2S 体积含量, %。

59 酸性气燃烧炉所需空气量的计算方法是什么?

根据烃类完全燃烧和 H_2S 全部转化为硫黄的反应式:

$$2H_2S+O_2 = 2H_2O+S_2$$

$$C_nH_{2n+2}+(3n+1)/2O_2 = (n+1)H_2O+nCO_2$$

则:

$$\text{总需氧量}=Q_{\text{酸}}\times\frac{V_{H_2S}}{2}+Q_{\text{酸}}\times V_{C_nH_{2n+2}}\times\frac{3n+1}{2}$$

空气中含氧量占体积量为 21%, 则:

$$\text{总需氧量}=\frac{100}{21}\times Q_{\text{酸}}\times\left(\frac{V_{H_2S}}{2}+\frac{3n+1}{2}\times V_{C_nH_{2n+2}}\right)$$

则:

$$\text{空气量/酸性气}=\frac{\text{空气量}(m^2/h)}{\text{酸性气量}(m^3/h)}=\frac{100}{21}\times\left(\frac{V_{H_2S}}{2}+\frac{3n+1}{2}\times V_{C_nH_{2n+2}}\right)$$

式中 $Q_{\text{酸}}$——酸性气体积流量, m^3/h;

V_{H_2S}——酸性气中 H_2S 体积含量, %;

$V_{C_nH_{2n+2}}$——烃类在酸性气中体积含量, %。

60 燃烧定义是什么?

燃烧是一种放热发光的化学反应，也就是化学能转变成热能的过程。在日常生活、生产中所见的燃烧现象，大都是可燃物质与空气(氧)或其他氧化剂进行剧烈化合而发生放热发光的现象，实际上燃烧不仅仅是化合反应，有的是分解反应。

简单可燃物质的燃烧，只是元素与氧的化合，例如：

$$C+O_2 = CO_2 \quad S+O_2 = SO_2$$

复杂物质的燃烧，则先是物质的受热分解，后是化合反应。例：

$$CH_4+2O_2 = CO_2+2H_2O$$

反应是否具有放热、发光、生成新物质等三个特征，是区分燃烧和非燃烧现象的根据。其中可燃物与氧化合所发生的燃烧是燃烧最普遍的一种。但是，有些可燃物没有氧参加化合也能燃烧，如氢气在氯气中燃烧。

61 燃烧需要具备哪些条件?

一般来说，燃烧的发生，必须同时具备三个条件(可燃物、助燃物、着火源)并且相互作用。即足够的可燃物、助燃物(且有适当的比例)，具有一定能量的着火源，同时存在，相互作用。

1）要有可燃物。凡是能和氧或氧化剂起剧烈化学反应的任何固体、液体和气体都可称作可燃物质。如石油、煤炭、瓦斯、纸张等。

2）要有助燃物质，一般指氧和氧化剂。氧普遍存在于空气中(氧在空气中的体积比为21%)，因此，当可燃物质燃烧时，只要源源不断地供给空气，燃烧就能继续，直到燃尽，否则燃烧就会停止。

3）要有着火源。凡是能够把可燃物部分或全部加热到发生燃烧所需要的温度和热量的热源，都叫作着火源。着火源很多，分为直接火源和间接火源。直接火源有明火，通常指的是生产生活用的炉火、灯火、焊接火以及火柴、打火机的火焰、烟头火、烟囱火星、撞击摩擦产生的火星、烧红的电热丝，还有电气火花和静电火花以及雷电等。间接火源主要是指加热可燃物到燃点引起的燃烧以及物质本身自行发热、自燃。

不难看出，没有可燃物，燃烧根本不会发生，有了可燃物，而无氧或氧化剂，燃烧也不能进行，即使有了可燃物和氧，若没有着火源也还是燃烧不起来。由此，燃烧必须同时具备上述三个条件，并且缺一不可。

只有同时具备了以上3个燃烧所必需的条件，可燃物质才能发生燃烧。但是在某些条件下，除了要具备燃烧的三要素外，还要有一定的条件：

第一，要有足够的可燃物质。若可燃气体或蒸气在空气中的浓度不够，燃烧就不会发生。例如：用火柴在常温下去点汽油，能立即燃烧，但若用火柴在常温下去点柴油，却不能燃烧。

第二，要有足够的助燃物质。燃烧若没有足够的助燃物，火焰就会逐渐减弱，直至熄灭。如在密闭的小空间中点蜡烛，随着氧气的逐渐耗尽火焰会最终熄灭。

第三，要让着火源达到一定的温度，并具有足够的热量。如火星落到棉花上，很容易着火，而落在木材上，则不易起火，就是因为木材燃烧需要的热量较棉花为多。白磷在夏天很容易自燃着火，而煤则不燃烧，这是由于白磷燃烧所需的温度很低(34℃)，而煤所需的燃烧温度很高(超过300℃)。

62 燃烧的过程及形式是什么?

可燃物质的燃烧，实际上是可燃物质受热分解出的可燃性气体在空气中的燃烧，因此，可燃气体的燃烧要比可燃固体和可燃液体容易得多。

可燃气体燃烧可分为混合燃烧和扩散燃烧。可燃液体的燃烧又可分为蒸发燃烧和分解燃烧。可燃性固体物质的燃烧是一个复杂的过程，它通常由传热、热分解、蒸发、气相化学反应和多相化学反应等组成。一般认为，固体燃烧可以有以下几种形式：蒸发燃烧、分解燃烧和表面燃烧。

63 什么叫闪点、燃点、自燃和自燃点?

随着温度的升高，燃油表面上蒸发的油气增多，当油气与空气的混合物达到一定浓度，以明火与之接触时，会发生短暂的闪光(一闪即灭)，这时的油温称为闪点。

可燃物开始持续燃烧(持续时间不小于5s)所需要的最低温度，叫作燃点，也称着火点，只要达到燃点，可燃物就会持续不断地燃烧起来。

燃点和闪点有这样的规律：易燃液体的燃点比闪点高约5℃。闪点愈低，差值愈小。如石脑油、二硫化碳等闪点低于0℃的液体，这一差值仅为1℃。因此用燃点来评定火灾危险性的实际意义不大，通常都按闪点评定。而燃点只对评定燃点和闪点比较高的可燃液体，才具有实际意义。控制储存物质的温度在燃点以下，是防止火灾发生的有效措施。

自燃是指可燃物不需明火作用而发生的自行燃烧现象。自燃点即可燃物质在没有外界火源的条件下，能自行引燃并继续燃烧的最低温度。

产品中的轻质油闪点比重质油闪点低，而轻质油的自燃点比重质油的自燃点高。固体物质的自燃点一般低于液体和气体物质的自燃点。

闪点低的物质火灾危险性比较大，闪点虽高而自燃点低的物质，火灾危险性也比较大。例如：同样加热到300℃的轻油和重油，当轻油漏出后，不遇明火不会燃烧，而重油漏出就会着火。

64 什么叫闪燃？

各种液体表面都有一定量的气体存在，气体的浓度取决于该液体的温度。气体与空气混合形成可燃气体，遇火即产生一闪即灭的瞬间闪光，这一现象叫闪燃。

65 影响燃料性能的主要因素有哪些？

1）燃点：燃点越低，火灾危险性越大。

2）自燃点：自燃点越低，火灾危险性越大。

3）闪点：闪点越低，火灾危险性越大。

4）挥发性：密度越小，沸点越低，其蒸发速度越快，火灾危险性越大。

5）可燃气体的燃烧速度：单位时间内被燃烧掉的质量或体积浓度，燃烧速度越快，引起火灾危险性越大。

6）自燃：自热燃烧，堆放越多，越易引起燃烧。

7）诱导期：在自引着火前所延滞的时间称为诱导期，时间越短，火灾危险性越大。

8）最小引燃量：所需引燃量越小，引起火灾危险性越大。

66 气体的燃烧速度以什么来衡量？它与哪些因素有关？

气体的燃烧速度以火焰传播速度来衡量。

影响气体燃烧速度的因素：

1）气体的组成。

2）气体的浓度。

3）管道直径大小。实验表明，火焰传播速度一般随管径增大，但管径增大到某一极限值时，传播速度不再增大。管径减小到某一极限值时，火焰不能继续传播。

67 什么是高发热值？什么是低发热值？

单位质量燃料完全燃烧后，生成的水呈气态时所放出的热量即为低发热值。单位质量燃料完全燃烧后，生成的水呈液态时所放出的热量即为高发热值。

68 氢气的主要化学性质是什么？

氢气的主要化学性质是：

1）可燃性：可在氧气中或氯气中燃烧。

2）还原性：使某些金属氧化物还原。

69 什么是临界状态？什么是临界温度和临界压力？

临界状态是指物质的气态和液态平衡共存时的一个边缘状态，这时液体密度和饱和蒸气密度相同，因而它们的界面消失，这种状态只能在临界温度和临界压力下实现。

临界温度是物质处于临界状态时的温度，对纯组分来说，也就是气体加压液化时所允许的最高温度(如氧是-118.8℃，氨是132.4℃)，超过此温度，不管压力再提高多少，也不能使气体液化，只能使其受到高度压缩。而对于多组分混合物，其液化或汽化温度即露点或泡点随压力不断提高而升高，两者温度差逐渐缩小，最后交于一点，称临界点，这点的温度和压力，就是多组分混合物的临界温度和临界压力。

70 什么是热的良导体和不良导体？

传导热的能力比较强的物体，叫作热的良导体；传导热的能力比较弱的物体，叫作热的不良导体。

71 什么叫导热系数(λ)？影响因素有哪些？

导热系数 λ 是在温度梯度为1K/m、导热面积为 $1m^2$ 的情况下，单位时间内传递的热量。即导热系数值越大，说明物质的导热能力越强。所以导热系数是物质导热能力的标志，是物质的一个物理性质。一般来说，固体的热导率比液体的大，而液体的又要比气体的大。

影响导热系数 λ 的主要有如下几个因素：

1）物质的化学组成：化学组成不同或同样材料含有少量杂质会使 λ 值改变。

2）内部结构：物质内部结构越紧密，其导热系数越大。

3）物理状态：化学组成虽相同，但所处物理状态不同，λ 值也不一样。

4）湿度：湿材料的导热系数比同样组成的干材料要高。

5）压强：主要是对气体的影响。气体的导热系数随压强的增加而增加，但在通常压强范围内导热系数值增加很小，可以忽略。在高真空(绝对压强<2.66kPa)和高压下，压强的影响较大。

6）温度：温度对不同材料导热系数的影响各有不同。气体、蒸气和绝热材料的 λ 值随温度升高而增大，大部分液体(水和甘油除外)和大部分金属的 λ 值随温度升高而降低。

72 传热系数 K 的物理意义是什么？

传热系数 K 的定义如下：

$$K=\frac{q}{F\Delta t_m}$$

式中　K——传热系数，$W/(m^2 \cdot K)$；

q——传热速率，J/h；

F——传热面积，m^2；

Δt_m——温度差，K。

传热系数 K 的物理意义是指流体在单位面积和单位时间内，温度每变化 1℃所传递的热量。传热系数 K 的计算式如下：

$$K=\frac{1}{\frac{1}{\alpha_1}+R_1+\frac{\delta}{\lambda}+\frac{1}{\alpha_2}+R_2}$$

式中　α_1——热流体侧的传热分系数，$W/(m^2 \cdot K)$；

R_1——热流体侧的污垢热阻，$(m^2 \cdot K)/W$；

α_2——冷流体侧的传热分系数，$W/(m^2 \cdot K)$；

R_2——冷流体侧的污垢热阻，$(m^2 \cdot K)/W$；

λ——管壁材料的导热系数，$W/(m \cdot K)$；

δ——管壁厚度，m。

从上述的关系式可以看出：

要提高 K 值，必须设法提高 α_1、α_2，降低 δ 值。在忽略管壁热阻的情况下，要提高传热系数 K，必须提高壁面两侧的对流给热系数 α_1、α_2及减小管壁两侧的污垢热阻 R_1和 R_2。具体来说，就是提高 α 较小侧的流体的速度及湍动程度、改变流动条件和经常清洗管壁以减小管壁热阻等。对流传热的热阻主要集中在靠近管壁的滞流层，在滞流层中热量以传导方式进行传递，而流体的导热系数又很小。

73　强化传热的措施有哪些？

强化传热考虑以下几个方面：

1）增大传热面积。现在使用最多的是通过合理地提高设备单位体积的传热面积来达到增强传热效果的目的。

如在换热器上大量使用单位体积传热面积比较大的翅片管、波纹管、板翅传热面等，通过这些材料的使用，单台设备的单位体积的传热面积会明显提高，充分达到换热设备高效、紧凑的目的。

2）提高传热平均温度差。

3）提高流体的传热系数。方法有：

① 增大流速。如列管换热器的管程可用增加管程数来提高管内流速，壳程可加挡板等来提高传热速率。

② 改变流动条件，使流体在流动过程中不断改变流动方向，促使其形成湍流。例如在板式换热器中，当 $Re=200$ 时，即进入湍流状况。

③ 减小垢层的热阻。当换热器使用时间长后，垢层变厚，影响传热，应设法除垢。如采用在线清洗技术，可在换热器使用过程中清除垢层。

74 什么叫对数平均温差?

对数平均温差的计算式如下：

$$\Delta t_m = \frac{(T_1 - t_2) - (T_2 - t_1)}{\ln \dfrac{T_1 - t_2}{T_2 - t_1}} = \frac{\Delta t_h - \Delta t_c}{\ln \dfrac{\Delta t_h}{\Delta t_c}}$$

式中 T_1——热流进口温度,℃；

T_2——热流出口温度,℃；

t_1——冷流进口温度,℃；

t_2——冷流出口温度,℃；

Δt_h——热端温差,℃；

Δt_c——冷端温差,℃；

Δt_m——对数平均温差，即热端温差与冷端温差的对数平均值,℃。

75 什么叫溶解度?影响因素有哪些?什么是临界溶解温度?

所谓溶解就是一种物质(溶质)分散在另一种物质(溶剂)中形成溶液的过程。物质溶解能力的大小用溶解度表示，就是指在一定温度和压力下，物质在一定量溶剂中溶解的最高量，通常用 100g 溶剂里溶解的最多克数来表示，即以 g/100g 来表示。烃类在溶剂中的溶解度主要取决于烃类和溶剂的分子结构相似程度，两者结构越相似，溶解度越大；温度升高，烃类在溶剂中的溶解度增大。当达到某一温度时，烃类和溶剂完全互溶，两相界面消失，这时的温度称为该混合物的临界溶解温度。

76 什么叫亨利定律?

在一定温度和平衡状态下，气体在液体中的溶解度和该气体的平衡分压成正比，这一规律称为亨利定律。其表达式如下：

$$P_g = Hx$$

式中 P_g——平衡时组分的气相分压；

H——组分的亨利常数；

x——气体在液相中的摩尔分数溶解度。

77 什么是挥发度和相对挥发度？相对挥发度大小对蒸馏分离有何影响？

溶液达到气液两相平衡时，某一易挥发组分 A 在平衡气相中的分压 p_A 与它在平衡液相中的摩尔分数溶解度 x_A 的比值，称为 A 组分的挥发度 α_A。

$$\alpha_A = \frac{p_A}{x_A}$$

溶液中的两组分挥发度之比，为相对挥发度。如易挥发组分 A 和难挥发组分 B 的相对挥发度 α_{AB}：

$$\alpha_{AB} = \frac{\alpha_A}{\alpha_B}$$

对于理想溶液，有：

$$\alpha_{AB} = \frac{p_A^0}{p_B^0}$$

式中，p_A^0、p_B^0 分别为组分 A、B 在某温度下的饱和蒸气压。

当相对挥发度等于 1 时，轻重组分的饱和蒸气压相等，两组分在气液两相组成完全一样，采用普通蒸馏方法不能分离；当相对挥发度不等于 1 时，气液两相轻重组分组成存在差异，且相对挥发度离等于 1 越远，相差越大，越容易用蒸馏方法分离。

78 什么是油品的泡点和泡点压力？

多组分流体混合物在某一压力下加热至刚刚开始沸腾，即出现第一个小气泡时的温度叫作泡点温度。泡点温度也是该混合物在此压力下平衡汽化曲线的初馏点，即 0 馏出温度。

泡点压力是在恒温条件下逐步降低系统压力，当液体混合物开始汽化出现第一个气泡的压力。

79 什么是油品的露点和露点压力？

多组分气体混合物在某一压力下冷却至刚刚开始冷凝，即出现第一个小液滴时的温度叫作露点温度。露点温度也是该混合物在此压力下平衡汽化曲线的终馏点，即 100%馏出温度。

露点压力是在恒温条件下压缩气体混合物，当气体混合物开始冷凝时出现第一个液滴时的压力。

80 泡点方程和露点方程是什么？

石油精馏塔内侧线抽出温度则可近似看作侧线产品在抽出塔板油气分压下的泡点温度。塔顶温度则可以近似看作塔顶产品在塔顶油气分压下的露点温度。

泡点方程是表征液体混合物组成与操作温度、压力条件关系的数学表达式，其算式如下：

$$x_A = \frac{p - p_B^0}{p_A^0 - p_B^0}$$

露点方程是代表气体混合物组成与操作温度、压力条件关系的数学表达式，其算式如下：

$$y_A = \frac{p_A^0}{p} \times \frac{p - p_B^0}{p_A^0 - p_B^0}$$

式中　p——溶液上方组分的平衡分压，Pa；

p_A^0、p_B^0——某温度下纯组分的饱和蒸气压，Pa，下标 A 表示易挥发组分、B 表示难挥发组分。

81 何为理想物系？

所谓理想物系是指气相和液相应符合以下条件：

1）气相为理想气体，遵循道尔顿分压定律。总压不高于 10^4kPa 时，气相可视为理想气体。

2）液相为理想溶液，遵循拉乌尔定律。通常，由性质相近组分所组成的混合液，例如苯-甲苯混合液，它们中同分子间作用力与异分子间作用力基本上相等，可视为理想溶液。

82 什么是拉乌尔定律和道尔顿定律？

拉乌尔(Raoult)研究稀溶液的性质，归纳了很多实验的结果，于 1887 年发表了拉乌尔定律(Raoult's law)“在定温定压下的稀溶液中，溶剂在气相的蒸气压等于纯溶剂的蒸气压乘以溶剂在溶液中的摩尔分数溶解度”。其数学表达式如下：

$$p_A = p_A^0 x_A \qquad 或 \qquad p_B = p_B^0(1 - x_A)$$

式中　p_A、p_B——溶剂 A 在气相的蒸气压，Pa，下标 A 表示易挥发组分、B 表示难挥发组分；

p_A^0——某温度下纯溶剂 A 的蒸气压力，Pa；

x_A——溶液中 A 的摩尔分数溶解度。

大量的科学研究实践证明，拉乌尔定律不仅适用于稀溶液，而且也适用于化学结构相似、相对分子质量接近的不同组分形成的理想溶液。

道尔顿(Dalton)根据大量试验结果，归纳出“系统的总压等于该系统中各组分分压之和”。以上结论发表于 1801 年，通常称为道尔顿定律。

道尔顿定律有两种数学表达式：

$$P = P_1 + P_2 + \cdots + P_n$$

$$P_i = P \cdot y_i$$

式中　P_1、P_2、…、P_n——代表下标组分的分压，Pa；

y_i——任一组分 i 在气相中的摩尔分数溶解度。

经过大量的科学研究证明，道尔顿定律能准确地用于压力低于 0.3MPa 的气体混合物。

当我们把这两个定律进行联解时，很容易得到以下公式：

$$y_i = \frac{p_A^0}{p} x_i$$

83 拉乌尔定律有哪些应用？

拉乌尔定律可用于以下几个方面：

（1）计算泡点温度

在一定的压强下，将液体混合物加热产生第一个气泡时的温度称为泡点温度。若已知系统总压 p 和液相组成 x_A，计算泡点温度的过程如下：设泡点温度为 t，依此求得（或查得）p_A^0 和 p_B^0，利用泡点方程求得 x'_A。若求得的 x'_A 与已知的 x_A 相近，则所设温度即为所求；若 x'_A 和 x_A 两者相差较大，则需重设泡点温度 t，重复上述的计算过程，直至满足要求为止。

（2）计算露点温度

在一定压强下，将混合蒸气产生第一个液滴的温度称为露点温度。若已知系统总压 p 和气相组成 y_A，计算露点温度的过程如下：设露点温度为 t，依此求得（或查得）p_A^0 和 p_B^0，再利用露点方程求得 y'_A。若求得 y'_A 与已知的 y_A 相近，则所设温度 t 即为所求；若 y'_A 与 y_A 两者相差较大，则需重设露点温度，重复上述过程，直至满足要求为止。

（3）计算平衡时的气液相组成

若已知系统总压 p 和平衡温度 t，可分别由泡点方程和露点方程计算平衡时的液、气相组成。

84 什么叫吸收？什么叫物理吸收、化学吸收？什么是解吸？

吸收是一种气体分离方法，它利用气体混合物的各组分在某溶剂中的溶解度不同，通过使气液两相充分接触，易溶气体进入溶剂中，从而达到使混合气体中组分分离的目的。易溶气体为吸收质，所用溶剂为吸收剂。吸收过程实质上是气相组分在液相中溶解的过程，各种气体在液体中都有一定的溶解度。当气体和液体接触时，气体溶于液体中的浓度逐渐增加到饱和为止。当溶质（被溶解的气体）在气相中的分压大于它在液相中的饱和蒸气压时，就会发生吸收作用。当压差等于0时，过程就达到了平衡，即气体不再溶解于液体；如果条件相反，溶质由液相转入气相，即为解吸过程。当溶质在液相中的饱和蒸气压大于它在气相中的分压时，就会发生解吸作用，当两者压差等于0时，过程就达到平衡。

气体被吸收剂溶解时不发生化学反应的吸收过程称为物理吸收。

气体被吸收剂溶解时伴有化学反应的吸收过程称为化学吸收。

解吸也称脱吸，是指吸收质由溶剂中分离出来转移入气相的过程，与吸收是一个相反的过程。通常解吸的方法有加热升温、降压闪蒸、惰性气体或蒸气脱气、精馏等。

85 温度和压力对吸收效果有何影响？

温度对吸收效果有显著的影响，因为溶解度和温度有关，会使溶剂中的气体平衡分压降低，有利于气体吸收，但温度过低，可能导致气体中的一部分烃类冷凝，导致溶剂发泡而影响吸收效果。

压力高，有利于吸收进行，但不利于解吸过程。压力过高，会导致气体中部分烃类冷凝。压力低有利于吸收剂的解吸，但不利于吸收过程。

86 什么叫溶液酸气负荷？

溶液酸气负荷指的是在吸收塔内所吸收的酸性组分含量，即富液酸气负荷与贫液酸气负荷之差，代表的是某种胺液的吸收能力与饱和程度。

富液酸气负荷指离开吸收塔底富液中酸性组分含量。

贫液残余酸气负荷指离开再生塔贫液中残余酸性组分含量。

单位均为mol(H_2S+CO_2)/mol胺。

87 什么叫饱和蒸气压？饱和蒸气压的大小与哪些因素有关？

在某一温度下，液体与在它表面上的蒸气呈平衡状态时，由此蒸气所产生的压力称为饱和蒸气压，简称为蒸气压。蒸气压的高低表明了液体中的分子离开液体汽化或蒸发的能力，蒸气压越高，就说明液体越容易汽化。

在炼油工艺中，经常要用到蒸气压的数据。例如，计算平衡状态下烃类气相和液相组成，以及在不同压力下烃类及其混合物的沸点换算或计算烃类液化条件等都以烃类蒸气压数据为基础。

蒸气压的大小首先与物质的本性：相对分子质量大小、化学结构等有关，同时也和体系的温度有关。在低于0.3MPa的压力条件下，对于有机化合物常采用安托因(Antoine)方程来求取蒸气压、其公式如下：

$$\ln P_i^0 = A_i - \frac{B_i}{T+C_i}$$

式中 P_i^0——i 组分 T 温度下蒸气压，Pa；

A_i、B_i、C_i——安托因常数；

T——系统温度，K。

安托因常数 A_i，B_i，C_i 可从有关的热力学手册中查到。对于同一物质其饱和蒸气压的大小主要与系统的温度 T 有关，温度越高，饱和蒸气压也越大。

88 何谓气液平衡方程？

对于理想物系，可用相对挥发度表示气液平衡关系，称为气液平衡方程，即：

$$y=\frac{\alpha x}{1+(\alpha-1)x}$$

由上式可知，若 $\alpha=1$，既气液相组成相等，此时不能用普通精馏方法分离该液体混合物；若 $\alpha>1$，$y>x$，α 愈大，y 与 x 相差愈大，则分离愈容易。故根据混合液相对挥发度的大小，可判断用精馏方法分离该混合液的难易程度。

89 气液相平衡以及相平衡常数的物理意义是什么？

相就是指在系统中具有相同的物理性质和化学性质的均匀部分，不同相之间，往往有一个相界面把不同的相分开，例如液相和固相、液相和气相之间。在一定的温度和压力下，如果物料系统中存在两个或两个以上的相，物料在各相的相对量以及物料中各组分在各相中的浓度不随时间变化，我们称此状态为相平衡。在蒸馏过程中，当蒸气未被引出前与液体处于某一相同的温度和压力下，并且相互密切接触，同时气相和液相的相对量以及组分在两相中的浓度分布都不再变化，此时的状态称为达到了相平衡(气-液相平衡)。

相平衡时系统内温度压力和组成都是一定的，一个系统中气液相达到平衡状态有两个条件：

1）液相中各组分的蒸气分压必须等于气相中同组分的分压，否则各组分在单位时间内汽化的分子数和冷凝的分子数就相等。

2）液相的温度必须等于气相的温度，否则两相间会发生热交换，当任一相的温度升高或降低时，势必引起各组分量的变化。这就说明在一定温度下，气液两相达到相平衡状态时，气液两相中的同一组分的摩尔分数溶解度比值恒定。相平衡方程如下：

$$y_A=k_A x_A$$

式中 y_A——A 组分在气相中的摩尔分数溶解度；

x_A——A 组分在液相中的摩尔分数溶解度；

k_A——A 组分的平衡常数。

气液两相平衡时，两相温度相等，此温度对气相来说，代表露点温度；对液相来说，代表泡点温度。

气液平衡是两相传质的极限状态。气液两相由不平衡到平衡的原理，就是汽化和冷凝，建立在吸收和解吸过程的基础上。例如，蒸馏的最基本过程，就是气液两相充分接触，通过两相组分浓度差和温度差进行传质传热，使系统趋近于动态平衡，这样，经过塔板多级接触，就能达到混合物组分的最大限度分离。

气液相平衡常数 k_i 是指气液两相达到平衡时，在系统的温度、压力条件下，系统中某一组分 i 在气相中的摩尔分数溶解度 y_i 与液相中的摩尔分数溶解度 x_i 的比值。即：

$$k_i = y_i / x_i$$

相平衡常数是石油蒸馏过程相平衡计算时最重要的参数，对于压力低于 0.3MPa 的理想溶液，相平衡常数可以用下式计算：

$$k_i = \frac{p_i^0}{p}$$

式中 p_i^0——i 组分在某温度下的饱和蒸气压，Pa；

p——系统压力，Pa。

对于石油或石油馏分，可用实沸点蒸馏的方法将其切割成沸程在 10~30℃ 的若干个窄馏分，把每个窄馏分看成一个组分——假组分，借助于多元系统气液相平衡计算的方法，进行石油蒸馏过程中的气液相平衡的计算。

90 什么叫“相”？

所谓“相”，就是指系统（体系）中的物质具有相同物理和化学性质完全均匀的部分。呈气态的相称气相，呈液态的相称液相。

91 什么叫“相平衡”？

所谓“相平衡”，就是指体系的性质不随时间的变化而发生变化。在这种状态下，液相表面分子不断逸出进入气相和气相分子不断进入液相的分子数是相等的，是动态的，所以这种状态的保持也是相对的、暂时的、有条件的。一旦条件变化，平衡状态也将被打破。从理论上讲真正的平衡状态是达不到的。

92 气-液两相达到平衡后是否能一直保持不变？为什么？

平衡是相对的，不平衡是绝对的；平衡是有条件的，任何平衡都遵循这一基本规律。因此，处于某一温度下的相平衡体系，如果温度再升高一些，液体就多汽化一些，而其中轻组分要汽化得多一些，此时又建立了新的气-液相平衡。相反，如果温度降低，则蒸气就冷凝，且重组分较轻组分要冷凝得多些，此时又建立了新的气-液相平衡。

93 什么叫一次汽化？什么叫一次冷凝？

液体混合物在加热后产生的蒸气和液体一直保持相平衡接触，待加热到一定温度直至达到要求的汽化率时，气液即一次分离。这种分离过程，称为一次汽化(或平衡汽化)。

如果把混合蒸气进行部分冷凝所得的液体和剩余的蒸气保持相平衡接触状态，直到混合物冷却到一定温度时，才将冷凝液体与剩余气体分离，这种分离过程叫一次冷凝(或称平衡冷凝)。

可以看出，一次冷凝和一次汽化互为相反的过程。

94 什么叫渐次汽化？什么叫渐次冷凝？

在汽化过程中，如果随时将汽化出的气体与液体分离，这种汽化过程叫渐次汽化。如油品馏程分析中的恩氏蒸馏就是渐次汽化。随着温度的升高，液体混合物中轻组分的浓度不断减小，重组分的浓度不断增大；相反，在冷凝过程中，如果随时将冷凝下来的液体与气体混合物分离，这种冷凝过程叫渐次冷凝。随着气体温度的下降，气体混合物中重组分的浓度会不断减小，轻组分的浓度会不断增大。可以看出渐次汽化是渐次冷凝的相反过程。

95 什么叫比热容？

比热容，又称比热容量，简称比热，是指单位质量的某种物质升高(或下降)单位温度时吸收(或放出)的热量，单位是 kcal/(kg · ℃)或 kcal/(mol · ℃)。液体油品的比热容低于水的比热容，油气的比热容低于水蒸气的比热容。

96 什么叫汽化潜热？

汽化潜热又称蒸发潜热，它是指单位物质在一定温度下由液态转化为气态所需要的热量，单位以 kcal/kg 表示。当温度和压力升高时，汽化潜热逐渐减少，到临界点时，汽化潜热值为零。

97 什么叫回流比？回流比的大小对塔的操作有何影响？

塔顶回流量与塔顶产品量之比称为回流比。

一般情况下，回流比越大，则分馏效果越好，但也应有一定适度，回流比过大，势必造成塔顶液相超负荷，严重时引起塔顶雾沫夹带，或塔盘漏液，塔顶产品收率大大减少，侧线产品变轻。

98 什么是蒸馏？

蒸馏是将一种混合物反复地利用加热汽化和去热冷凝相结合的手段进行部分

或完全分离的过程。它是利用液体混合物中各组分沸点和蒸气压(相对挥发度)的不同，在精馏塔内，轻组分不断汽化上升提浓，重组分不断冷凝下降提浓，相互间不断地进行传热传质，在塔顶得到纯度较高的轻组分产物，在塔底得到纯度较高的重组分产物。它是实现分离目的的一种最基本也是最重要的手段。

99 什么是实沸点蒸馏?

实沸点蒸馏是一种间歇精馏过程，塔釜加入油样加热汽化，上部冷凝器提供回流，塔内装有填料供气、液相接触进行传热、传质，塔顶按沸点高低依次切割出轻、重不同的馏分。实沸点蒸馏主要用于原油评价试验。

100 什么是恩氏蒸馏?

恩氏蒸馏也叫微分蒸馏。油样放在标准的蒸馏烧瓶中，严格控制加热速度，蒸发出来的油气经专门的冷凝器冷凝后在量筒中收集，以确定不同馏出体积所对应的馏出温度。恩氏蒸馏的试验简单、速度快，主要用于石油产品质量的考核及控制上。

101 什么是平衡汽化?

平衡汽化也称一次汽化，在加热过程中油品紧密接触处于相平衡状态，加热终了使气、液相分离。如加热炉出口，以及应用“塔板理论”概念进行精馏过程设计的理论塔板，都可以视为平衡汽化过程。在石油蒸馏过程设计时还用它来求取进料段、抽出侧线以及塔顶的温差。

102 一个完整的精馏塔应具备什么特征?

一个完整的精馏塔应由精馏段、提馏段、进料段三个部分构成，根据使用要求不同，有的塔没有精馏段，有的塔没有提馏段。原料从进料段进入塔内，塔顶引出气相的高纯度轻质产品，塔底流出液相的高纯度重质产品，由塔顶冷凝器冷凝高纯度轻质气相产品提供塔的液相回流，由塔底重沸器加热高纯度重质液相产品提供塔的气相回流。

103 精馏流程主要由哪些设备组成?如何区分精馏段和提馏段?

精馏分离过程可连续操作，也可间歇操作。精馏流程一般由精馏塔、塔顶冷凝器、塔底重沸器等设备组成，有时还有原料预热器、产品冷却器、回流液用泵等辅助设备。

图 1-1 为连续精馏操作流程。通常，将原料液加入的那层板称为加料板。加料板以上塔段称为精馏段，其作用是把上升蒸气中易挥发组分逐步增浓；加料板

以下的塔段(包括加料板)称为提馏段，其作用是从下降液体中提取易挥发组分。

间歇精馏与连续精馏不同之处在于原料液一次加入塔釜中，因此间歇精馏只有精馏段而无提馏段，釜液组成不断地变化，故产品组成逐渐降低，一般待釜中液体组成降到规定值后，精馏操作即被停止。

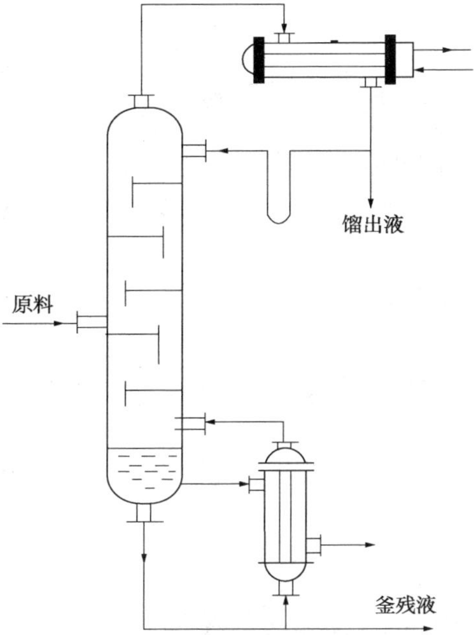

图 1-1　连续精馏操作流程

104 简述几种常用塔板的优缺点及适用范围。

几种常用塔板的优缺点及适用范围见表 1-6。

表 1-6　各种塔板的优缺点及适用范围

塔板类型	优　点	缺　点	适用范围
圆泡帽板	较成熟，操作范围宽	结构复杂，阻力大，生产能力低	某些要求弹性好的特殊塔
浮阀板	效率高，操作范围宽	需要不锈钢，浮阀容易脱落	分馏要求高，负荷变化大，如原油常压分馏塔
筛板	效率较高，成本低	要求安装水平高，易堵塞	分馏要求高，塔板数较多，如化工的丙烯塔
舌形板(固)	结构简单，生产能力大	操作范围窄，效率低	分离要求低的闪蒸塔

续表

塔板类型	优 点	缺 点	适用范围
浮喷板	压降小，生产能力大	浮板易脱落，效率较低	分离要求较低的原油减压分馏塔
网孔板	压降小，生产能力大，效率较高	操作范围较窄	较多用于润滑油型减压塔

105 什么叫塔板的操作弹性？好的塔板应有哪些要求？

塔板的操作弹性，就是同样使塔的效率降低15%时的最大负荷与最小负荷之比值，弹性大的塔就可以大幅度调节操作条件来适应生产的需要，同时塔板的效率基本上是稳定的。

好的塔板应达到以下几点要求：

1）塔盘效率高。

2）生产能力大，即允许的气液相负荷都较高，较小尺寸的塔能完成较大的生产任务。

3）操作稳定，操作弹性好，也就是说塔内气液相负荷发生较大变化时，仍能保持较高的效率。

4）经济耐用，钢材耗量小。

106 精馏塔的进料状态按照热状况分为哪几种？

通常用汽化率 e 来表示精馏塔的进料状态：

$e<0$ 时，称过冷液相进料。

$e=0$ 时，称饱和液相进料。

$0<e<1$ 时，称气液两相混合进料。

$e=1$ 时，称饱和气相进料。

$e>1$ 时，称过热气相进料。

107 分馏塔的精馏原理是什么？

分馏塔进料中的各组分存在不同的挥发度，在分馏塔温度差和塔盘间浓度差存在的条件下，组分通过塔盘的气、液相多次接触，多次传质传热，轻组分优先汽化，重组分优先冷凝，从而在塔顶、塔底分离出轻组分和重组分，这就是分馏塔的精馏原理。

108 分馏的依据是什么？

利用混合溶液中组分之间的沸点或者饱和蒸气压的差别，即挥发度不同，在受热时，低沸点组分优先汽化。在冷凝时，高沸点组分优先冷凝，这就是分馏的根本依据。

109 精馏的原理是什么？精馏过程实质是什么？

在塔的第 n 层塔板上，由下层（第 $n+1$ 层）上升的蒸气通过塔板上的小孔进入该层塔板，而上层（第 $n-1$ 层）的液体通过溢流管也进入该层塔板，气液两相在该层塔板上接触，两者温度不相等，浓度不同，气相向液相传热，液相中的轻组分汽化进入气相，气相中的重组分冷凝成液相，两相在该层塔板上发生传质和传热。两相完成传质和传热后，液相通过第 n 层塔板的溢流管进入下一层塔，而气相通过第 $n-1$ 层塔板的小孔进入上层塔板。在每层塔板上均进行上述传质传热过程，这就是精馏的原理。

精馏过程的实质是：不平衡的气液两相经过热交换，气相多次部分冷凝与液相多次部分汽化相结合的过程，也可以认为是不平衡的气液两相在逆流多次接触中，多次交换轻质组分的过程。

110 实现精馏的必要条件是什么？

1）分（精）馏过程主要依靠多次部分汽化及多次部分冷凝的方法，实现对液体混合物的分离，因此，液体混合物中组分的相对挥发度差异是实现精馏过程的首要条件。在挥发度十分接近难以分离的条件下，可以采用恒沸精馏或萃取的方法来进行分离。

2）塔顶加入轻组分浓度很高的回流液体，塔底用加热或汽提的方法产生热的蒸气。

3）塔内要装设有塔板或填料，提供传热和传质场所。

111 分馏与精馏的区别是什么？

分馏和精馏都是以汽化、冷凝达到分离的目的。

分馏采用部分汽化或部分冷凝的方法，使含有几种不同沸点挥发性组分的混合物得到一定纯度的分离；而精馏采用多次汽化多次冷凝的方法，使混合物得到较高纯度的分离。

112 简述分馏塔板或填料的作用。

分馏塔板或填料在分馏过程中主要提供气、液相良好的接触场所，以便于传热、传质过程的进行。在塔板上或填料表面自上而下流动的轻组分含量较多，温度较低的液体与自下而上流动的温度较高的蒸气相接触。回流液体的温度升高，其中轻组分被蒸发到气相中去，高温的蒸气被低温的液体所冷凝，其中重组分被冷却下来转到回流液体中去，从而使回流液体每经过一块塔板重组分含量有所上升，而上升蒸气每经过一块塔板轻组分含量也有所上升，这就是塔板或填料上传质过程，也称提浓效应。液相的轻组分汽化需要热量——汽化热，这热量是由气相中重组分冷凝时放出的冷凝热量直接供给的。因此在分馏塔板上进行传质过程的同时也进行着热量传递过程。

113 采用蒸汽汽提的作用原理是什么？

在一定的温度下，当被蒸馏的油品通入蒸汽时，油气形成的蒸气分压之和低于设备的总压时，油品即可沸腾，吹入蒸汽量越大，形成水蒸气的分压越大，相应需要的油气分压越小，油品沸腾所需的温度就越低。

114 塔顶回流起什么作用？

塔顶回流在于建立起精馏的必要条件和维持全塔的热平衡，也就是说它实际上起两个作用：一是提供了精馏段从塔顶到进料口的每一块塔板上的液相回流，与逐板上升的气相接触，创造了气液两相之间传热传质的条件；二是取走了塔内过剩热量，维持了塔内各点的热平衡，以利于控制产品质量。

115 塔顶温度与塔顶回流有什么关系？

塔顶温度用塔顶回流量控制，塔顶温度高，产品偏重，应加大回流量控制质量。但回流量不宜过大，以防止上部塔板及塔顶系统超负荷。

116 什么叫回流比？它的大小对精馏操作有何影响？

回流比是指回流量 L_o 与塔顶产品 D 之比，即：

$$R=\frac{L_o}{D}$$

回流比的大小是根据各组分分离的难易程度(相对挥发度的大小)以及对产品质量的要求而定。对于二元或多元物系，它是由精馏过程的计算而定的。

在生产过程中精馏塔内的塔板数或理论塔板数是一定的、增加回流比会使塔顶轻组分浓度增加、质量变好，对于塔顶、塔底分别得到一个产品的简单塔，在增加回流比的同时要注意增加塔底重沸器的蒸发量，而对于有多侧线产品的复合原油蒸馏塔，在增加回流比的同时要注意调整各侧线的开度，以保持合理的物料平衡和侧线产品的质量。

117 何谓全回流？全回流操作有何特点和实际意义？

精馏塔塔顶上升蒸气进冷凝器冷凝后，冷凝液全部回流至塔内，称为全回流。全回流时回流比 R 为无限大。

回流比越大，完成一定分离任务所需的理论塔板数越少。当回流比无限大时，气液两相间传质推动力最大，因此所需的理论塔板数为最少。

通常，在全回流下精馏塔无生产能力，对正常生产无实际意义。全回流操作主要应用于以下两种情况：

1）精馏塔的开工阶段，开工时采用全回流操作，既可减少精馏塔的稳定时间，又可降低不合格产品的产出量。

2）精馏塔的实验研究，如塔板效率的测定、塔填料性能的测定等。其特点是设备简单、操作方便。

118 什么是最小回流比？

一定理论塔板数的分馏塔要求一定的回流比来完成规定的分离度。在指定的进料情况下，如果分离要求不变，逐渐减小回流比，则所需理论塔板数也需要逐渐增加。当回流比减小到某一限度时，所需理论塔板数要增加无限多，这个回流比的最低限度称为最小回流比。

如图 1-2 所示，对一定的分离任务，若回流比减小，精馏段操作线截距增大，两操作线位置向平衡线靠近，气液两相间传质推动力减小，故所需理论塔板数增多。当回流比减小到某一数值时，两操作线的交点 d 落在平衡曲线上，在 d 点前、后各板之间的气液相组成基本上不发生变化，即没有增浓作用，此时所需理论塔板数为无限多，点 d 称为夹紧点，d 点附近的区域为夹紧区（恒浓区）。因此，对特定的分离任务和要求需要无限多理论板数时的回流比，定义为最小回流比，以 R_{min} 表示。当回流比比 R_{min} 还要低时，操作线和 q 线的焦点落在平衡曲线之外，精馏操作无法完成指定的任务。

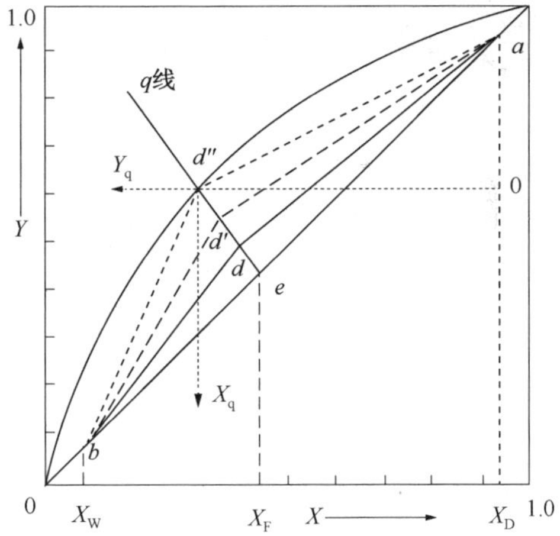

图 1-2　最小回流比的确定

应予指出最小回流比是对一定的原料液为达到一定的分离程度所需回流比的最小的限度，实际回流比应大于最小回流比。讨论最小回流比的实际意义在于确定适宜的操作回流比。

119 怎样确定适宜回流比？

适宜回流比是指精馏段操作费和设备投资费之和为最低时的回流比，一般应通过经济衡算决定。

精馏操作费用主要包括加热介质消耗量、冷却介质消耗量及动力消耗等费用，当回流比增大时，这些费用将增加，即回流比与操作费用成正比。精馏设备费主要包括精馏塔、重沸器和冷凝器等设备的制造费和折旧费。当回流比为最小回流比时，设备费(主要是精馏塔)为无限大；当回流比 R 稍大于 R_{min}时，设备费随之减少；但当回流比增大至某一值后，设备费反而增加。

在精馏设计中，一般不进行经济衡算，常采用经验值。适宜回流比 R 可取为：

$$R=(1.1\sim2)R_{min}$$

上式中最小回流比的倍数由设计者选定，对难分离物系宜取最高限，从消耗角度考虑取最低限。

应予指出，在精馏塔操作中，回流比是重要的调控参数，其值与产品质量及生产能力密切相关。

120 真空度、大气压(1 个大气压)、表压和绝对压力的关系是什么？

包围在地球表面的一层很厚的大气层对地球表面或表面物体所造成的压力称为“大气压”；把温度为 0℃、纬度 45°海平面上的气压称为 1 个大气压，水银气压表上的数值为 760mm 水银柱高(相当于 101.325kPa)。直接作用于容器或物体表面的压力，称为“绝对压力”，绝对压力值以绝对真空作为起点，以 p 表示。当地大气压力以 p_b表示，绝对压力大于当地大气压力时，压力表指示的压力值称为表压力，用 p_e表示：

$$p=p_b+p_e$$

绝对压力低于当地大气压力时，用真空表测得的数值，即绝对压力低于当地大气压力的数值，称“真空度”，用p_v表示：

$$p=p_b-p_v$$

工程上测量压力一般常采用弹簧管式压力表，当压力不高时也可用 U 形管压力计来测定。目前越来越多的采用电子技术的测压设备已进入工程领域。无论什么压力计，因为测压元件本身都处在当地大气压力的作用下，因此测得的压力值都是工质的真实压力与当地大气压力间的差。当地大气压力的值可用气压计测定，其数值因所在地的纬度、高度和气候等条件不同而有所不同。

121 如何确定板式塔的适宜操作区以及操作弹性？

通过计算很容易确定允许雾沫夹带量(0.1kg 液体/1kg 气体)，允许泄漏量(该塔板液体流量的 10%)，淹塔、降液管超负荷、液层吹开等与气、液相流量的对应关系曲线，这些曲线所形成的闭合区域就是这块塔板的适宜操作区。塔的适宜操作区如图 1-3 所示。每块塔板因其操作条件、气液相的物质不相同，它们的适宜操作区的图形也不同，对每一块塔板均有其不同的操作上限、操作下限以及操作弹性。操作上限是指雾沫夹带达到最大允许的数量或产生淹塔的最小空塔气速(亦此操作线 OA，OA' 与雾沫夹带线交点 C 或与淹塔线交点 C')。操作线与泄漏线的交点与气速为塔的操作下限气速，上、下限之比则是该塔板的操作弹性。

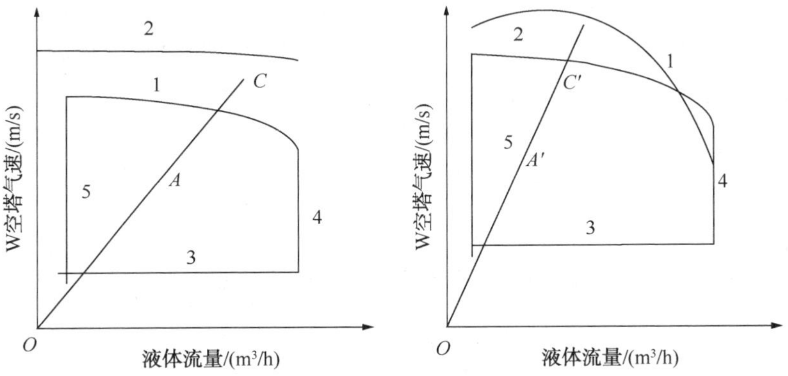

图 1-3　塔的适宜操作区域

1—雾沫夹带线；2—淹塔线；3—泄漏线；4—降液管负荷线；5—液层吹开线

蒸馏塔的不同截面的气液相负荷变化很大，为表征全塔的操作弹性，应从不同截面的上限操作裕量(指上限气速与设计气速之比)进行比较，其中最小者为全塔上限操作裕量。不同截面下限系数(下限气速与设计气速之比)最高者为全塔的下限系数。全塔上限操作裕量与全塔下限操作系数之比则为该塔的全塔操作弹性。

122 填料塔内气、液相负荷过低或过高会产生哪些问题？

在填料塔内随着气相流速的增加，床层的阻力降增加、填料层中的持液量也相应增大。当气相流速增加到某一特定数值时液体难以下流，产生液泛的现象，塔的操作完全被破坏，此时的气速称为泛点气速。填料塔适宜的操作气速一般为泛点气速的 60%～80%。填料塔泛点气速的高低主要和气、液相介质的物性、密度、黏度、两相的流量以及填料层的空隙率等因素有关。

液相流量太小则可能使部分填料的表面没有被充分地润湿，填料塔内气、液相的传热和传质过程主要是通过被液体浸湿的填料表面来进行的，如果部分填料没有被润湿，也就意味着传热、传质的表面积相应减小，必然会使分离的效果降低。填料塔内的液相流量太低时应设法增加该段循环回流的流量。

123 如何确定填料塔的填料层高度？

严格来讲，塔的填料层高度应该保证传质和传热两个方面的要求。从传质的角度来看要完成一定的分离任务，塔内就应该保证具有一定理论塔板数的分离能力，对于某一型号的填料当量理论板高度也是一定的，相应地可以确定其填料层高度。但是国内炼油设计目前没有开展求取各段理论塔板数的工作，因此很难从传质角度来确定填料层高度。在塔的设计时每一个填料段都要进行严格的热量衡算，从而确定通过填料表面积的传热量。选取一定的传热系数，再依据该段气液相的平均温差，很容易确定提供传热应用的填料表面积和填料总体积。塔径是参照泛点气速确定的，在塔径一定的前提下每段填料层高度相应也可以定下来。

为了防止填料层过高，液体在塔内分布不均匀，影响传热、传质的效果，大型蒸馏塔每段填料层高度一般不超过 5.5m。如果需要的填料层高太大时，可分为若干段在中间加设液体再分布器。

124 精馏塔的操作中应掌握哪三个平衡？

精馏塔的操作应掌握物料平衡、气液相平衡和热量平衡。

物料平衡指的是单位时间内进塔的物料量应等于离开塔的诸物料量之和。物料平衡体现了塔的生产能力，它主要是靠进料量和塔顶、塔底出料量来调节的。操作中，物料平衡的变化具体反映在塔顶液面上。当塔的操作不符合总的物料平衡时，可以从塔压差的变化上反映出来。例如进得多、出得少，则塔压差上升。对于一个固定的精馏塔来讲，塔压差应在一定的范围内。塔压差过大，塔内上升蒸气的速度过大，雾沫夹带严重，甚至发生液泛而破坏正常的操作；塔压差过小，塔内上升蒸气的速度过小，塔板上气液两相传质效果降低，甚至发生漏液而大大降低塔板效率。物料平衡掌握不好，会使整个塔的操作处于混乱状态，掌握物料平衡是塔操作中的一个关键。如果正常的物料平衡受到破坏，它将影响另两个平衡，即：气液相平衡达不到预期的效果，热平衡也被破坏而需重新予以调整。

气液相平衡主要表现了产品的质量及损失情况。它是靠调节塔的操作条件（温度、压力）及塔板上气液接触的情况来达到的。只有在温度、压力固定时，才有确定的气液相平衡组成。当温度、压力发生变化时，气液相平衡所决定的组成就发生变化，产品的质量和损失情况随之发生变化。气液相平衡与物料平衡密切相关，物料平衡掌握好了，塔内上升蒸气速度合适，气液接触良好，则传热传质效率高，塔板效率亦高。当然，温度、压力也会随着物料平衡的变化而改变。

热量平衡是指进塔热量和出塔热量的平衡，具体反映在塔顶温度上。热量平衡是物料平衡和气液相平衡得以实现的基础，反过来又依附于它们。没有热的气相和冷的回流，整个精馏过程就无法实现；而塔的操作压力、温度的改变(气液相平衡组成改变)，则每块塔板上气相冷凝的放热量和液体汽化的吸热量也会随之改变，体现在进料供热和塔顶取热发生变化上。

掌握好物料平衡、气液相平衡和热量平衡是精馏操作的关键所在，三个平衡之间相互影响、相互制约。在操作中通常以控制物料平衡为主，相应调节热量平衡，最终达到气液相平衡的目的。

要保持稳定的塔底液面的平衡，必须稳定：

1）进料量和进料温度。

2）顶回流、循环回流各中段量及温度。

3）塔顶压力。

4）汽提蒸汽量。

5）原料及回流不带水。

只要密切注意塔顶温度、塔底液面，分析波动原因，及时加以调节，就能掌握塔的三个平衡，保证塔的正常操作。

125 什么是塔板效率？如何计算？受哪些因素影响？

在实际生产中塔内由于受传质时间和机械制造和安装的限制，不能达到气液平衡的状态，即塔板上蒸气中所含的沸点组分较平衡时蒸气所含的要低，故实际塔板数应大于理论塔板数，实际塔板数和理论塔板数之比值，称为塔板效率。塔板效率是描述塔板传质效果的重要指标，通常用 η 来表示。

如果气液两相充分接触，离开塔板时两相达到平衡，这样的塔板就称为理论塔板(或称为理想塔板)，但实际塔板不可能达到理想塔板的分离效果。因此，实际生产中必须用几块、几十块甚至上百块塔板才能完成必要的分离效果。就是说实际塔板数($n_{实}$)比理想塔板数($n_{理}$)要大，$n_{实}$与 $n_{理}$的比值就称为塔板效率。通常可写成：

$$\eta=\frac{n_{实}}{n_{理}}$$

塔板效率高低，与被分离介质的性质和操作条件都有关系，但最主要的是与塔板的结构有关。

影响塔板效率的因素有：

1）气相和液相中质量交换的快慢。

2）塔板上液气的混合程度。

3）蒸气夹带液体雾滴进入上层塔板的多少。

以上三个方面的因素，又受塔板的设计和布置（如塔板尺寸、塔板间距、溢流堰高度、开孔率、升气孔的排列等）和操作条件（如蒸气线速度、塔板上液体停留时间、温度和压力等）的影响，再有还受处理物料的物理性能（包括相对挥发度、黏度、密度，扩散系数和表面张力）的影响。

126 精馏塔进料负荷与组成变化时对塔的操作有什么影响?

通常，精馏塔进料负荷由装置的物料平衡所决定，不宜变动过多。若进料量增大，将增加塔内气、液相负荷，在一定范围内，可以改进传热传质效应，提高分离效果。如果负荷过大，超过了塔设计允许范围，会造成雾沫夹带，使产品纯度下降；如果负荷过小，由于气相速度低，可能造成漏液，使塔底产品不合格，此时，一般要加大塔顶回流量，使气速增加，塔的操作尚可维持，但加热量增加，公用工程消耗将增加。

总之，塔的进料负荷变化时，要适当调整加热量，使回流量或进料量比值保持在适宜范围，确保产品质量合格。如负荷过低，可适当加大回流量或进料量比值，虽然能耗增加，但产品尚可合格。

如果进料组分突然变轻，此时加热量与回流量不变，塔中的轻组分随着进料轻组分增加而增加，整个塔的各部分温度会下降，塔顶和塔底产品中轻组分含量都会增加；如进料中重组分含量增加，情况则与上述情况相反。

127 不同类型的塔板，它们气-液相传质的原理有什么区别?

塔板是板式塔的核心部件，它的主要作用是造成较大的气-液相接触的表面积，以利于在两相之间进行传质和传热过程。

塔板上气、液接触的情况随气速的变换而有所不同，大致可以分为以下四种类型：

1）鼓泡接触：在塔内气速较低的情况下，气体以一个个气泡的形态穿过液层上升。塔板上所有气泡外表面积之和，即该塔板上气、液传质的面积。由于气泡的数量不多，形成的气液混合物基本上以液体为主，气液两相接触的表面积不大，传质效率很低。

2）蜂窝状接触：随着气速的提高，气泡数量不断增加，气泡间相互碰撞，形成各种多面体的大气泡。单位时间内通过液层气体数量增加，使液层变为蜂窝状。它的传质面积要比鼓泡接触大。由于气泡不易破裂，表面得不到更新，所以此种状态不利于传热和传质。

3）泡沫接触：当气速继续增加，气泡数量急剧增加，气泡不断发生碰撞和破裂，此时板上液体大部分以液膜的形式存在于气泡之间，形成一些直径较小、扰动十分剧烈的动态泡沫，由于泡沫接触状态表面积大，并不断更新，是一种较好的接触状态。

4）喷射接触：当气速继续增加，把板上液体向上喷成大小不等的液滴，直径较大的液滴受重力作用落回到塔板上，直径较小的液滴被气体带走，形成液沫夹带。液滴回到塔板上又被分散，这种液滴反复形成和聚集，使传质面积增加，表面不断更新，此时传质和传热过程是在气体和液滴的外表面之间进行的，是一种较好的接触状态。

前三种情况在塔板上的液体是连续的，气体是分散相进行气、液接触传热和传质过程的，喷射接触在塔板上气体处在连续相，液体变成了分散相。

在小型低速的分馏塔内才会出现鼓泡和蜂窝状的接触情况。

128 板式塔的溢流有哪些不同的形式？各适用于什么场合？

板式塔溢流设施的形式有多种，为适应塔内气、液相负荷变化及传热、传质方式的不同，以及塔径大小不同等因素，以确保提供最佳的分离效果。对于液体在塔板上呈连续相、气体呈分散相的情况，液体从进口堰往出口堰方向流动。为保证流动顺利进行，塔板上必然存在着液面的落差，即进口堰附近的液面比出口堰附近的液面高。液面落差的大小与液体流量、塔径以及液体黏度等因素有关。如果液体流量大、液体黏度大，或在塔板上液体流程增大都会相应导致落差的加大。液面落差太大时会使进口堰附近的气体流量急剧减少、漏液严重，大量气体在出口堰一侧穿过液层，流速加大会导致雾沫夹带增加，这些因素都会使塔板的分离效率下降。为了合理进行塔板结构的设计，有 4 种不同的溢流方式可供选择：

1）U 形流：对直径在 0.6~1.8m，而且塔内液体流量很小，在 5~12m^3/h 以下的小型塔，塔板上的进、出口堰在同侧相邻布置，其间置有高于液层的隔板，以控制液流呈 U 形流，从而延长液流行程。

2）单溢流：适用于液体流量在 120m^3/h 以下，塔径<2.4m 的塔，进口堰和出口堰对称地设置在塔的两侧。液体沿直径方向一次流过塔板。

3）双溢流：对于液体流量较大，在 90~280m^3/h，塔径在 1.8~6.4m 时，为了避免在塔板上液面落差过大而采用双溢流的塔板结构形式。对于双溢流的蒸馏塔，它是由两种结构形式依次交替组合起来的。一种是进口堰在塔的两侧、出口堰在塔的中部，液体由两侧向中间流动经过出口堰流往下一层塔板。另一种是进口堰在塔的中部出口堰在塔的两侧，流体从塔板当中往两侧流动。

4）阶梯式流：对于液体流量在 200~440m^3/h，塔径在 3.0~6.4m 的情况，为避免液面落差过大，板面设计成阶梯式，自进口往出口方向逐渐降低，每一阶梯上都有相应的出口堰以保证每一小块塔面上液层厚度大致相同，从而使各部分的气流比较均匀。

炼油厂生产装置中绝大多数塔采用的是单液流和双溢流两种溢流方式。

对于喷射接触、板上液体呈分散相的网孔、浮喷塔板，由于板上没有液层存在，故而不存在液面落差的问题。这样的塔直径高达 6.4m，采用单溢流的塔板结构仍然可以得到较好的分离效果。

塔板上液体流动的各种方式如图 1-4 所示。

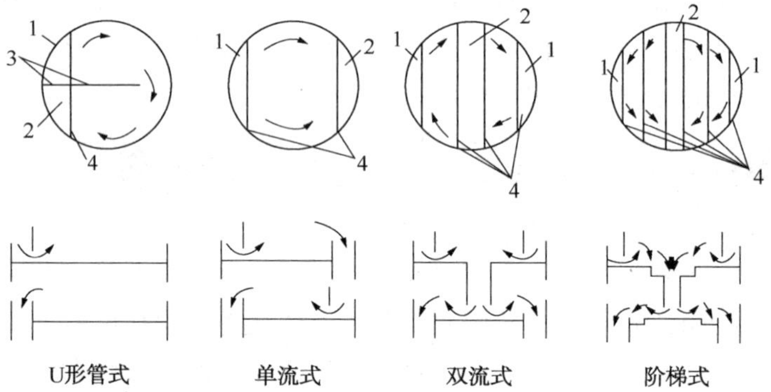

图 1-4　液体流程示意图

1—进口降液管；2—出口降液管；3—挡板；4—堰

129　塔的安装对精馏操作有何影响？

对于新制造和改造的塔希望能满足分离能力高、生产能力大、操作稳定等要求。为此，对于安装质量要求做到：

1）塔身：塔身要求垂直。倾斜度不得超过千分之一，否则会在塔板上造成死区，使塔的精馏效果降低。

2）塔板：塔板要求水平，水平度不能超过±2mm，塔板水平度若达不到要求，则会造成板面上的液层高度不均匀，使塔内上升的气相易从液层高度小的区域穿过，使气液两相在塔板上不能达到预期的传热和传质要求，使塔板效率降低。筛板塔尤其要注意塔板的水平要求。对于舌形塔板、浮动喷射塔板、斜孔塔板等还需注意塔板的安装位置，保持开口方向与该层塔板上的液体流动方向一致。

3）溢流口：溢流口与下层塔板的距离应根据生产能力和下层塔板溢流堰的高度而定，但必须满足溢流堰板能插入下层受液盘的液体之中以保持上层液相下流时有足够的通道和封住下层上升的蒸气必需的液封，避免气相走短路。另外，泪孔是否畅通，受液槽、集油箱、升气管等部件的安装、检修情况都是需要注意的。

对于各种不同的塔板有不同的安装要求，只有按要求安装才能保证塔的生产效率。

130 什么是油品的凝点？凝点的测定方法是怎样的？

凝点就是按照 GB/T 510《石油产品凝点测定法》规定的测定条件，使油开始失去流动性的最高温度。凝点和冷凝点是评定试油的低温流动性能的指标。

试验方法就是将试样装在规定的试管内，并冷却到预期的温度，将试管倾斜45°时经过 1min，观察液面是否移动。直至确定某温度能使试样的液面停留不动而提高 2℃又能够使液面移动时，该点就可以视为该试样的凝点。

131 什么是空塔气速？

空塔气速通常指在操作条件下通过塔器横截面的蒸气线速度(m/s)。由蒸气体积流量除以塔器横截面积而得，即等于塔器单位截面上通过的蒸气负荷，是衡量塔器负荷的一项重要数据。板式塔的允许空塔气速，要受过量雾沫夹带、塔板开孔率和适宜孔速度等的控制。一般以雾沫夹带作为控制因素来确定板式塔的最大允许空塔气速，此值应保持既不引起过量的雾沫夹带，又能使塔上有良好的气液接触。

132 什么是液相负荷？

液相负荷又称液体负荷，对有降液管的板式塔来说，是指横流经过塔板，溢流过堰板，落入降液管中的液体体积流量(m^3/h 或 m^3/s)，也是上下塔板间的内回流量，是考察塔板流体力学状态和操作稳定性的基本参数之一。液相负荷过大，在塔板上因阻力大而形成进出塔板堰间液位落差大，造成鼓泡不匀及蒸气压降过大，在降液管内引起液泛，此时液相负荷再加大，即引起淹塔，塔板失去分馏效果。塔内的板面布置、液流长度、堰板尺寸、降液管形式、管内液体停留时间、流速、压降和清液高度等都影响塔内稳定操作下的液相负荷。

133 什么是液面落差？

液面落差又称液面梯度，指液体横流过带溢流塔板时，为克服塔板上阻力所形成的液位差。液面落差过大，会导致上升蒸气分配不匀，液体不均衡泄漏或倾流现象，使气液接触不良，塔板效率降低，操作紊乱。泡罩塔板的液面落差最大，喷射型塔板最小，筛板和浮阀塔板液面落差只在塔径较大或液相负荷大时才增大。

134 什么是清液高度？

清液是指塔板上不充气的液体。清液高度是塔板上或降液管内不考虑存在泡沫时的液层高度。用以衡量和考核气液接触程度、塔板气相压降，并可用它的2~2.5倍作为液泛或过量雾沫夹带极限条件。塔板上的清液高度是出口堰高加平均板上液面落差。降液管内清液高度是由管内外压力平衡所决定的，包括板上清液压头、降液管阻力压头及两板间气相压降头。

135 什么叫作分馏塔干板？

干板是指该层塔盘上的回流中断或减少，致使通过该层塔盘的气相不能与液体接触，即不能发生传质、传热过程，该塔盘失去精馏条件。

136 什么叫雾沫夹带？它有哪些影响因素？

气体从下层塔盘经升气管进入上层塔盘，通过液层鼓泡而出，离开液层时，带出一些小的液滴，一部分可能随气流进入上层塔盘，这就称为雾沫夹带(泡沫夹带)。

雾沫夹带会使低挥发度液体进入挥发度高的液体内，降低塔盘效率。分馏塔正常操作中，气液相负荷相对稳定。当气液相负荷都过大时，气体通过塔盘压降增大，会使降液管中液面高度增加；液相负荷增加时，出口堰上液面高度增加。

雾沫夹带的影响因素有：

1）处理量的大小：处理量增大，气相负荷也增大，塔内气速变大，雾沫夹带也变得严重。

2）塔盘间距：不能太小，否则雾沫夹带量也大。

3）塔盘结构：好的塔盘结构，能控制雾沫夹带量。

137 什么叫液泛？产生的原因是什么？怎样处理？

在生产过程中，由于两相中之一的流量过大，上、下两层的塔板的压力降增大到使液体无法正常下流，当降液管内液体满到一定程度之后，使下层塔板的液体溢到上层去，这种现象称为液泛。

当液泛开始时，塔的压降急剧上升，效率急剧下降，塔的正常操作被破坏。

根据液泛发生原因不同，可分为降液管液泛和过量雾沫夹带液泛两种不同性质的液泛。

（1）降液管液泛

由于塔板对上升的气流有阻力，下层板上方的压力比上层板上方的压力大，降液管内泡沫液高度所相当的静压头能够克服这一压力差时，液体才能往下流。

当液体流量不变而气体流量加大，下层板与上层板间的压力差亦随之增加，降液管内的液面随之升高。

若气体流量加大到使得降液管内的液体升高到堰顶，管内的液体便不仅不能往下流，反而开始倒流回上层板，板上便开始积液；加之操作时不断有液体从塔外送入，最后会使全塔充满液体，就形成了液泛。

若气体流量一定而液体流量加大，液体通过降液管的阻力增加，以及板上液层加厚，使板上下的压力差加大，都会使降液管内液面升高，从而导致液泛。

（2）过量雾沫夹带液泛

气流夹带到上一层板的液沫，可使板上液层加厚，正常增加到一定程度，液层的加厚便显著起来（板上液体量增多，气泡加多、加大）。气流通过加厚的液层所带出的雾沫又进一步增多。这种过量雾沫夹带使泡沫层顶与上一层板底的距离缩小，雾沫夹带持续地有增无减，大液滴易直接喷射到上一层板，泡沫也可冒到上一层板，终至全塔被液体充满。比较常见的液泛是过量雾沫夹带。

液泛产生原因及处理方法：

1）进料量太大，气液负荷超过了塔的设计能力，应减少进料。

2）回流太大，相应降低回流量。

3）加热蒸汽压力突然升高或加热量过大，使气相负荷突然增大，应调节蒸汽压力或减少加热蒸汽流量。

138 什么叫淹塔？

若液泛过于严重，塔盘、塔内充满液体，此时即为淹塔。淹塔时会使塔顶温度下降，回流罐液面下降，塔底液面和压力增高。

淹塔时会使塔顶温度下降，回流罐液面下降，塔底液面和压力增高。

139 什么是理论塔板数？

能使气液充分接触而达到相平衡的一种理想塔板的数目。计算板式塔的塔板数和填料塔的填料高度时，必须先求出预定分离条件下所需的理论塔板数，即假定气流充分接触达到相平衡，而其组分间的关系合乎平衡曲线所规定关系时的板数。实际板数总是比理论板数多。

140 什么是内回流?

内回流是分馏塔精馏段内从塔顶逐层溢流下来的液体。

各层溢流液即内回流与上升蒸气接触时，只吸取汽化潜热，故属于热回流。

内回流量决定于外回流量，而且由上而下逐层减少(侧线抽出量也影响内回流量)；内回流温度则由上而下逐层升高，即逐层液相组成变重。

141 什么是回流热?

回流热又称全塔过剩热量，指需用回流取走热量。分馏过程中，一般是在泡点温度或气液混相条件下进料，在较低温度下抽出产品。因此，在全塔进料和出料热平衡中必然出现热量过剩。除极少量热损失外，绝大部分过剩热量要用回流来取出。

142 什么是气相回流?

气相回流指分馏塔提馏段中上升的蒸汽。可由塔底重沸器供热来形成，或从塔底引入过热蒸汽，促使较轻组分平衡汽化来形成。作用是利用气相回流与提馏段下降液体的接触，使液体提浓变重，作为合格产品从塔底抽出。

143 催化剂的选择性指的是什么?

当化学反应在热力学上可能有几个反应方向时，一种催化剂在一定条件下，只对其中一个反应起加速作用，这种专门对某一个化学反应起加速作用的性能，称为催化剂的选择性。

选择性=消耗于预期生成产物的原料量/原料总的转化量

催化剂的选择性主要取决于催化剂的组分、结构及催化反应过程中的工艺条件，如压力、温度、介质等。

144 催化剂的活性与选择性之间的关系是怎样的?

催化剂活性是催化剂的催化能力，在石油工业中常用一定反应条件下原料的转化率来反映，催化剂的选择性是催化剂对主反应的催化能力。高选择性的催化剂能加快生成目的产品的反应速率，而抑制其他副反应的发生，所以催化剂的活性好，但选择性差就会使副反应增加，增加原料成本和产物与副产物分离的费用，也不可取，所以活性和选择性都好的催化剂对工艺最有利，但两者不能同时满足，应根据生产过程的要求加以评选。

145 什么是催化剂的比表面积?

单位质量催化剂所具有的表面积叫作比表面积，单位是 m^2/g。多相催化反应发生在催化剂表面上，所以催化剂的比表面积的大小会影响催化剂活性的高低。但是比表面积的大小一般并不与催化剂的活性直接成比例，因为，一是我们测得的比表面积是催化剂的总表面，具有催化活性的面积只占一部分，为此催化剂的活性还与活性组分在表面上的分散有关。二是催化剂的比表面积绝大部分是颗粒的内表面，孔结构不同，传质的过程也不同，尤其是内扩散控制的反应，孔结构直接与表面积利用率有关，因此催化剂的活性还与表面积利用率有关。

146 如何表示催化剂的密度？

催化剂的密度可以表示为堆积密度、颗粒密度和真密度。

堆积密度是单位堆积体积的物质具有的质量：

$$\rho_{堆}=m/V_{堆}=m/(V_{隙}+V_{孔}+V_{真})$$

颗粒密度是单位颗粒体积的物质具有的质量：

$$\rho_{颗}=m/(V_{孔}+V_{真})=m/(V_{堆}-V_{隙})$$

真密度是单位骨架体积的物质具有的质量：

$$\rho_{真}=m/V_{真}$$

在工业应用中，一般采用堆积密度即装填密度来表示催化剂的密度。

147 催化剂的孔分布、比孔体积对催化剂有什么影响？

催化剂孔分布指催化剂按孔径大小不同而分布的情况，由此来决定催化剂中所包含大孔、过渡孔和细孔的数量和分布。一般情况下，孔径大于 200nm 的孔称为大孔，孔径小于 10nm 的孔称为细孔，孔径为 10~200nm 的孔称为过渡孔。

1g 催化剂颗粒内部所有孔体积的总和称为比孔体积(mL/g)，简称孔体积。

对某一催化反应有相应最佳孔结构：

1）当反应为动力学控制时，具有小孔大比表面积的催化剂对活性有利。

2）当内扩散控制时，催化剂的最优孔径应等于反应物或生成物分子的平均自由径。常压下为 100nm 左右，300atm 下为 1nm 左右。

3）对于较大的有机化合物分子，则根据反应物或生成物分子的大小决定催化剂的最优孔分布。

另外，孔结构也对催化剂的选择性及催化剂的强度有一定的影响。

148 载体的酸性如何表示？

载体的酸性包括酸种类、酸强度和酸浓度三个方面。

酸的种类是指属于 B 酸还是 L 酸。B 酸指的是能给出质子的物质，L 酸指的是能接受电子对的物质。

酸的强度是指给出质子或接受电子对的能力。

酸的浓度是指单位体积的溶液中含有某种酸的物质的量。

149 对于催化剂应要求具备哪几种稳定性?

1）化学稳定性：保持稳定的化学组成和化合状态。

2）热稳定性：能在反应条件下，不因受热而破坏其物理-化学状态，同时，在一定的温度变化范围能保持良好的稳定性。

3）机械稳定性：具有足够的机械强度，保证反应器处于适宜的流体力学条件。

4）对于毒物有足够的抵抗力。

150 什么叫催化剂中毒?

具有高度活性的催化剂经过短时间工作后就丧失了催化能力，这种现象往往是由于在反应原料中存在着微量能使催化剂失掉活性的物质，这种物质称为催化毒物，这种现象叫作催化剂中毒。

151 催化剂中毒分为几类?

催化剂中毒分为暂时中毒(可逆中毒)、永久中毒(不可逆中毒)和选择性中毒。

(1) 暂时中毒(可逆中毒)

毒物在活性中心上吸附或化合时，生成的键强度相对较弱，可以采取适当的方法除去毒物，使催化剂活性恢复而不会影响催化剂的性质，这种中毒叫作可逆中毒或暂时中毒。

(2) 永久中毒(不可逆中毒)

毒物与催化剂活性组分相互作用，形成很强的化学键，难以用一般的方法将毒物除去以使催化剂活性恢复，这种中毒叫作不可逆中毒或永久中毒。

(3) 选择性中毒

催化剂中毒之后可能失去对某一反应的催化能力，但对别的反应仍有催化活性，这种现象称为选择性中毒。在连串反应中，如果毒物仅是导致后继反应的活性位中毒，则可使反应停留在中间阶段，获得高产率的中间产物。

152 水的特性有哪些?

1）水是无色、无味、透明的液体。

2）温度-体积效应异常。0~4℃时随温度升高，体积减小，密度增大。当压力升高时，一般物质的凝点均有所升高，而水的冰点却略有下降。

3）热容量大，在所有液体和固体中，水的比热容最大，为 1.0cal/(g·℃)。因此，水可作为一种优良的热交换介质，使用于冷却、储热、传热等方面。

4）0～100℃，可出现固、液、气三相变化。

5）溶解及反应能力极强，水是最重要的溶剂，许多物质不但在水中有很大的溶解度，而且有最大的电离度，在水中可进行多种化学反应。

6）导电性。纯水几乎不导电，一般水的导电性随水中溶解盐的多少而变化，水中盐分含量高，导电性强，电导率大。

153 水中的杂质主要有哪些？

1）悬浮物。

2）胶体。

3）溶解物质：包括溶解气体和各种离子。溶解气体：O_2、CO_2、NH_3、SO_2、H_2S；阳离子：Na^+、K^+、Ca^{2+}、Mg^{2+}、Fe^{2+}；阴离子：OH^-、HCO_3^-、CO_3^{2-}、Cl^-、SO_4^{2-}。

154 什么是水的 pH 值？

水的 pH 值是指水中所含$[H^+]$浓度的多少，其表示方法是 $pH=-lg[H^+]$。

pH 值>7 时，溶液呈碱性，pH 值<7 时，溶液呈酸性。

155 水的硬度分为哪几种？

1）碳酸盐硬度。主要是钙、镁的重碳酸盐所形成，由于大部分易从水中除去，又称暂时硬度。

2）非碳酸盐硬度。主要是水中钙、镁的硫酸盐、盐酸盐等形成，用一般方法难以从水中除去，故称为永久硬度。

156 什么叫化学需氧量(COD)？

化学需氧量，是在一定条件下，采用一定的强氧化剂处理水样时，所消耗的氧化剂量。它是表示水中还原性物质多少的一个指标。水中的还原性物质有各种有机物、亚硝酸盐、硫化物、亚铁盐等。但主要是有机物。因此，化学需氧量又往往作为衡量水中的有机物质含量多少的指标。化学需氧量越大，说明水体受有机物的污染越严重。

157 作为冷却水的水质条件有哪些？

为了保证生产稳定，能长周期运转，延长设备使用寿命，对冷却水的水质有相当高的要求：

(1) 水温要尽可能低一些

在同样设备条件下，水温愈低，用水量也愈少。

(2) 水的混浊度要低

水中悬浮物带入冷却水系统，会因流速降低而沉积在换热设备和管道中影响热交换，严重时会使管子堵塞。此外，混浊度过高还会加速金属设备的腐蚀。为此，在国外一些大型化肥、化纤、化工、炼油等生产系统中对冷却水的混浊度要求不得大于2mg/L。

(3) 水质不易结垢

冷却水在使用过程中，要求在换热设备的传热表面上不易结成水垢，以免影响换热效果，这对工厂安全生产是一个关键。生产实践说明，由于水质不好，易结垢而影响工厂生产的例子是屡见不鲜的。

(4) 水质对金属设备不易产生腐蚀

冷却水在使用中，要求对金属设备最好不产生腐蚀，如果腐蚀不可避免，则要求腐蚀性愈小愈好，以免传热设备因腐蚀太快而迅速减少有效传热面积或过早报废。

(5) 水质不易滋生菌藻微生物

冷却水在使用过程中，要求菌藻微生物在水中不易滋生繁殖，这样可避免或减少因菌藻繁殖而形成大量的黏泥污垢，过多的黏泥污垢会导致管道堵塞和腐蚀。

158 循环冷却水系统通常有哪两种类型？

冷却水系统就是用水来冷却工艺介质的系统，通常有两种：

1) 直流冷却水系统：冷却水仅通过换热设备一次，用过后就被排掉。

2) 循环冷却水系统：又分为封闭式和敞开式两种。循环冷却水系统就是冷却水用过后，不进行排放，而是回收利用，循环不已。在封闭式循环过程中，冷却水不暴露在空气中，水量损失很小。在敞开式循环水系统中，水的冷却主要通过冷却塔来进行，冷却水在循环过程中，要与空气接触，部分水会不断蒸发损失掉。

159 硫黄回收联合装置原料与产品的内外关系是什么？

硫黄回收单元处理的来自气体脱硫及溶剂再生单元的富 H_2S 酸性气及来自酸性水汽提单元的含 NH_3 酸性气均由管道输送至本单元。硫黄回收单元产生的固体硫黄暂时堆放在装置内库房内，定期外运。制硫尾气经焚烧后，通过烟囱排入大气。

气体脱硫及溶剂再生单元处理的富胺液来自延迟焦化装置、加氢裂化装置及酸性水汽提单元，均由管道输送至本单元。气体脱硫及溶剂再生单元生产的贫胺液分别由管道送至延迟焦化装置、加氢裂化装置及酸性水汽提单元。

酸性水汽提单元所加工的进料来自常减压、延迟焦化装置和加氢裂化装置的酸性水，单元产的净化水用泵送出至各装置回用和污水处理场进一步处理，产的酸性气自压送至硫黄回收单元，污油用泵送至系统。

160 硫黄回收联合装置公用工程及辅助系统的内外关系是什么？

装置开停工及正常生产所需的新鲜水、循环冷水、蒸汽、氮气均由界区外系统部分按规定条件由管道送入本装置。装置自产的蒸汽除自用外，剩余部分用管道送公用工程系统。净化压缩空气及非净化压缩空气均来自加氢裂化装置。燃料气及氢气来自制氢装置。

装置所需的催化剂、溶剂由桶装进装置；液氨一般由钢瓶装或用罐车送进装置。

装置内排水设置循环压力回水、蒸汽凝结水、含油污水、生活污水及雨水等系统，均送往界区外相应系统处理或排放。

装置内设置放空油气管线和酸性气体放空管线，收集事故排放及开停工、检修时泄压放空的油气及酸性气体，分别送到工厂火炬系统。

装置生产及照明用电由厂区供给，通信电缆由装置外送至装置。

161 流体在管内有哪几种基本流动形态？如何判定？

流体在管内流动一般分为层流和湍流两大类型，介于两者之间称为过渡流，它是由层流过渡到湍流的一种过渡暂存的状态。

通过雷诺试验可知当雷诺系数 $Re<2000$ 时流动状态为层流，$Re\geqslant 4000$ 时流动状态为湍流。因此把 2000 作为 Re 的下临界值，4000 作为 Re 的上临界值，Re 数表示流体所处的状态。

162 什么叫水蒸气的汽化、蒸发、沸腾、凝结？

1）汽化：由液体转为蒸汽的过程，称为汽化。

2）蒸发：在液体表面进行的汽化过程，称为蒸发。

3）沸腾：当向液体传入热量时，液体的温度升高，同时蒸发的强度增大。在一定的温度下，汽化开始在液体的表面和内部发生，此温度随液体的性质和作用在液体上的压力而定。这种液体表面和内部同时发生气泡的剧烈汽化过程称为沸腾。

4）凝结：从蒸汽放出热量，蒸汽转变为液体的过程，叫凝结过程。凝结是汽化的逆过程，在一定的压力下，在一定温度时发生。凝结生成的液体称为凝结液。

163 什么是饱和蒸汽？

在单位时间内逸出液面与回到液体的分子数相等。蒸汽与液体的数量保持不变，汽、液两态达到平衡，这种状态称饱和状态。这时蒸汽和液体的压力称为饱和压力，而它们的温度为饱和温度，对应一定的饱和压力有一定的饱和温度。饱和蒸汽是蒸汽与液体处于平衡状态时的蒸汽。

164 什么是过热蒸汽？

蒸汽的温度高于其压力所对应的饱和温度时，此蒸汽称过热蒸汽。过热蒸汽的温度与压力所对应的饱和温度之差称为“过热度”。过热蒸汽的过热度越高，它越接近气体，同气体一样，过热蒸汽的状态由两个独立参数(如温度和压力)确定。

165 含硫化合物对石油加工及产品质量有哪些影响？

1）严重腐蚀设备。

2）在加工过程中生成 H_2S 及低分子硫醇等有毒气体造成有碍人体健康的空气污染。

3）汽油中有含硫化合物，会降低汽油的感铅性及安定性，使燃料性质变坏。

4）在气体和多种石油馏分的催化加工时，造成催化剂中毒。

166 液化气中最重要的组分是什么？

液化气中最重要组分是：C_3、C_4。

167 什么叫轻关键组分？什么叫重关键组分？

在分离过程中起关键作用的组分称为关键组分。因为要反映出一个分离过程，所以关键组分必定是两个。

有些组分，它们全部或大部分进入塔顶产品中。换句话说，它们在塔顶的回收率高于在塔底的回收率，这些组分中最重的一个就是轻关键组分。反过来，全部或大部分进入塔底产物的组分，也即在塔底的回收率高于塔顶的回收率的组分中，最轻的一个是重关键组分。

168 按原油的含硫量可把原油分为哪几类？

按原油的含硫量可把原油分为低含硫原油(含硫<0.5%)、含硫原油(含硫0.5%~2.0%)、高含硫原油(含硫>2.0%)。

169 瓦斯主要由哪些成分组成？

瓦斯主要由甲烷和乙烷，还有氢气、乙烯、丙烷、丙烯、正丁烷、异丁烷、丁烯、异丁烯、反丁烯-2、顺丁烯-2 等组成。

170 沸点、闪点、自燃点之间的关系是什么？

油品沸点愈低，则闪点愈低；自燃点愈高，则闪点愈高、自燃点愈低。

171 降低沸点有什么方法？

1）降低系统压力。

2）系统压力不变，降低油气分压。

172 什么叫化学平衡？

在可逆的化学反应中，存在着反应物向生成物转化的正反应，也存在着生成物向反应物方向转化的逆反应，当两者的速度相等时，反应物和生成物的浓度就达到一种动态平衡，这种平衡就叫化学平衡。

173 什么是传质过程？

物质以扩散作用从一相转移到另一相的过程，即为传质过程。因为传质过程是借助于分子的扩散运动，使分子从一相扩散到另一相，故又叫扩散过程。两相间传质过程的进行，其极限要达到相间的传质平衡为止，但相间的平衡只有经过长时间的接触后才能建立，而因为实际生产中相间的接触时间一般是有限的，故在塔内不能达到平衡状态。

174 什么是过冷液体？

在一定压力下，当液体的温度已低于该压力下液体的凝点，而液体仍不凝固的现象，叫过冷现象，此时的液体称为过冷液体。

175 什么是层流？什么是湍流？

流体在管道中流动时其状态可分为：

层流：流体质点始终沿着与管轴平行的方向呈层状地流动。

湍流：流体质点除沿着管轴向前流动外，还由于流速大小和流动方向随时发生变化，做不规则的径向运动，使质点互相碰撞发生漩涡，这种流体状态称湍流。

176 什么是反应物？什么是生成物？什么是吸热反应？什么是放热反应？

在化学反应中，参与化学反应的物质称为反应物。

在化学反应中，最终生成的物质称为生成物。

在环境中吸收热能的反应称为吸热反应，放出热能的化学反应称为放热反应。

177 传热的三种基本方式是什么？

传热的三种基本方式：热传导、对流和辐射。

热量从物体中温度较高的部分传递到温度较低的部分或者传递到与之接触的温度较低的另一物体的过程称为热传导，简称导热，在纯导热过程中，物体的各部分之间不发生相对位移。

对流是指流体各部分质点发生相对位移而引起的热量传递过程，因而对流只能发生在流体中，在化工生产中常遇到的是流体流过固定表面时，热能由流体传到固体壁面，或者由固体壁面传入周围流体，这一过程称为对流传热，用机械能（例如搅拌流体或用泵将流体送经导管）使流体发生对流而传热的称为强制对流传热，若流体原来是静止的，因受热而有密度的局部变化，遂导致发生对流而传热的，此则称为自然对流传热，无论哪一种形式的对流传热，单位时间内所传递的热量均采用牛顿冷却公式计算：

流体被加热时，$Q=XA(t_w-t)$；

流体被冷却时，$Q=XA(T-t_w)$。

式中，t_w为壁温，T和t分别为热、冷流体的平均温度，A为传热面积，比例系数X称为对流传热系数。

辐射是一种以电磁波传递能量的现象，物体会因各种原因发出辐射能，其中因热的原因而发生辐射能的过程称为热辐射。物体在放热时，热能变为辐射能，以电磁波的形式发射而在空间传播，当遇到另一物体时，则部分地或全部地被吸收，重新又转变为热能，因而辐射不仅是能量的转移，而且伴有能量形式的转化，这是辐射区别于热传导和对流的特点之一。因此，辐射能可以在真空中传播，不需要任何物质作媒介，物体虽能以辐射能的方式传递热量，但是，只有在高温下辐射才能成为主要的传热方式。

178 传热的基本方式的特征是什么？

传热的基本方式有热传导、对流、辐射三种。

热传导的特征：物体中温度较高部分的分子因振动而与相邻的分子碰撞，并将能量的一部分传给后者，这样，热量就从物体的一部分传到另一部分，叫热传导，物体的分子不发生相对位移。

对流的特征：在流体中，由于流体质点的移动，将热能由一处传到另一处的传热叫对流传导。在对流传导中，亦伴随流体质点的热传导，但主要是由于流体质点位置的变动。

辐射的特征：辐射是一种以电磁波形式传播能量的现象。物体在放热时，热能变为辐射能，以电磁波的形式发射而有空间传播，当遇到另一个物体时，则部分或者全部地被吸收，又重新转变为热能。

179 什么是稳定传热？

在传热过程中若参与传热的两种流体在各部分的温度不随时间变化的情况下传热，在正常的连续生产中，各换热器的传热都是稳定传热。

180 什么叫燃料效率？什么叫燃料高热值和低热值？

燃料效率是总吸热量与燃料净发热量之比，用“百分比”表示。

燃料的高热值是指每千克燃料完全燃烧后所生成的水已冷凝为液态时计算出的热值。

燃料的低热值是指每千克燃料完全燃烧后生成的水为气态时计算出的热值。

181 燃烧的化学反应式有哪些？

碳的燃烧： $C+O_2 \longrightarrow CO_2$

$2C+O_2 \longrightarrow 2CO$

氢的燃烧：$2H_2+O_2 \longrightarrow 2H_2O$

燃料中硫也能燃烧：$S+O_2 \longrightarrow SO_2$

182 燃烧的过程是什么？

燃料的燃烧是燃料中的碳和氢与空气中的氧反应，产生二氧化碳和水并放出热量的过程。

183 燃烧的三要素是什么？

物质燃烧需要同时具备可燃物、助燃物和着火源这三要素。

184 什么是热负荷？

单位时间内传给被热介质的有效热量称为热负荷。

185 什么叫黏度？有几种方法表示？各自单位是什么？

黏度，又称黏滞系数(η)，是衡量流体流动性的指标，表示流体流动的分子间因摩擦而产生阻力的大小，有三种表示方法：

1）动力黏度(μ)：面积各为 $1m^2$并相距 1m 的两层流体，以 1m/s 的速度做相对运动时所产生的内摩擦力。

单位：国际单位 Pa·s(帕·秒)，常用单位为 P(泊)，百分之一泊为 cP(厘泊)。

换算关系：1Pa·s = 100cP。

2）运动黏度(γ)：动力黏度与同温度下该流体密度 ρ 之比，即 $\gamma=\mu/\rho$。

单位：国际单位 m^2/s，常用单位 St(斯)，百分之一斯为 cSt(厘斯)。

换算关系：$1m^2/s=10^4St=10^6cSt$；$1cm^2/s=1St$。

3）条件黏度：指采用不同的特定黏度计所测得的以条件单位表示的黏度，各国通常用的条件黏度有以下三种：恩氏黏度、赛氏黏度、雷氏黏度。我国除采用恩氏黏度计测定深色润滑油及残渣油外，其余两种黏度计很少使用。

恩氏黏度(E)：某温度下，在恩氏黏度计中流出200mL流体所需的时间与20℃流出同体积蒸馏水所需时间之比。

186 黏度在生产和使用中的意义如何?

1）大部分润滑油油牌号以某温度下黏度值划分。

2）润滑油在使用中黏度对润滑效果影响很大。

3）在输送过程中黏度值决定其输送温度和压力等参数。

4）黏度可判断油品组分是否发生变化。

5）燃料油黏度决定其燃烧的雾化性。

187 什么叫蒸发和冷凝?

任何液体内部分子都在不停地运动着，分子运动的速度受外界条件影响很大，靠近液面的分子，由于受热运动速度快，就有可能克服相邻分子的吸引力跑到液面之上的空间，这就是蒸发。

任何液体在受热蒸发过程中，如果发生在密闭的容器中，则蒸发出来的分子不逸散，而是聚集在液体表面上的空间，形成一个气相，气相中的分子也不是不停地运动，有一些分子还能跑回到液相中去，这就是冷凝。

188 不同压力单位之间的换算关系如何?

$$1\text{atm(标准大气压)} = 1.033\text{kgf/cm}^2 = 760\text{mmHg} = 10.33\text{mH}_2\text{O}$$
$$= 1.0133\times10^5\text{Pa} = 0.10133\text{MPa}$$

即：$1\text{kgf/cm}^2 \approx 1.0\times10^5\text{Pa} = 0.1\text{MPa}$。

189 石油化工生产的特点是什么?

1）工艺上具有高温、高压、深度冷冻的特点。

2）生产方式上具有高度自动化、连续化、密闭化的特点。

3）使用的原材料，大多属易燃、易爆品。

190 怎样区别含硫石油和低硫石油?

含硫量大于2%的为高硫石油，小于0.5%为低硫石油，介于0.5%~2%的为含硫石油。

191 简述ppm、ppb的意义。

GB/T 3101—1993《有关量、单位和符号的一般原则》已做出了明确规定：不能使用ppm、ppb这类缩写。

ppm浓度是用溶质质量占全部溶液质量的百万分比来表示的浓度，也称百万分比浓度。经常用于浓度非常小的场合，对于气体，ppm 一般指摩尔分数或体积分数，对于溶液，ppm 一般指质量浓度。不再使用 ppm 后，ppm 可根据具体情况更改为 10^{-6}、$10^{-4}\%$、μg/g 或 μL/L。与 ppm 相似，ppb 在溶液中是用溶质质量占全部溶液质量的十亿分比来表示的浓度。

192 何谓气密性试验？

气密性试验，是指为防止压力容器、管道系统发生泄漏而进行的以气体为加压介质的致密性试验的一种。气密性试验主要是检验容器、管道系统的各连接部位、密封点是否有泄漏现象。介质毒性程度为极度、高度危害或设计上不允许有微量泄漏的压力容器，必须进行气密性试验。

试验要求：

1）气密性试验应在液压试验合格后进行。对设计要求做气压试验的压力容器，气密性试验可与气压试验同时进行，试验压力应为气压试验的压力。

2）碳素钢和低合金钢制成的压力容器，其试验用气体的温度应不低于 5℃，其他材料制成的压力容器按设计图样规定。

3）气密性试验所用气体，应为干燥、清洁的空气、氮气或其他惰性气体。

4）进行气密性试验时，安全附件应安装齐全。

5）试验时压力应缓慢上升，达到规定试验压力后保压不少于 30min，然后降至设计压力，对所有焊缝、连接部位和各密封点（如：法兰、阀门大盖和盘根等）涂刷肥皂水进行检查，以无泄漏为合格。

用 N_2 和 H_2 分别将各个部分充到操作压力，然后用肥皂水对各密封点，进行仔细检查、观察有无泄漏处，并做好记录，观察压降。

193 装置的三大平衡是什么？

物料平衡、热量平衡、压力平衡。

194 在循环水系统中，水垢是如何形成的？

在循环水系统中，一些难溶性盐类物质对温度存在着反溶解度现象，当温度升高时，其溶解度下降，结晶析出，形成水垢。

195 循环水系统中常见的水垢有哪几种？污垢有哪几种？

水垢：

1）碳酸钙垢。

2）磷酸钙垢。

3）硫酸钙垢。

4）硅酸盐垢。

污垢：

1）淤泥。

2）腐蚀产物。

3）生物沉积物。

196 循环水系统中影响结垢的主要因素是什么?

1）水质：水中所含硬度、碱度、悬浮物、总溶固体及各种成垢离子等。含量越高，成垢的概率就越大。pH 值越高，成垢的概率就越大。

2）温度：直接影响冷却水的结垢过程。当冷却水流速一定时，水温越高，垢沉积速度越大。

3）流速：流速越小，越易造成污垢沉积及菌藻积聚，一般要求冷却水流速>0.5m/s。

4）表面状态：表面越粗糙，相应表面积越大，吸附垢的能力也就越强。

197 循环水水垢的控制方法有哪些?

1）软化水。去除水中的成垢离子，常用方法有：离子交换树脂法和石灰软化法。

2）加酸降低循环水的 pH 值。

3）投加阻垢分散剂。

198 循环水污垢的控制方法有哪些?

1）降低补充水混浊度。

2）加大旁滤水量。

3）投加分散剂。

4）控制好循环水水质，提高缓蚀、杀菌灭藻效果。

199 循环水中引起故障的微生物有哪些?

循环水中引起故障的微生物有细菌、真菌和藻类。

细菌包括：产黏泥细菌、铁沉积细菌、产硫化物细菌、产酸细菌。

真菌包括：霉菌、酵母两类。

藻类包括：蓝藻、绿藻和硅藻。

200 循环水颜色发生变化的原因及其处理措施是什么?

1）水颜色发白：

① 原因：pH 值、总碱度高。造成钙与锌析出。措施：降低 pH 值和总碱度或加大排污量降低钙离子。

② 原因：投加非氧化性杀菌剂，也会造成循环水颜色发白，是水质处理的正常情况。

③ 原因：正磷含量高。措施：加大排污量降低正磷含量。

2）水颜色发绿。原因：系统中绿藻含量增多。措施：加强杀菌灭藻力度。

3）水颜色呈土棕色。原因：装置介质泄漏。措施：查找漏点，加强杀菌灭藻及系统剥离，加大旁滤量，必要时进行系统置换。

第二章 装置基本操作知识

第一节 脱硫及溶剂再生操作知识

1 干气进入干气脱硫塔温度过高会造成什么影响?

1）影响净化干气的脱硫效果。

2）由于干气进出口温度过高，会使干气中的重烃液化，留在胺液中，造成胺液起泡。

3）使塔内其他各部分参数较难控制。

2 干气、液化气脱硫效果差的原因是什么？应采取哪些处理办法?

干气、液化气脱硫效果差的原因有：

1）胺液浓度低。

2）相对干气量来说，含 H_2S 浓度太高，胺液循环量太小。

3）贫液中的 H_2S 浓度太高。

4）干气带液、胺液中烃含量太高而起泡。

5）贫液入塔温度太高。

6）胺液使用时间长，太脏，降解物太多。

采取的处理办法：

1）及时补充胺液调节浓度，同时查明浓度降低的原因及时处理。

2）适当提高胺液循环量，但不能太大，防止淹塔。

3）查明贫液中硫化氢浓度高的原因，如果是再生不好，提高再生塔底温度，贫富液换热器内漏，要停工检修。

4）加强干气脱液，同时联系生产管理部门调整上游装置操作。

5）调整贫液冷却器操作，降低贫液出口温度。

6）加强胺液各过滤器的冲洗，发现胺液起泡，加阻泡剂，同时分析胺液的浓度。

3 干气、液化气来量、性质对脱硫效果有何影响?

（1）干气、液化气来量的影响

当上游装置提高加工量，或操作不稳定时，干气、液化气的来量会趋于不稳定状态，特别是来量突然增大时，若不及时调整胺液循环量将影响脱硫效果。

（2）干气、液化气性质的影响

如果上游装置加工的原料性质发生变化，则产生的干气、液化气的性质也将随之变化，特别是当加工的原料中硫含量增加时，产生的干气、液化气含硫量也增加，这时必须视情况决定是增加胺液浓度还是提高胺液循环量，由于胺液循环量提高太多时可能造成淹塔，所以适当提高胺液浓度也是提高脱硫效果的一种手段。

4 温度对干气脱硫塔有何影响?

干气脱硫塔是气液吸收塔。温度低时，一是MDEA碱性强，有利于化学吸收反应，二是使贫液中的酸性气平衡分压降低，有利于气体吸收；但如果温度过低，可能会导致进料气的一部分烃类在吸收塔内冷凝，导致MDEA溶液发泡而影响吸收效果。所以该塔顶温度控制在38℃左右，而贫MDEA溶液温度一般要比塔顶温度稍高5~6℃，塔底为了防止溶液发泡则通过干气脱硫塔来的富液将温度控制在50℃左右。

5 在胺液浓度正常范围内，胺液循环量与浓度的关系是什么?

胺液循环量与浓度对脱硫效果的好坏有直接影响，在胺液浓度稳定的情况下，增加胺液循环量，将有利于脱硫，但不能太大，造成浪费；胺液浓度较高时，可适当降低循环量，胺液浓度较低时，可提高循环量。

6 液化气脱硫塔液面影响因素有哪些?

1）溶剂循环泵停运。

2）贫液流控阀失灵。

3）液化气脱硫塔填料堵塞。

4）塔底液控阀失灵。

5）贫液、富液过滤器堵塞。

6）液化气压力波动。

7 低温对液化气脱硫塔操作有何影响?

液化气脱硫塔是液-液抽提塔。它的基本操作条件是液相操作，温度高时，一是会汽化导致压力波动打乱操作，二是高沸点化合物在溶液中的积累速度增大，而直接影响吸收效果，所以，低温时对液化气脱硫塔的操作有利。

8 分析压力对干气脱硫塔操作有什么影响。

对干气脱硫塔，较高的压力有利于提高气-液的溶解吸收效果，但过高的压力，会导致部分烃类气体的冷凝，所以还须控制在一定的范围内。

9 分析压力对再生塔操作有什么影响。

压力低有利于 H_2S 的解吸，所以有利于再生塔的操作，但由于再生需要一定的温度，而在此温度下溶液有一定的饱和蒸气压，所以压力和温度有一一对应关系，同时，还要考虑酸性气出装置的输送问题等。

10 试分析脱后液化气中 H_2S 含量超标的原因，如何处理？

脱后液化气中 H_2S 含量超标的原因：

1）原料气中 H_2S 量增加。

2）原料气量增大或流量不稳。

3）胺液循环量不足，贫液中 H_2S 含量高或胺液浓度低。

4）溶剂冷后温度高或压力波动导致吸收、抽提效果差。

5）原料气负荷过大。

6）实际液面过低。

7）溶剂发泡、跑胺冲塔。

8）塔结垢，堵塞或再生不正常，胺液脏等造成吸收、抽提效果差。

脱后液化气中 H_2S 含量超标的处理：

1）适当增大胺液循环量。

2）根据进料或富液-贫液的情况，及时调节胺液循环量，调整好再生操作。

3）增大贫液冷却器冷却水量，或适当降低胺液循环量，控制好塔的压力。

4）联系生产协调或适当提高胺液浓度或溶剂循环量。

5）控制好塔液面至正常位置。

6）原料气暂时改出装置，溶剂进行再生处理。

7）适当置换胺液，控制稳定再生塔操作。

11 液化气带胺，如何处理？

1）联系前部岗位平稳操作。

2）为避免脱硫塔超负荷运行，需将部分原料气改出或调整负荷。

3）降低胺液循环量。

4）溶剂进行再生处理。

5）控制贫液冷后温度或降低原料气入塔温度。平稳各塔压力、液面。

12 干气脱硫塔、液化气脱硫塔串再生塔的原因是什么？

1）干气脱硫塔或液化气脱硫塔液位计失灵。

2）压力波动大，导致液面的大幅波动而压空。

3）干气脱硫贫液泵、液化气脱硫贫液泵故障及调节阀失灵造成胺液循环中断，滞后造成液面压空。

13 根据液化气脱硫塔液面影响因素应采取哪些相应处理方法？

1）启用备用泵，查明原因，修复停运的泵。

2）联系仪表维保人员处理流控阀，现场改副线操作。

3）向车间汇报，请示停工处理。

4）联系仪表维保人员处理，液控改现场副线操作。

5）过滤器改副线，用新鲜水反复冲洗过滤器，如仍不通，打开过滤器清理。

6）降低塔界面，提高塔压力。

7）联系生产管理部门协调处理。

14 影响干气脱硫塔液面的因素有哪些？应采取哪些相应处理方法？

影响干气脱硫塔液面的因素：

1）干气脱硫塔贫液泵停运。

2）干气脱硫塔贫液流量控制阀失控。

3）脱硫塔内部塔盘堵塞，或浮阀卡。

4）脱硫塔液位控制阀失控。

5）贫液、富液过滤器堵塞。

6）干气带胺。

7）干气压力波动。

相应的处理办法：

1）启用贫液备用泵，查明原因，修复停运的泵。

2）联系仪表维保人员处理流量控制阀，现场改副线操作。

3）向车间汇报，请示停工处理。

4）联系仪表维保人员处理，液控改现场副线操作。

5）过滤器改副线，用新鲜水反复冲洗过滤器，如仍不通，打开过滤器清理。

6）降低塔液面，提高塔压力。

7）联系反应、分馏岗位人员调整操作。

15 以裂化干气脱硫系统为例简述冷胺循环的步骤是什么，如何进行热胺循环。

冷胺循环：

1）联系生产管理部门引氮气对系统进行充压。

2）自边界引氮气，对裂化干气系统、胺液再生系统进行充压。

3）充压过程中应适当置换系统内的空气。

4）充压时再生系统压力不超过0.1MPa，裂化干气系统压力不超过0.7MPa。

5）打开溶剂储罐贫液出口阀，变通冷胺循环流程。

6）启动贫液泵、富液泵向裂化干气脱硫塔、闪蒸罐、再生塔内注胺，塔底液位到达50%液控投自动。

7）当再生塔和闪蒸罐液位达到50%时，投再生塔液控，待换热器内充满胺液后进行冷胺循环。

热胺循环：

1）在冷胺循环正常后，向再生塔重沸器注入蒸汽，以10℃/h的速度对再生塔塔底升温。

2）在胺液升温过程中，投用贫液冷却器和塔顶冷凝器循环水。

3）升温中投用塔顶分液罐液控，当塔顶分液罐液位至50%时，建立再生塔顶回流。

4）检查各点温度、流量、液位是否正常，过滤器是否畅通。

5）当再生塔顶、底温度及胺液循环量正常后，热胺循环完毕，随时可准备对脱硫塔进行投料运行。

16 胺液溶剂损失的主要因素是什么？

胺液脱硫主要包括气体脱硫、液体脱硫两方面。影响气体脱硫溶剂损失的因素从大到小依次是机械损失、夹带、蒸发和溶剂降解；而液体脱硫溶剂损失影响因素依次是机械损失、液体夹带（乳化）和溶解，其次才是气体夹带、蒸发和溶剂降解。

17 如何降低胺液溶解损失？

在液体脱硫时会产生溶解损失，胺液在烃中有一定溶解度是产生溶解损失的根本原因。溶解损失的大小与操作条件（操作温度、压力和胺液浓度）有关。通常胺液在烃中的溶解度随着温度的增加或压力的降低而相应增加。工业生产中操作温度与操作压力变化不大，因此胺液浓度是主要影响因素。例如在温度25℃、压力2.1MPa（表）条件下，30% MDEA与50% MDEA在丙烷中溶解度分别是

90μg/g 和 300μg/g；在丁烷中溶解度分别是 55μg/g 和 190μg/g。因此，为降低胺液的溶解损失，液态烃脱硫可采用低浓度操作。但在工业生产中，液态烃脱硫与干气脱硫往往共用一套脱硫系统，较低的胺液浓度需要增加胺液循环量，进而增加操作费用。国内一般采用 30%以下脱硫溶剂浓度。

18 胺液溶剂发泡的主要因素有哪些？

在胺液系统中，引起发泡的主要原因是：

1）污染物是发泡的引发剂。污染物包括冷凝烃、有机酸、水和化学品。

2）固体会稳定泡沫。稳定剂包括硫化铁颗粒、胺液降解物和其他固体物。

3）操作不当引起溶剂发泡。如气体流速过快、塔顶和塔底压差太大或不稳定、塔内液面波动太大、再生塔进料不稳定都会引起溶剂发泡。

19 如何减轻溶剂发泡？

为减轻溶剂发泡，降低胺液发泡损失，可以采取以下措施：

1）当需要脱硫液态烃与干气含杂质较多时，设置原料过滤器，防止杂质稳定泡沫。

2）上游装置因操作不正常会引起干气携带重烃，故需要设置脱硫后干气气液分离器，分离干气中所带重烃。

3）为防止干气中烃冷凝而产生发泡，贫液入塔温度一般高于气体入塔温度 5~7℃。干气中 H_2S 含量越高，二者温差越大。

4）醇胺液氧化生成有机酸及其他不能再生的物质，除引起溶剂发泡外，还加剧了溶剂的腐蚀性。

5）加强溶剂过滤，目前较为常用的是在贫液管线上增加活性炭过滤器和前后机械过滤器、精密过滤器。

6）为保持系统水平衡，需要经常加入补充水，为避免补充水中带入杂质，一般采用除盐水（软化水）。

7）根据醇胺液溶剂性能，如果再生温度过高，将使溶剂降解变质。根据资料及生产经验，再生塔底温度不宜过高，故需要采用 0.3~0.5MPa（表）、温度 140~150℃饱和低低压蒸汽加热，当采用 1.0MPa（表）过热蒸汽时，必须采用减温减压措施。

8）在干气脱硫、溶剂再生塔气相负荷设置差压测量，随时检查塔的操作情况，防止气液携带等非正常操作。

20 简述脱硫溶液污染物的种类及危害。

保持脱硫溶液清洁是保证装置稳定运转的关键之一。工业实践已证明，脱硫胺溶液中存在的悬浮类固体物、溶解烃类，操作过程产生的降解产物、热稳定盐类等污染物对脱硫装置的效率、设备腐蚀、溶剂损耗等会产生重要的影响。

(1) 污染物的种类

悬浮类固体物：胶态 FeS 微粒、$Fe(OH)_3$颗粒、固体催化剂及焦粉残渣、金属碎屑、元素 S 等。

有机物类：烃类凝液、表面活性类物质、润滑脂类、氧化降解变质类残渣(烷醇胺磺酸酯、烷醇胺硫酸酯、烷醇胺、酰胺、聚脲等)。

热稳定盐类：草酸盐、甲酸盐、乙酸盐、硫酸盐、硫氰酸盐、硫代硫酸盐、氯化物等。

(2) 污染物对系统的危害性

污染物对系统的危害性主要体现在胺液发泡与系统设备腐蚀两方面：

1) 发泡：首先是装置处理量大幅度降低，气体脱硫效果变差；严重的造成冲塔，胺液大量“跑损”，由此所带来的相关问题是：

① 胺液的损失带来操作成本的增加。

② 胺液夹带影响产品质量。

③ 给下游设施造成危害。

④ 带来严重的环境污染。

2) 设备腐蚀：胺液中热稳定盐类的存在，会造成严重的设备腐蚀，尤其是系统高温部位的设备(如重沸器、塔顶冷凝器、贫富液换热器等)、管道。

21 溶剂再生塔温度如何控制？

再生塔塔底温度没有单独温控系统，塔底温度通过调节塔底重沸器 0.4MPa(表)低低压加热蒸汽流量与富液进塔流量形成比值控制，控制塔底温度在 125℃，即当溶剂再生塔进料流量变化时，塔底重沸器加热蒸汽量随之变化，塔底温度过低，胺液再生效果将变差，达不到贫液质量指标，贫液中 H_2S 含量太高，影响脱硫效果；塔底温度过高，将使塔顶温度较难控制，同时增加装置能耗。

塔顶温度主要是由顶回流控制的，塔顶控制温度为 113℃，温度控制太低，胺液的解吸效果显著下降，贫液质量变差。塔顶温度太高，增加了再生塔顶冷却器的负荷，同时回流量增加，且易造成酸性气带水严重。温度控制与压力控制密切相关，压力高，塔顶、塔底温度高，反之，塔顶、塔底温度低，也就是说温度与进料富液中 H_2S 含量有因果关系。

22 溶剂再生塔加热热源为何选用 0.4MPa(表)低低压饱和蒸汽？

由于溶剂再生塔塔底温度控制在 125℃，而 0.4MPa(表)低低压饱和蒸汽温度在 148℃左右，通过调节塔底重沸器 0.4MPa(表)低低压加热蒸汽流量完全可以达到温度加热要求。如果选用更高温度、压力等级的加热蒸汽，过高温度则容易导致再生塔溶剂降解变质，增加溶剂消耗，影响溶剂脱硫效果。

23 溶剂再生塔塔底液位如何控制?

塔底液位是由塔底贫液抽出量来控制的，控制范围为 50%±10%。塔底液位变化影响塔底贫液抽出量，进而影响富液闪蒸脱气温度与脱气效果。

24 溶剂再生塔塔顶压力如何控制?

再生塔压力影响胺液再生效果和胺液使用周期。在正常情况下，再生塔压力较低，再生塔塔顶压控阀具有较低的设定压力，可通过压控阀设定压力来实现自动控制，此时输出最小，酸性气放火炬压力调节阀全关。在事故情况下，如制硫工段联锁停车、酸性气管线堵塞等，再生塔压力突然上升，此时把酸性气放火炬管网泄压。在操作过程中，若压力波动较大，为了避免不必要的酸性气放火炬，在控制回路中增加了一个偏值。投用好上述分程控制系统，在正常情况下控制系统能自动克服装置负荷波动、酸性气管网压力波动等因素对再生塔压力的影响；而在事故情况下，酸性气能自动放火炬避免事故的发生。但受到酸性气去硫黄回收单元最低压力要求以及再生塔顶空气冷却器、后水冷却器的冷却情况的影响，塔顶压力一般控制在(0.08±0.001)MPa(表)范围内。

压差表显示生产中 23 层塔盘差压，反映塔盘操作(气相负荷大小)与堵塞情况。溶剂再生塔塔顶差压上升，塔底气相负荷较大，而实际塔顶气相负荷较小时，则说明塔盘堵塞。

25 再生塔塔顶回流过大的原因及处理方法是什么?

再生塔塔顶回流过大的原因：

1）蒸汽量太大，导致重沸器出口气相温度太高。

2）重沸器内部蒸汽泄漏。

3）重沸器内部泄漏。

4）再生塔塔顶空气冷却器与循环水后冷器冷却效果不好，导致塔顶回流罐温度高。

相应的处理方法：

1）调整串级控制系统参数给定值，降低加热蒸汽量。

2）视情况停工或降量处理。

3）根据实际情况定停工或降量处理。

4）分析冷却效果不好原因，针对处理，提高再生塔塔顶空气冷却器与循环水后冷器冷却效果。

26 再生塔塔顶回流较小的原因及处理方法是什么？

再生塔塔顶回流较小的原因：

1）塔顶温度太低。

2）循环水较小或中断。

3）回流泵停运。

4）仪表坏。

5）再生塔塔顶回流罐底排凝阀漏。

处理方法：

1）提高塔底温度。

2）联系循环水场，使循环水恢复正常。

3）启用备用泵，查明泵停运原因，修复备用。

4）联系仪表维保人员修复。

5）处理再生塔顶回流罐底排凝阀。

27 影响再生塔压力的原因及相应的处理方法是什么？

影响再生塔压力的原因：

1）硫黄回收单元酸性气憋压。

2）酸性气出口阀开度小。

3）酸性气管线堵。

4）再生塔回流罐液面高。

5）压力控制阀失灵。

6）溶剂带烃、油进塔。

7）塔底重沸器供热过剩或不足。

8）进料量波动大。

相应的处理方法：

1）硫黄回收单元尽快查明原因进行处理，解决酸性气后路问题。

2）调节好再生塔压力控制阀开度。

3）查明原因，适当提高塔顶温度，严重时进行停工处理。

4）加大回流量，降低液面。

5）再生塔塔顶压力控制阀都改副线操作，联系仪表维保人员抓紧修理。

6）加强富液闪蒸罐脱气除油，平稳各脱硫系统操作，带烃或油严重时改排火炬。

7）调整供热量，稳定加热蒸汽流量。

8）稳定进料，查明原因，若是串级流量仪表问题，抓紧联系仪表维保人员修理；若是进料泵故障，切换备泵，联系维保人员及时修理。

28 影响溶剂再生质量的原因和相应的处理办法是什么？

贫液中 H_2S 含量的多少即溶剂再生质量的好坏，影响脱硫系统的脱硫效果，实际生产中要求再生贫液中 H_2S 浓度越低越好。

影响溶剂再生质量的原因：

1）再生温度低、压力高，溶剂吸收的 H_2S 解吸效果不好。

2）各溶剂脱硫部分溶剂循环量小，导致酸性气负荷过大。

3）重沸器汽提速度低。

4）重沸器内部泄漏或塔盘被冲开。

5）进塔富液波动大。

6）塔底液面超过重沸器气相溶剂返塔口。

7）塔顶温度低，塔顶回流量大。

8）富液进料温度低。

9）供热过剩，影响重沸器的流动性。

相应的处理方法：

1）调节温度、压力在操作指标范围之内。

2）适当提高重沸器的给汽量与各脱硫系统溶剂循环量。

3）适当加大给汽量。

4）找出漏点，停工检修。

5）稳定富液进料，若是富液泵故障联系维保人员检修。

6）降低溶剂再生塔底液面。

7）调节好塔顶回流量，保证塔顶温度。

8）增大塔底供热量。

9）降低供热，考虑增大塔顶回流量。

29 再生塔液位变化的原因及处理办法是什么？

再生塔液位变化的原因：

1）进出溶剂量不平衡。

2）塔顶回流量突然变化。

3）进料量波动，富液泵排量不均。

4）液控阀失灵。

5）溶剂跑损，系统液面下降。

6）冲塔。

7）塔底蒸汽剧烈波动。

相应的调节方法：

1）稳定物料流量，调节相关流程、液控阀，保持进出溶剂量平衡。

2）调整好回流量。

3）稳定进料，切换泵，联系维保人员修理。

4）控制阀副线操作，联系仪表维保人员修理。

5）查明原因，调整好各脱硫系统物料流量，减少溶剂跑损，必要时补充新鲜溶剂。

6）注意富液质量，加强闪蒸罐脱气除油。

7）控制塔底蒸汽流量，联系生产管理部门平稳管网蒸汽压力。

30 再生塔温度变化影响的原因及相应的处理方法是什么？

再生塔温度变化影响原因有：

1）热源压力波动。

2）加热蒸汽带凝结水。

3）凝结水流量不畅通。

4）塔顶压力控制阀失灵。

5）重沸器内部泄漏。

6）进料量大，温度低。

7）塔顶回流量变化。

相应的处理方法：

1）平稳低压蒸汽压力。

2）加强脱水，平稳低压蒸汽操作。

3）疏通流程，加强凝结水罐排水。

4）压力控制阀副线操作，联系仪表人员抓紧修理。

5）查明原因，停工处理。

6）加大加热蒸汽量，平稳脱硫系统操作。

7）平稳塔顶回流量。

31 再生后贫液中 H_2S 含量超高的原因有哪些？

1）再生温度低，H_2S 在该温度下不能很好地解吸。

2）贫富液换热器漏，富液窜入贫液中。

3）顶回流太大，塔顶温度太低。

32 处理再生后贫液中 H_2S 含量超高的方法是什么？

1）提高再生塔底温度。

2）提高胺液循环量，使胺液循环量与干气、液化气量相匹配。

3）查明内漏原因，请示停工检修。

4）查明顶回流太大的原因，恢复正常。

33 气体脱硫及溶剂再生单元溶剂储罐的用途是什么？

气体脱硫及溶剂再生单元溶剂储罐主要有两个用途：

一是由于在正常生产中，由于液化气、干气、循环氢等脱硫过程中会带走少量溶剂，或各脱硫系统溶剂浓度变化，需要配制新鲜胺液进行补充，进而保证上游脱硫单元及富液闪蒸罐等各脱硫系统溶剂量及溶剂浓度。

二是装置停工检修时，集中回收溶剂再生系统及硫黄回收单元溶剂储罐来的胺液。

34 写出配制胺液浓度的计算公式。

$$胺液浓度=\frac{溶质}{溶液}\times 100\%=\frac{纯胺液}{纯胺液+除盐水}\times 100\%$$

35 脱硫剂如何配制？

新鲜胺液全部由气体脱硫及溶剂再生单元配制供给，胺液配制的方法步骤如下：

按照脱硫剂加入量与生产胺液浓度要求，首先通过计算公式计算脱硫剂与除盐水加入量，其公式为：

$$胺液浓度=\frac{脱硫剂}{脱硫剂+除盐水}\times 100\%$$

通过新鲜胺液加入泵向胺储罐中注入脱硫剂，加完脱硫剂后通过现场液面计（液位变送器也可，但必须核实0刻度到100%刻度相应溶剂罐体积）计算确定除盐水需要加入的刻度量，然后加入除盐水。

除盐水按浓度配制要求加完后关闭进罐除盐水阀，开启泵打通胺液循环流程，待浓度均匀后，分析胺液浓度，在28%~30%为合格。正常生产中胺液浓度变化时，通过计算加入脱硫剂或除盐水量来调节胺液浓度，步骤同上。用剂装置停工检修时溶剂全部回收到储罐中，并注意与相应系统的隔断。

36 甲基二乙醇胺在使用过程中应注意什么?

(1) 甲基二乙醇胺在使用过程中的维护

尽管甲基二乙醇胺有许多优点，但如不注意对其维护，仍然容易变质发泡。

首先，保证操作平稳，防止系统中有易与胺液反应的气体带入使胺液变质。其次，注意贫富液过滤器的清洗维护，防止原料中带入杂质，影响胺液的稳定性。最后，防止胺液中混入工业用水中的钙、镁离子(Ca^{2+}、Mg^{2+})形成的Ca^{2+}、Mg^{2+}的碳酸盐，这一点需要检查工业用水与胺液系统相连接的阀门是否内漏，且避免误操作。

(2) 胺液的再生温度

胺液再生是胺液中的H_2S等气体的解吸过程，也是胺液吸收H_2S等气体的逆过程，由于脱硫过程中，胺液吸收H_2S气体的反应是放热反应，因此，胺液再生时是吸热过程，这就是胺液需要在高温下解吸的原因。

再生塔塔底温度控制对胺液再生效果好坏是一个关键的因素，塔底温度由重沸器控制，指标为121℃，也就是说，在该温度下，胺液的再生效果最好，低于这个温度，胺液中的H_2S及其他气体(如CO_2)不能完全解吸出来，将直接影响干气、液化气的脱硫效果。特别注意的是胺液中CO_2的解吸比H_2S的解吸更难，而且CO_2解吸不完全，反复使用，容易使胺液变质，而再生温度过高，将影响塔顶温度控制，顶回流增大，同样不利于胺液再生。

(3) 胺液循环量与浓度

胺液循环量与浓度对脱硫效果的好坏有直接的影响，在胺液浓度稳定的情况下，增加胺液的循环量，将有利于脱硫，但胺液的循环量也不能太大，必须与干气、液化气的流量相配，否则只能无端地浪费胺液，加大电、水及蒸汽等损耗。

胺液浓度看上去是一个无关紧要的参数，因为胺液浓度较高时，可适当降低胺液循环量，而胺液浓度较低时，可提高循环量，但在塔板效率不是很高的情况下，胺液浓度的高低，影响气液相接触，影响胺液对H_2S的吸收，进而影响脱硫效果。

37 溶液过滤和氮气保护的作用是什么?

每路贫液进吸收塔之前先经过过滤器，除去溶液中的固体杂质，在出各吸收塔的富液管道上也有过滤器，除去富液中的杂质，过滤器内的滤袋可根据过滤情况定期更换。为了避免MDEA溶液储存易氧化变质，用氮气经减压阀进入溶剂储罐和溶剂配置回收罐上部进行氮封，维持罐内压力为微正压，以隔绝氧气保护溶液。

38 贫液储罐液位升高的原因有哪些？

1）脱硫系统各塔、罐的液位过低。

2）干气、液态烃带水带油严重。

3）冷却器、重沸器有内漏的现象。

4）与贫液相连接的水线、干气的洗塔线、蒸汽线阀门有内漏的现象。

5）胺液起泡。

39 富液闪蒸罐闪蒸烃脱出段为什么需要贫胺液洗涤？

在闪蒸罐操作温度、压力条件下，含 H_2S 闪蒸气体被闪蒸出来送装置外处理，尽量降低闪蒸烃 H_2S 含量，需要贫胺液将闪蒸气中 H_2S 尽量洗涤下来。

40 富液闪蒸罐的作用是什么？

将富液夹带的轻烃闪蒸出来，经压力控制阀送入低压瓦斯系统，凝缩油去酸性水汽提单元污油罐集中送入装置污油罐。罐内设填料洗涤段，罐内闪蒸出来的含 H_2S 气体轻烃在填料段被再生后贫液洗涤，除去 H_2S 气体，保护环境。闪蒸罐除了闪蒸轻烃外，对于无法闪蒸浓缩油通过内部集油槽排放到酸性水汽提单元地下污油罐。

41 富液闪蒸罐的操作要点是什么？

富液闪蒸罐的操作要点是闪蒸压力、闪蒸温度、罐内停留时间。

（1）闪蒸压力

闪蒸压力越低越有利于闪蒸，当采用换热后热闪蒸流程时，闪蒸压力一般控制在 0.04MPa（表）左右。

（2）闪蒸温度

闪蒸温度比压力对闪蒸效果影响更大，温度越高越有利于烃类脱出，因此目前炼油厂都采用在线换热后闪蒸流程，但受到换热流程及能耗影响，闪蒸温度一般控制在 60℃以上。

（3）罐内停留时间

为保证烃类的脱出，一定的罐内停留时间是非常必要的，但考虑到投资及用地条件制约，一般罐内停留时间为 15min 左右。

42 富液闪蒸罐撇油操作要点是什么？

富液闪蒸罐撇油操作要点包括：

1）在进行闪蒸罐富液撇油操作时，先适当增加闪蒸罐富液来料量，将溶剂液位上涨到撇油罐磁浮子液面计以上，观察油与溶剂界面情况，若油液面达到撇油罐磁浮子液面计刻度30%以上时，必须进行撇油操作。

2）在观察油界位时，不能将富液液面降到罐底磁浮子液面计50%以下，以防泵抽空。

3）确认需要进行撇油操作时，适当减少闪蒸罐富液抽出量，将闪蒸罐液位逐渐抬高到凝缩油槽，同时安排专人负责盯住罐顶磁浮子液面计观察油溢流到集油槽情况，依据集油槽液面上涨情况及时开启去酸性水汽提单元污油罐手阀进行撇油操作。

4）撇油操作时通过控制富液抽出量与撇油阀开度来保持集油槽液面稳定，不能让闪蒸罐液位抬高过快，以免大量溶剂进入集油槽；不能过大开启撇油阀，以免集油槽液面过低，导致闪蒸烃进入酸性水汽提单元凝缩油罐。

5）当集油槽出现溶剂界面时，立即增加富液抽出量，将闪蒸罐液面恢复至正常液面。

6）冬季撇油结束后要注意做好闪蒸罐撇油线的防冻防凝工作。

43 闪蒸罐压力变化的原因及处理方法是什么？

闪蒸罐压力变化的原因：

1）进罐富液温度波动较大。

2）液位过高。

3）富液中烃含量过高。

4）闪蒸烃后路堵。

5）压力控制阀失灵。

相应的处理方法：

1）平衡好贫、富液进换热器流量及再生塔塔底贫液温度。

2）稳定各脱硫系统富液来量，同时加大溶剂再生富液泵进再生塔进料量。

3）增加烃排放量。

4）与火炬系统操作人员联系好，用蒸汽吹扫贯通后路。

5）改压力控制阀副线操作，联系仪表维保人员修理。

44 闪蒸罐液面变化的原因及处理方法是什么？

闪蒸罐液面变化的原因：

1）富液进罐流量不平衡。

2）闪蒸罐压力波动。

3）富液过滤器堵塞。

4）闪蒸罐液控失灵。

5）再生塔富液进料泵故障。

相应的处理方法：

1）控制好各脱硫系统液面，平衡好贫、富液进出再生塔流量。

2）根据闪蒸罐压力波动调节方法进行调节。

3）富液走过滤器副线，清洗过滤器，装好后重新投用。

4）液控走副线，联系仪表维保人员修理。

5）切换备用泵，联系维保人员修理。

45 溶剂再生塔气相返塔温度影响因素和处理方法是什么？

溶剂再生塔气相返塔温度直接影响到胺溶剂的再生效果，装置气相返塔温度是根据富液流量与蒸汽流量比值控制来实现的。

影响因素：

1）蒸汽与富液串级控制不合适。

2）蒸汽温度和压力波动。

3）蒸汽带凝结水。

4）冷凝水系统压力波动。

5）冷凝水系统出路不畅。

6）富液流量变化。

7）再生塔压力波动。

8）仪表测量不准。

9）调节器比例、积分、微分设定值不合适。

处理方法：

1）调节好串级控制系统。

2）控制好低压蒸汽的温度和压力。

3）低压蒸汽脱除冷凝水。

4）控制好除氧器压力。

5）更换蒸汽疏水器。

6）投用好比值控制系统，自动调节蒸汽流量。

7）通过分程控制法控制好再生塔压力。

8）联系仪表维保人员校表。

9）重新整定调节器 PID 设定值。

46 溶剂再生塔塔顶分液罐如何操作？

分液罐用来分离溶剂再生塔顶出来被冷却后的酸性气和液体，并将液体用泵打入溶剂再生塔顶部作回流，内设分离凝缩油隔板，凝缩油去酸性水汽提单元污油罐集中外送。

1）当胺液进行热胺循环时，溶剂再生塔顶分液罐液位至50%时，启动回流泵，将液体打入塔顶。

2）正常液位控制在50%±10%。

3）罐内压力控制在0.085MPa(表)。

4）液位回收量影响着塔顶的温度，正常情况下，顶回流量应有一个固定的值。

5）温度由塔顶空气冷却器、后冷器控制在42℃左右。

47 溶剂再生塔塔顶分液罐排液如何操作?

分液罐排液操作方法如下：

1）由于溶剂携带等原因，导致脱硫系统脱硫溶剂浓度偏低于生产要求的30%，在系统溶剂总量充足并略富裕，并且塔顶冷却负荷允许的条件下，可以通过塔顶分液罐排液来适当提高系统脱硫溶剂浓度；同时可以通过往塔顶分液罐补充凝结水，外排酸性水，来降低塔顶回流系统盐含量。

2）通过泵，将塔顶分液罐内的酸性水外送。

3）检查塔顶分液罐液位计和现场玻璃板是否一致，当塔顶分液罐内液面降至20%~30%时，向排液线顶除盐水。

4）顶除盐水5min后，关闭除盐水两道阀，打开排液线低点排凝阀，排凝后关闭排凝阀。

5）手动缓慢打开至塔回流控制阀，稳定后投自动，恢复塔的回流。

6）当溶剂再生塔顶空气冷却器与后冷器发生结盐堵塞时(一般表现在溶剂再生塔顶压力增加，现场塔顶空气冷却器与后冷器出入口压差增加，塔顶至回流罐压降增加)，需要在空冷入口注入冷凝水，此时需要将塔顶分液罐内的酸性水送至汽提装置，同时保持原有回流量。

48 溶剂再生塔塔底重沸器设备操作要点有哪些?

重沸器给溶剂再生塔提供热源，提高塔底胺液温度，同时产生一定分离效果，便于H_2S气体解吸。设备操作要点主要有：

1）设备吹扫时，由于重沸器与塔形成闭合回路，所以必须解口吹扫。

2）由冷胺循环渐渐改为热胺循环时，给汽必须缓慢，防止水击损坏设备。

3）塔底温度是由调节塔底重沸器的0.4MPa(表)低低压加热蒸汽流量与富液进塔流量形成比值控制的，控制塔底温度在125℃，即当溶剂再生塔进料流量变化时，塔底重沸器加热蒸汽量随之变化。在生产操作中，由于各物流温度都控制在一定范围内，溶剂再生塔热量平衡取决于塔底重沸器加热蒸汽量、塔顶回流量、进料富液流量与富液进料中 H_2S 浓度，当塔顶回流量已经由流控阀控制时，进料富液流量与富液进料中 H_2S 浓度决定塔底重沸器加热蒸汽量，因此采用比值控制。由于 H_2S 解析属于吸热反应，而装置没有富胺液 H_2S 浓度在线分析仪，故定期化验分析富胺液 H_2S 浓度对于指导此比值控制很有必要。依据设计条件，比值控制如下：依据前面分析，此比值关系并非一成不变，将随着富液中 H_2S 浓度变化而变化，这就需要在实际生产中根据富液中 H_2S 浓度分析与实际解析效果进行调整。

4）胺液停止循环前，应通过缓慢减少加热蒸汽量将塔底胺液降温至 100℃以下。

5）为充分利用加热蒸汽相变热（潜热），重沸器加热蒸汽与凝结水罐之间设置有平衡线，回收凝结水罐蒸发蒸汽。

49 简述气体脱硫及溶剂再生单元开车主要步骤。

装置全面检查→公用工程引用→管线冲洗吹扫→管线设备试压气密→系统单元内水清洗联运→DCS 仪表联校→水清洗单元外装置间贫富液线→Na_2CO_3 化学清洗单元自循环→Na_2CO_3 化学清洗单元外循环→排废 Na_2CO_3 碱溶液→过滤器活性炭装填→除盐水清洗单元内外各系统→氮气吹扫置换→30%溶剂配制，低低压蒸汽暖管引入重沸器→单元溶剂自循环（根据加氢裂化、延迟焦化、酸性水汽提单元、硫黄回收单元情况单元溶剂外循环）→系统升温，富液进装置→酸性气去硫黄回收单元→调整操作。

50 简述气体脱硫及溶剂再生单元溶剂升温步骤。

1）投用低低压蒸汽系统，将蒸汽引至重沸器入口流量控制阀，排净存水。

2）缓慢引低低压蒸汽至溶剂再生塔塔底重沸器（注意引蒸汽前检查重沸器凝结水的后路是否保持畅通，引蒸汽之前，蒸汽系统应在低点排凝）。逐步增大蒸汽量，以 15℃/h 的速度升温，直至塔底温度达到 125℃。

3）当塔升温时，可先启动塔顶空冷风机，先启动一台，随塔顶温度的升高，逐步增加空冷风机台数，同时投用后冷器，注意观察回流罐液面上升情况（液面一般控制 50%～60%）。

4）当回流罐液面达 50%以上时，打开回流罐底部出口阀和回流泵入口阀，启动回流泵将回流罐的水打到塔顶部，逐步建立塔回流。

5）根据上游脱硫单元贫胺液需要情况，控制好胺液的换热冷却，将贫液出装置温度控制在 55℃。

51 脱硫系统开工步骤有哪些？如何进行正常停工？

脱硫系统开工步骤：

1）按照各塔和容器的吹扫流程进行吹扫贯通。

2）贫液储罐内的胺液是否满足生产需要，如需配胺，按胺液配制步骤进行配胺操作。

3）试压查漏，如有泄漏及时处理。

4）按各塔的操作参数进行充压。

5）按冷胺循环步骤进行冷胺循环。

6）按热胺循环步骤进行热胺循环，并达到规定温度。

7）待热胺循环完毕后，向各塔引料，缓慢开启阀门，防止冲塔。

8）调整操作，各塔的温度、液位、流量控制在规定的范围，待产品合格后转入正常生产。

正常停工：

1）联系生产管理部门及上游岗位及其他装置，切断各塔进料。

2）用塔顶压控阀分别控制脱硫塔系统压力。

3）向液化气脱硫塔内注胺，把液化气顶出脱硫塔，当液化气脱硫塔顶压控放空处见胺液时，停止胺液顶液化气。

4）胺液系统按正常操作循环，严格控制再生塔塔顶和塔底温度，4h 后联系化验人员，分析胺液中 H_2S 含量，当 H_2S 含量<0.1g/L 时，胺液再生操作完毕。

5）逐渐减少溶剂再生塔重沸器的加热蒸汽，塔底以 20℃/h 降温，降至 100℃以下时，停脱硫贫液泵，胺液系统停止循环，自然冷却。

6）胺液冷却后启动富液泵，把脱硫塔内的胺液全部打入溶剂再生塔，将塔内胺液退至贫液储罐。

7）启动溶剂再生塔塔顶回流泵，把塔顶分液罐内液体全部打入塔后（或送至酸性水汽提装置），再退至贫液储罐，打开各容器的放空点，使各容器内的胺液从退胺线回至溶剂配制罐，再打入贫液储罐内。

8）停贫液冷却器和溶剂再生塔塔顶冷凝器循环水，并放净管壳内的水，按水洗和吹扫流程方案做好各部位的水洗吹扫工作。

52 停工时如何回收 MDEA 溶剂？

1）切断上游脱硫单元贫胺液，并向上游脱硫单元扫线，贫液改进胺储罐。

2）联系上游脱硫单元将各自装置内富胺液、废胺液全部送至溶剂再生单元，完毕后，关闭单元富胺液进界区阀。扫线过程中注意板式换热器改走副线。

3）气体脱硫及溶剂再生单元溶剂全部回收到胺储罐中，联系化验分析质量是否合格，不合格的话，进行溶剂再生，直至溶剂质量合格为止。

4）当无富 MDEA 液进入溶剂再生塔后，关闭塔底重沸器的加热蒸汽，停止顶回流，停运塔顶空气冷却器、塔顶回流泵。

5）溶剂再生塔中的再生贫液由贫液泵打出，打入胺储罐中，塔液面抽空后，停泵和空冷。

6）残留在容器、管线、机泵、换热器、空冷中的 MDEA 溶液经管线、容器处的废胺液管线排放至地下废胺液罐中。

53 脱硫系统如何洗塔？

系统吹扫好后，隔离溶剂再生塔和回流罐，从塔底部给蒸汽蒸塔、蒸罐，塔、罐顶排空，至少 48h。蒸塔完成后，通过回流泵入口除盐水线引除盐水洗塔，防止 FeS 自燃。打水洗塔，洗塔时间维持 4h 左右。

1）MDEA 排放要彻底，避免死角，防止跑、冒、漏现象，少量 MDEA 可接桶排放。

2）扫线放空要防止塔内负压或超压，吹扫压力不能超过设备、管线的设计压力。

3）严禁 MDEA 就地排放或排入地沟。

第二节　酸性水汽提操作知识

1 酸性水汽提工艺如何分类？

根据对 H_2S 和 NH_3 的回收要求，酸性水汽提工艺可以分类如下：

（1）回收 H_2S 而不回收 NH_3 的高、低压汽提工艺

① 单塔低压汽提：

低压汽提是指在尽可能低的汽提操作压力(只要能满足塔顶酸性气自压排至硫黄回收装置或尾气焚烧炉的最低压力)下，将酸性水中的 H_2S 和 NH_3 全部汽提出去，塔顶含氨酸性气排至硫黄回收单元烧氨火嘴，塔底净化水回用。该工艺具有投资少，设备、工艺简单，消耗小等优点，目前大型硫黄回收装置中大部分采用此工艺。

② 双塔高低压汽提：

该工艺设有 H_2S 汽提塔和总汽提塔两个汽提塔。H_2S 汽提塔操作压力 0.7～1.0MPa(表)，塔顶酸性气几乎不含氨，酸性气送至硫黄回收单元回收硫黄；总

汽提塔操作压力0.05~0.07MPa(表)，汽提出氨与剩余H_2S，塔顶富含氨酸性气排至硫黄回收单元烧氨火嘴。该工艺由于设备投资高、蒸汽消耗高而使用少。

(2) 分别回收H_2S和NH_3的汽提工艺

① 单塔加压汽提：

该工艺设有H_2S汽提塔和氨汽提塔两个汽提塔，酸性水先进H_2S汽提塔，后进氨汽提塔；也可先进氨汽提塔，后进H_2S汽提塔。从节约蒸汽消耗的要求来看，一般是酸性水先进H_2S汽提塔，后进氨汽提塔操作工艺偏多。一般H_2S汽提塔操作压力为0.5~0.7MPa(表)，氨汽提塔操作压力为0.1~0.3MPa(表)，H_2S汽提塔塔顶酸性气可送至硫黄回收单元回收硫黄，氨汽提塔顶气氨经精制、压缩成液氨，可回用于炼油装置或作为化工原料。该工艺设备投资较多，一般根据实际生产的经济效益要求决定，目前作为国内小规模酸性水汽提装置使用。

② 单塔加压侧线抽出汽提：

该工艺流程利用CO_2、H_2S相对挥发度比NH_3高的特性，首先将CO_2、H_2S从汽提塔的上部汽提出来，塔顶酸性气可送至硫黄回收单元回收硫黄，液相中的NH_3及剩余的CO_2、H_2S在汽提蒸汽的作用下，在汽提塔下部被驱除到气相，使净化水满足质量要求，并在塔中形成较高的富含NH_3的酸性气，抽出富氨气体采用三级降温、降压、分凝提取高浓度气氨，后加压气氨液化成液氨。该工艺投资与操作成本相对较少，目前使用较为普遍。

2 酸性水中氨氮存在的主要形式是什么？

酸性水中氨氮的存在形式与炼油厂加工装置有关，加氢裂化、加氢精制等临氢装置酸性水中的氨氮大部分以游离NH_3的形式存在，在汽提过程中容易脱除；而催化裂化、常减压装置与延迟焦化等装置产生的酸性水，除游离NH_3外，还有相当一部分氨氮以铵盐态的固定铵形式存在，这部分氨氮在汽提过程中难以脱除，使净化水中氨氮含量偏高。目前，降低氨氮的有效技术是在汽提塔合理部位注碱，例如中国石化金陵石化公司开发的“炼油厂酸性水注碱汽提新工艺”已经在国内较为普遍运用。

3 随着气液相负荷的变动，操作会出现哪些不正常的现象？

了解分馏塔塔板的流体力学特性对于提高塔的处理能力、改善产品质量具有重要的意义。随着塔内气液相负荷的变化，操作会出现以下不正常的现象：

1) 雾沫夹带：雾沫夹带是指塔板上的液体被上升的气流以雾滴的形式携带到上一层塔板，从而降低了塔板的效率、影响产品的分割。塔板间距增大，液滴沉降时间增加，雾沫夹带量可相应减少；与现场生产操作有关的是气体流速变化的影响，气体流速增大，阀孔速度(或网孔气速)、空塔气速均相应上升，这样会使雾沫夹带量增加。除此之外雾沫夹带量还与液体流量、气液相黏度、密度、界面张力等物性有关。

2）淹塔：在塔内由于气液相流量上升造成塔板压降随之升高，由于下层塔板上方压力升高，如果要正常地溢流，入口溢流管内液层高度也必然升高。当液层高度升到与上层塔出口持平时，液体无法下流而造成淹塔。淹塔一般是在塔下部出现，它与处理量过高、原料水带油汽提蒸汽量过大等因素有关。

3）漏液：塔板漏液的情况是在塔内气速过低的条件下产生的。浮阀、筛孔、网孔、浮喷等塔板的塔内气速过低时，板上液体就会通过升气孔向下一层塔板泄漏，导致塔板分离效率降低。漏液现象往往是在开、停工低处理量操作时出现的，有时也与塔板设计参数选择不当有关。

4 酸性水汽提塔操作条件与设备用途是什么？

操作条件：温度：塔顶113.4℃、塔底129.3℃，酸性水热进料温度100℃；压力：塔顶0.13MPa(表)。

设备用途：将酸性水在塔内蒸汽汽提，脱出含 H_2S、NH_3 和 CO_2 酸性气体后转变成净化水去上游装置回用，或去污水处理场进一步处理。

5 酸性水汽提塔塔顶温度如何控制？

酸性水汽提塔塔顶温度主要通过顶回流量控制阀来控制塔顶温度为113.4℃，同时，顶回流物料温度通过回流空冷风机变频控制来调节。酸性水冷进料除对汽提塔下段填料进行洗涤外，也可起到控制顶温的作用。从理论上来说，高温低压有利于 H_2S、NH_3 和 CO_2 酸性气体的脱出。但塔顶温度太高，易造成酸性气带水严重；温度控制太低，则塔顶 H_2S、NH_3 和 CO_2 相互反应，生成 NH_4HS、NH_4HCO_3 等盐类，堵塞管线与汽提塔填料段，同时造成顶循环泵密封磨损，影响安全生产。

6 酸性水汽提塔塔底温度如何控制？

塔底温度是由塔底重沸器的0.4MPa(表)低低压加热蒸汽流量控制阀调节的，塔底温度控制在129.3℃。

从 NH_4HS 水溶液电离平衡常数来看，当温度高于125℃时，NH_4HS 电离平衡常数随温度升高迅速增加，H_2S、NH_3 脱出率迅速增加。故塔底温度一般要大于125℃，塔底温度过低，酸性水汽提效果将变差，净化水中 H_2S、NH_3 含量太高，达不到净化水质量指标(硫化物含量≤20mg/L、氨氮含量≤50mg/L)；塔底温度过高，将使塔顶温度较难控制，同时增加装置能耗。

7 酸性水汽提塔塔顶压力如何控制?

塔顶部压力是由塔顶分液罐酸性气压力控制阀来间接控制的，它控制酸性气去硫黄回收酸性气分液罐的压力，进而控制汽提塔塔顶压力。但受到酸性气去硫黄回收单元最低压力要求影响，塔顶压力一般控制在0.05~0.2MPa(表)范围。

8 酸性水汽提塔塔底液位如何控制?

塔底液位是由净化水泵后的汽提塔液位控制阀、净化水外送流控阀调节塔底净化水抽出量和外送量来控制的，控制范围为50%±10%。

9 简述酸性水汽提塔冲塔的现象、原因及处理方法。

酸性水汽提塔冲塔的现象：

1）塔内压力突然增大，塔顶温度突然升高，管线充水，甚至安全阀起跳。

2）回流罐液面上涨，塔顶温度突然上升，酸性气带水严重。

酸性水汽提塔冲塔的原因及处理方法：

1）塔底加热蒸汽量太大，降低加热蒸汽量。

2）酸性水带油太多，检查酸性水脱气罐与酸性水储罐脱气、脱油情况。

3）塔顶压力突然下降，酸性气泄压速度太快，检查汽提塔顶分液罐压力控制阀是否误动作，汽提塔安全阀是否起跳。

4）联系生产管理部门，酸性气改放火炬，并通知硫黄回收岗位人员降量。

5）待调整正常后，调整各参数在规定的范围内。

10 简述酸性水汽提塔淹塔的现象、原因及处理方法。

酸性水汽提塔淹塔的现象：

1）塔内温度、压力下降。

2）塔底液面升高。

3）回流罐液面升高。

4）塔系温度异常。

酸性水汽提塔淹塔的原因：

1）塔进料量太大。

2）净化水排量太小。

3）仪表指示失灵。

酸性水汽提塔淹塔的处理方法：

1）降低塔进料量。

2）适当加大塔的加热蒸汽量。

3）适当加大净化水的排出量，或改放地漏。

4）待处理正常后，调整各参数在规定的范围内。

5）判断失灵仪表后，联系仪表维保人员修理。

11 简述酸性水汽提塔干塔的现象、原因及处理方法。

酸性水汽提塔干塔的现象：

1）塔顶温度高，塔底、塔内各点温差小，压力增大。

2）塔底液面指示为零。

酸性水汽提塔干塔的原因：

1）塔内液相物料不平衡，进料少，净化水排出量大。

2）进料泵或进料调节阀故障使进料不正常或不进料。

酸性水汽提塔干塔的处理方法：

1）进料泵故障时及时切换至备用泵。

2）进料调节阀故障时改走副线，用手动阀控制。

3）适当降低重沸器加热蒸汽量。

4）控制好塔内温度、压力、液位。

5）待处理正常后，调整各参数在规定的范围内。

12 简述酸性水汽提塔塔底液位升高的原因及处理方法。

酸性水汽提塔塔底液位升高的原因：

1）冷后温度高，产生气阻影响流速。

2）管线内有堵塞或阀芯脱落。

3）处理量大，自控阀失灵。

4）塔底抽出系统故障。

5）假液位。

6）外送困难。

酸性水汽提塔塔底液位升高的处理方法：

1）降低冷后温度。

2）吹扫管线，更换阀门。

3）增大塔底排出量。

4）联系仪表维保人员进行处理。

5）联系生产管理部门协调后路装置。

13 简述酸性气中带水的原因及处理方法。

酸性气中带水的原因：

1）进料量过大。

2）加热蒸汽量过大。

3）酸性气抽出量过大。

4）塔顶温度过高。

酸性气中带水的处理方法：

1）控制好进料量，当有冷进料时，控制好冷热进料比。

2）调整好加热蒸汽流量。

3）控制好回流罐压力，防止瞬时酸性气抽出量过大。

4）根据导致塔顶温度高的原因加以调整。

14 净化水不合格的原因及处理方法是什么？

净化水不合格的原因主要有：

1）塔底液位高、冲塔造成分离效果不好。

2）蒸汽压力低、波动、蒸汽温度低。

3）进料量大，酸性水浓度高。

4）换热器内漏。

净化水不合格时的处理方法：

1）在保证塔顶温度的情况下尽量加大酸性气的抽出量。

2）适当提高塔底温度。

3）稳定进料量，查明酸性水浓度变化原因。

4）如果是换热器内漏，视情况降量或者停工进行检修。

15 简述酸性水汽提塔塔底重沸器设备操作要点。

汽提塔底重沸器设备操作要点有：

1）设备吹扫时，由于重沸器与酸性水汽提塔形成闭合回路，所以必须解口吹扫。

2）由冷水循环渐渐改为热水循环时，给汽必须缓慢，防止水击损坏设备。

3）通过调节塔底重沸器的0.4MPa(表)低低压加热蒸汽流量控制塔底温度在129.3℃。

4）为充分利用加热蒸汽相变热(潜热)，重沸器加热蒸汽与凝结水罐之间设有平衡线，回收凝结水罐蒸发蒸汽。

16 酸性水汽提酸性水储罐需要脱臭的原因是什么？

原油中含有不同形态的硫化物，在石油炼制过程中会产生大量有毒有害的恶臭物质，对周围环境造成严重污染。造成恶臭的主要组分为有机及无机硫化物、挥发性酚类等，这部分恶臭物质随着二次加工装置酸性水进入酸性水汽提单元。

17 什么叫臭阈值？常见污染物的臭阈值为多少？

用无臭水稀释水样，当稀释到刚能闻出臭味时的稀释倍数称为“臭阈值”，主要污染物臭阈值见表2-1。

表2-1　污染物臭阈值　　10^{-9}（体）

组分	硫化氢	甲硫醚	乙硫醚	丁硫醇	丙硫醇	乙硫醇	甲硫醇
数值	130	1.0	0.59	0.11~1	0.075~0.75	0.26	2.1

18 酸性水的预处理一般包括哪些步骤？

长期的生产实践表明，酸性水在进入酸性水汽提塔前必须进行下述预处理：

（1）脱气

上游装置操作不当，酸性水中轻烃突然增加，会导致原料水罐因大量气体逸出而引起设备损坏或爆炸事故，出于安全考虑，应当设置脱气设施。

（2）脱油

酸性水带油会破坏汽提塔内的气液平衡，造成操作波动，影响产品质量。故进塔水油含量越低越好，一般要求小于50mg/L。目前国内一般采用大罐重力沉降法脱油，一般要求沉降时间不小于36h。常减压装置与焦化装置酸性水经常带乳化油，除采用除油设施外，一般还加入破乳剂破乳。

（3）除焦粉

延迟焦化装置排出的酸性水，由于携带焦粉，容易导致汽提塔塔盘结焦堵塞，同时还堵塞换热器等设备，严重影响汽提单元平稳操作及净化水质量，因此需要增设过滤设施除去聚焦粉。

19 酸性水脱气罐的作用是什么？

使混合含硫酸性水起到均质作用，脱出酸性水中含的轻烃与部分污油，使汽提塔平稳操作，保证净化水合格，减少汽提塔产出酸性气中烃含量，保证硫黄回收催化剂使用寿命与硫黄质量。

20 酸性水脱气罐内部结构特点是什么?

酸性水在罐中心进料，内设分配盘与挡板，其作用是将酸性水均匀分布在罐内人字形挡板上，通过酸性水与挡板碰撞，使酸性水形成均匀水滴，充分脱出酸性水中包含的轻烃与污油。

21 简述酸性水脱气罐压力过低的原因及处理方法。

酸性水脱气罐压力过低的原因：

1）酸性水脱气罐液面过低。

2）进料量小。

3）分程控制阀仪表故障，补压阀不能补压或卸压阀内漏。

处理方法：

1）控制好脱气罐液面。

2）控制好进料量，保持进料稳定。

3）调整好压控，联系仪表维保人员修理。

22 简述酸性水脱气罐脱出气带液的原因及处理方法。

酸性水脱气罐脱出气带液的原因：

1）脱气罐液面超高。

2）脱气罐压力超高。

3）设备内部结构被破坏。

4）进料量过大。

酸性水脱气罐脱出气带液的处理方法：

1）调整抽出量，控制好脱气罐液面。

2）调整好脱气罐分程压控。

3）停止进料，联系维保人员检修。

4）平稳进料。

23 酸性水脱气罐如何进行撇油操作?

1）在脱气罐操作一定时间后(依据实际操作情况)，将脱气罐液面缓慢下拉到20%左右后再恢复到正常操作液面，通过现场液面观察是否存在一定液面污油，若存在则需要进行撇油操作。

2）通过减少酸性水压出量，将脱气罐液面缓慢拉高到脱气罐污油排出口(污油排出口位置与脱气罐现场上液面下端高度一致)进行排污油处理，排污油时一定要注意污油排出量与酸性水减少的压出量基本保持一致，防止切除大量酸性水。

3）当从脱气罐现场上液面基本看不见污油后停止撇油操作，将酸性水脱气罐液面恢复至正常液面。

4）撇油结束后需要对污油线用蒸汽扫线至污油罐。

5）冬季撇油结束后要注意闪蒸罐撇油线的防冻防凝工作。

24 简述汽提塔顶分液罐设备操作要点。

1）再生塔顶压力，此压力也是控制酸性气进硫黄回收单元压力为0.05~0.2MPa(表)。

2）加热盘管低低压蒸汽正常给，控制依据是酸性气去硫黄回收单元温度≥85℃。

25 汽提塔顶分液罐压液如何操作？

1）汽提塔顶分液罐液面是通过液控阀来控制的，正常控制在20%左右的低液位。当酸性水汽提塔顶分液罐液面达到40%以上时，当班操作工应及时压液至地下酸性水罐。

2）主操稍开汽提塔顶分液罐脱水包出口液控阀，进行压液。

3）待汽提塔顶分液罐玻璃板液面达20cm时，关闭脱水包的出口阀。

4）开启蒸汽扫线第一道阀和放空阀，脱水见汽后，开启扫线蒸汽的第二道阀，对汽提塔顶分液罐排液线进行扫线。

5）扫线结束后，改回正常流程，低点排凝。

6）注意事项：汽提塔顶分液罐排液时，决不允许现场没人看护，液面严禁排尽，否则会引起汽提塔顶酸性气窜至原料水罐，影响罐顶液封与脱臭，甚至酿成事故。

26 酸性水脱气罐压力如何控制？

正常操作时，脱气罐压力由控制阀控制在0.15MPa(表)，氮气补压。当酸性水脱气罐压力低于0.15MPa(表)时，开补压阀，分程控制阀开度在0~50%；当酸性水脱气罐压力高于0.15MPa(表)时，开卸压阀，分程控制阀开度在51%~100%。

27 酸性水储罐的作用是什么？

酸性水储罐的作用是存储酸性水及不合格净化水，保持酸性水一定停留时间（正常要求是≥36h），脱出水中含油，保证酸性水汽提塔的正常操作。

28 水封罐的作用是什么？

吸收原料罐顶排出的气体，罐内吸收液返回原料罐，减少环境污染。当原料罐负压时，外界气体可通过水封罐进入原料罐，降低内外压差。

29 试对酸性水中氨的形态进行分析。

酸性水中氨、硫化氢、二氧化碳等主要以 NH_4HS、NH_4HCO_3 等状态存在，是一种弱酸弱碱盐溶液。液相中的 H_2S、NH_3、CO_2 是挥发性组分，按照亨利定律，用蒸汽来降低这些组分的分压就可以把 H_2S、NH_3 和 CO_2 从溶液中转入汽相，这是酸性水汽提的基本原理。

对 $NH_3-H_2S-CO_2-H_2O$ 四元体系的汽提过程可用以下反应式表示：

$$NH_4^{+}+HS^{-}(NH_4HS)+H_2O \rightleftharpoons (NH_3+H_2S+H_2O)_{液} \rightleftharpoons (NH_3+H_2S+H_2O)_{气}$$

$$NH_4^{+}+HCO_3^{-}(NH_4HCO_3) \rightleftharpoons (NH_3+CO_2+H_2O)_{液} \rightleftharpoons (NH_3+CO_2+H_2O)_{气}$$

提高汽提蒸汽量和增加汽提塔塔板数可降低净化水中氨氮含量，但氨氮的降低是有限的，即使耗费大量的蒸汽也无法使净化水中的氨氮质量浓度降至 50mg/L 以下。通过对常规汽提工艺无法脱除的这一部分氨氮的形态分析，认为酸性水中还有如下反应：

$$NH_3+H_2O \rightleftharpoons NH_4^{+}+OH^{-}$$

同时在酸性水中检测到有 SO_3^{2-}、$S_2O_3^{2-}$、HSO_3^{-}、CN^{-} 等酸根离子存在，这就促使 NH_4^{+} 被固定成铵盐，单靠增加汽提深度无法将其脱除。因此，若将固定铵转变为游离氨，就可用汽提法将其除去。

30 简述注碱脱除固定铵的机理。

氨在水中发生离解，如果同时存在酸，酸也会发生离解：

$$HA \rightleftharpoons H^{+}+A^{-}$$

酸离解释放出的 H^{+} 与氨离解产生的 OH^{-} 结合成 H_2O，促使氨的离解平衡向生成 NH_4^{+} 的方向移动。由于这一部分氨氮不能在加热过程中除去，因而被固定在溶液中。这是酸性物质能固定氨的主要原因。反之，如果在溶液中加碱，则碱离解产生 OH^{-}，促使氨的离解平衡向形成游离氨的方向移动，即可通过加热将这部分氨氮除去。

由于在酸性水中存在着上述 NH_4^{+} 的离解反应，在汽提过程中加碱（OH^{-}），促使 NH_4^{+} 离解成游离氨，即：

$$NH_4^{+}+OH^{-} \rightleftharpoons NH_3+H_2O$$

这样，在汽提过程中，固定铵基本上可以被脱除。废水中加碱脱除氨氮的过程是化学解吸和热解吸共同作用的结果，这一过程如图 2-1 所示。

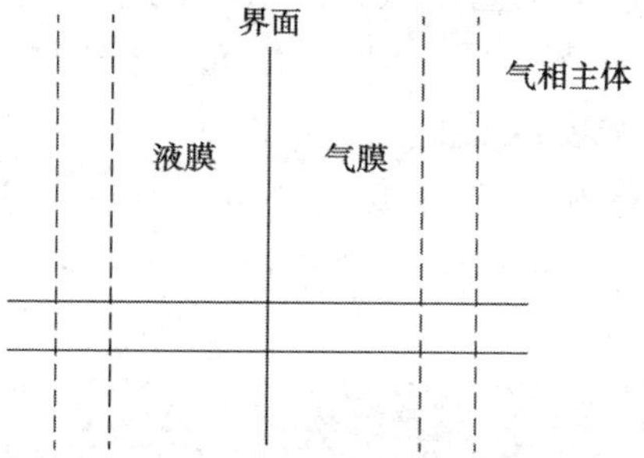

图 2-1　氨氮解吸过程示意图

根据对流传质的双膜理论，在相互接触的气、液两相流体间存在一个稳定的相界面，在此气、液两相处于平衡状态时，相界面各有一个很薄的滞流膜层，溶质以分子扩散的形式通过。在酸性水加碱去除氨氮的过程中，要提高反应的速度，可以通过两个途径：

1）增加反应物浓度，酸性水中 NH_4^+ 的浓度一定，因此只有增加 OH^- 浓度，即向酸性水中加碱。

2）降低反应产物浓度，要使液相中 NH_3 能及时转移到气相中去，首先要保证其在酸性水汽提塔内有一定的停留时间，其次是升高温度。

31　如何确定注碱脱除固定铵的量？

根据注碱脱铵的机理，向酸性水中加碱的量愈大愈有利于游离氨的生成，但加碱的量过大，不仅会使生产成本上升，而且易堵塞塔盘，同时加重对设备的腐蚀，还会使净化水 pH 值超标，加重废水处理场的负荷。因此，应在保证净化水氨氮达标的前提下，尽量减少注碱量。一般最佳注碱量以理论加碱量的 1.0~1.2 倍为宜。

理论加碱量即为与净化水中铵盐态氨氮的物质的量相当时的加碱量。根据反应式：

$$NH_4^+ + OH^- \rightleftharpoons NH_3 + H_2O$$

$$(X/1000)\times(W_2\times10^{-3}/40) = (V/1000)\times(W_1\times10^{-3}/18)$$

式中　V——净化水的体积，mL；

W_1——净化水中铵盐态氨氮质量浓度，mg/L；

W_2——碱液质量浓度（以 NaOH 计），mg/L；

X——理论加碱量，mL。

在汽提塔底监测净化水的适宜 pH 值一般为 7~9。

32 如何选定注碱脱除固定铵的位置?

对于单塔汽提侧线抽出工艺，从去除NH_4^+的角度而言，注碱位置越靠近汽提塔上部越有利，以使游离氨转移到气相有足够的停留时间，但越靠近塔上部，液相中的S^{2-}、HS^-浓度以及其他挥发性酸性组分越高，形成Na_2S及NaHS的浓度也越高，不利于脱硫。选择侧线抽出口下的第15～19层塔盘注碱，既可避免产生高浓度的Na_2S及NaHS，又可满足液相氨分子转移到气相所需的停留时间。

33 注碱脱铵对脱硫效果有什么影响?

加碱虽然对脱除氨氮有利，但对脱硫不利。加碱后酸性水汽提体系中，除存在NH_4^+离子平衡外，还存在S^{2-}、HS^-离子平衡：

$$H_2S+NaOH \rightleftharpoons NaHS+H_2O$$

$$NaHS+NaOH \rightleftharpoons Na_2S+H_2O$$

当向汽提塔内注碱时，Na^+浓度增加，Na_2S浓度也相应增加，亦即在NH_4^+被去除的同时，硫从可被汽提的H_2S转变为不能水解的Na_2S又被固定下来，降低了脱硫效率。虽然注碱脱铵对脱硫产生负面影响，但可通过增加蒸汽、加大酸性气排量等措施来保证净化水中硫的质量浓度小于或等于50mg/L。

34 简述酸性水汽提单元结垢情况及危害。

酸性水汽提单元污垢主要分布在塔底重沸器壳层、换热器壳层、汽提塔的10层塔盘以下部分的浮阀、塔壁、塔盘上。结垢的主要危害体现在以下几个方面：

1）由于重沸器壳层基本被污垢覆盖，换热效果变差，使净化水中氨、硫化氢含量超标，严重时污垢将换热器堵死而无法生产。

2）换热效率降低，原料水的取热效果差，使原料水在进塔时达不到正常生产的要求，既浪费能源又影响汽提塔的温度。

3）黏结在浮阀上的污垢使浮阀的重量增加，使浮阀难以吹起；黏结在浮阀腿及塔盘上的污垢使浮阀与塔盘黏在一起，浮阀无法上下运动，物料的流动不正常，导致塔盘传质传热效果变差。

总之，酸性水汽提系统结垢既影响设备的传热效率浪费能源，又使得生产的酸性气和净化水不合格，严重时将导致装置停工。

35 简述酸性水汽提单元开车主要步骤。

装置全面检查→公用工程引用→管线冲洗吹扫→管线设备试压气密→系统单

元内水清洗联运→DCS仪表联校及VOCs联锁系统测试→脱臭罐脱硫剂装填→系统氮气置换→精制罐溶剂外循环→单元外酸性水引入进罐→蒸汽暖管引入重沸器→单元酸性水循环，酸性气排火炬→系统升温→酸性气去硫黄回收单元→调整操作。

第三节 硫黄回收操作知识

1 制硫气态硫分压的影响因素是什么？

过程气中各气态组分的压力之和构成了过程气的总压力。在转化反应器内亦是如此，根据反应的化学方程式 $2H_2S(气)+SO_2(气) \rightleftharpoons 3S(气)+2H_2O(气)$ 可知，气态硫的分压越低，反应平衡越有利于向正方向移动，也就是说越有利于提高硫的转化率。因此，在过程气进入转化反应器之前，应尽可能地降低冷凝冷却器的出口温度，把其中的硫蒸气变成液态硫，经捕集器捕集下来，避免液态硫过多地带入转化反应器内而在较高的温度下汽化，增加转化反应器内的硫分压，影响转化率的提高，增大尾气回收部分的操作负荷。

2 硫黄回收单元风气比的影响因素是什么？

适量的风气比是提高硫转化率的重要因素，在硫黄回收单元中，气风量的大小通过酸性气的量的大小和酸性气中的 H_2S 浓度高低而获得，然后把计算得到的风气比输入仪表，实现配风的自动控制，在制硫反应过程中，空气的不足和过剩都是没有好处的。

1）空气不足的害处更大一些，这些害处表现在：

① 空气不足破坏了 H_2S 和 SO_2 比值2∶1的比例关系，使 H_2S 和 SO_2 不能按最佳配比反应，结果造成 H_2S 气体大量过剩，而 SO_2 不足，使 H_2S 的转化率降低。

② 空气不足使酸性气中的烃不能完全燃烧，形成炭黑，一方面产品硫黄呈黑、灰色，影响质量；另一方面，造成催化剂床层积炭，活性下降，H_2S 转化率降低。

③ 在原料气量小或浓度低的情况下，如果配风不足，还会使燃烧炉炉膛温度太低，其他各部温度不易控制，同时势必影响尾气焚烧炉排放烟气中 H_2S 含量，使其超标。

2）配风过大的害处在于：

① H_2S 燃烧生成的 SO_2 的量变大，超过了总量的三分之一，H_2S/SO_2 的比值小于2，在经过转化反应后，SO_2 的浓度很大，而 H_2S 的浓度几乎为零，这样也

降低了 H_2S 的转化率。

② 配风过大，还会使炉膛温度升高，大量的过剩空气会使炉膛温度降低，这样只造成 H_2S 转化率降低或者不能生成硫黄，达不到保护环境的目的。

③ 配风过大，使催化剂床层的温度升高，且 SO_2 在过氧情况下生成 SO_3，SO_3 又和催化剂的有效成分 Al_2O_3 反应生成 $Al_2(SO_4)_3$，使催化剂发生永久性中毒，活性下降。

因此，选择合适的风气比是很关键的操作，另外酸性气浓度变化时，仪表不能实现自动控制配风，必须根据二转出口分析数据，对风气比进行重新设定。

3 硫黄回收单元空速的影响因素有哪些？

空速是控制反应气流与催化剂接触时间的一个重要指标，空速越大反应气流与催化剂接触时间越短，即反应时间越短，反应的转化率越低，反之，反应时间越长，转化率越高。

由于硫黄回收装置的主要目的是转化 H_2S 为硫黄，并加以回收，对于空速的控制要求不大，因为只要不超负荷，H_2S 气体都得进炉。酸性气燃烧炉的空速是开始设计装置时就设计好的，不能任意改变，空速的大小与转化反应器的直径以及床层高度(床层高度一般不大于 1.2m，通常床层设计高度为 0.9~1.1m)，还有床层压降都有关系，在不更换设备的情况下，改变空速的唯一途径是增加催化剂的装填高度。这样就相应地减少了空速，增大了反应时间。压降也可以改变，但如果装填高度不变，则必须通过更换其他型号的催化剂，改变催化剂的直径来改变压降，这是不可取的。

催化转化反应，温度低时转化率高，但反应速率较慢，实际生产中希望在适当的温度下有较快的转化速率，所以选择合适的温度是实现这一操作的最佳途径。

在装置进行低负荷生产时，由于流量变小，相应地，气体在催化剂床层的停留时间较短，即反应时间较长，这时反应较完全，转化率较高，但低负荷生产产品较少，这也是很不经济的。

4 酸性气杂质对硫黄回收单元的影响有哪些？

硫黄回收单元原料酸性气所含杂质的种类及含量与酸性气来源有很大关系，主要包括 NH_3、烃类、水蒸气、CO_2 等。

(1) NH_3 的影响

酸性气中的 NH_3 会与酸性气中 CO_2、H_2S 在低温存在液态水或水汽条件下形成硫氢化氨、多硫化氨和碳酸氢氨结晶，堵塞冷凝器管程，增加系统压降；还可生成氮氧化物，引起设备腐蚀和催化剂中毒，因此，必须使 NH_3 在酸性气燃烧炉中充分燃烧分解成 N_2 和 H_2O。

（2）烃类的影响

酸性气中烃类存在如下影响：烃的存在会提高酸性气燃烧炉炉膛温度和废热锅炉（或称余热锅炉）热负荷，增加燃烧所需空气量与过程气量，增大设备溶剂与管线管径，增加投资；加剧酸性气燃烧炉中副反应，增加 CS_2 和 COS 生成量，降低硫转化率；没有完全反应的烃类会在转化催化剂表面形成积炭，引起催化剂床层压降增大，催化剂失活，一般要求酸性气中烃含量在2%以下。

（3）水蒸气的影响

水蒸气源于制硫反应中酸性气携带水，根据反应平衡，水蒸气的存在会引起反应平衡左移，不利于硫黄形成，降低硫黄转化率，因此必须设置酸性气分液罐，分离酸性气携带水。

（4）CO_2 的影响

CO_2 会降低酸性气中 H_2S 浓度，也会和 H_2S 在酸性气燃烧炉内反应生成 CS_2 和 COS，这两种作用都会导致硫回收率降低。

同时，根据酸性气燃烧炉热平衡来看，水蒸气与 CO_2 的存在，会增加过程气携带的高温热量，相应降低酸性气燃烧炉炉膛温度，不利于 NH_3 的分解。

5 何谓硫黄回收比值控制系统？

硫黄回收反应方程式为：

$$2H_2S+3O_2 \longrightarrow 2SO_2+2H_2O\text{（酸性气燃烧炉内）}$$

$$2H_2S+SO_2 \longrightarrow 3S+2H_2O\text{（转化反应器内）}$$

根据上述反应式，在适当的配风比下，经酸性气燃烧炉出来的过程气中 H_2S 和 SO_2 的比值应控制在 2∶1 再进转化反应器，此时生成元素硫的转化率最高。酸性气进料是由酸性水汽提单元、气体脱硫及溶剂再生单元及硫黄回收尾气处理单元来的，制硫装置不能调节酸性气进料量，只能根据酸性气进料按化学当量配给进炉空气，即进行酸性气、空气配比控制。由于酸性气的含量随生产过程的变化而变化，比值控制系统不可避免地会有误差，为此在比值控制系统的基础上引入了以保持系统中 H_2S/SO_2 比值 2∶1 为目标的质量控制系统。

6 硫黄回收比值控制系统如何调节？

控制方案空气量的调节分为两部分：一是空气量随酸性气量变化构成比值控制系统，从而基本保证空气/酸性气比值近似等于 2∶1；二是 H_2S/SO_2 在线分析仪与空气流量组成的串级调节系统，进一步对空气、酸性气配比进行修正，从而

保证过程气中的 H_2S/SO_2 比值始终为 2 : 1。H_2S/SO_2 比值控制系统如图 2-2 所示。

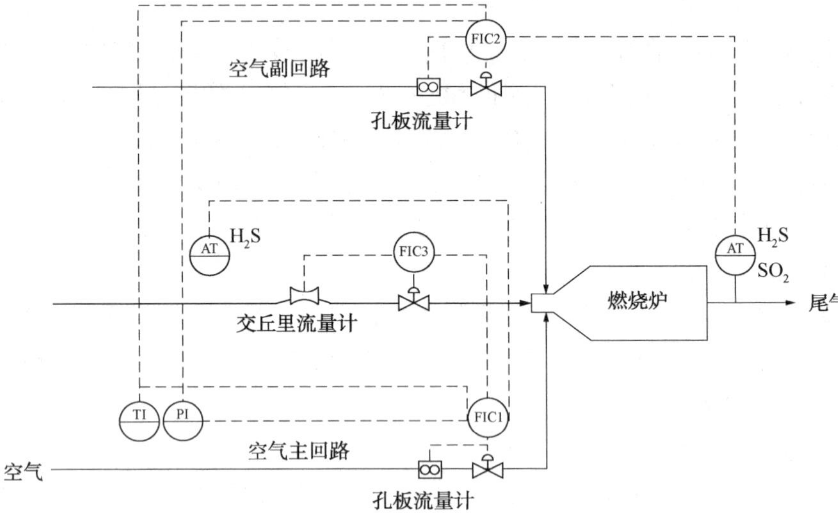

图 2-2 H_2S/SO_2 比值控制系统

7 当量燃烧时酸性气燃烧炉理论进炉风量如何计算?

在制硫单元开工投用比值分析仪前阶段，根据酸性气来量和组成分析算出理论进炉风量，为保证进炉酸性气在投用比值分析仪前充分燃烧，一般控制实际总进风量稍大于理论进风量(包括看火孔进风)，通过采样分析控制过剩氧含量在2%~5%。理论进炉总风量的计算公式如下：

$$风气比=\frac{Q_{风}}{Q_{酸}}=\frac{\frac{1}{2}\times c_{H_2S}+\frac{3n+1}{2}\times c_{CH}+c_{NH_3}\times\frac{3}{4}}{21\%}$$

式中 $Q_{风}$、$Q_{酸}$——进炉酸性气量和进风量；

c_{H_2S}、c_{CH}、c_{NH_3}——酸性气中 H_2S、CH、NH_3的浓度；

n——烃的种类；

21%——空气中氧体积含量。

8 酸性气燃烧炉进炉主副风量如何计算?

依据目前硫黄回收单元设计情况，在酸性气燃烧炉中 H_2S 转化分配情况如下：

$$100\%H_2S \longrightarrow 70\%S+20\%H_2S+10\%SO_2$$

则理论进炉总风量的计算公式如下：

$$风气比=\frac{Q_{风}}{Q_{酸}}=\frac{\frac{1}{2}\times c_{H_2S}\times 70\%+\frac{3}{2}\times c_{H_2S}\times 10\%+\frac{3n+1}{2}\times c_{CH}+c_{NH_3}\times\frac{3}{4}}{21\%}$$

$$Q_{风}=\frac{\frac{1}{2}\times c_{H_2S}\times 70\%+\frac{3}{2}\times c_{H_2S}\times 10\%+\frac{3n+1}{2}\times c_{CH}+c_{NH_3}\times\frac{3}{4}}{21\%}\times Q_{酸}$$

依据设计条件，空气主回路控制理论空气量的92.5%，空气副回路控制理论空气量的7.5%，则空气主回路控制理论空气量为：

$$Q_{主风}=\frac{\frac{1}{2}\times c_{H_2S}\times 70\%+\frac{3}{2}\times c_{H_2S}\times 10\%+\frac{3n+1}{2}\times c_{CH}+c_{NH_3}\times\frac{3}{4}}{21\%}\times Q_{酸}\times 92.5\%$$

式中　$Q_{风}$、$Q_{酸}$——进炉酸性气量和进风量；

c_{H_2S}、c_{CH}、c_{NH_3}——酸性气中 H_2S、CH、NH_3 的浓度；

n——烃的种类；

21%——空气中氧体积含量。

空气副回路根据尾气捕集器 H_2S 和 SO_2 在线比值分析调节酸性气燃烧炉总进风量，控制 H_2S 和 SO_2 比值达到 2∶1 为止。

9　酸性气燃烧炉电点火程序控制系统如何工作？

当酸性气燃烧炉需要点火时，启动按钮，打开 N_2 管线切断阀 3min 后，依次关闭 N_2 管线切断阀，打开空气切断阀、燃料气管线切断阀，点火如果成功，点火程序结束；如果未点燃，火焰监测报警器发出信号自动关闭燃料气、空气切断阀，打开 N_2 管线切断阀，向炉膛吹入 N_2，3min 后，自动关闭 N_2 切断阀，打开空气、燃料气切断阀，再进行自动点火，直至点燃为止。火焰监测报警器作为监视炉膛火焰之用，当炉膛火焰熄灭时，自动发出光报警。点火逻辑关系如图 2-3 所示。

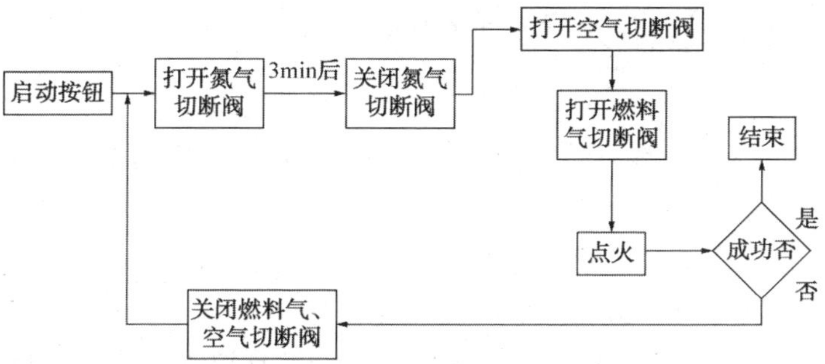

图 2-3　自动点火系统

10 制硫尾气 H_2S/SO_2 比值影响因素及处理方法是什么？

制硫尾气 H_2S/SO_2 比值直接影响装置硫转化率，后装置尾气中 H_2S/SO_2 比值是通过在线分析仪与微调整空气流量调节器反馈控制、酸性气需氧量与主空气流量调节器前馈控制来调节的。

制硫尾气 H_2S/SO_2 比值影响因素：

1）酸性气中 H_2S 浓度波动。

2）酸性气流量波动。

3）空气/酸性气比值不合适。

4）瓦斯流量、组分波动。

5）空气/瓦斯比例不合适。

6）H_2S/SO_2 在线分析仪未投用。

7）仪表测量不准。

8）调节器比例、积分、微分设定值不合适。

9）H_2S/SO_2 在线分析仪坏。

制硫尾气 H_2S/SO_2 比值处理方法：

1）投用酸性气组分在线分析仪。

2）投用空气前馈控制系统和反馈控制系统。

3）调整空气/酸性气比例。

4）投用瓦斯组分在线分析仪。

5）调整空气/瓦斯比例。

6）投用在线分析仪。

7）联系仪表维保人员校表。

8）重新调整调节器 PID 的设定值。

9）联系化验人员，增加尾气 H_2S/SO_2 分析频率。

11 制硫转化反应器的正常操作是怎样的？

过程气中的 H_2S 和 SO_2 在转化反应器内，在催化剂的作用下，生成气态单质硫，由于硫黄回收催化剂有许多种，对于不同的催化剂，在不同温度下活性不同，所以床层温度的控制也不一样。用一级、二级转化反应器入口蒸汽加热器调节转化反应器的入口温度，进而控制催化剂的床层温度，一般情况下，一级转化反应器入口温度控制在 240℃，出口温度控制在 308℃，对于二级转化反应器入口温度为 205℃，出口温度控制在 226℃，因为只有控制好床层温度，才能保证 H_2S 的转化率。

12 简述影响转化反应器催化剂床层温度的因素及处理办法。

转化反应器催化剂床层温度的影响因素：

1）酸性气燃烧炉炉膛温度的变化。

2）一级、二级转化反应器入口蒸汽加热器加热蒸汽的开度。

3）催化剂的活性。

4）生产负荷的高低。

转化反应器催化剂床层温度的相应的处理方法如下：

1）调整酸性气燃烧炉的操作，或控制冷却器液位，使冷却器出口温度控制在工艺指标内。

2）调节一级、二级转化反应器入口蒸汽加热器加热蒸汽的开度，使转化反应器入口温度在工艺指标内。

3）催化剂活性降低，温升变小，转化率降低，影响生产，可根据实际情况对催化剂进行再生，再生无效，停工更换。

4）调整装置的生产负荷，使其在允许范围内。

13 一级转化反应器入口温度影响因素及处理方法是什么？

一级转化反应器入口温度影响 H_2S 和 SO_2 的反应转化率以及 CS_2 和 COS 的水解率，装置一级转化反应器入口温度是通过温度调节器与蒸汽流量调节器的串级调节系统来控制的。

一级转化反应器入口温度的影响因素：

1）加热蒸汽压力、流量波动。

2）过程气流量和温度波动。

3）仪表测量不准。

4）调节器比例、积分、微分设定值不合适。

一级转化反应器入口温度的处理方法：

1）联系生产管理部门确保蒸汽系统稳定。

2）投用好整个串级调节系统，克服转化反应器入口温度波动。

3）联系仪表维保人员校表。

4）重新整定调节器 PID 设定值。

14 二级转化反应器入口温度影响因素及处理方法是什么？

二级转化反应器入口温度影响 H_2S 和 SO_2 反应转化率，装置二级转化反应器入口温度是通过温度调节器与蒸汽流量调节器的串级调节系统来控制的。

二级转化反应器入口温度的影响因素：

1）加热蒸汽压力、流量波动。

2）过程气流量和温度波动。

3）仪表测量不准。

4）调节器比例、积分、微分设定值不合适。

二级转化反应器入口温度的处理方法：

1）联系生产管理部门确保蒸汽系统稳定。

2）投用好整个串级调节系统，克服转化反应器入口温度波动。

3）联系仪表维保人员校表。

4）重新整定调节器 PID 设定值。

15 简述提高硫黄回收率的措施。

提高硫黄回收率的主要措施有：

1）首先从影响硫黄转化率的各个因素入手，努力提高 H_2S 的转化率。

2）在提高 H_2S 转化率的基础上，严格按工艺指标进行控制，使生成的气态硫变成液态硫，进一步提高克劳斯反应后的转化和回收。

3）努力开好成型造粒装置，降低硫蒸气的损失。

4）采用新技术、新设备，提高硫的捕集效果。

16 制硫系统硫回收率低的原因及处理方法是什么？

制硫系统硫回收率低的原因：

1）尾气中 H_2S 和 SO_2 之比大于或小于 2∶1。

2）转化反应器床层温度偏高或偏低。

3）制硫催化剂活性下降。

4）硫捕集器效率低。

5）硫冷凝器后尾气温度高。

6）装置负荷偏低或偏高。

7）装置酸性气浓度低。

制硫系统硫回收率低的处理方法：

1）投用 H_2S/SO_2 在线分析仪，控制尾气中 H_2S 与 SO_2 之比为 2∶1。

2）控制转化反应器入口温度，使转化反应器床层温度达到工艺指标。

3）对催化剂进行热浸泡、还原操作或更换催化剂。

4）硫捕集器更换丝网。

5）降低硫冷凝器蒸汽压力。

6）首先搞好装置平稳运行，再争取提高硫转化率。

7）联系上游装置，保证再生及汽提效果，提高酸性气浓度。

17 尾气处理单元硫回收率偏低的原因及处理方法是什么？

尾气处理单元硫回收率偏低的原因：

1）尾气处理反应器床层温度偏低。

2）尾气处理催化剂失活。

3）尾气中 H_2含量偏低。

4）制硫工段硫回收率偏低。

5）吸收塔贫液入口位置偏低。

6）吸收塔温度过高。

7）贫液中 H_2S 含量偏高。

尾气处理单元硫回收率偏低的处理方法：

1）控制尾气处理反应器入口温度，提高尾气处理反应器床层温度。

2）对催化剂进行再生操作或预硫化操作。

3）加大尾气处理炉氢气流量或降低尾气处理炉空气/燃料气配比。

4）优化制硫工段操作。

5）提高吸收塔贫液入口位置。

6）降低尾气及贫液温度，适当提高溶剂负荷。

7）提高再生塔蒸汽/贫液比例，加强溶剂再生效果。

18 简述装置硫黄质量差的原因以及处理方法。

装置硫黄质量差的原因：

1）酸性气中烃含量过高，液硫中碳含量高。

2）酸性气燃烧炉空气与酸性气比值过小，液硫中碳含量高。

3）酸性气燃烧炉烧嘴空气与酸性气混合效果差，液硫中碳含量高。

4）酸性气燃烧炉炉膛温度过低，液硫中有机物含量高。

5）液硫脱气部分液位过低，液硫中硫化氢含量高。

6）液硫鼓泡器空气流量不足，液硫中硫化氢含量高。

7）液硫池蒸汽喷射器未投用，液硫中硫化氢含量高。

装置硫黄质量差的处理方法：

1）联系脱硫及酸性水汽提装置搞好平稳操作，酸性气燃烧炉适当提高配风比。

2）调大空气/酸性气配比。

3）调节酸性气燃烧炉烧嘴空气和酸性气的压降。

4）提高酸性气燃烧炉炉膛温度。

5）关严液硫池底部切断阀。

6）调大液硫鼓泡器空气流量。

7）投用液硫池蒸汽喷射器。

19 影响硫回收率的主要因素是什么？

影响硫回收率的主要因素包括七方面内容：

1）反应的化学计量控制不准。

2）催化剂失活。

3）一级转化反应器的操作温度太低。

4）二级及三级转化反应器的操作温度太高。

5）含硫气流旁通转化反应器。

6）最后一级冷凝器的温度过高。

7）液硫雾沫夹带。

20 反应的化学计量控制不准是如何影响硫回收率的？

既然制硫工艺是一种化学工艺，就需要对化学计量进行精确的控制才能获得最高的转化率：

$$H_2S+3/2O_2 \rightleftharpoons SO_2+H_2O$$

$$2H_2S+SO_2 \rightleftharpoons 3/xS_x+2H_2O$$

基本工艺看起来是简单的，但工艺的控制却是复杂的。主要原因是原料中杂质的存在、原料组成及流量的变化、酸性气燃烧炉及催化剂床层中副反应的发生、控制仪表的精确度等。所有上述影响都可以减小，但不可能完全消除。试验工作显示，在原料组成和流量相对稳定的情况下，过量空气量控制在±0.5%的范围内是可以接受的。由此造成的总硫损失，对二级制硫装置来说为0.1%。原料组成不稳定或控制不当将引起很大的硫损失，由于化学计量控制不合适造成的硫损失最高可达到10%~20%。

21 催化剂失活是如何影响硫回收率的？

在制硫转化反应器中使用的典型催化剂是氧化铝基或二氧化钛基催化剂，目的是在合理的接触时间内促进制硫反应及COS、CS_2的水解反应达到平衡。导致催化剂失活的原因主要有炭中毒、重烃中毒、硫酸盐化、液硫沉积、机械损伤等。为保证装置的长周期运行，转化反应器的体积通常设计得较大，以保证在催化剂部分失活的条件下，制硫反应在整个催化剂床层仍能达到平衡。如果催化剂失活水平已经不能使制硫反应及COS、CS_2的水解反应达到平衡，将直接影响装置的总硫转化率。由于催化剂失活引起的硫回收率损失变化较大，这主要取决于是哪级催化剂床层失活及失活的水平。一级转化反应器催化剂失活对装置的效率影响较大，失活主要由于设计本身存在缺陷或者燃烧情况不好。由于一级转化反应器除了进行制硫反应外，主要进行 COS 及 CS_2 的水解反应，催化剂失活将导致水解反应不完全，由此造成的总硫损失可超过 5%。二级转化反应器中催化剂的失活对硫回收率的影响较小，失活的主要原因是再热器存在问题或者存在露点腐蚀。在最严重的情况下，如果二级反应器催化剂同时完全失活，可使总硫回收率降低到 90%左右。

22 简述转化反应器的操作条件及作用。

转化反应器的操作条件：

温度：一级转化反应器入口：240℃；出口：308℃。

二级转化反应器入口：205℃；出口：226℃。

操作压力：一级转化反应器入口：0.04MPa(表)。

二级转化反应器入口：0.029MPa(表)。

转化反应器的作用：

给 H_2S 和 SO_2 在催化剂的作用下生成单质硫提供反应场所；同时在转化反应器内，COS 和 CS_2 在催化剂作用下水解成 H_2S。

23 转化反应器床层温度对硫黄的转化率有何影响？

在转化反应器内进行的反应：$2H_2S+SO_2 \longrightarrow 1.5S_2+2H_2O+Q$，是一个放热反应，因此温度越低，平衡越向右移动，转化率越高；但温度过低又会影响反应速率，所以适当的床层温度可以获得最高的转化率。此外，降低床层温度是通过降低转化反应器入口过程气加热蒸汽(或高温掺和量)来实现的，这等于降低了转化反应器进料中的硫蒸气分压，从反应动力学上讲同样有利于平衡向右移动，有利于提高转化率。

24 一级转化反应器的操作温度太低是如何影响硫回收率的？

硫化氢和氧只是制硫工艺气中的两个组分，但在进入制硫装置的酸性气、酸性水汽提塔气及空气中还含有其他组分。由此导致在酸性气燃烧炉及废热锅炉中还发生了一系列的副反应，许多副反应都产生 COS 及 CS_2。通常大多数装置不能控制这类物质的生成，这些组分的生成是不可避免的。COS 及 CS_2 不参加制硫反应，但由于其中含有硫原子，需要转化为硫化氢或者元素硫以便在下游进行进一步的转化或回收。其转化机理如下：

$$COS+H_2O \rightleftharpoons CO_2+H_2S$$

$$2COS+SO_2 \rightleftharpoons 2CO_2+1.5S_2$$

$$CS_2+H_2O \rightleftharpoons COS+H_2S$$

$$CS_2+SO_2 \rightleftharpoons CO_2+1.5S_2$$

COS 及 CS_2的平衡转化率大约分别为 99%及 100%，但由于动力学限制，转化率一般达不到上述数值。为了克服这种限制，一般通过提高一级转化反应器床层温度或通过使用特殊的催化剂，如助剂型氧化铝催化剂，或者二氧化钛催化剂来提高有机硫化物的水解率。经过优化可使一级转化反应器有机硫水解达到平衡，由 COS 及 CS_2引起的总硫损失可控制在 0.1%以下。但由于实际的操作温度低于最优化温度或者催化剂失活等仍会引起较大的硫损失。在最坏的情况下，酸性气燃烧中 COS 及 CS_2的生成量可占到入口总硫的 13%，由 COS 及 CS_2引起的硫回收率损失可超过 6.5%。

25 二级及三级转化反应器的操作温度太高是如何影响硫回收率的?

低于 600℃时，制硫反应转化率随温度降低而升高。一级转化反应器的最佳操作温度也是使 COS 及 CS_2获得最高水解率的温度，而二级转化反应器的操作温度应尽可能地低以获得制硫平衡转化率。对于所有的标准制硫装置(包括亚露点工艺)，既然转化反应器中液硫的存在可引起催化剂失活，低温极限也就是硫的冷凝点或露点。但对一装置来说，每一转化反应器的实际露点将随着很多参数而变化，如酸性气质量、上游转化反应器的转化率及回收率、再热器的类型等，可通过模拟程序或试验工作来精确地加以确定。

理论上，每一转化反应器都应在硫的露点温度操作从而保证在整个床层都能获得最高转化率。但实际上，这个操作温度的界限(指的是实际操作温度与露点温度的差别)的确定还要考虑到热损失、露点计算误差及硫在催化剂上的毛细凝聚等。有经验的装置操作者经常在高于硫露点温度 5~15℃来运行二级转化反应器，其引起的硫回收率损失在 0.1%~0.5%。工业上经常使用的高于硫露点温度 25~75℃的操作温度，导致的硫损失超过 3%。

26 硫黄回收反应温度的影响因素是什么?

酸性气燃烧炉和转化反应器是回收硫黄的关键设备，在酸性气燃烧炉内有 60%~70%的 H_2S 在高温下转变为气态硫，而剩下的 30%~40%的硫在转化反应器内生成。对于酸性气燃烧炉，由于炉膛温度是由酸性气中 H_2S 的浓度和来量决定的，所以对酸性气中 H_2S 的含量和酸性气量必须有一定的要求，特别是对于含氨酸性气，如果烧氨室的温度达不到 1200℃以上，氨气燃烧不完全，很有可能堵塞管线，影响正常生产。转化反应器操作温度不仅要考虑热力学因素，也要考虑硫露点和气体组成。从热力学角度分析，操作温度越低，平衡转化率越高，但温度过低，会引起硫蒸气在催化剂表面凝结，使催化剂失活。过程气中 CS_2、COS 的水解反应随温度升高而增加，在没有尾气催化加氢还原工艺过程时，一般要提高一级转化反应温度，牺牲一级转化反应硫平衡转化率，再通过降低二级转化反应温度来弥补。对于转化反应器内的反应温度，在实际生产中，在催化剂的活性得以保证的前提下，只要控制好反应器的入口温度(一级转化反应器入口温度240℃、二级转化反应器入口温度205℃)，就能保证过程气中H_2S、SO_2、COS等气体的反应温度，进而保证了酸性气中H_2S气体的转化率。

27 气流旁通转化反应器是如何影响硫回收率的？

故意或非故意使一部分含硫气流旁通装置的一个或几个转化反应器是影响硫黄回收率的关键因素。一般任何气流不经过所有的现有转化反应器(热反应段或催化段)都对转化率不利。这些气流的旁通主要有以下几种形式，下面对每一种旁通形式的一些最坏情况进行讨论。

(1) 采用酸性气燃烧或热掺和的再热方式

采用酸性气燃烧或热掺和的再热方式将导致部分含硫气流旁通酸性气燃烧炉和/或催化床。从硫回收率的观点来看，当这两种再热方式用于一级转化反应器时，对硫回收率没有不利影响。但当这两种再热方式用于后续催化反应器时，可导致很大的损失。在最严重的情况下，所有转化反应器全部采用酸性气燃烧的再热方式，所引起的直接硫损失将达到0.3%~0.6%。如果所有转化反应器全部采用热掺和再热方式，引起的硫损失将达到1%~3%。

(2) 气体通过隔板的泄漏

由于经济原因，两个或多个转化反应器或冷凝器被安装在同一壳层内，通过隔板将各种工艺气流分隔开来。有几种情况可使隔板泄漏或完全失效，结果导致部分或全部气流旁通一个或多个转化反应器。如果第一冷凝器和最后一级冷凝器之间的隔板完全失效，将使总硫回收率从95%降低到72%。

(3) 气体通过转化反应器时发生偏流

一般要求工艺气均匀通过每一转化反应器内的全部催化剂床层，但有时工艺气只通过床层的一部分。这主要是催化剂装填时高低不平引起的，或流量较低，气流只从阻力较小的地方通过。

(4) 工艺气通过紧急副线泄漏

许多装置设计有紧急放空管线旁通整套装置，使酸性气直接放空或送去尾气焚烧炉焚烧，或者旁通装置的某一部分如尾气处理装置。在正常操作情况下，这些管线是关闭的。如果副线阀发生故障，工艺气将发生泄漏，这在制硫装置副线的下游是经常发生的，因为元素硫的存在增加了副线阀发生故障的机会。在最坏的情况下，副线的泄漏可使整套装置发生短路。

(5) 在尾气焚烧炉中加工其他含硫气体

除了加工制硫装置或制硫尾气处理装置的尾气外，尾气焚烧炉经常处理其他含硫气体，如闪蒸气及硫坑气。在加工闪蒸气的情况下，允许硫化氢旁通制硫装置直接进行焚烧。闪蒸气一般流量较小，硫化氢含量较低，引起的硫损失一般为0.1%~0.2%。对于三级制硫装置，这种损失是很小的。对于具有SCOT尾气处理装置的制硫装置来说，这种损失将占到总硫损失的10%。

硫坑气是指自然溶解或通过化学反应结合在元素硫中的硫化氢在硫坑中通过自然的或人为的方式释放后所产生的气流。硫坑气在尾气焚烧炉直接焚烧后引起的总硫损失相对较小，对于两级或三级制硫装置来说一般占不到总硫损失的0.05%，但对于具有尾气处理装置的硫黄回收装置来说，这种相对的损失将大得多。

28 最后一级冷凝器的温度过高是如何影响硫回收率的?

在每一级转化反应器的后面都有一级冷凝器将气流冷却并使生成的元素硫冷凝并脱除。为了保证下一级转化反应器在较低的温度下操作并生成更多的硫，在冷凝器中进行硫的脱除是必要的。冷凝器的操作温度是根据脱除元素硫的需要、气流再热的经济性及适合冷却介质存在的可能性来确定的。但对于没有尾气处理装置的最后一级冷凝器，只有冷却的作用。在此情况下，既然任何残余的硫蒸气都将造成直接的硫损失，尽可能地脱除元素硫是其最终目的。最后一级冷凝器中的硫蒸气损失是由操作温度决定的，如果该冷凝器的操作温度为125~130℃，相对于富酸性气来说，引起的硫损失约为0.2%。为消除铵盐的沉积，许多装置的最后一级冷凝器的操作温度通常为155℃，由此引起的硫损失至少为1.2%。

29 液硫雾沫夹带是如何影响硫回收率的?

硫回收装置冷凝器的目的是将上游转化反应器生成的硫黄冷凝后进行分离并从工艺气中脱除。如果任何冷凝的硫没有从工艺气中脱除都会直接引起硫回收率的损失。通过调节空速及接触时间并使用筛网或除雾器，在最后一级冷凝器中由液硫雾沫夹带引起的硫损失可保持在零水平。但实际上微量的雾沫夹带是难免的。这种雾沫夹带的范围一般为100kmol气体中夹带2~4kg硫，对于富酸性气硫黄回收装置来说，由此引起的硫损失为0.2%~0.4%。

30 酸性气燃烧炉的配风如何操作?

风气比的调节是硫黄装置生产的关键，它取决于酸性气的组成，酸性气中可燃气体(如烃类)含量高，则风气比就大；酸性气中的H_2S浓度高，风气比也大，在酸性气量平稳、生产正常情况下是按尾气捕集器出口尾气中H_2S/SO_2为2：1来通过在线分析仪与微调整空气流量调节器(反馈控制)、酸性气需氧量与主空气流量调节器(前馈控制)来自动调节。在事故状态下，要求用手动操作来给炉子配风。

31 简述酸性气燃烧炉配风量影响因素及处理办法。

酸性气燃烧炉配风量影响因素：

1）酸性气中 H_2S 浓度波动。

2）酸性气流量波动，空气/酸性气比例不合适。

3）瓦斯流量、组分波动。

4）空气/瓦斯比例不合适。

5）H_2S/SO_2在线分析仪未投用。

6）仪表测量不准。

7）调节器比例、积分、微分设定值不合适。

8）H_2S/SO_2在线分析仪坏。

酸性气燃烧炉配风量处理办法：

1）投用酸性气组分在线分析仪。

2）投用空气前馈控制系统和反馈控制系统。

3）调整空气/酸性气比例。

4）投用瓦斯组分在线分析仪。

5）调整空气/瓦斯比例。

6）投用在线分析仪。

7）联系仪表维保人员校表。

8）重新调整调节器的 PID 设定值。

9）联系化验人员，增加尾气 H_2S/SO_2分析频率。

32 酸性气燃烧炉炉膛温度波动的原因及相应的处理方法是什么？

在正常情况下，炉膛温度控制在 1430℃，最低不低于 1250℃。炉膛温度波动的原因有以下几种：

1）原料气中的 H_2S、NH_3浓度和含烃量的变化。

2）原料气来量的变化。

3）风气比的变化。

4）原料气中含水量的变化。

5）炉膛温度指示仪表失灵。

相应的处理方法：

1）调节风气比，防止析炭，若炉膛超温，适时注入 N_2降温。

2）如果原料气来量突然变大，用手动调节空气量。

3）及时调节风气比。

4）加强酸性气罐脱水，并及时脱除。

5）联系仪表维保人员处理。

6）若炉膛温度仍然低，考虑将空气预热器投用。

33 酸性气燃烧炉的正常操作要点有哪些？

装置开工时，给酸性气燃烧炉点火升温，升温操作和烘炉操作没什么大的区别，只在于烘炉要求比较严格，温升速度也较慢，恒温时间也较长，而升温过程中，温升速度可提高，烘炉是在炉子衬里刚更换或大面积修补时进行的。

炉子升温速率一般控制在25~30℃/h范围内。

当炉膛温度达到1200℃，且其他各部温度压力在工艺控制范围内时，切断瓦斯，引酸性气进炉燃烧。

在正常操作条件下，根据尾气捕集器出口尾气H_2S/SO_2比值在线分析仪显示H_2S/SO_2比值为2∶1，调节配风比，正常后改自动调节。

34 酸性气燃烧炉点火故障原因及处理措施是什么？

酸性气燃烧炉点火故障原因：

1）主烧嘴内无可燃气体混合物，导致点不着火。

2）点火枪没有火花。

3）炉内有火焰，但火焰监测器监测不到信号，导致点火不成功。

酸性气燃烧炉点火故障处理措施：

1）检查瓦斯进炉管线是否有堵塞，电磁阀工作是否正常，是否有手动阀未打开。

2）检查点火枪的电源、继电器等，将点火枪抽出进行打火试验。

3）检查火焰监测器是否存在接触不好问题，或者进行更换。

35 尾气焚烧炉操作条件及设备用途是什么？

尾气焚烧炉操作条件：炉膛温度：650℃；炉膛压力：0.001MPa(表)。

尾气焚烧炉设备用途：焚烧从还原气吸收塔出来的净化尾气，使其中没吸收尽的H_2S燃烧转变成SO_2后经100m烟囱排入大气，在开停工期间或事故状态，硫黄回收尾气也直接进尾气焚烧炉焚烧。

36 简述尾气焚烧炉的正常操作要点。

1）尾气焚烧炉的炉膛温度(即混合室)控制在650~700℃。

2）保证焚烧后的尾气H_2S达标，如H_2S含量超标，可加大尾气焚烧炉配风量。

3）调节尾气焚烧废热锅炉液位，控制尾气排放温度在(300±10)℃。

4）根据尾气焚烧废热锅炉出口气体中SO_2含量可判定上游装置作业是否平

稳，以及从制硫单元至尾气焚烧炉管线上联锁阀门是否内漏。

5）正常情况下，尾气焚烧废热锅炉的液面控制在50%±10%，发生蒸汽压力为3.5MPa(表)。

37 尾气焚烧炉点火故障原因及处理措施是什么？

尾气焚烧炉点火故障原因：

1）主烧嘴内无可燃气体混合物，导致点不着火。

2）点火枪没有火花。

3）炉内有火焰，但火焰监测器监测不到信号，导致点火不成功。

尾气焚烧炉点火故障处理措施：

1）检查燃料气进炉管线是否有堵塞，电磁阀工作是否正常，是否有手动阀未打开。

2）检查点火枪的电源、继电器等，将点火枪抽出进行打火试验。

3）检查火焰监测器是否存在接触不好问题，或者进行更换。

38 简述尾气焚烧炉温度影响因素和处理方法。

尾气焚烧炉温度影响尾气中硫化氢的焚烧，尾气焚烧炉温度是通过温度调节器调节入炉瓦斯流量来控制的。

尾气焚烧炉温度影响因素：

1）瓦斯压力和流量波动。

2）尾气流量与组分波动。

3）尾气中 H_2S 含量突然升高。

4）仪表测量不准。

5）调节器比例、积分、微分设定值不合适。

6）温度高于高高报警值。

尾气焚烧炉温度处理方法：

1）搞好调节控制。

2）及时调节空气与瓦斯流量。

3）用第二空气冷却尾气焚烧炉。

4）联系仪表维保人员校表。

5）重新整定调节器 PID 设定值。

6）装置联锁停车。

39 调节酸性气燃烧炉要做到哪“四勤”？

调节酸性气燃烧炉要做到勤看、勤分析、勤检查、勤调节。

40 中国石化指导意见要求硫黄回收装置有3个必配的联锁，是哪三个？具体设置基本要求是什么？

3个必配的联锁：克劳斯单元联锁、尾气焚烧炉单元联锁和净化(尾气加热炉)单元联锁。具体设置要求见表2-2~表2-4。

表2-2 克劳斯单元联锁必配条件和逻辑设置

联锁发生条件	发生值	逻辑关系	联锁动作
酸性气脱液罐液位高高	93%(现场实际)	二选二	克劳斯单元联锁停车辅操台报警；酸性气燃烧炉空气切断阀关，空气调节器状态变手动，同时输出最小；酸性气切断阀关，酸性气调节器状态变手动，同时输出最小；净化单元旁路阀开，旁路手操器改手动，同时输出最小；空气、酸性气切断阀关；去尾气焚烧炉单元停车信号；去净化气单元停车信号
余热锅炉液位低低	17%(现场实际)	二选二	
酸性气燃烧炉炉头压力高高	55kPa	二选二	
燃料气分液罐压力低低(开停工或有在线瓦斯炉的装置)	0.5kPa	二选二	
燃料气分液罐液位高高(开停工或有在线瓦斯炉的装置)	90%	二选二	
操作台紧急停车按钮	手动停车	一选一	
就地停车按钮		一选一	
制硫风机停+酸性气燃烧炉风流量低低	风机停，酸性气燃烧炉风流量低低	二选二	

表2-3 尾气焚烧炉单元联锁必配条件和逻辑设置

联锁发生条件	发生值	逻辑关系	联锁动作
瓦斯罐液位高报	90%(生产实际)	二选二	尾气焚烧炉单元辅操台联锁停车报警；总空气切断阀关，主空气调节器状态变手动，同时输出最小，第二空气调节器状态变手动，同时输出最小，次空气调节器状态变手动，同时输出最小，第二空气调节器状态变手动，同时输出最大；瓦斯切断阀关，瓦斯调节阀电磁阀断电，瓦斯调节器状态变手动，同时输出最小；氢气切断阀关，氢气调节阀电磁阀断电，氢气流量调节器状态变手动，同时输出最小
尾气焚烧炉液位低	30%(生产实际)	二选二	
尾气焚烧炉风机停机	尾气风机停机	二选二	
尾气焚烧炉单元室内/外手动停车	手动停车	一选一	
尾气焚烧炉室温度高	750℃(根据生产实际)	二选二	
中压蒸汽温度高	500℃	二选二	
克劳斯单元停车信号	克劳斯单元停车	一选一	

表 2-4　净化单元联锁必配条件和逻辑设置

联锁发生条件	发生值	逻辑关系	联锁动作
瓦斯罐液位高报	根据设计而定	二选二	尾气净化单元旁路阀开，旁路调节器状态变手动，同时输出最大；尾气净化单元入口阀电磁阀断电，手操器状态变手动，同时输出最小；瓦斯切断阀关，瓦斯调节阀电磁阀断电，瓦斯调节器状态变手动，同时输出最小；氢气切断阀关，氢气流量调节器状态变手动，同时输出最小，氧气压力调节器状态变手动，同时输出最小；空气切断阀关，空气流量调节器状态变手动，同时输出最小
尾气净化单元室内/外手动停车	手动按钮	一选一	
主风机停机	主风机停机	二选二	
加热炉温度高高	出口 350℃	二选二	
克劳斯单元联锁停车信号	制硫单元停	一选一	
尾气净化单元室内紧急停车	手动	一选一	尾气净化单元旁路阀开，旁路调节器状态变手动，同时输出最大；尾气净化单元入口阀电磁阀断电，手操器状态变手动，同时输出最小；氢气切断阀关，氢气调节阀电磁阀断电，氢气调节器状态变手动，同时输出最小；电加热器关停
尾气净化单元室外紧急停车	手动	一选一	
克劳斯单元联锁停车信号	制硫单元停	一选一	

41　酸性气燃烧炉入口酸性气带液、带烃的原因有哪些？

酸性气燃烧炉入口酸性气带液、带烃的原因主要有：

1）酸性水汽提单元来酸性气带水。

2）酸性水汽提单元来酸性气带烃。

3）气体脱硫及溶剂再生单元来酸性气带水、带溶剂。

4）气体脱硫及溶剂再生单元来酸性气带烃。

5）尾气处理来酸性气带水、带溶剂。

6）酸性气分液罐脱液效果差。

7）酸性气预热器内漏。

8）酸性气炉入口吹扫低压蒸汽阀(隔断阀前后共两处)内漏。

42　酸性水汽提单元来酸性气带水的原因有哪些？

酸性水汽提单元来酸性气带水的原因有：

1）酸性水汽提塔塔顶温度控制太高。

2）酸性水汽提塔塔顶分液罐液面控制太高。

3）酸性水汽提塔塔顶压力控制太高或压力波动较大。

4）酸性水汽提塔冲塔。

43 酸性水汽提单元来酸性气带烃的原因有哪些？

酸性水汽提单元来酸性气带烃的原因有：

1）酸性水汽提单元脱气、除油效果差。

2）酸性水脱气罐压力、液面控制超高。

3）酸性水储罐没有及时撇油，导致罐内污油界面太低引起酸性水泵抽污油。

4）常减压、焦化、加氢等上游装置来酸性水带烃、带油太严重。

44 气体脱硫及溶剂再生单元来酸性气带水、带溶剂的原因有哪些？

气体脱硫及溶剂再生单元来酸性气带水、带溶剂原因有：

1）溶剂再生塔塔顶空气冷却器、水冷却器冷却效果差。

2）溶剂再生塔冲塔。

3）溶剂再生塔塔顶回流罐液位控制太高。

45 气体脱硫及溶剂再生单元来酸性气带烃原因有哪些？

气体脱硫及溶剂再生单元来酸性气带烃原因有：

1）富液闪蒸罐操作压力太高。

2）富液闪蒸罐液位控制太高。

3）富液闪蒸罐进塔富液温度低。

4）进闪蒸罐富液流量偏大并波动大。

5）上游装置(如焦化、加氢装置等)来富液带液态烃太严重。

46 尾气处理来酸性气带水、带溶剂原因有哪些？

尾气处理来酸性气带水、带溶剂原因有：

1）尾气处理溶剂再生塔塔顶空气冷却器、水冷却器冷却效果差。

2）尾气处理溶剂再生塔冲塔。

3）尾气处理溶剂再生塔塔顶回流罐液位控制太高。

47 酸性气分液罐脱液效果差的原因有哪些？

酸性气分液罐脱液效果差的原因有：

1）酸性气分液罐伴热蒸汽给得过大。

2）酸性气分液罐排液不畅或操作不当造成液位满或太高。

3）酸性气分液罐破沫网脱落或腐蚀严重，不能起到破沫作用。

4）尾气处理与气体脱硫及溶剂再生单元来酸性气流量波动大。

48 酸性气带液、带烃时，装置应采取的措施有哪些？

酸性气带液、带烃时，装置应采取的措施有：

1）原料气带水严重时，立即进行脱液，并应联系生产管理部门及上游装置查明原因，必要时将酸性气改放火炬。

2）要经常观察酸性气燃烧炉的炉前压力，一旦超高[>0.1MPa(表)]立即将酸性气改放火炬，并及时通知内操减少配风量。

3）原料气带水严重时，为防止进入酸性气燃烧炉，应注意检查其分液罐液位，必要时对其脱液，保证酸性气燃烧炉正常生产。

4）原料气带油或带烃超标时，应联系生产管理部门及上游装置查明原因，为保证生产正常进行，将不合格酸性气改火炬，待其合格后再接收。

5）及时联系内操观察炉前温度，一旦超高，立即通入氮气进行降温处理，保护好炉内的燃烧器。

49 如何预防酸性气带液、带烃？

酸性气带液、带烃预防措施包括：

1）内操人员要加强监盘，发现异常及时通知外操人员加强巡检。

2）加强设备的维护，保证阀门开关灵活好用。

3）加强岗位练兵，培养技术过硬的操作人员。

4）搞好系统的协调沟通，保证上游装置的平稳操作。

50 瓦斯是否当量燃烧的监测方法是什么？

1）用洁白的玻璃棉在废热锅炉后烟囱口放空处放一会儿，若玻璃棉变黑，说明瓦斯没有当量燃烧，析出炭黑。

2）通过对废热锅炉烟囱出口烟气采样分析。

3）观察火焰颜色：

① 火焰发红，炉膛发暗，说明瓦斯过量，空气不足，应适当增加配风或稍关瓦斯。

② 火焰发红且较长，并且废热锅炉后烟囱冒黑烟，说明瓦斯带油，此时应加强瓦斯脱液，同时联系生产管理部，采取相应措施。

③ 火焰中冒火星或缩火，说明瓦斯中带有水分，此时应关小瓦斯罐蒸汽盘管蒸汽量，并加强瓦斯脱液。

④ 当火焰发白，且跳动不稳时，说明瓦斯量太小，风量太大，此时应视情况决定是增加瓦斯还是减少风量，抑或同时减少风量增加瓦斯。

51 装置引瓦斯前要做哪些工作？

要用氮气赶净瓦斯脱液罐和管线内的空气，各火嘴阀门一定要关严，严防在点火前瓦斯窜入炉膛内。

52 酸性气燃烧炉烘炉后的检查内容主要有哪些？

酸性气燃烧炉烘炉结束后的检查内容主要有：

1）打开酸性气燃烧炉人孔，让其自然通风一段时间，方可进入炉内检查。

2）检查酸性气燃烧炉的火嘴是否烧坏、变形，喷火孔是否堵塞。

3）检查衬里是否有变形、裂纹、塌陷现象，砌缝是否开裂。

4）检查热偶是否变形、烧坏，热偶套管是否变形断裂。

5）检查完毕，封人孔，防止耐火衬里和保温材料受潮。

53 为什么要对炉子衬里进行烘干？

当炉子衬里刚建成、更换或大面积修补后，要进行烘干炉子操作。

烘炉的目的是通过对这些耐火材料缓慢加热和升温，逐步脱出其中游离水、结晶水，并使得耐火胶泥充分烧结，以免在开工时由于炉温上升太快，耐火材料中的水分大量快速汽化而膨胀，产生巨大的应力而造成炉体胀裂鼓泡或变形，甚至炉墙倒塌，从而影响炉子的使用寿命和安全性；进一步熟悉炉区仪表的性能，并考验其是否符合生产要求；考核炉子本体各零部件的热态性能；考察炉子各火嘴及长明灯的实际使用情况，并进行岗位练兵以提高岗位人员的操作水平。

54 烘转化反应器方法及流程是什么？

烘转化反应器方法：在烘炉后期，打开一级冷凝冷却器入口蝶阀，关闭烟气去烟囱阀，使高温烟气经正常生产时的过程气流程进入一、二级转化反应器。一、二、三级冷凝器后端壳程及各蒸汽夹套用 0.4MPa(表)蒸汽保护，酸性气燃烧炉余热锅炉、三级冷凝器、尾气燃烧余热锅炉保证给水并控制好除氧水液位。烘转化反应器严格按升温曲线进行，烘转化反应器温度以反应器床层温度为准，一、二级转化反应器温度可用过程气蒸汽加热器进行控制。

烘转化反应器流程如下：

酸性气燃烧炉→酸性气燃烧炉余热锅炉→一级冷凝器→一级转化反应器入口加热器→一级转化反应器→二级冷凝器→二级转化反应器入口加热器→二级转化反应器→三级冷凝器→尾气焚烧炉→尾气焚烧余热锅炉→烟囱。

烘转化反应器结束，经检查合格后，可按装填催化剂规定，将催化剂装入后封闭人孔。

55 酸性气燃烧炉炉膛温度达多少时，可转入系统升温？

在硫黄回收单元开工阶段，当炉膛温度一般要求达到800℃时可转入系统升温。

56 硫冷凝冷却器的作用是什么？

一级硫冷凝冷却器的作用：对废热锅炉管程出来的过程气进行冷却，使其中的气态硫转变成液态硫，进入硫封罐，同时回收过程气中的热量，产生0.4MPa（表）蒸汽，供装置管线、夹套等伴热用。

二级硫冷凝冷却器的作用：对一级转化反应器出来的过程气进行冷却，将混合气体中的气态硫冷却变成液态，进入硫封罐，同时回收单元热量，产生0.4MPa（表）蒸汽，供本装置管线、夹套等伴热用。

三级硫冷凝冷却器的作用：对二级转化反应器出来的过程气进行冷却，将过程气中气态硫尽可能地转变成液态硫，进入硫封罐。

57 硫冷凝冷却器如何启用？

在启用硫冷凝冷却器时，第一，用软化水对冷却器进行冲洗，防止杂物灰尘在冷却器的管壁上结垢，影响冷却器的传热效果。第二，在系统升温过程中，采用保温蒸汽[0.4MPa（表）]给冷却器加热，当出口温度达到100℃以上时，慢慢给冷却器上除氧水，同时关闭加热蒸汽阀。第三，当冷却器液位升至50%±10%时，保持这一液位，冷凝器蒸汽放空阀打开，稍开定期排污。第四，待过程气进冷凝器温度基本正常后，投用产出0.4MPa（表）蒸汽压力控制阀，关闭冷凝器蒸汽放空阀，注意观察冷却器液位、发生蒸汽压力、出口温度等参数，当它们达到工艺指标时，将压力控制阀、液位控制阀由手动改为自动。第五，当系统运行正常后，关闭定期排污，改为连续排污。

58 简述影响冷凝冷却器液面的因素及相应的处理方法。

影响冷凝冷却器液面的因素：

1）除氧水压力突变或中断。

2）仪表失灵。

3）调节阀失灵。

4）仪表好用，上水控制阀全开，液面加不上。

冷凝冷却器液面的处理方法：

1）联系相关装置，查找原因，提高除氧水压力或及时供水。

2）改手动操作，联系仪表人员处理。

3）上水改副线，联系仪表人员处理调节阀。

4）检查排污阀开度，根据系统压力或出口温度判断管束是否内漏，提出相应的解决方法。

59 简述冷凝冷却器出口温度影响因素及相应的处理方法。

影响冷凝冷却器出口温度的因素：

1）酸性气量或组分变化，带烃类多。

2）冷却器管束不畅通，换热面积变小。

3）蒸汽压力控制阀失灵，壳程压力增高。

4）冷却器管壁腐蚀穿孔，发生内漏。

5）因除氧水原因造成冷却器液位太低或无液位。

冷凝冷却器出口温度的调节方法：

1）及时调整液位，使出口温度控制在工艺指标内，及时联系上游装置查明原因，稳定操作。

2）视堵塞情况，放尽壳程内的除氧水，向壳程内注入0.4MPa(表)蒸汽，使管程内堵塞的硫黄熔化。若处理后效果不明显，可看堵塞程序决定是否继续坚持生产，必要时请示主管部门，做停工处理。

3）先用压力控制阀副线控制压力，再联系仪表维保人员处理。

4）根据实际情况决定是继续生产还是停工处理。

5）联系制氢装置人员，将除氧水恢复正常。

60 尾气捕集器的作用是什么？

尾气捕集器的作用是收集过程气流经三级硫冷凝器出口冷凝的液硫，同时捕集器中的丝网捕集过程气中的单体气态硫，进一步降低过程气的硫蒸气分压，提高 H_2S 和 SO_2 在转化反应器内的转化率。

61 尾气捕集器堵塞后的处理方法是什么？

由于捕集器的丝网目数较大，且过程气经过捕集器时温度较低，因此稍有操作不当，极容易造成丝网堵塞。尾气捕集器丝网堵塞时，捕集器前后的压差较大，因而容易确定，具体的处理方法如下：

1）一定要保证硫三级冷凝器出口温度在155℃左右，若温度偏低，要查找影响温度偏低的原因，提高尾气捕集器入口温度。

2）加大夹套伴热蒸汽量，使堵塞的液硫熔化。

3）假如用上述方法仍不能解决问题，视堵塞情况决定是维持生产还是停工处理。

62 液硫为什么要进行脱气？

硫黄回收装置产生的液体硫含有可溶性的 H_2S(一般 300~400μg/g)和 H_2S_x(多硫化氢)，这些液硫成型造粒为固体硫黄产品时，含有的 H_2S 会发生以下问题：

1）当以液硫出厂时，液硫输送过程中引起 H_2S 聚积，当达到 H_2S 的爆炸极限，在设备和管线内存在 FeS 时，易引起爆炸事故。

2）在液硫成型造粒时，H_2S 会随温度降低而逸出，污染环境，影响人体健康。

3）在固体产品硫的运输和装卸过程中会因接触硫黄发生 H_2S 中毒危险。

因此，要使液态硫黄脱气，并把 H_2S 含量降到安全程度(50μg/g 以内)。液体硫黄在液硫池内鼓泡脱气，加剧多硫化物发生以下转化反应，可以达到液硫脱气的目的。

$$H_2S_x \longrightarrow H_2S+S_{(x-1)}$$

63 液硫脱气的主要方法有哪些？

目前液硫脱气方法很多，其中主要有循环气脱气和 Shell(壳牌)脱气两种方法。

循环气脱气的工艺过程是：用泵抽出硫池内液硫，通过喷嘴喷洒再返回硫池，如此不断循环。由于搅动作用，液硫释放出大量 H_2S，直到液硫中 H_2S 被脱到合格为止。为加速脱气，可以在液硫泵入口或直接向硫坑中注入少量 NH_3 等碱性物质，脱气过程中释放出来的 H_2S 随硫池内气体被蒸汽喷射系统抽至硫回收单元尾气焚烧炉焚烧。

Shell 脱气是荷兰 Jacobs 公司专利技术，它利用空气连续注入安装在硫池内的二个鼓泡塔，起到汽提 H_2S 的作用，而且还可使约 60% 的 H_2S 氧化为硫，因而脱气后液硫中含 H_2S 较低。两种脱气方法比较见表 2-5。

表 2-5　循环气脱气和 Shell 脱气方法比较

项目	循环气脱气	Shell 脱气
注入介质	NH_3 等碱性物质	空气
液硫在硫池中停留时间/h	>24	<24
脱气后液硫中 H_2S 含量/(μg/g)	<50	<10
投资	较低	比循环气脱气高
操作费用	因循环量大、时间长，电机功率消耗大，操作费用高	因只要从鼓风机出口抽出极少量空气，因而操作费用低
是否专利技术	否	是

64 简述液硫储槽的用途。

硫黄回收生产过程中，各硫封罐与捕集器下来的液硫进入第一储存室，脱气后达到一定液位进入第二储存室，第二储存室液硫达到一定液位后，再经液硫脱气泵脱去溶解于液硫中的 H_2S、SO_2 等有害气体后，经液硫输送泵输送液硫去成型造粒。

65 简述液硫储槽的正常操作。

1）在接收液硫之前，液硫储槽加热器各自给上 0.4MPa(表)加热蒸汽，防止液硫进入储槽后遇冷冷凝。

2）引 1.0MPa(表)低压蒸汽到液硫储槽抽空器控制阀前脱水。

3）调整好液硫脱气流程、脱出气去尾气焚烧流程与液硫输送成型造粒流程。

4）当液硫储槽脱气端液面达到 30%左右时，开抽空器使 H_2S 气体抽向酸性气燃烧炉或尾气焚烧炉。

5）当液硫储槽液硫输出端液面达到 50%左右时，开启液硫输送泵输送液硫去硫黄成型造粒部分。

66 硫黄回收单元停工简要步骤是什么？

硫黄回收单元停工简要步骤分为：

1）停工前的准备。

2）床层催化剂热浸泡。

3）床层除炭操作。

4）系统吹扫降温。

5）停工后的处理操作。

67 装置局部跑酸性气后如何处理？

装置局部跑酸性气后按以下步骤处理：

1）首先佩戴好合适的防毒面具。

2）迅速切断泄漏两端的阀门，并用蒸汽或风将酸性气吹散，将浓度降低。

3）迅速通知生产管理部门及有关部门，并通知周围人员防止中毒发生。

4）发现中毒人员立即抬到空气新鲜处或上风口，严重的送医院抢救。

68 原料气中硫氧炭高的原因是什么？

原料气中硫氧炭高的原因是：

1）原料气中烃类含量高。

2）催化剂活性降低，硫氧炭水解效果差。

69 影响酸性气燃烧炉温度的因素有哪些?

影响酸性气燃烧炉温度的因素有:

1）酸性气中 H_2S、烃含量的变化。

2）原料来量变化。

3）风气比的变化及风加热温度。

4）原料带液严重。

5）仪表失灵。

70 容器容积对爆炸极限的影响是什么?

容器容积的大小直接影响爆炸混合物爆炸过程中产生的热损失，因而会影响爆炸混合物的爆炸极限的范围，容器容积小时，爆炸生成的热量易发散，故热损失大，所以爆炸性混合物的爆炸极限范围缩小。

71 简述硫黄管线选用 0.4MPa(表)蒸汽伴热原因。

因为硫黄的凝点为 120℃，在 130～160℃其黏度最小，流动性最好，而 0.4MPa(表)蒸汽的温度为 148℃。为了保证硫黄不凝固且流动性最好，故采用 0.4MPa(表)蒸汽伴热。

72 为什么液硫管线安装要有坡度?

过程气经过冷却器产生液体硫黄，液硫具有较大的黏度，流动速度较慢，安装时有坡度可以加快液硫的流速，减少过程气的压降。

73 尾气催化还原反应的作用是什么?

还原尾气进入反应器内，在床层催化剂的作用下，发生还原及水解反应，混合气中的 SO_2、S 蒸气被氢气还原成 H_2S 气体，COS、CS_2水解成 H_2S 气体。

74 还原尾气氢含量如何控制?

还原尾气氢含量是通过循环气分液罐后在线氢含量分析仪与氢气流量控制阀串级控制的，急冷塔出口气体中氢含量正常操作中控制在 2%～3%。

75 还原反应催化剂活性的影响因素是什么?

在尾气处理部分中，尾气中含硫化合物能否被净化回收的必要条件就是看它能否被还原成 H_2S 气体，因此，催化剂活性成了决定尾气净化效果好坏的最重要的因素。影响催化剂活性的因素有:

（1）催化剂的预硫化效果

由于催化剂的有效成分是氧化钼和氧化钴，它们在催化剂中以氧化态存在，而它们只有在硫化态下才具有活性，因此，在操作中必须把它们活化，这个活化过程就是预硫化。在预硫化过程中，最主要的控制参数就是温度，其次是时间。条件是催化剂床层温度控制在250℃，硫黄回收尾气中 H_2S/SO_2 为6∶1，且其中的氢含量达到4%~5%。反应进行8~16h后，看床层温度有无升降，或者根据分析结果看反应器出口入口气体中 H_2S 含量有无变化，若床层温度持平或略有下降，或 H_2S 含量相等，则说明预硫化完毕，催化剂中钴钼的氧化物变成硫化态，活性被激发。

（2）催化剂表面积炭、积硫

由于尾气中携带的炭粒会沉积在催化剂表面，覆盖了催化剂表面的活性中心，使活性中心数目下降，影响了催化剂的活性。或者由于操作不当，使得 SO_2 和 H_2 反应生成硫以及尾气中硫蒸气没有被还原成 H_2S，也凝结在催化剂表面，降低了催化剂的活性，不过这种活性降低是暂时的，一旦操作正常，过程气中的氢气仍能把积硫还原成 H_2S 气体，而使催化剂复活。

（3）催化剂颗粒粉化

装填时催化剂受潮或受机械冲击太大，以及操作中催化剂床层超温、着火时注蒸汽不慎进水等都会引起催化剂粉化。催化剂粉化导致催化剂的比表面积减少，与硫黄回收尾气的接触面积太小，因而活性变小。催化剂粉化后，只有通过更换催化剂，才能提高其活性。

76 氢气补充量对尾气净化的影响是什么?

系统来氢气与制硫尾气混合进加氢反应器，混合尾气中氢气量的大小是由系统加入氢气量来决定的。过剩的氢气量决定了反应器的还原反应能否全部完成，即尾气中的 SO_2、S蒸气能否完全反应生成 H_2S（尾气中少量的 CS_2、COS在催化剂的作用下发生水解反应）而被胺液吸收，这就要求氢气的含量必须控制得恰到好处，一般要求急冷塔出口氢气含量在2%~3%。一方面含量太高易造成多余的氢气去尾气焚烧炉燃烧掉，造成浪费，增加了能耗；另一方面如果氢含量太低会造成尾气中的 SO_2、S蒸气还原不完全。S蒸气的存在，造成还原急冷塔堵塞；SO_2 没有充分还原成 H_2S，净化尾气中 SO_2 就不能充分清除掉，造成尾气焚烧烟气中 SO_2 含量高，达不到环境排放要求（GB 31570—2015中二氧化硫排放限值为：工艺加热炉100mg/m^3，酸性气回收装置400mg/m^3。需要采取特别保护措施的地区二氧化硫排放限值为：工艺加热炉50mg/m^3，酸性气回收装置100mg/m^3），污染环境。

77 加氢反应器床层温度对尾气净化的影响是什么?

反应器床层温度的高低影响着催化剂的活性，进而影响还原反应的转化率。反应器床层温度是由尾气一、二级中压蒸汽加热器控制的。反应器床层温度比加热器出口混合尾气温度高，是因为反应中产生的反应热，引起床层温度的升高，这个温升与硫黄回收尾气中 SO_2、S 蒸气的反应物的含量有关，含量越高温升越大，反之温升越小。尾气与系统来氢气混合进反应器，入口温度在 290℃。

78 还原尾气进还原气吸收塔的温度对尾气净化的影响是什么?

还原尾气进还原气吸收塔的温度对尾气的净化效果也有直接影响，尾气温度太高，胺液的吸收效果变差，尾气中的 H_2S 气体就不能被充分吸收，经焚烧后进入大气中对环境造成污染。还原尾气进还原气吸收塔的温度是由蒸汽发生器与还原急冷塔控制的，由于急冷塔内塔板数较少，要是温度控制不好，很可能会造成还原尾气冷却不下来而使还原气吸收塔入口温度较高。除此之外，还原气急冷塔中循环冷却水的循环量也是影响冷却效果的重要因素，循环水量较小，在过程气进冷却塔温度正常的情况下，仍会使出塔温度较高。另外操作上的失误与酸性气燃烧炉中 NH_3燃烧不充分也可能使还原急冷塔出现结盐堵塞而影响操作的正常进行，从而影响尾气的净化效果。

79 胺液对尾气净化的影响是什么?

胺液对尾气净化的影响因素主要有以下几个方面：

1）胺液循环量。

2）胺液的质量。

3）胺液的入塔温度。

4）胺液的浓度。

这就要求胺液的循环量适当，与尾气量相匹配；胺液质量要好，无变质，无降解物，浓度适中，否则引起胺液起泡；贫胺液进入还原气吸收塔的温度控制在工艺范围内，这就要求尾气溶剂再生系统控制好尾气脱硫贫富液换热器与尾气脱硫贫液空气冷却器的温度，进而控制好贫液进尾气还原气吸收塔温度，较尾气进还原气吸收塔温度高2~3℃。

80 尾气焚烧炉相关工艺控制是什么?

尾气焚烧炉相关工艺控制主要包括温度、空气过剩系数及停留时间。

尾气焚烧炉温度一般控制在 540~800℃，低于 540℃时 H_2和 COS 不能完全焚烧，尾气中 H_2和 COS 浓度高时，可适当提高焚烧温度；高于 800℃对焚烧完全影响不大，但增加燃料气用量，增大装置能耗。

为保证焚烧完全，焚烧时空气过剩系数一般要求大于 25%，但过大的过剩空气系数会降低炉膛温度，增加燃料气消耗。

尾气焚烧炉尾气在炉内停留时间一般要求大于 0.5~1.5s，目前国内引进装置与自行设计装置一般在 1.2~2.0s。

81 尾气焚烧途径有哪些？

尾气焚烧一般有热焚烧与催化焚烧两种。

热焚烧是指在过量空气存在的条件下，用燃料气把尾气加热到一定温度后，使其中的 H_2S 和硫化物反应转化为 SO_2。

催化焚烧是指在催化剂存在的条件下，并在较低温度下使其中的 H_2S 和硫化物反应转化为 SO_2。

显然催化焚烧在燃料、动力消耗方面明显比热焚烧低，但也存在很大缺陷，导致该技术没有更大发展。

1）H_2S、COS 或其他硫化物在较低温度下不一定能焚烧完全。

2）催化剂费用昂贵。

3）催化剂二次污染没有得到有效解决。

4）很多尾气焚烧炉都采取能量回收，同时热焚烧方法简单，技术成熟，操作方便，因此目前运用广泛。

82 如何进行酸性气采样操作？

进行酸性气采样操作时：

1）采样必须双人操作，一人操作，一人监护。

2）采样时尽量站在上风向，并佩戴手套、防毒面具等防护用品。

3）采样前应先打开采样器下游阀，再打开上游阀，使酸性气流通数秒，然后关闭采样器上游阀，以使采样器内压力较低。

4）采样时先排净针筒内空气，再将针头插入采样孔中，尽量让针筒推杆自行弹出，采样量需超过 50mL。

5）从采样器拔出针头后，应使针头略微朝下，然后取下针头，快速套上橡皮帽。

6）采样结束后，应将采样器前后连通阀关闭。

83 加氢反应器入口温度影响因素及处理方法是什么？

加氢反应器入口温度影响尾气中 SO_2 与 H_2 的还原反应转化率，装置加氢反应器入口温度是通过温度调节器来控制的。

加氢反应器入口温度影响因素：

1）加热蒸汽压力、流量波动。

2）尾气流量和温度波动。

3）仪表测量不准。

4）调节器比例、积分、微分设定值不合适。

加氢反应器入口温度的处理方法：

1）联系生产管理部门确保尾气一、二级加热器加热蒸汽系统稳定。

2）投用好尾气加氢反应器温度调节系统，克服反应器入口温度波动。

3）联系仪表维保人员校表。

4）重新整定调节器 PID 设定值。

84 加氢还原尾气氢气含量影响因素及处理方法是什么？

加氢还原尾气氢气含量影响因素：

1）氢气压力波动。

2）氢气流量浓度波动。

3）尾气流量波动。

4）尾气中 SO_2 或 S 含量过高。

5）尾气中 H_2S/SO_2 比值过小。

6）H_2 在线分析仪未投用。

7）H_2 在线分析仪表坏。

8）仪表测量不准。

9）调节器比例、积分、微分设定值不合适。

加氢还原尾气氢气含量的处理方法：

1）稳定系统来氢气压力。

2）把氢气流量控制投串级，投好串级控制系统。

3）平稳制硫系统操作，提高系统硫转化率。

4）制硫系统投好 H_2S/SO_2 在线分析仪。

5）投用好 H_2 控制系统。

6）联系化验增加 H_2 分析频率，及时调节氢气流量。

7）联系仪表维保人员校表。

8）重新整定调节器 PID 设定值。

85 简述尾气焚烧炉温度影响因素及处理方法。

尾气焚烧炉温度影响尾气中 H_2S 的焚烧，尾气焚烧炉温度是通过温度调节器调节入炉燃料气流量来控制的，影响因素及处理方法如下。

尾气焚烧炉温度影响因素：

1）燃料气压力和流量波动。

2）尾气流量与组分波动。

3）尾气中 H_2S 含量突然升高。

4）仪表测量不准。

5）调节器比例、积分、微分设定值不合适。

6）温度高于高高报警值。

尾气焚烧炉温度的处理方法：

1）投好调节控制系统，稳定燃料气压力和流量。

2）及时调节空气与燃料气流量。

3）用第二空气流量冷却尾气焚烧炉。

4）联系仪表维保人员校表。

5）重新整定调节器 PID 设定值。

6）装置联锁停车。

86 尾气中氧含量影响因素和处理方法是什么?

尾气氧含量影响尾气中 H_2S 的焚烧，装置尾气中含氧量是通过氧含量调节器与第二空气流量调节的串级调节来控制的。

尾气氧含量的影响因素：

1）第一空气流量波动。

2）第二空气流量波动。

3）尾气焚烧炉温度过高。

4）在线分析仪坏。

5）在线控制系统未投用。

6）仪表测量不准。

7）调节器比例、积分、微分设定值不合适。

尾气氧含量的处理方法：

1）控制第一空气流量，使瓦斯在适当化学计量条件下燃烧。

2）投用串级控制系统，控制尾气中 O_2 含量。

3）通过控制首先降低温度，其次控制氧含量。

4）根据化验分析结果通过手动调节控制 O_2 含量。

5）投用串级控制系统。

6）联系仪表维保人员校表。

7）重新整定调节器 PID 设定值。

87 尾气加氢反应器床层温度波动的原因及处理方法是什么?

尾气加氢反应器床层温度波动的原因：

1）硫黄回收部分配风比调节不恰当，使尾气中 SO_2 含量不在正常范围内，或尾气夹带单质硫较多，导致床层超温。

2）系统氢气压力波动或氢气减压阀故障，导致补充氢量波动。

3）在线氢含量分析仪故障导致氢气流量控制阀控制误动作。

4）尾气加热炉导致反应器床层入口温度的波动。

5）尾气来量波动。

尾气加氢反应器床层温度的处理方法：

1）及时调节硫黄回收单元的操作，使配风合理，并加强单质硫的捕集与回收。

2）根据还原气吸收塔出口气体中氢含量及化验分析数据及时调节空气进炉量。

3）联系两套制氢装置与加氢裂化装置，保持产氢与耗氢装置平稳操作，调整减压阀出口压力。

4）氢气流量控制阀改手动控制，联系仪表维保人员修理在线氢含量分析仪。

5）调节尾气量，使尾气来量平稳，并可以考虑采用进尾气处理单元尾气放空手段。

88 净化尾气中 H_2S 含量偏高的原因及处理方法是什么?

净化尾气中 H_2S 含量偏高的原因：

1）还原气吸收塔入口贫液中 H_2S 含量偏高。

2）还原气吸收塔温度过高。

3）溶剂与尾气接触不良。

4）还原气吸收塔气相负荷不足。

5）还原气吸收塔入口尾气 H_2S 含量偏高。

6）贫液中 MDEA 浓度过低。

7）贫液中 MDEA 浓度过高。

8）尾气入还原气吸收塔温度过高。

9）还原气吸收塔溶剂负荷过小。

10）溶剂 MDEA 老化。

净化尾气中 H_2S 含量偏高的处理方法：

1）提高再生塔蒸汽/贫液配比，加强胺液再生效果。

2）降低尾气与贫液入塔温度，适当提高溶剂负荷。

3）提高贫液入口塔盘位置，加强溶剂与尾气混合效果。

4）建立长循环，防止塔漏液。

5）优化制硫单元操作，提高单元硫回收率。

6）向溶剂再生系统补 MDEA，提高溶液中 MDEA 浓度。

7）向溶剂再生系统补冷凝水，降低溶剂中 MDEA 浓度。

8）提高急冷塔急冷水循环量，降低急冷水冷后温度。

9）提高还原气吸收塔溶剂流量，加大溶剂循环量。

10）更换部分溶剂。

89 急冷塔急冷水 pH 值调节方法是什么?

在正常情况下，急冷水的 pH 值为 6~7，pH 值不用调节。当制硫尾气还原工况不平稳时，造成尾气中 SO_2 还原不完全，在急冷塔中 SO_2 溶解在急冷水中，使急冷水 pH 值降低，设备腐蚀加重，此时操作员应根据 pH 在线分析仪的指示，从急冷水泵入口加大脱氧水加入量，使急冷水的 pH 值升至工艺指标范围内。装置在停工过程中进行催化剂钝化和再生操作时，尾气中 SO_2 浓度较高，为了控制急冷水 pH 值，可在急冷塔塔底泵入口加入气氨调节急冷水的 pH 值。

90 急冷塔正常操作的要点是什么?

1）急冷塔顶部温度控制在(40±2)℃，控制方法是控制急冷水回流量。

2）塔底水的 pH 值控制在 6~7。

91 急冷塔堵塔原因及防范措施是什么?

急冷塔堵塔的原因：

1）尾气中 SO_2 含量过高，在加氢反应器床层上没有完全被加氢还原生成 H_2S，剩余的 SO_2 在反应器后部的管线和设备中与 H_2S 反应生成单质气态硫，在还原气急冷塔内被冷却成固态硫附着在浮阀塔盘上，一段时间后，浮阀与塔板的间隙就会被堵死，特别是塔下部的两三块塔盘，附着的硫更多，这样就会造成堵塔。

2）当尾气中的硫蒸气含量过高时，也可能因为没被完全加氢而造成堵塞，还原气在塔内上升困难，急冷水下降困难。

防止急冷塔塔盘堵塞的措施：在平时的操作中应注意观察加氢反应器床层温度的变化及出口混合气的分析结果。如果尾气中的 SO_2 含量过高或加氢反应器床层温度上升较快，应及时调整操作，适当加大 H_2 含量。同时调整硫黄回收单元操作，保证尾气中的 SO_2 量控制正常，并及时冲洗急冷水过滤器，保证急冷水系统畅通，并根据急冷水的 pH 值决定是否向其中注氨气。

92 急冷塔塔顶温度过高的危害是什么?

急冷塔塔顶温度正常控制在(40±2)℃，当急冷塔塔顶温度超过 42℃时，将对吸收单元造成一定的危害，这种危害表现在两个方面：

1）由于进入还原气吸收塔的还原气温度较高，导致胺液中还原气中 H_2S 的溶解度减小，还原性气体的净化效果变差，进而有较多的 H_2S 气体进入尾气炉焚烧，增加 H_2S 排入大气量，降低了装置对 H_2S 的回收率，增加了对环境的污染。

2）由于急冷塔的顶温过高，造成还原气携带较多的水分进入还原气吸收塔，在吸收塔内被冷却，久而久之，降低了胺液浓度，影响了胺液对 H_2S 气体的吸收效果，增加脱硫溶剂消耗量。

93 简述急冷塔顶温过高的原因及相应的处理方法。

急冷塔顶温过高的原因：

1）急冷水循环流量给定值太低。

2）流量控制阀失灵。

3）急冷水冷却器结垢后，冷却水入塔温度较高。

4）急冷水泵停转，急冷水中断。

5）还原气入急冷塔温度过高。

6）循环水中断。

急冷塔顶温过高的处理方法：

1）增加急冷水的循环量。

2）改手动或现场操作，联系仪表维保人员进行处理。

3）水冷却器结垢，应向车间汇报，临时停工处理。

4）启动备用泵，查明另一台泵停转原因并恢复正常备用。

5）降低蒸汽发生器出口温度。

6）及时联系生产管理部门和循环水场，恢复循环水。

94 还原气吸收塔操作条件是什么?

还原气吸收塔操作条件：

温度：过程气进塔 40℃；

　　　贫液进塔 44℃。

压力：塔顶 0.006MPa(表)。

95 还原气吸收塔的塔顶温度如何控制?

正常情况下还原气吸收塔塔顶温度控制在 42℃左右，这与过程气进塔温度、贫液进塔温度、过程气中 H_2S 的含量都有关系。若塔顶温度超高，将影响过程气中 H_2S 组分在胺液中的溶解度，降低胺液对尾气的净化效果。还原气吸收塔塔顶温度过高，处理的方法有以下几点：

1）提高胺液的循环量。

2）降低进入还原气吸收塔内的贫液温度。

3）调整硫黄回收单元操作，降低尾气中 SO_2、H_2S、S 蒸气的量。

96 还原气吸收塔的压差增大原因及处理方法是什么？

正常操作状态下，还原气吸收塔顶压 0.006MPa(表)，当还原气吸收塔顶压低于 0.006MPa(表)时，说明还原气吸收塔压差太大，原因主要在四个方面：

1）溶剂发泡，可能是胺液中混有杂质，或者是还原气中某些气体与胺液反应，使胺液变质，同时胺液中混入了 Ca^{2+}、Mg^{2+} 的碳酸盐、胺液浓度大等原因都能导致溶剂发泡。

2）胺液循环量太大。

3）降液槽堵塞。

4）浮阀卡住。

还原尾气吸收塔的压差增大处理办法：

对于溶剂长时间发泡可以考虑加入阻泡剂，胺液循环量大，可以降低胺液进塔量，而对于降液槽堵塞、浮阀卡住，只能停工处理。

97 还原气吸收塔塔顶压力如何控制？

还原气吸收塔塔顶压力是由塔顶回流罐酸性气分程压控来间接控制的，它控制酸性气去硫黄回收酸性气分液罐的压力，进而控制再生系统压力，但受到酸性气去硫黄回收单元最低压力的要求影响，以及再生塔塔顶空气冷却器、后水冷却器的冷却情况的影响。

98 还原气净化效果差的原因及相应的处理方法是什么？

还原气净化效果差的原因：

1）胺液浓度低。

2）胺液循环量小，气相负荷大。

3）胺液再生效果差，贫液中 H_2S 含量高。

4）胺液起泡，跑胺冲塔。

5）过程气流量突然增大，胺液循环量没及时提高。

6）溶剂使用时间太长，溶剂中 MDEA 老化，降解物质积累较多，太脏。

7）溶剂入还原气吸收塔温度过高。

8）脱硫溶剂与尾气接触不良。

9）还原气吸收塔气相负荷不足。

10）还原气吸收塔入口尾气 H_2S 含量高。

11）尾气吸收贫液 MDEA 浓度过高。

12）尾气入还原气吸收塔温度过高。

13）溶剂中 CO_2吸收过多。

还原气净化效果差的处理方法：

1）查找胺液浓度变低的原因，如：胺液与循环水换热器漏、急冷塔过程气出口温度太高、过程气中的水分被带入还原气吸收塔、尾气脱硫再生塔塔底泵入口除盐水阀是否内漏等，查明原因后，立即处理。

2）增加胺液循环量，使之与气相负荷相当。

3）再生效果差，可加强对尾气脱硫溶剂再生塔的操作。

4）调整操作，防止容易使胺液变质的气体带入。

5）调整硫黄回收单元操作，稳定硫黄回收尾气量。

6）加强过滤并定期冲洗过滤器，并防止胺液起泡，或溶剂中加入适量 Na_2CO_3进行再生，或更换部分溶剂。

7）降低贫液入塔温度，适当提高溶剂负荷。

8）提高贫液入口塔盘位置，加强溶剂与尾气混合效果。

9）建立长循环，防止塔漏液。

10）优化硫黄回收制硫操作，提高硫回收率。

11）往溶剂储罐中补充适量除盐水，降低溶剂浓度。

12）提高急冷塔急冷水循环量，降低急冷水冷后温度。

13）减少还原气吸收塔塔盘，减少尾气中 CO_2 吸收，相对提高 H_2S 的吸收率。

99 富液再生塔的操作条件是什么？

富液再生塔的操作条件：

温度：顶温 116℃、底温 122℃、富液入塔温度 100℃；

压力：塔顶 0.07MPa(表)。

100 富液再生塔的用途有哪些？为什么要单独设置还原尾气吸收溶剂再生？

吸收还原尾气中 H_2S 富胺液在塔内进行再生，塔底贫液继续循环使用，脱出吸收的气体去硫黄回收单元酸性气燃烧炉。

由于还原尾气量较大、H_2S 含量较低，为保证还原气吸收塔对还原尾气中 H_2S 的吸收效果(吸收后尾气含 $H_2S<0.5g/L$)与溶剂再生后的贫液质量，故对还原尾气吸收溶剂再生单独设置。

101 富液再生塔塔顶温度的控制方法和原因是什么?

再生塔塔顶温度主要是由顶回流控制的，塔顶控制温度为 116℃。温度控制太低，胺液的解吸效果显著下降，贫液质量变差；塔顶温度太高，增加了再生塔塔顶冷却器的负荷，同时回流量增加，易造成酸性气带水严重。

102 富液再生塔塔底温度如何控制？控制不好有何危害?

塔底温度是由调节塔底重沸器的 0.4MPa(表)低低压加热蒸汽流量与富液进塔流量串级控制的，控制塔底温度在 122℃。

塔底温度过低，胺液再生效果将变差，达不到贫液质量指标($H_2S \leqslant 0.5g/L$、$CO_2 \leqslant 1g/L$)，贫液中 H_2S 含量太高，影响尾气净化效果；塔底温度过高，将使塔顶温度较难控制，同时增加装置能耗。

103 富液再生塔塔底液位如何控制？控制指标是什么?

塔底液位是由贫液出再生塔流量控制阀来间接控制的，再生塔塔底液位保持在 50%±10%。

104 富液再生塔塔顶压力如何控制？控制指标是什么?

富液再生塔顶部压力是由塔顶回流罐酸性气分程压控来间接控制的，它控制酸性气去硫黄回收酸性气分液罐的压力，进而控制再生系统压力，但受到酸性气去硫黄回收单元最低压力要求的影响，以及再生塔塔顶空气冷却器、后水冷却器的冷却情况的影响，塔顶压力一般控制在(0.07±0.001)MPa(表)范围。

105 简述富液再生塔塔顶回流超过正常值的原因及相应的处理方法。

富液再生塔塔顶回流超过正常值的原因:

1) 因流量串级控制，重沸器给的蒸汽量太大，导致重沸器出口气相温度太高。

2) 重沸器内部蒸汽泄漏。

3) 水冷却器内部泄漏。

4) 再生塔塔顶空气冷却器与循环水后冷器冷却效果不好，导致塔顶回流罐温度高。

富液再生塔塔顶回流超过正常值的处理方法:

1) 调整串级控制系统参数给定值，降低加热蒸汽量。

2) 根据实际情况停工或降量处理。

3）分析冷却效果不好的原因，针对处理，提高再生塔塔顶空气冷却器与循环水后冷器冷却效果。

106 简述富液再生塔塔顶回流较小的原因及相应的处理方法。

富液再生塔塔顶回流较小的原因：

1）富液再生塔顶温太低。

2）塔顶回流泵抽空打不上量。

3）控制阀出现故障。

4）再生塔塔顶回流罐底排凝阀漏，导致液相少。

富液再生塔塔顶回流较小的处理方法：

1）提高富液再生塔塔底温度。

2）查明泵抽空原因，启用备用泵，修复抽空泵备用。

3）联系仪表维保人员修复。

4）处理排凝阀。

107 什么是催化剂的再生？

催化剂的再生是指使催化剂恢复活性而进行的处理过程。不同的催化剂有其特定的再生方法，它的选择取决于引起催化剂失活的物质，此物质与催化剂结合的牢固程度以及失活的条件等。

108 制硫催化剂的再生方法是什么？

当催化剂使用了较长的一段时间后，操作不当或其他方面的原因，造成催化剂的硫酸盐化。所谓的硫酸盐化是二氧化硫和过量 O_2 反应生成三氧化硫，三氧化硫和催化剂中的活性组分三氧化二铝生成硫酸铝，这一过程称为催化剂的硫酸盐化。硫酸盐还原就是增大制硫尾气中的 H_2S 和 SO_2 的比值，使硫酸铝和 H_2S 发生还原反应，生成 SO_2 和 Al_2O_3。在进行还原操作前，要将催化剂进行热浸泡，去除催化剂表面的积硫，以保证催化剂的硫酸盐还原操作。具体操作如下：

1）热浸泡：调节反应器入口过程气加热蒸汽控制阀（或高掺阀）开度，将反应器入口温度以20~30℃/h 升温，直至一反床层温度控制在350~370℃，二反床层温度控制在300~330℃，恒温24h。

2）催化剂硫酸盐还原：调节配风，使制硫尾气中 H_2S/SO_2 比值为（3~4）：1，两个反应器床层温度控制在热浸泡的温度范围内，即：一反：350~370℃，二反：300~330℃。恒温24h，催化剂再生完毕，按工艺卡片规定的温度，调节至正常操作。

催化剂再生操作在长周期生产中根据需要，即发现催化剂活性下降时要进行此操作，而在长周期运行后，检修前停工也要对催化剂进行再生处理。

催化剂活性下降的原因，除了硫酸盐化之外，还有另外两个原因，表面积炭与催化剂粉化。催化剂表面积炭是因为系统升温时，瓦斯配风不当或酸性气中带烃而配风不及时，造成过程气析炭，炭黑覆盖在催化剂颗粒表面，降低了催化剂表面的活性中心数目，引起活性下降，而催化剂粉化是由于操作不慎引起催化剂床层超温，或者因床层用蒸汽降温，水没脱尽，而进入催化剂床层，引起催化剂活性下降。对于催化剂表面积炭，一般采用烧焦方法使催化剂恢复活性，但由于烧焦在高温下进行，操作难度较大，同时极易破坏催化剂颗粒结构，使催化剂粉化，而导致活性下降，所以积炭和粉化一般都采用更换催化剂的方法来提高催化剂的活性。

109 尾气加氢催化剂预硫化的目的是什么？

因为催化剂的加氢脱硫活性主要是在它的硫化状态下，而催化剂的主要成分是钴、钼的氧化态，即氧化钴（CoO）和三氧化钼（MoO_3），所以开工时必须对其进行预硫化，使其从氧化态变成硫化态，反应的化学方程式如下：

$$9CoO+8H_2S \longrightarrow Co_9S_8+9H_2O$$

$$MoO_3+2H_2S+H_2 \longrightarrow MoS_2+3H_2O$$

110 催化剂预硫化的步骤有哪些？

催化剂预硫化的步骤如下：

1）当催化剂床层温度达到200℃时，调整硫黄回收单元操作，使尾气中 H_2S 与 SO_2 的比值为(4~6)：1。

2）调节入转化反应器氢气量，使反应器入口气体中氢含量在3%（体）左右，启动氢含量在线分析仪。

3）把硫黄回收尾气缓慢改入尾气一、二级加热器，同时通过控制其加热蒸汽量，保证一级转化反应器入口温度在200℃。

4）当尾气全部改入转化反应器后，通过控制一、二级加热器加热蒸汽量，以20℃/h提高转化反应器入口气体温度，当转化反应器床层温度达250℃时，恒温，同时调节氢气量，使气体中氢含量提高到4%~5%（体），开始预硫化。

当床层温度与出入口温度持平时或转化反应器出口与入口 H_2S 浓度基本平衡时，即可判定预硫化结束。

111 催化剂加快化学反应的实质是什么？

催化剂能加快化学反应，其实质是催化剂能降低化学反应的活化能，因而增加了活化分子的百分率，催化剂能降低化学反应性能的原因是催化剂能改变化学反应经过的途径，有中间产物的产生，从而降低反应的活化能。

112 催化剂失活的原因有哪些？

催化剂失活的原因主要有：

1）积硫。

2）积炭。

3）硫酸盐化。

4）热老化。

113 简述加氢反应催化剂钝化步骤。

1）钝化时必须将反应器床层温度控制在60~70℃，必须控制 FeS 的燃烧量，将床层温度控制在100℃以下。

2）循环用纯氮气，配入空气使氧含量从0.1%开始，进入常温状态（小于50℃）床层，确认床层在60~70℃运行，钝化即在正常进行。

3）将尾气系统长循环流程变通，将氮气引入，开启尾气循环风机，至尾气焚烧炉压控阀投自动，控制系统压力，根据温度需要，合理控制尾气一、二级加热器加热蒸汽量。

4）通过钝化空气线从制硫反应系统鼓风机出口缓慢引空气进尾气处理系统，通过加氢反应器入口处采样分析循环气中 O_2 含量，控制循环气中 O_2 含量为0.1%（体）。

5）通过加氢反应器出入口处采样分析循环气中 O_2、CO_2、SO_2 和 H_2S 的含量，根据气体中 O_2 和 SO_2 含量分析钝化进度，CO_2 含量应不变。如果 CO_2 含量增加说明有碳燃烧，需减小空气量。

6）整个钝化过程要高度重视，每隔1h分析1次反应器出入口的 O_2、SO_2 和 CO_2 的含量以此来判断催化剂钝化进程。

7）随时注意反应器床层温度，若温度超过100℃应及时降低循环气中空气加入量。

8）急冷塔急冷水循环继续，并控制好急冷水 pH 值。

9）逐步加大循环气中空气加入时，使循环气中 O_2 含量按每次0.1%的速度提升，随时检查反应器床层温度。

10）当循环气中 O_2 含量达到1%（体）时，可加大循环气中空气量使循环气中 O_2 含量达2%（体）。

11）通过观察反应器床层温度和分析循环气组成确认无化学反应发生，催化剂钝化结束，可逐步把循环气中 O_2 含量提高到20%（体）。

12）加氢反应部分氮气自循环保护使床层温度降至50~70℃。

13）尾气焚烧炉以20~30℃/h的速率降温，降至300℃后，切断瓦斯，用风机继续吹扫炉膛2h后停机。关闭瓦斯进装置阀，系统残存瓦斯高空放空。

114 什么叫催化剂热老化？

催化剂在使用过程中，因温度较高，随着时间的延长其活性也会降低，称为热老化。

115 防止FeS自燃的主要措施有哪些？

（1）管理方面

1）制订科学合理的停工方案，在停工方案中细化对FeS分布多的设备的处理。

2）遵循合理的停工时间，保证正常的、足够的时间以免仓促中酿成大错。

3）对所有温度要加强监控，由内操负责正常记录，若有温度上升趋势，立即通知外操采取紧急措施。

4）紧急措施为各塔紧急进水或蒸汽。

5）塔或器内温度低于40℃之前，不准打开全部人孔。

6）开人孔时注意从上到下，逐一开启。

（2）冷却降温

在蒸塔结束后，应及时从泵进料管线抽新鲜水，注入塔内，进行水冷却，以降低填料表面温度，同时打开塔底放水阀切水。刚开始时，由于塔内温度较高，要求缓慢注水，流量偏小，逐渐加大，控制降温速度≤50℃/h。一定要冷透，避免有死角，当塔内各段温度均低于40℃后，才停止新鲜水冷却。在打水喷淋过程中，要注意控制好流量，并派专人观察塔界面，防止液面上升，造成满塔事故。

（3）开塔人孔

当塔顶温度（及塔内各点温度）≤40℃后，方可准备从上到下逐层打开人孔，打开人孔前，启用回流泵往塔内打冷水，打开人孔过程中不要停泵。同时在整个检修期间，泵的供电不能停，并用警戒线围起来，挂好有电警告牌。另外，在检修过程中，为防止意外，应每天晚上向填料洒水，以保持填料湿润，防止自燃。注意在洒水时，流量不宜太大，保持塔内温度≤40℃即可，同时控制好液面，避免满塔。打开人孔后，要派人24h观察塔内各点温度，并相应做好记录，要求记录塔顶、中部及底部三点温度（1次/2h）。若发现塔人孔冒出青烟，立即通知塔内人员出来，开回流泵喷水降温。

116 转化催化剂硫酸盐如何还原？

催化剂热浸泡完成后，其他热浸泡条件不变，调整(H_2S+COS)/SO_2的比值到(3~4)：1，运转24h，还原催化剂上的硫酸盐。催化剂硫酸盐还原完毕后，可进行下一个停工步骤。

117 简述硫黄回收单元开车主要步骤。

装置全面检查→公用工程引用→管线冲洗吹扫→管线设备试压→设备的检查和清洗→气密性试验→酸性气燃烧炉、尾气焚烧炉烘炉→烘转化反应器，热态考核→废热锅炉及硫冷凝器煮炉→催化剂装填→DCS仪表联校及联锁系统测试→尾气处理系统清洗→硫封建立及装置系统吹扫气密→系统氮气置换→尾气焚烧炉、酸性气燃烧炉升温→系统升温→制硫部分酸性气引入，低压蒸汽引入，尾气直接进尾气炉→急冷塔水循环建立→尾气吸收部分溶剂循环建立，升温→尾气部分引入，加氢反应器升温，预硫化→尾气全部切入→调整操作。

催化剂热浸泡时，其他操作参数不变，将转化反应器入口以20℃/h的速率升温，一级转化反应器床层温度控制在350~370℃，二级转化反应器床层温度控制在300~330℃，恒温24h，以除去反应器床层的积硫。在热浸泡过程中，应注意保持酸性气流量的平稳，风气比以(H_2S+COS)/SO_2=2：1进行控制，并按工艺指标控制好锅炉温度，加强排污。

118 简述硫黄回收单元停车时尾气切出步骤。

1）制硫反应系统停进酸性气前，缓慢打开尾气旁路联锁切断阀，关小尾气联锁切断阀。

2）当入尾气处理系统尾气流量低于设计的30%时，打开低负荷线。

3）切断阀继续关小，尾气旁路阀随之开大，关尾气入还原气吸收塔阀，同时打开尾气至尾气焚烧炉阀。

4）关闭氢气进混合器阀及手动操作阀。

5）净化尾气入尾气焚烧炉手动操作阀关。

6）还原气吸收塔和溶剂再生塔继续循环。

119 简述尾气处理溶剂再生部分停工步骤。

1）待溶剂解析完全，分析质量全部合格后，再生塔塔底逐步降温，当温度降至50℃时，关闭塔底重沸器热源，用塔底氮气将系统内酸性气全部吹至回流罐，然后关闭酸性气出装置阀。

2）将回流罐内酸性水全部氮压至酸性水汽提装置，停塔顶溶剂循环泵，关闭贫液循环过滤流量控制阀。

3）还原气吸收塔溶剂全部抽至再生塔后，停泵。

4）将再生塔内溶剂经塔顶贫胺液泵泵送至尾气溶剂脱硫储罐，再生塔抽干净后停塔底泵。

120 反应烟道气如何吹硫？

1）催化剂还原结束后，将酸性水汽提单元、气体脱硫及溶剂再生单元酸性气切除，尾气处理部分酸性气排酸性气火炬，硫黄回收单元停进酸性气。

2）逐渐打开瓦斯进炉阀，瓦斯燃烧后逐渐关闭酸性气进炉阀门，调整配风量，烟道气中 O_2 含量控制在0.5%~1%，以防瓦斯在炉内燃烧析炭。每小时分析一次烟道气中的氧含量。

3）将尾气捕集器、废热锅炉后部和硫封罐内的液硫排放干净，排放时及时用水冷却，防止液硫堵塞下水道。

4）吹硫过程中，酸性水燃烧炉炉膛温度控制在800~1350℃。其他系统各点温度严禁超过400℃。催化剂床层超温，应首先降低酸性气加热炉的配风量，同时保证不析炭，若不明显则打开转化反应器入口注 N_2（如注 N_2 作用不明显时，可改注蒸汽，注意必须事先放净冷凝水）。

5）排污硫点每小时排污一次，可视情况对有关设备及过程气管线上的各排污点每小时排污一次。

6）系统吹硫直至逐步提高风量而系统各点温度不再上升，同时转化反应器、捕集器排污无液硫吹出为止。

121 转化催化剂钝化步骤。

催化剂钝化目的是防止反应器打开后遇空气自燃。

1）逐渐关闭一级、二级转化反应器入口加热器蒸汽，蒸汽流量控制阀及温度控制阀手动输出为“0”，同时关闭加热器出入口手阀，将凝液排尽。

2）将一级、二级转化反应器床层温度降至100℃以下。

3）提高酸性气燃烧炉空气和瓦斯配比，缓慢从瓦斯中引入多余空气，废热锅炉出口烟道气中 O_2 含量控制在0.5%~1%，此时操作人员应密切注意反应器床层温度，若催化剂床层超温，应首先降低酸性气加热炉的配风量，同时保证不析炭，若不明显则打开转化反应器入口注 N_2（如注 N_2 作用不明显时，可改注蒸汽，注意必须事先放净冷凝水）。

4）继续密切注意反应器床层温度和尾气中 SO_2 含量，增加装置操作数据记录的频率，并把数据进行列表分析。

5）逐步增加酸性气燃烧炉配风量，燃烧气中引入更过量的空气，同时酸性气燃烧炉和反应器降温。

122 简述转化反应系统降温步骤。

1）转化催化剂钝化结束后，逐步降低酸性气燃烧炉炉膛温度，降温速度≤30℃/h。

2）通过调整转化反应器入口蒸汽加热器加热蒸汽量来调整一级转化反应器、二级转化反应器入口温度，转化反应器入口温度以20~30℃/h的速度降温。当蒸汽压力低于伴热蒸汽管网压力后，关闭其压力控制阀，硫冷凝器所产蒸汽改放空。

3）酸性气燃烧炉炉膛温度降至650℃后，维持炉膛温度，关闭蒸汽加热器，反应器注入少量N_2自然降温。

4）酸性气管线由气体脱硫及溶剂再生单元、酸性水汽提单元、尾气处理部分引氮气吹扫，将酸性气吹扫至酸性气燃烧炉焚烧后从烟囱排放，吹扫干净后，关闭酸性气进炉阀。

5）酸性气燃烧炉再以20~30℃/h的速度降温，降至300℃后，切断瓦斯，停鼓风机，酸性气燃烧炉内注N_2保护，炉膛焖炉降温。

6）整个停工过程中，过程气管线上各排污点每1h排污一次。

123 简述加氢催化剂再生步骤。

系统正常停工步骤应根据加氢反应器床层是否积炭决定，若反应器床层压差大，催化剂活性下降，则停工时应对催化剂进行再生操作，否则只对催化剂进行钝化操作，系统停工一般需要3~4天。

1）加氢反应器运行一段时间后床层吸附大量的炭黑，使催化剂活性下降，床层压差升高，在停工之前必须进行催化剂再生操作。

将尾气系统大循环流程转通，将氮气引入，开启尾气循环风机，根据温度需要，合理控制尾气一、二级加热器加热蒸汽量。

2）通过钝化空气线从制硫反应系统鼓风机出口缓慢引空气进尾气处理系统，通过加氢反应器入口处采样分析循环气中O_2含量，保准O_2含量低于0.3%(体)。

3）通过调节尾气一、二级加热器加热蒸汽量逐渐提高加氢反应器入口温度至350℃，同时保持10min/次分析频率分析反应前后气体中SO_2、CO_2、O_2、H_2S含量，当反应器床温升高，反应气体中CO_2和SO_2含量升高，催化剂再生开始，此时应保持反应器入口温度平稳。

4）如果循环气中 CO_2 和 SO_2 含量没有变化，表明加氢反应器内无燃烧发生，把反应器入口温度提高至370℃，把反应气体中 O_2 含量提高至0.5%（体），控制反应器床层温度不大于400℃。

5）一定时间后，催化剂上的炭都被燃烧，缓慢提高反应气体中 O_2 含量至20%（体），严密注意反应器床层温度，发现超温及时降低瓦斯燃烧配风量。

6）当急冷水pH值低于6时，从急冷水泵入口加入除盐水或者气氨来控制急冷水pH值不低于6。

7）如果催化剂床层对温度为370℃、浓度20%（体）的氧气没有反应，加氢反应器进出气体中氧气含量基本相同，表明催化剂已经再生且呈惰性，再生结束。

124 加氢反应催化剂钝化的目的是什么？

对活化态（硫化态）加氢催化剂钝化处理时，难以控制，例如临时停车，非本装置环节故障检修等，不要轻易进行钝化处理，只需采取氮气吹扫，封闭（正压）降温处理，等待下次开车。

催化剂钝化处理，是将沉积在催化剂表面的FeS在低温下控制氧转化为 SO_2 和 Fe_2O_3，避免催化剂表面可能存在的FeS暴露在空气中剧烈氧化过热，引起催化剂床层飞温而丧失活性。

125 制硫单元停工后主要进行哪些处理措施？

当酸性气燃烧炉切断瓦斯及空气进炉，尾气处理部分在加氢催化剂钝化结束后应进行如下相应的处理：

1）将硫封罐内的液硫全部放净。

2）将硫池内的液硫全部成型造粒。

3）在确认装置系统内无液硫储存后，停装置内的夹套伴热线的伴热，并放净夹套伴热线内的积水。

4）从酸性气燃烧炉前向系统内注 N_2 约2h后关闭 N_2，同时关闭主流程内各设备的排污阀。

5）酸性气燃烧炉炉膛降至常温后，放净换热器和废热锅炉内存水。

6）还原气吸收塔和再生塔内残余胺液，通过排污线送入地下胺储罐，再用胺泵送入溶剂储罐。

7）停止急冷塔急冷水循环，急冷水全部通过泵送出装置。

8）再生塔用氮气置换，打开酸性气放火炬阀，把残余 H_2S 扫至火炬焚烧。

9）碱洗塔内残余碱洗液，通过外送至污水处理厂进行处理。

10）所有工作结束后开始单元的隔断工作。

第四节　余热锅炉及加热炉操作知识

1　什么是硬水与软水?

硬水是指水中可溶性钙、镁等矿物质成分较多的水，而软水是指不含或含较少可溶性钙、镁等化合物的水。水的硬度是指溶解在水中的盐类物质的含量，即钙盐与镁盐含量的多少。根据水和肥皂的作用效果，很容易识别哪些是硬水，哪些是软水，硬水需要更多的肥皂泡才能起泡沫。

2　什么是暂时硬度?什么是永久硬度?

只含有钙、镁碳酸盐的水，叫作具有暂时硬度的水。因为在沸点时，这些杂质可能形成一种松软的泥渣沉淀下来。

含有钙、镁硫酸盐的水，叫作具有永久硬度的水。因为在加热到沸点以上，甚至达到150℃以上时，杂质还不能以固体形式沉淀下来。

3　什么是原水、软化水、除盐水、纯水?

原水是指未经过处理的水。

软化水是指将水中的硬度(主要指水中的钙、镁离子)除去或降低到一定程度的水。水在软化过程中仅硬度降低，而总含盐量不变

除盐水是指将水中的盐类(主要是溶于水的强电解质)除去或降低到一定程度的水。其电导率一般为1.0~10μS/cm，含盐量为1~5mg/L。

纯水是指将水中的强电解质和弱电解质(如SiO_2、CO_2等)除去或降低到一定程度的水。其电导率一般为0.1~1.0μS/cm，含盐量<1mg/L。

4　什么是水的预处理?预处理有哪些主要方法?

水的预处理是在水精制处理之前，预先进行的初步处理，将一些杂质降低或除去，以便在水的精制处理时取得良好效果，提高水质。

预处理方法主要有：预沉、混凝、澄清、过滤等。通过这些方法后，可以使水的悬浮物、色度、胶体物、有机物、铁、锰等杂质除去或降低到一定程度。

5　为什么要进行水的软化处理?

天然水中含有各种盐类，这些盐类溶解为阳离子和阴离子，主要有Ca^{2+}、Mg^{2+}、Na^{+}和HCO_3^-、SO_4^{2-}、Cl^-等。含有这些盐类的水，在加热蒸发浓缩的过程中(如锅炉用水)，Ca^{2+}、Mg^{2+}等离子不断地与水中某些阴离子结合成难溶物质而

析出，并生成水垢（俗称水锈），附在锅炉的受热面上。由于水垢的导热性能很差，从而阻碍了热的交换，大大降低了锅炉的热效率，既浪费燃料又易烧坏部件，并危及安全，造成不良后果。为了消除或减少这些危害，就要把水中能形成水垢的硬度成分，如钙、镁离子，还有其他高价金属离子如铁、铝、锰等（因为含量很少，虽成垢，可略去不计），予以去除。因此，就需要进行水的软化处理。

6 水的软化处理有哪些基本方法？

水软化处理的基本方法有三种。

1）化学软化法，就是在水中加入一些药剂，从而把水中的 Ca^{2+}、Mg^{2+} 转变为难溶物，并使其析出，如石灰软化法等。

2）离子交换软化法，利用离子交换剂活性基团的 H^{+}、Na^{+} 等离子与水中的硬度成分 Ca^{2+}、Mg^{2+} 交换，以到达软化的目的。

3）热力软化法，就是将水加热到 100℃或以上，在煮沸过程中，使水中的钙、镁的碳酸氢盐转变为 $CaCO_3$ 和 $Mg(OH)_2$ 沉淀去除。热力软化法只能基本上除去碳酸盐硬度，而不能去除非碳酸盐硬度。

此外，还有电渗析软化法等，但通常使用的主要方法是离子交换软化法和化学软化法。

7 什么是水的化学除盐处理？

近年来锅炉向高温高压化发展，因此，对于锅炉补给水水质的要求也越来越高，需要把水中的盐类几乎除尽。为此，阴、阳离子交换技术得到迅速的发展。如用 H 型阳离子交换剂和水中的各种阳离子进行交换而放出 H^{+}；而用 OH 型阴离子交换剂与水中的各种阴离子交换而放出 OH^{-}。这样，当水经过这些阴、阳离子交换剂的交换处理后，就会把水中的各种盐类基本除尽。这些方法，就称为水的化学除盐处理。

8 水的离子交换软化和化学除盐处理有什么不同？

水的离子交换软化和化学除盐处理有三个不同：

1）要除去水中的离子不同。软化仅要求除去水中的硬度离子，主要是 Ca^{2+}、Mg^{2+}；而化学除盐则必须把水中全部的成盐离子（阴、阳离子）都除掉。

2）处理中使用的交换树脂有些不同。因为水的软化只要求除去水中的硬度离子，所以它可使用阳离子交换树脂，也可以使用磺化煤作交换剂。

水的化学除盐是要除去水中的全部成盐离子，所以它必须同时使用强酸性阳离子交换树脂和强碱性阴离子交换树脂，而且不能使用盐型树脂（在水处理中，有时将 RNa，RCl 一类的树脂称为盐型树脂）。

因为盐型树脂虽然可以除去水中原来的成盐离子，但又生成新的成盐离子，使水的含盐量基本不变。

例如：$RNa+KHSiO_3 = RK+NaHSiO_3$

再如：$RCl+NaHSiO_3 = RHSiO_3+NaCl$

所以在除去水中的成盐离子时必须同时使用强酸性阳离子交换树脂和强碱性阴离子交换树脂。

$$RH(ROH)+NaHSiO_3 = RNa(RHSiO_3)+H_2O$$

3）使用的再生剂不同。水的离子交换软化，其交换剂失效后可以用盐类来再生。比如再生 Na 型离子交换剂就可以用食盐作再生剂。

$$R_2Ca+2NaCl = 2RNa+CaCl_2$$

化学除盐工艺其交换剂失效后，其再生剂必须为强酸（HCl 或 H_2SO_4）和强碱，不使用盐类作再生剂。

例如：$RNa+KCl=RK+NaCl$

再生的结果使 H 型离子交换树脂变成了盐型树脂，会影响化学除盐效果。

对阴离子交换树脂的再生也是如此。即：

$$RCl+NaHSO_4 = RHSO_4+NaCl$$

再生的结果也使 OH 型离子交换树脂变成了盐型树脂，其结果也会影响化学除盐的效果。

9 什么叫离子交换树脂？

用化学合成法将高分子共聚物制成的有机单体颗粒的离子交换剂，称为离子交换树脂。

10 什么叫钠离子交换？

利用离子交换将水中阳离子全部置换成钠离子的方法叫钠离子交换。钠离子交换用食盐溶液再生。

钠离子交换只能除去水中的钙镁离子等结垢物质，而不能降低水中的碱度。

钠离子交换的原理可用下式表示：

$$R-\begin{cases}1/2Ca\\1/2Mg\end{cases}+H^+\longrightarrow R-H+\begin{cases}1/2Ca^{2+}\\1/2Mg^{2+}\end{cases}$$

11 什么叫氢离子交换？

利用离子交换将水中的阳离子全部置换成氢离子的方法叫氢离子交换。氢离子交换用盐酸或硫酸溶液再生。

氢离子交换的出水为酸性水，它不但可除去水中钙、镁离子，而且可除去水中的碱性物质。

氢离子交换的原理可用下式表示：

$$R—\begin{cases}1/2Ca\\1/2Mg\\Na\\K\end{cases}+H^{+}\longrightarrow R—H+\begin{cases}1/2Ca^{2+}\\1/2Mg^{2+}\\Na^{+}\\K^{+}\end{cases}$$

12 锅炉的定义是什么?

将燃料的化学能转变成水或水蒸气的设备称为锅炉。

将工艺热能转变成水或水蒸气的设备称为余热锅炉。

13 锅炉的分类是什么?

锅炉的分类：

锅炉按燃料种类分为燃煤炉、燃油炉、燃气炉。

锅炉按燃烧方式分为层燃炉、室燃炉、沸腾炉。

锅炉按锅炉炉水循环方式分为自然循环炉、强制循环炉、复合循环炉。

锅炉按蒸汽压力分为低压锅炉、中压锅炉、次高压锅炉、高压锅炉、超高压锅炉、亚临界锅炉、临界锅炉等。

14 什么叫卧式、火管式、水管式锅炉?

锅筒轴线与水平线平行的锅炉叫卧式锅炉。

热烟气走管程的锅炉叫火管式锅炉。

水走管程的锅炉叫水管式锅炉。

15 锅炉的结构是怎样的?

锅炉结构包括：汽包、水冷壁(形成炉膛)、过热器、燃烧器、省煤器、空气预热器、构架和炉墙及其他辅助系统。其中余热锅炉(有补燃系统)包括：炉膛(无水冷壁管)、汽包、过热器、蒸发器、省煤器等；余热锅炉(无补燃系统)包括：汽包、过热器、蒸发器、省煤器。

16 锅炉与压力容器的区别是什么?

锅炉，是指利用各种燃料、电或者其他能源，将所盛装的液体加热到一定的参数，并对外输出热能的设备，其范围规定为容积大于或者等于30L的承压蒸汽锅炉；出口水压大于或者等于0.1MPa(表)，且额定功率大于或者等于0.1MW的承压热水锅炉；有机热载体锅炉。

压力容器，是指盛装气体或者液体，承载一定压力的密闭设备，其范围规定为最高工作压力大于或者等于0.1MPa（表），且压力与容积的乘积大于或者等于2.5MPa·L的气体、液化气体和最高工作温度高于或者等于标准沸点的液体的固定式容器和移动式容器；盛装公称工作压力大于或者等于0.2MPa（表），且压力与容积的乘积大于或者等于1.0MPa·L的气体、液化气体和标准沸点等于或者低于60℃液体的气瓶；氧舱等。

17 蒸汽锅炉内的汽空间有何作用？

蒸汽锅炉运行中只有一部分装水，其余部分叫汽空间。

汽空间是用来将水和蒸汽分开的场所，并存储未通过管道输出的蒸汽。

18 锅炉给水通常含有哪些杂质？锅炉给水不纯有何影响？

锅炉给水中通常含有下列杂质：

1）结垢性物质：钙、镁的硫酸盐、碳酸盐。

2）起泡沫的物质：如苏打、有机物质、泥渣类物质与腐蚀性物质。

锅炉给水不纯会存在如下影响：

1）引起泡沫与汽水共沸。

2）结垢。

3）腐蚀。

19 为什么要严格控制锅炉给水水质？

严格控制锅炉给水水质有着十分重要的意义，它是防止热力系统设备结垢、腐蚀和积盐的必要措施，并对锅炉安全、经济运行提供有力保证。

对锅炉给水水质进行严格监督的目的，具体地说有三条：

1）防止结垢。如果进入锅炉的水质不符合标准，而又未及时正确处理，则经过一段时间运行后，在和水接触的受热面上，会生成一层固定的附着物——水垢。由于水垢的导热性能很差，比金属要差几百倍，因此，使得结垢部位温度过高，引起金属强度下降，局部变形，产生鼓泡，严重的还会引起爆裂事故，危及安全运行；结垢还会严重影响锅炉换热效果，大大地降低锅炉运行的经济性，如在省煤器中结有1mm厚水垢后，燃料就得多耗1.5%~2.0%；结垢后会使汽轮机凝汽器内真空度降低，从而使汽轮机的热效率和出力降低，严重时甚至要被迫停产进行检修。因此控制水质防止结垢十分重要。

2）防止腐蚀。锅炉给水水质不良，会造成省煤器水冷壁、给水管道、加热器、过热器以及汽轮机冷凝器等的腐蚀。腐蚀不仅会缩短设备的使用寿命，造成经济损失，同时腐蚀产物又会转入水中污染水质，从而加剧受热面上的结垢，结垢又促使了垢下腐蚀，造成腐蚀和结垢的恶性循环。

3）防止积盐。锅炉给水中的超量杂质和盐分，随蒸汽带出而沉积于过热器和汽轮机中，这种现象称为积盐。过热器的积盐会引起金属管壁过热，甚至爆裂；汽轮机内积盐会降低出力和效率，严重的会造成事故。

由上可见，对于锅炉给水水质的严格控制是十分必要的。

20 什么是中压、高压、超高压锅炉？对水质要求及控制方法上有何区别？

所谓低压、中压、高压、超高压锅炉是由锅炉产生蒸汽的压力大小不同而划分的。按照表压力分等级如下：

1）超超临界锅炉：$p \geqslant 27.0$MPa 或额定出口温度≥590℃的锅炉。

2）超临界锅炉：22.1MPa$\leqslant p<$27.0MPa。

3）亚临界锅炉：16.7MPa$\leqslant p<$22.1MPa。

4）超高压锅炉：13.7MPa$\leqslant p<$16.7MPa。

5）高压锅炉：9.8MPa$\leqslant p<$13.7MPa。

6）次高压锅炉：5.4MPa$\leqslant p<$9.8MPa。

7）中压锅炉：3.8MPa$\leqslant p<$5.4MPa。

8）低压锅炉：$p<$2.5MPa。

由于锅炉的工作压力不同，对于水质要求以及控制方法也不同。工作压力越高的锅炉，对水质的要求越高，控制也越严。水质控制的目的是防止锅炉及其附属水、汽系统中的结垢和腐蚀，确保蒸汽质量和汽轮机的安全运行，并在保证上述条件下，减少锅炉的排污损失，提高经济效益。低压锅炉可以在炉内水处理，但目前一般是采用炉外水处理的方式，以软化水作为补充水。中压锅炉及部分高压锅炉，通常采用脱碱、除硅、除盐和钠离子交换（中压锅炉）后的软化水作为补充水，而在炉内主要采用磷酸盐处理。对于高压及亚临界汽包锅炉，现在一般都使用化学除盐水补给，而在炉内采用磷酸盐处理或是挥发性处理。对于直流锅炉必须采用挥发性处理。此外，对于水处理中的溶解氧、炉水的含盐量、SiO_2和pH值的调节等，也因为锅炉压力的提高而要求更严。

21 简述余热锅炉自动加药系统的作用。

自动加药系统用于余热锅炉与蒸汽发生器给水中加入磷酸三钠药剂，以保证余热锅炉、蒸汽发生器水质符合要求，防止汽包及受热面结垢和腐蚀。

22 简述自动加药系统常见故障及其排除方法。

自动加药系统常见故障及其排除方法见表2-6。

表 2-6 自动加药系统常见故障及其排除方法

序号	故　障	原　　因	处理措施
1	输出流量不足	泵吸入管坏	更换吸入管，并进行气密性检查
		管路堵塞	清洗或更换管路、过滤网
		泵阀不能自由运行	检查、清洗、更换
		有固体结晶析出或有固体杂质	增加流量或加水稀释，清洗药箱
		安全阀未到整定压力起跳	安全阀进行调校或更换
		出口管路泄漏	检查处理，确保严密
2	泵体过热	泵体超过最大允许压力而过载	减少输出压力
		油位低	加油到指定油位

23 锅炉给水与炉水有哪些控制项目?

锅炉给水与炉水的控制项目根据锅炉工作压力的不同而异。

1）低压锅炉的给水与炉水控制项目，详见 GB/T 1576—2018《工业锅炉水质》。

低压锅炉的给水控制项目有：悬浮物、总硬度、pH 值、含油量等。

低压锅炉的炉水控制项目有：总碱度、pH 值。

2）中、高压锅炉的给水与炉水控制项目：

给水控制项目有：硬度、溶解氧、铁、铜、钠、二氧化硅、pH 值、联氨、油等。

炉水控制项目有：总含盐量、二氧化硅、pH 值、氯离子（Cl^-）、磷酸根（PO_4^{3-}）。

24 锅炉水中带油有什么危害性?

锅炉给水中带油，会对锅炉系统产生严重的危害。例如：

1）油质附着在炉管管壁上，受热的时候就会分解生成热导率很小的附着物，严重影响管壁的传热，严重时会使炉管产生高温蠕变，影响锅炉的安全运行。

2）给水中的油会使炉水形成泡沫及生成水中漂浮的水渣，促使蒸汽品质的恶化。

3）油沫水滴会被蒸汽带到过热器中，受热分解产生热导率很小的附着物，导致过热器高温蠕变损坏。

25 锅炉给水为什么需进行除氧处理?

氧在电化学腐蚀过程中起去极化作用，产生以下反应：

$$2H_2O+O_2+4e^- \longrightarrow 4OH^-$$

水中溶解氧推动电化学腐蚀反应，会使锅炉系统形成严重的氧腐蚀。因此，给水在进入锅炉前需要进行除氧处理。

除氧处理一般用物理方法，即热力除氧。将给水用蒸汽加热至沸腾，使溶解氧脱出。当水温加热到99℃时，水中溶解氧可脱到0.1mg/L。

不同压力等级的锅炉对给水溶解氧含量的要求不同。例如，高压锅炉要求≤7μg/L，中压锅炉要求≤15μg/L，低压锅炉要求≤0.05~0.1mg/L。因此，经热力加热之后，有时候还不能达到要求，故往往需要再进行化学除氧等。即在给水中加入化学药剂除氧，如加联氨或亚硫酸钠。化学除氧的目的是消除热力除氧后的残余溶解氧和除去由于水泵和给水系统不严密而漏入给水中的溶解氧。

26 锅炉给水如何除氧?

锅炉给水一般通过除氧器除氧，水从除氧器头部进入，经过喷雾头，使水喷成雾状或细小的水珠，与由上而下的加热蒸汽接触，被加热到104℃，在200kPa左右的压力下，水中的O_2和CO_2随未凝结的蒸汽，从除氧器顶部的排气阀排掉，除氧后的水由除氧器头部下流至除氧水箱，由泵送到锅炉与汽包。

除氧器液面由进水量控制，除氧器压力由进汽量控制。

27 什么是锅炉水的磷酸盐处理?

为了防止在锅炉中产生钙垢和碱性腐蚀，在给水中加入磷酸盐，使得随给水进入炉内的Ca^{2+}不会形成水垢，而是形成水渣，并通过锅炉排污予以排出。这种向锅炉水中投加磷酸盐的处理方式称为锅炉水的磷酸盐处理。在炉水中加入磷酸盐溶液，控制好一定量的磷酸根(PO_4^{3-})，在碱性的条件下，产生如下反应：

$$10Ca^{2+}+6PO_4^{3-}+2OH^- \longrightarrow Ca_{10}(OH)_2(PO_4)_6$$

生成的$Ca_{10}(OH)_2(PO_4)_6$称为碱式磷酸钙，是一种松软的水渣，很容易随锅炉排污而除去。

因此，只要控制好炉水中的PO_4^{3-}的量，就可以使炉水中的Ca^{2+}含量非常少，而PO_4^{3-}的量可按照表2-7加以控制。

表2-7 PO_4^{3-}控制指标对照表

锅炉压力/MPa(表)(大气压)	PO_4^{3-}/(mg/L)		
	不分段蒸发	分段蒸发	
		净段	盐段
≤5.8(≤59)	5~15	5~12	≤75
5.9~12.6(60~129)	2~10	2~10	≤50

在实际生产中，通常用磷酸三钠($Na_3PO_4 \cdot 12H_2O$)或酸式磷酸钠(Na_2HPO_4)配制成5%~8%(质)的PO_4^{3-}溶液，经过滤去渣，再用补给水配成3%的溶液，直接加入锅炉水中，或者加入给水中。加入量的多少与给水中Ca^{2+}含量有关，实际使用时，还得通过调试来确定。

28 磷酸三钠的主要性质是什么？

磷酸三钠的主要性质见表2-8。

表2-8 磷酸三钠的主要性质

用途	为保证余热锅炉水质符合要求，防止汽包及受热面结垢和腐蚀	
主要性质	分子式	Na_3PO_4
	外观	白色或无色晶体
	密度	2.53g/cm^3
	熔点	73.3~76.7℃
	沸点	158℃
	可溶性	可溶于水
	分析引用标准号	HG/T 2517—2009
注意事项	编织袋或麻袋内衬塑料薄膜，防潮，与毒物隔离，存于通风干燥处	

29 为什么锅炉给水中要加联氨？

为了防止锅炉水系统及管路遭受氧腐蚀，确保完全消除热力除氧之后而残留的溶解氧和由于泵及给水系统的不严密而漏入给水的氧，有必要在给水中加入适量的联氨。联氨(N_2H_4)又称肼，常用的为其水合物水合肼($N_2H_4 \cdot H_2O$)。

由于联氨在碱性的水溶液中是一种很强的还原剂，它与水中溶解氧产生如下反应：

$$N_2H_4+O_2 \longrightarrow N_2+2H_2O$$

因而加联氨的作用是用化学方法除去溶解氧，反应的生成物N_2和H_2O对热力系统没有任何的危害。

此外，在大于200℃高温下，联氨还可以将Fe_2O_3还原成Fe_3O_4或Fe，以防止炉内形成铁垢，其反应如下：

$$N_2H_4+6Fe_2O_3 \longrightarrow 4Fe_3O_4+N_2+2H_2O$$

$$N_2H_4+2Fe_3O_4 \longrightarrow 6FeO+N_2+2H_2O$$

$$N_2H_4+2FeO \longrightarrow 2Fe+N_2+2H_2O$$

联氨还能将CuO还原成Cu_2O或Cu，以防止炉内结铜垢。

实际生产中，通常使用40%(质)的联氨($N_2H_4 \cdot H_2O$)，加在锅炉给水的吸入口，或是除氧器的出口管处。加入量的控制通常是以省煤器入口给水中含 N_2H_4 50μg/L 左右为准。N_2H_4有毒、易燃、易挥发，使用时应特别注意。

30 为什么要进行锅炉的化学清洗？

锅炉的化学清洗，是保持受热面内表面清洁，防止受热面因结垢、腐蚀引起事故，以及提高锅炉水汽品质的必要措施之一。

锅炉的化学清洗，要求能除去新建锅炉在轧制、加工过程中形成的高温氧化轧皮以及在存放、运输、安装过程中所产生的腐蚀产物、焊渣和泥沙污染物等；除去运行锅炉在金属受热面上积聚的氧化铁垢、钙镁水垢、铜垢、硅酸盐垢和油垢等。

31 硬度对锅炉运行有什么影响？

水中的钙镁盐类形成的硬度会造成：

1）锅炉结垢，减小锅炉传热系数。

2）锅炉结垢后会造成局部过热，烧坏管子，有碍装置安全运行。

3）水垢、水渣会堵塞管子，恶化锅炉的水循环。

32 碱度对锅炉运行有什么影响？

碱度的大小反映了水中 HCO_3^-、OH^-离子含量的多少。当水中无 O_2时对防止锅炉腐蚀是有效果的，但炉水碱度过大，当相对碱度(NaOH/溶解固形物)大于0.2时，会产生晶间腐蚀，即所谓的苛性脆化，对锅炉安全运行危害较大。此外，炉水碱度过大，会使蒸汽品质恶化，严重时会造成汽水共沸。

33 pH 值对锅炉运行有何影响？

pH 值对锅炉运行有下列影响：

1）当 pH 值<7 时，锅炉金属表面腐蚀后会产生松软的氧化层，没有起到保护金属继续被腐蚀的作用，所以氧对金属的腐蚀仍然很快；当 pH 值>7 时，才能形成稳定的保护膜，使腐蚀缓慢下来。

2）pH 值与水中游离 CO_2含量有很大关系，当 pH 值为 4.3 时，水中全部碳酸都形成 CO_2，pH 值增高，CO_2含量比例减少，HCO_3^-增加。当 pH 值>8.3 时，水中游离的 CO_2不存在了，碳酸全部形成 HCO_3^-，这样游离的 CO_2腐蚀大大减少。

3）给水经过除氧后，pH 值对腐蚀起到显著作用，pH 值小，腐蚀性大，因为 H^+是金属腐蚀的阴极去极化剂，在酸性介质中，金属易发生氢去极化腐蚀。

4）pH 值低，会使钠离子交换剂工作容量降低，这是 H^+离子也被离子交换剂吸收的缘故。

5）pH 值同水中硅盐存在形式有关，当 pH 值≤8 时，水中硅盐几乎都是 $SiO_2(H_2SiO_3)$；pH 值>8 时，有一部分 $HSiO_3^-$；当 pH 值>11 时，则几乎全部是 $HSiO_3^-$；pH 值更高时，即有一部分成为 SiO_3^{2-}，所以水中常出现 Na_2SiO_3。

34 锅炉给水和炉水的 pH 值应控制在什么范围最好？

为了防止给水对锅炉系统金属的氢去极化作用而引起的腐蚀，以及防止金属表面的保护膜遭到腐蚀破坏，通常是在给水中加氨（胺）来调节 pH 值，使其保持在 8.5~9.2，氨溶于水后呈碱性的氨水（NH_4OH）与水中的碳酸起中和反应：

$$NH_4OH+H_2CO_3 \longrightarrow NH_4HCO_3+H_2O$$

$$NH_4OH+NH_4HCO_3 \longrightarrow (NH_4)_2CO_3+H_2O$$

如加入的氨将 H_2CO_3 中和至 NH_4HCO_3 时，pH 值约为 7.9；如果中和至 $(NH_4)_2CO_3$时，水中 pH 值在 8.5~9.2，因此加氨量稍多于第一步反应而接近第二步反应，通常将 NH_4OH 配成 0.5%（质）的溶液与 N_2H_4一起加入除氧器的出口给水管中。实际所需的加氨量，尚需通过运行过程的调试来决定。

35 含盐量对锅炉运行有什么影响？

不同盐类对锅炉腐蚀所产生的影响不一样，对锅炉安全运行影响也不同。

1）钙盐：主要有碳酸氢钙、氯化钙、硫酸钙、硅酸钙等，钙盐是造成锅炉结垢的主要原因，氯化钙还会恶化蒸汽品质，腐蚀锅炉金属。

2）镁盐：主要是氯化镁、硫酸镁，镁盐同样会形成水垢，恶化蒸汽品质，同时更加会造成锅炉金属腐蚀。氯化镁的腐蚀过程是一个循环过程，因此只要水中有少量氯化镁即可形成严重腐蚀，其反应过程如下：

$$MgCl_2+2H_2O \longrightarrow Mg(OH)_2+2HCl$$

$$Fe+2HCl \longrightarrow FeCl_2+H_2\uparrow$$

$$FeCl_2+Mg(OH)_2 \longrightarrow Fe(OH)_2+MgCl_2$$

3）钠盐：主要有氯化钠、硫酸钠、碳酸氢钠，氯化钠一般不会形成水垢，但主要是因为水中含有镁盐，尤其当硫酸镁与氯化钠产生氯化镁时会引起严重腐蚀。碳酸钠虽然不形成水垢，但过量的碳酸钠常常促使炉水蒸发而发生泡沫和引起汽水共沸。在高温、高压下，碳酸钠分解成氢氧化钠，有使锅炉金属发生苛性脆化的危险。如硫酸钠含量过高，常被蒸汽携带出来附在管道附件或热力设备上，使阀门失灵，影响装置安全经济运行。

4）铁盐：在水中的铁盐主要有 $Fe(HCO_3)_2$、$FeSO_4$。地下水中因为含 CO_2 多，铁离子也多，由水中除掉 CO_2时，$Fe(HCO_3)_2$即分解为 $Fe(OH)_2$，$Fe(OH)_2$ 再被氧化成 $Fe(OH)_3$沉淀，反应式如下：

$$Fe(OH)_2+O_2+2H_2O \longrightarrow 4Fe(OH)_3\downarrow$$

这些铁化合物会沉积在锅炉中形成水垢并引起腐蚀。

36 悬浮物对锅炉运行有什么影响?

锅炉水中如果含有较多悬浮物，这些悬浮物会和钙镁盐沉积结合而直接助长水垢的形成。如果悬浮物主要是工业废物，则可引起锅炉内部表面金属腐蚀，同时引起汽水共沸，影响蒸汽品质。

37 溶解氧对锅炉运行有什么影响?

氧对腐蚀的作用主要表现在如下几个方面：

1）氧的气体腐蚀是一种电化学腐蚀。

2）在电化学腐蚀中，氧是一种阴极去极化剂，加速腐蚀：

$$O_2+2H_2O+4e^- \longrightarrow 4OH^-$$

3）$Fe(OH)_2$沉淀在金属表面，形成紧密保护层，但有氧存在条件下，会破坏此保护层，生成三价铁，加速腐蚀。

$$Fe(OH)_2+O_2+2H_2O \longrightarrow 4Fe(OH)_3\downarrow$$

4）氧有夺取电子能力，夺得电子后与水中氢离子合成 OH^-，炉水中含氧浓度不均匀时，在高氧浓度与低氧浓度部位的金属就产生电位差(高氧浓度部位的金属为阴极，低氧部位金属为阳极)，产生腐蚀。

虽然氧有时能与金属氧化生成保护膜，减弱腐蚀，但总的来说，氧的存在是加剧腐蚀的主要因素。

38 CO_2的存在对锅炉运行有什么影响?

水中存在的 CO_2一部分呈分子状态，另一部分与水形成碳酸，而 H^+是腐蚀原电池阴极去极化剂。这样，由于水中 H^+的数量增多，就会产生氢的去极化腐蚀。当水中同时存在 CO_2和 O_2 时，则腐蚀作用就会加剧。腐蚀的初步产物氢氧化亚铁先与 CO_2 作用生成溶于水的重碳酸亚铁，当有氧存在时，再氧化成氢氧化铁，其主要反应如下：

$$Fe(OH)_2+2CO_2 \longrightarrow Fe(HCO_3)_2$$

$$4Fe(HCO_3)_2+O_2+2H_2O \longrightarrow 4Fe(OH)_3+CO_2\uparrow$$

39 温度不变，密闭容器内蒸汽压力突然升高或降低，将会产生什么现象?

压力上升时，如果温度没有相应提高，则使部分蒸汽凝结成水，因为温度将低于该压力下的沸点。压力降低时，将使蒸汽变为过热蒸汽，因为温度将高于该压力下的沸点。

如果锅炉内蒸汽与炉水相互接触，而引起压力下降，将会使这部分水蒸发为汽，因为降低了沸点。如果因为锅炉某部分破裂，致使压力突然下降，这时锅炉内的水会急剧汽化，由此引起灾难性爆炸。

40 水位表为什么要进行清洗？

锅炉运行过程中含的杂质、盐类或水蒸气会进入水位表的汽、水连管及水表内，如果不将这部分杂质及盐类冲洗掉，会凝结和聚积在汽、水连管内壁上，时间长后使汽、水连管流通面积越来越小，此时水位表就不能正确反映锅筒内水位，甚至连水位表也会产生假液位。同时，当汽、水旋塞式玻璃板(管)的填压部分不严密、经常发生渗漏时，则表内液体浓度增大，加快了液体内杂质与盐类的凝聚，会使汽、水连管堵塞和沾污玻璃板(管)，导致水位表模糊不清，难以观察水位，所以要经常冲洗水位表。

41 什么是锅炉液位三冲量控制系统？

锅炉液位三冲量控制系统是指以液位控制为主，蒸汽流量及给水流量为辅，以液位变化为主反馈量，蒸汽流量变化为前馈量，给水流量为后馈量的锅炉液位调节系统。

在余热锅炉操作中，维持汽包液位平稳是最重要的操作。而汽包水位除受给水量变化影响外，还受产汽量的影响，因此，采用单参数水位调节并不理想，需要通过汽、水差值一定的方法来控制进水，使汽包液位更加平稳，这种控制汽包水位的方法，习惯上叫三冲量调节。

三冲量调节实际上是串级调节，汽包水位是这个调节系统的主参数，即在这一控制回路里，水位调节器的输出信号作为串级调节器的给定值，而蒸汽流量、给水流量经加法器的差值作为串级调节器的测量值(副参数)。只要测量值和给定值存在偏差，串级调节器就输出信号去控制进水流量的变化。

42 锅炉液位合理控制的重要性是什么？

锅炉液位控制非常重要，汽包液位过高将导致汽空间不够，影响汽、液分离；汽包液位过低影响系统水循环且易造成干锅事件发生。

43 锅炉液位合理控制的指标是什么？为什么？

锅炉液位控制采取三冲量系统，液位控制值一般为50%±10%。因为：

1）保证有较大的蒸发面。

2）保证有较大的蒸发空间。

3）保证蒸汽质量。

4）保护换热设备。

5）充分利用换热面积。

44 锅炉缺水的危害及现象是什么？

锅炉严重缺水是锅炉运行中的重大故障，如果在严重缺水的情况下继续进水，就会扩大事故造成锅炉爆炸。温度越高，金属膨胀越大，若在缺水时进水，由于水与过热的钢板温差大，先接触水的部位会遇冷急剧收缩而撕裂，在压力作用下，撕裂处将出现更大缺口，汽水冲出，造成更大爆炸事故。

锅炉缺水的现象是：

1）锅炉水位低于水位下限值。

2）水位表玻璃板上呈白色。

3）虽有水位，但水位不波动，形成假水位。

4）水位警报器鸣叫，低水位信号明亮。

5）过热蒸汽温度升高。

6）给水流量不正常地小于蒸汽流量。

45 锅炉缺水的常见原因有哪些？

锅炉缺水的常见原因有：

1）给水调节阀失灵。

2）水位表、蒸汽流量表或给水流量表指示错误，操作人员未及时判断出来。

3）锅炉负荷剧增，给水供不上。

4）给水泵故障。

5）水源中断。

6）排污量过大，管道阀泄漏。

7）锅炉排管、省煤器破裂。

8）调节不及时。

46 什么是锅炉叫水？锅炉叫水的方法是什么？

锅炉叫水是指用简单的原理和操作了解锅炉水位计可见部分以外的水位情况的方法，是用来判断锅炉缺水或满水的严重程度的方法，即判断缺水时水位是仅低到水位计水连通管的下边缘或者更低；判断满水时水位是仅高到水位计汽连通管的上边缘或者更高。

锅炉叫水的方法是：

1）开启汽包就地水位计的放水阀。

2）关闭汽阀，关闭平衡水阀。

3）关闭放水阀，注意水位是否在水位计中出现。

4）叫水后，开启汽阀，恢复水位计的运行。叫水时，先进行水位计部分的放水是必要的，否则可能由于水管存水而造成错误判断。

47 锅炉缺水的处理方法是什么？

锅炉缺水分严重缺水与轻微缺水两种，用“叫水法”还能在水位表见到水位时叫轻微缺水，此时可增加锅炉给水，并注意恢复水位。用“叫水法”仍不能见到水位时，则为严重缺水，此时严禁向锅炉给水，并须立即停炉检查。

48 锅炉满水有什么危害？

锅炉满水将造成蒸汽大量带水，有过热器的锅炉，水进入过热器后，使炉管内结盐垢。满水时有的严重，有的不严重，虽然水位超过最高水位线，但还能见到水位时，属于不严重满水。如果水位已经超过水位表上部可见边缘，在水位表内已见不到水位，则属于严重满水。

49 锅炉满水时的现象是什么？

锅炉满水时的现象是：

1）锅筒水位超过最高水位。

2）水位表内玻璃板(管)内颜色发暗。

3）水位报警器鸣叫，高水位信号灯明亮。

4）装有过热器的锅炉，过热蒸汽温度明显下降。

5）蒸汽含盐量增大。

6）给水流量不正常地高于蒸汽流量。

7）严重满水时，蒸汽管内发生水击现象。

50 锅炉满水常见原因是什么？

锅炉满水常见原因是：

1）给水自控阀失灵，调节阀故障。

2）水位表、蒸汽流量计或给水流量计指示不准，判断失误造成误操作。

3）锅炉负荷骤减，锅炉给水一时降不下来。

4）给水压力突然增高。

5）对水位控制不及时或误操作。

51 锅炉满水的处理方法是什么？

当锅炉汽压及给水压力正常，而锅筒水位超过最高水位时，应采取下列措施：

1）检查水位表是否正确。

2）若是调节阀故障，应立即就地改副线控制。

3）若水位继续升高，应开大排污阀。

经上述处理后，锅筒水位继续升高，应采取下列措施：

1）立即停炉。

2）停止向锅炉上水。

3）加大排污量。

停炉后，利用锅筒水位表按下列程序查明水位：

1）缓慢开启放水旋塞，注意观察水位，水位表中有水位线下降，表明轻微满水。

2）若不见水位，关闭汽旋塞，打开水旋塞冲洗水连管。

3）缓慢关闭放水旋塞，注意观察水位，水位表中有水位线上升，表明轻微缺水。

4）如仍见不到水位，关闭放水旋塞，再开启放水旋塞，水位表中有水位线下降，表示严重满水，无水位线出现，则表示严重缺水。

52 锅筒水位表损坏的处理方法是什么?

当锅筒水位表损坏时，应立即停用已经损坏的水位表，关闭水阀及汽阀，开启放水阀。如果水位表只损坏一个，可用另一个锅筒水位表观察水位，同时立即修复损坏的水位表。如锅筒水位表全部损坏，则按停炉处理。

53 汽水共沸的危害是什么?

锅炉发生汽水共沸时，蒸汽必然大量带水。含盐分浓度较高的水滴带到过热器时，水被蒸发，大量盐结垢在进口处，使过热器管壁过热，严重时会发生爆管事故。

54 汽水共沸的常见现象及原因是什么?

汽水共沸的常见现象是：

1）蒸汽和炉水含盐量增大。

2）锅筒水位表水位发生急剧变化，并看不清水位。

3）过热蒸汽温度急剧下降，饱和蒸汽温度增大。

4）严重时，蒸汽管道发生水击现象。

汽水共沸的常见原因有：

1）炉水质量不符合标准，炉水碱度过大。

2）没有按规定进行排污。

55 汽水共沸的处理方法是什么？

汽水共沸的处理方法是：

1）适当降低锅炉蒸发量，并保持稳定。

2）全开连续排污阀。

3）维持锅筒水位略低于正常水位。

4）开启过热器及蒸汽管道疏水阀。

5）采样分析水质，设法改善。

6）在炉水质量未改善前，不允许增加锅炉负荷。

7）故障消除后应冲洗水位表。

56 过热管损坏的现象是什么？

过热管损坏的现象是：

1）蒸汽流量不正常地小于给水流量。

2）过热器后的烟气温度降低。

3）过热蒸汽温度发生变化。

4）过热器附近有异声。

57 水冲击时的现象及原因是什么？

水冲击时的现象：

1）给水管道水冲击时，给水压力表指示不稳。蒸汽管道水冲击时，过热蒸汽压力表指示不稳。

2）管道内有水击响声，严重时管道振动。

水冲击时的原因：

1）给水温度及给水压力剧烈变化。

2）给水管道充水时没有排尽空气。

3）给水上水过快，水温过高。

4）蒸汽管道排水未尽。

5）蒸汽带水。

58 锅炉腐蚀的原因是什么？如何防止？

锅炉腐蚀是对锅炉部件金属表面的侵蚀破坏，可以分为锅炉内腐蚀与锅炉外腐蚀两种。

锅炉外腐蚀指由于水滴落在锅炉外表面上，或者漏进保温层或耐火砖墙所覆盖的部位而引起的腐蚀过程。腐蚀也可能发生在火管或烟道上，这时的腐蚀主要是烟气中的水分和二氧化硫生成硫酸所引起的。

锅炉内腐蚀是给水中的酸、氧或其他气体，或者是电解作用造成的。

保持金属外表面及管子、烟道清洁干燥，可防止外腐蚀。对于省煤器来说，重要的是使烟气温度高于露点温度。采取适当的水处理和去除水中的可溶性气体，特别是 O_2，可防止内腐蚀。

59 锅炉安全阀定压规范是什么?

锅炉安全阀定压必须在热态进行。安全阀按结构一般分三类，弹簧式、重锤式、脉冲式。重锤式安全阀是利用重锤和杠杆来平衡作用在阀瓣上的力，弹簧式安全阀是利用安全阀内部压缩弹簧的力来平衡作用在阀瓣上的力，脉冲式安全阀由主阀和辅阀构成，利用辅阀的脉冲来带动主阀动作，从而使其压力达到平衡的效果。大型锅炉一般用脉冲式安全阀，中小型锅炉一般用重锤式安全阀。

安全阀分控制阀和工作阀。控制阀压力较工作阀压力低。当锅炉压力超过规定值时控制阀先动作，当压力继续升高时工作阀动作。原因：在保证安全前提下尽量减少安全阀排汽量。

压力设定：中压锅炉 1.06 倍工作压力。由于负荷波动较大，蒸汽实际压力较设计压力低，实际定压时一般采取设计压力的 1.06 倍。

60 余热锅炉安全阀定压步骤是什么?

余热锅炉安全阀定压步骤如下：

1）先定余热锅炉汽包上安全阀，最后定过热器出口安全阀。

2）预先算出重锤所在的大概位置，将升启压力较低的安全阀的压力暂时超过较高的升启压力。

3）定压过程中，认真记录安全阀升启压力及回座压力。

4）安全阀起跳压力允许误差不大于 0.1MPa(表)。起跳顺序为：从定压低到高的顺序，且所有安全阀排汽量之和大于连续蒸发量。

5）试跳合格后，保证安全阀严密不漏，并安装好铅封。

6）定压过程中，要注意穿戴好劳保用品，使用规定器具。

61 简述锅炉出口蒸汽温度的影响因素及调节方法。

1）锅炉出口蒸汽温度的影响因素：

① 炉膛温度升高。

② 锅炉液面突然降低，导致出口温度突然升高。

③ 锅炉液面无，导致出口温度急剧升高。

2）相应的调节方法：

① 联系制硫与尾气处理单元人员，查明炉膛温度升高的原因，稳定操作。

② 及时调整液面，控制液面在50%±10%。

③ 按紧急停工处理，禁止立即上水，以防锅炉爆炸。

62 正常生产中锅炉蒸汽压力温度的控制要求是什么？

中压锅炉设计压力一般为3.82MPa(表)，设计温度为400~460℃，一般控制值低于此值。

蒸汽压力由产汽量及外送汽量决定，当外送汽量大于产汽量时，蒸汽压力将降低，当外送汽量小于产汽量时，蒸汽压力将升高。

63 蒸汽质量控制的目的是什么？

控制蒸汽质量的目的是保护过热器及用汽设备。如蒸汽质量过差也会导致过热器管壁结垢影响设备换热，危及设备安全。蒸汽质量过差还可导致汽轮机结垢，危及设备及人身安全。

64 锅炉并汽原因及条件是什么？

锅炉并汽原因：为防止负荷骤变导致汽水共沸或液位变化。

锅炉并汽条件：蒸汽压力低于总管压力0.1~0.2MPa(表)，温度低于设计温度20~40℃时可以并汽。

65 蒸汽管线为什么要吹扫打靶？

为防止施工过程中产生的杂物对汽轮机等用汽设备的破坏，防止杂物对阀门密封面破坏及管线破坏等，需要对蒸汽管线进行吹扫打靶，吹扫打靶时蒸汽流速不低于设计蒸汽流速，靶片要光洁，安装要符合要求，通过靶片冲刷程度及孔径大小来判断吹扫打靶是否合格。

66 锅炉所产蒸汽质量控制指标及方法是什么？

锅炉所产蒸汽质量控制指标为：钠离子小于15μg/L，二氧化硅小于20μg/L。

蒸汽质量的控制方法为：

1）保持炉水水质稳定，炉水含盐量不能过高。

2）保持汽包液位稳定。

3）保持汽包内汽水分离设备的正常工作。

4）负荷维持在一定范围内，不要过高或过低。

67 锅炉为什么要定期排污、连续排污？

在各联箱、汽包处定期排污，可使锅炉受热更为均匀，排除水渣；在汽包液位线下高浓度炉水区间断排污，排浓水、调整水质。间断排污每天应进行一次，每次全开 30s 左右，连续排污根据水质情况进行。

68 锅炉开工前准备工作有哪些？

锅炉开工前准备工作主要有：

1）设备检查，要求各附件齐全、汽包内汽水分离系统完好。锅炉系统冲洗。

2）水压试验，检查，试压过程中检查采样管情况。按 1.25 倍工作压力进行试验。

3）烘炉。

4）封人孔，进行开工前准备。

5）将汽包水位放至开工水位（开工水位低于正常运行水位，一般为 20% 左右）。

6）打开过热汽、主蒸汽管道的疏水阀。投用各冷却水。

7）煮炉。

8）煮炉效果检查。

69 煮炉的原因及煮炉要求是什么？

新锅炉投用或老锅炉拆除移位等情况下均需煮炉，以清除锅炉在制造、运输、储存、安装过程中产生的铁锈、采取防锈措施所涂抹的防锈剂、管道内油垢等杂质。

煮炉所用药剂为 $NaOH+Na_3PO_4$，其加药量视情况确定，煮炉时间一般为 48~72h，煮炉合格条件为磷酸根、碱度不再降低。

70 余热锅炉煮炉应具备的主要条件是什么？

余热锅炉煮炉应具备的主要条件是：

1）主体设备安全附件及其他附属设备都已检查并符合运行条件。

2）水压试验合格。加药系统已具备投用条件。

3）除氧器正常投用，氧含量分析合格。

4）炉水和蒸汽取样分析仪器齐备。

5）氢氧化钠、磷酸三钠（按 1∶1）和水配成 20%溶液。

71 简述余热锅炉煮炉步骤。

1）余热锅炉液位尽可能控制在高水位，所发蒸汽通过放空阀放掉；在系统开始点炉升温前，将管程保护蒸汽打开，预热炉管，点炉升温时关掉。

2）严格按煮炉曲线进行（煮炉曲线与转化炉升温曲线同步）。

3）煮炉升压过程中的操作：

① 汽包有大量蒸汽冒出时可关小汽包和过热器放空阀。

② 当汽包压力指示为0.05~0.1MPa（表）时冲洗水位计。

③ 当压力升至0.1~0.15MPa（表）时须保持压力稳定，冲洗压力表弯管。

④ 当压力升至0.3~0.5MPa（表）时全面检查泄漏点并进行热紧，0.5MPa（表）下至少保压3h。

⑤ 压力升至1.0MPa（表）时冲洗取样器导管，且保压1h。

⑥ 压力升至2.0MPa（表）时定排一次，且保压1h后可考虑置换炉水。

⑦ 压力升至工作压力再次冲洗水位计，并考虑安全阀定压。

4）考虑到烘炉煮炉兼顾，煮炉升压曲线难以保证，可适当减慢烘炉升温速率和加长恒温时间，压力的调节也可以打开汽包和过热器放空阀。

5）碱煮过程中根据情况调整过热器放空阀开度，以便冷却过热器和控制压力。

6）煮炉过程中，余热锅炉排污频率为1次/（3~4）h，注意水位，严禁碱水进入过热器内，煮炉12h以后，每2h取样1次，碱煮期间碱度应保持在46.5mg/L以上，低时可加入药液。

7）炉水分析合格，煮炉完毕后通过定排放水，并同时进水，置换炉水，定排放水时至排放水目测为清水时停止。冲洗合格的标准：pH值>9，磷酸根离子含量在5~15mg/L以内时可以认为冲洗完毕。此时仍保持正常液位。

8）冲洗完毕可考虑在专业人员指导下继续升压进行安全阀定压，定压步骤如下：

① 定余热锅炉汽包上安全阀，最后定过热器出口安全阀。

② 预先算出重锤所在的大概位置，先将开启压力较低的安全阀暂时调到超过较高的开启压力。待开启压力较高的安全阀校验完毕，再校验开启压力较低的安全阀。

③ 定压过程中认真记录安全阀升启压力及回座压力。

④ 安全阀起跳压力允许误差不大于0.1MPa（表）。起跳顺序为：从定压低到高的顺序，且所有安全阀排汽量之和大于连续蒸发量。

⑤ 试跳合格后，安全阀严密不漏，安装好铅封。

⑥ 定压过程中要注意穿戴好劳保用品，使用规定器具。

⑦ 待定压结束、蒸汽品质合格后，蒸汽并网。

⑧ 烟气排外烟囱温度不大于150℃时可熄火焖炉，炉水温度降至70~80℃时，放水，放净。打开人孔、手孔等进行全面检查。

72 锅炉开工、运行、停工过程中应注意的重点事项是什么？

锅炉开工、运行、停工过程中应注意的重点事项是：

1）上水速度要控制，试压过程中升压速度要缓慢，超水压试验中检查要在降压后进行。

2）锅炉升温、升压过程要缓慢。

3）液位要控制平稳，否则蒸汽质量不会合格。

73 如何进行停炉保护？

锅炉停止运行期间，为了防止空气中的氧对锅炉造成氧腐蚀，需要采取保护措施，停炉保护的方法有湿法保护、干法保护两类。

湿法保护就是将汽包充满除氧水，维持汽包有一定压力[一般为0.3～0.5MPa(表)]，定期进行更换，适用短期停炉，不适用于冬季。

干法保护又包括蒸汽保护、氮气保护、干燥保护。蒸汽保护一般在冬季使用，由主蒸汽小旁路引过热蒸汽至汽包内，通过省煤器及中联箱排凝，维持汽包压力在0.15～0.2MPa(表)；干燥保护是在停炉后，当汽包内炉水温度为80℃时，放掉炉水，剩余炉水自蒸发后，用空气吹出炉残存水，在汽包内放入干燥剂，密封保存，定期检查；氮气保护是在停炉后，当汽包内炉水温度为80℃时，放掉炉水，剩余炉水自蒸发后，用空气吹出炉残存水，从锅炉上部充入氮气，由下部排出空气，关闭排气阀，维持汽包内氮气压力0.3～0.5MPa(表)。干法保护操作较麻烦，效果较好，适合于长时间停运锅炉。

74 紧急停炉及处理方法是什么？

当锅炉出现无法维持运行的严重缺陷，出现水高温受热区水管破裂、炉墙倒闭等现象，或者出现危及人身安全、重大设备安全及可能引起更多连锁事故时都需要进行紧急停炉处理。具体有如下几点：

1）锅炉汽压超过允许压力，经安全阀启动、加强给水到高水位等措施后压力仍然继续上升。

2）锅炉缺水，经采取关闭水位表上汽旋塞措施后仍看不到水位。

3）锅炉满水，水位超过锅筒水位表上部可见水位。

4）给水设备全部损坏。

5）不断加大锅炉给水量及采取其他措施，水位仍继续下降。

6）所有水位表及安全阀全部失效。

7）锅炉汽水管线爆破，危及设备及人身安全。

紧急停炉处理方法有两条，一是紧急停工；二是如不用紧急停工，迅速将锅炉切除。处理紧急停炉要注意保持锅炉液位、保证汽包不超压、过热器不超温，处理要果断。

75 硫黄回收余热锅炉操作条件及作用是什么？

硫黄回收余热锅炉操作条件：

1）进口温度：1365℃；出口温度：334℃。

2）出口压力：0.05MPa(表)；汽包产生蒸汽压力：4.4MPa(表)。

硫黄回收余热锅炉作用：

降低酸性气燃烧炉出口过程气的温度，同时回收高温过程气携带的热量，产生4.4MPa(表)饱和中压蒸汽。

76 中压蒸汽过热器与尾气处理余热锅炉操作条件及作用是什么？

中压蒸汽过热器与尾气处理余热锅炉操作条件：

1）进口温度：460℃；锅炉蒸汽出口温度：257℃。

2）出口压力：常压；汽包产生蒸汽压力：4.4MPa(表)。

3）过热蒸汽温度：417℃；过热蒸汽压力：4.4MPa(表)。

4）烟气排出温度：304℃。

中压蒸汽过热器与尾气处理余热锅炉作用：

中压蒸汽过热器将各余热锅炉产生的4.4MPa(表)饱和中压蒸汽过热到417℃。

尾气处理余热锅炉降低尾气焚烧炉出口过程气的温度，同时回收高温过程气携带的热量，产生4.4MPa(表)饱和中压蒸汽。

77 蒸汽发生器或锅炉给水为什么要用软化水和除氧水？

天然水中含有较多钙、镁等离子，它们在高温下会从水中结晶出来，沉积于受热面上形成坚硬的水垢，从而影响传热效果和使用寿命。而软化水和除氧水中只含有微量钙、镁等离子，所以蒸汽发生器或锅炉给水要用软化水和除氧水。

78 加热炉是如何分类的？

目前加热炉的分类在国内外均无统一的划分方法，习惯上最常用的有两种：一种是从炉子的外型上来分，如箱式炉、斜顶炉、圆筒炉、立式炉等；另一种是从工艺用途上来分，如常压炉、减压炉、催化炉、焦化炉、制氢炉、沥青炉等。

除以上划分之外还有按炉室数目分类的，如双室炉、三合一炉、多室炉等；按传热方法而分类的，如：纯辐射炉、纯对流炉、对流—辐射炉等；按受热方法不同而分类的，如：单面辐射炉及双面辐射炉等。

79 什么叫管式加热炉？其特性是什么？管式加热炉作用是什么？

管式加热炉是石油炼制、石油化工和化学、化纤工业中常用的工艺加热炉，它具有一些其他工业炉所没有的特点。它是用耐火材料包围燃烧室，利用燃料燃烧产生的热量将物质加热的一种设备。

特性：

1）被加热物质在管内流动，故仅限于加热气体或液体。

2）加热方式为直接受火式。

3）只烧液体或气体燃料。

4）长周期连续运转，不间断操作。

作用：加热炉是石化企业中的重要设备之一，它利用燃料在炉膛内燃烧时产生的高温火焰与烟气作为热源，来加热炉管中流动的油品，使其达到工艺规定的温度，以提供油品在进行分馏、裂解或反应等加工过程中所需要的热量。

80 管式加热炉一般由哪些部分组成？

管式加热炉一般由辐射室、对流室、余热回收系统、燃烧器及通风系统五部分组成。

81 目前常用的圆筒炉有什么优缺点？

目前，在我国石油化工厂用得最多的是圆筒炉，在加热炉总数中圆筒炉的数量约占65%，该炉的优缺点是：

1）优点：占地面积小；结构简单；设计、制造及施工安装均比较方便；炉子热负荷越小，采用该种炉型的优越性就越大，因此中小型炉子采用圆筒炉的较多。

2）缺点：不适用于热负荷大的加热炉；由于炉管是直立的，所以上下传热不均匀，辐射炉管的平均热强度比卧管立式炉小。

82 加热炉的大小是用什么指标来决定的？

加热炉的大小不是以直径和高度来决定的，而是以热负荷的大小来决定的。

83 加热炉的主要工艺指标是什么？

1）热负荷：它表示加热炉生产能力的大小。

2）炉膛温度：加热炉的炉膛温度不能太高，一般控制在800℃左右，但不是绝对的。炉膛温度高有利于辐射传热，但太高后会使炉管结焦和烧坏。此外，进入对流室的烟气温度也会过高，对流管易烧坏。因此，炉膛温度是确保加热炉长周期安全运转的一个重要指标。增加辐射管面积可以降低炉膛温度，但要求受热均匀适量。过多增加辐射管，处理量并不能与炉管成比例增加，反而会浪费钢材。

3）炉膛热强度(或叫体积热强度)：当炉膛尺寸确定后，多烧燃料就必然会提高炉膛热强度。相应地，炉膛温度也会提高，炉管的受热量也就增多。一般管式加热炉的炉膛热强度为：在烧油时应小于 $124kW/m^3$；在烧气时应小于 $165kW/m^3$。

4）炉管表面热强度：炉管表面热强度越高，在一定热负荷下，所需要的炉管就越少，炉子体积可减小，投资可以降低，所以要尽可能地提高炉管的表面热强度。但是，提高炉管的表面热强度也受到一定的限制，这是因为：

① 炉管热强度增加，管壁温度也会增加，靠近管壁处的油品就会因过热而裂解结焦，在结焦严重时，可能会引起炉管破裂。

② 在炉膛内，炉管各处受热是不均匀的，因为炉管面对火焰处直接受火焰辐射，而背对火焰处则只受炉墙的反射热，所以面对火焰处受热强度就比背对火焰处高；在管长方向，靠火焰近处比远处受辐射热要大；从全炉看，各根炉管离火焰的距离也不一样，炉管受的辐射热也不一样。为了保证高热强度处的炉管不结焦、不烧坏，只有合理地选用炉管热强度，使炉管各处的受热尽量达到均匀。

为了使辐射炉管表面热强度比较均匀，一般可以采用以下方法：

(a) 尽量采用双面受辐射的炉管。单排炉管双侧见火，要比单侧见火受热均匀得多；双排炉管双侧见火也要比单排炉管单侧见火受热均匀些。

(b) 在圆筒炉内为减少沿炉管长度而产生的受热不均匀，要选择合适的辐射室高径比，同时要选择合适的燃烧器，使燃烧器的火焰长度与炉管长度不能相差太大，例如辐射管长为 15m，选用火焰长度为 12~13m 的燃烧器，这样炉管上下受热趋向均匀。

(c) 在立式炉内，有的在炉子侧面采用多喷嘴；有的在两排喷嘴间加花墙；也有的在炉子上部加喷嘴，以上措施都是为了改善炉管受热均匀。

5）加热炉的热效率：热效率是衡量燃料消耗的指标，也是加热炉操作水平高低的指标之一。热效率越高说明燃料的有效利用率越高，燃料耗量就越低。

84 加热炉的工作原理是什么？

瓦斯或燃料油在炉内经过燃烧放出热量，在辐射室主要通过辐射，在对流室主要通过热烟气对流，把热量传递给炉管，炉管通过传导和对流的方式把热量传递给管内物料。

85 对流室各种物流对应炉管位置的安排原则是什么？

若对流室走单种物流，对流室烟气上行，则物流走向通常是上进下出，与烟气形成逆流传热。若是走多种物流，如冷原料、过热蒸汽、炉注水等同时进入对流室，原则是按物流初温安排，低温则安排在最上部，高温则安排在下部，以使传热的温差达到最大。但有时为了取得整个对流室综合最佳传热温差，往往将一股物流拆开成为两段，当中插入另一股物流的炉管，如过热蒸汽管经常被安置在对流室注水预热管排的中部。

86 加热炉的“三门一板”是指什么？

加热炉的“三门一板”是指油门(包括燃料气)、汽门、风门和烟道挡板。

87 什么叫挡板？

挡板是一种调节烟气或空气体积流量，改变阻力的部件。

88 什么叫自然通风加热炉？

利用烟囱的抽力吸入燃烧空气，并将烟气排出的加热炉称为自然通风加热炉。

89 什么叫强制通风加热炉？

燃料燃烧所需要的空气是用通风机送入，而烟气则通过烟囱抽力排出的加热炉称为强制通风加热炉。

90 什么叫抽力平衡加热炉？

用通风机送入空气，并用引风机排出烟气的加热炉称为抽力平衡加热炉。

91 加热炉安全附件有哪些？

加热炉安全附件包括压力表、温度测量仪表、液位计、安全阀、防爆门、报警装置等。

92 什么叫加热炉翅片管？

为了提高对流管烟气侧的传热系数，在对流管的外壁上焊接一定数量、一定规格的翅片，这种焊有翅片的炉管称为翅片管。

93 加热炉翅片管有什么作用？

加热炉的对流炉管采用翅片管，其主要作用是扩大加热面积，提高加热炉的热效率。

94 加热炉翅片管使用的条件是什么？

翅片管使用的条件是：烟气温度不得低于380℃；加热炉一般只能烧气。当烧重油时，翅片间距不能小于2片/25mm。烧污油或高黏度渣油的加热炉不能用翅片管。

95 看火门有什么作用？

看火门的作用是用来观察辐射室内燃烧器燃烧的火焰颜色、形状及长短；此外，还用来对炉管、弯头、拉钩、吊钩、热电偶、炉墙、炉顶衬里、炉底衬里、火盆砖等进行观察，检查在运行中是否有烧坏或变形等异常现象。

96 防爆门有什么作用？

加热炉在正常操作中是不会发生爆炸事故的。一般炉子爆炸事故大部分都是在开工点火期间发生的。在未点火前，由于燃料阀门关不严，或多次点火未点着，而使炉膛内存有可燃气体时，在点火时就容易发生爆炸。在这种情况下炉膛压力将防爆门推开，泄掉一部分炉内压力，以减轻炉子的损失。但是，有防爆门的炉子，并不能完全避免在炉内发生爆炸后炉体不受损失。国内某石油化工厂的加热炉曾发生炉内爆炸而严重损坏的事故。所以应严格执行操作规程，在点火前及时用蒸汽吹扫炉膛，在点火时如未点着也必须及时吹扫，这是防止炉内爆炸的最根本、最有效的防爆措施。另外，炉管在操作中爆裂，大量油品流入炉膛也会引起爆炸，所以定期检查炉管壁厚，并在操作中按时观察也是十分重要的。

97 什么叫对流传热？加热炉里主要发生在什么部位？

对流传热是由于流体部分质点发生相对位移，而引起的热量传递过程。因而对流传热只能发生在流体中。工业中遇到的对流传热一般是将热量由流体传至固体表面，由固体表面再以传导的方式传入周围的流体。在加热炉里，主要发生在对流室及空气预热器部位。

98 什么叫热辐射？在炉子里发生在什么部位？

任何温度大于绝对零度的物体，都会将它的热能不断地转换为辐射能向外发射，这种由于温度而发生的电磁波(光子)辐射称为热辐射。加热炉的热辐射主要发生在炉膛和靠近炉膛的对流室底部。

99 加热炉的辐射室和对流室各有什么作用？

(1) 加热炉的辐射室的作用

一是作燃烧室；二是将燃烧器喷出的火焰、高温烟气及炉墙的辐射传热通过炉管传给介质。这种炉子主要靠辐射室内的辐射传热；小部分靠对流室的对流传热，这只占整个传热的10%左右。

(2) 对流室的主要作用

在对流室内的高温烟气以对流的方式将热量传给炉管内的介质。在对流室内也有很小一部分烟气及炉墙的辐射传热。

如果一个加热炉只有辐射室而无对流室的话：则排烟温度很高，造成能源浪费，操作费用增加，经济效益降低。为此，在设计加热炉时，通常都要设置对流室，以便能充分回收烟气中的热量。

100 加热炉的热负荷是怎样分配的？以什么方式传热？

加热炉的热负荷或有效传热量，辐射室占全炉总热效率的70%～80%，而对流室占20%～30%，辐射室是传热的主要场所。

辐射室的传热方式以辐射传热为主，对流室的传热方式以对流传热为主。

101 加热炉由哪些部件组成？

加热炉由烟囱、烟道挡板、对流管、回弯头、防爆门(球)、辐射管、炉膛、壳体、炉墙、油气联合燃烧器、底座等组成。

102 加热炉是如何分成上、中、下三部分的？每部分各由哪些主要部件组成？

加热炉一般可分为上、中、下三部分，下部为辐射室，中部为对流室，上部为烟囱。

辐射室通常也称作炉膛，在炉膛内布置着辐射炉管，在炉膛的底部或侧部分布一定数量的燃烧器。

对流室在辐射室的上部，一般由对流管、空气预热器所组成。某些加热炉的对流室设有余热锅炉，往往由余热锅炉的过热器、蒸发器、省煤器所组成。

烟囱在对流室之上，由烟道挡板和烟囱组成。

103 什么叫燃烧器？由什么组成？

燃烧器又称火嘴，是使气体燃料或液体燃料进行良好燃烧的重要设备，是加热炉的一个重要零部件。

一个完整的燃烧器通常包括燃料喷嘴、配风器和燃烧道三个部分。

104 燃烧器大致可分为几种？

按所用燃料的不同，可以分为燃料油燃烧器、燃料气燃烧器和油-气联合燃烧器三类。

按供风方式的不同，可分为自然通风燃烧器和强制通风燃烧器两种，其中低风压强制通风燃烧器一般也称为鼓风式燃烧器。

按燃烧器的能量(发热量)，可分为小能量和大能量两种。

按燃烧的强化程度(可用容积热强度来衡量)，可分为普通燃烧器和高强度燃烧器两种。

105 选用燃烧器的一般原则是什么？

考虑到管式炉的燃料来源、工艺要求和炉型特点，选用燃烧器时应注意下列几点：

1）燃烧器应与燃料特点相适应。

2）燃烧器应满足管式炉的工艺需求。

3）燃烧器应与炉型配合。

4）燃烧器应满足节能和环保要求。

106 燃烧器如何点火更安全？

加热炉开工时或在运行过程中，曾发生炉子爆炸事故，轻者将炉子的部件损坏，重者将整台炉子炸毁。造成炉子爆炸的主要原因，是燃烧器点火时，燃烧器刚点着又熄火，或者燃烧器未点着而油或瓦斯已进入炉内，操作工未进行蒸汽吹扫，又接着点火，这样造成炉膛内瓦斯爆炸。炉子在运行过程中之所以发生爆炸是因为空气不足，瓦斯燃烧不完全。在炉膛烟气中，瓦斯达到一定的浓度后即会爆炸。

为了防止炉子发生爆炸事故，必须做到以下几点：

1）燃烧器在点火时未点着，但是油或瓦斯进入炉内，这时司炉工必须立即关闭油阀或瓦斯阀，然后往炉膛内吹蒸汽，待烟囱见汽后再重新点火。

2）燃烧器在点火时虽点着但又熄火，操作工应立即关闭油阀或瓦斯阀然后往炉膛内吹蒸汽，待烟囱见汽后再重新点火。

3）炉子在运行过程中如发现燃烧器空气不足，应立即查明原因，及时处理。首先检查控制空气进炉的蝶阀开度是否合适，如开度太小，应立即开大到合适的程度，使燃烧器的燃料能得到充分的燃烧。

107 加热炉常用的吹灰器有哪几种形式？各种吹灰器的优缺点是什么？

从吹灰方式来说，加热炉常用的吹灰器有两种：一种是固定旋转式吹灰器；另一种是可伸缩式吹灰器。前者又分为手动和电（或气）动。

1）固定旋转式吹灰器。固定旋转式吹灰器伸入炉内，吹灰时可利用手动装置使链轮回转，或开动风动马达使之旋转，在炉外装有阀门和传动机构。吹灰器的吹灰管穿过炉墙，设有防止空气漏入炉内的密封装置。这种吹灰器结构较简单，体积小、重量轻、制造比较简单、造价低。缺点是：吹管一直位于炉内，管子易烧坏或变形，蒸汽喷孔易堵塞，故不如伸缩式好用。一般适合使用在烟气温度低于600℃的部位。

2）可伸缩式吹灰器。可伸缩式吹灰器的特点是吹灰管可以伸缩，在吹灰时伸入炉内。吹灰管头部有喷口，边前进边旋转、边吹灰，吹灰完毕后又退出炉外，因此吹灰管不易烧坏变形。其缺点是：结构复杂、造价高，炉外需设置长的导轨和平台。它一般适合在烟气温度高于600℃的部位使用。

108 在什么情况下对流室必须装吹灰器？

当加热炉对流室的炉管为光管时，不装吹灰器。

当加热炉对流室的炉管为钉头管或超片管时，不管燃烧器是烧什么燃料的，对流室都必须装吹灰器。

109 空气预热器有哪几种类形式？

空气预热器按结构分为管式、板式和回转式三种。

按传热方式分为间壁换热式和蓄热换热式两种。管式和板式空气预热器属间壁换热式，它们是通过两个固定的隔离壁进行热量传递的；回转式空气预热器属蓄热换热式，它通过由转子带动旋转的蓄热面不断经过烟气侧和空气侧，利用蓄热面的吸热和放热将烟气热量传递给空气。

110 空气预热器的作用？

空气预热器的作用是利用烟气余热来加热空气，可降低排烟温度，提高炉效率，同时用热风进炉又可提高燃烧效率，强化传热效果。

111 加热炉系统有哪些安全防爆措施？

为确保加热炉安全运转，主要安全防爆措施有：

1）炉膛设有蒸汽吹扫线，供点火前吹扫炉膛内可燃物。

2）在对流室管箱里设有消防灭火蒸汽线，一旦弯头漏油或起火时起掩护或灭火之用。

3）在炉用瓦斯线上设阻火器以防止回火爆炸。

4）在燃气的炉膛内设长明灯，以防因仪表等故障断气后再进气时引起爆炸。

5）在炉体上根据炉膛容积大小，设有数量不等的防爆门，供炉膛突然升压时泄压用，以免炉体爆坏。

112 加热炉的三大设计参数指什么？

加热炉的三大设计参数是指加热炉的热负荷、热强度和热效率。

113 什么叫加热炉的热负荷？

1h内传给油料（或其他流体）作为加热、蒸发或反应所需的热量，即加热炉被有效利用的热量，即为炉子的热负荷(单位是kW)，热负荷的大小表示加热炉生产能力的大小。

114 什么叫加热炉有效热负荷？

加热炉炉管内各种物料升温、汽化、反应等所需要的总热量就叫加热炉有效热负荷。

115 什么叫炉管表面热强度？该指标有何意义？

单位面积(m^2)炉管在单位时间(h)内所传递的热量即为炉管表面热强度，其单位是W/m^2，按炉管在加热炉内所处部位不同，分为对流管热强度和辐射管热强度两种。

炉管表面热强度是表明炉管传热速率的一个重要工艺指标。在设计时，对于热负荷一定的加热炉，随着热强度的增大，可减少炉管用量，缩小炉体，节省钢材和投资。但炉管表面热强度过高，将引起炉管局部过热，从而导致炉管结焦、破裂等。根据不同工艺过程、物料生焦难易程度、油料在炉管内流速大小、炉型传热均匀程度及炉膛控制温度高低等因素，加热炉的允许热加强值可在较大范围内变化。

116 什么叫加热炉的热效率？

加热炉炉管内物料所吸收的热量占燃料燃烧所发出的热量及其他供热之和的百分数即为加热炉的热效率。它是表明燃料有效利用率的一个指标，是加热炉操作的一个主要工艺参数，通常以符号“η”表示。

热效率η随烟气排出温度的高低、过剩空气系数大小、炉体保温情况及燃料完全燃烧程度不同而不同，变化范围很大。在常用的过剩空气系数条件下，根据经验，一般排烟温度每降低17~20℃，则炉效率可提高1%，因此，采取冷进料或采用空气预热器等是降低排烟温度、提高炉效率的有效措施。过大的过剩空气系数同样也会严重地影响炉效率。排烟温度愈高，其影响也就愈大，在排烟温度为200~500℃时，过剩空气系数每下降0.1，可提高炉效率0.8%~1.9%，这就是人们强调的严格调节“风门、汽门(或油门)及挡板”，控制适量的过剩空气系数的原因所在。炉体散热量占燃料总发热量的2%~4%，在当前节能要求日趋提高的形势下，如何进一步适当加强炉子系统的隔热保温，也在普遍引起人们的重视。

117 加热炉的热效率如何计算？

加热炉的热效率η=(有效吸热量/总放热量)×100%

有效吸入热量即为炉子的热负荷；总放热量一般为燃料的发热量。当炉子的热负荷不变时热效率越高则燃料用量越少。

118 影响加热炉热效率的因素有哪些？

影响加热炉热效率主要有以下几个因素：

1）炉子排烟温度越高，热效率越低。

2）过剩空气系数越大，热效率越低。

3）化学不完全燃烧损失越大，即排烟中的 CO 及 H_2越多，热效率越低。

4）机械不完全燃烧损失越大，即排烟中的未烧尽炭粒子含量越多，热效率越低。

5）炉壁散热损失越大，热效率越低。

119 提高加热炉的热效率有哪些措施？

提高加热炉的热效率，主要有以下措施：

1）减少热损失：

① 加强管理、制订合理的操作规程。

② 控制“三门一板”，降低炉子的过剩空气系数。

③ 采用自控系统、计算机操作。

④ 采用氧化锆表控制辐射室的氧含量。

⑤ 减少炉壁散热损失。

2）利用对流室多吸收热量：

① 对流室采用钉头管或翅片管。

② 设置吹灰器。

③ 增加对流管或适当加长对流管。

④ 对流室内壁采用折流砖。

⑤ 纯辐射炉加对流室。

3）增设余热回收系统：

① 采用回转式空气预热器。

② 对流室采用冷进料。

③ 采用热管式空气预热器。

④ 采用循环式热载体预热空气。

⑤ 采用余热锅炉。

4）其他方法：

① 装设暖风器来预热燃烧空气。

② 采用强制送风或大能量高强度燃烧器。

③ 多烧炼油厂废气。

120 加热炉热损失有哪几种?

加热炉热损失有:

1)排烟热损失。

2)炉体散热损失。

3)化学不完全燃烧热损失。

121 炉壁散热对加热炉的热效率有什么影响?

要准确计算炉壁散热损失是比较困难的,为简单起见,一般不进行计算,只是假定一个2%~3%的定值。圆筒炉的炉壁散热一般假定为2%,如果有余热回收系统,不大于3%。

降低炉壁温度可以减少散热损失并保证安全,但提高了材料费用。因此,合理地确定炉子外壁温度,使两者有所兼顾是必要的。

122 加热炉出口温度稳定在一定范围,但炉子的热效率低是怎么回事?

对一个稳定操作的加热炉来说,一般为过剩空气系数过大的缘故。在完全燃烧的情况下,适当关小风门、烟道挡板开度。对流段积灰严重时,及时吹灰;加热炉炉体散热较多时,应加强炉体保温。

123 加热炉的负压是怎样产生的?为什么在负压下操作?

由于炉内烟气密度与空气密度差别并借助高大的烟囱而引起抽力,在此抽力的作用下,使炉内产生负压。负压大小对操作影响很大,负压过大,入炉空气量多,使烟气氧含量增加,降低了炉子的热效率,且炉管氧化加剧;负压过小,空气入炉量过小,导致燃烧不完全,也降低了炉子的热效率。因此,加热炉要在适当的负压下操作。

124 加热炉操作的原则及要求是什么?

1)多火嘴、短火焰、齐火苗、火焰不扑炉管,严防局部过热。

2)严格按照工艺指标控制炉出口温度,在操作上做到勤检查、细分析、稳调节。

3)根据炉子负荷及时调整火嘴数量及阀位开度,使瓦斯阀后压力大于0.07MPa,防止回火或自动联锁熄炉。

4)炉膛保持合适的负压,同时炉膛清晰明亮,火焰正常。

5)在烧油时冒黑烟、火焰无力,应适当开大雾化蒸汽,火焰忽大忽小,可开大油阀,或减少雾化蒸汽。

6）在烧瓦斯时火焰无力摆来摆去，颜色暗红，需增大烟道挡板或风门，若火焰过长，可适当增大风门或关小烟道挡板。

7）检查炉管、弯头箱是否变形，炉墙、管架、管钩的颜色是否基本一致，若有局部发红是局部过热的表现，及时调整操作。

125 加热炉的烟道挡板和风门开度大小对操作有何影响？

加热炉烟道挡板和风门开度大小影响炉膛内烟气的流量，影响炉内抽力大小。

开度大，抽力大，热量带走多，损失大，效率低，同时过剩空气量大，过多的空气进入炉膛，造成炉管氧化剥皮现象，缩短炉管使用寿命；挡板开度太小，燃烧不完全，炉膛内出现烟雾，甚至造成正压回火，风门开得过小，使入炉空气量减少，火焰软而散，燃烧不充分，烟气含一氧化碳多，燃料消耗大，炉子热效率低。因而，在实际操作中，加热炉的风门和烟道挡板要密切配合调节，保证一定的抽力，控制一定过剩空气系数，提高热效率，延长加热炉管的使用寿命。

126 在什么情况下调节烟道挡板及火嘴风门？

1）火焰燃烧不好，炉膛发暗，这样的情况下烟道挡板及风门开大点。

2）炉膛特别明亮，发白，烟道气温低，这说明过剩空气系数太大，热量从烟囱跑出，炉管易氧化剥皮，这种情况下烟道挡板及风门要关小些。

3）火焰扑炉膛、发飘，火焰燃烧不完全，发白、闪火、火焰冒火花，这样的情况要适当调节火嘴风门，刮大风时应适当将风门和烟道挡板关小些。

127 炉子为什么会出现正压？

1）在炉膛里充满一定浓度的油气情况下，一点火油气急剧膨胀，将会出现正压。

2）一般炉膛是负压，为$-40\sim-20$Pa，当燃烧不好，烟气不能及时排出时，则炉膛负压就渐渐地变为正压，使空气无法进入，燃烧无法正常进行。

3）炉子超负荷。

4）瓦斯带油或燃料油突然增大。

5）烟道挡板或风门开得太小造成抽力不够。

128 烟道气中氧气、一氧化碳的含量高是什么原因？

这种现象是不正常的，其主要原因是某些地方泄漏，漏入大量空气，使炉膛压力增大，火嘴供风量不足造成的。

129 烟气中一氧化碳含量过高怎么办?

对于燃烧完全的炉子，烟气中不应有一氧化碳存在，若在烟气分析中出现了一氧化碳，说明燃烧不完全，存在化学不完全燃烧损失，这主要是火嘴雾化不好，供风量不足所造成的。当炉膛发暗、火焰发红或者烟囱冒黑烟时，烟气中必有一氧化碳存在，必须调节“三门一板”，改善雾化条件，使火嘴达到完全燃烧。

当存在化学不完全燃烧时，烟气中就产生可燃气体，这些可燃气体大部分是 CO 和 H_2，还可能有少量的 CH_4。在未完全燃烧的烟气中，CO 与 H_2 有一定的比例关系，不可能只有其中一种可燃气体单独出现。若烟气中有 CO 存在就必定有 H_2 存在。所以，CO 和 H_2 都是影响热效率提高的不利因素。

一般 CO 含量小于 1%时，$CO/H_2=3.6$。

CO 含量大于 1%时，$CO/H_2=2$。

130 空气对加热炉操作有什么影响?

燃料进炉量一定，燃料燃烧所需要氧气量也是一定的。为了使燃料完全燃烧，一般总是让进炉的空气过剩一些，但空气量过大，大量冷空气进入炉内，会降低炉膛温度，影响传热。此外由于氧含量过剩会引起炉管氧化脱皮。进炉空气量过小，燃料因氧不足而燃烧不完全，火焰发红、发暗。进炉空气量是由风门和烟道挡板共同调节的。

131 加热炉过剩空气系数一般控制在多少?

自然通风型加热炉的过剩空气系数一般控制为 1.25；强制通风型加热炉过剩空气系数一般控制为 1.1~1.5。

132 测定烟气中氧含量的方法有几种?过剩空气系数如何确定?

测定烟气中的氧含量通常有两种方法：一种是将烟气抽出用奥氏气体分析器进行分析；另一种是利用氧化锆直接插入烟气中进行在线分析。

将烟气抽出分析时，因烟气中所含水分冷凝，基本为干烟气，而利用氧化锆在线分析时，因烟气中含有水蒸气，故氧在烟气中所占份额会不相同，因此在按烟气含氧量确定过剩空气系数时，应根据烟气分析方法的不同，分别按干烟气和湿烟气进行确定。

133 影响过剩空气系数的主要因素是什么?

1）燃料性质。

2）燃烧器的性能。

3）炉体密封性。

4）加热炉的测控水平。

134 如何控制加热炉的氧含量？

影响炉膛氧含量的因素有入炉的风量及燃料耗氧量，因此，在调整时注意控制好烟道挡板和风门的开度，调整好火嘴的燃烧情况。一般加热炉都设有在线的氧含量分析仪，操作中可以根据测定来调节。如果氧含量过高可适当降低入炉风量或关小烟道挡板，如果过低可以提高入炉风量、开大烟道挡板。但是无论怎样调节，都要注意炉膛负压和烟气温度的变化，避免造成其他参数的波动。

135 烟气中氧含量和一氧化碳含量都高，怎样处理？

这种现象出现是由于火嘴处供风不足、雾化不好、燃烧不完全而产生一氧化碳。而烟气中氧含量高是由于炉体的上部堵漏不好，而使空气漏入炉内。

必须首先解决燃烧问题，适当加大供风量，使火嘴得到完全燃烧。再就是要加强堵漏，减少不必要的空气漏入炉内。

136 什么样的加热炉需要烘炉？

凡是新建的加热炉，而且炉墙采用的是耐火砖，或者是轻质耐热混凝土衬里的均要进行烘炉；如果旧炉子的炉墙进行了大面积的修补，修补所用的材料仍是耐火砖或者是轻质耐热混凝土衬里的，也要进行烘炉。新建加热炉的全部炉墙或者旧炉子的炉墙，所用材料为陶纤毡的不必进行烘炉。

137 什么叫烘炉？其目的是什么？

新建加热炉投产前点火干燥炉体的过程叫烘炉，通常按规定的升温曲线进行。

烘炉的目的：

1）脱除耐火砖、耐火填料及耐火热混凝土内部的水分，以免在炉膛急剧升温时，因水分大量汽化膨胀而损坏炉体衬里。

2）使耐火胶泥得到充分烧结。

3）对燃料气系统、蒸汽系统、工艺管路设备及自控系统进行热负荷试运行。

4）考核加热炉全部燃烧器使用的效果。

5）考核炉体各部件在热状态下的性能。

138 加热炉烘炉中要注意哪些问题？

1）烘炉前要做好一切准备工作。

2）各炉管要通蒸汽保护。

3）在烘炉中要切换使用火嘴，看整套火嘴是否好用。

4）控制对流温度、辐射温度在规定温度内。

5）要严格按升温曲线升温，不能太快。

139 烘炉的炉管内通入什么介质？炉管出口温度不超过多少摄氏度？

在烘炉时炉管内通入蒸汽。炉管内蒸汽出口温度：10#、20#钢不超过400℃；Cr5Mo及Cr9Mo炉管不超过500℃。

140 烘炉时用哪个部位的热电偶来控制炉膛温度？

在烘炉时，用辐射出口部位的热电偶指示来控制炉膛温度。

141 烘炉前需要做好哪些工作？

加热炉在烘炉前，必须做好以下工作：

1）加热炉工程全部完毕并经检查验收合格。

2）安全设施、卫生条件达到要求。

142 炉子的点火操作一般要注意什么？如何避免回火伤人？

炉子的点火操作一般要注意：

1）烟道挡板必须安装正确，保持一定的开度，防止炉膛正压。

2）点火前向炉膛吹汽10~15min，直到烟囱冒汽为止。

3）用柴油给点火棒点火，点火时人必须靠上风口，站在一侧，面部勿对火嘴，防止回火伤人。

4）如火熄灭重新点火时，应立即关闭燃料气，向炉膛吹蒸汽3~5min后再重新点火。

5）点火后，待火嘴燃烧正常后方能离去。

点火发生回火，主要是瓦斯阀门不严，使瓦斯窜入炉内，或因一次点火不着再次点火前如炉膛吹扫不净，会造成炉膛爆炸回火。

加热炉点火回火的预防：

1）严禁燃料在点燃前大量进入炉内，瓦斯严禁带油。

2）搞清烟道挡板的实际位置，严防在调节烟道挡板时将挡板关死或关得太小。

3）不能超负荷运行，应使炉内始终保持负压操作。

4）加强设备管理，瓦斯阀门不严的要及时更换修理，回火器也要经常检查，如有失灵应及时更换。

5）开工点火前应注意检查瓦斯的阀门是否严密，每次点火前必须将炉膛内的可燃气体用蒸汽吹扫干净。

143 加热炉在点火之前需要做好哪些工作?

加热炉在点火之前，必须做好以下工作：

1）经过检修的炉管，必须检查是否合格，有无泄漏。

2）检查管板、吊钩、拉钩是否牢固；炉墙和衬里是否脱落，炉膛及烟道内部有无杂质。

3）检查烟道挡板、调节机构、吹灰器、压力表、热电偶、燃烧器调节风门、风道蝶阀等是否灵活好用。

4）防爆门、看火门是否灵活好用，密封是否好用。

5）检查灭火蒸汽管和其他消防设施是否好用。

6）对蒸汽管线、高低压瓦斯管线、伴热线等进行贯通试压无泄漏。

7）用蒸汽贯通检查每个燃烧器是否好用，火嘴的风门是否灵活。

8）将烟囱上的挡板开到1/3位置。

9）往炉膛内吹蒸汽5~10min，直到烟囱见汽为止，以便赶走炉膛内的易燃气体。

10）清扫炉区的杂物及易燃物。

11）准备好点火棒、火柴、柴油等用具。

144 简述燃烧器烧瓦斯时的点火步骤。

燃烧器烧瓦斯时的点火步骤：

1）控制瓦斯压力，瓦斯总压力控制在0.3~0.4MPa，如瓦斯压力低于0.2MPa，不能点火。炉子点火时先启动风机，控制好进炉风量。

2）点火前先用消防蒸汽向炉膛吹汽10~15min，至烟囱冒汽，待冒汽5min后方可引入瓦斯。

3）将电子点火棒给电后插入燃烧器的两个看火孔中的一个作为点火孔，固定好后，人离开炉底。

4）将电子点火棒一直给电，听见点火棒发出“啪啪”的电击声后，缓慢开启长明灯阀门，火点着后，关闭点火棒电源，取出点火棒，点另一只长明灯。

5）所有的长明灯点着后，根据加热炉情况，调整长明灯燃烧状况。

6）按工艺要求，点主火嘴，根据加热炉出口温度，决定主火嘴点燃个数。点主火嘴步骤是：缓慢开启主火嘴阀门，左右的两只手阀同时开启，防止火焰偏烧。主火嘴点燃后，调整火焰高度。当所有主火嘴点燃后，将火焰调整整齐，用控制阀控制火焰燃烧情况。

7）如点不着或点着后熄火，应立即关掉瓦斯，用蒸汽向炉膛吹扫15min，向炉膛吹汽后至烟囱冒汽，待冒汽5min后，方可引入瓦斯再点火。

8）火嘴点燃后，及时调节燃烧情况，保证各火嘴燃烧良好，火焰整齐，火焰保持不飘不散，不舔炉管，浅蓝清晰，明亮，短火嘴，齐火苗，且刚直有力，调整炉膛各点温度相差小于40℃。

9）为保持炉管受热均匀，点火位置应分配合理，应先点两头后点中间，两边对称，火苗不得过长直扑炉管。

10）升温过程中要加强炉子回弯头和火嘴燃烧状况的检查。

145 加热炉系统对燃料气有什么要求？

燃料气的硫含量要低且不能带水、带液态油等。硫化物燃烧生成硫化氢等物质，易腐蚀火嘴、炉管及污染大气。燃料气带水时，从火嘴盘喷口可发现有水喷出，加热炉各点温度，尤其是炉膛和炉出口温度急剧下降，火焰发红。带水过多时火焰熄灭，少量带水会出现缩火现象。

燃料气带液态油进入火嘴燃烧时，由于液态油燃烧不完全，导致烟囱冒黑烟，或液态油从火嘴处滴落炉底以至燃烧起火，或液态油在炉膛内突然猛烧产生炉管局部过热而损坏炉体。

146 瓦斯带油有什么现象？如何处理？

瓦斯带油现象：

烟囱冒黑烟，炉膛温度急剧上升，出口温度升高，火焰由蓝变红，严重时炉底着火。

瓦斯带油的处理：

1）带油少时，瓦斯罐加强切油。

2）带油多时应立即停烧瓦斯。

3）报告有关部门、车间协同处理。

147 燃料气分液罐的作用是什么？

燃料气分液罐是加热炉的专用容器，用于分离燃料气所携带的水滴或油滴，使火焰稳定，并将经过分液的燃料气送去火嘴，此外分液罐还有缓冲作用。

148 火墙温度的高低有什么意义？

对不同炉型及不同管内介质，所要求的火墙温度也是不同的。火墙温度越高，辐射管热强度越大，辐射室吸热越多。从另一点来看，火墙温度越高，炉管壁温越高，管内油品越容易结焦。

149 排烟温度过高的原因是什么？如何处理？

排烟温度过高的原因：

1）炉子超负荷运行，对流室积灰、结垢严重。

2）火嘴燃烧不好，火苗过长、烟道挡板开度过大造成。

排烟温度过高的处理措施：

1）加强吹灰。

2）调节好风门和挡板。

150 简述影响炉出口温度的因素及调节方法。

炉出口温度的影响因素：

1）燃料气压力变化。

2）瓦斯带油或水。

3）进料温度、进料性质变化。

4）火嘴结焦或火嘴自动熄火。

5）热电偶调节阀调节失灵。

6）热风温度变化及热风系统故障。

7）仪表有误或失灵。

8）人为调节不当造成调节阀前后压力波动。

9）烟道挡板通风门调节不当。

炉出口温度的调节：

1）控制瓦斯压力平稳。

2）瓦斯定期脱水。

3）调火时应少动、慢动、勤观察，避免火嘴互相影响。

4）进料量调节幅度不能太大。

5）联系仪表维保人员及时修理、校正。

151 回收烟气余热的途径有哪些？

回收烟气余热的途径是利用低温介质吸收烟气的热量，可以大幅度地提高加热炉效率，对节能有显著效果。

具体途径有以下几种：

1）充分利用对流室加热工艺介质。

2）预热炉用燃烧空气。

3）采用余热锅炉发生蒸汽。

152 燃料燃烧的热量是怎样传给管内油品的？

加热炉在运行时，燃料燃烧所产生的热量通过管壁传给管内油品，以供给油品升温汽化所吸收的热量。

在辐射室的燃烧器所喷出的火焰(包括发光火焰和不发光火焰)，对炉管起着辐射传热作用；而高温烟气在通向辐射室出口进入对流室时冲刷炉管，对炉管起着对流传热作用。炉管的管壁起着导热作用，把热量由炉管外壁传到内壁，再传到油品。

153 为什么要严格控制炉膛温度?

炉膛温度一旦过高，炉管要产生大量的氧化剥皮及蠕变，当超过炉管钢材屈服极限时，炉管寿命大大缩短，有时有破裂的危险。

154 炉膛负压过大，或出现正压怎么办?

炉膛负压过大的原因是烟道挡板开度太大，造成空气大量进入炉内。热效率降低，又易使炉管氧化剥皮而减少炉管寿命，应及时关小烟道挡板，使负压保持在-100~-10Pa 为好。

出现正压是烟道挡板开度太小，或挡板卡死，或炉子负荷大或强制通风过程中鼓风机、引风机未协调好而造成的。当挡板开度小时应立即开大，卡死应联系修理；若是引风机流量大，则应关小进口阀；若引风机入口阀开度小导致引风机流量太小，应开大引风机入口阀，调整炉膛在负压下运行。

155 造成加热炉回火的原因及现象是什么?怎样预防?

加热炉回火的原因：

1）燃料大量喷入炉内或瓦斯大量带油。

2）烟道挡板开度过小，降低了炉子抽力，使烟气排不出去。

3）炉子超负荷运行，烟气来不及排放。

4）开工时点火发生回火，主要是瓦斯阀门不严，使瓦斯窜入炉内，或因一次点火不着再次点火前如炉膛吹扫不净，造成炉膛爆炸回火。

加热炉回火的现象：炉膛内产生正压，防爆门顶开，火焰喷出炉膛，回火伤人或炉膛内发生爆炸而造成设备的损坏。

加热炉回火的预防：

1）严禁燃料在点燃前大量进入炉内，瓦斯严禁带油。

2）搞清烟道挡板的实际位置，严防在调节烟道挡板时将挡板关死或关得太小。

3）不能超负荷运行，应使炉内始终保持负压操作。

4）加强设备管理，瓦斯阀门不严的要及时更换修理，回火器也要经常检查，如有失灵应及时更换。

5）开工点火前应注意检查瓦斯的阀门是否严密，每次点火前必须将炉膛内的可燃气体用蒸汽吹扫干净。

156 简述炉管变形和火焰扑炉管的原因及相应的处理措施。

炉管变形和火焰扑炉管的原因：炉管变形主要是炉管局部过热或火焰扑炉管所造成的，应当调节火焰避免炉管过热，调整燃烧火嘴，对变形的炉管，检修时应更换。

炉管变形和火焰扑炉管的处理措施：应通过调节火嘴的位置，调节火焰长短来控制，一般情况下，靠近炉管的火嘴的火焰要短，距炉管远的火嘴的火焰可以长些。

157 如何考虑炉管壁厚的使用寿命？

炉管壁厚的使用寿命按以下情况考虑。

1）长期开工大于 8000h/a，按 10×10^4h 设计。

2）开工(6000~8000)h/a，按 8×10^4h 设计。

3）间隙开工，按(2~4)$\times10^4$h 设计。

158 加热炉烟囱的作用是什么？烟囱的高度如何计算？

空气流经火嘴，烟气通过辐射室、对流室、空气预热系统和挡板等对流体运动存在阻力。由于烟气比外界空气温度高，所以其密度比空气小，因此在炉子排烟处垂直向上竖一烟囱，它对空气和烟气都起着抽吸作用，使空气进入炉膛并使烟气克服沿程阻力，经烟囱排入大气。在自然通风条件下，空气即可借助烟囱抽力进入炉内供燃料燃烧之用。烟囱抽力的大小和烟气与外界空气温度之差以及烟囱的高度 H 有关。烟囱高度 H 可用下式近似计算：

$$H = \frac{\sum h}{\rho_{空} - \rho_{烟}} \times g$$

式中　$\sum h$——空气入炉和烟气流动沿程的全部阻力损失，N/m^2；

$\rho_{空}$、$\rho_{烟}$——分别为空气、烟气的密度，kg/m^3；

g——重力加速度，$9.8m/s^2$。

目前烟囱高度除需满足炉子抽力要求外，有时还为了使烟气中的有害组分，如 SO_2、NO 等，尽量在高空处扩散，以降低地面有害物的浓度，达到环保要求，所以将烟囱设计得很高，其具体高度是根据建厂的位置、气象条件、烟气排放量及有害气体的多少等因素计算确定的。

159 烟囱的抽力与哪些因素有关？

烟囱的抽力与烟囱的高度、烟囱内高温烟气的密度、温度及外界大气的密度、温度有关，用下面的公式来表示；

$$\Delta P=9.8H(\rho_{外}-\rho_{内})$$

式中 ΔP——烟囱的抽力，Pa；

H——烟囱的高度，m；

$\rho_{外}$——烟囱外部大气的密度，kg/m^3；

$\rho_{内}$——烟囱内部烟气的密度，kg/m^3。

由上式可看出，烟囱的抽力 ΔP 与烟囱的高度和气体的密度差成正比，烟囱越高，抽力越大；气体密度差越大，抽力也越大。

在标准状况(0℃和 1 个大气压)下空气的密度为 $1.293kg/m^3$，所以烟囱的抽力可以用绝对温度表示：

$$\Delta P=\frac{12.67}{H}\times\left(\frac{273}{T_{外}}-\frac{273}{T_{内}}\right)$$

式中 $T_{外}$——烟囱外部大气的绝对温度，K；

$T_{内}$——烟囱内部烟气的绝对温度，K；

H——烟囱的高度，m。

由上式中可看出，当烟囱高度一定时，烟囱内外气体温度差越大，则抽力越大。

由于工艺条件的限制，烟气温度变化不会很大。而大气温度则随季节气候而变化，夏季气温高，不利于烟囱抽力，冬季气温低，有利于烟囱的抽力。在设计烟囱时，烟囱的高度应按最保险的夏季来决定，在工艺条件不变时，夏季应将烟囱挡板开大些，冬季关小些。

160 如何减少烟囱密封挡板处的烟气泄漏？

对于下置式余热回收系统来说，如图 2-4 所示，炉顶烟囱需要设置一块密封挡板，由于机械设计的限制，此处不可避免存在一定的烟气泄漏问题。密封挡板处的烟气泄漏有可能是自下往上的，也可能是自上而下的，这取决于密封挡板两侧压力的大小，但都会造成热量的损失，从而降低了加热炉热效率。操作中可通过调节烟气引风机入口挡板开度或引风机电机转速及烟囱调节挡板开度来实现密封挡板两侧的压力基本相同，这样可达到最小的泄漏量，并保证辐射顶部负压在 -20Pa 左右。当 P_1 大于 P_2 时，烟气由下往上泄漏，造成加热炉排烟温度大于空气预热器烟气出口温度，此时应增大烟气引风机入口挡板开度或引风机电机转速，同时减小烟囱调节挡板开度。当 P_2 大于 P_1 时，烟气由上往下泄漏，造成空气预热器烟气入口温度大大低于对流室出口烟气温度，此时应减小烟气引风机入口挡板开度或引风机电机转速，同时增大烟囱调节挡板开度。

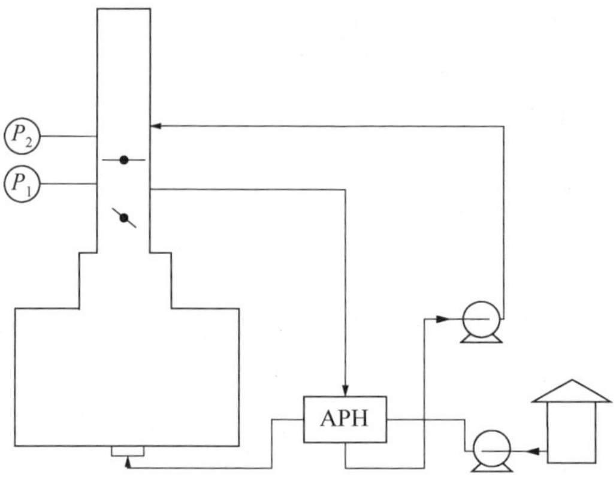

图 2-4　加热炉供风设置示意图

161 如何搞好烟囱的维护?

由于烟囱采用水泥筑造结构，烟气在烟囱内排放过程中，温度随着烟囱高度逐渐降低，同时排放焚烧后尾气中含有少量 H_2S 气体，因此如何防止烟囱露点腐蚀特别重要。尾气排放温度控制在(300±10)℃，通过调节尾气焚烧余热锅炉液位来间接控制。同时因烟囱下部内层有耐热衬里，当尾气温度较高的，常会把部分衬里烧落跌于烟囱底部，同时，尾气中还夹带大量炭粉、硫黄、硫化物等混合物，部分也会沉降于烟囱底部，时间一长，容易堵死烟道。因此，要定期打开烟囱底部人孔，清除烟囱积物，并应注意及时调整排烟温度，保证烟道排烟通畅。

162 加热炉的烟囱有什么作用?

加热炉的烟囱有两个作用：一是将烟气排入高空，减少地面的污染；二是当加热炉采用自然通风时，利用烟囱形成的抽力将外界空气吸入炉内供燃料燃烧使用。

163 加热炉的排烟温度是怎么确定的?

加热炉的排烟温度一般是根据入炉管内介质的温度来确定的。比如当介质进入炉子的温度是 250℃时，那么加热炉的排烟温度必须高于 250℃才能将热量传给被加热介质。炉子排烟温度越高、烟气与介质之间的温差越大，则加热炉对流管的尺寸和数量越省，但会降低加热炉的热效率。早期加热炉的排烟温度与入炉介质温度之间的温差大部分都在 100℃以上。随着节能降耗要求的提高，现在此温差不断缩小，特别是采用了钉头管或翅片管后，将该值缩小到 50℃。当加热炉使用余热回收系统时，确定最低排烟温度还应考虑低温腐蚀的限制。

164 加热炉在点火前或熄火后再点火时，要做哪些工作？

必须用蒸汽赶净炉内积存的可燃气体，不许用汽油作点火源。炉膛必须经测氧测爆，合格后方可点火。

165 什么叫回火和脱火？

当空气与瓦斯的混合气体从瓦斯喷头流出的速度低于火焰传播速度时，火焰回到燃烧器内部燃烧，这种现象叫作回火。回火有时会引起爆振或熄火，长时间也可能烧坏混合室或发生其他事故。

当空气与瓦斯的混合气体从瓦斯喷头流出的速度大于脱火极限时，瓦斯离开喷头一段距离才着火，这种现象叫作脱火。脱火使火焰燃烧不稳定以至熄火。

166 阻火器的原理是什么？阻火器按结构形式可分为哪几种？

对于阻火器阻火的两个机理是：一是基于传热作用，二是基于器壁效应。

传热作用：

阻火器是由许多细小通道或孔隙组成的，当火焰进入后就被分成许多细小的火焰流。由于通道的传热面积大，火焰流与阻火元件接触时热量被带走从而降低了温度，使火焰熄灭。

器壁效应：

当燃烧的可燃气通过阻火元件的狭窄通道时，由于通道减小，使自由基与通道壁的碰撞概率增大而参与燃烧反应的自由基减少，从而达到灭火的目的。

阻火器按结构形式分为金属网型、波纹型、平行板型、充填型等。

（1）金属网型阻火器

阻火器是用单层或多层不锈钢丝或铜丝网重叠起来组成的。金属网层越多，阻火性能越好，但是达到一定层数之后再增加层数，阻火效果并不显著。

（2）波纹型阻火器

阻火器内的阻火层常用不锈钢或铜镍合金压制成波纹状分层组装而成。波纹的作用是分隔成层并形成许多小的孔隙或形成许多小的三角形通道，更有利于阻止火焰。

（3）充填型阻火器

又称砾石阻火器，阻火器的阻火层由粒状材料堆积而成。充填料可采用沙粒、卵石、玻璃球或铁屑、铜屑等，充填料在壳体内上下分别用搁板和金属网作为支撑网架。

由于充填料的颗粒直径很小，颗粒之间便形成细小的孔隙，从而起到吸热和阻止火焰的作用。这种阻火器的效果比金属网型阻火器更好。例如金属网型阻火器阻止二硫化碳的火焰比较困难，而砾石阻火器的阻火效果就比较好。

充填料多选用砾石，其直径为3~4mm，在直径150mm的壳体内充填100mm厚的砾石层，可阻止各种溶剂的火焰蔓延，若用于阻止二硫化碳的火焰，其砾石层厚度要达200mm。一般来说，充填料颗粒直径越小，形成的间隙的截面也越小，充填层的高度可相应小些。

167 如何防止瓦斯燃烧器的回火？

要防止瓦斯燃烧器的回火，就必须使空气与瓦斯混合物的流出速度大于火焰扩散速度。在瓦斯供应充足的条件下，调节燃烧器的风门或风道上的蝶阀，可以使空气与瓦斯混合物的流出速度大于火焰扩散速度，这样就能达到防止回火的目的。

168 如何防止瓦斯燃烧器的脱火？

要防止瓦斯燃烧器脱火就必须避免气体混合物的出口流速过大，当发现脱火时，应减少瓦斯和空气送入量。

169 在瓦斯管线上安装阻火器的目的是什么？

在正常操作时，只要瓦斯管道内不混入空气而瓦斯又有一定压力时，火焰是不会回到瓦斯管道内去的，但在开、停工时，若瓦斯管道内存有空气，或在法兰松动及阀门失效时会有空气漏入管内，有可能引起火焰回到管内，并蔓延到整个管网及设备内而引起爆炸，因此，在瓦斯管网上必须装阻火器。在瓦斯管网上一般采用的是多层铜丝网或阻火器，由于铜丝网散热降温，使火焰不至于向另一侧蔓延。防止回火也可以采用水封式阻火器。

170 如何判断加热炉操作的好坏？

加热炉操作好坏，按照以下几方面来鉴别：

1）介质总出口温度在工艺指标范围内。

2）各路介质流量及温度必须均匀。

3）各路炉管受热均匀，管内不结焦。

4）燃料耗量低，热效率高。

5）炉膛温度在工艺指标范围内。

6）辐射室出口处负压在-40~-20Pa。

7）火焰的颜色为橘黄色，火焰成形稳定。

8）炉子烟囱不冒黑烟。

171 怎样以加热炉声音判断炉子烧的好坏？

1）加热炉的正常声音，响声一直均匀。

2）“轰隆”一声，一般都是熄火、停电、突然停汽。

3）有规则的来回轰声，是调节不当或燃料气压力变化造成的。

172 如何利用加热炉出口温度记录判断炉子操作的好坏？

加热炉温度控制标准为：炉出口温度应在工艺指标范围之内，分支出口偏差±1℃，炉膛温度各点偏差不大于30℃。

173 什么是局部过热？局部过热有什么危害？

当炉管出现剥皮、白点、斑点等现象时属于局部过热。

局部过热容易发生炉管破裂，油气大量外流，使炉膛发生爆炸。

174 炉管在破裂前常出现哪些现象？如何处理？

炉管在破裂前，一般会出现鼓泡或变形。

当炉管的颜色出现桃红色时，操作工要密切注意，如果情况恶化，则按正常停工处理。

175 加热炉炉管破裂如何处理？

1）加热炉立即熄火，关闭燃料阀，开大烟道挡板，关闭风门。

2）炉膛内吹入消防灭火蒸汽。

3）停止进料，尽可能将炉管内介质外排。

4）系统降压，情况严重时报火警。

176 在局部更换炉管时应注意哪些问题？

加热炉由于操作不稳，或在检修时检查不仔细，在生产操作中有时出现炉管突然变形甚至破裂的情况，因此就必须进行抢修。在抢修时，为了争取时间，一般只做简单的处理，采用局部更换炉管。在局部更换时应注意以下要求：将被烧坏的部分从两端割掉，中间更换新管。在焊接新管时，可以把旧管底部的导向管先切掉或者把炉管拉钩拆开，使整根炉管离开炉墙200~300mm，以便焊接。在焊好并经检查合格后，再将导向管焊上或者把炉管拉钩装上。以上方法适用于立管式的加热炉。

177 在更换整根炉管时应注意哪些问题？

在更换整根炉管时，首先从弯头处将管段割掉，加工好坡口，炉管从顶部弯头箱盖板处穿入，由现场施工人员根据具体情况而决定先对好下口还是先对好上口。上下口焊好后必须进行检查，合格后再把导向管和炉管拉钩装上。

178 炉管更换的标准是什么？

加热炉的炉管在使用一定时间之后，若发现有下列情况之一时，应更换：

1）炉管由于严重腐蚀、冲蚀或爆皮，管壁厚度小于计算允许值。

2）有鼓泡、裂纹或网状裂纹。

3）水平炉管相邻两支架间的弯曲度大于炉管外径的2倍。

4）炉管外径大于原来外径的4%~5%。

5）胀口在使用中反复多次胀接，超过规定胀大值。

6）胀口腐蚀、脱落，胀口露头低于2~3mm时。

179 烟囱冒黑烟的原因及处理办法是什么？

1）烟囱冒黑烟的原因：

① 炉管烧穿。

② 仪表失灵，燃料气控制阀全开。

③ 瓦斯带油。

④ 烟道挡板、次风门及蝶阀开度不合适，造成缺空气，使燃料燃烧不完全。

⑤ 炉进料量突然增加。

2）烟囱冒黑烟的处理方法：

① 炉管烧穿，如果严重，则按正常停工处理；如严重烧穿，则按紧急停工处理。

② 仪表控制失灵应立即改为手动控制。

③ 如果瓦斯带油，应及时与有关单位联系处理。

④ 根据燃烧的情况，调节烟道挡板、风门及蝶阀的开度。

⑤ 提降量要缓慢。

180 炉膛温度不均匀如何解决？

1）保证各路进料量一致。

2）各路的燃烧器个数应该一致。

3）要调节好各路燃烧器火焰。

4）经常检查校验各路热电偶指示是否正确。

181 加热炉停工后需要检查哪些项目？

1）做好加热炉的检查维修，特别是引风机、烟道挡板、吹灰器等附件的检查维修。

2）停工检修时应对全部氧含量分析仪、热电偶和负压表进行校验。加热炉的对流室如果有钉头管或翅片管，应检查它们的积灰情况，如积灰严重应进行蒸汽吹扫或水冲洗。

3）检查燃烧器、炉管、配件、炉墙、衬里等是否完好，如有问题应及时处理。

182 陶瓷纤维是一种什么材料？基本性能有哪些？

陶瓷纤维简称陶纤毡，它是一种利用耐高温的耐火材料（如焦宝石）经电弧熔融后，用压缩空气喷吹而成的纤维状物质，又称为陶纤棉。利用陶纤棉，可以制成各种陶纤制品。

陶纤毡按其所用黏合剂的不同分为陶纤硬毡（黏合剂为磷酸铝）、陶纤软毡（黏合剂为乳胶、聚合铝、水玻璃、甲基纤维素、乳胶-磷酸铝复合黏合剂）和陶纤湿毡（黏合剂为硅溶胶）三种。根据陶纤毡的性能及加热炉的温度，炉壁热面层可以采用硬毡。

陶纤制品的尺寸为600mm×400mm×20（10）mm。

陶纤毡的基本性能如下：

1）使用温度较高，可以到1000℃。

2）陶纤毡的密度在200kg/m^{3}以下（一般为160kg/m^3），仅为轻质耐热衬里的1/7～1/6。

3）热容量仅为轻质耐热衬里和轻质黏土质耐火砖的1/9。

4）陶纤在高温下体积稳定，残存收缩率很小，不需留收缩或膨胀缝，施工方便。

5）导热系数小。在热面温度600℃（平均温度366℃）时导热系数为0.078W/(m·K)；900℃（平均温度为551℃）时为0.096W/(m·K)；1100℃（平均温度为678℃）时为0.125W/(m·K)，约为轻质黏土质耐火砖的1/8，为轻质耐热衬里的1/10。

6）隔声效果好。陶纤覆盖层能降低频率小于1000Hz的高频噪声，也能吸收一些低频噪声。

7）具有一定的拉伸强度。

8）化学稳定性好。

9）弹性较好（常温弹性78%），易于运输和安装。

10）具有较好的抗气流冲刷性能，能受住30～50m/s的气流冲刷。

183 陶纤毡在使用时应注意哪些问题？

1）严禁将陶纤毡露天存放。

2）陶纤毡不能受潮和雨淋。

3）严禁在陶纤毡上踩踏。

4）陶纤毡在使用时，随用随开箱，轻取轻放。

5）陶纤毡在施工时，严禁在炉墙上大面积涂刷高温黏合剂，应根据毡的大小，贴一块刷一块。

184 陶纤毡使用的最高温度是多少？

国内目前生产的陶纤毡，长期使用的最高温度可以达到1000℃。

185 加热炉的炉墙外壁温度一般要求不超过多少？

为了减少加热炉辐射室及对流室的炉壁散热损失，要求加热炉的炉墙外壁温度不超过80℃。

186 从加热炉的烟囱排出的烟道气由哪些气体组成？

烟道气的组成有二氧化碳、水蒸气、二氧化硫、氧、氮以及在燃烧不完全时产生的一氧化碳和氢。

187 从加热炉烟囱排出的烟道气为什么还有大量的氮和氧？

烟道气有大量的氮和氧：氮是由燃烧所需的空气带进去的，它不参加反应，氧是过剩空气带进去的。

188 加热炉正常操作时，检查和维护内容有哪些？

1）检查炉子火嘴燃烧情况以及火焰、炉膛、炉管颜色是否正常。

2）检查炉子各点温度是否平稳，是否在指标内。

3）检查瓦斯罐脱油、脱水情况。

4）检查瓦斯罐压力以及炉用瓦斯阀后压力是否平稳。

5）检查仪表指示是否准确，控制阀是否灵活好用。

6）检查炉子及各部件、配件是否完好。

7）做好炉子、燃料罐、管线阀门等设备的维护、保养工作，搞好平稳操作，及时准确填写操作记录和交接班日志，搞好卫生。

189 测量烟道气温度和烟道压力有什么作用？

测量烟道气温度和烟道压力的作用：

1）能知道烟气带走热量的多少，为节约燃料、减少热损失、防止炉管氧化脱皮提供依据。

2）能知道火焰燃烧情况，是否有二次燃烧。

3）能预知炉管是否结焦和对流室结灰情况。

190 如何控制炉出口温度？

控制炉出口温度方法：

1）保证燃料油、瓦斯及蒸汽压力平稳。

2）稳定进料量和进料温度。

3）高压瓦斯罐、低压瓦斯罐应定期切液。

4）调节火焰时要“小调慢调多观察”，避免火焰之间互相干扰，保证火焰正常燃烧，炉内受热均匀。

5）控制好仪表的参数，调节要勤，变动时，调节及时准确无误。

6）下雷雨时要注意操作上各种因素的变化，及时调节。

191 进料量及进料温度变化时对炉子的操作有什么影响？

正常生产情况下，进料量突然增大，出口温度立即下降；进料量变小，出口温度上升；进料温度上升，出口温度上升；进料温度下降，出口温度下降（进料量及进料温度变化直接影响炉子的炉膛温度和出口温度）。

192 瓦斯切水不净会产生什么现象？

瓦斯切水不净会产生缩火、回火、闪火，加热炉各点温度尤其是炉膛和出口温度会急剧下降，火焰发红，带水过多容易造成火焰熄灭。

193 瓦斯为什么不能带油？如何防止瓦斯带油？

瓦斯带油直接影响到炉膛温度和出口温度，严重时炉子大量冒烟，炉子产生正压回火，炉底漏油着火。

防止瓦斯带油：瓦斯罐要勤检查液位、定期切水，瓦斯罐加热伴管给上蒸汽。

194 对流室压降太大怎样处理？

对流室压降太大主要是对流管积灰严重造成的，应及时吹灰，对没有吹灰措施的加热炉，可以用临时蒸汽管送入对流室吹灰，减少对流室的压降。

195 炉子壁温超高的原因及处理方法是什么？

由于烟道挡板开度太小，炉膛负压值偏低，进而造成壁温超高，必须通过调节“三门一板”维持炉膛负压在 2~4mmH_2O。

由于炉体保温不好引起壁温超温，在检修时应对炉体重新保温或在砖缝、膨胀处塞耐火陶瓷纤维，使炉壁温度降到 40℃以下。

196 加热炉冒烟反映出操作上有什么问题？

炉子冒小股烟，烧油时是蒸汽量不足，雾化不好，燃烧不完全或是个别火嘴油汽比例不当。

大量冒黑烟是油量太大，仪表失灵或蒸汽压力下降，或是炉管烧穿引起的。

冒黄色烟是操作不当，时而熄火，燃烧不完全引起的。

冒灰色烟是瓦斯带油或突然增大引起的。

197 火焰发白、硬、闪火、火焰跳动，都是什么原因？

火焰发白、硬的原因是蒸汽量太大和空气量大。

闪火、火焰跳动的原因：

1）油气阀开度过大。

2）燃料压力有规则地急剧变化。

198 炉膛内颜色过于暗，并且烟很多，如何调节？

在观察炉膛颜色时，很暗，说明燃烧不充分；烟很多，说明烟囱抽力太小和炉内空气量小。此时应适当开大风门或烟道挡板。

199 加热炉烟囱冒烟是什么原因？如何处理？

加热炉烟囱冒烟的原因：

1）加热炉炉管烧穿。

2）加热炉进料量突然增加。

3）加热炉抽力小，过剩空气不足。

4）燃料油压力突然上升，油汽比例失调，燃烧不完全。

5）燃料油性质发生变化，如黏度增高、雾化不好。

6）雾化蒸汽压力下降或中断。

加热炉烟囱冒烟的处理：

1）炉管烧穿，按炉管破裂处理。

2）进料量突然增加，联系操作员调整操作，使流量稳定。

3）过剩空气系数不足，开大风门或烟道挡板，增大过剩空气系数。

4）燃料油压力上升，如果是仪表问题，则将仪表由自动改为手动控制。

5）燃料油性质变化，则适当调整油汽比例，使雾化正常，并提高燃料油温度。

6）雾化蒸汽压力下降或中断，加热炉改烧外来瓦斯或拔头油、戊烷油、液化气。

200 瓦斯火嘴点不着的原因及处理方法是怎样的？

瓦斯火嘴点不着的原因：

1）抽力太大。

2）瓦斯含氮气太多。

瓦斯火嘴点不着的处理方法：

1）关小烟道挡板及风门。

2）置换不燃气，提高瓦斯浓度。

201 低温露点腐蚀是什么意思？它与哪些因素有关？

燃料在燃烧时，其中的氢（H_2）和氧（O_2）化合生成水蒸气（H_2O），而燃烧器大部分又采用蒸汽雾化，因而使炉子中的烟气带有大量的水蒸气。另外燃料中的硫（S）在燃烧后生成二氧化硫（SO_2），其中少量的 SO_2 进一步又氧化成三氧化硫（SO_3），三氧化硫与烟气中的水蒸气结合生成硫酸（H_2SO_4）。含有硫酸蒸气的烟气露点大为升高，当受热面的壁温低于露点时，含有硫酸的蒸气就会在受热面上凝结成含有硫酸的液体，对受热面产生严重腐蚀。因为它是在温度较低的受热面上发生的腐蚀，故称为低温腐蚀。由于只有在受热面上结露后才发生这种腐蚀，所以又称露点腐蚀。

露点温度的高低除与燃料中的含硫量有关外，还与过剩空气系数和三氧化硫的生成量等因素有关。炉膛温度越高过剩空气越少，则燃烧中的硫生成的 SO_2 被氧化成 SO_3 的份额就越小，露点温度就越低。一般资料上提供的露点温度与燃料含硫量的关系并不完全相同就是这个原因。有条件时，在现场最好利用露点温度计进行实际测定。

在操作过程中，如果受热面与烟灰接触面的壁温低于露点，除产生腐蚀外，还会使烟灰附着在受热面上，这种黏性积灰很难用一般吹灰的方法除去。由于积灰的存在，不但影响了传热效果，增加了烟气侧的流动阻力，还会加剧腐蚀，严重时金属腐蚀物和积灰还会堵塞通路。因此，在烧含硫燃料时，采取措施使与烟气接触的金属温度高于露点腐蚀温度是十分重要的。

另外影响腐蚀速度的因素有硫酸的浓度和壁温。浓硫酸对钢材的腐蚀速率很低，而当浓度为50%左右时，硫酸对碳钢的腐蚀速率最大。对壁温来说，温度高时，化学反应速率较快，腐蚀速率加快。所以各低温部位由于硫酸浓度和壁温不同，腐蚀速率是有差别的。

减少低温露点腐蚀，最重要的是使管壁或加热元件的壁温高于露点，或采用耐腐蚀材料。提高壁温可以通过提高管外或管内的介质温度来达到，例如低温油进料的入炉温度应在100℃以上，空气预热器应采用热风循环，或利用其他介质将入口空气温度提高到60℃以上，另外减少过剩空气，低温部位采用可拆卸式结构等也是经常采用的有效措施。

202 防止和减轻加热炉低温露点腐蚀有哪些措施?

由于低温露点腐蚀已成为进一步降低加热炉排烟温度和提高热效率的主要障碍，所以，防止和减轻低温露点腐蚀已成为人们普遍关心的问题。目前，通常采取以下几种措施：

1）提高空气预热器入口的空气温度或在设计中控制换热面的壁温。

2）采用耐腐蚀的材料。

3）采用低氧燃烧，控制燃烧过剩空气量，减少 SO_3的生成量。

4）使用低硫燃料，降低烟气露点温度，减少低温腐蚀。

203 操作中加热炉的过剩空气控制应遵循哪些原则?

在加热炉中，燃料不可能在理论空气量下完全燃烧，总是要在有一定过剩空气量的条件下才能完全燃烧。燃烧所用实际空气量与理论空气量之比称为过剩空气系数 α。一般加热炉正常的过剩空气系数在烧气时 α 为 1. 05~1. 15，烧油时 α 为 1. 15~1. 25。在实际操作中，如果过剩空气量增加，排烟时大量的过剩空气将携带热量排入大气，使热效率降低。因此，降低过剩空气系数可以有效地减少排烟损失，提高热效率。

降低过剩空气系数，首先是要选用性能良好的燃烧器，保证在较低的过剩空气系数下完全燃烧；其次是在操作过程中管好“三门一板”(风门、气门、油门和烟道挡板)，确保管式炉在合理的过剩空气系数下运转，既不让过剩空气量太大，也不因过剩空气不够而出现不完全燃烧；最后是应做好管式炉的堵漏，因为炼油管式炉几乎都是负压操作的，如果看火门、人孔门、弯头箱门等关闭不严或炉墙有泄漏之处，从这些地方漏入炉内的空气一般都不参与燃烧而白白带走热量。

204 如何减少加热炉的不完全燃烧损失?

在排烟损失中，除了物理热损失之外，还有不完全燃烧造成的化学热损失。不完全燃烧除造成热损失、降低热效率外，还会造成大气污染。机械不完全燃烧产生的炭粒还会造成对流室炉管表面积灰，影响传热效果。减少不完全燃烧损失的措施首先是选用性能良好的燃烧器，并及时和定期维护，使燃烧器长期保持在良好状态下运行，以保证在正常操作范围内能完全燃烧。其次是在操作中精心调节“三门一板”，以保证过剩空气量既不太多，也不太少。

205 加热炉试压过程中有哪些要求?

加热炉试压主要是检验炉管的质量以及各密封面的强度。试压的介质一般为新鲜水，试压过程中要逐步提高压力，每次提压后要维持 5min。对弯头、法兰垫片、焊口全面检查，没有问题后方可继续升压。当达到试压标准后必须维持 10~15min，压力基本不降方为合格。

206 刮大风或阴天下雨加热炉应如何操作?

如风小对加热炉操作影响不大，但风大时，必须适当关小烟道挡板和风门，以免因风大形成抽力过大，使加热炉熄火影响操作。阴天下雨时气压低，烟囱抽力受影响，必须适当开大烟道挡板，增加烟囱抽力，才能保证操作正常。

第三章　设备基础及操作知识

第一节　转动设备基础及操作知识

1　流体输送指的是什么？

在生产实践中，大多数情况需要流体从能量低处流向能量高处，在这种情况下，流体不能按指定方向流动，需要用液体输送机械向它提供一定的能量。这种由液体输送机械向液体提供能量，使之能按指定方向流动的过程称为流体输送。

2　流体流动的机械能的三种形式是什么？

1）位能。

2）动能。

3）静压能。

3　什么叫泵？

泵是用来输送液体并直接给液体增加压力能的一种机械设备。

4　泵能给液体提供哪些能量？

泵能给液体提供静扬程和动扬程。

5　泵是怎样分类的？

按泵作用于液体的原理：可分为容积泵、离心泵、叶片泵、喷射泵等。容积泵利用泵的工作室容积的周期性变化输送液体，分为往复式泵（活塞泵、柱塞泵、隔膜泵等）和转子泵（齿轮泵和螺杆泵等）。叶片泵是依靠叶轮的旋转来输送液体的泵，又因泵内叶片结构形式不同分为离心泵、轴流泵和旋涡泵等。喷射泵是依靠工作液体的能量来输送另一种液体的泵，例如喷射泵、扬水器等。

按输送介质：可分为水泵、油泵、酸泵、碱泵。

按轴的安装位置：可分为立式泵、卧式泵。

按叶轮级数：可分为单级泵、双级泵、多级泵。

按输送介质的温度：可分为冷介质泵、热介质泵。

按叶轮进料方式：可分为单吸式泵、双吸式泵。

按泵壳接缝形式：可分为水平中开式泵、垂直分段式泵。

泵也常按泵的用途而命名，如：水泵、油泵、氨泵、液态烃泵、泥浆泵、耐腐蚀泵、冷凝液泵等。

6 什么叫离心泵？简述其工作原理。

离心泵是叶片泵的一种，它主要是靠一个或数个叶轮旋转产生的离心力输送液体，所以叫离心泵。

离心泵在工作前，吸入管路和泵内首先要充满所输送的液体，当电机带动叶轮旋转时，叶片拨动叶轮内的液体旋转，使液体产生离心力，液体获得能量，从叶轮内甩出。叶轮内甩出来的液体经过泵壳流道扩散管再从排出管排出。与此同时，叶轮内产生真空，使液体被吸入叶轮中。因为叶轮是连续而均匀地旋转的，所以液体连续而均匀地被甩出和吸入。

离心力的大小与物体的质量、旋转叶轮的半径、旋转速度有关，写成公式即：

$$F=\frac{m\omega^2}{R}$$

式中 F——离心力，N；

m——物体质量，kg；

R——叶轮半径，m；

ω——旋转速度，m/s。

离心力越大，液体获得能量也越大，扬程也越高。

7 离心泵主要由哪些部件组成？

离心泵主要由叶轮、轴、泵体、密封组件、轴承、轴封装置、平衡装置及冷却系统、联轴器、轴承箱等组成。

8 离心泵的结构是怎样的？

离心泵的基本部件是高速旋转的叶轮和固定的蜗牛形泵壳。通常离心泵都具有若干个(通常为 4~12 个)后弯叶片的叶轮紧固于泵轴上，并随泵轴由电机驱动作高速旋转，泵和电机安装在泵底座上，如图 3-1 所示。

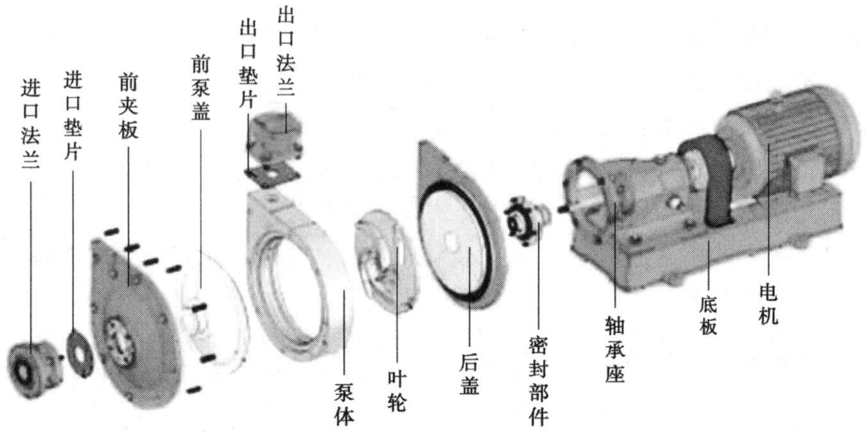

图 3-1　泵结构拆解图

9 离心泵有哪些主要性能参数?

离心泵的主要性能参数有流量、扬程、功率和效率四项。

扬程:泵加给每公斤液体的能量称为扬程,或压头,亦即液体进泵前与出泵后的压头差,用符号 H_e 表示,其单位为所输送液体的液柱高度,m 液柱,简写为 m。

离心泵所产生的扬程可以进行理论计算,此计算值称为理论压头,离心泵实际所产生的压力比理论值低,因为泵内有各种损失,而离心泵实际所产生的扬程通常都是实验测定的。

流量:泵的流量是指泵在单位时间内排出的液体体积,用符号 Q 表示,单位是 m^3/h。

功率和效率:单位时间内液体经泵之后,实际得到的功率称为有效功率,用符号 N_e 表示。

$$N_e = \frac{H_e Q_e \rho}{102}$$

式中　N_e——泵的有效功率,kW;

H_e——泵的扬程,m;

Q_e——输送温度下泵的流量,m^3/h;

ρ——输送温度下液体的密度,kg/m^3。

泵从电机得到的实际功率称为轴功率($N_{轴}$)。泵的有效功率比轴功率小,两者之比 $\eta = \frac{N_e}{N_{轴}}$ 称为泵的总效率。

10 什么是泵的功率？

功率是工作机在单位时间内所做功的大小，常用符号 N 表示，单位为 kW。

11 什么叫泵的扬程？

泵的扬程又叫泵压头，是指泵对单位质量液体所能提供的能量(对单位质量的液体通过泵以后其能量的增加值)，扬程与泵的叶轮结构、大小和转速有关，单位为 m。

12 什么叫泵的流量？

流量是指单位时间内泵向管路内输送液体的流量，它表明了泵输送液体的能力，它与泵叶轮的大小、转速有关，其单位是 m^3/h、m^3/s 或 L/s。

流量可分为质量流量和体积流量两种，质量流量是指单位时间内所通过的流体的质量，单位为 kg/s 或 t/h。体积流量是指单位时间内所通过流体体积，单位为 L/min 或 Nm^3/h。

13 什么叫泵的流速？

泵的流速是指在单位时间内液体所通过的距离，常用代号 V 表示，单位为 m/s。

流体沿管流动时，由于流体和管壁之间有摩擦力，所以管内的有效截面上的液体质点在各点的流速并不相同。在有效横断面上，液体质点的流速随其位置而变化，和管壁相接触的液体质点的速度等于零，越靠近管子中心处，流速越大，而沿着管子中心流动的液体质点其速度最大。平常所指的液体在管内的流速仅仅是平均流速，在此速度下，液体流过管子的有效横断面时，可以得到在实际速度时同样的流体流过同一有效横断面时的流量，流体的平均流速可用下式求得：

$$V=Q/S$$

式中 V——流体平均流速，m/s；

Q——流体体积流量，$m^3/$；

S——管道有效截面积，m^2。

14 什么是泵的允许吸上真空度 H_s？

泵的允许吸上真空度就是指泵的入口处的真空允许数值。为什么要规定这个数值呢？这是因为泵入口的真空度过高时(也就是绝对压力过低时)，泵入口的液体就会汽化，产生汽蚀。汽蚀对泵危害很大，应力求避免。

泵入口的真空度是下面三个原因造成的：

1）泵产生了一个吸上高度 H_g；

2）克服吸入管水力损失 h_w；

3）在泵入口造成适当流速 V_s。

用公式表示就是：

$$H_s = H_g + h_W + \frac{V_s^2}{2g}$$

三个因素中，吸上高度 H_g 是主要的，真空度 H_s 主要由 H_g 的大小来决定。吸上高度愈大，则真空度愈高。当吸上高度增加到泵因汽蚀不能工作时，吸上高度就不能再增加，这个工况的真空度也就是泵的最大吸上真空度，用 H_{smax} 表示。为了保证运行时不产生汽蚀，应留 0.5m 的安全量，即：

$$[H_s] = H_{smax} - 0.5$$

15 什么是泵的汽蚀？

当液体在管道内流动时，一旦压力等于或低于该液体在当时温度下的饱和蒸气压时，液体就会汽化形成气泡，当气泡流动到泵内的高压区时，它们便急速破裂而形成液体，于是大量的液体便以极大的速度向凝结中心冲击，发出响声和剧烈振动，在冲击点上会产生很大的压力，使该区域的叶轮表面受到很大的负荷产生麻点，当叶轮压力超过极限时，便遭到破坏，此时泵的流量扬程、效率都急剧下降，上述现象便称为泵的汽蚀现象。

16 什么叫作泵的允许汽蚀余量？

所谓允许汽蚀余量就是该泵所要求的保障不发生汽蚀现象的一个安全余量，是指泵入口处液体压力高于输送当时温度下的液体饱和蒸气压的富余能量。常用符号 Δh 表示，单位为 m，例如：由样本中查出某泵汽蚀余量为 5.3m，意思是说该泵的吸入高度等于当地大气压减去管路损失的高度后再减去 5.3m 所得的数值。假如经计算得到吸入管路阻力损失为 3m，那么很容易确定该泵安装的吸入高度 $H_{吸}$：

$$H_{吸} = \frac{P_0}{r} - 5.3 - 3$$

式中 P_0——当地大气压，假定为 1kgf/cm²，即 10000kgf/m²；

r——送液体的密度，假定是水，$r = 1000\text{kg/m}^3$。

则 $H_{吸} = 10000/1000 - 5.3 - 3 = 1.7(\text{m})$，就是说，该泵吸入液体的液面距泵中心线的高度应为 1.7m。当 $H_{吸}$ 为正值时，叫吸入高度（泵比液面高）。当 $H_{吸}$ 为负值时，叫灌注高度（或叫灌注头，泵比液面要低）。

17 什么是离心泵的必需汽蚀余量?

要使泵运转时不发生汽蚀，必须使单位质量液体在泵入口处具有的能量超过汽化压强能，足以克服液体流到泵内压强最低处总的能量损失，汽蚀余量就是指泵吸入口处单位质量液体所必须具有的超过汽化压强的富余能量，是泵的一种性能因素，单位以 m 液柱来表示。用公式表示为：

$$\Delta h_{允}=\frac{P_1}{\rho g}+\frac{v^2}{2g}-\frac{P_t}{\rho g}$$

式中 $\Delta h_{允}$——汽蚀余量，m 液柱；

P_1——叶轮进口处的最小吸入压力，Pa；

P_t——液体在操作条件下的饱和蒸气压，Pa；

v——液体进叶轮前的流速，m/s；

g——重力加速度；

ρ——输送温度下的液体密度，kg/m^3。

必需汽蚀余量是在规定的流量、转速和输送液体的条件下，泵达到规定性能的最小汽蚀余量(出现可见汽蚀、汽蚀引起的噪声和振动增大、扬程或效率开始下降、给定降幅的扬程或效率、汽蚀侵蚀限度，泵达到规定性能的最小汽蚀余量)，是保证水泵内部不发生汽蚀所必须具有的汽蚀余量。

泵样本上的必需汽蚀余量 $NPSH_r$ 与吸上高度 H_g 的关系为：$NPSH_r=10-H_g$。

18 泵的 $NPSH_3$ 指的是什么?

泵第一级扬程下降 3%时的汽蚀余量，作为标准基准用于表示性能曲线，单位是 m。

19 什么是泵的比转速?

以泵在最佳效率点的转速、叶轮入口的流量(单吸泵取总流量、双吸泵取二分之一流量)和最大叶轮直径时单级扬程表示的特征量，用公式表示为：

$$n_s=\frac{3.65nQ^{\frac{1}{2}}}{H^{\frac{3}{4}}}$$

式中 n_s——比转数；

n——泵转速，r/min；

Q——流量(双吸泵取 1/2 流量)，m^3/s；

H——扬程(多级泵取单级扬程)，m。

20 什么是离心泵的升扬高度?

离心泵的升扬高度是指泵将液体从低处送到高处的垂直距离。

21 离心泵的扬程和流量与什么有关?

离心泵扬程、流量与泵的叶轮结构尺寸有关，直径大，扬程高；宽度大，流量大；与速度有关，流量与速度成正比；另外泵的扬程与叶轮级数有关，离心泵的扬程与密度无关。

22 离心泵的特性曲线是什么?

离心泵的特性曲线(图3-2)是指泵在正常工作时，当转数一定时，用来表示流量、扬程、功率和允许吸上真空度等之间相互关系的曲线就叫离心泵的性能曲线或特性曲线。

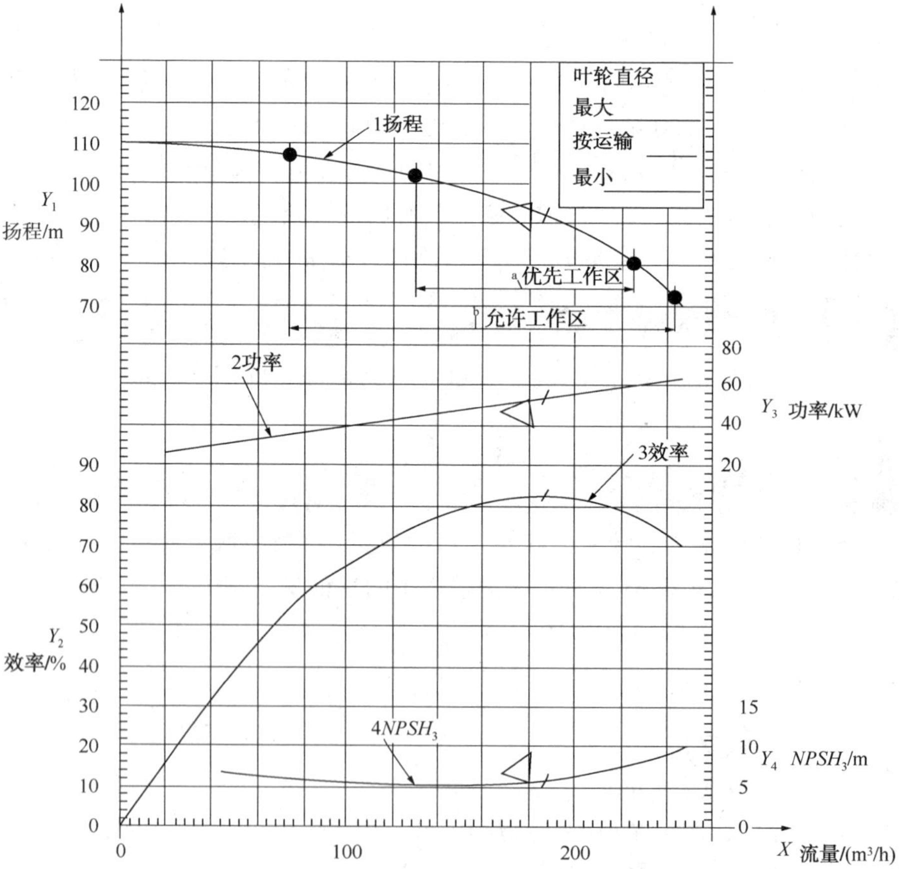

图3-2 离心泵的特性曲线

通常在转数不变的情况下，每台泵都有三条性能曲线，即流量–扬程（$Q-H$）性能曲线，流量–功率（$Q-N$）性能曲线，流量–效率（$Q-\eta$）性能曲线。

离心泵的 $H-Q$ 特性是选择泵和操作使用的主要依据；离心泵的 $N-Q$ 性能曲线是选择驱动机功率和操作启动泵的依据；$\eta-Q$ 性能曲线是检查泵工作经济性的依据。

23 从离心泵的特性曲线上能够表示离心泵的哪些特征？

离心泵的流量–扬程（$Q-H$）、流量–功率（$Q-N$）、流量–效率（$Q-\eta$）曲线如图3–3 所示。

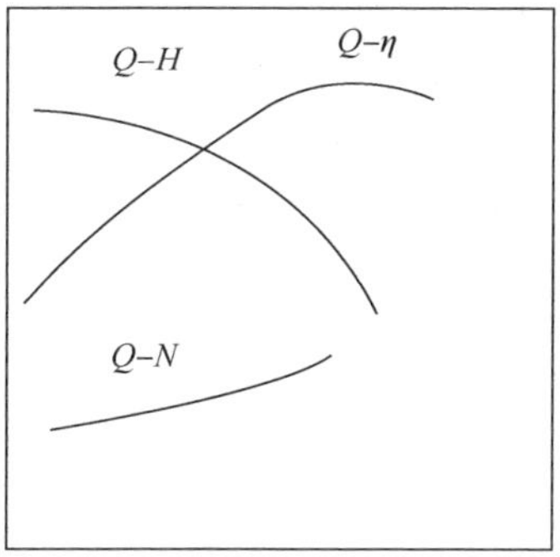

图 3–3　流量–扬程、流量–功率、流量–效率曲线

从流量–扬程（$Q-H$）曲线可看出：流量增大时，扬程下降，但变化很小，说明流量不变则泵内的压力稳定，流量变化后，泵的操作压力波动不大，但为了保证泵有足够大的压力，排液量不能任意增大。

从流量–功率（$Q-N$）的曲线看出，流量和功率的关系是：功率的消耗随流量的增加而增大，当流量为 0 时（泵出口阀全关），则功率消耗最小。故离心泵启动时，必须关闭出口阀，否则因功率消耗大，往往跳闸或烧坏电机，也增加了机械磨损。

从流量–效率（$Q-\eta$）的曲线上可以看出 η 曲线有一个效率最高点，这是最佳工况点（即最佳工作情况点），在大于或小于这个最高点附近操作，才最经济合理。与最高点效率相对应的流量、扬程、功率对选择和使用泵很重要。选泵时应根据各泵的特性曲线上表示出来的最佳工况点来选择所需要的泵。

24 泵的正常工作点指的是什么？

泵的正常工作点指在正常工艺流程条件下期望该泵工作的那个工况点。

25 泵的工作区指的是什么？

泵的工作区指在泵的水力性能有效区内，泵工作的区间。

26 泵的优先工作区指的是什么？

泵的优先工作区指在该区域内，泵的振动处于所采用标准的基本限度之内。

27 泵的额定工况点指的是什么?

泵的额定工况点指卖方确认泵性能处在本国际标准所述的允差范围内的工作点。

一般情况下额定工况点为规定的最高流量工作点。

28 泵的允许工作区指的是什么?

泵的允许工作区指泵被允许的工作区域，这一区域是根据振动处在本国际标准的上限之内，或根据温升，或根据其他限制而划定，允许工作区由制造厂规定。

29 液体的密度变化对泵的性能有什么影响?

当输入液体的密度与常温下清水的密度不同(例如液态烃、各种油品的密度比水小，而酸的密度比水大)时，在泵的性能参数中，扬程、流量和效率均不变，只有泵的轴功率随输送介质的密度变化，可用下式计算：

$$N_1=\frac{N\rho_1}{\rho_2}$$

式中 N_1、N——输送介质和常温清水时的轴功率，kW；

ρ_1、ρ_2——输送介质和常温清水的密度，kg/m^3。

从计算的结果可以得到这样的结论：当液体密度增加时，轴功率也随之增加；当液体的密度减轻时，轴功率也就随之而下降。

30 当液体黏度改变时对泵的性能有什么影响?

当离心泵输送液体的黏度(如原油、润滑油、硫酸等)比水黏度大时，与输送水时比较，性能参数变化如下：

1) 泵的流量减小。由于液体黏度增大，切向黏滞力阻滞作用逐渐扩散到叶片间的液流中，叶轮内液体流速降低，使泵的流量减少。

2) 泵的扬程降低。由于液体黏度增大，使克服黏性摩擦力所需要的能量增加，从而使泵所产生的扬程降低。

3) 泵的轴功率增加。在液体的密度与水差别不大时：主要是由于输送黏性液体时叶轮后盖板与液体摩擦所引起的功率损失(盘向损失)增大。此外，液体与前盖板摩擦的水力损失增大也会引起轴功率的增加。

4) 泵的效率降低。虽然由于液体黏度增加后漏损减少，提高了泵的容积效率，但泵的水力损失和盖扳损失的增大使泵的水力效率和机械效率降低，泵的总效率因而降低。

5) 泵所需要的允许汽蚀余量增大。由于泵进口至叶轮入口的动压降随液体黏度增加而增大，因而泵的允许汽蚀余量增大。

综上所述，在输送黏性液体时，泵的特性会发生较大的变化。因此，对于黏度过大的油，由于其流动性很差，不宜使用离心泵输送，一般黏度大于650mm^2/s时，应选用往复泵或齿轮泵等。

31 什么叫共振?

转子的周期性载荷的频率与转子的频率相同或接近时，机器将产生剧烈振动，发出异常噪声和很大的动载荷，直至转子及有关零部件造成损坏。这种现象称为共振。

32 什么叫临界转速?

轴发生共振时的转速称为轴的临界转速。

33 离心泵泵体和零件的材质是如何选用的?

一般情况下，材质按API610 *Centrifugal Pumps for Petroleum*, *Petrochemical and Natural Gas Industries* 标准选用。

34 离心泵的叶轮由哪几部分组成？有什么作用？有哪些类型?

叶轮一般由叶片、前后盖板、轮毂三个部分组成。叶片组成了液体在叶轮中的流道。叶轮用键固定在轴上，和轴一起转动，将电机的能量传给液体，使液体获得能量。叶轮有闭式、开式和半开式三种类型。按吸入方式可分为单吸式和双吸式叶轮。

35 离心泵的叶轮片可以分成哪几种类型?

离心泵的叶片根据其出口角度的不同可以分为后弯叶片、径向叶片和前弯叶片，后弯叶片的出口角度$\beta<90°$，径向叶片$\beta=90°$，前弯叶片$\beta>90°$。

离心泵多采用后弯叶片。

36 离心泵的泵壳部分由哪些部件组成？它们的作用是什么?

泵壳由吸入室和排出室组成。

吸入室的作用是将液体均匀地引向叶轮，主要形式有锥管式、半蜗壳式和圆环式等。

1）锥管式：能在叶轮入口前使液体集流，加速均匀地引向叶轮，多用于悬臂泵。

2）半蜗壳式：能在叶轮入口前使液体预旋，有利于改善吸入性能，离心油泵多用此种泵壳。

3）圆环式：轴向尺寸短，多用于多级泵，但流动不均匀。

排出室的作用是收集叶轮排出液体并将其中动能转换成压力能，同时引导液体排出管路，主要形式是蜗壳式与导叶两种。蜗壳常用的是螺旋线型，导叶常用的有径向式与流道式两种。导叶又称导轮，导轮位于叶轮外缘，相当于一个固定叶轮。一般在多级泵中采用，它的功用是改变液体流动的方向(为环向流动)，降低了液体与泵壳的撞击，减少涡流损失，提高泵的效率，因而导轮是将液体的速度能转变成压力能的部件。

37 离心泵壳里的中间隔板有什么作用?

中间隔板一般在多级泵上使用，其功能是将两个叶轮分开，使泵壳形成两个蜗壳室，实际等于两台泵串联，中间隔板可以从原壳中拆下来。

38 轴、轴承、轴套起什么作用?

轴：是传递功率的主要零件，它的作用是传递功率，承受负荷。

轴承：是离心泵支撑转子的部件，承受径向和轴向载荷，一般可分为滚动轴承和滑动轴承两种。

轴套：其作用主要是保护主轴不受磨损。轴套与密封件共同组成泵壳与轴之间的密封，轴上安装轴套，更换轴套就比更换轴方便、经济。轴套上安装密封原件是软填料，则要求轴表面硬度在 HRC40 以上，如果采用机械密封，就不用这样的硬度。

39 离心泵的轴向推力是如何产生的?

轴向力的产生是因为泵的正常工作中其出口压力作用在叶轮的前后盖板上，由于单吸式叶轮缺乏对称性，且其出口压力要大于进口压力，所以其后盖板压力要大于前盖板压力，产生一个指向入口的力，这个力称轴向力。

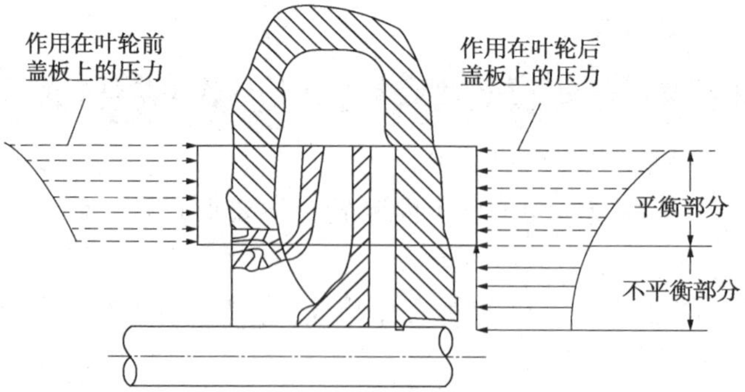

图 3-4　轴向力的形成

40 轴向推力有什么危害?

轴向推力使转子产生轴向位移，会引起泵的串轴，使泵的转子与泵体发生磨损，使轴承受到额外的负荷而发热，严重时引起叶轮向泵壳碰撞。

41 轴向力的平衡装置有哪些?

1）平衡孔：在叶轮后盖板中央部位均匀开孔，使后盖板高压液体可以部分流向吸入口，前后接通，从而减少推力，但泵效率有所降低。

2）平衡管：将叶轮后盖板液体用小管与吸入管接通，从而减轻了轴向力。

3）平衡鼓：采用平衡鼓结构平衡多级叶轮轴向力，在使用工况较稳定的泵时，大都采用这种结构，如图 3-5 所示。图中 1 为平衡鼓，2 为平衡室。平衡室通过平衡鼓与泵入口管接通，使平衡室压力 p_s 等于泵的入口压力 p_0 及平衡鼓水力损失之和。平衡鼓左侧为最后一级叶轮的空腔，腔中压力为 p_3，因此在平衡鼓前后形成压差，造成一个相反方向的轴向力，这个轴向力与叶轮产生的轴向力方向相反，这两个力同时作用在转子上，使总轴向力相等或大体相等。

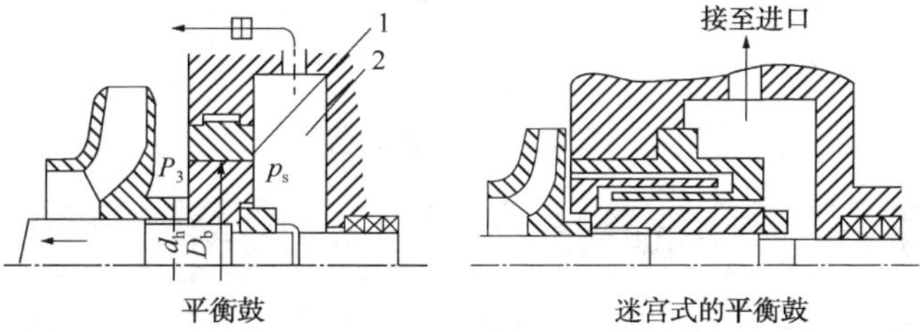

图 3-5　平衡鼓示意图

4）叶轮对称布置：如所有叶轮平均分为两个方向布置，背对背或者面对面地按一定次序排列起来，使轴向力自动平衡，该方法主要用于多级泵。

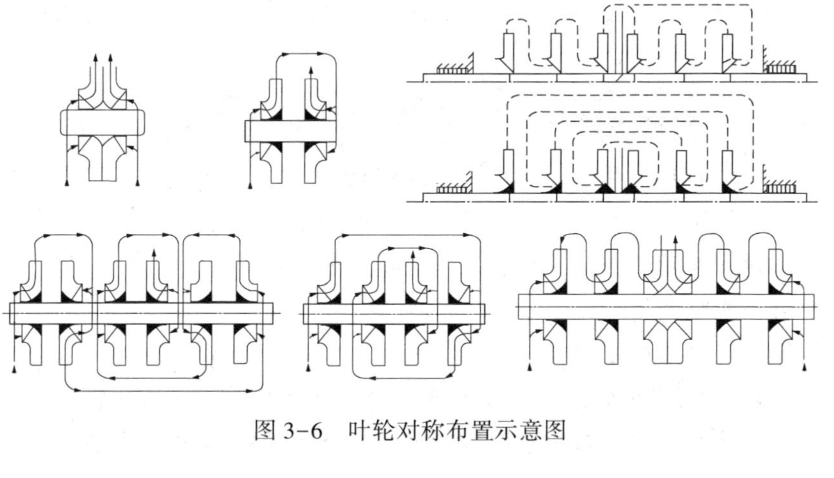

图 3-6　叶轮对称布置示意图

5）平衡盘：平衡盘的工作原理是在多级泵最后一个叶轮后面装一个平衡盘，如图 3-7 所示，平衡盘随转子一起旋转，末级叶轮后盖板压力 p_3通过径向间隙 b_1之后，压力下降为 p_4，又经轴向间隙 b_0，压力降为 p_5，平衡盘背后压力为 p_6，由于平衡盘后面的平衡室通过平衡水管与泵吸入口连通，p_6就等于多级泵吸入口的压力加平衡水管的管阻损失。平衡盘前面的压力 p_4大于平衡盘后面的压力 p_6，平衡盘产生的压力差为 Δp。在 Δp 作用下，平衡盘产生一个轴向力 A，这个力正好平衡转子产生的轴向力 F，它们大小相等，方向相反。

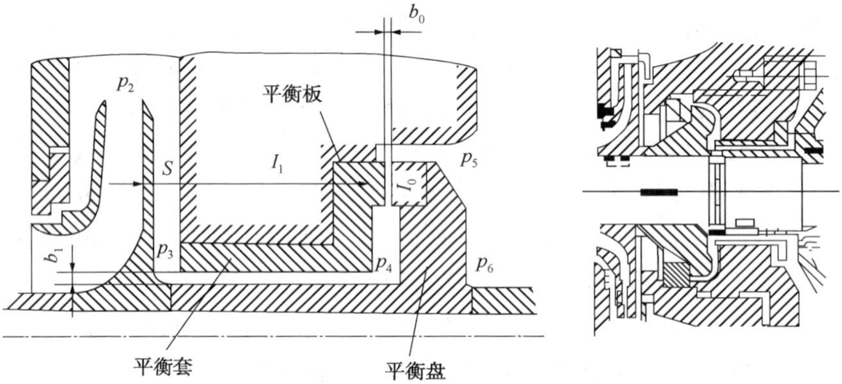

图 3-7　平衡盘示意图

42　泵的密封装置可分为哪几种？

1）叶轮与泵壳之间密封，为了防止叶轮和泵壳之间产生过大的内漏损失而影响泵的效率，在泵壳与叶轮之间装有耐磨环（也叫口环），它起着防止泄漏、保护叶轮和壳体、提高泵效率的作用。

2）泵壳与轴之间的密封，是为了防止外界空气漏入、泵中液体流出，在泵壳和泵轴之间装有一整套密封装置。炼油厂中常用的轴封有：填料密封、机械密封、迷宫密封和浮环密封等。

43　泵的常见的轴封形式有哪些？各有什么特点？

轴封是旋转的泵轴和固定的泵体间的密封，主要是为了防止高压液体从泵中漏出和防止空气进入泵内。离心泵常用的轴封结构有：骨架橡胶密封、填料密封、机械密封和浮动环密封，它们各自的特点如下：

（1）骨架橡胶密封

骨架橡胶密封结构如图 3-8 所示。

这种密封是利用橡胶的弹力和弹簧压力将橡胶碗紧压在轴（轴套）上，优点是结构简单，体积小，密封效果比较明显；缺点是橡胶碗内孔尺寸易超差，压轴过紧，造成耗功太大，且耐热性、耐腐蚀性不理想，使用寿命短，安装要求严。

(2) 填料密封

填料密封结构如图 3-9 所示。

这种密封一般由填料底套、填料、填料环、填料压盖等组成。靠填料和轴(轴套)的外圆表面接触来进行密封，特点是结构简单、成本低、易安装。缺点是：耗功大，轴(轴套)磨损严重，易造成发热、冒烟，甚至将填料与轴套烧毁，不宜用于高温、易燃、易爆和腐蚀性介质。

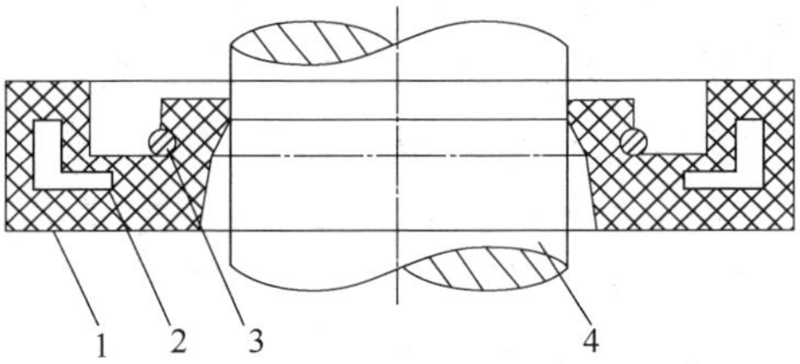

图 3-8 骨架橡胶密封

1—橡胶碗；2—骨架；3—弹簧；4—轴套

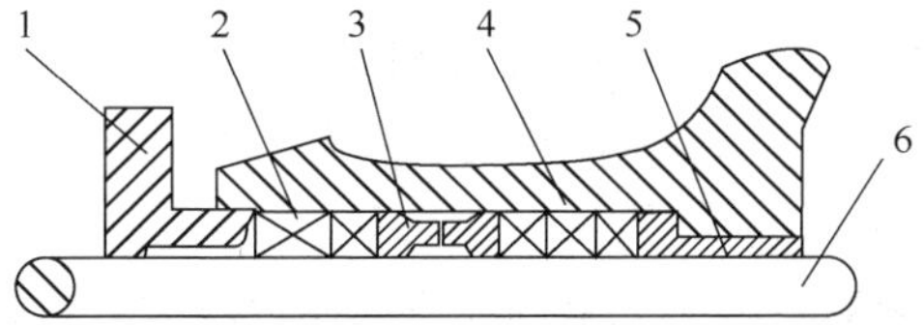

图 3-9 填料密封

1—填料压盖；2—填料；3—填料环；4—填料箱；5—填料底套；6—轴

(3) 机械密封(又称端面密封)

机械密封由动环、静环、弹簧、推环、传动座、动环密封圈、静环密封圈等组成，如图3-10所示，靠动、静环紧密贴合，形成膜压来密封的。机械密封的优点是密封性能好、寿命长、耗功小、适用广泛。缺点是制造复杂、价格较贵、安装要求高。

(4) 浮动环密封

浮动环密封是靠浮动环和浮动套两端面的接触来实现轴向密封的，其结构如图 3-11 所示。

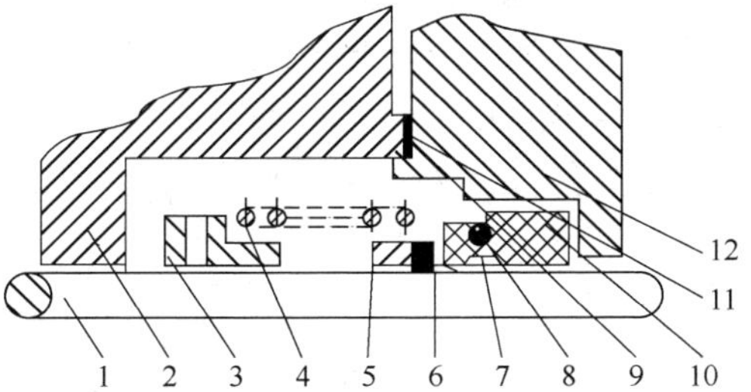

图 3-10 机械密封结构图

1—轴(轴套)；2—填料箱；3—传动座；4—弹簧；5—推环；6—动环密封圈；7—动环座；8—动环；9—静环；10—静环密封圈；11—垫片；12—压盖

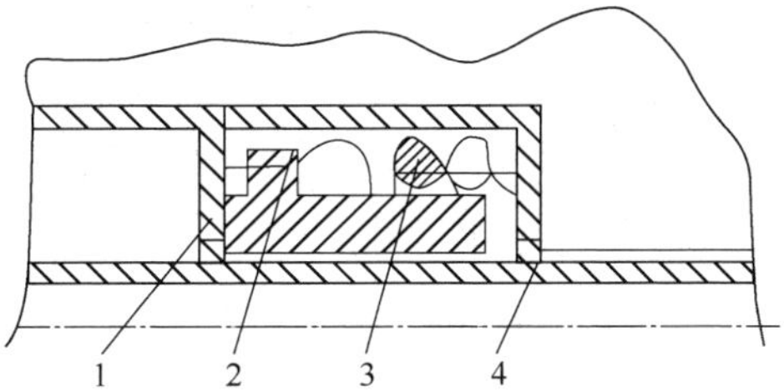

图 3-11 浮动环密封

1—浮动套；2—浮动环；3—支撑弹簧；4—轴套

44 离心泵的轴承有什么作用？分为哪几类？

离心泵的轴承是支撑转子的部件，同时承受着径向和轴向的载荷。

离心泵的轴承分为滑动轴承、滚动轴承。

45 平衡盘的作用是什么？

平衡盘是多级泵平衡轴向力的一种装置，它装在多级泵最后一级叶轮的后边，靠近叶轮一侧。因为是泵最后一级叶轮的背面泵腔，故压力是泵的出口压力，而另一边的平衡室用平衡管通到一级叶轮的吸入室，所以其压力就是泵的入口压力，平衡盘两侧的这个压力差正好和叶轮形成的轴向力相反，从而起到平衡轴向力的作用，而且平衡力可以自动调节，这是由平衡盘的端面节流作用实现的。

46 平衡管的作用是什么？

由于泵的出口压力大于入口压力，而产生和轴平行指向入口方向的轴向力，有使移动叶轮和泵轴的破坏作用，使泵无法正常工作。平衡管使部分高压液体回流到入口，消除或减少轴向力。

平衡管多用于多级离心泵上，是将泵后端面一部分介质流回入口，从而达到平衡的目的。

47 什么叫离心泵的联轴器？它有什么作用？

联轴器就是把泵轴和原动机轴连在一起的耦合件。联轴器又叫对轮。

联轴器使泵和原动机成为一体，当原动机旋转时泵也同时旋转并传递扭矩。

48 简述冷却系统的作用和方式。

为了改善泵轴承、密封和机座操作状况，一般都采用冷却系统。

对于冷油泵，通常仅对轴承箱，密封压盖进行冷却。对于热油泵，一般对轴承箱泵密封腔、密封压盖和泵座均进行冷却，轴封装置的冷却分为填料密封冷却和机械密封冷却两种。

填料密封的冷却方式为：在填料箱周围设置冷却水套，通入冷却水带走因填料与轴(轴套)摩擦产生的热量，防止填料过热烧毁。

机械密封冷却，除在密封腔外设置冷却水套外，还通常采用冲洗冷却的方式来保证密封件的正常工作，具体方法是：从泵出口或其他高压系统引出介质经过密封压盖上的冲洗孔通入密封腔，对密封端进行冲洗冷却，使密封腔内的介质不断循环更新，以传导摩擦时的摩擦热和防止杂质进入密封端面间。冲洗液的入口压力必须大于密封腔压力 0.05~0.15MPa，而且在泵运行过程中不能中断，机械密封的这种冲洗液也就是该种密封形式的密封油，所以冲洗液应选用泵输送介质或无污染的其他介质。

泵的冷却水压力一般为 0.15~0.3MPa。串联时，每台泵的冷却水量为 0.3~0.7m^3/h；并联时，每个轴承、密封腔、泵座和密封压盖的冷却水也按 0.3~0.7m^3/h 来估算。

49 什么是离心泵的气缚现象?

若泵壳与吸入管内没有充满液体，泵壳内存有空气，由于气体的密度远小于液体密度，产生的离心力小，因而在叶轮的中心处形成低压，不足以将液体吸入泵内。此时，离心泵虽启动也不能正常排送液体，这种现象称为气缚。因此启动前泵内必须灌满液体。

50 如何避免离心泵的气缚现象?

为防止气缚现象的发生，离心泵启动前要用介质将泵壳内空间灌满，这一操作称为灌泵。为防止灌入泵壳内的液体因重力流入低位槽内，在泵吸入管路的入口处装有止逆阀(底阀)；如果泵的位置低于槽内液面，则启动时可以不用灌泵。

51 泵发生汽蚀时有哪些现象? 会造成什么不良影响?

当泵发生汽蚀时，其流量扬程、效率都急剧下降，可以听到泵内发生噪声，汽蚀剧烈时，泵体都会振动。汽蚀会造成泵流量减少，能量损失增加，压力不够，甚至泵抽空，造成强烈的噪声和泵的不平稳运行，此外，由于气泡在压力升高时突然崩溃，流体猛烈撞击壁面造成机械锤击作用，会对材料逐渐发生侵蚀。这个连续的局部冲击负荷，会使材料的表面逐渐疲劳损坏，引起金属表面的剥蚀，进而出现大小蜂窝状蚀洞。严重时少则 1~2h，多则几十小时，泵的叶轮被剥蚀，叶轮和泵壳的表面出现斑痕及裂缝，甚至呈海绵状逐步脱落。

52 如何防止发生汽蚀现象?

为防止汽蚀现象出现，必须做到：有效汽蚀余量 $NPSH_a$ 大于必需汽蚀余量 $NPSH_r$，有效吸上真空度 H_a 小于泵的允许吸上真空度 H_s，具体要求是：

$$NPSH_a > NPSH_r(1+a)$$

$$a = 0.1 \sim 0.3$$

或：

$$NPSH_a = NPSH_r + S_1$$

S_1 值对一般常压操作泵取 0.6~1.0m，对真空塔底泵取 2~3m。

为满足上述要求，在选泵时可选取必需汽蚀余量值较小的泵。当泵选定之后，要设法提高有效汽蚀余量，办法是合理确定吸入容器液面与泵之间的高度差，这样灌注操作时就有较大的灌注头；合理地选用吸入管线的直径，尽量短而直，从而减少吸入管系的阻力。

为了防止汽蚀，在泵的结构上采用以下几种措施：

1）采用双吸叶轮。

2）增大叶轮入口面积，增大叶片进口边宽度。

3）增大叶轮前后盖板转弯处曲率半径。

4）叶片进口边向吸入侧延伸。

5）叶轮首级采用抗汽蚀材料。

6）设前置诱导轮。

对于现有泵，防止汽蚀的措施有：

1）通流部分断面变化率力求小，壁面力求光滑。

2）吸入管阻力要小。

3）正确选择吸上高度。

4）汽蚀区域贴补环氧树脂涂料。

53 操作时消除汽蚀现象有哪些方法？

除了在设计和安装时正确确定泵的安装高度、吸入管尽量少转弯以减少管路阻力损失外，在操作中可采取下述措施消除汽蚀现象：

1）泵入口增压法：即对储罐加压。

2）泵出口排气法：即在引入介质后，以出口排气阀处缓慢排出泵体内气体。

3）降低泵出口流量法：因为离心泵所需要的汽蚀余量，随流量的平方变化，所以，适当地控制泵出口流量，也是消除汽蚀现象的好方法，但离心泵的最小流量不小于其额定流量的30%。

54 简述离心泵的汽蚀与抽空的原理是什么？

在一定温度下，液体开始汽化的临界压力称为该液体在该温度下的饱和蒸气压。当液面上的压力等于或低于该温度下的饱和蒸气压时，液体便会大量汽化，这是液体的一种物理特性，离心泵的吸入动力是靠吸入液面上压力与叶轮甩出液体后形成的低压之间的压差提供的。泵叶轮入口压力越低则吸入能力越大，但若低于饱和蒸气压则出现气泡，原先溶于液体中的气体也逸出，这些小气泡随气流流到叶轮内高压区时，在四周液体较高压力作用下，便会重新凝结，体积缩小，好似形成一个空穴，这时周围液体又以极高速度向空穴冲来。由于水力冲击产生很高的局部压力，连续打击在叶片表面上。在高速、高压和高频水力冲击下，叶片表面因使用疲劳而剥蚀呈麻点、蜂窝海绵状。这种汽化-凝结-冲击-剥蚀现象，称为汽蚀现象，汽蚀发展严重，扬程和效率均会明显下降，最后导致泵“抽空”断流。

55 离心泵的抽空有什么现象？

泵在运动中，突然发生噪声、振动并伴随扬程、流量、效率的降低，电机电流的减少，压力表上的指示压力逐渐下降，如果更严重一些，压力表回零，打不上量。

56 离心泵抽空有什么危害？

从操作上讲，因压力、流量的降低，使操作难以平稳，从设备上讲，泵抽空会在叶轮入口处靠近前盖板和叶片入口附近出现麻点或蜂窝状破坏。抽空会破坏原有的轴向力平衡，使轴承承受冲击力；容易导致机械密封失效；振动大，可能导致损失泵内部件。严重时，还会导致轴承、密封元件磨损，使端面密封泄漏或抱轴、断轴等。

57 离心泵抽空对机械密封有什么影响？

离心泵突然抽空时，密封腔内是负压状态，这时，静环在外部大气压的作用下，内外产生压差，动、静环将同时沿轴向里移动，使静环脱出防转销，并在动环带动下断续转动，抽空停止时，动、静环在弹簧力的作用下又将回到原来位置，但这时的静环很难对准防转销位置，防转销将静环顶倾斜，使密封被破坏。

58 为什么离心泵不能长时间反转或空转？

离心泵在低速下短时间反转或空转，一般不会出现什么危害，但若长时间在高速下反转或空转是不允许的，因为反转或是空转，都会造成机械的不必要的损坏。

1）泵的各零部件是按泵在高效区正常运行状态设计的，若高速反转则可能使某些零部件受力过大，破坏了力的平衡，使密封间隙受到影响。

2）有些泵的叶轮和其他零部件是根据泵的转向用螺母来固定的，若泵长时间高速反转，则可能使这些固定螺母松动，甚至脱落发生意外。

3）反转时出口流量和压力都很小，泵内无液体空转，造成摩擦，使零件遭到损坏，严重时会造成抱轴和其他事故。

59 泵抱轴是怎么一回事？该如何处理？

泵抱轴是轴承卡死在轴上了。

发现轴承箱温度超过控制指标时，应立即停泵，请维保人员检查，如发现轴发红的情况，不能用水浇，将泵停下来，使其自然冷却，然后请维保人员检查修理。

60 高温泵指的是什么泵?

高温泵是指输送介质操作温度大于介质自燃点或输送介质温度≥260℃的泵。

61 冷油泵和热油泵的区别?

1）使用温度在200℃以下为冷油泵，200℃以上为热油泵。

2）一般的热油泵密封腔都注封油，而冷油泵就不注。

3）热油泵泵体采用垂直分段式。有的热油泵有防止泵体中心线移动的结构。

4）热油泵口环间隙大，冷油泵较小。

5）热油泵的材质多用碳钢、合金钢，而冷油泵则可采用铸铁。

6）热油泵的支座、轴承箱、机械密封压盖都需用水冷却，而冷油泵就可以不用。

7）热油泵启动前需要预热，而冷油泵则不要。

62 冷油泵为什么不能打热油?

1）冷油泵与热油泵零件的材质是不一样的，冷油泵叶轮是铸铁，铸铁零件不能在高温下工作。

2）冷油泵口环间隙小，热油泵由于膨胀口环间隙较大，若用冷油泵打热油，在高温下口环间隙变小，叶轮和泵壳便容易产生磨损。

3）热油泵的轴承箱、盘根箱、机械密封压盖和支座都有冷却系统，可防止这些部位过热，改善零件工作条件，同时保证支座没有过大变形，泵和电机不会出现不同心运行，而冷油泵没这些系统，因此不能输送热油。

63 一般机械密封的泄漏点有哪几个?

1）静环压盖与泵壳端面之间的泄漏点。

2）静环与压盖之间的泄漏点。

3）静环与动环端面之间的泄漏点。

4）动环与轴(轴套)配合面之间的泄漏点。

5）带轴套的还存在轴与轴套之间的泄漏点。

64 机械密封为什么要进行冷却和冲洗?

对机械密封用冲洗油和冷却水是为了降低摩擦时的温度，保证摩擦面之间有一层完整的液膜，减少摩擦损失，降低功率消耗，保证液膜不因高温汽化而被破坏。

65 端面密封对冲洗油有什么要求？

1）冲洗油的压力须高于泵密封腔的压力方能打入，比密封腔内一般高 0.5kg/cm^{2}即可。

2）冲洗油的组成不会污染泵内产品，沸点范围合适。

3）冲洗油温度不要太高。

66 冲洗可分为哪几种类型？

冲洗可分为自冲洗、外冲洗、循环冲洗。

1）由于泵本身输送的介质黏度和密度大，从外面用较干净的介质进入泵内，称为外冲洗。

2）利用泵本身输送的介质经端面密封压盖上的孔打入密封腔内，与泵介质混合，称为自冲洗。

3）循环冲洗是指从外面引来的冲洗油进入密封腔，由一根钢管引出，经冷却过滤后，重新进入密封腔。

67 什么情况下泵要冷却？冷却的作用是什么？

当泵输送介质温度大于 100℃时，轴承需要冷却；大于 150℃时，密封腔一般需要冷却；大于 200℃时，泵的支座一般需要冷却。

冷却的作用是：

1）降低轴承温度。

2）带走从轴封渗漏出来的少量液体，并传导出摩擦热。

3）降低填料函温度，改善机械密封的工作条件，延长其使用寿命。

4）冷却泵支座，以防止因热膨胀而引起与电机同心度的偏移。

冷却水一般尽量用循环水或新鲜水，当循环水或新鲜水的污垢系数大于 0.35 (m^2 · K)/kW 且输送液体温度在 70℃以上时，才选用软化水并循环使用。

68 泵在正常工作时，冷却水开多大才合适？

泵在正常工作时，冷却水的开启大小以排水温度为 40℃左右时最合适。

69 为什么要在泵的出口管线上装单向阀？它有什么作用？

在出口管线上装一个单向阀，是为了防止停泵后出口阀没关，液体倒流引起转子反转，造成转子上的螺母等零件的松动、脱落。

单向阀的作用：起着单向作用，只准液体向一个方向流动，不能回流以防止停泵时液体对管线、泵产生回击力。

70 为什么泵的入口管线粗、出口管线细？

因为泵主要是靠它的压差来吸入液体的，在管线直径相等的情况下，泵吸入能力小于排出能力。而当吸入液体能力小于排出液体能力时，泵便产生了抽空现象，入口管适当粗一点，可以增加泵的吸入能力，减少泵入口的阻力，所以入口管线的内径总是大于出口管线内径。

71 泵振动大有哪些原因？

1）吸入管未充满液体。

2）吸入管串入气体或蒸汽。

3）电机和泵不同心（找正不好）。

4）轴承磨损或松动。

5）旋转不平衡。

6）轴弯曲。

7）基础不牢固。

8）驱动装置振动。

9）控制阀定位错误。

10）地脚螺栓或基础松动。

72 离心泵启动前为什么要盘车？

离心泵启动前盘车是为了检查泵轴转动是否灵活，有无异常声音。如果转子有卡涩的现象或泵内有杂物，一旦启动时不盘车而盲目启动电机，会使电机因启动负荷太大而跳闸，严重时甚至将电机烧毁。故离心泵启动前必须盘车。

73 备用泵为什么要定期盘车？

定期盘车是为了：

1）预防轴弯曲变形。由于转子重心集中在轴中间，长时间静止时，在重力的作用下容易向下弯曲变形，因此要定期盘车，改变重心方位180°。

2）检查转子。一旦有异常现象，能够及时处理。

3）使运动部件得到初步润滑。

74 泵启动前如何盘车？目的是什么？

泵启动前盘车要盘几圈，目的是检查转子有无偏重卡涩，转动件是否松动，机械密封转动时是否泄漏增大，防止由于热介质进入内部引起热变形，同时判断能否启动。备用泵盘车每天一次，每次180°，目的是防止转子长时间处在一个位置使转子在自重作用下出现弯曲变形。

75 泵盘不动的原因有哪些？

1）因长期不盘车而卡死。

2）介质凝固结晶。

3）泵的部件损坏或卡住。

4）轴严重弯曲。

5）轴封过紧或被脏物堵死。

76 泵启动前为什么要引液灌泵？

普通离心泵是依靠离心力把一定质量的液体压出叶轮来形成局部真空的，液体在局部压差的作用下被吸入泵内并形成连续流动，如果泵体内存在气体，则由于气体密度小，产生的离心力小，影响泵入口的真空度，从而导致泵的吸入性能下降，气体就不易排出，液体就无法吸入泵内，所以要引液灌泵排净泵体内存在的气体，避免抽空现象发生。

77 高速离心泵启动前应做哪些准备工作？

1）检查各部件的安装和紧固是否符合要求。

2）搞好设备和环境卫生，清洗入口过滤网。

3）油箱冲洗干净，装入规定牌号的润滑油至规定油位。

4）全开入口阀灌泵，排净泵内气体。

5）从密封冲洗口排出所有气体，并注意机械密封有无泄漏。

6）检查润滑油温度，向油冷却器供水。

7）高速泵启动要稍开出口阀。

8）点动一次，检查回转方向及润滑油情况。

78 离心泵长期小流量运行会出现什么害处？

离心泵长期小流量运行会出现以下害处：

1）泵小流量运行，即泵所做的有用功小，因此大部分轴功率转化成热能，引起泵体温度升高。

2）在小流量运行时，轴弯曲挠度过大，径向推力增大，轴承环很快磨损，甚至引起轴疲劳过度，从而导致轴折断。

3）泵小流量运行时振动和声音明显增大，对轴承和转子都有不良影响。

79 离心泵启动前为何要关闭出口阀？

因为离心泵的功率随着流量的增大而平缓上升，在流量为 0 时，功率最小。启动前关闭出口阀，使泵在流量为零的情况下启动，为的是降低启动功率，以保护电机不因超载而烧坏。

80 离心泵在出口阀关死时运转，会烧坏电机吗？

离心泵在出口阀关死的工况下运行是否会引起电机因过载而烧毁，这与泵的比转速、流量-功率曲线形状以及所选择的电机有关。一般来说，泵所消耗的功率在零流量时最小，随着流量的增加，消耗的功率也增大，而且选择离心泵用的电机是以设计点功率为依据的，留有相当的裕量。所以，一般来说，离心泵在出口阀关死时运转不会烧坏电机。离心泵在关死出口阀工况下运行时，大部分功率转变为热能，使泵内的液体温度上升，发生汽化，这会导致离心泵损坏。因此，离心泵不能长期在出口阀关死工况下连续运行。

81 机泵启动前的准备工作有哪些？

1）准备开泵前要通知中控室内主操，确认是否可以开泵。

2）检查泵体大盖及出入口管线、附属管线、阀门、法兰等处是否完好，出、入口放空阀是否关闭。

3）检查泵、电机及联轴器防护罩地脚螺栓是否齐全，有无松动。

4）检查泵阀门手轮、加油孔盖等零部件是否齐全。

5）检查各压力表是否安装良好，量程选择是否合适，安全红线是否完好、张贴准确。

6）按三级过滤要求向轴承箱内加入规定牌号的润滑油，油面至油标的 1/2~2/3 处，检查挡油环或油封是否完好，挡油环有无松动，加油后挡油环或油封有无泄漏。

7）盘车检查转子是否灵活，泵体内是否有异常声音和金属碰击声，如盘车较重有偏沉或异常声音时，不能开泵，应及时与维保人员联系。

8）投用各处冷却水，调节好水流量。

9）打开入口阀，对泵体充液，同时稍开泵出口放空阀，待泵内气体排尽，关闭放空阀，并检查密封有无泄漏。

10）对硫黄池液下泵，开泵前要提前开 0.3MPa（表）蒸汽伴热，待温度可以保证液硫不凝时再开泵，同时注意硫黄池液位。

82 离心泵的启动步骤是怎样的？应注意什么问题？

1）离心泵的启动：

① 联系相关岗位操作人员，告知准备启动机泵。

② 泵入口阀全开，出口阀全关，按启动电钮启动机泵，注意电流指示和泵出口压力指示的变化，检查端面密封的泄漏情况，机泵的运转声响是否正常，检查机泵的振动情况和各运转点的温度上升情况，若发现电流超负荷或机泵有杂音或其他不正常现象，应停泵查找原因。

③ 若启动正常(如电流指针超程后很快下来，泵出口压力不低于正常操作压力，无晃量抽空现象)，即可缓慢均匀地打开出口阀门，同时密切监视电流指示和泵出口压力指示的变化情况。

④ 检查电机电流是否在额定值以内，当泵在额定流量运转而电机超负荷时，应停泵检查。

⑤ 热油泵正常时，应打入封油。

2）注意事项：

① 离心泵在任何情况下都不允许无液体空转，以免零件损坏。

② 热油离心泵，一定要预热，以免冷热温差太大，造成事故。

③ 离心泵启动后，在出口阀未开的情况下，不允许长时间运行(<1~2min)。

④ 泵开启后，要在现场观察3~5min，确认机泵运行正常后方可离开。

⑤ 在正常情况下，离心泵不允许用入口阀来调节流量，以免抽空，而应用出口阀来调节。

83 机泵的正常维护有哪些工作？

1）检查泵出口压力、电流值是否正常。

2）检查各运转部位温度，电机温度不超过70℃，轴承温度不超过65℃。

3）检查泵各部的振动和声音情况，各零部件和地脚螺栓有无松动。

4）检查泵零部件是否齐全，压力表、电流表红线是否齐全，位置是否张贴准确。

5）检查冷却水是否正常。

6）检查油箱内润滑油的甩油情况，油质、油量及油温是否正常，油位要保持油标的1/2~2/3，坚持润滑油的三级过滤制度。

7）备用泵每日按程序化操作法要求进行盘车，保持各机泵清洁工作，备用泵应做好备用工作，如灌泵、加油、预热等工作，做到可随时运行。

8）检查机械密封的泄漏情况，检查油封有无漏油。

9）按时做好机泵运转记录。

10）发现抽空现象，应关小出口或关死出口，必要时停泵以防振动损坏零件。

84 离心泵运行时有哪些要求？

离心泵运行时要：

1）泵运行时振动速度满足泵采用标准(如 API 610)的要求。

2）轴承温度小于 65℃。

3）电机温度小于 70℃。

4）电流出口压力在规定值内。

5）泵运行平稳，无异常声响。

85 请简述停泵步骤。

1）慢慢关闭泵出口阀，然后按停泵电钮停泵。

2）泵体温度降至 40℃后停冷却水(冬季可保持小流量水流，以防冻坏设备)，暖泵阀应稍开。

3）泵停运后，如需要检修，应关闭进口阀，打开泵排放阀将介质排尽。

86 停泵时，为什么要关闭出口阀？

防止出口管路单向阀不严，使高压液体倒流回来，冲击泵体使叶轮倒转而损坏机件。

关闭出口阀，泵负荷最低，电机电流降至最小，此时切断电源，不会产生过大的弧光，可以防止烧坏开关接触点及产生短路。

87 请简述机泵的切换步骤。

1）做好备用泵启动前的各项准备工作，开泵的入口阀，按正常启动程序启动。

2）开启电机开关，启动备用泵。运转 1~2min 后观察泵出口压力及电流正常后，缓缓打开备用泵的出口阀。

3）渐渐打开备用泵出口阀，确认泵上量(电流上升)，渐渐关闭被切换泵的出口阀。注意切换过程中应观察两泵的压力和电流强度，尽量避免系统流量出现较大波动，严禁抽空、抢量等现象。

4）当备用泵出口压力、流量正常时，应逐渐开大备用泵出口阀，同时逐渐关小原运行泵出口阀，直至备用泵出口阀全开，原运行泵出口阀全关为止，待检查已投用的备用泵运行正常后才能停原运行泵。在切换过程中一定要随时注意电流、压力和流量有无波动，保证切换平稳。

5）原运行泵停泵后按停泵步骤处理。

88 请简述紧急停泵的条件和步骤。

紧急停泵条件：

1）泵运行时有严重噪声、振动、机械密封严重泄漏。

2）泵抽空无法消除。

3）轴承温度过高。

4）停电、电机过热、冒烟、着火等意外情况。

紧急停泵步骤：

1）按停泵按钮，关闭出口阀。

2）迅速启动备用泵。

3）其余步骤按正常开停泵步骤进行操作。

89 请简述机泵常见故障及处理方法。

机泵常见故障及处理方法见表 3-1。

表 3-1 机泵常见故障及处理方法

故障现象	故障原因	处理方法
流量，扬程降低	泵内或吸入管内存有气体	重新灌泵，排出气体
	叶轮或管路有杂物堵塞	检查清理
	转速低于额定转速	找出转速低的原因并消除
电流升高	转子、定子碰撞	解体修理
	转动部件有摩擦	找出原因消除
	电流表坏	修电流表
泵振动值增大	固定联轴节螺栓松动	把紧螺栓
	泵抽空	进行工艺调整
	轴对中变差	重新找正对中
	叶轮内部有杂物，破坏了动平稳	解体清除异物
	轴承磨损严重	检修更换轴承
密封处泄漏严重	机械密封损坏或安装不当	更换检查
	密封液压力不足	处理并保证密封液压力比密封腔压力大 0.05~0.15MPa（表）
	填料过松	重新调整
	操作波动大	稳定工艺操作
	泵密封动环卡住	找钳工处理
轴承温度高	润滑不当	使用正确的润滑油
	轴承箱内油过少或太脏	加油或更换
	轴承冷却效果不好	检查调整
	轴承磨损	检查并更换轴承
	轴承座磨损	更换轴承箱

续表

故障现象	故障原因	处理方法
泵串轴	抽空或半抽空	调节泵流量，防止抽空
	止推轴承间隙过大或固定不正	调正轴承间隙或固定
	平衡管堵塞	检查并清理
	平衡盘磨损	更换平衡盘
轴承箱漏油	挡油环松动	紧好挡油环螺钉
	油封损坏	更换油封
	加油过多	保持油位在 1/2~2/3

90 如何正确使用离心泵？

正确使用离心泵的步骤包括：

1）开泵前向轴承加润滑油，关闭出口阀门。打开排气阀，向泵内注满输送液体，用手转动盘车，检查是否灵活。

2）启动泵后，观察压力大小是否达到规定值，待正常后缓慢开大出口阀门，使压力平衡上升。

3）经常检查填料函和轴承温度，防止泵轴磨损和烧坏轴承。

4）泵内无液体时切不可空转，更不可开反转，否则损坏叶轮和造成轴套松扣。

5）出口阀门关闭后，泵的运行时间不可太长，否则泵会发热。

6）寒冷季节停泵后，应将泵内液体放掉，并冲洗干净，防止泵体冻裂或冻结。

91 怎样做好离心泵的保养？

离心泵的保养包括：

1）经常检查泵内有无杂音和振动现象，发现后及时检修。

2）经常检查压力表和电流表指针摆动情况，超过规定指标时应立即查明原因并及时处理。

3）按时检查密封泄漏情况，泄漏严重时应停泵检查密封环磨损情况，如属于填料密封应调整压盖的压力。

4）保持泵体和电机清洁，并润滑良好。

92 泵带负荷试车应检查哪些内容？

1）滑动轴承温度不大于 65℃，滚动轴承温度不大于 70℃。

2）轴承振动值在标准要求内。

3）运转平衡，无杂音，封油、冷却水和润滑油系统工作正常，附属管路无滴漏。

4）电流不得超过额定值。

5）流量、压力平衡，满足生产要求。

6）密封漏损不超过下列要求：机械密封：轻质油 10 滴/min，重质油 5 滴/min；软填料密封：轻质油 20 滴/min，重质油 10 滴/min。

93 清水泵主要用于输送哪类介质？举例说明型号的意义？

清水泵主要用于输送清水或物理性质类似清水的其他液体，其温度不高于 80℃。

例如：IS 65-50-160，其中 IS：国际标准单吸清水离心泵；65：入口管径（mm）；50：出口管径（mm）；160：叶轮名义直径（mm）。

94 简述往复泵的工作原理。

往复泵是容积泵的一种形式，它是利用往复运动的工作构件，在液缸中往复运动使工作腔的容积周期性变化，从而不断抽吸和挤压液体。

95 往复泵启动准备工作有哪些？

1）检查泵及有关工艺管线仪表是否正常可靠。

2）曲轴箱内注入合格的规定牌号的润滑油，使之处于正常液位。

3）把计量量程调至“0”刻度。

4）通知电工送电。

96 简述往复泵启动步骤。

1）打开入口阀。

2）把返回阀开足。

3）启动泵。

4）调节流量，并观察出口压力变化。

5）渐渐打开出口阀和关小返回阀，根据出口压力变化，直至全关返回阀，全开出口阀。

97 简述往复泵的停泵步骤。

1）将计量量程调至全流量的 20%位置。

2）停电机。

3）将出口阀关闭。

4）必要时关闭入口阀。

5）冬天和长期停泵时应将泵内液体放净。

98 往复泵正常维护要做哪些工作？

1）认真执行操作规程和工艺纪律，并做好记录。

2）检查曲轴箱润滑油油位、油温、油质，及时更换，检查有无异常声响，电流是否正常。

3）检查柱塞填料泄漏情况，各连接处有无泄漏。

4）检查流量，保持在要求的流量。

99 简述往复泵常见故障及处理方法。

往复泵常见故障及处理方法见表 3-2。

表 3-2 往复泵常见故障及处理方法

故障现象	原因	处理方法
泵不能输出	入口没有液体	提高吸入罐液位
	吸入管线阀关闭	打开入口截止阀
	入口管线堵塞	清洗过滤器，检查入口管线
	抽吸室内有空气	抽吸室注液排气
输送量不足	吸入或排放阀门泄漏	检查，联系修理
	填料泄漏	联系修理
	抽吸室内存有气体，返回阀不严	注液排气，关闭或更换返回阀
输出量波动	计量的液体中存有杂质	冲洗管线
	吸放或排出阀损坏	修理或更换
计量精度低	抽吸室内有残余气体	注液排气
	安全阀或补油阀动作失灵	联系修理
	柱塞密封填料漏损	联系修理

100 电动往复泵的扬程和流量与什么有关？

电动往复泵的流量 Q 与活塞的截面积 $F(m^2)$、活塞的冲程 $S(m)$ 的乘积有关，计算公式为：

$$Q=60F\cdot S\cdot n\cdot \eta_v$$

式中 Q——体积流量，m^3/h；

F——活塞面积，m^2；

S——活塞冲程，m；

n——活塞每分钟往返次数，次/min；

η_v——容积效率，一般为 0.8~0.98。

电动往复泵的排出压力或扬程仅取决于泵体的强度、密封性能和电机功率。

101 容积式泵调节流量有哪些方法？

容积式泵不能采用关小排出阀调节泵流量的方法，因为这样调节不仅无效反而浪费能量，甚至使泵的驱动机超负荷。从往复泵的特性曲线可以知道：

1）理论流量 Q_T 与排出压力 P 无关(但由于排出压力的增加，泵内漏增加，所以泵的实际流量略有下降)。

2）容积式泵的轴功率 N 随排出压力提高而增大。

3）容积式泵效率随着排出压力升高而增加。

对电动往复泵，一般设旁路控制阀调节流量，将泵多余液体经过旁路返回吸入管。对电动比例泵和计量泵则多采用改变活塞或栓塞的形成来改变泵的流量。对于蒸汽往复泵，通常是通过调节进汽阀的开度来调节泵的往复次数，从而调节流量。

102 简述螺杆泵的工作原理。

螺杆泵是利用螺杆的相互啮合空间容积变化来输送液体的，当螺杆转动时，吸入腔一端的密封线连续地向排出腔一端做轴向移动，使吸入腔的容积增大，压力降低，液体在压差作用下沿吸入管进入吸入腔。随着螺杆的转动，密封腔内的液体连续而均匀地沿轴向移动到排出腔，由于排出腔一端的容积逐渐减少，即将液体排出，如图 3-12 所示。

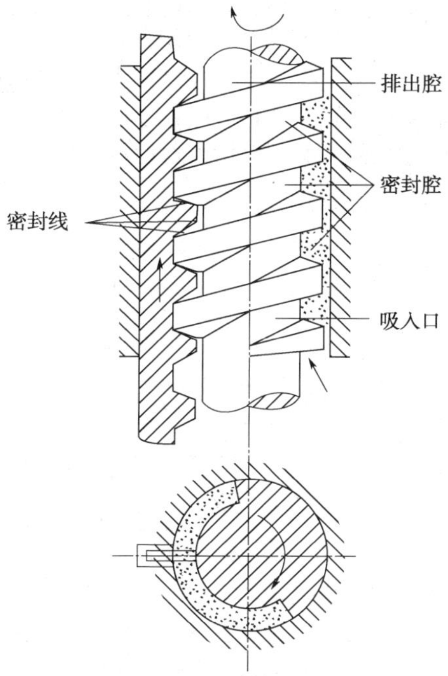

图 3-12　螺杆泵工作原理

103 螺杆泵是如何分类的?

螺杆泵按其螺杆根数，可分为单螺杆泵(图 3-13)、双螺杆泵(图 3-14)、三螺杆泵(图 3-15)和五螺杆泵；按螺杆的导程个数，可分为单级螺杆泵和多级螺杆泵；按螺杆横截面齿形，可将螺杆泵分为矩形(或梯形)齿形螺杆泵、摆线齿形螺杆泵、摆线-渐开线齿形螺杆泵、阿基米德齿形螺杆泵和圆形齿形螺杆泵等，按泵的高低压腔被螺杆啮合线分隔开的严密程度，可分为密封式螺杆泵和非密封式螺杆泵。

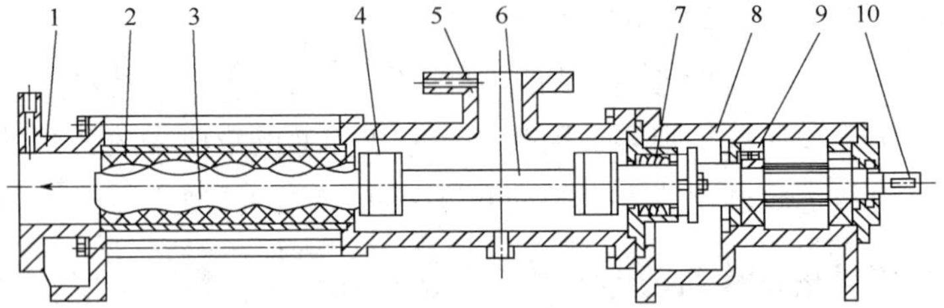

图 3-13 单螺杆泵

1—压出管；2—衬套；3—螺杆；4—万向联轴器；5—吸入管；6—传动轴；7—轴封；8—托架；9—轴承；10—泵轴

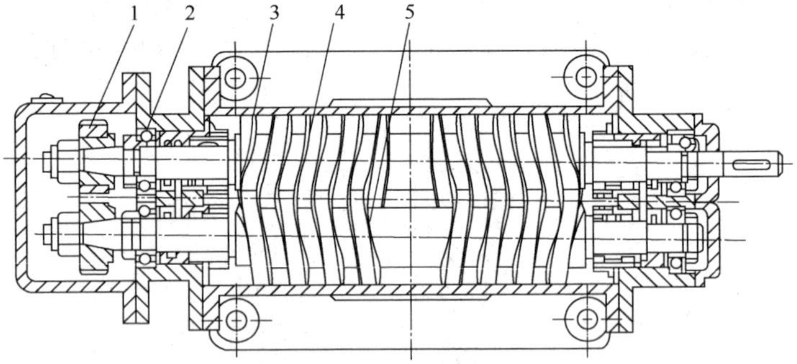

图 3-14 双螺杆泵

1—同步齿轮；2—滚动轴承；3—泵体；4—主动螺杆；5—从动螺杆

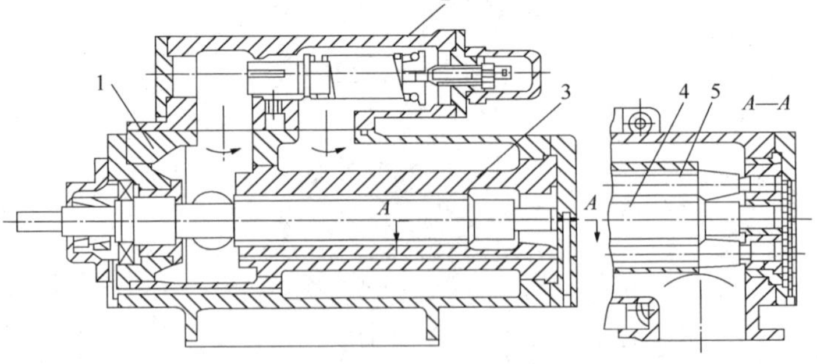

图 3-15 三螺杆泵

1—泵体；2—安全阀；3—衬套；4—主动螺杆；5—从动螺杆

104 什么是齿轮泵？

由两个齿轮相互啮合在一起形成的泵称为齿轮泵(图 3-16)。当齿轮转动时，被吸进来的液体充满了齿与齿之间的齿坑，并随着齿轮沿外壳壁被输送到压力空间中去。在这里，由于两齿轮的相互啮合，使齿轮坑内的液体挤出，排向压力管。同时齿轮旋转时吸入空间逐渐增大形成负压区，吸入管内的液体流进齿轮泵吸入口。

齿轮泵的特点是具有良好的自吸性，且结构简单，工作可靠。在炼油装置中多用作封油泵、润滑油泵和燃料油泵，输送黏度小于 1400mm²/s、温度不高于 60℃的黏性液体。

对一确定的齿轮泵，当转速不变时其排油量也确定，是一个不变的定值。因而它的特性曲线是一条垂直线，如图 3-17 所示(即不管外界压力如何变化，它的排油量都是固定不变的)。

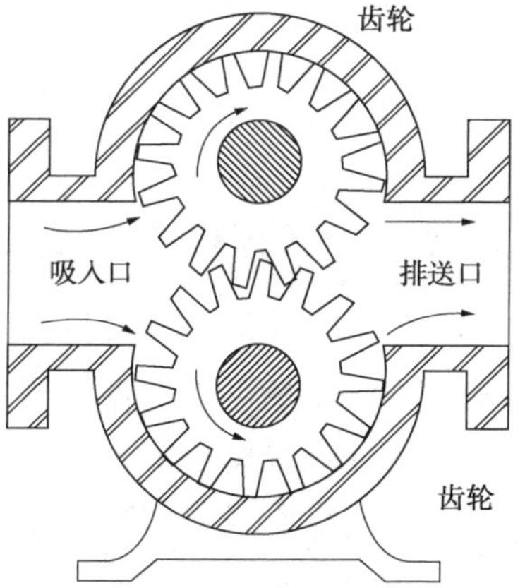

图 3-16　齿轮泵结构示意图

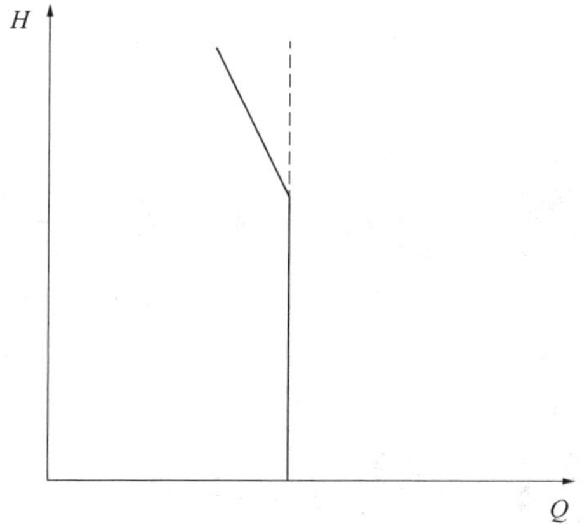

图 3-17　齿轮泵的特性曲线

105 多级泵的工作原理和构成是什么？

叶轮在两级以上的泵称为多级泵。根据压力等级不同，串联不同叶轮级数，多级泵基本构造是由进水段、出水段、中段、尾盖、叶轮、泵体、泵轴、轴承、密封环、填料等部件构成。

多级泵是进出水段与中段通过拉杆组合在一起的一种离心泵，依靠叶轮旋转而获取离心力，它的输出压力可以很大。多级泵主要用于泵出口压力要求高的场所，如锅炉注水等。

106 计量泵的工作原理是什么？

电机经联轴器带动蜗杆并通过蜗轮减速使主轴和偏心轮做回转运动，由偏心轮带动弓形连杆在滑动调节座内做往复运动。当柱塞向后死点移动时，泵腔内逐渐形成真空，吸入阀打开，吸入液体；当柱塞向前死点移动时，此时吸入阀关闭，排出阀打开，液体在柱塞向前死点进一步运动时排出。在泵的往复循环工作形成连续有压力、定量的排放液体。

107 简述计量泵的分类。

1）根据过流部分形式分类：

① 柱塞、活塞式。

② 机械隔膜式。

③ 液压隔膜式。

2）根据工作方式分类：

① 往复式。

② 回转式。

③ 齿轮式。

108 简述往复式计量泵的优点。

该类泵性能优越，其突出特点是可以保持与排出压力无关的恒定流量，其中隔膜式计量泵绝对不泄漏，安全性能高，计量输送精确，流量可以从零到最大定额值范围内任意调节，压力可从常压到最大允许范围内任意选择。

109 简述管道泵的工作原理。

管道泵是单吸、单级或多级离心泵的一种，立式结构，进出口在同一直线上，进出口口径相同，像一段管道，可安装在管道上的任何位置，所以取名管道泵，也叫增压泵。

110 简述管道泵的优点及用途。

管道泵的优点是结构简单，安装、操作、维修方便。

管道泵是常用的增压设备，多用于硫黄装置中的闭式冷却塔、冷凝水回收外送等装置。

111 离心泵、往复泵、转子泵、旋涡泵各有什么特点？

几种常用泵的性能比较，见表 3-3。

表 3-3　几种常用泵的性能比较

类型	离心泵	往复泵	转子泵	旋涡泵
流量	均匀； 流量大； 流量随管路情况而变化	不均匀； 流量不大； 流量恒定，几乎不因压头变化而变化	比较均匀； 流量小； 流量恒定，与往复泵相同	均匀； 流量大； 流量随管路情况变化而变化
扬程	一般不高； 对一定流量只能给一定的扬程	较高； 对一定流量可供应不同扬程，由管路系统确定	较高； 对一定流量可供应不同扬程，由管路系统确定	较高； 对一定流量只能供给一定的扬程
效率	高，为 70%左右； 在设计点最高，偏离愈远效率愈低	在 80%左右； 供应不同扬程时，效率仍保持较大值	在 60%~90%； 扬程高时泄漏，使效率降低	在 25%~50%
结构	简单、价廉、安装容易； 高速旋转，可直接与电机连接； 同一流量体积小； 轴封装置要求高，不能漏气	零件多，构造复杂； 振动大，转速低，安装较难； 体积大，占地多； 需吸入、排出阀； 输送腐蚀性液体时，构造更复杂	可直接与电机连接； 零件较少，但制造精度要求较高	构造简单、紧凑，具有较高的吸入高度； 高速旋转，可直接与电机连接； 叶轮和泵壳之间要求间隙很小； 轴封装置要求高，不能漏气
操作	开泵前要灌泵； 维护、操作方便； 可用阀很方便地调节流量； 不因管路堵塞而发生损坏现象	零件多，易出故障，检修麻烦； 不能用出口阀而只能用支路阀调节流量； 扬程流量改变时能保持高效率	检查比离心泵复杂，比往复泵容易； 不能用出口阀而只能用支路阀调节流量	功率随流量减小而增大，开车时应将出口阀打开，同理，流量调节用支路阀
使用范围	可输送腐蚀性液体或含有固体颗粒的悬浮液，对黏度大的液体不适用，一般流量大，而扬程又不高	高扬程，小流量的清洁液体	高扬程，小流量，特别适宜输送油类等黏性液体	特别适用于小流量而压头较高的液体，但不能输送黏性较大的液体

112　简述泵选型时应遵循的原则。

1）根据泵所输送介质的物理化学性能选择不同用途、不同类型的泵。

介质的物理化学性能包括：介质特性（如腐蚀性、磨蚀性、毒性等）、固体颗粒含量及颗粒大小、密度、黏度、汽化压力等。必要时还应列出介质中的气体含量，说明介质是否易结晶等。

2）必须满足流量、扬程、压力、温度、汽蚀余量等工艺参数的要求。

3）满足现场的安装要求。

4）泵的设计、制造、检验应符合有关标准、规范的规定，泵的机械方面可靠性高、振动小、噪声低。

5）确定泵的型号时应整合考虑泵的性能、能耗、全生命周期费用等因素。

113 滚动轴承寿命短可能存在哪些原因？

1）轴承座有缺陷。

2）中心线移动。

3）安装有误。

4）轴与壳体配合不当。

5）润滑不良。

6）密封不完善，有灰尘或水分侵入。

7）振动大。

114 滚动轴承有什么优缺点？

滚动轴承优点是：启动灵敏，运转时摩擦力矩小，效率高，润滑方法简便，易于互换。

滚动轴承缺点是：抗冲击能力差，工作时有噪声，寿命较短。

115 离心泵的轴承出现故障通常有什么现象？有哪些原因？

离心泵的轴承出现故障通常出现轴承箱发热、噪声大、振动现象，严重时电机电流增加，甚至出现抱轴故障。

离心泵的轴承出现故障主要原因有：

1）润滑油黏度低。

2）润滑油变质。

3）润滑油或轴承里有硬颗粒物(沙粒和尘土)进入。

4）有润滑油泵的，可能是润滑油压力低或油路中断。

5）轴承安装不当。

6）泵轴弯曲。

7）泵不对中。

116 机泵滚动轴承及滑动轴承温度指标是多少？

滚动轴承≤70℃；滑动轴承≤65℃。

117 离心泵机械密封在什么情况下要打封油？封油的作用是什么？对封油有何要求？

高温、有毒、强腐蚀性介质，对密封要求严格，不允许外漏；输送含有固体颗粒的介质漏入密封腔内，磨损密封面；易汽化结冰的介质(如液化气)漏入密封腔内产生气体，造成干摩擦而磨损密封面；易结晶的介质漏入密封腔内形成结晶而磨损密封面，以上几种情况需要对离心泵机械密封打封油。

封油有密封、润滑、冷却作用，还有防止输送介质泄漏和负压下空气或冲洗水进入填料函的作用。

封油压力要比被密封的介质压力高 0.05～0.2MPa，封油应为洁净、不含颗粒、不易蒸发汽化、不影响产品质量的无腐蚀性液体。封油系统通常包括泵、罐，以及起压力平衡、过滤、冷却等作用的辅助设备。

118 泵用干气密封有什么特点？

与机械密封相比，干气密封具有如下优点：

1）密封使用寿命长，运行稳定可靠。

2）密封功率消耗小，仅为接触式机械密封的5%左右。

3）与其他非接触式密封相比，干气密封气体泄漏量小。

4）可实现介质零逸出，是一种环保型密封。

5）密封辅助系统简单、可靠，使用中不需要维护。

119 泵用干气密封有哪几种形式？各有什么优缺点？

离心泵输送介质为液体。不同工况条件，可采用下面两种干气密封：

（1）双端面干气密封

双端面干气密封可以用于绝大多数离心泵轴封上，它具有以下特点：

1）用“气体阻塞”替代传统“液体阻塞”原理，即用带压密封气替代带压密封液，保证工艺介质实现“零逸出”。

2）整套密封非接触运行，其功率消耗仅为传统双端面密封的5%，使用寿命比传统密封长5倍以上。

3)结构简单的辅助系统，保证工艺介质不受污染及工艺介质不向大气泄漏，彻底摆脱了传统双端面机械密封对油系统的依赖。密封气采用工业氮气或工业仪表风，其压力高于介质 0.15～0.2MPa。

泵用双端面干气密封不足之处是：

1）需要一定压力气源，气源压力至少高于介质压力 0.2MPa。

2）有微量气体进入工艺流程。

（2）串联式干气密封

泵用串联式干气密封具有如下特点：

1）干气密封与接触式机械密封串联使用，机械密封为主密封，干气密封为次密封。

2）干气密封与主密封间通入氮气，保证主密封具有一定背压，极大延长主密封使用寿命。

3）主密封泄漏工艺介质随密封气排入火炬，保证工艺介质不向大气泄漏，是一种环保型密封。

4）主密封失效后，干气密封短时间内起到主密封作用，防止工艺介质向大气大量泄漏。

5）使用寿命取决于机械密封使用寿命，一般为2~3年。

6）主要用于易挥发性介质场合，如液态烃类介质；对密封气压力要求不高。

串联式干气密封不足之处是：

1）该密封还不是完全意义上的干气密封，其总体性能介于机械密封和干气密封之间。

2）该密封适用于易挥发性介质场合，使用范围较窄。

120 简述泵用干气密封投用注意事项。

1）干气密封系统在投用前需先对整个系统用氮气进行吹扫，确保整个系统干净(限新安装或检、维修后第一次投用)。

2）吹扫后在机泵进料前要先投用干气密封系统，打开进气阀，对系统供气，按密封厂家提供的说明，调整减压阀，一般要求比密封腔中介质压力高0.2MPa，将密封气压力调到规定的值(一般密封安装后已调整好)。

3）泵开启后，要注意检查密封气流量计流量，正常情况下密封气消耗量很小，在0.02~0.04m^3/h，当流量大于0.2m^3/h时，需停泵对密封进行检查。

4）干气密封系统在停泵后，仍需保持供气状态。

5）如机泵要进行修理，在停泵排空泄压后，要关闭密封气。泵泄压后，可以不将干气密封泄压，但再次启动时须按启动规程重新排气。

6）在所有操作中必须保证干气密封的密封气压力高于密封腔压力，反向压力将会导致干气密封失效。

7）在日常检查中，要检查流量计流量。同时，检查过滤器(精度3μm)，在正常状态下，过滤器上部指示为绿色，当过滤器堵塞时，指示为红色，如过滤器堵塞要联系维修人员更换滤芯。

121 机械密封失效的原因有哪些?

1）设计有缺陷。

2）安装有缺陷。

3）密封冲洗油冷却效果不好。

4）泵抽空。

5）机械振动。

6）介质太脏。

122 离心式风机的工作原理是什么?

离心式风机是根据动能转换为势能的原理，利用高速旋转的叶轮将气体加速，然后减速、改变流向，使动能转换成压力势能。在单级离心式风机中，气体从轴向进入叶轮，气体流经叶轮时改变成径向，然后进入扩压器。在扩压器中，气体改变了流动方向致使减速，这种减速将动能转换成压力能。压力增高主要发生在叶轮中，其次发生在扩压过程中。在多级离心式风机中，用回流器使气流进入下一叶轮，可以产生更高的压力势能。

123 离心式鼓风机开机前检查应注意哪些问题?

1）检查管道及消音器、过滤器安装是否正确，各螺栓是否紧固。

2）检查轴承座内是否充填润滑脂。

3）检查电源、接线是否安全、正确，电压是否正常，开关钮等是否灵活、可靠、正确。

4）打开安全罩手动盘车，检查各部分是否有阻滞现象和异常响声。

5）上好安全罩，联系电工，填写送电票，电机送电。

124 简述离心式鼓风机的开机步骤。

1）将出口阀门关闭，进口阀门稍开。

2）启动电机，检查旋转方向是否正确。

3）启动后注意观察启动后的振动、声响等情况，如有异常应立即停车检查并及时处理。

4）电机达到额定转速，并确认各部分均无异常后，尽快打开出口阀，逐步打开入口阀，打开入口阀时注意观察电流表，电流表指示值应低于电机允许电流值。

125 简述离心式鼓风机的停机步骤。

1）先关小入口阀，全关后按停止按钮，然后迅速关闭进、出口阀。

2）停止运转过程中，应注意机内有无异常声响，关掉主开关后观察风机是否均速停止。

3）长期停机时，要注意防止腐蚀和灰尘，隔一段时间将风机转子转过 180°位置，以避免转子变形。

126 简述风机切换步骤。

1）备用风机出口阀关闭，入口阀稍开，放空阀全开。

2）启动备用风机。

3）打开备用风机出口阀后，缓慢打开备用机入口阀，同时缓慢关小运行风机出口阀，直到运行机出口阀全关，备用机出口阀全开，按停车按钮停运行风机。切换过程中注意风量不要变化太大，以减小对生产造成的波动。

127 如何投用加热炉引风机？

启动风机前首先应对风机各部件进行检查并加好润滑油，盘车正常后即可启动风机。启动时先打开风机的入口调节阀和各火嘴风门，按启动电钮，注意电流、转速正常后，再将风机入口调节阀调到正常位置。

128 简述离心式鼓风机故障的判断及处理方法。

离心式鼓风机故障的判断及处理方法见表 3-4。

表 3-4 离心式鼓风故障的判断及处理方法

序号	故障现象	原因	处理方法
1	风机风量不足	出口阀门开度过小	开大出口阀门
		空气流量表失灵	联系仪表维保人员修理流量表
		风机发生故障	切换风机，请维保人员处理
		过滤器堵塞	切换风机，清理过滤器
2	风机风量过剩	出口阀门开度过大	适当关小出口阀门
		空气流量表失灵	联系仪表维保人员修理
3	风机风压不足	出口阀门开度过大	适当关小出口阀门
		风机发生故障	切换风机，请维保人员处理
		过滤器堵塞	切换风机，清理过滤器
		入口阀门开度过小	适当开大入口阀门
4	风机风压大	出口阀门开度过小	适当开大出口阀门
		入口阀门开度过大	适当关小入口阀门
5	风机振动大	风量过小，风机发生喘振	适当打开出口放空阀，避免喘振
		风机发生故障	切换风机，请维保人员处理
		有异物进入机体	切换风机，请维保人员处理

续表

序号	故障现象	原因	处理方法
6	机壳过热	转子内部摩擦	切换风机，请维保人员处理
		转子接触和偏心	切换风机，请维保人员处理
7	轴承温度高	油量不足	补充油脂
		油质劣化	更换油脂
		轴承损坏	更换轴承
		油脂注入过量	排出部分油脂

129 机泵检修前应做哪些工作？

1）将泵扫净，关闭出入口阀门。

2）打开泵的放空阀门，将泵内介质放干净。

3）热油泵应降到常温。

4）切断电源。

5）通知有关生产人员。

130 简述造粒机组成及造粒过程。

尖嘴式造粒机主要由下述六个单元组成：

1）定子。

2）外转筒。

3）分布器。

4）轴承装置。

5）支承机构。

6）旋转进料器。

硫黄池内的液硫经过滤器由泵送入尖嘴式造粒机分布器内，呈液滴状滴落到运行的冷却钢带上，形成半球状固体颗粒，成型造粒后的固体颗粒直接装袋经输送机送入成品库自动打包储存。

131 简述造粒机主要部件及其功能。

（1）定子

定子是一个具有局部偏心的圆柱形金属棒，内部设有一个物料槽和两个用于加热保温的热介质通道，物料进入物料槽内经分布器排出，两个热介质通道走0.4MPa蒸汽，用于防止物料槽内物料凝固。

定子可转动±10°用于调节液硫滴落角度，以达到优质颗粒形状。定子转动是借助于定子端的操纵杆来实现的。

(2) 外转筒

外转筒是一个非常薄的套筒，在筒的外表面上加工出很多小尖嘴通孔，这些尖嘴通孔呈一定形式排列，在套筒的两端安装有套筒驱动法兰。

必须非常小心地轻拿轻放外转筒，不得碰撞外转筒上的尖嘴，外转筒的任何变形或尖嘴的损坏都将影响机器工作性能，导致颗粒质量下降及产品的造粒产量减少。如要清洗外转筒，停机时需在热态下取下外转筒放到清洗筒内清洗。

(3) 分布器

产品在定子内需要均化分布，这一功能由分布器来完成，分布器安装在定子内的分布槽中，对于高黏产品应安装高黏分布器，对于低黏产品应安装低黏分布器。

必须非常小心地轻拿轻放分布器，不得碰撞、挤压分布器，分布器的任何变形或密封面的损坏都将影响机器工作性能，导致颗粒质量下降及产品的造粒产量减少。如要清洗分布器，停机时需在热态下取下分布器放到清洗筒内清洗。

(4) 轴承装置

尖嘴式造粒机共有两套主轴承装置，一套安装在产品入口端，另一套安装在机器维修端，在维修端的轴承装置在维修时可以整体从定子上移下清洗。此外，还有脱膜剂滚子轴承一套，钢带下支撑滚子轴承六套，电机传动轴承两个。两套主轴承加脂时，可以直接加到加油阀内，旋上压盖即可，其他轴承加脂时，要用油枪对准加油孔进行。

在轴承装置内安装有机械密封，旋转套与外转筒上驱动法兰静连接，防止产品泄漏到机体外，并且具有热膨胀补偿作用。

(5) 支承机构

机头支承机构有两个作用，一个作用是可以调节外转筒上尖嘴端与钢带的间隙，另一个作用是调节整个机头的升降，当维修时需升起机头，当工作运行时需降下机头。

(6) 旋转进料器

旋转进料器用于连接物料进料管路。旋转进料器可保证定子对液硫滴落角度的调整及维修时分布器的转动安装，在旋转进料器内装有孔径 $\Phi0.5$mm 的过滤网，可防止杂质进入机体内。

132 造粒机启动前的检查与准备工作有哪些?

1) 检查造粒机、包装线、吹气风扇、排风扇等各单元的安装和紧固是否符合要求。

2) 检查液硫、冷热水流程是否符合要求，液硫泵、冷却循环水泵是否完好。

3）检查各机泵及造粒机转动单元润滑是否良好。

4）钢带上下表面无杂物(特别提醒)。

5）防黏剂是否按要求加好。

6）检查保护罩是否安装完好。

7）检查电器仪表及控制系统是否完好。

8）与内操人员及班长联系，确认是否可以开机。

133 造粒机开车注意事项有哪些?

1）造粒机启动前必须先启动包装机后面的输送带，然后启动包装机的提升机、包装机输送带，确认可正常运行后才可以启动造粒机。

2）检查钢带与转鼓间是否有脏物，并将钢带内表面及回转辊轮表面或钢带轮导向凹槽清理干净。

3）在钢带空转 1h 左右，布料器及管路等各段温度达到设定温度值并稳定后，方可正式投料。

4）加热罩在布料器旋转的情况下方可进行升温加热，否则布料器由于单边受热可能产生变形。

5）钢带启动前操作人员必须先开钢带冷却水，禁止无冷却水开机。

6）开启后，有异常情况时，要按下操作柱上的紧急停车按钮。

134 造粒机的开车步骤有哪些?

1）先启动成型造粒机上部排风机及钢带上部冷却吹风机。

2）钢带冷却水给水，并检查喷头喷雾情况。

3）启动布料器电机，使布料器处于低速旋转状态，打开布料器加热蒸汽对布料器进行预热(注意：第一次开车布料器空转 5~10min)，将布料器预热至 120℃以上。

4）降下布料器，检查外转筒与刚带的间隙，一般在 3~10mm。

5）启动钢带电机，设定变频器的电流赫兹数在 10Hz 左右。

6）调整钢带位置，在此期间，变频调速控制器设定的赫兹数不得超过 15Hz，之后空转 1h 左右。

7）等设备运转全部平稳后，给布料器进料，开始时，进料不要太大，防止成型造粒不好。

8）逐渐提高钢带速度，同时提高布料器转速和进料量，直至设计值。

9）检查布料器和钢带频率，两者应基本一致。

10）检查颗粒形状及成型造粒率，并根据进料量对布料器、钢带频率进行调整。

135 造粒机的停运步骤有哪些?

1）首先停止向滴落机供料，关闭液硫进滴落机前阀门，打开液硫返回线阀门，停液硫物料泵，关泵出口阀。

2）调低钢带及布料器频率至 10~15Hz，运行 10min 左右，滴落机无物料滴下时，用热气吹扫机头两次，每次 5s，间隔 30s。

3）待滴落机及钢带空转运行 5min 后停止滴落机转动，升起机头到维修位置。

4）停止钢带转动。

5）停通风机和冷却吹风机。

6）停冷却水，停冷却水泵(气温低时做好防冻防凝工作)。

7）做好现场及造粒机等设备卫生工作。

8）通知内操，并做好记录。

136 造粒机如何润滑?

机器的轴承装置(维修端与驱动端)、链条、丝杆等运动件，需定期加油。传动链条、回转辊轮轴承加油处，每 20 天加注一次润滑脂。布料器轴承加油处，第 10 天补充一次高温润滑脂。钢带辊轮部分的驱动减速箱，首次使用 200h 后，将原润滑油放尽，冲洗干净，然后重新加入合成蜗轮蜗杆润滑油 VG460 至油标中心。

137 简述造粒机常见故障、原因及解决措施。

造粒机常见故障、原因及解决措施见表 3-5。

表 3-5　造粒机常见故障、原因及解决措施

故障	原因	解决措施
外转筒转得太慢，尽管驱动装置在运行	操作温度太低	提高操作温度
	过载	调至合适扭矩
	机械堵塞	清洗机头
	产品在轴承套内	拆卸轴承套清洗
无产品形成	无产品输入	检查泵和阀
	机头过滤器堵塞	清洗过滤器
	操作温度太低	调高操作温度
	过滤器堵塞	清洗过滤器
颗粒连条	外转筒太快	降低其转速
	产品过多	减少产品输入

续表

故障	原因	解决措施
椭圆形颗粒	外转筒转速太低	提高其转速
颗粒粘连(或成片)	产品输入过多	减少产品输入
产品在机头两端泄漏	机械密封磨损	更换机械密封
	机械密封松动	旋紧锁定螺母
颗粒分布不规则	分布器堵塞	清洗分布器
	外转筒与钢带间隙太大、不等、倾斜	调整
	分布器位置不合适	检查分布器位置
	分布喷嘴泄漏	检查更换
	滴落角度不合适	滴落角度调至±10°内
	产品输入量过少	增大产品输入

138 润滑油的作用是什么?

润滑油具有润滑、冷却、冲洗、密封、减振、卸荷、保护等作用。

139 润滑材料应具备哪几项基本要求?

1）良好的润滑性。

2）良好的流动性。

3）良好的抗氧化性。

4）尽可能小的腐蚀性或无腐蚀性。

5）与可能接触的橡胶制件等的相容性。

6）良好的消泡性。

7）良好的抗乳化性。

8）无水分、灰沙杂质。

140 根据润滑油介质分类，润滑油可分几类?

1）气体润滑。

2）液体润滑。

3）油脂润滑。

4）固体润滑。

5）油雾润滑。

141 润滑油是由哪些化合物组成的?

润滑油是由烷烃、环烷烃、芳香烃和环烷芳香烃以及这些烃的含氧、含硫和含氮衍生物所组成的。

142 润滑油主要有哪些质量指标？

润滑油质量指标主要有：黏度、闪点、凝点、酸值、水分、机械杂质、残炭、灰分、酸值、抗氧化安定性、抗泡性、抗乳化性能等。

143 什么叫闪点？

油品在规定的条件下，加热到它的蒸气与周围空气形成的混合物与火焰接触时发生瞬间闪火时的最低温度，称为闪点。

144 闪点在使用上有什么意义？

1）闪点的高低表示油品在高温下的安全性，是安全生产、储存、运输、合理使用油品的重要指标。

2）闪点是区别易燃与可燃品的主要标志，闪点在45℃以下的为易燃品，在45℃以上为可燃品。

3）闪点的高低表示油品含轻质馏分的多少，闪点低，含轻质馏分多，易挥发，不宜在高温下使用。

145 润滑脂有什么特点？

1）具有好的油性和润滑能力。

2）附着力强，不易从摩擦表面流失或甩出，可简化机构的设计。

3）具有好的密封和防护作用，能在差的环境下保持内部清洁。

4）抗碾压性好，能适用于较高负荷或粗糙表面的润滑。

5）减振性强，有好的缓冲性能。

6）黏温性能好，黏温系数小，温度适应性强。

7）加油周期长，可减少维修费用。

8）耐水润滑脂可以用于润滑水中工作的机械而不会流失。

9）当然润滑脂也存在一些缺点，如黏稠性高、启动负荷大，流动性小，不能起散热作用，高温下易分解等。因此，对某些高速和高温轴承，如转速在2000~3000r/min以上，温度在200~300℃以上者，目前还不能用润滑脂而只能用润滑油。

146 润滑脂的质量指标可分为哪几类？

1）物理性质：滴点、针入度、外观、胶体安定性等。

2）化学性质：防锈性、游离酸碱、化学稳定性等。

3）使用性能：使用寿命、漏失量、机械安定性等。

147 什么叫润滑脂的滴点?

滴点也叫滴落点，是指润滑脂受热后，随着温度升高，脂逐渐由软变稀而熔化，从滴点计上开始滴落第一滴或流出油柱 25mm 时的温度称为滴点。因此，滴点在一定程度上是象征脂的高温性能的一个指标。一般脂的最高使用温度应低于滴点 20~30℃。

148 什么叫润滑脂针入度?

针入度又称穿入度，表示润滑脂的软硬程度，针入度是以质量为 150g 的标准锥体，在 5s 内沉入 25℃的润滑脂试样的深度，单位为 1/10mm，针入度可以表示润滑脂的几种性质:

1）表示稠度。针入度越大，稠度越小，针入度越小则稠度越大。

2）表示塑性强度。针入度可表示润滑脂受挤压和在剪切应力作用下发生塑性变形的程度。

3）表示流动性。针入度越大润滑脂越软，软则容易变稀和流失，反之越硬，硬则流动性差，不能适应高转速的要求，也不能适应管路压力给脂。

149 什么叫润滑脂胶体安定性?

脂的胶体安定性是衡量润滑脂在储存过程中析出油的倾向指标。润滑脂属于胶体结构，为了便于长期储存以及对温度的相对稳定性，需要脂具有良好的胶体稳定性，以便在受压或受热时不致结构发生严重损坏和产生严重的脂油分离现象。

150 什么是润滑脂的化学稳定性?

润滑脂的化学稳定性也称抗氧化安定性，主要是指润滑脂在储存、运输和使用期间抵抗空气氧化作用的能力。

151 固体润滑材料有哪些特征?

1）剪切强度小。

2）对金属表面的附着能力强。

3）重载低速下具有良好的抗黏滑特性。

4）黏温性好(使用温度范围宽)。

5）承载能力高。

6）耐热性好。

7）化学稳定性好。

8）不侵蚀机件。

9）耐高真空。

152 常见的固体润滑材料品种有哪些？

可以用作固体润滑材料的物质很多，常见的有石墨、二硫化钼、二硫化钨，金属的氧化物（四氧化三铁、氧化铝），金属的卤化物（氯化铁、氯化镉、碘化镉、碘化铅、碘化汞），软金属（铅、锡、钼、锌、银），塑料（聚四氟乙烯等），滑石，云母等。

153 滚动轴承润滑的目的是什么？

防止或者最大限度地减少轴承磨损和表面损坏。

减少轴承各部分的摩擦，如：减少滚动体与内圈及外圈、滚动体与保持架之间，以及保持架与滚道面之间的摩擦，减少轴承的发热。

通过润滑剂的作用，还可以带走轴承内部产生的热量（主要是润滑油）和防止轴承生锈和外部杂质侵入（润滑脂）。

154 “滚动轴承内装满润滑脂一定很好”，这句话对不对？为什么？

不对。

因为轴承内过多充满润滑脂，在较高转速运转时，润滑脂产生激烈的搅拌，引起升温过高，造成泄漏，达不到最佳润滑效果，降低轴承的使用寿命。所以在滚动轴承体内或轴壳空腔内填充润滑脂时，必须有一个最少必要量。

155 润滑的原理是什么？

为了减少摩擦，防止磨损，人们用液体把工作表面隔开，使突起处不互相碰撞，这种把一种具有润滑性能的物质加到物体的摩擦面上，以达到降低摩擦和减少磨损的目的，叫作润滑。润滑剂加到物体的摩擦面上，通常是以润滑膜的形式起润滑作用的，润滑膜分固状膜和液状膜两种，固状膜是以固体润滑剂（如石墨、硫化钼等）形成的嵌入式润滑膜；液体膜是以液体润滑剂形成的吸附式润滑膜，所以又叫油膜，摩擦面间的完整油膜是由边界油和流动油膜两部分组成的。

边界油膜的形式是由于润滑油在金属表面的附着力大于油本身的内聚力，同时它与金属表面接触时，其中的“极性分子”产生静电吸附，使润滑油牢固地在金属表面形成薄薄的油膜，这也就是润滑油的油性。一般边界油膜只有 0.1～0.4nm 厚，但每平方厘米都可以承载几百公斤的负荷。

流动油膜的形成，有两种方法：一种是用泵将润滑油打进摩擦面强制形成流动油膜，叫静压润滑，在高速、重载、重要机泵上多采用；另一种是靠润滑油本身的运动来产生油压，形成流动油膜，叫作动压润滑，一般中小机泵轴瓦就是这种状态类型。

156 什么叫润滑油的油性？它和边界油膜有什么关系？

润滑油能散布并牢固地吸附在金属表面而形成的一层薄薄的油膜的性能，叫润滑油的“油性”。把润滑油涂在金属表面，然后将油擦掉，直到最后用手已经不能感到有油存在的情况下，在金属表面存在一层光亮油膜，这就是边界油膜，它是依靠润滑油(脂)的油性而形成的，可以承受很高的压力而不被破坏，润滑油的油性概括地表示润滑油形成的边界油膜的厚度，而边界油膜破裂后能够迅速恢复，这叫作润滑油的油性好。

157 机泵有哪些润滑部位？

离心泵、旋涡泵的润滑部位主要是轴承箱内轴和轴承。电动往复泵的主要润滑部位是传动箱内齿轮主轴轴承、曲轴轴承、滑杆连杆、轴瓦、减速箱内的蜗轮蜗杆。

158 如何鉴别轴承润滑是否正常？

鉴别轴承润滑是否正常的方法有以下几种：

1）润滑油不变质(不乳化、不含杂质、不含水、不发黑)。

2）注油指示器具指示正常(自动注油器液面在针管的斜口上端，液面计或视镜油面在 1/2~2/3 的高度)。

3）甩油环甩油正常(前轴承箱要从加油孔往下看，后轴承箱端盖有有机玻璃看窗的，可以直接看到飞溅情况)。

4）轴承的温度合适，不宜太高。

5）用听音棒听轴承运转，无异常声音。

159 装置常用防爆电机有哪些形式？

常用的防爆电机形式有：

1）隔爆型：如 JBO、JB、YB 等系列。

2）增安型。

3）正压型。

4）无火花型。

160 常用电机型号的含义是什么？

(1) $YB160M_2-4$

其中，Y：异步电机；B：防爆型；160：机座中心高(mm)；M：中机座；

2：第二种铁芯长度；4：级数。

（2）JBO-315S-2W(KB)

其中，J：交流异步电机；B：隔爆；O：封闭式；315：电机中心高315mm；S：机座长度(S：短，M：中，L：长)；2：电机级数为2级；W：户外型，TH温热型，没有标注为普通型；KB：矿用防爆。

161 三相异步交流电机的工作原理是什么？

当电机的定子绕组通以三相交流电后，便在定子绕组中产生了旋转磁场，在旋转磁场的作用下，转子绕组中就产生了感应电流，转子中因感应电流形成的磁场和定子磁场相互作用产生的作用力推动转子转动。

162 三相异步电机由哪些零件组成？

三相异步电机的零件共由转子和定子两大部分组成。其中转子部分有轴、轴承、转子铁芯、转子绕组、风叶。定子部分有机座、机壳、风罩、定子铁芯、定子绕组、前后轴承内盖、前后端盖、前后小盖、接线盒、接地线。

163 电机为什么要安装接地线？

当电机内绕组绝缘被破坏时，机壳就会带电，手摸上去就会造成触电事故。安装接地线是为了将漏电从接地线引入大地回零，以保证人身安全。

164 电机尾部为什么要有风扇？

电机在运动中线圈与铁芯都会发热，如不消除温度会逐渐上升。超过铭牌上的“允许温升”后，绕组的绝缘就会遭到破坏，造成短路事故。所以，在电机尾部装有风扇进行强制通风，把热量带走，保持温升在允许的范围内。

165 电机运行时声音不正常有哪些原因？

电机运行时声音不正常的原因有以下几种：

1）定子与转子相碰。

2）电机单相运行。

3）转子扇叶碰壳。

4）转子与绝缘纸摩擦。

5）轴承严重缺油。

6）轴承损坏。

7）线圈接线有误。

166 电机轴承发热的原因有哪些？

电机轴承发热的原因有：

1）轴承装配过紧。

2）轴承缺油（正常情况下润滑脂应充满轴承盖的2/3）。

3）轴承油太多。

4）润滑脂里有杂物。

5）轴承跑套，轴承外套与端盖摩擦称为跑外套，轴承里套与旋转轴摩擦称为跑内套。

6）轴承盖和轴承相互摩擦。

167 电机电流增高有哪些原因？

油品的密度或黏度大，流量或压头大，叶轮中有杂物，转动部分与静止部分摩擦，盘根压得太紧。

168 运转中的电机为什么会跳闸？

1）电机内绕组短路，因为短路电流相当大，使电源保险丝烧断，控制线路无电，使中间接触器把它在电源线上的主触点断开，电机就跳闸了。

2）电网电压低。

3）电机过负荷（如电机容量不够）。

4）转子卡住。

5）平衡管堵。

169 运转中的电机应检查哪些项目？

运转中的电机应检查机身和轴承的温度是否正常，检查电机运行中发出的声音是否正常，接线盒的温度、负载电流是否在额定范围内。

170 电机运行中应注意哪些问题？

为保证电机的安全运行，日常的监视、维护工作很重要。电机的运行状况会通过表计指示、温度高低、声响变化等方面的特征表现出来。因此，只要注意监视，异常情况是可以及时发现的。除了规程所规定的监视、维护项目外，这里要强调注意以下几点：

1）电流、电压。正常运行时，电流不应超过允许值。一般电机只在一相装电流表，对低电压电机，如有必要，可用钳形电流表分别测三相电流。电流的最大不对称允许为10%。检查电压，一般借用电机所接的母线电压表监测。电压可以在额定电压的-5%~10%的范围内变动，电压的最大不对称度允许为5%。

2）温度。除了电机本身有毛病如绕组短路、铁芯片间短路等可能引起局部高温外，由于负载过大、通风不良、环境温度过高等原因，也会引起电机各部分温度升高。绕组的温度可以用电阻测温，或用电机制造时预先埋入的热电偶来测定。铁芯、轴承和滑环等部分的温度可以用酒精温度计测量。运行中有必要时，可在电机外壳贴酒精温度计监视温度，但控制温度应低于电机的最高温度允许值。

关于温升的允许值，应参照有关规程规定。

3）音响、振动、气味。电机正常运转时，声音应该是均匀的，无杂音。振动应根据电机转速控制在规程规定允许值之内。凡用手触摸轴承部位觉得发麻，说明振动已很厉害，应进一步用振动表测量。如电机附近有焦臭味或冒烟，则应立即查明原因，采取措施。

4）轴承工作情况。主要是注意轴承的润滑情况，检查温度是否过高，有无杂音。大型电机要特别注意润滑油系统和冷却水系统的正常运行。

5）其他情况。绕线式电机还应注意环上电刷的运行情况。

171 什么是电机自启动？为什么不对所有电机都设自启动保护系统？

所谓电机自启动，就是当正常运转中的电机，其电源瞬时断电或低电压发生后电机还能自发地正常启动，就称自启动。

电机启动电流是额定电流的4~7倍，如果一个装置的所有电机都装自启动，当失电后恢复电源的瞬间所有电机在同一时间内启动，强大的启动电流对变压器和整个网络造成很大冲击，引起整个供电网络波动，会造成非常严重的后果，所以在装电机自启动保护时，要经过严格计算，只对少数的关键设备才考虑自启动保护。

172 通常电机都有过电流保护系统，为什么还会时常出现电机线圈烧坏事件？

通常电机都有短路保护和过负荷保护，均属于过电流保护。前者一般采用熔断器保护，后者采用热继电器或过电流继电器保护。虽然装设了这些保护设备，但烧毁电机的现象还是不能避免。

1）电机保护设备是在电机已经产生过电流后才开始动作的，如电机内部产生短路，强大的短路电流使熔断器熔断，但电机已被大电流烧毁。

2）电机的保护设备既要躲过大于额定电流4~7倍的启动电流，又要满足电流超过额定值能使保护设备动作，故电机的保护设备具有反时限特定——电流越大，动作时间越短，电流越小，动作时间越长。

当电机电流已超过额定值，但动作时间还没到，保护设备还没有动作，这时电机绕组已过热绝缘已被烧毁，如轴承咬死，电机二相运转等都可能使电机烧毁。

3）保护设备选择不当，整定值计算有误差或过电流保护装置失灵都会引起电机烧毁。

第二节　静设备基础及操作知识

1　公称直径、公称压力、试验压力和操作压力指的分别是什么?

公称直径(*DN*)是为了设计、制造、安装和检修的方便而人为规定的一种标准直径。

公称压力(*PN*)是为了设计制造和使用方便而人为规定的一种标准压力。

试验压力(P_s)是对设备和管线进行水压强度和密封性试验而规定的一种压力。

操作压力(*P*)就是实际操作时的压力。

2　英寸与毫米是什么关系?英寸与公称直径是什么关系?

1 英寸(in)= 25.4mm;1in = *DN*25。

3　为什么设备不能在超温、超压、超负荷状态下运行?

机泵、设备都是按照一定的使用要求进行设计和制造的,但考虑材质、制造、使用等方面的因素,在设计时虽然有一定的安全系数,但决不允许在超温、超压、超负荷状态下运行,否则超出极限就会发生着火爆炸、机器设备严重损坏事故,所以不经慎重核算、研究,任意改变工艺指标规定,超温、超压、超负荷运行必须坚决制止。

4　管道按最高工作压力分为几级?

共分为四级,见表 3-6 所示:

1)真空管道:p_w<标准大气压;

2)低压管道:$0 \leqslant p_w < 1.6$MPa;

3)中压管道:$1.6 \leqslant p_w < 10$MPa;

4)高压管道:$10 \leqslant p_w < 100$MPa。

表 3-6　管道分类

按压力范围分类				
类别	真空管道	低压管道	中压管道	高压管道
压力范围	最高工作压力小于标准大气压	$0 < p_w < 1.6$MPa	$1.6 \leqslant p_w < 4$MPa $4 \leqslant p_w < 10$MPa	$10 \leqslant p_w < 100$MPa

续表

管道材质	工作温度/℃	综合分类 Ⅰ类	Ⅱ类	Ⅲ类	Ⅳ类	Ⅴ类
碳素钢	≤370	p_w≥32	10≤p_w<32	4≤p_w<10	1.6≤p_w<4	p_w<1.6
	>370	p_w≥10	4≤p_w<10	1.6≤p_w<4	p_w<1.6	
合金钢及不锈钢	≥450	p_w任意				
	-196~450	p_w≥10	4≤p_w<10	1.6≤p_w<4	p_w<1.6	

注：p_w为最高工作压力，MPa。

5 设备维护保养制的内容是什么?

1）设备维护做到台台设备、条条管线、个个阀门、块块仪表有人负责，并及时做好设备防冻防凝、保温、保冷、防腐堵漏等工作。

2）操作人员对所使用的设备，通过技术培训，做到“四懂”(懂结构、懂原理、懂性能、懂用途)、“三会”(会操作、会维护保养、会排除故障)。

3）严格遵守操作程序，正确使用设备，做到启动前认真检查，认真执行操作指标，不准超温、超压、超速、超负荷运行。

4）必须坚守岗位，严格执行巡回检查制度，定时按巡回检查路线对设备进行仔细检查，主动消除脏、乱、松、缺、漏等缺陷，认真填写运行记录、缺陷记录及操作日记。

5）搞好设备润滑，坚持“五定”及“三级过滤”。

6）严格执行设备定期切换、强制保养制度，对备用设备要定时盘车，做好防冻凝、清洁及防腐工作，对岗位封存、闲置设备应定期维护保养。

7）保持本岗位的设备管道、仪表盘、油漆保温完整、地面清洁，加强静密封管理，消除跑、冒、滴、漏，努力降低泄漏率，搞好环境卫生，做到文明生产。

8）操作人员发现设备有不正常状况时，应立即检查原因，及时反映，在紧急情况下，应按有关规程果断采取措施或立即停车，并上报和通知班长、车间及有关部门，不弄清原因、不排除故障不得盲目开车。

6 简述设备管理知识有关术语。

1）现场卫生“三见四无”：“三见”指沟见底、轴见光、设备见本色；“四无”指无垃圾、无杂物、无废物、无闲散器材。

2）设备润滑的“五定”：是指定人、定点、定质、定量、定时。

3）设备维护“三勤一定”：勤检查、勤擦扫、勤保养，定时准确记录。

4）设备维护保养的“四懂”“三会”：懂结构、懂原理、懂性能、懂用途，会操作、会维护保养、会排除故障。

5）机泵维护的“十字作业法”：清洁、润滑、紧固、调整、防腐。

6）设备运行“四不准超”：不准超温、不准超压、不准超速、不准超负荷。

7）润滑“三级过滤”：从领油大桶到手提桶，从手提桶到加油壶，从加油壶到加油点的过滤。

8）泵工“五字操作法”：看、听、摸、查、比。

9）泵工三件宝：扳手、抹布、听诊器。

7 流体在管内有哪几种基本流动形态？如何判定？

流体在管内流动一般分为层流和湍流两大类型，介于两者之间称为过渡流，它是一种由层流过渡到湍流的一种过渡暂存的状态。层流是流体质点始终沿着与管轴平行的方向成层的流动。湍流是流体质点除沿着管轴向前流动外，还由于流速大小和流动方向随时发生变化，做不规则的径向运动，使质点互相碰撞发生旋涡。通过雷诺试验可知当雷诺系数 $Re<2000$ 时流动状态为层流，$Re\geqslant 4000$ 时流动状态为湍流。因此，通过雷诺系数可以判定流体的状态。

8 根据使用条件管道可分为哪几类？

管道按使用条件一般可分为以下几类：

1）水煤气输送管。

2）无缝钢管。

3）裂化用无缝钢管。

4）锅炉用无缝钢管。

5）高压无缝钢管。

6）不锈、耐酸无缝管。

9 常用的管子按材质分为哪几种？

按材质分为铸铁管、碳钢管、合金钢管、有色金属管和非金属管等。

10 管道连接方式有哪几种？

管道连接方式有以下几种：

1）焊接连接：金属管道经常通过焊接连接，焊接是一个技术和制造过程，以热、压力或高温金属键的方式。

2）法兰连接：法兰连接是一种可拆卸的接头，它将两个管道、配件或设备分别固定在一个法兰上，然后在两个法兰之间添加一个法兰垫，最后将两个法兰螺栓连接起来，使它们紧密黏合。法兰连接的主要特征是容易去除，高强度，有良好的密封性能。法兰连接多用于方便拆装维修的管道安装。

3）螺纹（丝扣）连接：通过内外螺纹把管道与管道、管道与阀门连接起来。在传统的镀锌钢管中被广泛使用。

4）承插连接：承插连接主要用于铸铁管、混凝土管、陶瓷管、塑料管等与承插连接。

5）沟槽连接：沟槽连接也叫卡箍连接。《自动喷水灭火系统设计规范》《消防给水及消火栓系统技术规范》提出，系统管道的连接应采用沟槽式连接件或丝扣、法兰连接；其中自动喷淋系统中直径等于或大于100mm的管道、消防给水系统中直径大于50mm的管道，均应分段采用法兰或沟槽式连接件连接。

6）电熔、热熔连接：电熔连接是热熔连接的一种。材料中已预设加热线圈，连接时通电加热熔融，熔接质量好但材料较贵，适用于不方便使用器具热熔，或熔接要求高的场合；热熔是将材料用专用器具加热熔融，材料冷却后连为一体，工程中一般热熔管件均使用热熔，施工方便经济。使用的原理一致，但是使用的机具和达到的连接效果不同。

11 管道的参数主要有哪些？

1）公称压力（PN），单位MPa。

2）公称直径（DN），它代表管道的名义内径，通常它既不是实际内径也不是实际外径。它的单位为mm，但工程上也有用英寸（in）表示的，一般按1in=25mm换算；常用的管道公称直径有：15、20、25、40、50、80、100、150、200、250、300、350、400、500、600等。

12 什么是工业管道检验？

在用工业管道都要求进行定期检验，分为在线检验和全面检验。

13 什么是在线检验？

在线检验是指在运行条件下对正在使用的工业管道进行检验。在线检验至少每年1次。

14 管道的在线检验应检查什么？

管道的在线检验一般以宏观检查和安全保护装置检验为主，应重点检查以下部位：

1）压缩机、泵的出口部位。

2）补偿器、三通、弯头（弯管）、大小头、支管连接及介质流动的死角等部位。

3）支吊架损坏部位附近的管道组成件以及焊接接头。

4）曾经出现过影响管道安全运行问题的部位。

5）处于生产流程要害部位的管段以及与重要装置或设备相连接的管段。

6）工作条件苛刻以及承受交变载荷的管段。

15 管线宏观检查的主要检查项目和内容有哪些？

1）泄漏检查：主要检查管子以及其他组成件泄漏情况。

2）绝热层、防腐层检查：主要检查管道绝热层有无破损、脱落、跑冷等情况；防腐层是否完好。

3）振动检查：主要检查管道有无异常振动情况。

4）位置与变形检查：

① 管道位置是否符合安全技术规范和现行国家标准的要求。

② 管道与管道、管道与相邻设备之间有无相互碰撞及摩擦情况。

③ 管道是否存在挠曲、下沉以及异常变形等。

5）支吊架检查：

① 支吊架是否脱落、变形、腐蚀损坏或焊接接头开裂。

② 支架与管道接触处有无积水现象。

③ 恒力弹簧支吊架转体位移指示是否越限。

④ 变力弹簧支吊架是否异常变形、偏斜或失载。

⑤ 刚性支吊架状态是否异常。

⑥ 吊杆及连接配件是否损坏或异常。

⑦ 转导向支架间隙是否合适，有无卡涩现象。

⑧ 阻尼器、减振器位移是否异常，液压阻尼器液位是否正常。

⑨ 承载结构与支撑辅助钢结构是否明显变形，主要受力焊接接头是否有宏观裂纹。

6）阀门检查：

① 阀门表面是否存在裂纹现象。

② 阀门表面是否有裂纹、严重缩孔等缺陷。

③ 阀门连接螺栓是否松动。

④ 阀门操作是否灵活。

7）法兰检查：

① 法兰是否偏口，紧固件是否齐全并符合要求，有无松动和腐蚀现象。

② 法兰面是否发生异常翘曲、变形。

8）膨胀节检查：

① 波纹管膨胀节表面有无划痕、凹痕、腐蚀穿孔、开裂等现象。

② 波纹管间距是否正常、有无失稳现象。

③ 铰链形膨胀节的铰链、销轴有无变形、脱落等损坏现象。

④ 拉杆式膨胀节的拉杆、螺栓、连接支座有无异常现象。

9）阴极保护装置检查：对有阴极保护装置的管道应检查其保护装置是否完好。

10）蠕胀测点检查：对有蠕胀测点的管道应检查其蠕胀测点是否完好。

11）管道标识检查：检查管道标识是否符合现行国家标准的规定。

12）在生产过程中积累的认为应该检查的其他项目。

16 管道的附件有哪些？

1）管件包括：

① 弯头：包括长半径弯头（$R=1.5DN$）、短半径弯头（$R=1DN$）；按外形又可以分为90°弯头和45°弯头。

② 三通：分为等径三通和异径三通。

③ 大小头：分为同心大小头和偏心大小头。

④ 管帽。

⑤ 螺纹短节：包括单头螺纹短节（俗称单丝）和双头螺纹短节（俗称双丝或对丝）。

⑥ 管箍。

⑦ 活接头。

2）法兰。

3）阀门。

4）支吊架：分为刚性式、弹簧式。

5）紧固件。

6）垫片。

7）保温层（保冷层）。

17 什么叫管线的保温和保冷？

通常将管线的保温和保冷称为隔热层。GB/T 50264—2013《工业设备及管道绝热工程设计规范》规定：为减少设备、管道及其附件向周围环境散热，在其外表面采取的包覆措施，叫保温。为减少周围环境中的热量传入低温设备和管道内部，防止低温设备和管道外壁表面凝露，在其外表面采取的包覆措施，叫保冷。

18 保温层(保冷层)的作用是什么?

保温层的作用是:

1）减少设备、管道及其组成件在工作过程中的热量或冷量损失以节约能源。

2）减少生产过程中介质的不必要的降温或升温以提高设备的生产能力。

3）避免、限制或延迟设备和管道内介质的凝固、冻结，以维持正常生产。

4）降低或维持工作环境温度，改善劳动条件，防止火灾和烫伤。

5）防止设备、管道及其组成件表面结露。

19 常用的保温层(保冷层)材料有哪些?

常用的保温层材料有：岩棉、矿物棉、硅酸钙、硅酸铝、玻璃棉、复合硅酸盐。此外，还包括：硬质聚氨酯泡沫塑料、聚苯乙烯泡沫塑料、泡沫玻璃、泡沫橡胶。

保温层常用的保护外层的材料有：对于可拆卸的结构，用0.5~0.6mm的镀锌薄钢板或0.6~0.8mm的铝合金薄板；设备宜选用0.5~0.7mm的镀锌薄钢板或0.8~1mm的铝合金板。

20 高温管线为什么进行热补偿?

因为石油化工的管线都是在常温下安装，而在不同的温度条件下工作的。由于温度的变化，金属材料会热胀冷缩，产生热应力，为了防止管子被破坏，故需设置热补偿。

21 管线热补偿有哪些方法?

热补偿分为自然补偿和补偿器补偿。

1）自然补偿是利用管线本身某一段的弹性变形来吸收管线的冷热变形的方法。

2）补偿器补偿是利用膨胀节或叫“胀力”补偿。补偿器分为四折补偿器、波形补偿器、填料函补偿器。

22 管道支吊架的作用是什么?

支吊架在管道中的作用是:

1）支撑管道的重量。

2）限制管道在某个或某几个方向的位移。

3）平衡介质反力。

4）防止管系产生振动。

合理布置和正确选取合适的支吊架对确保管道安全运行、延长管道的使用寿命有重要意义。

23 管道支吊架的分类有哪些？

管道支吊架的分类见表 3-7。

表 3-7 管道支吊架的分类

分类	用途	分类	用途
支架和吊架	支吊管道的重量（由管下部支承管重的叫支架，由管上方吊的叫吊架）	刚性支吊架	用于无垂直位移的场合
		可变吊架或弹簧吊架	用于有少量垂直位移的场合
		恒力吊架	用于垂直位移较大的场合
限制性支架	限制和约束管系因热胀、冷缩引起的位移	固定支架	在固定点处不允许线位移和角位移
		限位支架	允许管系的某一点有角位移，但不允许有横向位移
		导向支架	允许该处管道有轴向位移，不允许有横向位移
防振支架	限制由外力，如振动、地震、风压、水击等引起管系位移或减振、防振用	防振器	用于需要防振、减振的地方
		缓冲器	缓和由地震、水击、安全阀和减压阀急速开放等外力引起的冲击和振动

24 管道法兰按与管子的连接方式可分为哪几种基本类型？

按 SH/T 3406—2022《石油化工钢制管法兰技术规范》管道法兰按与管子的连接方式可分为：①平焊法兰（SO）；②对焊法兰（WN）；③螺纹法兰（PT）；④承插焊法兰（SW）；⑤松套法兰（LJ）；⑥法兰盖（BL）（见图 3-18）。

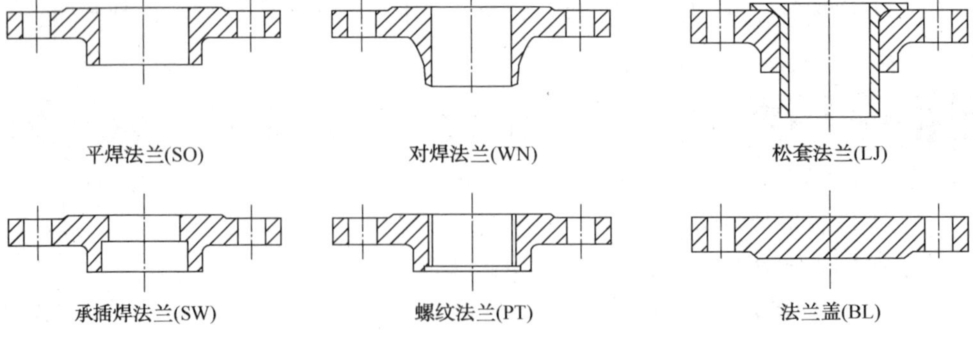

图 3-18 法兰类型

25 法兰密封面形式有哪几类?

法兰密封面主要根据介质、压力、温度等工艺条件，公称直径及采用垫片类型等进行选择。按 SH/T 3406—2022《石油化工钢制管法兰技术规范》法兰密封面有突面(RF)、全平面(FF)、凹凸面(MF，凹面为 LF，凸面为 LM)、榫槽面(TG，槽面为 GF，榫面为 TF)和环槽面(RJ)(GB、HG、JB 标准中多用环连接面名称)等几种，如图 3-19 所示。

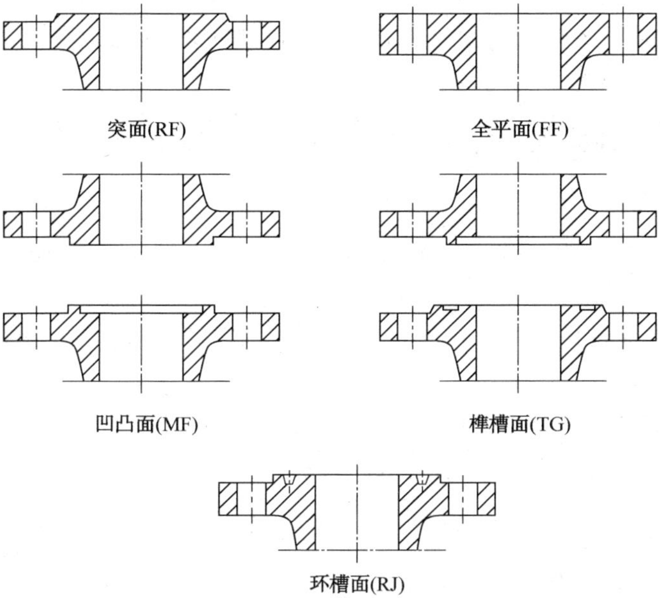

图 3-19　法兰密封面形式

我国现行在石化行业应用主要法兰标准对密封面名称并不一致，密封面名称对照表见表 3-8。

表 3-8　密封面对照表

密封面名称	石化行业标准(SH)	国家标准(GB)	化工行业标准(HG)	机械行业标准(JB)
宽面	全平面	平面	全平面	平面
光面	突面	突面	突面	突面
凹凸面	凹凸面	凹凸面	凹凸面	凹凸面
榫槽面	榫槽面	榫槽面	榫槽面	榫槽面
梯形槽面	环槽面	环连接面	环连接面	环连接面

26 法兰密封的原理是什么?

两片法兰间的表面总是粗糙不平的，若在其间放一个较软的垫片，用螺栓拧紧，使垫片受压产生变形，填满两密封的凹凸不平的间隙，就可阻止介质漏出，以达到密封的目的。

27 引起法兰泄漏的原因有哪些?

引起法兰泄漏的原因有垫片的种类，垫片厚度、宽度选用不当；法兰密封面有凹坑，不清洁；法兰密封面不平或法兰装错口；螺栓紧力不匀、不够或过度，螺栓材质弄错；温度突然大幅度变化等。

28 螺栓长度不准确有哪些影响?

螺栓长度不准确会产生以下影响：

1）螺栓长度不够，螺母与螺栓不能完全啮合，使连接减弱，导致法兰连接配合失效。

2）外露螺栓过长，由于油漆、生锈或碰损等原因导致拆卸困难，检修时经常需要切割，浪费很大。

3）外露螺纹不仅没有提高法兰连接的强度，还增加了装卸的工作量。

4）螺栓过长会造成耗材过多，成本提高。

29 螺栓安装有哪些要求?

根据 GB 50231—2009《机械设备安装工程施工及验收通用规范》，螺栓或螺钉连接紧固时，应符合下列要求：

1）螺栓紧固时，宜采用呆扳手，不得使用打击法和超过螺栓的许用应力。

2）多只螺栓或螺钉连接同一装配件紧固时，各螺栓或螺钉应交叉、对称和均匀地拧紧。当有定位销时应从靠近该销的螺栓或螺钉开始均匀拧紧。

3）螺栓头、螺母与被连接件的接触应紧密；对接触面积和接触间隙有特殊要求时，应按规定的要求进行检验。

4）螺栓与螺母拧紧后，螺栓应露出螺母 2~3 个螺距，其支承面应与被紧固零件贴合；沉头螺钉紧固后，沉头应埋入机件内，不得外露。

5）有锁紧要求的螺栓，拧紧后应按其规定进行锁紧；用双螺母锁紧时，应先装薄螺母后装厚螺母；每个螺母下面不得用两个相同的垫圈。

30 垫片有哪些种类及用途?

（1）工业橡胶板垫片

天然橡胶适用于水、海水、空气、惰性气体、碱类、盐类水溶液等介质，但不耐矿物油和非极性溶剂，长期使用温度不超过 90℃，低温性能优异，可在 -60℃以上使用。

丁腈橡胶适用于石油类产品，如石油、润滑油、燃料油等，长期使用温度为 120℃，如在热油中可耐 150℃，低温为-20～-10℃。

氯丁橡胶适用于海水、弱酸、弱碱、盐溶液，耐氧和臭氧老化性能优异，耐油性次于丁腈橡胶而优于其他通用橡胶，长期使用温度低于 90℃，最高使用温度不超过 130℃，低温为-50～-30℃。

氟橡胶有多个品种，它们分别具有良好的耐酸、耐氧化性能以及耐油、耐溶剂性能。可以在几乎所有的酸类介质以及一些油和溶剂中使用，长期使用温度低于 200℃。

橡胶板材作为法兰垫片，多用于管道或经常拆卸的人孔、手孔，压力不超过 1.568MPa。在各类垫片中，橡胶垫片最软，贴合性能好，在较小的预紧力下就能发挥密封效果。正因如此，在承受内压时，因垫片偏厚或硬度偏低而容易被挤出。

橡胶板材在苯、酮、醚等有机溶剂中使用，易出现溶胀、增重、变软、发黏现象，导致密封失效。一般溶胀度超过 30%就不能使用。

在低压(尤其是 0.6MPa 以下)、真空情况下，采用橡胶垫较为适宜。橡胶材料致密性好，透气率低。例如氟橡胶，最适宜作为真空容器的密封垫片，真空度最高可达 1.3×10^{-7}Pa。橡胶垫在 $10^{-7}\sim10^{-1}$Pa 真空度范围使用时，需经烘焙和抽气处理。

(2) 聚四氟乙烯垫片

聚四氟乙烯垫片在受压及高温下易冷流及蠕变，故聚四氟乙烯垫片一般用于低压、中温、强腐蚀以及不允许污染的介质，如强酸、强碱、卤素、药品等。使用温度在 260℃以下、压力在 2MPa 以下。

(3) 金属包覆垫片

金属包覆垫片优点是强度大、不易碎、牢固结实，但回弹力有限，要求法兰表面平坦及紧固力很高才能达到良好效果(可改进，外敷石墨板)。根据不同材料可以组合成 201、304、316 不锈钢包石墨(耐温 650℃)包覆垫，包石棉包覆垫，包陶瓷纤维(1400℃)包覆垫片等多种形式。

包覆垫片材质：低碳钢(Q235 等)、不锈钢(304、316、321)、铜、铝、钛等。

包覆垫片填充料：柔性石墨(80%)、石棉(10%)、无石棉、陶瓷纤维(10%)等。

包覆垫片主要用途：适用于直径较大的压力容器(如换热器、反应器、铸铁法兰、汽缸头、锅炉等)法兰的密封。各种介质的机泵、管阀、管道及各类设备的法兰等密封。适用于中、低压工况。

(4) 金属缠绕垫和波齿垫

金属缠绕垫巧妙地利用金属的耐热性、回弹性和强度以及非金属材料的柔软性，所以密封性能较好，其中又以不锈钢带缠绕柔性石墨垫的性能为最佳。

在油介质中，金属带材多使用0Cr13，而其他介质则推荐使用1Cr18Ni9Ti。

不锈钢带柔性石墨缠绕垫在气体介质中，使用压力为14.7MPa(国内有高达19.6MPa的)，在液体中可用至30MPa。温度-190~600℃(在无氧、低压情况下可用至1000℃)。

波齿垫：可取代缠绕垫，优于缠绕垫，且不会散架。

(5) 金属平垫、波形垫和齿形垫

一般用于中、高压阀门，管道和直径较小的设备法兰上。使用压力则根据温度的不同，前者为1.568~31.36MPa，后者为1.568~3.92MPa。垫片材质根据介质和温度选取。铝垫片(不能用于碱)、铜垫片(不能用于酸)一般用在压力表、双金属温度计上。

(6) 八角垫和椭圆垫

用于梯形槽面法兰的八角垫和椭圆垫(炼油行业俗称“钢圈”)密封性能均好。在沟槽的锥面上，八角垫为面接触而椭圆垫是线接触。因此，椭圆垫在低紧固力下贴合性好，但需进行二次紧固；而八角垫一般一次紧固后，不易出现泄漏。它们的不足之处为要求较大的螺栓拧紧力，当用于低压高温情况时，法兰等级须在*PN*2.5MPa以上。

31 垫片安装有哪些技术要求?

1）选型要合适。

2）密封面要清理干净。

3）安装要合适。

4）把紧要均匀。

5）螺栓选料要准。

32 阀门如何进行分类?

(1) 阀门按主要参数分类

阀门按主要参数分类见表3-9。

表 3-9 阀门按主要参数分类

分类方法	阀门类别	具体标准
按压力	真空阀	工作压力低于标准大气压
	低压阀	$PN \leqslant 1.6\text{MPa}$
	中压阀	$2.5\text{MPa} \leqslant PN \leqslant 6.4\text{MPa}$
	高压阀	$10.0\text{MPa} \leqslant PN \leqslant 80\text{MPa}$
	超高压阀	$PN \geqslant 100\text{MPa}$
按温度	高温阀	$T > 450℃$
	中温阀	$120℃ \leqslant T \leqslant 450℃$
	常温阀	$-40℃ \leqslant T < 120℃$
	低温阀	$-100℃ \leqslant T < -40℃$
	超低温阀	$T < -100℃$

（2）按阀门的公称通径分类

1）小口径阀门：$DN \leqslant 40\text{mm}$。

2）中口径阀门：$50\text{mm} \leqslant DN \leqslant 300\text{mm}$。

3）大口径阀门：$350\text{mm} \leqslant DN \leqslant 1200\text{mm}$。

4）特大口径阀门：$DN \geqslant 1400\text{mm}$。

（3）按阀门的结构分类

阀门可以分为闸阀、截止阀、止回阀（单向阀）、球阀、蝶阀[中心密封蝶阀、单偏心密封蝶阀、双偏心密封（高性能）蝶阀、三偏心密封（可达到零泄漏）蝶阀]、隔膜阀、疏水阀、弹簧式安全阀、杠杆式安全阀、先导式安全阀。

33 阀门的基本参数有哪些？

阀门的基本参数包括公称通径（DN）、公称压力（PN）、工作温度和适用介质。

34 阀门的基本功能是什么？

按阀门的分类，各类阀门具有各自的功能：

1）闸阀：常用于断流通流。

2）球阀、角阀：用于流量调节和节流。

3）止回阀：只起抑制或防止配管中物料倒流的单一功能。

4）安全阀、泄压阀：用来泄放意外超压，防止设备损坏。

5）截止阀：常用于调节流量。

35 什么是阀门的公称通径？

阀门的进出口通道的名义直径叫阀门的公称通径。在一般情况下，阀门的公称通径等于阀门实际进出口通径，也有些阀门因其结构特点其阀门实际通径与阀门公称通径不相等，而选用了规定系列的近似值。

36 什么是阀门的工作温度？

制造阀门的材质不同，其耐温强度不相等，为保证阀门在某温度下不发生变形和破裂，规定了各种材质阀门的使用温度即为工作温度。灰铸铁、碳钢、不锈钢三种阀门的最高使用温度如下：灰铸铁阀门为300℃，碳钢阀门为450℃，不锈钢阀门为600℃。

37 简述闸阀的结构和特点。

闸阀又叫闸板阀，这种阀门的阀体内有一平板也叫闸板，与介质流动方向垂直，平板升起时阀门开启。该种阀门由于阀杆的结构形式不同可分为明杆式和暗杆式两类。闸阀的密封性能较好，流体阻力小，开启、关闭力较小，适用范围比较广泛。它一般适用于大口径的管道上。

38 闸阀有什么优缺点？

闸阀的优点：流体阻力小，开启、关闭力较小，介质可以从两个方向流动。

闸阀的缺点：密封面容易擦伤。

39 简述截止阀的结构和特点。

截止阀是利用装在阀杆下面的阀盘与阀体的突缘部分相配合来控制阀的启闭的，它的结构较简单，维护方便，截止阀也可以调节流量，应用也较广泛，但流体阻力较大。

40 截止阀有什么优缺点？

截止阀与闸阀比较，优点有：结构简单，密封性好，制造维修方便。截止阀的缺点：流体阻力大，开启、关闭力也稍大。

41 球阀有什么优缺点？

球阀的优点：结构简单，体积小，流体阻力小，密封可靠，操作方便、启闭迅速。

球阀的缺点：受密封结构及材料限制，不宜用于高温、结焦、黏度大的介质等。

42 蒸汽疏水阀的作用是什么？

蒸汽疏水阀(简称疏水阀、疏水器)的作用是自动排出加热设备或蒸汽管道中的蒸汽凝结水及空气等不凝气体，且不漏出蒸汽。疏水阀阻汽排水的作用，可以防止凝结水对设备的腐蚀，又可以防止蒸汽管道中发生水击、振动、结冰胀裂等现象。

43 蒸汽疏水阀的种类有哪些？

蒸汽疏水阀分类见表3-10。

表3-10 蒸汽疏水阀分类

基础分类	动作原理	中分类	小分类
机械型	蒸汽和凝结水的高度差	浮球式	杠杆浮球式
			自由浮球式
			自由浮球先导活塞式
		开口向上浮子式	浮桶式
			差压式双阀瓣浮桶式
		开口向下浮子式	倒吊桶式(钟形浮子式)
			差压式双阀瓣吊桶式
热静力型	蒸汽和过冷态冷凝水或空气/蒸汽混合物之间的温度差	蒸汽压力式	波纹管式
		双金属片式（热弹性元件式）	圆板双金属式
			双金属式调温
热动力型	低速冷凝水与高速闪蒸蒸汽之间的“动力”压差	圆盘式	大气冷却圆盘式
			空气保温圆盘式
			蒸汽加热凝结水冷却圆盘式
		孔板式	脉冲式

44 单向阀(止回阀)有什么作用？

单向阀(止回阀)也叫逆止阀，是用来防止管路介质倒流的一种阀门。当介质倒流时，阀瓣能自动关闭，截断介质的流动，避免发生事故。

45 简述安全阀的结构和特点。

安全阀主要用于锅炉和压力容器上。当介质压力超过规定数值时，自动开启，排出多余介质，直到压力降到一定数值后又自功关闭。安全阀主要有两大类：弹簧式和杠杆式。弹簧式中又分封闭式和不封闭式。弹簧式安全阀主要依靠弹簧的作用力而工作。一般易燃、易爆或有毒介质应选用封闭式；蒸汽或惰性气体可选用不封闭式。在弹簧安全阀中还有带扳手和不带扳手的，扳手的作用主要是检查阀瓣的灵活程度，有时也可以用作手动紧急泄压。杠杆式安全阀又叫重锤式安全阀，主要靠杠杆重锤的作用力而工作。随着大容量的需要，又有一种脉冲式安全阀，也称为先导式安全阀，由主安全阀和辅助阀组成。当管道内介质压力超过规定压力值时，辅助阀先开启，介质沿着导管进入主安全阀，并将主安全阀打开，使增高的介质压力降低。

46 安全阀有什么作用?

安全阀用于管路及设备，当介质压力超过规定数值时能自动开启泄压，排出部分介质，从而可以保证锅炉、容器、管路中介质压力在规定数值内，防止事故的发生。

47 安全阀的管理应注意什么?

要经常检查安全阀的铅封是否完好，发现有安全阀渗漏现象，要及时进行维修或更换。

安全阀要定期进行校验。

安全阀一般每年至少校验一次，符合 TSG 21—2016《固定式压力容器安全技术监察规程》校验周期延长的特殊要求，经过使用单位安全管理负责人批准可以按照其要求适当延长校验周期。

48 为了使压力容器正常安全运行，安全阀应满足哪些基本要求?

在工作压力下保持严密不漏。当压力达到开启压力时，阀门应迅速打开顺利排出气体。在排放压力下阀瓣处于全开位置，阀门达到额定排放量。在开启状态下阀瓣稳定，无振荡现象。阀瓣自行回座后，仍应保持严密不漏。

49 安全阀常见的故障有哪些?

1）当介质压力远低于安全阀调定压力时，气体通过密封面发生泄漏。

2）安全阀不在调定的规定开启压力下动作。

3）安全阀达不到全开状态。

4）阀瓣振荡。

5）安全阀不能迅速关闭。

50 阀门安装要注意哪些方面?

要注意以下几个方面：

1）新阀门安装前，必须已完成试压检查，以确保阀门的各密封点不泄漏。如果阀门内泄，阀芯及阀座均应研磨，直至不漏。

2）安装时对于有方向性要求的阀门，必须保证与介质流向一致。

3）与阀门连接的管法兰，应与阀门法兰配对。严禁不同规格的阀门代用。

4）阀门垫片质量应符合有关标准，垫片放置要准确到位，防止压偏。

5）螺栓规格要与法兰配对，不能用小一级的螺栓代用，拧紧螺栓时，要用力均匀且对角拧紧。

51 使用阀门时应注意哪些方面？

要注意以下几个方面：

1）开关阀门要用力均匀，严禁敲打，以免损坏手轮及铜套。

2）新安装的阀门要开关一次，确认阀门的灵活程度。

3）新安装的阀门在阀门丝杆上应均匀涂抹黄油，以保证开关灵活，对于锈迹斑斑，开、关不灵的阀门应除锈，抹黄油。

4）对于有传动装置的阀门，应定期更换润滑油(脂)，定期检查确认。

5）停工检修时应对填料出现泄漏阀门的填料进行更换，填料压盖受力均匀，而且不能压得太紧。

6）冬季，阀门要做好防冻防凝工作，防止阀门冻裂。

7）阀门开启时，丝杆应留几扣，不能将阀杆全部拉出。

52 为什么阀门不能速开速关？

1）可使管线内产生较大的水击，损坏设备。

2）使管线设备突然升压，产生过大的冲击力。

3）使管线设备突然升温，产生过大的热应力。

4）泵排量突然变化，使之工作不稳。

5）管线设备如有问题，导致损失增加。

6）如切换有误时，由于联系不及时，可造成较大的影响。

53 阀门产品按阀体材料进行识别涂漆颜色是怎么规定的？

阀门产品按阀体材料进行识别涂漆颜色见表 3-11。

表 3-11　阀门产品按阀体材料进行识别涂漆颜色

阀体材料	灰铸铁、可锻铸铁	球墨铸铁	碳素钢	耐酸钢、不锈钢	合金钢
识别涂漆颜色	黑色	银色	银中灰色	天蓝色	中蓝色

54 什么是压力容器？

压力容器，是指盛装气体或者液体，承载一定压力的密闭设备，其范围规定为最高工作压力大于或者等于 0.1MPa(表压)，且压力与容积的乘积大于或者等于 2.5MPa·L 的气体、液化气体和最高工作温度高于或者等于标准沸点的液体的固定式容器和移动式容器；盛装公称工作压力大于或者等于 0.2MPa(表压)，且压力与容积的乘积大于或者等于 1.0MPa · L 的气体、液化气体和标准沸点等于或者低于 60℃液体的气瓶；氧舱等。

55 压力容器按设计压力如何分类?

压力容器按设计压力可分为低压、中压、高压和超高压四类。具体如下所示：

1）低压容器：$0.1\text{MPa} \leq p < 1.6\text{MPa}$，表示为“L”。

2）中压容器：$1.6\text{MPa} \leq p < 10.0\text{MPa}$，表示为“M”。

3）高压容器：$10.0\text{MPa} \leq p < 100.0\text{MPa}$，表示为“H”。

4）超高压容器：$p \geq 100.0\text{MPa}$，表示为“U”。

56 压力容器按其用途可分为哪几类?

压力容器按其用途可分为：

1）反应压力容器(代号 R)：主要是用于完成介质的物理、化学反应的压力容器，例如各种反应器、反应釜、聚合釜、合成塔、变换炉、煤气发生炉等。

2）换热压力容器(代号 E)：主要是用于完成介质的热量交换的压力容器，例如各种热交换器、冷却器、冷凝器、蒸发器等。

3）分离压力容器(代号 S)：主要是用于完成介质的流体压力平衡缓冲和气体净化分离的压力容器，例如各种分离器、过滤器、集油器、洗涤器、吸收塔、铜洗塔、干燥塔、汽提塔、分汽缸、除氧器等。

4）储存压力容器(代号 C，其中球罐代号 B)：主要是用于储存或者盛装气体、液体、液化气体等介质的压力容器，例如各种形式的储罐。

在一种压力容器中，如同时具备两个以上的工艺作用原理时，应当按照工艺过程中的主要作用来划分。

57 根据容器危险程度将压力容器分为哪几类?

根据危险程度，压力容器分为三类：Ⅰ类、Ⅱ类、Ⅲ类。

分类、分级方法划分如下：

介质分组：

压力容器的介质分为以下两组：

1）第一组介质：毒性程度为极度危害、高度危害的化学介质，易爆介质，液化气体。

2）第二组介质：除第一组以外的介质。

压力容器的分类应当根据介质特征，按照以下要求选择分类图，再根据设计压力 p(MPa)和容积 V(m^3)，标出坐标点，确定压力容器类别：

1）第一组介质，压力容器分类如图 3-20 所示。

2）第二组介质，压力容器分类如图 3-21 所示。

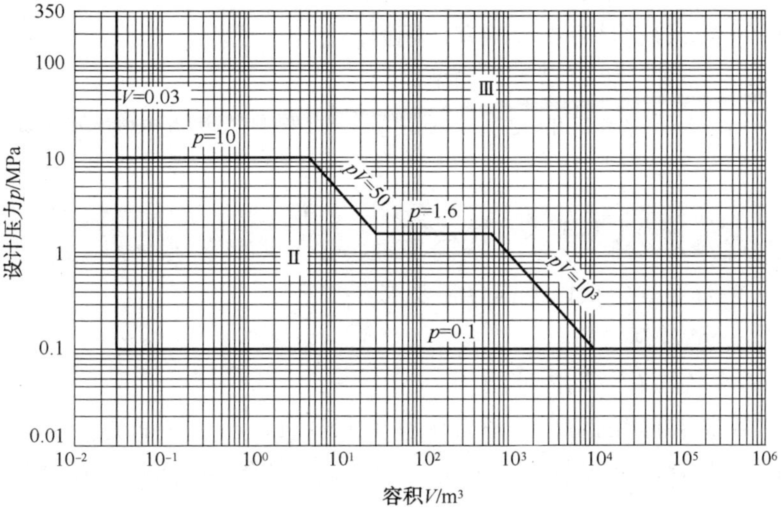

图 3-20　压力容器分类——第一组介质

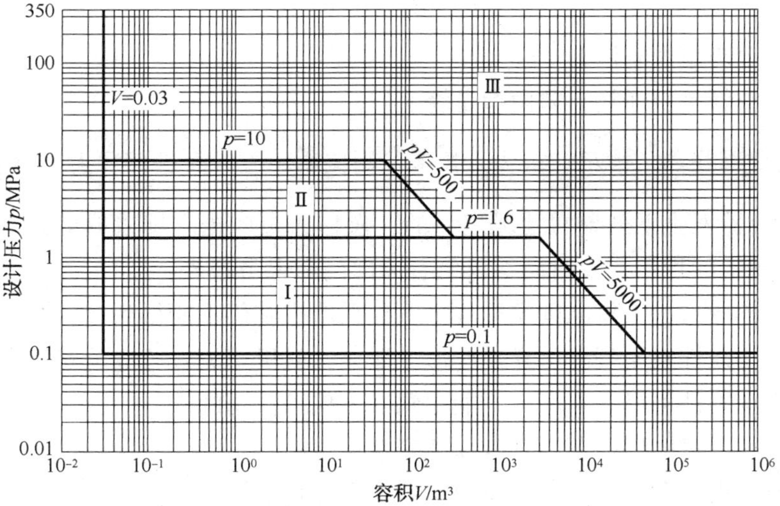

图 3-21　压力容器分类——第二组介质

58　压力容器有哪些安全附件？

压力容器的安全附件，包括直接连接在压力容器上的安全阀、爆破片装置、易熔塞、紧急切断装置、安全联锁装置。

59 安全附件检验的内容是什么?

安全附件检验的主要内容如下：

1）安全阀，检验是否在校验有效期内。

2）爆破片装置，检验是否按期更换。

3）快开门式压力容器的安全联锁装置，检验是否满足设计文件规定的使用技术要求。

60 安全阀检查内容和要求是什么?

安全阀检查至少包括以下内容和要求：

1）选型是否正确。

2）是否在校验有效期内使用。

3）杠杆式安全阀的防止重锤自由移动和杠杆越出的装置是否完好，弹簧式安全阀的调整螺钉的铅封装置是否完好，静重式安全阀的防止重片飞脱的装置是否完好。

4）如果安全阀和排放口之间装设了截止阀，截止阀是否处于全开位置及铅封是否完好。

5）安全阀是否有泄漏。

6）放空管是否通畅，防雨帽是否完好。

61 发现哪些异常情况，操作人员应及时向本单位有关部门和人员报告?

压力容器发生下列异常情况之一的，操作人员应当立即采取应急专项措施，并且按照规定的程序，及时向本单位有关部门和人员报告：

1）工作压力、工作温度超过规定值，采取措施仍不能得到有效控制的。

2）受压元件发生裂缝、异常变形、泄漏、衬里层失效等危及安全的。

3）安全附件失灵、损坏等不能起到安全保护作用的。

4）垫片、紧固件损坏，难以保证安全运行的。

5）发生火灾等直接威胁到压力容器安全运行的。

6）液位异常，采取措施仍不能得到有效控制的。

7）压力容器与管道发生严重振动，危及安全运行的。

8）与压力容器相连的管道出现泄漏，危及安全运行的。

9）真空绝热压力容器外壁局部存在严重结冰、工作压力明显上升的。

10）其他异常情况的。

62 化工压力容器的结构如何?

化工压力容器由于其用途各不相同，结构也不一样，但一般均具有筒体、封头、支座、法兰(包括管法兰和设备法兰)，有些容器还有人孔、手孔、夹层、视镜、液面计、内部冷却(或加热)管、搅拌器等。此外，容器上还要安装必不可少的安全附件。

63 压力容器常见的破坏形式和特征有哪些？怎样判断这些破坏事故的原因?

压力容器常见的破坏形式共五种：

(1) 塑性破坏

容器因压力过高，超过材料强度极限，发生了较大的塑性变形而破裂，叫塑性破坏。其特征是：

1) 产生较大的塑性变形，圆筒形的容器，破裂后一般呈两头小、中间大的纺梭裂状，容积变形率(或叫增大率)可达10%~20%。

2) 断口呈撕裂状，多与轴向平行，一般呈暗灰色的纤维状，断口不齐平，与主应力方向成45°角，将断口拼合时，沿断口间有间隙。

3) 破裂时一般不产生碎片或只有少量碎片。

4) 爆破口的大小随容器的膨胀能量而定，膨胀能量大(如气体，特别是液化气)，裂口也大。

发生塑性破坏事故的主要原因是：

1) 过量充装，超压运行。

2) 磨损、腐蚀使壁厚减薄。

3) 温度过高或受热。

(2) 脆性破坏

容器承受较低的压力，且无较大的变形，但由于有裂纹等原因而突然发生破裂，这种破坏与生铁、陶瓷等脆性材料的破坏相似，叫脆性破坏或低应力破坏。其特征是：

1) 没有或只有很小的塑性变化，如将碎片拼合，其周长和容积与爆破前无明显差别。

2) 破坏时常裂成碎片。

3) 断口齐平，断面有晶粒状的光亮，常出现人字形纹路，其尖端指向始裂点。而始裂点往往是有缺陷处或形状突变处。

4) 大多发生在较低温度部位。

5) 破坏在一瞬间发生，断裂的速度极快。

发生脆性破坏事故的主要原因是：

1）材料在低温下其韧性会下降，因而发生所谓“冷脆”，即低温脆裂。

2）焊接或裂纹会使应力高度集中，使材料塑性下降而引起脆裂。

3）其他如加载速率过大，外力冲击和震动，钢材中磷、硫含量过高。

（3）疲劳破坏

疲劳破坏是金属材料在反复的交变载荷（如频繁地开停车运行中压力温度大幅度变化等）作用下，在较低的应力状态下，没有经过明显塑性变形而突然发生的破坏。通过试验发现，当材料受到交变应力大于一定数值，并且交变次数达到一定值后，就会在有缺陷或应力集中的地方出现裂缝。这种由于交变应力而出现裂缝的现象，叫作材料的疲劳。当裂缝逐渐扩大，到一定时候就突然发生破坏，即疲劳破坏。其特征是：

1）破坏时的应力一般低于材料的抗拉强度极限。

2）最易发生在接管处。

3）断口有两个明显区域，一个呈贝状花纹，光亮得如细瓷断口，叫作疲劳裂纹扩展区。另一个是最后断裂区，一般和脆性断口相同。

4）一般使容器开裂、泄漏失效，而不会飞出碎片。

发生疲劳破坏的主要原因：

1）频繁反复加压和卸压。

2）操作压力波动幅度较大，常超出设计压力的20%。

3）容器的使用温度发生周期性变化，或由于结构、安装等原因，在正常的温度变化中，容器或其部件不能自由地膨胀或收缩。

（4）蠕性破坏

容器材料在高于一定的温度下（如碳钢工作温度超过300～350℃，低合金钢温度超过350～400℃），受到应力作用，即使应力较小，也会因时间增长而缓慢地产生塑性变形，使截面变小，而发生破坏，此种破坏叫蠕变破坏（一般来说，如果材料的使用温度小于它的熔化温度的25%～35%，则可以不考虑它的蠕变）。其特征是：

1）破坏时具有明显的塑性变形。

2）破坏后，对材料进行金相分析，可发现金相组织有明显变化（如晶粒长大，钢中碳化物分解为石墨，出现蠕变的晶间裂纹等）。发生蠕变破坏的主要原因是设计时选材不当或运行中局部过热。

（5）腐蚀破坏

腐蚀破坏指金属表面在周围介质的作用下，由于化学（或电化学）作用的结果产生的破坏。腐蚀破坏产生的方式大致可分为四种类型：均匀腐蚀、局部腐蚀、晶间腐蚀和断裂腐蚀。影响腐蚀速度的因素很多，如溶液的酸碱性、氧气、二氧化碳、水分含量、温度、介质流速、金属加工状况、材料表面光洁度、热负荷等。由于腐蚀类型不同，造成破坏的特征各异，一般是：

1）均匀腐蚀破坏使壁厚减薄，导致强度不够而发生塑性破坏。

2）局部腐蚀会使容器穿孔或造成腐蚀处应力集中，在交变载荷下，成为疲劳破坏的始裂处。也有因腐蚀造成强度不足而发生塑性破坏的。

3）晶间腐蚀与断裂腐蚀属低压破坏，晶间腐蚀会使材料强度降低，金属材料失去原有金属响声，可经验查发现。

4）腐蚀破坏与介质物化性质、应力状态、工作条件等有关，需根据具体情况具体分析。在各种腐蚀中，以晶间腐蚀和断裂腐蚀最危险，因为它不易引起金属表面的变化，同时又主要是应力腐蚀所造成的，不易察觉。

64 压力容器在什么情况下应停止使用？

1）容器控制失灵，温度压力超过规定值。

2）容器的承压部件出现裂纹、变形，焊缝或连接处发生较严重的泄漏等。

3）容器及其管线发生异常严重的振动的声响。

4）压力或温度等检测系统出现故障，不能及时掌握容器运行参数。

5）安全附件失灵，接管断裂，紧固件损坏，不能保证安全运行时。

6）操作岗位受爆炸、火灾等外界因素影响，严重威胁安全运行时。

65 对压力容器进行巡回检查时，检查哪些内容？

对压力容器进行巡回检查时，检查内容包括：

1）检查工作介质的压力、温度、流量、液面和成分是否在工艺指标范围以内。

2）查看各法兰接口有无渗漏，容器外壳有无局部变形、鼓包或裂纹。

3）测量容器壁温有无超温的地方。

4）测听容器和管道内介质流动情况，判断是否畅通。

5）检查容器和管道有无振动。

66 当压力容器在运行中发生哪些情况时应采取措施立即停止运行？

当压力容器在运行中发生如下情况时，操作人员应立即采取保安措施，通知有关部门领导并立即停止压力容器运行：

1）压力容器发生超温、超压、过冷或泄漏时，采取调整措施无效果时。

2）压力容器的主要受压部件发生裂纹、鼓包、变形、危及安全运行时。

3）压力容器附近发生火灾或相邻设备、管道发生故障，直接威胁到容器安全运行时。

4）安全附件失效，接管断裂，紧固件损坏，难以保证安全运行时。

67 对压力容器投用前应进行全面检查，容器内部检查的内容有哪些？

对压力容器内部检查的主要内容包括：

1）查看容器内表面和焊缝腐蚀面积、深度，有无裂纹，测量实际壁厚有无超标。

2）检查衬里有无开裂和脱落，若有应修补。

3）检查介质进出管口、压力表和安全阀等连接管路是否结疤或有杂物堵塞，以及有无冲刷伤痕。

4）检查容器内部构件有无腐蚀、变形或错位现象。

5）对容器的纵环焊缝进行20%的无损探伤检查，发现超标缺陷应扩大检查百分数。

68 反应器按结构可分为几种，各适用于哪类反应物？

反应器按结构分为釜式反应器、管式反应器、塔式反应器和流化床反应器。

釜式反应器适用于液-液相反应物。

管式反应器分为多管串联式反应器和多管并联式反应器。多管串联式反应器一般用于气相反应和气-液相反应；多管并联式反应器一般用于气-固相反应。

塔式反应器主要用于气-液相反应。

流化床反应器适用气-固相反应。

69 在役反应器的检验范围和手段是什么？

对在役反应器进行检验是保证反应器可靠性的非常重要的措施。通过检验，发现缺陷并确定其位置和大小，这些都是评价反应器完整性必不可少的基础工作。其被检验范围和数量一般根据下列几点来考虑：

1）通常可能产生裂纹的部位，如法兰的梯形槽、主焊缝、开口接管的拐角处、内外构件的焊缝处等。

2）过去的检验记录，如记录缺陷情况、返修部位等。

3）发生堆焊层剥离裂纹的可能性。

4）过去的操作历史，包括温度、压力和开停工次数，或发生异常的情况和非正常开停工的频度等。

在役反应器的检验，通常应用的手段是无损检验，包括超声波检验(UT)、磁粉检验(MT)和渗透检验(PT)。国外也有用声发射检验(AET)作为辅助的检验方法。

70 设备为什么要设置防涡器？

主要是为了使液相物料出时不产生涡流，将气体带进泵里而使泵抽空，或为了使液面稳定，所以在设备的液体出料口设置防涡器。

71 换热器的换热方式有几种？

1）并流换热。

2）逆流换热。

3）错流换热。

4）折流换热。

72 如何计算换热器的传热量？

换热器传递热量的公式为：

$$Q=K\times S\times \Delta t$$

式中 K——总传热系数，W/（m^2 · ℃）；

S——换热器传热面积，m^2；

Δt——被加热介质进出换热器温差，℃。

73 常用的重沸器有哪几种类型？标准型号如何表示？

常用的重沸器有釜式重沸器（具有蒸发空间的重沸器）及热虹吸式重沸器两种类型。

釜式重沸器用于进料或者塔底馏出物的再加热，被加热的流体在重沸器内升温汽化，并在釜内缓冲沉降后进入塔内，从而达到携带热量和控制产品分离的目的。釜式重沸器又分为两类：单管束和双管束类，管束多采用浮头式。釜式重沸器公称直径分为 800mm、1000mm、1200mm、2200mm、2400mm 等档。

其标准型号表示方法如下例说明。

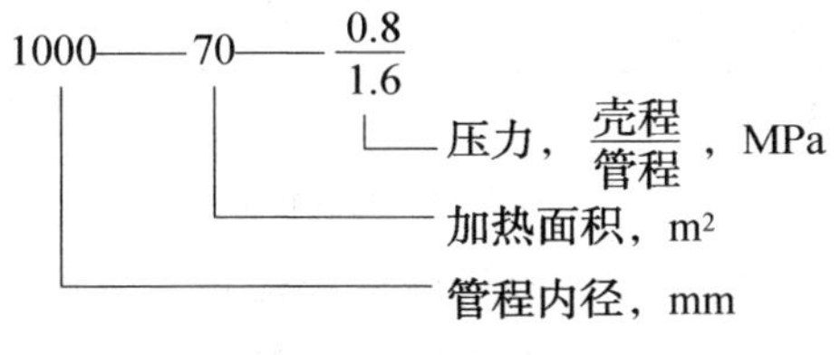

热虹吸式重沸器分为立式和卧式两类。

立式结构与浮头式换热器相同，只是安装时应垂直安装；卧式与浮头式冷凝器相同。立式热虹吸式重沸器公称直径分为 400mm、600mm、800mm、1000mm、1200mm、1400mm、1600mm、1800mm 等档。

标准型号表示方法如下例说明。

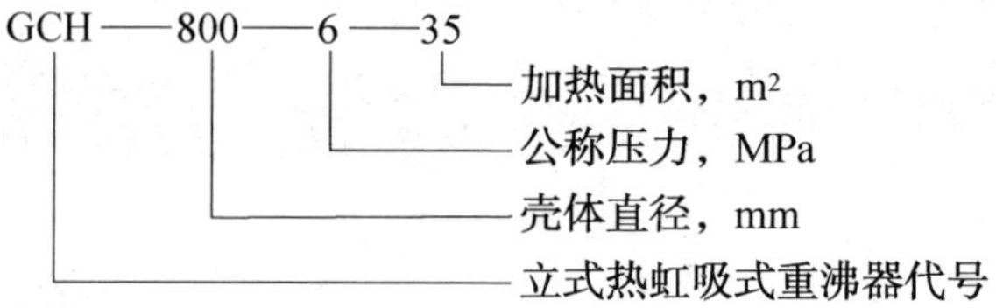

74 换热器的重要工艺指标有哪些？

换热器的好坏通常用总传热系数和压力降的大小来衡量：

$$总传热系数\ K=Q/Ft$$

由此可见，在相同传热面积 F 和平均温差 Δt 下，总传热系数 K 越大，则传递的热量 Q 越大，即在相同传热量、相同平均温差下，总传热系数 K 越大，所需传热面积越小。

压力降：换热器压力降是由两种损失造成的，即流动时的摩擦损失和改变流向的损失。

提高流体速度能提高传热系数 K 和减少传热面积 F。一般管程和壳程的压力降在 0.034~0.17MPa 为宜。

75 折流板起什么作用？

为达到逆流换热，除管程采用多管程外，壳程采用折流板来配合，使流体趋向于逆流换热，以提高传热系数。图 3-22 给出两种常用的折流板形式：弓形和盘环形。

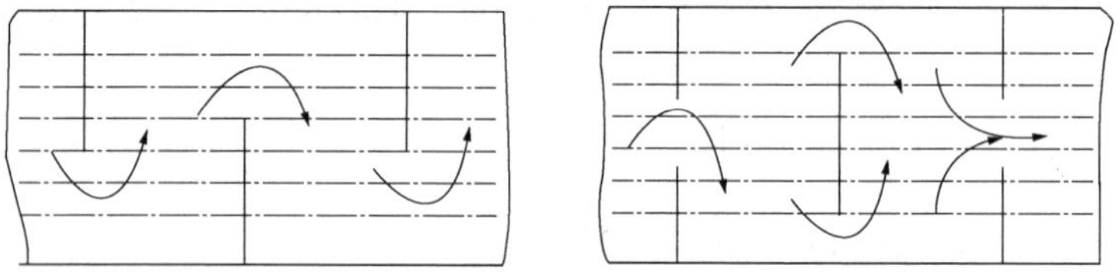

(a)弓形　　(b)盘环形

图 3-22　折流板形式

折流板间距 B 与换热器用途、壳程流体的流量、黏度压降有关，最小间距为 $20\%D$(壳体直径 mm)或 50mm，最大间距不超过 D。板间距太小不利于制造和维修，流动阻力也大；板间距过大则接近纵向流动，传热效果差。经验表明最佳的板间距约为 $D/3$。一般参考上述原则按下列数据选用 B(mm)：100、150、200、300、450、600、800、1000。当换热器的折流板选定后，在检修更换换热器芯子时，折流板的间距不宜随意更换，以免影响传热效果。

壳程如加装纵向挡板，可使流速成倍地增加，但流阻增长更快，加上安装困难，一般尽量避免使用纵向挡板。横向折流板的板距合理缩小后可使流速和流程加大，流动方向不断更换，使层流附面层减薄，从而增大膜系数。试验证明，加装横向折流板后 $Re>100$，即达湍流。因此，常使流速低、黏度大的流体通过壳程。

76 换热器管束有几种排列方式？

管束中管子有四种排列形式：正三角形、正方形直列、正方形错列（转角45°）、圆形排列，如图 3-18 所示。此外还有转角三角形等。

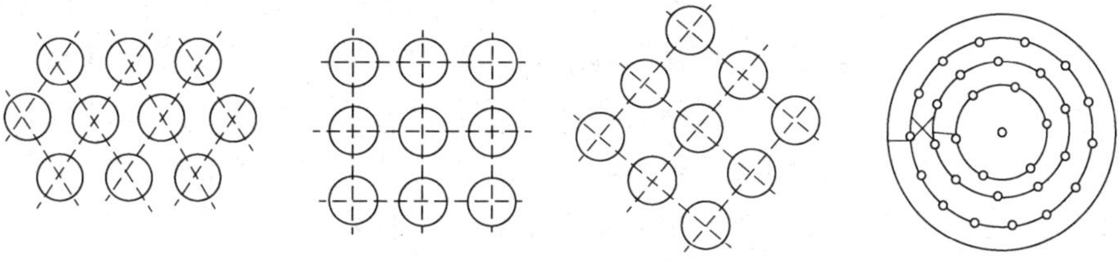

图 3-23　换热器管束排列方式

正三角形排列使用最普遍，管间距都相等，相同管板面积上排列管数最多，画线钻孔方便，但管间不易清洗。在壳层需用机械法清理时，一般采用正方形排列，要保证 6mm 的清理通道。在折流板间距相同情况下，正三角形和圆形排列形式的流通截面积要比另外两种排列形式的大，有利于提高流速。圆形排列的管数比正三角形排列的还要多，且靠近壳体处布管均匀，介质不易走短路。炼油工业上常用的还是正方形错列（转角 45°）方式。无论采用哪种排列方法，最外圈管子的管壁与壳内壁的间距不应小于 10mm。

77 固定管板式换热器有哪些特点？

固定管板式换热器的结构简单，制造成本低，但由于两头管板是固定的，管子焊接或胀接在管板上，因此只适用于壳体压力不高、流体干净、温差较小（一般要求冷热两流温差不大于 50℃）的场合。

78 浮头式换热器结构是怎样的？

浮头式换热器主要由以下几个部件组成：

1）管束：由许多无缝钢管用胀接或焊接的方法固定在两端的管板上，它是换热器中进行换热的主要部件，冷热（在管内流动的称为管程，在管外流动的称为壳程）两种流体通过管壁进行传热。

2）管箱的浮头：管箱与固定管板连接，其作用是分配管程的流体，浮头与活动管板相连接，其作用是把管程和壳程的流体隔开，同时也起分程作用，整个管束可以在壳体自由伸缩。

3）壳体与头盖：壳体是用来约束壳程流体，使其以强制的方式流动，有利于传热，同时对易挥发、易燃油品的换热起密封作用，有利于安全。

79 U形管换热器有什么特点?

典型的U形管换热器只有一个管板，管子两端均固定在同一个管板上。U形管换热器具有双管程和浮头式换热器的某些特点，每根U形管均可自由膨胀而不受别的管子和壳体的约束，具有弹性大、热补偿性能好、管程流速高、传热性能好、承压能力强、结构紧凑、不易泄漏，以及管束可抽出便于安装检修和清洗等优点。因此适用于温差大、壳程与管程压差较大且管子内流体较干净的场合。它的缺点是制作较困难，管程流动阻力较大，管内清洗不便，中心部位管子不易更换，最内层管子弯曲半径不能太小而限制了管板上排列的管子数目等。

80 什么叫多管程或多壳程换热器？什么时候使用它们?

在换热器内，将全部管子用隔板分隔成若干组，使流体每次只流过一组管子，然后折回进入另一组管子，如此依次往返流过各组管子，最后由出口处流出，此种换热器叫多管程换热器。常用的多管程换热器一般为2程、4程、6程。

在允许压降一定的条件下，要想通过提高管侧流速来增加换热器系数和减少结垢，必须采用多管结构。

多壳程往往用来提高壳程侧流速以减少结垢，增加换热系数，使之获得较大的温度交叉。

81 热虹吸式重沸器与罐式重沸器有何异同?

所谓热虹吸式重沸器是指在重沸器中由于加热汽化，气液混合物的相对密度减少，使重沸器入方与出方产生静压差，因而无须外界提供动力就能实现自身循环。塔底流体被不断“虹吸”入重沸器中，加热汽化后再返回塔内。

卧式热虹吸式重沸器的优点：传热面积大，重沸器金属损耗量最低；出塔产品的缓冲容积较大，流量稳定性较高；可以使用较脏的加热介质；在加热段停留时间较短。

卧式热虹吸式重沸器的缺点：汽化率一般不大于30%；重沸器分馏效果小于一块塔盘；循环时，宽馏分物质重沸器出入口温度高于罐式重沸器。

罐式重沸器的主要优点：塔底空间可以缩小，塔和重沸器标高差可以较小；允许汽化率较高，可达80%，操作弹性大；重沸器本身有蒸发空间，相当于一块理论板；可以使用较脏介质；对于宽馏分物质，重沸器出入口温度可以低些。

罐式重沸器的缺点：重沸器本身投资较高，金属消耗量较大，液体产品的缓冲容积小；占地面积较大；在加热停留段时间较长。

82 换热介质走管程还是走壳程是怎样确定的？

在选择壳程介质时，应抓住主要矛盾，以确定某些介质最好走管程还是最好走壳程。应按介质性质、温度或压力，允许压力降、结垢以及提高传热系数等条件综合考虑，如图 3-24 所示

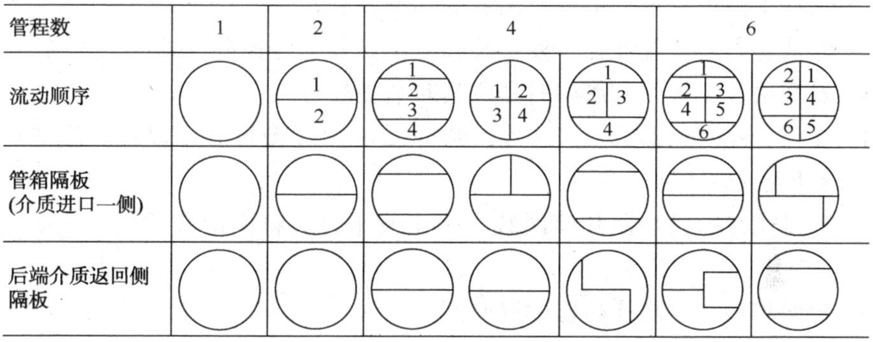

图 3-24　管程布置图

1）有腐蚀、有毒性、温度或压力很高的介质，还有很易结垢的介质均应走管程，主要是由于：有腐蚀性介质走壳程，管壳程均会遭受腐蚀，因此一般有腐蚀性的介质走管程，可以降低对壳程材质的要求；有毒介质走管程泄漏机会较少；温度、压力高的介质走管程可降低对壳程材质的要求，积垢在管程容易清扫。

2）有利于提高总传热系数和最充分地利用压降。流体在壳程流道截面和方向都在不断变化且可设置折流板，容易达到湍流，$Re>100$ 即达湍流，而管程 $Re>1000$ 才是湍流，因而把黏度高或流量小即 Re 较低的流体选在壳程；反之，如果在管程能达到湍流条件，则安排它走管程就比较合理，从压力降角度来选择，也是 Re 小的走壳程有利。

3）根据两侧膜传热系数大小来定，如相差很大，可将膜传热系数小的走壳程，以便采用管外强化传热设施，如螺纹管或翅片管。

83 间壁式换热器按用途分为几种类型？其作用是什么？

间壁式换热器分为七种类型，其类型及作用分别是：

1）加热器：用于流体的加热。

2）冷却器：用于流体的冷却。

3）预热器：用于流体的预热。

4）冷凝器或全凝器：用于蒸汽的冷凝，蒸馏中馏分的回收和产生真空等。

5）分凝器或部分冷凝器：使蒸汽部分冷凝。

6）重沸器或汽化器：用于物料加热汽化。

7）深冷热交换器：用于深冷分离工程等。

84 列管式换热器如何维护保养?

维护保养列管式换热器内容包括：

1）保持主体设备外部整洁，保温层和油漆完好。

2）保持压力表、温度计、安全阀和液位计等附件齐全、灵敏、准确。

3）发现法兰和阀门有渗漏时，应及时消除渗漏。

4）在开、停换热器时，应将冷、热介质阀门缓慢打开，以免产生热应力使局部焊缝开裂或管子胀口松弛。

5）尽可能减少换热器开停次数，停止使用时应将内部介质放净，防止冻裂和腐蚀。

6）每两年检查一次换热器的壁厚。

85 换热器使用前的检查准备工作有哪些内容?

1）检查换热器静电接地是否良好。

2）检查地脚螺栓及各连接法兰螺栓是否松动(滑动端应留有间隙)。

3）检查出入口阀是否完好，手轮等是否齐全好用。

4）检查换热器壳体表面有无变形、碰伤裂纹、锈蚀麻坑等缺陷。

5）试压合格后方可投用。

86 换热器使用时注意事项有哪些?

1）严禁超温、超压，以免影响使用寿命及损坏设备。

2）严禁换热器单面受热，以免发生泄漏，一旦发生泄漏，应及时切除。

3）严禁升降温速度过快。

4）严禁放空阀未关死就投用设备，以免造成跑油或引起着火。

5）换热器发生泄漏时，应将换热器切除。

6）投用换热器时，应先开设备出口，后开设备入口阀，以防止设备憋压。

7）投用时先慢慢投冷流体，后投热流体。

87 简述换热器的吹扫步骤。

1）改通换热器管程、壳程扫线流程。

2）慢慢打开蒸汽阀，待凝结水排净后关闭。

3）慢慢打开吹扫阀门对换热器进行吹扫。

4）蒸汽吹扫时，应考虑到换热器所能承受的单向受热能力，吹扫单程时，另一程放空阀必须打开。

5）吹扫干净后，停蒸汽，打开放空阀门，放净存水待修。

88 简述换热器的投用步骤。

1）先慢慢投冷流体，后投热流体。

2）慢慢打开放空阀排净器内气体，后关闭放空阀门。

3）当温度平稳后，全开冷、热流体阀门。

4）设备投用后详细检查，无异常情况后方可离开，并做好记录。

89 简述换热器的停用步骤。

1）停用时，应先慢慢停热流体，后停冷流体。

2）停用时应先关入口阀，后关出口阀。

3）若切除进行检修，换热器必须进行蒸汽吹扫。

90 简述板式换热器操作注意事项。

1）板式换热器最高使用温度为160℃，在设备投用前或处理过程中，只能用氮气吹扫，如果不干净可用水清洗，杜绝用蒸汽进行吹扫。

2）当系统贯通吹扫时需将板式换热器改侧线。

3）其他操作与管壳式换热器相同。

4）由于设备板片较薄，操作人员不得用工具等硬物碰撞设备。

设备在投用前紧固螺栓已调整好，在使用过程中不得擅自松紧螺栓。

91 有些换热器换热效果逐渐变差是什么原因?

因为在使用过程中，在管子内外壁表面上逐渐积有沉积物（污泥、结焦、结盐等），这些结垢多是疏松的并有孔隙的物质，导热系数较小，增加了热阻，即降低了总传热系数，所以，换热效果逐步变差。

92 影响换热器效果的主要因素有哪些？对于给定的换热器怎样提高传热效率？

由传热速率方程式 $Q=KA\Delta t_m$ 可知，影响传热效果的主要因素有传热系数 K、传热面积 A 和平均温差 Δt_m。

对于给定的换热器，由于传热面积 A 是一定的，因此，只有提高传热平均温差和传热系数才能提高传热效果。

由于逆流平均温差较大，因此采用逆流操作有助于提高传热效率。

流体流过时，流速大，对流传热系数大，使传热系数增加；降低结垢厚度。

93 换热器传热效果差的处理方法是什么？

1）清洗除垢。

2）加强过滤净化介质。

3）定期清洗与清扫换热设备及过滤器。

4）更换管箱垫片。

94 换热器为什么要设置排气口、排液口？它们是否都通大气？

因为换热器开始工作时，流体逐渐充满空间，排气口使换热器内的空气逐渐排出，否则就会形成气塞；当设备停机排出液体时，使空气进入换热器以平衡压力。排气口一般装在壳体管箱、封头等部位。而排液口在停机时可将液体排出，这样便于设备维修、入库或更换工质。任何残留的液体都会引起设备过早结垢或腐蚀。排液口一般装在壳体、封头、管箱等处。

一般情况下，排气口都通大气，排液口一般都用管道与储液设备或处理设备相通，其主要取决于工质是否昂贵，是否需要回收或储存，环保部分是否允许排放等。如果工质是水，一般都可以放掉。

95 换热器在使用中有哪些注意事项？

换热器在使用中注意事项有：

1）换热器在新安装或检修完之后必须进行试压后才能使用。

2）换热器在开工时要先通冷流后通热流，在停工时要先停热流后停冷流，以防止不均匀的热胀冷缩引起泄漏或损坏。

3）固定管板式换热器不允许单向受热，浮动式换热器管、壳两侧也不允许温差过大。

4）启动过程中，排气阀应保持打开状态，以便排出全部空气，启动结束后应关闭。

5）如果使用碳氢化合物，在装入碳氢化合物之前应用惰性气体驱除换热器中的空气，以免产生爆炸。

6）蒸汽加热器停工吹扫时，引蒸汽前必须切净冷凝水，并缓慢通汽，防止水击。换热器一侧通蒸汽时，必须把另一侧的放空阀打开，以免憋压损坏设备，关闭换热器时，应打开排气阀及疏水阀，防止冷却形成真空损坏设备。

7）空气冷却器使用时要注意各部分流量是否均匀，确保冷却效果。

8）经常注意监视防止发生泄漏。

9）对于高压换热器要注意换热管束两侧压差，不能超过设计值。

96 换热器中何处要用密封垫片？一般用什么材料？

换热器中所有用螺栓连接的两个金属表面之间，都必须使用密封垫片，这些接合处大多是壳体管箱、管箱与管箱端盖、接管处及小浮头处等。

密封垫片一般有波齿垫片、金属齿形垫片、膨胀石墨垫片、高强石墨垫片等，视介质及压力等级来确定。

97 换热器如何进行泄漏检查？

换热器泄漏检查的基本方法如下：

1）对于固定管板式换热器，拆下端盖后，把试验水压入壳体，若有管子流出水来，证明该管子已泄漏，然后进行堵管处理。重复进行上述步骤直到所有泄漏消除为止。

2）对于浮头式换热器，拆下端盖后，装上一个适合换热器尺寸的试验环，使管子和壳体密封。其他步骤与固定管板换热相同。

3）对于U形管换热器，试漏方法与浮头式换热器相似。

98 如何确定在工作的换热器中，管子、管子与管板的连接处是否泄漏？

有下列一种或几种现象表明存在泄漏：

1）高压流体进入低压流体内，这种情况可用肉眼观察或用化学方法分析。在流体具有危险性时要连续进行监测。

2）压力降或出口处温度突然变化。

3）流体进、出口流量不同。

99 换热器冷热两种介质互串(内漏)的原因及处理方法是什么？

换热器冷热两种介质互串(内漏)的原因：

1）换热管腐蚀泄漏。

2）换热管与管板胀口(焊口)裂开。

3）浮头式换热器浮头法兰密封泄漏。

换热器冷热两种介质互串(内漏)的处理方法：

1）更换或堵死漏管。

2）重胀(补焊)或堵死。

3）紧固螺栓或更换密封垫片。

100 为什么开工时冷却系统要先冷后热地开？停工时又要先热后冷地停？

冷换系统的开工顺序，换热器要先进冷流，这是由于先进热流会造成各部件热胀，后进冷介质会使各部件急剧收缩，这种温差应力可促使静密封点产生泄漏，故开工时，不允许先进热流，反之，停工时要先停热流后停冷流。道理相同。

101 高温换热设备在开工过程中为什么要热紧？

装置开工时，换热设备的本体与附件用法兰和螺栓连接、垫片密封，由于它们之间材质不同，升温过程中，特别是超过200℃时，各部分膨胀不均匀造成法兰面松弛，密封面压比下降；高温时，会造成材料的弹性模量减小、材料变形，机械强度下降，引起法兰产生局部过高的应力，产生塑性变形，弹力消失。此时，压力对渗透材料影响极大，或使垫片沿法兰面移动，造成泄漏。热紧的目的就在于消除法兰的松弛，使密封面有足够的压比以保证静密封效果。

102 酸性气燃烧炉燃烧器的工作原理是什么？

酸性气燃烧炉燃烧器是整个硫黄回收装置最核心的设备之一，因为酸性气当中的硫主要是通过 Claus 热反应(即燃烧反应)来进行回收的。热反应阶段回收的硫黄量占到整个装置硫黄回收量的60%~70%，因此酸性气燃烧炉燃烧器的运行情况决定着整个装置的操作水平。

酸性气燃烧炉燃烧器的混合燃烧形式主要有外混式燃烧和预混式燃烧。其工作原理是按 Claus 欠氧配风原理配比空气和酸性气的流量，完成 Claus 制硫热反应。外混式燃烧，即酸性气和空气在喷入燃烧器的燃烧室前不混合，进入燃烧器的燃烧室后边混合边燃烧反应。预混式燃烧即酸性气和空气在喷入燃烧器的燃烧室前先进行混合，混合后的酸性气和空气混合气体进入燃烧器的燃烧室即开始燃烧和反应。目前市场上使用的硫黄回收燃烧器以预混式为主。

103 酸性气燃烧炉炉体超温可以采取哪些应对措施？

1）将炉体重新做，在满足停留时间的前提下，将长径比缩短。从设备结构上解决细长带来的炉体刚性差造成炉体变形对衬里的影响。

2）增设花墙，使燃烧充分和稳定。

3）燃烧器火不稳定，造成火焰在炉膛内旋流不均匀。其原因是燃烧器在烘炉过程中造成回火，将二次风处的旋流叶片烧坏。处理措施：在减少长径比后，燃烧器燃烧室加长，燃烧器局部改造。

4）管线配置制约炉体膨胀。由于酸性气管线及空气管线相对于炉体温度低，装置规模较大时，管线直径大、刚性大；炉体温度高，刚性相对小，如果管线走向及应力不合理，制约炉子热膨胀，炉体会翘起来，对衬里产生影响。应减少管线对设备的推力，使设备自由膨胀。

5）对酸性气燃烧炉的重要部位，如人孔附近、锥段变径处顶部、掺和阀(如果有)附近设置炉壁热电偶。检测炉壁温度。

6）合理设置膨胀缝位置。

104 生产装置内的水冷却器为什么要用循环水而不用新鲜水?

1）节约用水。

2）循环水是经过加药处理的，它可以阻止结垢，防止设备腐蚀和减少污垢沉积、微生物生长。

105 简述高效贫胺液过滤系统工作原理。

高效贫胺液过滤系统一级采用双桶可自清洗的金属楔式滤芯过滤，过滤精度25μm。对胺液系统大量存在的固体颗粒状物质进行过滤，定期进行反洗吹扫，实现金属滤芯的再生。

高效贫胺液过滤系统二级采用中微孔发达的大容量、高碘值活性炭与多孔活性滤料结合的深层滤床。特别适合胺液中有机物类(烃类凝液、表面活性类物质、润滑脂类、氧化降解变质类残渣)的吸附。其吸附容量是传统活性炭床过滤器的7~10倍，且易于再生，同时对胺液中存在的泡沫状基团进行粗粒化和表面聚结作用，破坏形成泡沫的弹性凝胶层，降低泡沫稳定性，使得泡沫破碎聚结。

高效贫胺液过滤系统三级为精细过滤器，滤件为大容量的超精细金属滤芯，固体过滤精度5μm，对胺液系统剩余微量的悬浮状固体进行截留。

106 蒸汽过热器烘炉时应注意哪些问题?

蒸汽过热器箱体衬里施工完毕，养护好后，衬里应进行烘炉，应注意：

1）蒸汽过热器不单独进行烘炉，与尾气焚烧炉一起烘炉，利用其余热烘炉。

2）烘炉时，只对箱体衬里单独烘，管束不应置于箱体内，另用支架将管束置于箱体外。箱体顶盖用碳钢板加型钢制作，内铺设耐火陶瓷纤维。

3）烘炉完毕，衬里检查合格后，铺设密封材料，将管束吊入箱体内，不得撞击箱体，以免引起衬里脱落。

4）安装完毕，检验合格，应将管束与箱体连接部位焊接，保证密封。

107 什么是塔？塔主要包括哪几个部分？

塔是炼油厂的主要工艺设备之一，它是用来完成混合物分离的设备。

塔主要包括以下几个部分：

1）塔体：包括筒体、端盖(主要是椭圆形封头)及连接法兰等。

2）内件：指塔盘或填料及其支撑装置。

3）支座：支撑塔体的底座，一般为裙式支座，即常说的裙座。

4）附件：包括人孔、进出料接管、各类仪表接管、液体和气体的分配装置，以及塔外的扶梯、平台、外保温等。

108 塔设备按结构可分为哪几大类？

塔设备按结构分可分为以下两大类：

1）板式塔：塔内有一层层相隔一定距离的塔盘，液、气两相在塔盘上互相接触，进行热和质的传递，然后分开，气相继续上升到上一层塔盘，液体流到下层塔盘上。根据塔盘形式的不同，板式塔盘又有圆泡帽塔、槽形塔盘塔、S 形塔盘塔、浮阀塔、喷射塔、筛板塔等。

2）填料塔：塔内充填着各种形式的填料，液体自上往下流，气体自下往上流，在填料表面上进行接触，完成传质传热过程。填料的形式繁多，有：拉西环、鲍尔环、波纹填料、鞍形填料、丝网填料等。

109 如何选择板式塔与填料塔？

1）塔径较大时宜采用板式塔。原因如下：

① 板式塔以单位塔板面积计造价，随塔径增大而减少，填料塔的造价则与其体积成正比，小直径填料塔(0.8m 以下)的造价一般都比板式塔低。

② 板式塔直径大，其效率可提高，填料塔直径大则液体分布较难均匀，效率会下降。

③ 大塔板的检修比填料塔清理容易。

2）当所需要传质单元数或理论塔板数比较多而塔很高时，板式塔比较适宜，此情况下填料塔则要分成许多段，并进行多次液体再分布，否则液体分布不均，液体或气体产生沟流，影响传热传质效率。

3）若有热量须从塔内移除，宜用板式塔，因为塔板上更便于安装冷却管。

4）板式塔可适应比较小的液体流量，若此时用填料塔则易致填料润湿不足。

5）板式塔适用于处理有悬浮物的液体，填料层则易被悬浮物堵塞。

6）板式塔便于侧线出料。

7）填料塔适于处理有腐蚀性的物料，塔板若用耐腐蚀的金属材料制造，则造价高得多。

8）填料塔压力降比较小。真空蒸馏时需控制塔内压力降在很小的数值之下，用填料塔通常能满足要求。

9）填料塔内滞留的液体量比较少，物料在塔内停留的时间短，故对于间歇蒸馏及热敏性物料的蒸馏适合。

10）填料塔适于处理易发泡的液体。

110 填料塔使用的填料有哪些种？

填料塔使用的填料种类有：拉西环、θ 环、鲍尔环、弧鞍、十字格环、矩鞍、阶梯环、金属鞍环、θ 网环、波纹填料等。

111 简述填料特性。

比表面积：每单位体积填料的表面积，符号为 δ，单位为 m^2/m^3（或 1/m）。比表面积大则能提供的接触面积大。同一种填料其尺寸越小则比表面积越大。

空隙率：每单位体积填料的空隙体积，符号为 ε，单位为 m^3/m^3（无因次）。空隙率大则气体通过时的阻力小，因而流量可以增大。

填料因子：由前面两填料特性组合而成，具有 δ/ε^3 的形式（单位为 1/m），为表示填料阻力及液泛条件的重要参数之一。

112 简述填料塔的结构特点。

填料塔为一直立式圆筒，内有填料乱堆或整堆在靠近筒底部的支承板上。气体从底部被送入，液体在塔顶经分布器被喷洒到填料层表面上。液体在填料层中有倾向塔壁流动的趋势，故填料层较高时常将其分成数段，两段之间设立液体再分布器。液体在填料表面分散成薄膜，经填料间的缝隙下流，亦可能呈液滴落下。填料层的润湿表面就成为气、液接触的传质表面。填料层内气、液两相呈逆流接触（近年也出现并流式塔，气体亦从塔顶进入，可避免液泛及减少阻力）。两相的组成是沿塔高连续改变的，在正常操作状况下，气相为连续相，液相为分散相。

113 塔填料应满足什么要求？

塔填料应能使气、液接触面大，传质系数高，同时通过量大而阻力小，所以要求填料层空隙率（单位体积填料层的空隙体积）高，比表面积（单位体积填料层的表面积）大，表面润滑性能好，并且在结构上还要有利于两相密切接触，促进湍动。制造材料又要对所处理的物料有耐腐蚀性，并具有一定的机械强度，使塔底部的填料不致因受压而碎裂、变形。

114 浮阀塔与筛板塔比较各有什么优缺点？

(1) 浮阀塔

优点：塔板开孔率大，处理量较大；操作弹性大；分离效率较高；每层塔板的气相压降较小；因为塔板上没有复杂的障碍物，所以液面落差小，塔板上气流分布较均匀；塔板的结构较简单，易于制造。

缺点：不宜于易结焦的介质系统，因会妨碍浮阀起落的灵活性；浮阀的制造、安装较复杂。

(2) 筛板塔

优点：结构简单，制造方便；成本低，造价为浮阀塔的80%左右；压降小，处理量大。

缺点：操作弹性较小；筛孔容易堵塞，处理结垢物料的困难性比浮阀塔大。

115 什么是浮阀塔盘？浮阀塔工作原理是什么？

浮阀塔盘是常用的塔盘。它在塔盘上开有许多方形或圆形的孔。每个孔都有一个阀板。气体通过阀孔将阀板向上提起并水平射出。气液两相通过液体层时形成泡沫状态，进行传热传质。由于阀板的开度可以随气速变化，所以在低气速下，阀板可以在重力作用下自动关闭，减少泄漏。因此，具有效率高、灵活性好、结构简单、成本低、加工能力高等优点。

浮阀塔的工作原理是：在浮阀塔上开有许多孔，每个孔上都装有一个阀，当没有上升气相时，浮阀闭合于塔板上；当有气相上升时，浮阀受气流冲击而向上开启，开度随气相的量增加而增加。上升气相穿过阀孔，在浮阀片的作用下向水平方向分散，通过液体层鼓泡而出，使气、液两相充分接触，达到理想的传热传质效果。

116 浮阀塔盘的结构有什么特点？请举例画图说明。

浮阀塔盘是气、液两相进行传质和传热的场所，其上面布满浮阀。浮阀大体上分为两大类：

1) 盘状浮阀——浮阀是圆盘形，塔板上开孔是圆孔，其中 F1 型浮阀是最常用的一种。

2) 条状浮阀——浮阀是带支腿的长条片，塔板上开的是长条孔。

现以 F1 型浮阀为例说明如下：

F1 型浮阀的结构，如图 3-25 所示，圆盘浮阀靠三条支腿插在塔板上三角形排列的圆孔内，当气体通过圆孔上升时，靠气流的动能把阀片顶起，气体沿水平方向喷出，吹入塔盘上的液层内进行鼓泡。阀片上的三条支腿，起到限制阀片的运动和开度的作用，阀片的开度随气量的变化而变化，气体流量增大，浮阀被顶起的开度也增大，直到三条支腿下脚接触塔板为止。由于浮阀的这个特点，它的操作弹性大，且雾沫夹带也少，全塔盘鼓泡均匀，效率较高。此外它还有压降小、结构简单、造价低等一系列优点，所以得到非常广泛的应用。

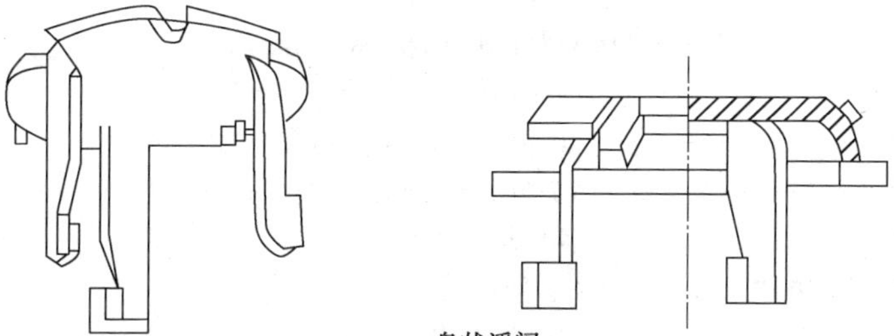

图 3-25　F1 型浮阀结构

并且，F1 型浮阀的周边有三个起始定距片，即使浮阀完全关闭，阀片与塔板之间仍能保持一定距离，这样即使在小气量时，气体也能通过阀片均匀鼓泡，因而可以得到较宽的稳定操作范围。同时，由于阀片与塔板之间的点接触，可以避免阀片与塔板黏住，使浮阀在气量增大时能平稳升起。起始距离一般为 2.5mm。

117　F1 型浮阀现在国内已标准化，请说出其型号的意义。

F1 型浮阀现在国内已标准化(JB/T 1118—2001)，一般从其型号上可以看出其特性，如下例所示：

F1Z 3A

F1：表示 1 型浮阀标志；

Z：表示重型，轻型为 Q；

3：表示浮阀适用的塔板厚度为 3mm，如果为 2、4 则表示浮阀适用的塔板厚度为 2mm 或 4mm；

A：表示浮阀材质为 0Cr13；如果是 B，则表示浮阀材质为 0Cr18Ni9；如果是 C，则表示浮阀材质为 0Cr17Ni12Mo2。

上例就表示为 F1 型重型浮阀，材质为 0Cr13，适用于 3mm 厚的塔板。其中，重型 F1 型浮阀质量约为 32~34g，用 $\delta=2$mm 的薄钢板冲成。轻型 F1 型浮阀质量约为 25~26g，用 $\delta=1.5$mm 的薄钢板冲成。

118　浮阀塔盘型号表示方法是什么意思？请举例说明。

浮阀塔盘型号表示方法如下例所示：

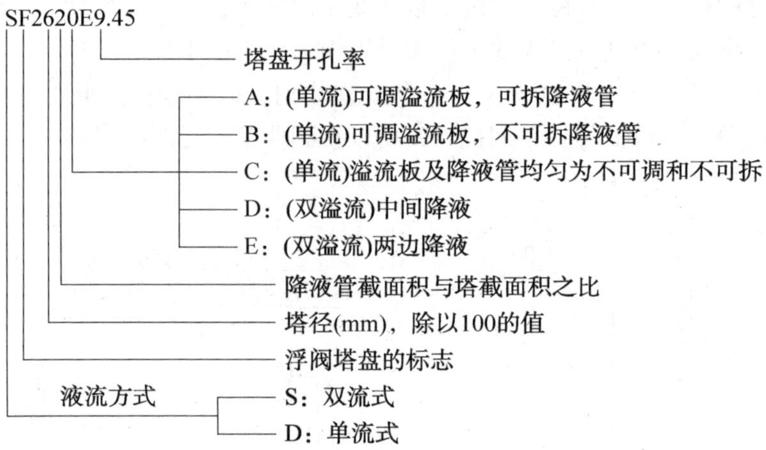

上面的型号表示为：塔径为 2600mm 的双溢流中间降液式塔盘，塔盘开孔率为 9. 45%左右，降液管与塔截面积之比为 20%。

119 塔盘主要由哪些部分组成？

塔板主要由下面几部分组成：

1）塔板：其上面开有许多孔，安装浮阀、泡帽等或直接作为气相通道，介质的传热和传质就在上面进行。

2）降液管：上层液体通过降液管流到下层塔盘，是主要的液体通道。

3）溢流堰：包括进口堰和出口堰。进口堰主要是为了保持降液管的正常液体高度，保证传质的正常进行。

120 用简图表示单溢流塔盘和双溢流塔盘。

单溢流塔盘，如图 3-26 所示。

双溢流塔盘，如图 3-27 所示。

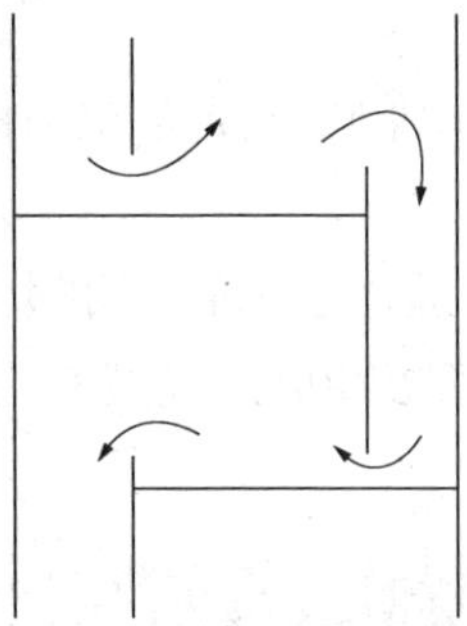

图 3-26　单溢流塔盘示意图

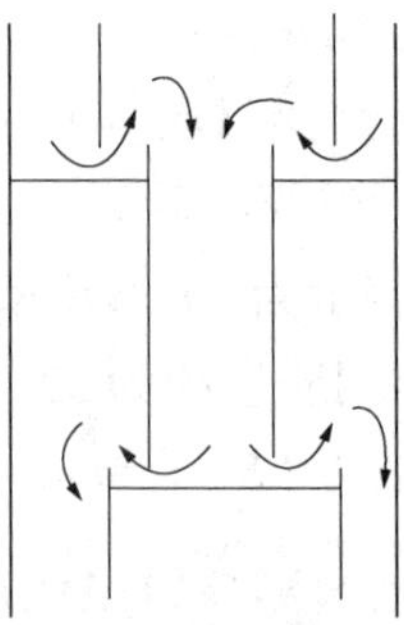

图 3-27　双溢流塔盘示意图

121 用简图标明分馏塔塔板的溢流堰和降(受)液管的位置。

塔盘溢流堰又分进口堰和出口堰，液体从上层塔盘流到下层塔盘的叫进口堰(又叫内堰)，液体离开这层塔盘流到下层塔盘的叫出口堰(或外堰)。如图 3-28 所示。

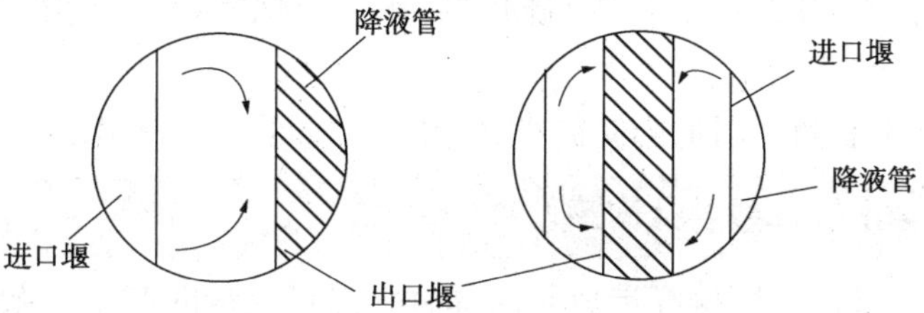

图 3-28　分馏塔塔板示意图

122 为什么酸性水汽提装置汽提塔上半部分塔盘材质为不锈钢而下半部分为碳钢材质?

这样做的原因有两个，一个是防腐，另一个是降低投资。通常汽提塔 30 层以下物料中硫含量逐层下降，且含量偏低。在 30~45 层物料中硫含量逐层上升，且 H_2S 浓度很高，经过填料层，最后在塔顶可得到浓度为 90%以上的 H_2S，因此上半部分塔盘材质为不锈钢而下半部分为碳钢材质。

123 简述塔检修前的准备工作。

1）停蒸汽后，泄掉塔内压力，压净塔内所有存油。

2）与塔连通设备、管线加盲板。

3）打开塔顶放空盲头，以便排汽。

4）蒸汽脱水。

5）向塔内缓慢引入蒸汽，不超压，塔顶见蒸汽。

6）蒸煮塔。

7）蒸煮塔结束后，排净塔内凝结水，降温后自上而下打开塔人孔。

8）检修前要做好防火、防爆炸和防毒安全措施。

9）对塔内气体进行分析化验，要达到安全要求。

124 简述溶剂再生塔的结构组成。

溶剂再生塔一般采用板式浮阀塔，规模小的可采用填料塔。最下部塔盘设有集液箱，便于贫液抽出。顶部一般设有丝网除沫器。塔顶回流及胺液入口均设有分布器。

125 简述溶剂再生塔操作特性。

(1) 工艺特性

操作应平稳，控制平稳的操作压力和温度，减少热稳定盐产生。

(2) 腐蚀特性

再生塔存在乙醇胺+二氧化碳+硫化氢+水、硫化氢+水、热稳定盐等腐蚀。

(3) 温度特性

合理控制操作温度，过低会使贫液中的 H_2S 含量高，过高会使溶剂产生热降解。

126 再生塔会出现哪些腐蚀问题?

溶剂发泡、操作温度偏高造成胺液降解、热稳定盐的产生、杂质及热稳定盐未过滤等，对设备造成腐蚀、磨蚀以及冲塔。

127 简述急冷塔的结构组成。

急冷塔一般采用填料塔。最下部设有均气孔板，同时可以洗涤尾气中的硫等杂质。顶部一般设有丝网除沫器。急冷塔入口均设有分布器。尾气入口应伸入设备内部。

128 简述急冷塔的操作特性。

(1) 工艺特性

操作应平稳，控制平稳的操作压力和温度，减轻设备腐蚀。

(2) 腐蚀特性

急冷塔存在硫化氢+水腐蚀。当加氢反应器效果不佳，且未采取措施(如加氨)时，二氧化硫进入急冷塔会造成塔壁及内构件腐蚀。

(3) 温度特性

合理控制操作温度，满足设计要求。

129 简述还原气吸收塔的结构组成。

吸收塔一般采用填料塔，也有采用板式塔的。最下部设有均气孔板。顶部一般设有丝网除沫器。贫液入口设有分布器。尾气入口应伸入设备内部。

130 简述还原气吸收塔的操作特性。

(1) 工艺特性

吸收塔的吸收效果直接影响二氧化硫的排放指标。

(2) 腐蚀特性

吸收塔存在硫化氢腐蚀、热稳定盐腐蚀、水腐蚀、乙醇胺+二氧化碳+硫化氢+水腐蚀。

（3）温度特性

合理控制操作温度，满足设计要求，温度越低，吸收效果越好。

131 简述酸性水汽提塔的结构组成。

汽提塔一般为板式浮阀塔。最下部设有集液箱，便于液相抽出。

132 简述酸性水汽提塔的操作特性。

（1）工艺特性

汽提塔的汽提效果直接影响净化水的排放。

（2）腐蚀特性

汽提塔存在硫化氢+水腐蚀。

（3）温度特性

合理控制操作温度，满足汽提要求。

133 空气冷却器由哪几部分组成？

空气冷却器的基本部件，如图 3-29 所示：

管束：由管箱、翅片管和框架组合构成。需要冷却或冷凝的流体在管内通过，空气在管外横掠流过翅片管束，对流体进行冷却或冷凝。

轴流风机：由一个或几个一组的轴流风机，驱使空气流动。

构架：空气冷却器管束及风机的支承部件。

附件：如百叶窗、蒸汽盘管、梯子、平台等。

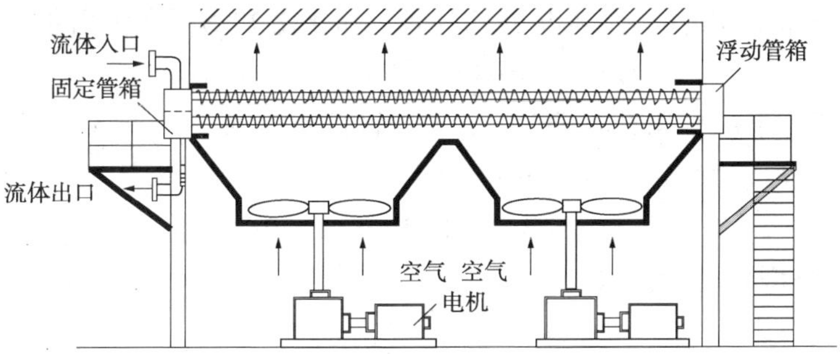

图 3-29　空气冷却器结构示意图

134 简述空气冷却器的分类。

空气冷却器分类：

1）按管束布置方式分为：水平式、立式、斜顶式等。

2）按通风方式分为：鼓风式、引风式和自然通风式。

3）按冷却方式分为：干式、湿式和干湿联合式。

4）按工艺流程分为：全干空冷、前干空冷后水冷、前干空冷后湿空冷、干湿联合空冷。

5）按安装方式分为：地面式、高架式、塔顶式(在塔顶上和塔连成一体)。

6）按风量控制方式分为：停机手动调角风机、不停机自动调角风机、自动调角风机和自动调速风机、百叶窗调节式风机。

7）按防寒防冻方式分为：热风内循环式、热风外循环式、蒸汽伴热式以及不同温位热流体的联合等形式。

135 简述空气冷却器型号表示方法。

（1）管束型号表示方法

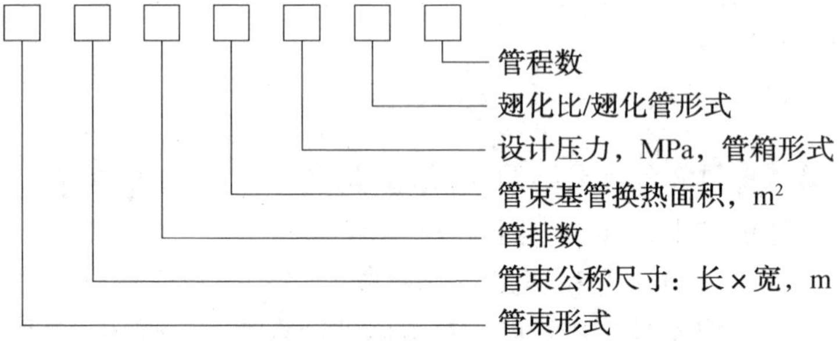

翅化比=每米翅片管总表面积/每米基管表面积

示例：

1）鼓风式水平管束：长 9m、宽 2m；6 排管；基管换热面积 140m²；设计压力为 4MPa；可卸盖板式管箱；镶嵌式翅片管，翅化比 17.3；Ⅵ管程的管束型号为：

GP9×2-6-140-4K1-17.3/G-Ⅵ

2）斜顶管束：长 4.5m、宽 3m；4 排管；基管换热面积 63.6m²；设计压力为 1.6MPa；丝堵式管箱；双 L 形翅片管、翅化比 23.0；Ⅰ管程的管束型号为：

X4.5×3-4-63.6-1.6S-23.0/LL-Ⅰ

（2）风机型号表示方法

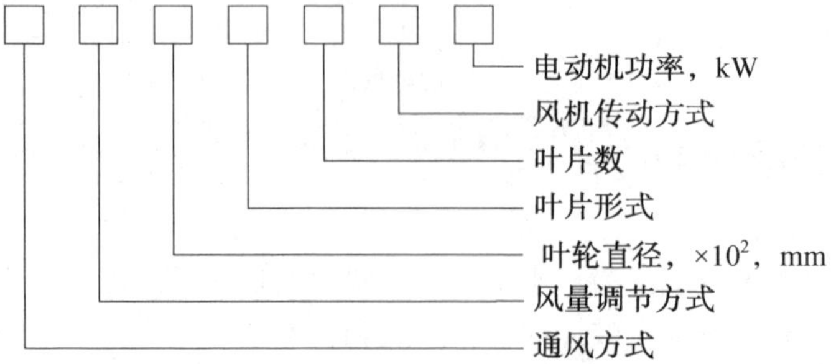

示例：

1）鼓风式：停机手动调角风机、直径 2400mm，B 型玻璃钢叶片、叶片数 4 个；悬挂式电机轴朝上 V 带传动、电机功率 18.5kW 的风机型号为：

G-TF24B4-Vs18.5

2）引风式：自动调角风机、直径 3000mm，R 形玻璃钢叶片、叶片数 6 个；带支架的直角齿轮传动、电机功率 15kW 的风机型号为：

Y-ZFJ30R6-Cl5

（3）构架型号表示方法

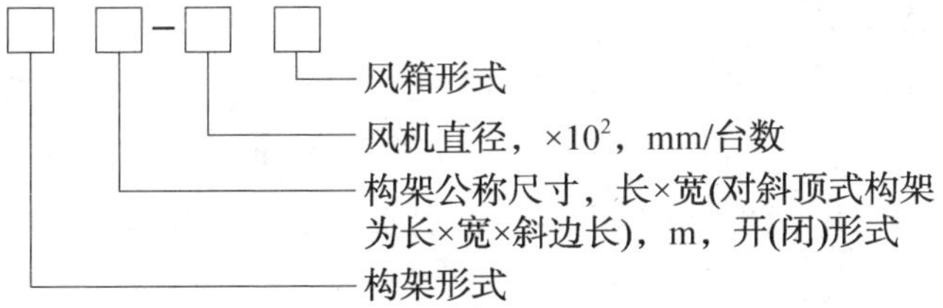

示例：

1）鼓风式空气冷却器水平构架，长 9m、宽 4m；风机直径 3600mm，2 台；方箱形风箱；闭式构架型号为：

GJP9×4B-36/2F。

2）鼓风式空气冷却器斜顶构架，长 5m、宽 6m、斜顶边长 4.5m；风机直径 4500mm，1 台；过渡锥形风箱；闭式构架的型号为：

JX56×4.5B-45/1F。

（4）百叶窗型号表示方法

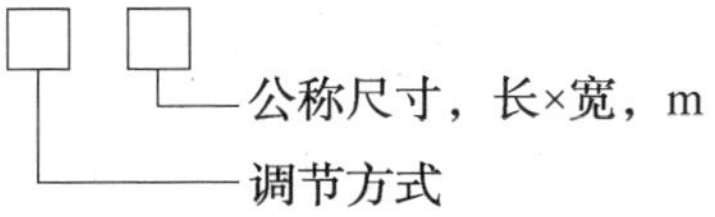

示例：

1）手动调节百叶窗，长 9m、宽 3m 其型号为：SC93。

2）自动调节百叶窗，长 6m、宽 2m 其型号为：ZC62。

（5）空气冷却器型号表示方法

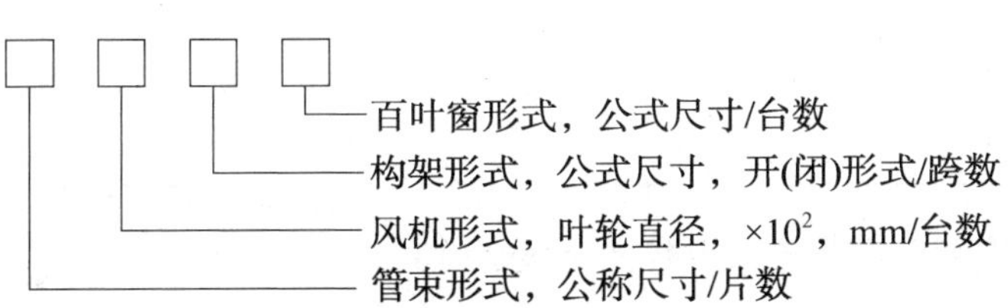

示例：

1）鼓风式空气冷却器：

鼓风式空气冷却器、水平式管束、长×宽为9m×3m，4片；停机手动调角风机、直径3600mm，4台；水平式构架、长×宽为9m×6m；一跨闭式构架，一跨开式构架；手动调节百叶窗，长×宽为9m×3m，4台的空气冷却器型号为：

$$GP\ 9\times3/4-TF36/4-\frac{GJP9\times6B/1}{GJP9\times6K/1}=SC\ 9\times3/4$$

2）引风式空气冷却器：

引风式空气冷却器、水平管束、长×宽为9m×3m，2片；自动调角风机、直径3600mm，1台，停机手动调角风机、直径3600mm，1台；水平式构架、长×宽为9m×6m、一跨闭式构架；自动调节百叶窗、长×宽为9m×3m，2台的空气冷却器型号为：

$$YP9\times3/4-\frac{ZFJ36/1}{TF36/1}-YJP9\times6B/1-ZC9\times3/2$$

136 空气冷却器和水冷却器的优缺点是什么？

1）空气冷却器优于水冷却器，见表3-12：

表3-12 空气冷却器的优点

空气冷却器的优点	水冷却器的缺点
空气可以免费取得，不需各种辅助费用	冷却水一般是难于取得的，即使可以取得，也必须设置各种泵站和各种管线
采用空冷，厂址选择不受限制	特别是大厂的厂址，取决于水源的条件
空气腐蚀性低，不需采用任何清垢和清洗的措施	水有腐蚀，需要进行处理，以防止结垢及脏物的淤积
由于空气冷却器的压力降损失为10~20mmH_2O，所以空气冷却器运行费用低	水的运行费用较高，循环水泵压头高（取决于冷却器和冷水塔位置）
空冷系统的维护费用一般为水冷系统维护费用的20%~30%	由于水冷却设备多，易于结垢需要停下设备清除，因此水系统维护费用高

2）水冷却器优于空气冷却器，见表3-13：

表 3-13　水冷却器的优点

水冷却器的优点	空气冷却器的缺点
水冷却器通常能将工艺流体冷却到比空气低 3~6℃，且循环水在冷水塔中可被冷却到接近环境湿球温度	由于空气温度比较低，且冷却效果决定于空气干球温度，通常不能将流体冷却到低温
水冷却器的冷却面积比空气冷却器少	由于空气侧膜传热系数及比热容低，所以空气冷却器需要较大面积
水冷却器对环境气温变化不敏感	空气温度的季节性变化会影响到空气冷却器的性能
水冷却器可以设置在其他设备之间	空气冷却器不能靠近障碍物，因为这会引起热空气再循环
一般的管壳式换热器即可满足要求	空气冷却器需要一种有特殊工艺技术要求的翅片管

137 空气冷却器的调节方法有哪些？

空气冷却器的调节，主要是通过调节风机的叶片角度来调节风量的，有百叶窗的空气冷却器也可以通过调节百叶窗的开度来调节风量，调节方法有手动和自动两种，有几台空气冷却器并联运行的，也可以通过停运其中一台或几台来调节。

138 空气冷却器为什么要用翅片管？

因为空气冷却器采用的是空气作冷却剂，但空气的传热系数很小，一般只有 15~50kcal/(m^2·h·℃)，而液体的传热系数高达几百 kcal/(m^2·h·℃)，因此要想达到良好的传热效果，必须采取强化措施，采用翅片管的目的就是增大传热面积，提高传热系数，增强传热效果。

139 空气冷却器是如何使空气流过管子的？

空气冷却器一般把风吹过管子进行换热，包括引风式和送风式两种。

1）引风式：风机安放在管束的上方，将空气抽离管束，结果在风机的下方产生一个微弱真空，周围的空气被吸入并流过管束。

2）送风式：风机装在管束下方，由于风机产生风压，迫使空气流过管束。

140 湿空冷和干空冷有什么不同？湿空冷喷淋水用一般的冷却水行吗？

湿空冷与干空冷的不同点就是向空气冷却器的翅片管上喷洒雾状水，依靠水在翅片管上的蒸发，强化传热，达到降低油品出口温度的目的，可以减少后冷。

湿空冷喷淋水不能用一般的冷却水。因为一般的冷却水中含有泥沙、杂质及各种盐类，喷在管束表面会结垢，从而影响冷却效果。因此，湿空冷最好用软化水作喷淋水。在没有条件的情况下，应将一般的冷却水通过沙滤器和磁水器除去杂质后，再用作湿空冷喷淋水。因此一般应循环使用，节省水量。

141 空气冷却器的通风方式有哪几种？

空气冷却器的通风方式有强制通风与诱导通风两种，也可以称为鼓风式与引风式。鼓风式的风机放在管束的下面。引风式的风机放在管束的上面。

142 空气冷却器的翅片管有哪几种形式？

空气冷却器的翅片管主要有以下几种形式：

1）L 形缠绕式翅片管。

2）镶嵌式翅片管。

3）整体轧制的翅片管。

4）复合翅片管(双金属翅片管)。

143 布置空气冷却器时应注意些什么事项？

空气冷却器入口的空气温度，有时会高于实际气温。特别是在夏季，当出现这一情况时，空气冷却器的操作性能就会受到很大的影响。其原因，一是由空气冷却器排出的热风有一部分被风机抽了回去，这个现象叫作热风循环。另一个原因是空气冷却器间距离某些温度较高的设备太近。这两个原因中，前一个原因尤为重要。

为了减少或避免热风循环，在布置空气冷却器时应根据夏季主要风向合理地进行全装置的布置。最好不要把空气冷却器布置在大型设备或较高建筑物的下风处，否则会影响空气流通。风机距离地面也不能太近，一般放在平台或管架的上部。必须注意不要把斜顶空气冷却器的管束正对着主导风向，特别要考虑夏季的主要风向。

为了避免受温度较高设备的影响，在布置上必须与加热炉、换热器、塔、罐及热油泵等有一定的距离，同时空气冷却器的下面不要布置温度较高的设备。

另外，为防止空气冷却器腐蚀、结垢及着火，在布置时注意在它的上风处不要使腐蚀性气体、粉尘及油气排出。

144 复合空气冷却器有哪些优点和缺点？

复合空气冷却器的优点：适用范围宽(32～200℃)、效率高、占地小、投资低、管束免拆卸、不停机在线清洗。

复合空气冷却器的缺点：需定期对水箱进行排污，对水质的要求比普通循环水高。

145 简述空气冷却器启动步骤。

1）检查空气冷却器流程正确、通畅、风机处于备用状态。

2）打开空气冷却器百叶窗（如果有百叶窗的话）。

3）打开空冷流体出口阀。

4）启动空冷风机。

5）打开空气冷却器热流体入口阀。

6）认真做好检查维护。

146 简述空气冷却器风机操作注意事项。

1）风机叶片角度应按照设计提供的数据安装，不可盲目增大叶片安装角度，防止电机超负荷运行。

2）在运行过程中要密切注意电机电流情况，尤其是风量较大时。

147 空气冷却器操作有哪些注意事项？

1）管内介质、温度、压力均应符合设计条件，严禁超压、超温操作。

2）管内升压、升温时，应缓慢逐级递升，以免因冲击骤热而损坏设备。

3）空气冷却器正常操作时，应先开启风机，再向管束内通入介质。停止操作时，应先停止向管束内通入介质，后停风机。

4）冬季操作易凝介质时，其程序与3）相反。

5）空气冷却器负压操作开机时，应先开启抽气器，管内达到规定的真空度时启动风机，再通入管内介质；停机时，按相反程序操作。冬季操作时，开启抽气器达到规定真空度后，先通入管内介质，再启动风机，以免管内冻结无法运行。

6）停车时，应用低压蒸汽吹扫并排净凝液，以免冻结和腐蚀。

7）开车前应将浮动管箱两端的紧定螺钉卸掉，保证浮动管箱在运行过程中可自由移动，以补偿翅片管热胀冷缩的变形量。

148 空气冷却器管束泄漏处理的方法有哪些？

（1）换热管堵漏

空气冷却器管束经过一段时间的运行后，由于腐蚀等原因造成泄漏，可以采用化学黏补、打卡注胶和堵管等修理方法处理。当换热管泄漏量小时，可在不停车的情况下将管外的翅片除去，然后再进行化学黏补包扎或打卡注胶堵漏；如果不能用上述方法消漏，则应停车将管束吹扫干净，拆开管箱上的丝堵，在换热管两端用角度3°~5°的金属圆台体堵塞，以达到消漏的目的。

（2）换管

当空气冷却器管束非均匀腐蚀或制造缺陷而泄漏时，可采用换管消漏。首先将要更换的管子拆下，清洗管箱管孔。更换新管时，将管子中间稍拉弯曲，即可从两端管板孔穿入，穿入后进行胀接或焊接。

149 空气冷却器管束安装注意事项有哪些？

1）管束在起吊时应用钢索吊挂吊耳，并防止碰损翅片和漆层。

2）多台管束安装在构架上，管束与管束侧梁的间隙为63mm。

3）管束入口法兰中心线与安装基准线的偏差不得大于3mm。

4）管束与管束、管束与构架的间隙大于10mm时，应填塞密封或安装密封板以减少泄漏。

5）斜顶空气冷却器管束安装时，管束和构架上的限位卡板卡牢，以防管束脱落。

150 空气冷却器检修应注意哪些事项？

1）一般检修周期为2~4年。

2）清扫检查管箱及管束，更换腐蚀严重的管箱丝堵、管箱法兰的连接螺栓及丝堵、法兰垫片。

3）检查修复筒、百叶窗及喷水设施。

4）处理泄漏的管子。

5）校验安全附件。

6）整体更换管束。

7）对管束进行试压。

8）检查修理轴流风机。

9）检查修复大梁、侧板等受力件。

151 腐蚀的定义是什么？按其机理可分哪两类？

材料或设备，受环境影响而发生的一切变质、失效以及除了纯机械性破坏以外的材料(包括金属和非金属材料)的一切破坏现象，称为腐蚀。

按腐蚀机理可分为：化学腐蚀和电化学腐蚀。

152 简述应力腐蚀破裂的机理。

材料在腐蚀与拉应力的同时作用下产生的破裂，称为应力腐蚀破裂(SCC)。

影响应力腐蚀破裂的重要变量是温度、介质成分、材料成分和组织结构、应力、破裂方向。一般与作用应力垂直。应力增大，则发生破裂的时间缩短。应力来源于外加应力、焊接和冷加工等产生的残余应力、热应力等。

153 简述晶间腐蚀的机理。

如一种金属，晶界非常活泼，在晶界或邻近区产生局部腐蚀，而晶粒的腐蚀则相对很小，这就是晶间腐蚀。晶间腐蚀使金属碎裂(晶粒脱裂)，同时使金属丧失强度。晶间腐蚀是由晶界的杂质或晶界区某一合金元素的增多或减少而引起的。

154 什么叫金属腐蚀?

金属在外部介质的化学作用或电化学作用下，引起的破坏称金属腐蚀。

155 什么是 H_2S-H_2O 腐蚀?

H_2S-H_2O 腐蚀存在的部位相当广泛，也就是通常所说的湿硫化氢腐蚀环境。表现为均匀腐蚀、点(坑)蚀、氢脆、氢鼓泡、氢诱导开裂和硫化物应力腐蚀开裂等。

156 均匀腐蚀(UC)指的是什么腐蚀?

在湿硫化氢环境中，碳钢和低合金钢的均匀腐蚀随温度的升高而加剧，在80℃时腐蚀速率最大，在110~120℃时腐蚀速率最低，这种腐蚀的初始腐蚀速率可达10mm/a以上。运行1500~2000h后，随着硫化亚铁(FeS)保护膜的形成，可逐渐降低到0.3mm/a并趋于平稳。但在流速超过2.1m/s的高速液流冲刷下，碳钢和低合金钢的腐蚀速率仍是很高的，这些部位应采用不锈钢材质。为避免冲刷腐蚀，规定气体流速要小于15m/s，并大于3m/s(以防积液引起点蚀)。

157 什么是氢脆(HE)?

氢脆是指溶解在钢中的氢导致钢材的断裂韧性变差、延性降低，称为氢脆。渗入金属内部的氢原子，如果在未形成裂纹前，通过加热或时效处理(脱离腐蚀介质后在150~200℃下加热24h)可使氢逸出，从而使钢的性能得到恢复，这种氢脆称为可逆氢脆。如果渗入的氢原子在金属内部的微孔或夹杂等缺陷处聚集成分子氢(H_2)，通过消氢处理也不能使钢的脆性消失，这就是通常所说的不可逆脆性。

硫化氢是一种弱酸性电解质，在水溶液中可电解出原子吸附氢[H]：$H_2S \longrightarrow 2H^+ + S^{2-}$；阴极反应：$2H^+ + 2e \longrightarrow 2[H] \longrightarrow H_2$。当金属内存在夹杂物

时，特别是硫化锰夹杂，由于它的膨胀系数与基体不同，热轧过程中变成扁平状，与基体之间可形成缝隙缺陷，从而有利于原子吸附氢[H]的聚集。原子吸附氢的聚集和变成分子氢(H_2)将引发裂纹。除硫化锰之外，硅酸盐、串链状氧化铝及较大的碳化物、氮化物，均可能成为裂纹起源，从而发生氢鼓泡、氢脆、氢诱导开裂、硫化物应力腐蚀开裂等一系列氢损伤现象。

158 氢鼓泡(HB)指的是什么?

这是碳钢在湿硫化氢环境中常可观察到的一种腐蚀破坏形态，主要发生在低碳钢中。腐蚀过程中析出的氢原子向钢中扩散，在钢中的非金属夹杂或缺陷处聚集形成分子氢，从而产生巨大内压导致其周围组织屈服，在接近表面处形成鼓泡，俗称氢鼓泡。在没有外应力和残余应力的情况下，仅靠氢气积累产生的内压也能发生，其裂纹平行于轧制板面。裂纹也可发生在板材内部，呈直线状或阶梯状，其中以阶梯状裂纹危险性最大，也称阶梯状开裂。钢材的裂纹主要出现在表面。在高强钢中，也可发生表面鼓泡，但鼓泡小而密。

硫化氢介质的临界浓度对氢鼓泡的产生影响较大，一般认为硫化氢的分压达到 138Pa 时，将产生氢鼓泡。

159 氢诱导开裂(HIC)指的是什么?

对于不锈钢，由于氢的渗入形成裂纹后，如果无外力作用，一般并不发展和马上破坏。但若有外力作用时，将导致破坏，所以也称为氢致延迟破裂。这种破坏多发生于临氢设备和管线处。

另外，还有一种沿压力容器壁厚方向的穿透型开裂，即应力导向氢致开裂(SOHIC)，其典型特征是裂纹沿“之”字形扩展。也有人认为它是 HIC 的一种特殊形式。这种开裂形式也常发生在焊缝热影响区及其他高应力集中区，对压力容器的安全威胁很大。

160 什么是硫化物应力腐蚀开裂(SSCC)?

硫化物应力腐蚀开裂是指受应力作用的钢及其他高强合金在湿硫化氢环境中以裂纹方式出现的脆性破坏。SSCC 往往不需要很高的载荷，而且裂纹发展速度非常快。裂纹无分支，或分支很少，多为穿晶型，也有晶间型或混合型。在碳钢或低合金钢断口上往往覆盖有硫化物腐蚀产物，而不锈钢断口往往无明显腐蚀迹象。

硫化氢分压、温度、介质 pH 值以及 Cl^-、CO_2、CN^- 等杂质是影响 SSCC 的主要因素。特别是材料的表面状态影响较大，许多开裂的裂纹源于设备的表面缺陷。

161 $H_2S-CO_2-H_2O$ 腐蚀体系指的是什么?

$H_2S-CO_2-H_2O$ 腐蚀主要发生在脱硫装置再生塔顶的冷凝冷却系统富含酸性气的部位。一般采用乙醇胺溶液脱除硫化氢和二氧化碳，脱后塔顶酸性气含 H_2S 50%~60%，以及一部分 CO_2、烃和水，从而对气体吸收塔、乙醇胺再生塔、再生塔回流罐、换热器和管线等造成腐蚀。对碳钢设备可发生均匀腐蚀、氢鼓泡及焊缝开裂，对 Cr5Mo、1Cr13 及低合金钢的焊缝部位(用不锈钢焊条)发生SSCC。

均匀腐蚀主要是由 CO_2引起的，其腐蚀反应式为：

$$Fe+2CO_2+2H_2O \longrightarrow Fe(HCO_3)_2+H_2\uparrow$$

$$Fe(HCO_3)_2 \longrightarrow FeCO_3+CO_2\uparrow+H_2O$$

由二氧化碳生成的碳酸也可直接腐蚀设备：

$$Fe+H_2CO_3 \longrightarrow FeCO_3+H_2\uparrow$$

162 $H_2S-RNH_2-CO_2-H_2O$ 腐蚀体系指的是什么?

$H_2S-RNH_2-CO_2-H_2O$ 腐蚀体系主要发生在再生塔底部、富液管线等部位。腐蚀的关键因素是二氧化碳及胺。有报道称，在温度高于 90℃、二氧化碳浓度在 20%~30%时，碳钢的腐蚀速率可达 0.76mm/a。

过去人们认为在碱性环境中应力腐蚀开裂在 80℃以上才会发生，但近几年发现，在 40~60℃也会发生。因此，对碳钢设备及管线应进行焊后消除应力热处理，使焊缝硬度不大于 HB200。

163 $H_2S-NH_3-H_2O$ 腐蚀体系指的是什么?

$H_2S-NH_3-H_2O$ 腐蚀体系多发生于重油加氢脱硫反应器出口和酸性水汽提塔塔顶部位，与生成的 NH_4HS 有关，当其含量达到 2%以上时，可对碳钢产生严重腐蚀，主要表现为冲刷腐蚀。

164 含硫烟道气的腐蚀($SO_3+CO_2+O_2+H_2O$)指的是什么?

当重油燃料中含有硫、硫化物(一般 2%~3%)及水分时，燃烧后可形成 $SO_3(SO_2)+CO_2+O_2+H_2O$ 腐蚀体系。硫及硫化物燃烧大部分生成 SO_2，其中有一部分(1%~5%)在一定条件下可与 O_2反应生成 SO_3，它与水蒸气形成的硫酸蒸气可提高烟气的露点，从而在加热炉的空气预热器及烟道、废热锅炉的省煤器及管道等温度较低部位形成严重的硫酸露点腐蚀。

$$S+O_2 \longrightarrow SO_2$$

$$SO_2+0.5O_2 \longrightarrow SO_3$$

$$SO_3+H_2O \longrightarrow H_2SO_4$$

硫酸露点腐蚀要比硫酸腐蚀严重，这是因为露点腐蚀开始时生成的 $FeSO_4$ 在沉积物的催化作用下，可与烟气中的 SO_2 和 O_2 进一步反应生成 $Fe_2(SO_4)_3$，而 $Fe_2(SO_4)_3$ 对 SO_3 的生成具有促进作用。在酸性条件下(pH 值≤3)，$Fe_2(SO_4)_3$ 本身也可对碳钢造成腐蚀，生成 $FeSO_4$，从而形成恶性循环。

硫酸露点腐蚀受燃油中硫含量、SO_3 的转化率和水分含量的影响。适当提高排烟温度(使器壁温度高于硫酸蒸气露点温度)可防止腐蚀发生，但不利于节能。随着 ND 钢及耐蚀合金涂层新材料的开发成功，目前多通过选材来减轻露点腐蚀的危害。20 世纪 90 年代开发的 09CrCuSb(ND 钢)新钢种，由于加入了铜、锑合金元素，在硫酸露点腐蚀条件下，可形成一层含 Cu、Sb 和 Cr 的钝化膜，并形成阳极钝化，保护金属本体免受腐蚀。

165 高温硫化物腐蚀指的是什么?

高温硫化物的腐蚀($S-H_2S$)，主要是指 240℃以上的高温部位(如燃烧炉及催化转化等部位)单质硫、硫化氢和硫醇等活性硫形成的腐蚀，腐蚀类型为均匀腐蚀。防止高温部位腐蚀的主要手段是选用耐蚀材料。

(1) 单质硫

当温度在 350~400℃时，可与碳钢(Fe)直接反应生成硫化铁。

(2) 硫化氢

在 240℃以上，干硫化氢可与铁直接发生反应，生成硫化铁。在 360~425℃，硫化氢也会发生分解：$H_2S \rightarrow S+H_2$。新生成的活性硫与铁反应十分强烈，这在加热炉炉管、烟囱等高温富氧部位表现突出。到 450℃左右腐蚀就不明显了，原因主要是硫化氢已基本分解完全。

166 连多硫酸($H_2S_xO_6$，x=3、4、5)腐蚀体系指的是什么?

在含有硫化氢的系统中，当装置停工时，在高温下生成的硫化铁膜如果与潮湿空气接触，便可生成连多硫酸，使奥氏体不锈钢产生晶间型应力腐蚀开裂。其反应式如下：

$$3FeS+5O_2 \longrightarrow Fe_2O_3 \cdot FeO+3SO_2\uparrow$$

$$SO_2+H_2O \longrightarrow H_2SO_3$$

$$H_2SO_3+0.5O_2 \longrightarrow H_2SO_4$$

$$FeS+H_2SO_3 \longrightarrow mH_2S_xO_6+nFe^{2+}$$

$$FeS+H_2SO_4 \longrightarrow FeSO_4+H_2S\uparrow$$

$$H_2SO_3+H_2S \longrightarrow mH_2S_xO_6+nS(x=3、4、5)$$

生成的连多硫酸以 $H_2S_4O_6$ 为主，对不锈钢和高合金材料，特别是在焊缝或在370~815℃区域被敏化的材料易发生应力腐蚀开裂。即使这些材料经过热稳定化处理，也难以避免。奥氏体不锈钢设备停工时，按规范进行碱洗或对停用设备采取充氮、放置有机胺(或无机铵)类气相保护剂，可有效防止连多硫酸应力腐蚀开裂的发生。

167 防止奥氏体不锈钢产生连多硫酸应力腐蚀最好采取什么措施？

防止奥氏体不锈钢产生连多硫酸应力腐蚀最好采取以下几点措施：

1）材质一般选用超低碳型（C≤0.03%）或稳定型的不锈钢（如SUS321，SUS347），采用奥氏体+铁素体双相不锈钢也有较好效果。还可以选用铁素体不锈钢，它对连多硫酸的应力腐蚀开裂不敏感。制造上要尽量消除或减轻由于冷加工和焊接引起的残余应力，并注意加工成不形成应力集中或尽可能小的结构。

2）使奥氏体不锈钢设备或管线的金属表面保持干燥，即不与空气和水接触或处于热状态下。即在装置停工后，对不需检修的奥氏体不锈钢设备或管线用阀门或盲板封闭起来，内充氮气保持正压，使其隔绝空气，如果温度低于38℃会生成液态水时，则要将无水氨注入系统中，浓度大约为5000μL/L。特别是加热炉管，在停工检修期间，保持其温度在149℃以上，使其干燥。

3）对于需要卸开检修的奥氏体不锈钢设备、管线和不能保持149℃以上的加热炉管，应用1.5%~2%的碳酸钠（Na_2CO_3）或氢氧化钠（NaOH）溶液进行中和冲洗。冲洗后，务必用不含氯化物的软化水或冷凝水冲洗，以防止残余碱留在表面上造成碱脆和在开工时被带到催化剂中，影响催化剂活性。在溶液中增加0.5%的硝酸钠，可以减少不锈钢发生氯化物应力腐蚀开裂的可能性，但必须防止溶液中加入过量的硝酸钠（不大于0.5%），它有引起碳钢应力腐蚀开裂的危险。

4）尽可能减少奥氏体不锈钢金属表面裸露在可能产生应力腐蚀的环境中的时间。

总之，每次停工前都要根据维修工作的不同，编制具体的奥氏体不锈钢的防护措施，并经设备、工艺、生产和检修审查批准（具体细节详见NACE标准RP-01-70《炼油厂停工期奥氏体不锈钢设备连多硫酸应力腐蚀开裂的预防》）。

168 金属材料的主要腐蚀类型有哪些？均匀腐蚀有什么特征？晶间腐蚀有什么特征？

金属材料的主要腐蚀类型有均匀腐蚀、晶间腐蚀、选择性腐蚀、应力腐蚀破裂、腐蚀疲劳、点腐蚀、缝隙腐蚀、电偶腐蚀、磨损腐蚀、氢腐蚀。

均匀腐蚀是在金属材料较大面积上均匀地发生化学或电化学反应，金属表现为宏观地变薄，是最常见的腐蚀形式。

金属的腐蚀沿晶粒边界进行，从而使晶间失去结合力，金属的强度和延伸性下降，破坏之前金属的外观(形状、尺寸)无明显变化，大多数仍保持金属光泽，但冷弯后表现出裂缝，失去金属声。做断面金相检查时，可发现晶界或毗邻区域发生局部腐蚀，甚至晶粒脱落，腐蚀沿晶界发展推进较为明显。

169 金属材料力学性能的指标有哪些？

金属材料力学性能的指标有：强度、硬度、弹性、塑性、疲劳和断裂韧性。

金属材料的强度是指金属在外力作用下，抵抗破坏作用的最大能力。由于外力作用的形式不同，材料所表现的这种能力也不尽相同。主要有：抗拉强度、抗弯强度、抗压强度、抗剪强度等。

金属材料的硬度是衡量金属材料软硬程度的指标，是指金属材料在静载荷作用下抵抗局部变形，特别是塑性变形、压痕、划痕的能力，常用来评价金属材料的耐磨性和被切削性，热处理的有效程度。

对物体施加外力，当外力较小时物体发生弹性形变，当外力超过某一数值时，物体产生不可恢复的形变，这就叫塑性形变。塑性即物体变形的能力。与之相对的，是对一物体施加外力，物体产生形变，移除外力，发现形变消失，物体恢复原样，这就是弹性，弹性越大的物体，能够承受越大的外力而不发生永久形变。而塑性越大的物体，能发生永久形变所需的最小力越小。

疲劳是金属材料在极限强度以下，长期承受交变载荷(大小相同、方向反复变化的载荷)的作用，在不发生显著塑性变形的情况下而突然断裂的现象。

金属材料的断裂韧性(也称断裂韧度或裂纹韧性)是衡量金属材料在裂纹存在情况下抵抗脆性破坏或裂纹不稳定扩展能力的指标。

170 石油加工中的主要腐蚀因素是什么？

石油加工中的腐蚀，多半是原油中的杂质引起的。这些杂质以硫化物及氯化物为主要代表。

171 原油中的硫化物主要有哪些？

原油中有许多硫化物，它主要以硫醇(R-SH)、硫醚(R-S-R)、多硫化物[R-$(S)_n$-R]、环硫化物、元素硫、硫化氢、噻吩等形式存在。含硫量在0.5%以下的原油为低硫原油，含硫量在0.5%以上的原油为含硫原油，含硫量在2%以上的为高硫原油。

172 什么是高温硫化物的腐蚀？其腐蚀发生的温度范围是什么？

高温硫腐蚀主要是活性硫化物如硫化氢、硫醇和单质硫的腐蚀，这些成分都能与金属发生化学反应。

硫化氢在340~400℃分解出来的硫比H_2S有更强的活性，使得腐蚀更为激烈。此外硫醚、二硫醚、环硫醚、噻吩等在高温下，能够分解生成硫、硫化氢等活性硫化物腐蚀金属。腐蚀形态为均匀减薄。

原油中所含硫化物对设备的腐蚀从240℃开始，随着温度升高而迅速加剧，到480℃左右达到最高点，以后又逐渐减弱，因此硫腐蚀发生的温度范围为240~500℃。

173 什么是高温环烷酸腐蚀？

环烷酸是石油中存在的主要有机酸，是一种具有强烈臭味难挥发的无色液体，当有水存在及升高温度时，则会与很多金属反应生成盐类使设备产生腐蚀。由环烷酸引起腐蚀的温度范围为230~400℃，且在270~280℃范围内发生最大的腐蚀速率，这是因为硫化物对碳钢和低合金钢在此温度下具腐蚀作用。其腐蚀形式为沟槽状腐蚀。

174 如何区分硫腐蚀和环烷酸腐蚀？

因为304不锈钢对硫腐蚀几乎是钝性的，但它却易受环烷酸腐蚀。若304不锈钢受到腐蚀而316不锈钢不受腐蚀的话，则可以认为有环烷酸存在。

175 钢材有哪些防腐方法？

钢材防腐方法有四大类：

1）利用耐蚀金属和合金防腐。

2）利用涂层(金属、有机涂层、无机涂层)防腐。

3）调节环境控制腐蚀(工艺)。

4）利用电化学减缓腐蚀。电化学保护，用阴极或阳极保护，消除或减少被保护金属表面的腐蚀。

176 非金属防腐材料有哪些？

非金属防腐材料有环氧酚醛、聚乙烯、聚丙烯、Ni-P等涂层；辉绿岩铸石、陶瓷、玻璃、搪瓷等衬里。

177 设备的防腐蚀措施一般有哪几种？

1）衬里法，如反应器内用大颗粒珍珠岩等做衬里。

2）各种涂层，如设备刷油、涂树脂。

3）金属涂层，如电泵轴电镀。

4）加入缓蚀剂。

5）采用不锈钢及其他耐腐蚀性材料，如高温管线采用不锈钢或铬钼钢。

178 什么叫金属材料的物理性能？什么叫金属材料的化学性能？

金属材料的物理性能主要包括密度、金属的热性能和电、磁性能等。

金属材料的化学性能，是指金属材料在各种环境中，抵抗任何腐蚀性介质对其进行化学侵蚀的一种能力。在石化企业里，各种腐蚀性介质对金属材料的侵蚀作用非常复杂，由此产生的事故及后果相当严重，所以，在设备的设计、制造和检修中，金属材料的化学性能显得尤为重要。

179 简述钢材的蠕变现象。

当温度大于0.3倍钢材的熔点温度，应力大于该温度下材料的弹性极限时，钢材就会慢慢地出现永久性变形，这种现象称蠕变现象。

180 钢材按化学成分如何分类？

钢材按化学成分可分为：碳素钢和合金钢。

碳素钢按其含碳量的多少又分为工业纯铁、低碳钢、中碳钢和高碳钢。合金钢按一般合金元素的含量分为低合金钢、中合金钢和高合金钢。

181 湿硫化氢腐蚀过程是怎样的？影响因素有哪些？什么部位易腐蚀？

硫化氢腐蚀是一个不容忽视的问题，硫化氢在系统中与铁作用，生成硫化亚铁。反应式如下：

$$Fe+H_2S \longrightarrow FeS+H_2\uparrow$$

FeS是一种具有脆性，易剥落，不起保护作用的锈皮，对反应器、换热器及高压管线危害极大。影响硫化氢腐蚀速率的因素，主要有温度和H_2S浓度。当硫化氢在250℃以下时，对钢铁不产生腐蚀或腐蚀甚微，当温度大于260℃时，腐蚀加快，随着温度的升高而陡直地加剧，尤其温度在315～480℃时，每增加55℃，腐蚀速率增加2倍。H_2S浓度越大、分压越高，腐蚀越厉害，在硫化氢体积浓度超过1%时腐蚀速率达到最大。

另外还有水、酸性化合物等影响硫化氢的腐蚀，如HCl存在时$FeS+2HCl \rightarrow FeCl_2+H_2S$等，其中以水的影响尤其严重。

湿硫化氢应力腐蚀环境如下定义：

1）温度≤$(60+2p)$℃，p为压力，MPa(表)。

2）硫化氢分压≥0.00035MPa，即相当于在常温水中的溶解度≥10mg/L。

3）介质中含有液相水或处于水的露点以下。

4）pH 值<9 或有氰化物（HCN）存在。湿硫化氢的腐蚀主要是由于电化学腐蚀和反应产生的氢原子扩散至钢中引起的。

机理如下：

$$H_2S \longrightarrow H^+ + HS^-$$

$$HS^- \longrightarrow H^+ + S^{2-}$$

$$Fe \longrightarrow Fe^{2+} + 2e^- \text{（阳极反应）}$$

$$Fe^{2+} + S^{2-} \longrightarrow FeS\downarrow$$

$$Fe^{2+} + HS^- \longrightarrow FeS + H^+$$

$$2H^+ + 2e^- \rightarrow 2H\uparrow \longrightarrow H_2 \text{（阴极反应）}$$

$$\qquad \llcorner\!\!\longrightarrow \text{向钢中扩散}$$

湿硫化氢引起钢材损伤的形式有：

1）均匀腐蚀。由电化学腐蚀引起的表面腐蚀，使设备壳壁均匀减薄。

2）氢鼓泡(HB)。腐蚀过程中析出的氢原子渗入钢中，在某些关键部位形成氢分子并聚集，引起界面开裂(不需要外加应力)，形成鼓泡，其分布平行于钢板表面。

3）氢致开裂（HIC）。在钢内部发生氢鼓泡区域，当氢的压力继续增高时，小的鼓泡裂纹趋向于相互连接，形成有阶梯状特征的氢致开裂。钢中 MnS 夹杂物的带状分布增加 HIC 的敏感性。HIC 的发生不需要外加应力。

4）应力导向氢致开裂（SOHIC）。应力导向氢致开裂是由于应力引导下，在杂物与缺陷处因氢聚集而形成的成排的小裂纹沿垂直于应力方向发展，即向压力容器与管道的壁厚方向发展。SOHIC 常发生在焊接接头的热影响区及高应力集中区。应力集中经常是裂纹状缺陷或应力腐蚀裂纹引起的。

5）硫化物应力腐蚀开裂。硫化氢腐蚀产生的氢原子渗透到钢的内部，溶解于晶格中，导致脆化，在外加拉应力或残余应力作用下形成开裂。硫化物应力腐蚀开裂通常发生在焊缝热影响区的高硬度区。

硫化氢的腐蚀不但危害设备及管线，而且这些腐蚀产物被带进反应器内，会堵塞床层，导致压差增大，影响开工周期。

182 如何防止硫化氢腐蚀？

防止高温硫化氢腐蚀的办法有：

1）控制循环气中硫化氢浓度，不要超过规定范围。

2）选用抗硫化氢腐蚀的钢材或采取防腐措施，如用不锈钢金属衬里或用渗铝钢等。

防止湿硫化氢腐蚀的措施有：对介质中硫化氢含量较低、腐蚀不太严重的，往往采用普通碳素钢，适当加大腐蚀裕度量，并在制造程序上加入消除应力的焊后热处理。对腐蚀性中等的场合，可选用抗 HIC 的钢材，国外应用最为普遍的是 SA516Gr65、SA516Gr70(HIC)(与 Q345 相似)。对腐蚀性非常苛刻的工况，可采用“隔绝”方法，即在内壁衬上(或堆焊)一层抗腐蚀的金属，如铁素体不锈钢、双相不锈钢、镍合金或防腐镀层等。

183 什么叫材料的应力？什么叫应力腐蚀？

所谓应力就是指作用在单位面积上的内力值，垂直于横截面上的应力称为正应力，平行于横截面的应力称为剪应力。

金属材料在静拉应力和腐蚀介质共同作用下所引起的破坏，称为应力腐蚀。

184 应力腐蚀是怎样产生的？有什么预防措施？

产生应力腐蚀的原因，首先是内应力使钢材增加了内能，处于应力状态下的钢材的化学稳定性必然会降低，从而降低了电极电位，内应力愈大，化学稳定性愈差，电极电位愈低。所以，应力大的区域就成为阳极。其次是应力(特别是表示拉应力)破坏了金属表面的保护膜，保护膜破坏后形成裂缝，裂缝处就成为阳极，其他无应力的区域则为阴极，成为腐蚀电池，加速腐蚀。奥氏体不锈钢对应力腐蚀是比较敏感的，较易发生。这可能是和它容易产生滑移及孪晶有关。

由于在滑移带和孪晶界应力集中，易遭受腐蚀破坏，裂缝一般都是穿晶的，也有在晶间发生的，由于这种应力腐蚀所产生的裂纹呈刀口状，所以也称为“刀口腐蚀”。奥氏体不锈钢形成刀口腐蚀，除了由于焊缝有不均匀的应力以外，还由于焊缝在焊接后的冷却过程中，从奥氏体中析出了铬的碳化物，使晶界贫铬，刀口腐蚀就发生在焊缝区或热影响区里，而热影响区内某一段的温度很可能就是奥氏体中铬的碳化物析出的敏化温度(450~850℃)，这样就使得晶界贫铬，发生晶间裂缝。

预防应力腐蚀的方法：

首先应合理选材，避免使用对应力腐蚀敏感的材料，可以采用抗应力腐蚀开裂的不锈钢系列，如高镍奥氏体钢、高纯奥氏体钢、超纯高铬铁素体钢等。

其次应合理设计零件和构件，减少应力集中。改善腐蚀环境，如在腐蚀介质中添加缓蚀剂，也是防止应力腐蚀的措施。采用金属或非金属保护层，可以隔绝腐蚀介质的作用。此外，采用阴极保护法、电化学保护法也可减小或阻止应力腐蚀。

185 奥氏体不锈钢的连多硫酸腐蚀机理是什么？

连多硫酸应力腐蚀开裂是某一金属(钢材)在拉应力和特定的腐蚀介质共同作用下所发生的脆性开裂现象。奥氏体不锈钢对于硫化物应力腐蚀开裂是比较敏感的。连多硫酸($H_2S_xO_6$，$x=3\sim6$)引起的应力腐蚀开裂也属于硫化物应力腐蚀开裂，一般为晶间裂纹。在炼油装置停工过程中，系统降温降压后，有水汽被冷凝下来或打开设备检修时，设备和管线内部与湿空气接触。铁/铬硫化物与水和氧发生化学反应，就有亚硫酸和连多硫酸生成，从而产生腐蚀。在石化工业装置中，奥氏体不锈钢或管道发生硫化物应力腐蚀开裂多有见到。

186 氯离子(Cl^-)对奥氏体不锈钢有什么危害？其腐蚀过程是怎样的？

在有Cl^-存在时，奥氏体不锈钢对点腐蚀特别敏感。点腐蚀在生产中是很危险的，它在一定区域内迅速发展，并往深处穿透，造成设备因局部区域破坏而损坏，或因个别地方穿孔而进行渗漏。产生点蚀的原因，可能是不锈钢表层钝化膜(氧化膜)有个别地方是薄弱的，也可能是局部地方有夹杂或不平整所造成的。当液体中有活性Cl^-时，它很容易被纯化膜表面所吸附，在钝化膜比较薄弱的局部区域，氯离子在膜上排挤氧原子，并取代氧原子的位置，取代之后，在吸附时Cl^-的点上就产生可溶性的氯化物，这样就在此地方逐渐形成小孔。形成小孔后，造成了不利的局面，即小孔为阳极，被钝化的表面为阴极，阴极面积大而阳极面积极小，这样构成的腐蚀电池，将大大加快腐蚀速度，点蚀的坑穴多了相连起来，则形成裂纹，造成钢材恶性破坏。为了避免氯离子对奥氏体不锈钢的腐蚀，对奥氏体不锈钢设备及管线清洗或试压所用的水其氯化物含量均要求小于30μg/g。

187 发生不锈钢氯化物应力开裂(SCC)应满足的条件是什么？

发生不锈钢氯化物应力开裂(SCC)应满足下面的条件：需要有氯化物、游离水、溶解氧、拉伸应力，而且温度介于60~210℃。因此，避免发生不锈钢氯化物应力开裂应减少氯化物进入系统(包括原料油和新氢)，减少低温部位游离水的生成，易于积存氯化物的部位要定期排放，减少聚集发生腐蚀。

188 中和冲洗剂的成分是怎样的？对脱盐冲洗水质量有什么要求？

中和冲洗剂的成分如下：

碳酸钠1.5%~2%，硝酸钠0.5%，表面活性剂0.05%。

冲洗液的温度40~70℃。

冲洗脱盐水的质量要求如下：

Cl^-：≤1.0μg/g；

油：0；

pH值：6.4~7.6；

总铁量：≤0.1μg/g；

总硬度($CaCO_3$)：≤0.035μg/g；

电导率：10μS/cm。

将所需量的中和清洗剂 Na_2CO_3 和 $NaNO_3$ 等倒入配制罐中，加入除盐水用蒸汽搅拌至溶解，抽入中和清洗罐中，再加除盐水至所需高度，开中和清洗泵，使清洗液在罐内循环至浓度均匀即可。

若系统可以完全放空并干燥，要求氯化物含量低于 50μg/g；否则，要求低于 5μg/g。

189 在中和清洗液中加入少量表面活性剂的目的是什么？

在中和清洗液中加入少量表面活性剂的目的是增强渗透性，提高清洗效果。当被清洗的设备和管线的金属表面被铁锈和其他污垢覆盖时，用不含表面活性剂的中和清洗液浸泡或冲洗，其渗透能力就受影响，会导致清洗不彻底。

190 什么叫缓蚀剂？缓蚀剂为什么能起防腐作用？

所谓缓蚀剂，就是添加少量药剂到腐蚀介质中，能够显著减缓金属腐蚀速率的物质。缓蚀剂可以吸附在金属表面上，形成单分子抗水性保护层，多数缓蚀剂带有含氧、硫等原子的官能团，这些极性官能团吸附在金属表面，形成单分子保护膜，极性官能团和金属原子借它们之间的电子对结合，而缓蚀剂分子中的羟基覆盖在金属表面则形成分子膜的外层，将金属和腐蚀性水相隔离开来，避免了金属表面与酸性介质接触，同时能部分中和流体中的酸性物质，调节流体的酸度，达到保护金属的目的。由于分馏系统存在 H_2S 等活性硫对设备具有腐蚀作用，为了防止腐蚀的发生，保护设备，所以要加缓蚀剂。

191 要减少脱硫系统设备的腐蚀，应采取什么措施？

1）胺的储槽及缓冲罐要用 N_2 保护，减少氧化作用。

2）控制好脱硫剂的使用浓度，防止高浓度操作。

3）对脱硫剂进行净化。

4）再生塔和重沸器尽可能采用较低的压力和再生温度。

5）溶液中加入少量缓蚀剂。

6）溶液和蒸汽采用低流速，避免使用五角弯头。

7）重沸器和换热器的结构要良好。

8）对材质进行升级。

192 锅炉在哪些条件同时存在时易产生苛性脆化？

以下三个条件同时存在时，锅炉易产生苛性脆化：

1）胀口焊缝或铆缝发生渗漏时。

2）炉水碱度高，使氢氧化钠浓度超过允许极限时。

3）胀口焊缝或铆缝处应力集中，应力达到或超过屈服点时。

193 微生物腐蚀的主要方式有哪些？

微生物腐蚀的一个重要特点是高度集中在局部部位，其腐蚀方式为：

1）腐蚀微电池的去极化作用。

2）形成氧的浓差电池促进腐蚀。

3）微生物的代谢产物是硫酸、硝酸等各种酸类，会使设备产生腐蚀作用。

194 循环水中常见的腐蚀类型有哪些？

1）均匀腐蚀：在腐蚀介质的作用下，金属整个表面发生的腐蚀破坏，基本按相同的腐蚀速率进行。

2）垢下腐蚀：在形成垢层后，垢下金属表面和垢外金属表面氧的浓度不一样形成氧浓度差电池而造成的腐蚀。

3）电偶腐蚀：两种不同的金属在同一介质中接触，由于二者腐蚀电位不等，存在电位差，使电位较低的金属溶解速率增加，而电位较高的金属溶解速率减少。

4）缝隙腐蚀：在腐蚀介质的作用下，由于金属与金属或金属与非金属覆盖物之间存在缝隙，缝隙内的腐蚀介质因滞流而缺氧，造成缝隙内金属成为阳极而引起的腐蚀。

5）点蚀：在金属表面的局部部位出现向深处发展的腐蚀小孔，而其余部位不腐蚀或腐蚀很轻微的现象。

6）应力腐蚀破裂：金属或合金在固定拉应力和腐蚀介质的共同作用下，使金属产生腐蚀破裂的现象。

7）气蚀：流体与金属构件高速相对运动，在金属表面局部地区产生涡流，并伴有气泡迅速生成或破裂。当气泡破裂时产生的巨大冲击力和介质对金属的腐蚀联合作用造成金属的损坏。

8）磨蚀：高速流体对金属表面已生成的腐蚀产物的机械冲刷作用和对新裸露金属表面的腐蚀作用的综合结果。

195 在循环水系统中，腐蚀速度受哪些因素影响，如何变化？

溶解氧(DO)升高，腐蚀速率增大；pH 值升高，腐蚀速率降低；温度升高，腐蚀速率增大；流速升高，腐蚀速率降低；电导率升高，腐蚀速率增大；悬浮物含量升高，腐蚀速率增大；微生物的存在容易引起垢下腐蚀；溶解性气体的存在，增大腐蚀；不同金属材料接触增大腐蚀；金属表面粗糙容易引起腐蚀。

196 循环水金属腐蚀的控制方法有哪些?

循环水金属腐蚀的控制方法有：

1）投加缓蚀剂。

2）提高循环水 pH 值。

3）选用耐腐蚀材料换热器。

4）用防腐涂料涂覆。

其中常用的是向循环水投加缓蚀剂。

第四章　仪表基础知识

1　什么是绝对误差？什么是相对误差？

测量误差通常有两种表示法，即绝对表示法和相对表示法。绝对误差等于测量值减去真实值；相对误差等于绝对值除以真实值。

2　仪表的零点、跨度、量程是指什么？

仪表的零点是指仪表测量范围的下限，即仪表在其特定精度下所能测出的最小值。

量程是指仪表的测量范围。

跨度是指测量范围的上限和下限之差。

如果一台仪表测量范围是200～300℃，则它的零点就是200℃，量程是200～300℃，跨度是100℃。在使用中应适当选择，一般使仪表的正常指示值为仪表量程的50%～70%为最佳，既可使工艺参数不超过量程，又可减少测量误差。

3　什么是仪表的灵敏度？

仪表的灵敏度可用仪表输出的变化量 Δa 与引起此变化的被测参数的变化量 Δx 之比来表示，即：仪表灵敏度 $=\dfrac{\Delta a}{\Delta x}$。

4　什么是仪表的误差？

仪表的误差是指仪表在正常工作条件下的最大误差。它一般用百分比相对误差表示：

$$\text{百分比相对误差}=\frac{\text{最大绝对误差}}{\text{跨度}}\times 100\%$$

其中，最大绝对误差是多次测量中被测参数值与标准之差的最大值。

5　什么是仪表的精度？

仪表的精度是指仪表允许误差的大小，它是衡量仪表准确性的重要参数之一，它表明仪表测量和调节控制的可靠程度。常用仪表的精度有0.05、0.1、0.2、0.35、0.5、1.0、1.5、2.5、4.0等级别，0.35以上的仪表称精密仪表，用以校验其他级别的仪表。0.5、1.0、1.5级仪表多用在实验室中，1.5~4.0级仪表多用在工厂的生产中，仪表精度在仪表盘面标明。测量仪表的精度就是仪表的测量最大许可误差占仪表全量程的百分数的数值。例：量程为0~200℃的温度表，最大许可误差为±3℃，则3/200×100%=1.5%，1.5就是该仪表的精度等级。反之，若是知道了仪表的精度和量程，便可求出仪表的最大许可误差。

6 仪表灵敏性和稳定性有什么意义？

仪表的灵敏性是指被测参数变化反映在测量仪表值变化的程度。仪表的灵敏度低就不能把被测参数的微小变化测量出来。

仪表的稳定性是表示在相同外界条件下，仪表对同一被测量值的多次测量中其指示值(正行程或反行程)的稳定程度，如果仪表稳定性不好，对同一被测量的多次测量显示值不同，不仅误差大，还影响调节系统的调节质量。

7 压力仪表的计量单位是什么？过去有哪些常用的压力单位？如何换算？

我国的法制计量单位和国际单位制中，压力的单位均为帕斯卡，用符号Pa表示。其物理意义是1N的力垂直均匀地作用在$1m^2$的面积上所产生的压力。在实际使用中，常嫌Pa的单位太小，所以常用kPa及MPa等单位。

$$1MPa=10^3kPa=10^6Pa$$

过去生产和使用的压力仪表，常采用kgf/cm^2(工程大气压)、mmHg(毫米汞柱)和mmH_2O(毫米水柱)等单位，与法定计量单位的换算关系为：

$$1kgf/cm^2=9.80665\times10^4 Pa$$
$$=98.0665kPa$$
$$=0.0980665MPa$$
$$1mmHg=1.333224\times10^2 Pa(0℃)$$
$$1mmH_2O=9.80638Pa(4℃)$$

8 为什么要用各类防爆仪表？

石油化工生产的原料、产品大部分为易燃易爆品，在生产、输送、储存过程中难免存有少量泄漏，这就要求安装在现场的仪表是防爆仪表。常用防爆仪表有安全型、隔爆型和增安型。

9 常用自动化仪表可分为哪几类？

1）按仪表的能源来分有：

① 气动仪表：以压缩空气为能源的仪表。

② 电动仪表：以电能作为能源的仪表。

2）按测量参数分为：

① 温度仪表。

② 压力仪表。

③ 流量表。

④ 液位表。

⑤ 成分表。

10 隔爆型仪表在使用中有什么注意事项？

防爆型仪表在使用时，必须严格按照国家规定的防爆规程进行，要注意配管、配线密封。在进行仪表维修时必须先切断电源，以防引起火灾或爆炸。

11 什么是本质安全仪表？有什么优点？

本质安全仪表是既不产生也不传递足以点燃可燃性气体或混合物的火花和热效应的仪表。本质安全意味着内在的人身安全，防爆和本质安全是电子(电动)仪表在易燃易爆气体中使用的两种被认可、行之有效的手段，仪表的电子电路在任何情况下都不能成为点火源，本质安全仪表可在 0 区(爆炸性气体环境连续出现或长时间存在的场所)安全地安装和使用。

12 测量仪表按用途主要可分为哪几种类型？

测量仪表按用途主要可分为：

1）测量压力的仪表：如压力表、真空表、压差表等。

2）测量流量的仪表：如孔板流量计、涡轮流量计等。

3）测量液面的仪表：如玻璃板液位计、差压液位计、沉筒液位计等。

4）测量温度的仪表：如玻璃温度计、双金属温度计、热电偶、热电阻温度仪等。

5）测量组的仪表：如在线色谱分析仪表。

13 测量仪表按结构性能可分为哪几类？

测量仪表按结构性能可分为：

1）指示式仪表。

2）记录式仪表。

3）积算式仪表。

14 常用压力测量仪表有哪几种？

1）弹簧管压力表。

2）膜盒压力表。

3）电动、气动压力变送器。

4）法兰压力变送器。

15 弹簧式压力表的工作原理是什么？

测压元件是一个270°圆弧的偏圆形截面的空心金属管，一端是封闭的自由端，另一端是引入压力的固定端，在被测介质压力作用下，弹簧自由端发生位移，通过连杆带动指针旋转，在刻度盘上指示相应的压力值。

16 压力表表盘极限值如何确定？

压力表表盘极限值应为最高工作压力的1.5~3.0倍，最好选用2.0倍。

17 如何选用压力表？

选用压力表时要考虑压力表的量程和所测介质的性质。

我们知道压力表有不同的精度等级，在选用压力表时，要考虑工艺的实际需要和经济合理性。在满足工艺精度要求的情况下，精度不要选得太高，以免造成不必要的浪费。

由于仪表的允许误差，是用仪表量程的百分数来表示的。对于同一精度的仪表，量程选得越大，实际使用精度越低。为了保证测量时的实际使用精度，量程应尽量选得小一些。另外，为了保证弹性元件能在弹性变形的安全范围内可靠地工作，选择压力表量程时，要留有足够的余地。一般在被测压力较稳定的情况下，最大压力值不应超过量程的3/4，而在被测压力波动较大的情况下，最大压力值不应超过量程的1/2。为保证测量精度，被测压力最小值不应低于量程的1/3。

此外，还要根据被测介质的性质，选择不同类型的压力表。具有腐蚀性的介质，应选用弹性元件为不锈钢材料制成的压力表。某些介质要选用专用的压力表，如测量介质为氨，应选用氨压力表，测量的介质为氧气的应选用氧气压力表。

18 压力表在什么情况下不符合使用要求？

1）压力表在常压时指针不在零点位置。

2）压力表指针打翻。

3）压力表表盘破碎。

4）压力表超过使用期限没有校正。

5）压力表指针弯曲。

19 压力容器上安装的压力表对精度和量程有什么要求？

压力表的精度，对于低压容器不得低于2.5级，对于中压、高压容器其精度不应低于1.5级。压力表表盘的量程应为容器最高工作压力的1.5~3倍。一般取2倍为宜。压力表刻度盘上应标记红线，以指出容器的最高工作压力。

20 在腐蚀性介质中，对压力表有什么要求？

在腐蚀性介质中，如在氨和H_2S等介质中，由于介质对压力表的弹簧有腐蚀作用，因此要用耐腐蚀的不锈钢压力表，不得选用通常的铜质压力表，以免腐蚀穿孔。对高温、高压场合，要用耐高温、高压的压力表。

21 常用的测温仪表有哪几类？各有什么特点？

测温仪表按其测量原理不同分为：

（1）膨胀式温度计

又分液体膨胀式（玻璃温度计）和固体膨胀式（双金属温度计）两种。膨胀式温度计是利用液体或固体受热膨胀的原理进行测量的。膨胀式温度计简单可靠，选用测温点灵便，但一般只能作现场指示用。

（2）压力表式温度计

分充液体式、充气体式、充蒸汽式等三种。压力表式温度计又称温包温度计，是利用封闭在固定容器中的液体、气体或蒸汽受热膨胀引起压力变化的原理来测量温度的。压力表式温度计简单、价廉，具有防爆性。但精度低，远传时滞后性较大。

（3）热电阻式温度计

热电阻式温度计是利用导体或半导体受热时，电阻值发生相应变化的原理来测量温度的。热电阻式温度计测量精度高，便于多点集中测量和实现远传和调节。但高温时精度差，故只适用于低、中温的测量。同时，由于体积较大，不能测量“点”的温度。

（4）热电偶式温度计

热电偶式温度计是利用物体的热电性能来测量温度的。热电偶式温度计与热电阻式温度计基本相同，比电阻式能测更高的温度，但在低温段测量时精度较低，同时测量时需冷端补偿。

(5) 辐射式高温度计

前四种测温仪表是接触式测量仪表，辐射式高温度计是非接触式测量仪表，它是利用受热物体的热辐射性能来测量该物体温度的。辐射式高温度计测量方便，能测其他仪表不能测的高温，但只能测高温，其测量的准确度受环境条件的影响。

22 双金属温度计的测量原理是什么?

双金属温度计中的测量元件是由两种线膨胀系数不同的金属叠焊在一起制成的。当两金属片受热时，由于两金属片膨胀系数不同，而产生弯曲，温度越高，产生的弯曲越大，这种弯曲带动指针显示出被测温度。

23 热电偶测温度的原理是什么?

用热电偶测量温度的基本原理是基于两种不同成分的导体连接处所产生的热电现象。

取二根不同材料的金属导线 A 和 B，将其两端焊在一起，这样就组成一个闭合回路。如将其一端加热，也就是说，使其一个接点处的温度 t 高于另一个接点处的温度 t_0，那么，在此闭合回路中就有热电势产生。

当 A、B 材料固定后，热电势是温度 t 和 t_0 的函数之差。如果一端温度 t_0 保持不变，则热电势就成为温度 t 的单值函数，而和热电偶的长短及直径无关。这样，只要测出热电势的大小，就能判断测温点温度的高低，这就是利用热电现象来测量温度的原理。

常用的热电偶主要分为五大类别：铂铑/铂热电偶、镍铬/镍硅热电偶、镍铬/考铜热电偶、铂铑 30/铂铑 6 热电偶及铜/康铜热电偶。

24 热电偶测量温度为什么要有冷端温度补偿?

热电偶产生的热电势只与热电偶两端温度有关。冷端温度保持不变时，该电势才是被测温度的单值函数。在应用中，由于热电偶的工作端面与冷端面离得很近，冷端面又暴露于空气间，易受环境温度波动的影响，为此要对热电偶冷端进行补偿，使冷端温度保持恒定(最好为 0℃)。

冷端补偿的主要方法是采用补偿导线(这种导线在 0~100℃与所连接的热电偶有相同的热电性能，价格便宜)，热电偶的冷端延长后，伸至温度波动很小的地方(如控制室)或配用本身具有冷端补偿装置的仪表。

25 热电阻温度计测温度的原理是什么?

热电阻温度计是利用金属导体的电阻值随温度的变化而改变的特性来测量温

度的。

热电阻的电阻值与温度的关系，一般可用下式表示：

$$R=R_0[1+\alpha(t-t_0)]$$

或

$$\Delta R=\alpha R_0\Delta t$$

式中 R_0——温度为 t_0（通常为 0℃）时的电阻值，Ω；

α——电阻温度系数；

Δt——温度的变化，℃；

ΔR——电阻值的变化，Ω。

可见，纯金属及多数合金的电阻率随温度升高而增加，即具有正的温度系数。在一定温度范围内，电阻-温度关系是线性的。温度的变化，可造成金属导体电阻的变化。设法测出电阻值的变化，就可达到温度测量的目的。

26 热电阻测温相比热电偶测温有什么优点？

热电阻测温相比热电偶测温要准确、灵敏得多，价格便宜，化学稳定性好、能耐高温，线性好，工业上在-50~150℃范围内使用较多。

27 安装测温元件要注意什么？

测量点应设在能灵敏、准确反映介质温度的位置，不得位于介质不流动的死角处。

在直管道上安装，可以直插或斜 45°插入管道。如果工艺管道管径较小可扩管或在弯头处安装，在弯头处或 45°安装时测量元件应与介质逆向。

加热炉炉膛热电偶保护管末端超过炉管的长度应为 50~100mm；水平安装的热电偶插入炉内的悬臂长度不宜超过 600mm；安装在回弯头箱内的热电偶的接线盒应在回弯头箱的隔热层外。

28 仪表对电源、气源有什么要求？

仪表用电源有不间断交流电源（UPS）和工厂用市电交流电源两种。

通常情况下，不影响安全生产的记录、指示仪、在线分析仪表等允许采用工厂用市电交流电源。而控制仪表、多点数字显示仪表、闪光报警器、自动保护系统以及 DCS 等控制及安全保护系统都宜采用不间断交流电源（UPS）。

工厂用市电交流电源规格，3 相 380V、单相 380V、单相 220V、3 相 4 线 380/220V，50Hz 正弦波。

交流不间断电源规格：单相 220V、50Hz 正弦波。

采用电动仪表的重要工艺装置（单元），如停电会造成重大经济损失或安全事故的都应配置仪表后备电源。备用时间大于 15min。

仪表所用电源(净化压缩空气)压力一般为0.5~0.7MPa。气源中的油雾和水是电动仪表的主要威胁，所以气源不得有油滴、油蒸气、含油量不得大于15μg/g。为防止气动仪表恒节流孔或射流元件堵塞，防止气源中的冷凝水使设备、管路生锈、结冰，造成供气管路堵塞或冻裂，要求除去气源中20μm以上的尘粒，气源露点低于仪表使用地区的极端最低温度。

29 气动仪表有哪些优点？

气动仪表的优点：

1）结构简单、工作可靠。对环境温度、湿度、电磁场的抗干扰能力强。因为没有半导体或触点之类的元件，所以很少发生突然故障，平均无事故间隔比电动仪表长。

2）容易维修。

3）本身具有本质安全防爆的特点。

4）便于与气动执行器匹配，但不宜远距离传输，反应慢，精度低。

5）价格便宜。

30 电动仪表有哪些优点？

电动仪表的优点：

1）由于采用了集成电路，故体积小、反应快、精度高，并能进行较复杂的信息处理、运算和先进控制。

2）信号便于远距离传送，易于集中管理。

3）便于与计算机配合使用。

31 差压式液位计的工作原理是什么？

差压式液位计的工作原理是利用容器内的液位改变时，由液柱产生的静压也相应变化的原理而工作的。根据流体力学原理，液体内任意两点的差压等于两点的高位差与该液体的密度和重力加速度的乘积，即：

$$\Delta p=\rho gH$$

式中 Δp——任意两点的压差，MPa；

H——任意两点的液位差，m；

ρ——液体的密度；

g——当地的重力加速度，9.80m/s^2。

通常被测介质的密度是已知的，而液位差与高位差成正比，这样就把测量液位高度的问题转换为测量差压的问题了。因此各种压力计、差压计和差压变送器都可以用来测量液位的高度。

32 孔板测量流量的原理是怎样的？

孔板测量流量是根据伯努利方程流动的能量守恒原理实现的。测出孔板前后的压差，即可计算出管道内的介质流量。在自动控制中是将此压差(p_1-p_2)通过差压变送器转换成统一的气或电信号来进行测量的。

33 节流式流量计的测量原理是什么？

节流式流量计是由节流装置(孔板、喷嘴、文氏管)、引压导管和差压计三部分所组成的。流体通过孔板或其他节流装置时，流通面积缩小，流速增加。依据能量守恒定律，当流体不可压缩时，静压必然减少，依据节流装置两侧的压差，可以测出流速，并可折算为流量。节流装置的流量方程是：

$$V=\alpha\varepsilon A\sqrt{\frac{2g\Delta p(\rho_{指}-\rho)}{\rho}}$$

式中 V——体积流量，m^3/s；

α——流量系数，取决于节流装置的几何形状/孔径与管径比值等因素，当 Re 数很小时，还与 Re 数有关，α 的数值可查阅有关手册；

ε——膨胀校正系数，如将流体作为不可压缩来看待，则 $\varepsilon=1$；

A——节流装置的开孔截面积，m^2；

g——重力加速度，$9.8m/s^2$；

Δp——U 形差压计压差(读数)，m；

$\rho_{指}$、ρ——U 形管内指示液和被测液的密度，kg/m^3。

由于流量 V 与压力差 Δp 呈平方根的关系，所以用这种流量计测流量时，流量标尺为不均匀刻度。

目前在许多工业生产部门中，节流式流量计应用比较广泛。节流式流量计的特点是适用于对大流量的测量，成本较低，在流量变动不大的情况下，可以获得相当高的测量精度。但是它测量小流量比较困难，尤其很难用于测量高黏度、含有大量固体微粒的流体。

34 温度变送器的工作原理是什么？

温度(温差)的测量信息，通常采用变送器变成 0~10mA 的电流，然后传送到操作室内仪表盘上的调节器或指示器，变送器由输入回路和直流毫伏放大两部分组成。这种变送器可以现场安装，结构简单。

热电偶输出的毫伏信号输入回路部分的桥路进行零点调整，再经过冷端补偿，成为电压。

经滤波器清除噪声之后，通过放大器和复合晶体管变换为 4~20mA 的恒定电流。

35 流量计按结构原理分类可分为哪些类别？

按流量计的结构原理进行分类，流量计大致可分为：容积式流量计、压差式流量计、转子(浮子)流量计、涡轮流量计、电磁流量计、涡街流量计、质量流量计、插入式流量计、探针式流量计等。

36 容积式流量计测量流量的原理是什么？

容积式流量计又称排量流量计(Positive Displacement Flowmeter)，简称PD流量计或PDF，在流量仪表中是精度最高的一类。它利用机械测量元件把流体连续不断地分割成单个已知的体积部分，根据计量室逐次、重复地充满和排放该体积部分流体的次数来测量流量体积总量。

容积式流量计内部设计有构成一定容积的空间，流量计内部的转子是在从流入口流入流体的压力作用下转动的，随着转子的转动，使流体从流入口流向排出口，这时转子在转动过程中，转子和流量计壳体之间形成一定容积空间，使流体充满这一空间，随着转子的转动，把流体不断地送向排出口。如果设计好该空间的体积，测量转子的转动次数，就能得出该空间的体积量，从而得到流过的流体体积。另外，根据每单位时间内测得的转子的转动次数，可以得到瞬时流量，这就是容积式流量计的测量原理。

37 容积式流量计的优点是什么？

容积式流量计的优点：

1）计量精度高。

2）安装管道条件对计量精度没有影响。

3）可用于高黏度液体的测量。

4）测量范围度宽。

5）直读式仪表无须外部能源可直接获得累计总量，清晰明了，操作简便。

容积式流量计的缺点：

1）结构复杂，体积庞大。

2）被测介质种类、口径、介质工作状态局限性较大。

3）不适用于高、低温场合。

4）大部分仪表只适用于洁净单相流体。

5）产生噪声及振动。

38 差压式流量计的测量原理是什么？基本组成是什么？

差压式流量计的测量原理：基于流体流动的节流原理，利用流体流经节流装置时产生的压力差，实现流量测量。连续流动的流体，当遇到装在管道内的节流装置时，由于节流孔的截面积比管道的截面积小，流动流通面积突然缩小，使流体和流速增大，形成收缩的流体通过节流孔。根据伯努利定律，任何一流体所包含能量不变。因此，在流体加快地方动能增大，位能（静压头）降低，在节流孔前后就产生了压差，流体的流量越大，压差越大，因此，用差压计测出此压差就能测知流量的大小。差压式流量计由于使用历史较长，积累了丰富的实践经验和完整的实验资料，在生产中应用最广泛。

差压式流量计由一次装置测量元件和二次差压转换和流量显示仪表组成。差压式流量计以测量元件的形式分类，如孔板流量计、文丘里管流量计及均速管流量计等。差压式流量计按其测量元件的作用原理可分为：节流式、动压头式、水力阻力式、离心式、动压增益式及射流式等几大类，其中以节流式和动压头式应用最为广泛。

39 转子流量计测流量的原理是什么？

转子流量计是定压降式流量计。所谓定压降，就是不管流量多大，流体流过流量计的压降都是不变的。转子流量计由一段向上逐渐扩大的圆锥形管子和管子中的转子组成。当流体流过锥形管和转子之间的环形缝隙时，由于节流作用在转子上下所产生的压力差，使转子上移，直到这个压力差作用在转子上的向上的力，与转子在流体内的重量相平衡为止。流量增大，这个压力差增大，当大于转子的重量时，转子上升，环形缝隙增大，节流作用减少，压差减少，直到压差又等于转子在流体内的重量时，转子停止上移。同理，流量降低，转子下降，因此，可以通过浮子平衡位置的高低，来测知流量的大小。对于传送转子流量计，则要把转子的位移量转换成气压或电流信号送二次表进行显示。

40 转子流量计的特点是什么？

转子流量计是工业上和实验室最常用的一种流量计。它具有结构简单、直观、有效测量范围大[即最大流量与最小流量之比（亦即量程比）大，为 10：1]、压力损失小、反应快、维修方便等特点。转子流量计适用于测量洁净的流体通过管道直径 $D<150$mm 的小流量，也可以测量腐蚀性介质的流量。使用时流量计一般安装在垂直走向的管段上，流体介质自下而上地通过转子流量计，经特殊设计的转子流量计可以水平安装或上进底出垂直安装。

一般的转子流量计，采用玻璃锥形管，结构简单，价格低廉，广泛用于小流量测量。但因玻璃管不耐高压，工作压力只能在 0.3MPa 以下，而且只能就地指示，不适于远传、记录和调节。近年来，已有带电远传和气远传装置的转子流量计，可与单元组合式仪表配套应用。

41 转子流量计安装时有哪些注意事项?

为了能让转子流量计正常工作且能达到一定的测量精度，在安装流量计时要注意以下几点：

1）转子流量计必须垂直安装在无振动的管道上(经特殊设计的转子流量计可以水平安装或上进底出垂直安装)。流体自下而上流过流量计，且垂直度优于2°，水平安装时水平夹角优于2°。

2）为了方便检修和更换流量计、清洗测量管道，安装在工艺管线上的金属管浮子流量计应加装旁路管道和旁路阀。

3）转子流量计入口处应有5倍管径以上长度的直管段，出口应有250mm直管段。

4）如果介质中含有铁磁性物质，应安装磁过滤器；如果介质中含有固体杂质，应考虑在阀门和直管段之间加装过滤器。

5）当用于气体测量时，应保证管道压力不小于5倍流量计的压力损失，以使浮子稳定工作。

6）为了避免管道引起的流量计变形，工艺管线的法兰必须与流量计的法兰同轴并且相互平行，管道支撑以避免管道振动和减小流量计的轴向负荷，测量系统中控制阀应安装在流量计的下游。

7）测量气体时，如果气体在流量计的出口直接排放大气，则应在仪表的出口安装阀门，否则将会在浮子处产生气压降而引起数据失真。

42 涡轮流量计测流量的原理是什么?

在流体流动的管道里，安装一个可以自由转动的叶轮，当流体通过叶轮时，流体的动能使叶轮旋转，流体的流速越高，动能就越大，转速也就越高。因此，测出叶轮的转数或转速，就可确定流过管道的流量。在日常生活中，我们使用的某些自来水表、油量计等，都是利用类似的原理制成的。这种仪表，称为速度式仪表。由于它结构简单，原理清晰，早已在生产实践中应用，但是它也有很大的缺点，由于仪表表面必须用密封装置与被测介质隔开，这就使它们不能用在高压介质的管道内。另外，叶轮是通过齿轮传到显示表面上的，这种摩擦的影响，使它们不能应用在精确测量的场合。而涡轮流量计正是利用相同的原理，在结构上加以改进后制成的。

在涡轮流量计中，测量元件涡轮将流量 Q 转换成涡轮的转数 ω，磁电装置又把转数 ω 转换成脉冲数 N，通过放大后，送入二次仪表进行显示和计数。单位时间内的脉冲数和累计脉冲数，分别反映了瞬时流量和累计流量。由于涡轮流量计的转数是以频率信号输出的，所以可制成数字仪表，也便于与数控装置相配合。

43 涡轮流量计的优缺点各是什么?

涡轮流量计优点：

1）高精度，在所有流量计中，测量精度最高。

2）结构紧凑。

3）重复性好。

4）范围度宽。

5）无零点漂移，抗干扰能力好。

涡轮流量计缺点：

1）不能长期保持校准特性。

2）流体物性对流量特性有较大影响。

44 涡街流量计测的原理是什么?

涡街流量计又称卡门旋涡流量计，它是利用流体自然振荡的原理制成的一种旋涡分离型流量计。

当流体以足够大的流速流过垂直于流体流向的物体时，若该物体的几何尺寸适当，则在物体的后面，沿两条平行直线上产生整齐排列、转向相反的涡列。涡列的个数，即涡街频率，和流体的流速成正比。因而通过测量旋涡频率，就可知道流体的流速，从而测出流体的流量。

45 涡街流量计的优缺点各是什么

涡街流量计的优点：测量范围宽，一般范围可达 10∶1 以上，整体无可动部件，且安装也很方便，维护量小，应用范围广泛，可适用于液体、气体和蒸气等。

涡街流量计的缺点是：对管道的振动较敏感，外来振动会使它产生测量误差；对管道的通径要求比较严格，一般不超过 300mm；涡街流量计对所测流体的温度范围有所限制，对测量脏污介质适应性差。

46 电磁流量计的测量原理是什么?

电磁流量计的测量原理是基于法拉第电磁感应定律。

电磁流量计的传感器部分由线圈、电极和绝缘内衬组成，在测量时传感器中的励磁线圈通电产生磁场，当导电流体通过磁场时，由于切割磁力线的作用力，产生微小的感应电动势，由电极将这些微小的感应电动势采集，并输送至仪表的转换器部分，对信号进行放大、修正等操作，再通过公式将其换算成相应的流量数据，最终显示到仪表或输出到上位机系统。

47 电磁流量计的优缺点是什么？

电磁流量计的优点：

1）测量管内无阻流件，压力损失为零，不易堵塞。

2）只要选择合理的电极及衬里材料，即可达到耐腐蚀、耐磨损的要求。主要的电极材料有耐酸钢和含钼耐酸钢、哈氏合金B、哈氏合金C、铂铱合金和钽，主要衬里材料有四氟乙烯与乙烯共聚物（F40）和聚全氟乙丙烯（F46）等氟塑料。

3）测量结果与液体的压力、温度、密度、黏度、电导率（不小于最低电导率5μS/cm）等物理参数基本无关，不受环境影响，所以测量精度高、工作稳定、可靠。

4）采用最新模拟信号技术和高性能超大规模集成芯片，对信号进行隔离、滤波、放大及数字处理。精确显示测量结果。

5）可用于大口径管道测量。

6）对影响测量结果的参数进行自动监控和修正，对全量程采用分段流量系数的设置和修正，因而扩大了测量范围，提高了智能化程度和测量精度，大大提高了稳定性能。

7）量程范围宽，正常适用范围 20∶1，一般 30∶1 或更大。

电磁流量计的缺点：

1）电导率必须高于流量计要求的最小电导率才能正常工作。

2）流量计必须在介质充满管道的条件下测量。

3）液体夹带气泡时会引起测量误差。

4）在某些介质中电极会产生污垢，引起所产生的电压信号出现误差。

5）当流量计安装在电气危险区域时，必须选择防爆型的。

48 超声波流量计的测量原理是什么？

超声波流量计是基于超声波在流动介质中传播的速度等于被测介质的平均流速和声波本身速度的几何原理而设计的。超声波流量计也是由测量流速来反映流量大小的。超声波流量计常用的测量方法为传播速度差法、多普勒法。传播速度差法又包括直接时差法、相差法和频差法，其基本原理都是测量超声波脉冲顺水流和逆水流时速度之差来反映流体的流速，从而测出流量；多普勒法的基本原理则是应用声波中的多普勒效应测得顺水流和逆水流的频差来反映流体的流速从而得出流量。

49 超声波流量计的优缺点各是什么？

超声波流量计的优点：

1）满足低流量测量的高精度。超声波流量计的主要优点之一是精度高，不受气体固体粒子和水滴的影响，还可以通过多次反射延长声音距离。单通道超声波流量计的精度一般在1%～2%，使用多通道流量计可以达到0.5%以上的精度范围。

2）是一种非接触式仪表，几乎不受被测介质各种参数的干扰，可以应对强腐蚀性、非导电性、放射性及易燃易爆介质的流量测量问题。

3）为无流动阻挠测量，几乎没有压力损失或完全没有压力损失，是理想的节能流量计。

4）可测量非导电性液体，对无阻挠测量的电磁流量计是一种补充。

超声波流量计的缺点：

1）传播速度差法只能用于清洁液体和气体，而多普勒法只能用于测量含有一定量悬浮颗粒和气泡的液体，通常不适用于非常清洁的液体。

2）多普勒法的测量精度略差传播速度差法，一般等级为2.0级，即2%满量程误差(2%F.S.)。

50 质量流量计的测量原理是什么？

质量流量计分直接式和间接式两种。直接式质量流量计利用与质量流量直接有关的原理进行测量；间接式质量流量计是通过测量体积流量，与流体密度经计算得出质量流量。

在现代工业生产中，高温高压的情况下，由于材质和结构等方面的原因，直接式质量流量计的应用遇到困难；而间接式质量流量计由于密度受湿度和压力适用范围的限制，也不好实际应用。

51 插入式流量计的测量原理是什么？

插入式流量计工作原理是基于法拉第电磁感应定律。在电磁流量计中，测量管内的导电介质相当于法拉第试验中的导电金属杆，上下两端的两个电磁线圈产生恒定磁场。当有导电介质流过时，则会产生感应电压。管道内部的两个电极测量产生感应电压。测量管道通过不导电的内衬(橡胶、特氟隆等)实现与流体和测量电极的电磁隔离。

52 探针式流量计的测量原理是什么？

探针式流量计的基本原理是将总、静压力通过探针孔和导压管传导至差压、压力传感器内，只要探针孔不堵塞，即使有杂物、挂垢，仍能准确传导压力而不影响精度。因导压管内介质不流动，杂物不易进去堵塞，所以能保持长时间的高精度。

53 氧化锆测氧仪的工作原理是怎样的？

氧化锆测氧仪所用的氧化锆材料是一种氧化锆固体电解质，是在纯氧化锆中掺入一定量的氧化钇或氧化钙在高温下烧结成的稳定氧化锆，在600℃以上高温条件下氧化锆是氧离子的良好导体。利用氧化锆电解质可构成如下测氧电池：

$$P_t,\ p_0(\text{空气})\ \|\ Z_rO_2\cdot Y_2O_3\ \|\ p(\text{烟气}),\ P_t$$

$Z_rO_2\cdot Y_2O_3$是用氧化钇稳定的氧化锆电解质，一般做成管状；p_0和p分别是空气中和烟气中氧的含量，P_t为两个用铂涂在氧化锆管内外表面的电极。

在大约850℃的温度下操作时，两个电极之间的电位差同存在于两个电极和电解质界面处的氧气分压比的对数成正比，通过测量该电位差的变化得出加热炉内烟气的氧含量。在分析池的一侧通常用干燥的空气作为参考气体。

54 测量液位的目的是什么？

气相和液相的界面测量称为液位测量。测量液位的目的之一是计算物料的数量，为生产管理者提供必要数据；目的之二是了解液位是否在规定的范围之内，以便进行液位的调节。

55 常用的液位计有哪些？特点各是什么？

常用的液位测量方法有：

1）玻璃液位计：利用连通器原理，特点是结构简单，价格低廉，但易碎，读数不明显。

2）浮标液位计：浮标液位计的设计原理是力学中的力平衡原理，通过浮标的重力与液位提供的浮力和重锤针的重量之间的平衡，来实现液位高度的测量和指示。浮标液位计在测量中也受到内部部件之间摩擦力的影响。

浮标液位计凭借着自身简单的结构和低廉的价格，在一些低精度要求的测量场合有着较多应用，例如石油石化系统的油罐、油槽和油库的测量，以及民用建筑的水塔或水箱的液位测量等。浮标液位计具有一定的防腐蚀功能，也可以用于一些低腐蚀性液体介质的测量。

3）差压液面计：其工作原理基于液面升降时能造成液柱差。其特点是敞口或闭口容器均能用。一般差压变送器测量精度比较高、反应速度快、量程宽，可进行连续测量和远传指示，且被测差压与输出信号呈线性关系，所以应用较多。

4）电式液位计：

① 电容液位计：置于液体中的电容，其电容值随液位高低而变化，该种液位计轻便，测量滞后小，能远距离指示，但成本较高。

② 电阻液位计：置于液体中的电阻，其电阻值随液位高低而变化。

③ 电接触液位计：应用电极导电装置，当液面超过规定范围时，发出电调整信号，用于要求不高的场合。

5）辐射式液位计：利用放射性同位素发射和吸收程度随液位高低而改变的特性。特点是属于非接触式，能测量各种介质液位，但成本高，使用维修不方便。

6）超声波液位计：利用超声波在气体、液体或固体中的衰减程度、穿透能力和辐射声阻抗等各不相同的特性测量液位。非接触式测量液位，精确度高，惯性小；但成本高，使用维修不方便。

7）单、双法兰差压变送器：单法兰差压变送器采用法兰取压，硅油作隔离介质，所以适用于黏性、有沉淀、易结晶介质的液位测量，对于容器壁上有较厚结晶或沉淀的情况，可采用插入或单法兰差压变送器。它还具有一般差压变送器的特点。双法兰差压变送器除具有单法兰差压变送器具有的特点外，还适用于液位波动比较大的场合，它的正、负压室与法兰之间的毛细管都充满硅油，变送器与被测量介质之间严格隔离。

8）浮筒式液面计：浮筒式液面计可进行连续测量，就地式或远传指示，便于与单元组合仪表配套，适用于各种密度和操作压力的场合，也可用于真空系统，界面测量和换热器液面测量，但量程比较小（一般小于 2m），不适合液面量程大、介质腐蚀性太强、高温、高黏度、易凝固的场合。

9）雷达液位计：雷达液位计是通过对雷达波传导时间的测算来实现液位测量的一种新型液位仪表。雷达液位计是一种非接触性连续测量的液位计，能够实现对液体、浆料的测量。雷达液位计的温度、压力适应性好，并且其测量不受介质挥发性的影响。

56 玻璃板液面计的作用有哪些？

指示液面，配合仪表液面测量，检查仪表液面测量的准确性，当仪表失灵时，靠玻璃板液面计维持生产。

57 一个自动调节回路是由哪些部分组成的？

一个自动调节回路由如下部分组成：

1）测量变送部分。

2）调节部分。

3）执行机构部分。

4）调节对象。

58 什么是调节对象？

执行机构产生的调节作用施加到调节对象上，使被调参数发生变化，与施加到调节对象上的干扰作用所引起的变化相补偿，而被调参数变化又经测量变送单元，送给调节器，形成各环节互相联系、互相制约的调节系统。

59 测量变送元件的作用是什么？

测量变送元件是将被调节的参数(如测量出来的温度压力、流量、液位等)变换成自动化中可以接收的统一的相应信号，对气信号为 0.2～1.0kg/cm^2 的气压，对电信号为 4～20mA 的电流信号，并把这种统一的信号传送给调节单元或指示单元。

60 调节单元的作用是什么？

调节单元是将变送器送来的测量信号与人工给定值进行比较加以判断确定调节方向的规律，发出相应的调节命令输出信号给调节阀即执行机构。

61 执行机构的作用是什么？

自动调节回路中执行机构(一般是调节阀)是用来执行调节器送来的调节命令产生相应的调节作用，对工艺过程中被调对象进行在线调节。

62 压力变送器的作用是什么？有哪几种类型？

目前使用的多种调节仪表都有各自的统一调节和输出信号。为了得到这种统一调节信号，需采用变送装置。

压力变送器是能连续测量被测介质的压力，并将其转换为标准信号(气压或电流)的仪表。变送器的输出可远距离传输到控制室，并进行压力指示、记录或调节。

压力变送器的种类可以不同方式划分。按能源供给方式，可分为电动压力变送器和气动压力变送器。按使用场合，可分为一般、防腐、防爆等类型。

按工作原理分类，压力变送器可分为电容式、压阻式、压电式、应变式以及单晶硅谐振式等。

电容式压力(差压)变送器一般采用圆形金属薄膜或镀金属薄膜作为电容器的一个电极，当薄膜感受压力而形变时，薄膜与固定电极之间形成的电容量发生变化，通过测量电路即可输出与之一定关系的电信号。

压阻式压力变送器是利用半导体的电阻率随承受的压力而改变的压阻效应，在半导体晶片的受力部位依照不同的晶向刻蚀出四个扩散电阻，组成四臂惠斯顿压阻电桥。在外力作用下，因电阻变化并与外部电路相连产生相应的电信号与外施压力信号相对应。具有低廉的价格和较高的精度以及较好的线性特征。

压电式压力变送器是压电效应的具体应用，它是利用某些晶体在受到外界压力时其表面会产生电荷的这一特性，电荷的数量与外施压力存在固定的比例关系。但由于在压力不变或变化缓慢时所产生的电荷易通过外部电路泄漏，所以压电式变送器不能用于静态压力测量而适合动态压力的测量。

单晶硅压力变送器其工作原理为外界压差传递到里面的单晶硅全动态的压阻效应，在压力的作用下产生一个跟从压力变化的电压信号输出，将这个电压信号通过电子电路收集、放大和软件补偿处分后，就得到压力信号的线性输出。

单晶硅谐振式压力变送器利用单晶硅优良的弹性性能，传感器输出为频率输出，抗干扰能力强，稳定性好，可不经过信号处理，是一种比较方便、优秀的变送器。

63 压力变送器的基本原理是什么？

压力变送器感受压力的电器元件一般为电阻应变片，电阻应变片是一种将被测件上的压力转换成为一种电信号的敏感器件。电阻应变片应用最多的是金属电阻应变片和半导体应变片两种。金属电阻应变片又有丝状应变片和金属箔状应变片两种。

通常是将应变片通过特殊的黏合剂紧密地黏合在产生力学应变基体上，当基体受力发生应力变化时，电阻应变片也一起产生形变，使应变片的阻值发生改变，从而使加在电阻上的电压发生变化。

64 内藏孔板差压变送器的结构是怎样的？

内藏孔板是内藏在差压变送器中的节流元件，变送器直接安装在管道上，所测流体直接从变送器膜盒之高压侧流入，通过内藏孔板流入下游侧，下游侧与变送器膜盒负压室相连通，不需要专门的导压管，具有结构紧凑、安装简便、使用稳定、维持方便等优点。特点是适用于洁净、小流量液体。

65 自动调节系统具有哪两个特点？

1）调节系统是一个闭路循环系统，当作用在调节对象的干扰发生变化后，通过调节对象，测量变送，调节器和执行机构各组成环节又在调节对象上施加一定的调节作用，即各环节之间是相互联系，互相制约的。

2）调节系统是一个负反馈系统，当干扰作用被调量上升时，通过系统各环节反馈到调节对象，输入端的调节作用必定使调节量下降，保证调节系统正常工作。

66 常用的调节阀有哪几种？各有何特点？

调节阀按其能源方式不同，主要分为气动调节阀、电动调节阀、液动调节阀三类，这三类阀的差别在于所配的执行机构上。三者的执行机构分别是气动执行机构、电动执行机构和液动执行机构，使用最多最广的是气动调节阀。

常用的气动调节阀及其特点如下：

1）直通单座调节阀：

① 由于单座阀只有一个阀芯，容易保证密封。因此，泄漏量小。

② 由于只有一个阀芯，所以介质对阀芯产生的平衡力大，故单座阀不宜用于压降大的场合。

③ 因只有一个阀孔，故流量系数比双座阀小。

阀体流路较复杂，故不宜用于高黏度、悬浮液、含固体颗粒等易沉淀、易堵塞的场合。

2）直通双座调节阀：

① 双座阀有两个阀芯，流体作用在两个阀芯上，不平衡力相互抵消了许多，因此不平衡力小，许用压差可较大。

② 由于是两个阀孔，流通面积比单座阀大，所以流量系数比单座阀大。

③ 由于加工时可能存在误差，故关闭时阀芯与阀座的两个密封面不能同时密封，造成泄漏量比单座阀大。

阀体流路较复杂，不适用于高黏度、悬浮液、含固体颗粒等易沉淀、易堵塞的场合。

3）角形调节阀：

角形阀流路简单，阻力小，适用于高黏度悬浮液，含固体颗粒等易沉淀、易堵塞的场合。

4）笼形阀(套筒阀)：

① 阀内组件采用压力平衡式结构，所以可用较小的执行机构就能适用于高差压和快速响应的节流场合。

② 阀芯位于套筒力，并以套筒为导向，所以具有防震耐磨的特点。

③ 拆卸方便，阀内组件的检修和更换也很方便。如需改变阀的流通能力，只更换套筒，而不必更换阀芯。

④ 适用寿命长。

⑤ 噪声低。

5）偏心旋转阀：

偏心旋转阀又称凸轮绕曲阀。采用偏心的阀芯旋转来调节和切断介质。具有泄漏量小、许用压差大、可调范围大、体积小、流量系数大和流路简单等特点。

适用于含有固体悬浮物和高黏度的流体。

6）蝶形阀：蝶形阀结构简单、阻力系数小，适用于大口径、大流量和低差压的场合。

7）三通调节阀：三通调节阀有三个出口与管道相连，按作用方式分为合流和分流两种。适用于热交换器的温度控制系统中，具有调节精度高、调节性能好的特点。一台三通可以代替两台单（或双）座调节阀，不仅可以节省投资，而且空间体积也小。

8）精小型（CV3000）系列调节阀：这是一种在调节阀结构上重大改进的新产品，具有三个突出的特点：流量系数提高30%，高度降低30%，质量减轻30%。

阀的类型有套筒、单座阀，小流量调节阀等。

67 气动调节阀的分类有哪些?

1）依气动调节阀在有信号作用时阀芯的位置可分为气关式、气开式两种。

2）依阀芯的外形可分为柱塞式、窗口式、蝶式等几种。

3）依流量特性可分快开特性、直线、抛物线特性和对数（等百分比）特性等。

4）依阀芯结构可分为单芯阀、双芯阀及隔膜片等。

5）依流体的流通情况可分为直通阀、角形阀及三通阀等。

6）依阀的耐温情况可分为高温阀、普通阀和低温阀等。

7）依传动机构可分为直程式、杠杆式等。

68 气动调节阀的作用形式有哪几种？如何选用?

1）气开式调节阀：输入风压增大时，阀门开大。

2）气关式调节阀：输入风压增大时，阀门开小。

根据工艺情况，从安全角度来选用气开式或气关式调节阀。

1）正作用调节阀：气压信号从膜片上部进入，阀杆下移。

2）反作用调节阀：气压信号从膜片下部进入，阀杆上移。

大口径的调节阀多是正作用调节阀，通过改变阀芯的安装方向来确定是气开还是气关；小口径的调节阀大多是反作用调节阀，通过改变输入信号的方向来确定气开或气关形式。

69 气动调节阀的气开和气关作用有何不同?

气动调节阀按作用方式不同，分为气开（风开）和气关（风关）两种。

气开阀即随着信号压力的增加而打开，无信号时，阀处于关闭状态，一般用FC表示气开阀；气关阀即随着信号压力的增加，阀逐渐关闭，无信号时，阀处于全开状态，一般用FO表示气关阀。

70 阐述调节阀的结构组成。

（1）直通双座调节阀

直通双座调节阀阀体内有两个阀芯和阀座。它具有上、下两个阀芯，流体作用在上、下阀芯的推力方向相反而大致抵消。但上、下两阀芯不宜同时关闭，因此双座阀具有允许压差大、泄漏量较大的特点，所以适用于阀两端压差较大，泄漏量要求不高的干净介质场合，不适用于高黏度和含纤维的场合。

双座阀的缺点是关闭时泄漏量大，阀体流路较复杂，适用于高压差时，冲蚀严重。同时也不适用于高黏度介质和含有颗粒介质的调节。

(2) 直通单座调节阀

阀体内只有一个阀芯和阀座。其特点是泄漏量小，容易保证密闭。

(3) 角形调节阀

角形调节阀除阀体为角形外，其他与直通单座调节阀类似。由于结构上的特点，使之流程简单，阻力小，特别有利于高压降、高黏度的流体。

(4) 三通调节阀

三通调节阀有三个出入口，按作用方式分为合流和分流两种。三通调节阀一般用于代替两个直通调节阀，用来调节热交换器的温度。

(5) 隔膜调节阀

隔膜调节阀由隔膜调节作用，并用带有耐腐蚀衬里的阀体，同时用耐腐蚀隔膜代替了阀芯阀座的组件。因而可用于耐腐蚀、阻力小的流体，但忌高温。

(6) 笼形调节阀(套筒调节阀)

阀内组件采用压力平衡式结构，所以，用较小的执行机构就能适用于高差压和快速响应的节流场合。阀芯位于套筒里，并以套筒为导向，所以，具有防振耐磨的特点。拆卸方便，阀内组件的检修和更换也很方便。如需改变调节阀的流通能力，只需更换套筒，而不必更换阀芯。

71 阀门定位器的作用是什么？使用场合有哪些？

阀门定位器是气动执行器的辅助装置，与气动执行机构配套使用。它可以使阀门位置按调节器送来的信号正确定位，使阀杆位移与送来的信号压力保持线性关系。

它的使用场合大体如下：

1) 阀的两端压差 Δp 大于 10kgf/cm^{2}或阀门通径 DN 大于 100mm。

2) 为了防止泄漏，而将阀杆的填料压得很紧，从而有较大阀杆摩擦力的场合。

3) 含悬浮颗粒物，高黏度，或呈胶状的流体，对阀杆移动有较大阻力的场合。

4) 滞后大的调节系统，如温度调节系统，或气动调节器与调节阀间距离大于100m时。

5）一个调节器可控制两个定位器而实现分程控制。

6）阀门定位器可起到正、反作用，即定位器输入信号为0.2~1.0kgf/cm^2(反作用)。这样，正作用的调节阀就不必改变阀芯、阀座的位置，通过配用的定位器就可起到反作用。

72 何谓风开阀？何谓风关阀？

气动薄膜调节阀的作用方式有风开(FC)、风关(FO)两种。有信号压力时阀关，无信号压力时阀全开称风关阀；反之，有信号压力时阀开，无信号压力时阀全关称风开阀。

73 调节阀的风开或风关是根据什么决定的？

调节阀的风开或风关是根据在工艺过程中，万一碰到事故状态时，能使被调对象马上转入安全状态，不致发生恶性事故，或防止事故进一步恶化。

74 简述控制阀投用的操作方法。

1）检查工艺流程。

2）关闭控制阀上下游阀，开副线阀。

3）管线流体走副线。

4）关闭控制阀的排凝阀。

5）开控制阀的下游阀。

6）让介质充满阀体。

7）全开控制阀的下游阀，开控制阀的上游阀。

8）关闭控制阀的副线阀。

9）通知操作室人员，控制阀投用正常。

10）调节工艺参数。

75 如何操作电动和气、液动阀门？

操作电动和气、液动阀门的要求：

1）操作人员应懂得阀门的结构原理和特性，了解工艺管路的来龙去脉。

2）按动电钮时，要慎重从事，不能发生错误，检查指示灯是否正确。

3）电动、气动、液动装置发生故障时应及时改为手动，并通知有关人员修理。

4）遥控阀门应经常检查执行机构是否灵活，有无异常错位和松动现象。

5）经常检查指示信号是否变化，发现异常应及时检查处理。

76 调节阀的“正”“反”作用是什么意思？

当阀体直立、阀芯正装时，阀芯向下位移而阀芯与阀座间流通截面减少的，称为正作用式。反之，称为反作用式。

77 气动调节阀安装应注意的事项有哪些？

1）调节阀应垂直安装在水平线上。

2）为了检修拆卸方便，调节阀应安装在靠近地面的地方。

3）为了避免膜片老化，调节阀膜头与上边管线的距离应大于200mm。

4）气动调节阀应安装在温度适宜(−40~60℃)并远离连续振荡设备的地方。

5）为了调节阀的检修不影响正常生产，调节阀需设有副线。

6）流体的流向与阀体上标明的箭头方向相符。

78 气关式调节阀的工作原理是什么？

当阀头无风压时，由于弹簧力的作用将阀芯提起，当阀头风压增大时，风压作用在膜片上，使膜片向下移动，压缩弹簧，使阀芯向下移动，由于弹簧的位移与压力成正比，所以阀芯移动的距离与阀头上的风压成正比，即阀头不同的风压有相应于阀芯的不同开度。

79 什么是节流现象？

流体在有节流装置(所谓节流装置就是在管道中设置能使流体产生局部收缩的元件，如节流阀、节流孔板、文丘里管等)的管道中流动时，在节流装置前后的管壁处，流体的静压力产生差异的现象。

80 常用的自动控制仪表调节规律有几种？

常用的自动控制仪表调节规律有：双位调节、比例调节、积分调节、微分调节。

81 什么是双位调节？

在调节过程中，执行机构只有开、关两个极限位置而无中间状态。

82 什么叫比例调节作用？

调节器的输出信号变化量 $\Delta p_{出}$ 与输入信号变化量 $\Delta p_{入}$ 成比例的调节作用叫比例调节作用。

83 什么是积分调节作用？

积分器的输出信号的变化量在有偏差存在时随着时间而变化，直到偏差消失为止。这种调节作用叫积分调节作用。

84 什么是微分调节作用?

微分器的输出信号的变化量随着调节器输出的变化率改变而变化叫微分调节作用。

85 微分时间越长，调节作用越大吗?

是的，微分调节器的输入和输出的关系如下式所示:

$$P=T_{d}\frac{de}{dt}$$

式中 P——微分调节器的输出;

T_d——微分时间;

$\frac{de}{dt}$——偏差 e 的变化速度。

由此式可见，当偏差 e 的变化速度不变时，微分时间 T_d越长，则微分调节作用越大。

86 什么叫积分饱和?它有什么害处?

积分饱和现象，是指具有积分作用的调节器在开环状态下，当测量值与给定值之间存在偏差时，使调节器的输出达到最大或最小极限值的现象。

积分饱和现象是有害无益的，使过程起调量加大，过渡时间加长，使调节精度降低。在紧急情况下，调节系统不能立即工作，起不到安全保护作用，甚至造成事故。

87 硫黄回收装置采用了哪些控制方案?

硫黄回收装置主要采用了如下控制方案:

1）单变量控制，如酸性水汽提塔塔底液位控制。

2）串级控制，如酸性水汽提塔塔顶温度控制塔顶回流量控制系统。

3）分程调节控制，如酸性水脱气罐顶压力采用分程控制酸性气排放阀与氮气补充阀。

4）比值调节控制，如 H_2S/SO_2 比值控制系统。

5）联锁控制方案，如酸性气燃烧炉与尾气焚烧炉联锁保护系统。

88 什么是单回路控制系统?它的优缺点是什么?

装置生产过程中最常见、应用最广泛、数量最多的调节系统是单回路简单控制系统。单回路控制系统由被控制对象、测量单元、调节器和执行器组成，构成单变量负反馈控制系统。按被控制的工艺变量来划分，常见的是温度、压力、流量和成分分析等工艺变量的控制系统。单回路解决了装置大部分控制问题，但单回路控制系统对滞后较大、时间常数较大、数学模型复杂、非线性特征、干扰多而变化剧烈的对象，控制质量较差，对与其他过程变量之间有关联和耦合的过程，单变量控制系统解决不了相互之间的干扰问题。

89 什么是串级调节？

串级调节是指一种由主、副两个调节器彼此串接的双回路调节系统。主调节器根据主参数与给定值的偏差输出信号，作为副调节器的给定值，副调节器同时接收副参数信号和给定值并控制调节机构。

90 什么叫串级调节系统？

凡用两个调节器串接工作，主调节器的输出作为副调节器的给定值的系统，称为串级调节系统。

主参数是工艺控制指标，在串级调节系统中起主导作用的被调参数。

副参数是为了稳定主参数，或因某种需要而引入的辅助参数。

主对象是由主参数表征其主要特性的生产设备。

副对象是由辅助参数表征其特性的生产设备。

主调节器按主参数与工艺规定的给定值的偏差工作，其输出作为副调节器的给定值，在系统中起主导作用。

副调节器按副参数与主调节器来的给定值的偏差工作，其输出直接操纵调节阀动作。

主回路是由主测量变送器，主、副调节器，执行器和主、副对象构成的外回路，亦称外环。

副回路是由副测量变送器、副调节器、执行器和副对象所构成的内回路，亦称内环。

91 串级控制系统的特点是什么？

串级调节系统的特点有三个：

1）在系统结构上组成两个闭合回路。主、副调节器串联，主调节器的输出作为副调节器的给定值。系统通过副调节器控制调节阀动作，来达到控制被调参数在给定值上的目的。

2）在系统特性上，由于副回路的作用，有效地克服了滞后，可大大地提高调节质量。

3）主、副回路协同工作，克服干扰能力强，可用于不同负荷和操作条件变化的场合。

92 如何投用串级回路？画出串级均匀调节系统方块图。

由两个调节器共同作用控制一个调节阀动作的调节方式称为串级调节。首先将串级回路的副表投至自动再将其投至串级，最后主表投至自动即可。投用串级回路时应注意，最好在操作比较平稳时进行，减少因主表设定值与测量值存在偏差造成的波动。

串级均匀调节系统方块图如图 4-1 所示。

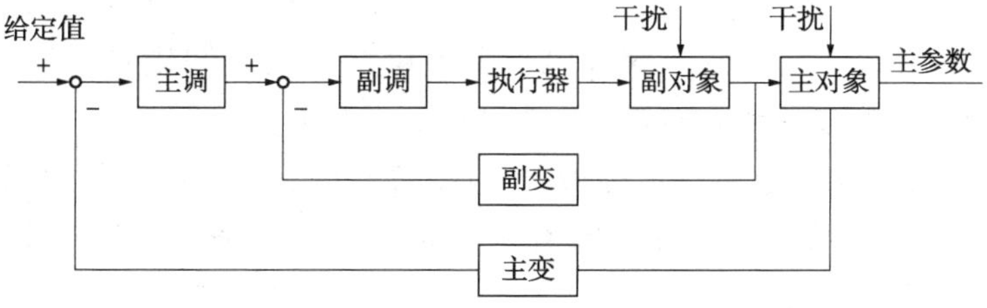

图 4-1　串级均匀调节系统方块图

以加热炉出口温度与燃料组成的串级回路为例，绘制回路图如图 4-2 所示。

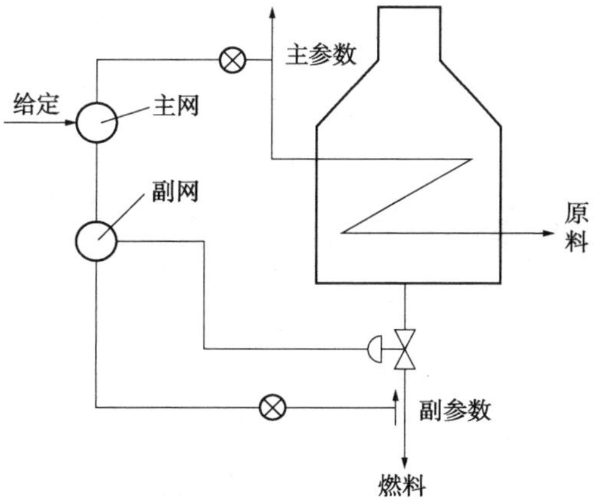

图 4-2　加热炉出口温度串级回路

93 液位-流量的串接均匀控制系统和串接控制系统的参数整定有何不同？

液位-流量的串接控制系统的目的，一般是快速克服干扰，严格控制液面，确保其无余差。流量是为液位而设置的，允许它在一定范围内波动。主调节器一般选用 PI 调节规律，副调节器也选用 PI 调节规律。

液位—流量串接均匀控制系统的目的是使液位和流量都在一定范围内均匀缓

慢变化。主调节器一般选用比例作用，必要时才引入积分作用，防止偏差过大超出允许范围，副调节器一般选用比例作用。

94 画出简单自动调节系统方块图。

简单自动调节系统包括四个基本组成部分：调节对象、测量元件(包括变送器)、调节器和调节阀，根据需要不同还可以配置其他的组成部分。测量元件和变送器是由感受工艺参数的测量元件和用一种特定信号(一般用风压或电流)将工艺参数变化表示出来的变送装置组成的。自动调节器即由变送器送来的信号与工艺上所需的参数规定值(由给定装置给出)相比较，得出偏差，按设计好的运算规律算出结果，然后将此结果按特定信号(风压或电流)发送出去。执行机构(调节阀)，常用的有气动调节阀和电动调节阀两种，它们接收自动调节器的输出信号，以改变调节阀开度来改变物料和能量的大小。

通常所说的自动调节系统，是指由上述各部分按一定规律通过传递信号连成闭环并带有反馈调节的系统。它的作用是根据生产需要将被调节参数控制在给定的量值上，如图 4-3 所示。

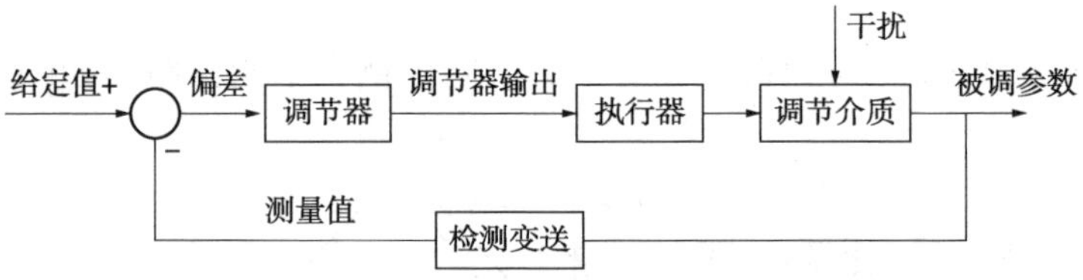

图 4-3　简单自动调节系统方块图

95 画出自动选择调节系统方块图。

自动选择调节系统方块图如图 4-4 所示。

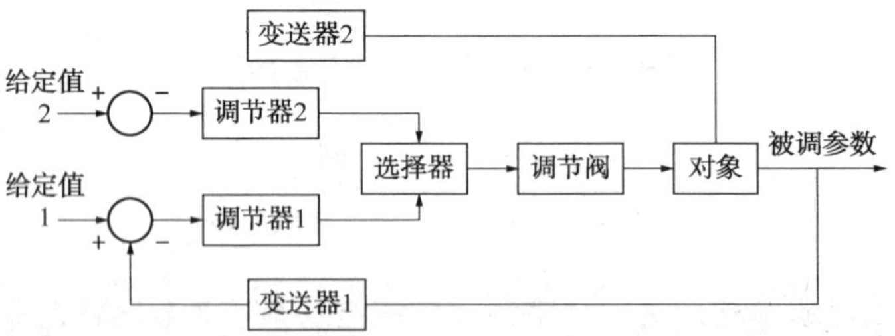

图 4-4　自动选择调节系统方块图

96 画出分程调节系统方块图。

分程调节系统方块图如图 4-5 所示。

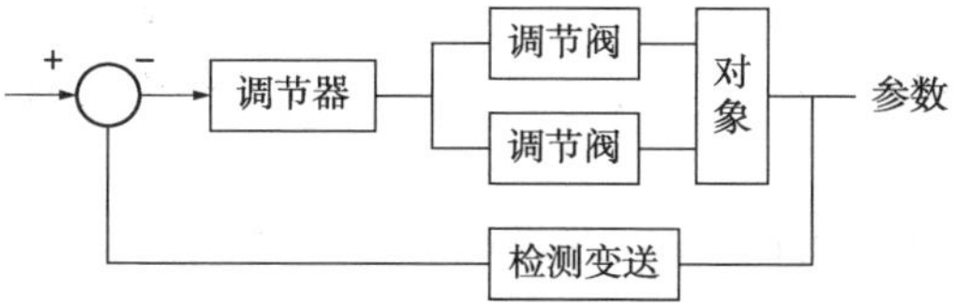

图 4-5　分程调节系统方块图

97 比例式调节器有何特点？

比例式调节器是最基本的调节器，它的输出信号变化量与输入信号(设定值与测量值之差即偏差)在一定范围内成比例，该调节器能较快地克服干扰，使系统重新稳定下来。但当系统负荷改变时，不能把被调参数调到设定值从而产生残余偏差。

98 比例积分调节器有何特点？

比例积分调节器(PI 调节器)的输出既有随输入偏差成比例的比例作用，又有偏差不为零输出一直要变化到极限值的积分作用，且这两种作用的方向一致。所以该调节器既能较快地克服干扰，使系统重新稳定，又能在系统负荷改变时将被调参数调到设定值，从而消除余差。

99 比例积分微分调节器有何特点？

应用比例积分微分调节器(PID 调节器)，当干扰出现时，微分作用先输出一个与输入变化速度成比例的信号，叠加到比例积分的输出上，用来克服系统的滞后，缩短过渡时间，提高调节品质。

100 调节器的“正”“反”作用指的是什么？

调节器的正、反作用是指调节器输入信号(偏差)与输出信号变化方向的关系。

当被调参数测量值减去设定值(偏差)大于零时，对应的调节器的输出信号增加，则该调节器为正作用调节器，如调节器输出的信号减小，则该调节器为反作用调节器。

101 调节器中的比例度、积分时间和微分时间在调节过程中有何作用？

比例调节作用中的比例度(P)是指调节器的输入信号变化量与输出信号变化量之间的比值。比例度是放大倍数的倒数，可以根据需要调节，比例度越大，放大系数越小，比例调节作用越弱，变化越不灵敏；反之，比例度越小，放大系数越大，比例调节作用越强，变化越灵敏。在实际生产中为了求得平稳生产，当有扰动时使被调参数尽快稳定下来，因此，要求比例度适中，调节作用合适，不希望太慢，也不希望太灵敏频繁变化而稳定不下来。一般调节器的比例度在0~500%。

积分时间(I)一般为0.01~25min，积分时间与纠正偏差的速度有关，积分时间越小，积分作用越强。

微分时间(D)一般为0.04~10min，微分时间与测量参数的变化速度有关，微分时间越小，微分作用越弱。

通过调整调节器的这三个可变参数使被调参数在受到干扰作用后能以一定的变化规律恢复到给定值。

102 自动化系统可分为哪些类型？

自动化系统可分为：

1）自动测量系统，如对温度(T)、压力(P)、流量(F)、液面(L)、成分(A)、界面(L)等参数进行测量，并将结果指示或记录下来。

2）自动调节系统：将生产中某些重要的参数稳定在规定的数值范围以内。

3）自动信号，报警、联锁系统。

生产过程中有时受一些偶然因素的影响，如由于仪表失灵，或由于工艺、外界干扰等因素，使工艺参数混乱，矛盾激化，如不及时处理有可能引起燃烧、爆炸或其他恶性事故发生。为了确保安全生产，对生产中某些关键参数设置自动报警和联锁装置。当参数超过规定的极限值时，信号系统动作，发出声光报警，告诉操作人员应立即采取措施。如果处理不及时，联锁系统即自动采取措施，以防止事故发生或扩大。

103 什么是工业自动化在线分析仪器？由哪几部分组成？各部分的作用是什么？

分析仪器是用来测量物质(包括混合物和化合物)成分和含量及其某些物理特性的仪器总称。用于实验室的称为实验室分析仪器，用于工艺流程中的在线分析仪表称为工业自动化在线分析仪器。

自动化在线分析仪器的工作原理互不相同，其结构也各有差异，但是它们都由一些共同作用的部件和基本的环节所组成：

1）发送器部分：发送器(也称传送器)是仪器的核心部件，其主要作用是将被测组分浓度的变化或物质性质的变化转化成为某种电参数的变化，这种变化通过一定的电路转变成相应的电压或电流输出。

2）放大器部分：发送器来的信号一般比较微弱，这时需要放大器将信号放大，以便推动二次仪表。

3）二次仪表：二次仪表包括指示、记录等显示装置。

4）取样和预处理装置：取样装置的任务是将被测样品自动地、连续地送入发送器。它包括减压、稳流、预处理和流路切换等。预处理装置通常包括过滤器、分离器、干燥器、冷却器、转化反应器等。

5）辅助装置：如恒温器、电源稳压器等，以保证自动化分析系统正常稳定地工作。

104 可燃气体报警仪的原理是什么？

接触燃烧式气体传感器是目前可燃性气体检测仪最广泛使用的传感器元件。用直径约 0.05mm 的铅金丝，绕成螺旋状，并切成相同的一小段，在铅金旋圈外分多次涂上氧化铝载体，做成白色多孔元件(补偿元件)，取其中一个作为补偿元件(该元件不与可燃性气体进行接触燃烧)。另一个在载体上面涂以含铅、钯的溶液，使元件表面形成触媒体，这种元件叫检测元件。当含氧气的可燃性气体接触到检测元件表面时，能产生接触燃烧反应。由于检测元件表面涂铅、钯触媒，因此，气体在爆炸下限以下可以燃烧。检测元件的构造如图 4-6 所示。

检测电路由补偿元件和检测元件组成惠斯登电桥电路，图 4-7 所示。电路通以稳定的电压给元件加热。在无可燃气体的情况下，电桥处于平衡状态，当检测元件接触到含氧可燃气体时，在检测元件表面进行接触燃烧反应。这种反应热使检测元件的温度上升，电阻发生变化，而补偿元件的表面因没有涂铅、钯触媒。因此，补偿元件对可燃性气体是惰性的，不产生燃烧反应，补偿元件电阻仍保持不变。检测元件燃烧反应电阻变化与可燃性气体浓度在一定范围内成比例，也就是电桥电路因检测元件电阻变化而输出电流也随之变化，其输出电流与可燃性气体浓度大约呈线性关系，我们利用这个原理就可检测可燃性气体的浓度。

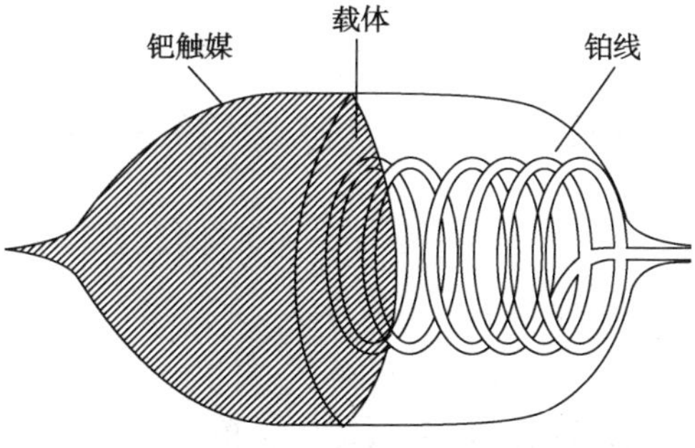

图 4-6　检测元件的构造图

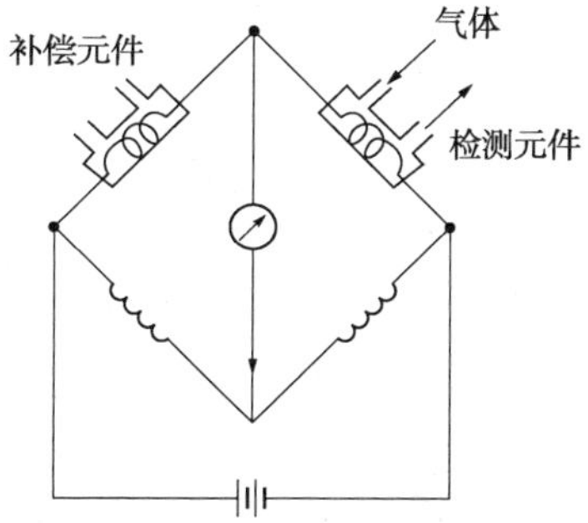

图 4-7　接触燃烧式的基本电路

105 定电位电解式传感器的构造是什么?

目前出于安全目的，对有毒气体进行检测报警的仪器大部分使用定电位电解式传感器。这种传感器对毒性气体检测灵敏度高，由于不同气体电解电位不同，因此，对气体选择性好，能用这种方法检测数十种不同毒性气体。定电位电解式传感器构造如图 4-8 所示。

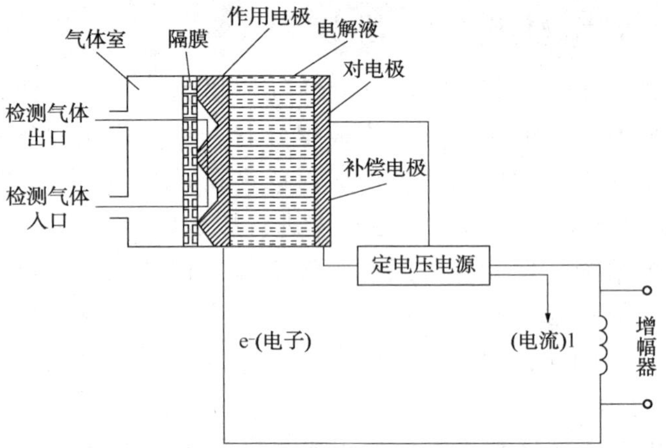

图 4-8　定电位电解式传感器的构造图

其构造是在塑料的容器内装有隔膜、作用电极，对电极和电解液预先通过电压电源向两极间输送氧化电位，当要测定的气体通过隔膜进入传感器时，在作用电极和电解液的界面处发生氧化反应，与要检测气体的浓度相对应的电子到达电极处，扩散电流流向两极。因该扩散电流与气体浓度成比例，通过增幅等电路便可在仪器中检测气体浓度。

其原理如下：

(1) 一氧化碳气体

当 CO 接触到作用电极时发生 $CO+H_2O \longrightarrow CO_2\uparrow +2H^++2e^-$ 的阳极反应。另外，在空气中和氧接触的对电极发生 $1/2O_2+2H^++2e^- \longrightarrow H_2O$ 的阴极反应。整个反应为 $CO+1/2O_2 \longrightarrow CO_2\uparrow$。

由于阳极反应时多两个电子，对电极反应时少两个电子，此时增幅器的回路发生电流，即检测 CO 的氧化反应电流，由此可测定 CO 浓度。

(2) 硫化氢气体

当硫化氢气体接触到作用电极时发生 $H_2S+4H_2O \longrightarrow H_2SO_4+8H^++8e^-$ 的阳极反应。另外，在空气中和氧接触的对电极发生 $2O_2+8H^++8e^- \longrightarrow H_2O$ 的阳极反

应。整个反应为 $H_2S+2O_2 \longrightarrow H_2SO_4$。

由于阳极反应时多 8 个电子，对电极反应时少 8 个电子，此时增幅器的回路发生电流，即检测硫化氢的氧化反应电流，由此可测定硫化氢的浓度。

106 单元组合仪表中有哪几种仪表统一信号?

单元组合仪表中有三种统一信号：

1）气动单元组合仪表的统一信号为 0. 02~0. 1MPa(表)。

2）电动单元组合仪表 DDZ—Ⅱ型的现场传输统一信号是直流 0~10mA，它采用电流传送、电流接收的串联方式。

3）电动单元组合仪表 DDZ—Ⅲ型现场传输统一信号是直流 4~20mA，控制室联络信号为直流 1~5V。它采用电流传送、电压接收的并联方式。

107 什么是操作指导控制系统?

操作指导控制系统又称为开环计算机监控系统。在这个系统中，计算机的输出并不直接作用到执行机构上，也不直接作为其他控制回路的设定值，而只是输出一些数据，由操作人员按照这些数据去操作。

这种控制系统，每隔一定的时间间隔(随控制对象不同而长短不同)，把各种检测量经过过程输入通道输入计算机，根据生产过程提出的数学模型在计算机上计算并寻找生产过程的最优操作条件，再由计算机把算出的最优操作条件通过打印输出和由屏幕显示等方式作为操作人员的指导，然后由操作人员去改变模拟调节器或直接数字控制回路的设定值，把生产过程控制在优化状态，从而达到提高产量、质量和降低消耗等不同目的。

操作指导控制系统的优点是比较灵活和安全。对计算机给出的操作指导，操作人员如认为不合适，可以不采用。因此，这种控制方案常常被用于对控制规律尚未彻底了解的生产过程，也常常被用于计算机控制系统设置的初期阶段，或用于试验新的闭环控制方案和调试新的控制程序时。

108 什么是直接数字控制系统?

用工业控制计算机去代替模拟仪表调节器、计算机的输出直接操作执行机构，就是直接数字控制系统。数字计算机同常规工业自动化模拟仪表相比，具有能记忆、高速运算、便于集中控制等优点，而且计算机程序具有几乎无限的灵活性，可以很方便地组成和修改控制器的算式，组成良好的、模拟调节器难以实现的复杂控制方案，因此，这种系统在国外曾得到迅速发展。

109 什么是监督计算机控制系统？

所谓监督计算机控制系统，是指计算机根据生产过程的信息（测量值）和其他信息（设定值和操作人员输入的其他参数），按照描述生产过程的数学模型（或者采用其他方法），去自动改变模拟调节器或直接数字控制系统的设定值，从而使生产过程处于优化的工况下。

110 监督计算机控制系统有哪几种形式？各有什么特点？

监督计算机控制系统可分为两种形式：

（1）监督计算机控制系统加模拟调节器的控制系统

由计算机计算出各模拟调节器的设定值，然后由各回路的模拟调节器进行调节。它可以实现最优化控制，达到节能、高产、低消耗的目的，而且比较安全稳妥。当计算机出现故障时，可由模拟调节器实现定值控制，独立完成任务。

与监督计算机控制系统配套的模拟调节器称为SPC调节器，它接收计算机的输出数值作为设定值。计算机以脉冲列的形式把信息传送给SPC调节器，其调节动作与一般调节器相同，即实现PID运算，但具有以下特点：

1）调节器的设定值随计算机的计算值而变。

2）调节器的设定值随时反馈给计算机。

3）计算机发生故障时，调节器由监督计算机控制系统外给定自动变换到内给定，并且无偏差。

4）调节器无论处于监督计算机控制外给定还是内给定，均有信号输出，并将此状态信号送给计算机。

5）操作人员可以操作调节器，进行监督计算机控制内、外给定之间的相互切换。

（2）监督计算机控制系统加直接数字控制系统

在此控制系统中，监督控制计算机和直接数字控制计算机之间是通过信息进行联系的，可简单地进行数据传送。监督控制计算机负责工段、车间的优化计算，用计算结果去重新设定直接数字控制计算机的设定值，然后由直接数字控制计算机执行过程控制，使工况保持良好。当直接数字控制计算机发生故障时，可由监督控制计算机代替直接数字控制计算机的功能，以确保安全生产。

监督控制计算机能始终如一地使生产过程在优化状态下进行，避免了不同操作人员用各自的经验和方法去调整调节器的设定值而造成的控制差异。监督控制的概念极为广泛，灵活性也很大。所采用的数学模型、控制算式和程序的优劣，直接关系到计算机控制获得经济效益的大小。

111 什么是变量、约束条件和目标函数?

变量一般指最优化问题或系统中待确定的某些量。变量可有几个到上千个,依具体优化问题而定。

最优有一定的标准或评价的方法。目标函数就是这种标准的数学描述。如用效果作为目标函数时,最优化问题是要求最大值。反之,如用费用作为目标函数时,问题变成了求极小值。

约束条件是求目标函数极值时的某些限制。一般指原料、人力、设备、经费、时间等方面的限制。

112 什么叫最优化控制?

所谓最优化控制,就是指在生产过程客观允许的范围内,力求获得生产过程的产品质量最好、产量最高、收益最大的一种控制方法。换句话说,就是在一定约束条件下(工艺参数的限制,工艺参数间相互间依赖关系,设备条件的限制,控制作用的限制等),选择一个表征过程的目标函数(产量最高,收率最高,消耗最小,控制品质最好,达到给定值的时间最短等),再确定一个最佳的控制函数,以使目标函数取极大值或极小值。

113 用最优化方法解决实际问题的步骤是什么?

用最优化方法解决实际问题,一般分 3 步进行:

1) 提出最优化问题,叙述目标是什么?约束条件是什么?求什么变量?把优化问题表示成数学模型,确定变量,列出目标函数及约束式(等式或不等式)。

2) 分析模型,选择合适的求解方法。

3) 编程序,用计算机求最优解,对算法的收敛性(是否最终能收敛到最优解)、通用性与简便性、效率(计算时间)及误差等,做出评价。

因此,设计一个优化控制系统要完成两项任务:

1) 在不同的工况下,要确定系统有关回路的设定值,以保持目标函数最优。

2) 确保为实现最优控制目标的最优控制规律。

114 什么是集散型控制系统(DCS)?

工艺流程的控制,一般选用集散型计算机控制系统(DCCS),通常简称为集散型控制系统(Distributed Control System, DCS)。

集中控制系统又称为分散型系统,简称集散控制系统。它以分散的控制适应分散的过程对象,同时又以集中的监视、操作和管理达到控制全局的目的,不仅发挥了计算机高智能、速度快的特点，又大大提高了整个系统的安全可靠性。集散系统可在分散控制的基础上，将大量信息通过数据通信电缆传送到中央控制室，控制室用以微处理机为基础的屏幕显示操作站，将送来的信息集中显示和记录，同时可与上位监控计算机配合，对生产过程实行集中控制监视和管理，构成分级控制系统。

集散控制系统不仅可完成任一物理量的检测，进行自动和手动调节控制，而且可向用户提供多种应用软件，如工艺流程显示、各种报表的制作，还提供过程控制语言，可完成顺序程序控制、数据处理、自适应控制、优化控制等程序编制。系统可采用积木组件式结构，根据用户规模任意组合，从只控制一个回路到控制几百个回路。采用集散控制系统不仅可使生产过程实现安全、稳定、长周期运行，而且可实现优化控制和管理。

115 DCS 主要由哪几部分构成?

DCS 主要由过程输入/输出接口、过程控制单元、操作站、数据高速通道、管理计算机五部分构成。

116 DCS 集散控制系统有哪些特点?

DCS 集散控制系统有以下特点：

1）自主性：各工作站之间可以通过网络连接，并可独立完成合理分配给自己的任务。

2）协调性：各工作站通过网络传送各种信息，数据共享。

3）友好性：实用、简捷的人机会话系统。

4）适应性、灵活性：硬件、软件采用开放式、标准化和模块化设计。

5）在线性：能处理数据，在线维修。

6）可靠性：采用了容错技术、冗余技术、自诊断技术。

117 I/A 智能自动化系统的优点是什么?

I/A 智能自动化系统的优点是：

1）全封闭结构，体积小，重量轻，相当于老集散系统的 1/5。

2）处理器功能强，卡件品种少，便于维护。

3）安装环境无特殊要求，可安装在普通控制室或室外。

4）采用先进的散热技术，不用通风系统。

5）采用标准语言，兼容能力强。

6）价格约为老集散型系统的 60%。

7）可靠运行时间长。

118 ESD 是什么意思？

ESD 是 Emergency Shut Down System(紧急停车系统)的缩写。

这种专用的安全保护系统是 20 世纪 90 年代发展起来的，以它的高可靠性和灵活性而受到一致好评。

ESD 紧急停车系统按照安全独立原则要求，独立于 DCS 集散控制系统，其安全级别高于 DCS。在正常情况下，ESD 系统是处于静态的，不需要人为干预。作为安全保护系统，凌驾于生产过程控制之上，实时在线监测装置的安全性。只有当生产装置出现紧急情况时，不需要经过 DCS 系统，而直接由 ESD 发出保护联锁信号，执行相应的跳闸动作，对现场设备进行安全保护，使设备处于安全状态，避免危险扩散造成巨大损失。

根据有关资料，人在危险时刻的判断和操作往往是滞后的、不可靠的，当操作人员面临生命危险时，要在 60s 内做出反应，错误决策的概率高达 99.9%。因此设置独立于控制系统之外的安全联锁是十分有必要的，这是做好安全生产工作的重要准则。该动则动，不该动则不动，这是 ESD 系统的一个显著特点。

119 为什么要独立设置 ESD 系统？

一般安全联锁保护功能也可由 DCS 来实现。但是对于较大规模的紧急停车系统应按照安全独立原则与 DCS 分开设置，这样做主要有以下几方面原因：

1）降低控制功能和安全功能同时失效的概率，当 DCS 部分故障时也不会危及安全保护系统。

2）对于大型装置或旋转机械设备而言，紧急停车系统响应速度越快越好，这有利于保护设备，避免事故扩大，并有利于分辨事故原因。而 DCS 处理大量过程监测信息，因此其响应速度难以很快。

3）DCS 系统是过程控制系统，是动态的，需要人工频繁干预，这有可能引起人为误操作；而 ESD 是静态的，不需要人为干预，这样设置 ESD 可以避免人为误操作。

120 硫黄装置常见的分析仪有哪些？

1）H_2S/SO_2 比值仪。

2）H_2 分析仪。

3）SO_2 分析仪。

4）H_2S 分析仪。

5）pH 值分析仪。

6）O_2 分析仪。

121 酸性水汽提装置常用的分析仪有哪些?

1）硫化物分析仪。

2）氨氮分析仪。

3）pH 值分析仪。

4）O_2分析仪。

第五章　安全环保知识

1　新修订的《中华人民共和国安全生产法》什么时间开始施行？

新修订的《中华人民共和国安全生产法》自2021年9月1日起施行。

2　安全生产工作的方针是什么？

安全生产工作应当以人为本，坚持人民至上、生命至上，把保护人民生命安全摆在首位，树牢安全发展理念，坚持“安全第一、预防为主、综合治理”的方针，从源头上防范化解重大安全风险。

3　什么是安全生产的“三同时”？

生产经营单位新建、改建、扩建工程项目(以下统称建设项目)的安全设施，必须与主体工程同时设计、同时施工、同时投入生产和使用。

4　确定安全生产监管职责的“三个必须”的具体内容是什么？

安全生产工作实行管行业必须管安全、管业务必须管安全、管生产经营必须管安全，强化和落实生产经营单位主体责任与政府监管责任，建立生产经营单位负责、职工参与、政府监管、行业自律和社会监督的机制。

5　《中华人民共和国安全生产法》中生产经营单位对从业人员进行安全生产教育和培训是如何要求的？

生产经营单位应当对从业人员进行安全生产教育和培训，保证从业人员具备必要的安全生产知识，熟悉有关的安全生产规章制度和安全操作规程，掌握本岗位的安全操作技能，了解事故应急处理措施，知悉自身在安全生产方面的权利和义务。未经安全生产教育和培训合格的从业人员，不得上岗作业。

生产经营单位使用被派遣劳动者的，应当将被派遣劳动者纳入本单位从业人员统一管理，对被派遣劳动者进行岗位安全操作规程和安全操作技能的教育和培训。

生产经营单位应当建立安全生产教育和培训档案，如实记录安全生产教育和培训的时间、内容、参加人员以及考核结果等情况。

生产经营单位采用新工艺、新技术、新材料或者使用新设备，必须了解、掌握其安全技术特性，采取有效的安全防护措施，并对从业人员进行专门的安全生产教育和培训。

6 什么是我国新的安全生产管理体制？

企业负责、行业管理、国家监察、群众监督、劳动者遵章守纪。

7 如何理解“安全第一、预防为主、综合治理”的方针？

安全第一，就是在生产过程中把安全放在第一重要的位置上，切实保护劳动者的生命安全和身体健康。坚持安全第一，是贯彻落实以人为本的科学发展观、构建社会主义和谐社会的必然要求。

预防为主，就是把安全生产工作的关口前移，超前防范，建立预教、预测、预想、预报、预警、预防的递进式、立体化事故隐患预防体系，改善安全状况，预防安全事故。在新时期，预防为主就是通过建设安全文化、健全安全法制、提高安全科技水平、落实安全责任、加大安全投入，构筑坚固的安全防线。

综合治理，是指适应我国安全生产形势的要求，自觉遵循安全生产规律，正视安全生产工作的长期性、艰巨性和复杂性，抓住安全生产工作中的主要矛盾和关键环节，综合运用经济、法律、行政等手段，人管、法治、技防多管齐下，并充分发挥社会、职工、舆论的监督作用，有效解决安全生产领域的问题。

“安全第一、预防为主、综合治理”的安全生产方针是一个有机统一的整体。安全第一是预防为主、综合治理的统帅和灵魂，没有安全第一的思想，预防为主就失去了思想支撑，综合治理就失去了整治依据。预防为主是实现安全第一的根本途径。只有把安全生产的重点放在建立事故隐患预防体系上，超前防范，才能有效减少事故损失，实现安全第一。综合治理是落实安全第一、预防为主的手段和方法。只有不断健全和完善综合治理工作机制，才能有效贯彻安全生产方针，真正把安全第一、预防为主落到实处，不断开创安全生产工作的新局面。

8 什么是非常规作业？

生产过程中进行的无规律、无固定频次、临时性(无相应作业规程或作业指导书)的作业，如清堵、清罐、清渣、清池、非常规采样等。

9 什么是化学品安全技术说明书(SDS)？

传递化学品基本危害信息(包括物性、运输、操作处置、储存和应急行动信息等)的文件。

10 什么是能量隔离？

将阀门、电气开关等设定在合适的位置，或借助特定的设施使设备停止运转或危险能量和物料不能释放的措施。主要包括电气隔离和机械隔离等方式。

11 什么是有组织源废气与无组织源废气？

1）有组织源废气：通过排气筒进行规则排放的废气，包括有组织源燃料燃烧废气、催化裂化烟气、工艺加热炉烟气、硫黄回收尾气、氧化沥青尾气、重整催化剂再生烟气、氧化脱硫醇烟气、火炬烟气等。

2）无组织源废气：不经过排气筒的无规则排放废气，包括设备与管线组件泄漏排气、污水集输系统排气、污水处理场废气、挥发性有机液体装载作业排气、挥发性有机液体存储排气、装置检维修排气、油气集输系统排气、油田伴生气等。

12 什么是“五懂、五会、五能”？

“五懂”指“懂工艺技术、懂危险特性、懂设备原理、懂法规标准、懂制度要求”；“五会”指“会生产操作、会异常分析、会设备巡检、会风险辨识、会应急处置”；“五能”指“能遵守工艺纪律、能遵守安全纪律、能遵守劳动纪律、能制止他人违章、能抵制违章指挥”。

13 石油化工行业项目建设中的“三查、四定”指的是什么？

石油化工行业项目建设中的“三查”是指“查设计漏项、查施工质量隐患、查未完工程”，“四定”是指“对查出的问题定任务、定人员、定措施、定整改时间”。

14 国家规定部分有毒物质的排放标准是什么？

国家规定部分有毒物质的排放标准包括：$H_2S \leqslant 10mg/m^3$；$SO_2 \leqslant 15mg/m^3$；$SO_3 \leqslant 2mg/m^3$；$NH_3 \leqslant 30mg/m^3$。

15 如何理解实施“三同时”管理的意义？

实施“三同时”管理是贯彻“安全第一、预防为主”实现超前管理的重要手段，能保障建设项目符合国家规定的劳动安全卫生标准，保障劳动者在生产过程中的安全与健康；是改善劳动条件、减少事故的治本手段；是消除隐患及职业危害的根本措施；是保障企业生产顺利进行的重要条件。

16 安全系统工程的核心是哪两个方面？

系统分析和评价是安全系统工程的核心。

17 安全系统的评价方法主要有哪两种？

一是对系统的可靠性、安全性进行分析，二是用物质系数法进行评价。

18 安全评价的目的是什么？

根据评价的结果对系统进行调整，加强薄弱环节，消除潜在危险，以达到系统的最优化和安全。

19 生产过程中职业危险、危害因素的分析包括哪些内容？

生产过程中使用的原料、材料和产生的中间体、副产品、产品等的种类、名称和数量；生产过程中的高温、高压、易燃、易爆、辐射(电离、电磁)振动、噪声等有害作业的生产部位、程度，生产过程中的危险因素较大的设备的种类型号数量；可能受到职业危害、危险的人数及受害程度。

20 什么叫职业病？什么叫职业中毒？

广义上讲，职业病是由劳动过程中职业性危害因素(化学、物理、生物)引起的疾病，《中华人民共和国职业病防治法》定义：职业病是指企业、事业单位和个体经济组织等用人单位的劳动者在职业活动中，因接触粉尘、放射性物质和其他有毒、有害因素而引起的疾病。而在立法意义上，职业病却具有一定的范围，职业病的分类和目录由国务院卫生行政部门会同国务院劳动保障行政部门制定、调整并公布。

在生产过程中，因工业毒物进入人体后，引起身体某些器官或某些系统的暂时性或永久性的疾病称为职业中毒。

21 简述职业病防治工作的方针。

职业病防治工作坚持预防为主、防治结合的方针，建立用人单位负责、行政机关监管、行业自律、职工参与和社会监督的机制，实行分类管理、综合治理。

22 什么是急性中毒？

毒物短时间或一次性大量进入人体内所引起的毒性反应，突然发生病变，称为急性中毒。

23 急性中毒的特点是什么？

急性中毒的特点是：病情发生急剧，症状严重，变化迅速，如抢救措施不当，死亡率高。

24 有毒作业分级的依据是什么?

有毒作业分级是依据毒物危害程度级别、有毒作业劳动时间和毒物浓度超标倍数三项指标而确立的。

25 简述毒物危害程度的级别。

极度危害、高度危害、中度危害、轻度危害。

26 粉尘对人体危害最大的部位是什么?

呼吸器官。

27 举例说明呼吸防护用品按用途分为哪几类。

防尘类护具:防尘口罩、电动送风式防尘呼吸器等。

防毒类:过滤式防毒面具等。

供氧类:空气呼吸器、氧气呼吸器等。

28 防毒面具按防护原理分为哪几种?

按防护原理,可分为过滤式防毒面具和隔绝式防毒面具。

29 过滤式防毒面具按照滤毒罐与面具连接方式的不同可分为哪几种?

过滤式防毒面具按照滤毒罐与面具连接方式的不同可分为直接式和导气管式。

导气管式中的滤毒罐与面具相连是通过一波纹状橡胶导气管,直接式是指滤毒罐直接与面具相连而不是通过某种介质(如导管)。

30 简述过滤式防毒面具的使用条件。

当毒气浓度小于规定使用范围或空气中氧含量高于18%时,可以使用自吸过滤式防毒面具(或防毒口罩)。直接式防毒面具规定耐受毒气体积浓度大于0.5%,应改用导气管式防毒面具。

佩戴过滤式防毒面具时如闻到毒气微弱气味,应立即离开有毒区域。有毒区域的氧气浓度占体积18%以下;或有毒气体浓度占总体积2%以上时,则滤毒罐不能起防护作用。因此,使用前应进行作业区有害气体浓度检测。

31 使用过滤式防毒面具有哪些注意事项?

1)使用前详细阅读产品说明书。

2)防毒面具属有毒有害环境使用产品,未经专业培训的人员不得随意拆卸减少其零部件以及维修产品。

3）防毒面具不得在65℃以上环境中使用及在高温环境中存放。

4）滤毒盒吸湿后会降低防毒能力，平时注意严防进水。

5）面具应储存在阴凉干燥的地方，并不得接触有机溶剂。

32 什么是隔绝式防毒面具？隔绝式防毒面具有哪些优缺点？

隔绝式防毒面具，就是一种使呼吸器官可以完全与外界空气隔绝，面具内的储氧瓶或产氧装置产生的氧气供人呼吸的个人防护器材。

隔绝式防毒面具与过滤式防毒面具相比的优点是：能有效地防护各种浓度的毒剂、放射性物质和致病微生物的伤害作用，并能在缺氧或含有大量一氧化碳及其他有害气体的条件下使用。

隔绝式防毒面具的缺点是较笨重，使用复杂，容易发生故障和价格较贵。

33 过滤式防毒面具在空气中氧含量低于多少时不能使用？

过滤式防毒面具在空气中氧含量低于18%时不能使用。

34 简述隔绝式氧气呼吸器的适用范围。

隔绝式氧气呼吸器适用于缺氧毒质浓度高、多种毒物混存以及现场情况不明等危险场所。

35 正压式空气呼吸器佩戴和操作步骤是什么？

1）检查准备：

① 检查合格证。

② 打开气瓶开关然后再关闭，检查气瓶压力。

③ 检查背带。

④ 检查气瓶是否正确地固定在背托架上。

⑤ 检查全面罩：全面罩的视窗明亮、面罩密封、全面罩头带和各部件。

⑥ 检查高压管路和中压管路及气密性。

⑦ 检查旁通阀完好情况。

⑧ 检查残气报警器。

⑨ 检查供气阀与面罩连接情况。

2）佩戴步骤：

① 打开气瓶开关。

② 将压缩空气瓶瓶口向下背在肩上。

③ 调整肩带。

④ 系胸带。

⑤ 固定腰带，松紧度适宜。戴安全帽。

⑥ 将面罩上的颈带套在脖子上，面罩带挂在胸前。

⑦ 由下向上戴面罩，密封框下没有异物，然后收紧系带(由下向上)。

⑧ 检查面罩的气密性。

⑨ 供气阀和面罩连接。

⑩ 扶正安全帽。试呼吸两次工作正常后，停止计时。

3）结束工作：

将设备恢复原状。

36 佩戴空气呼吸器的十个步骤内容是什么？

一开、二看、三背、四拉、五扣、六挂、七帽、八戴、九检、十手。

37 简述发生有毒气体急性中毒后的现场急救原则。

救护者做好个人防护；切断毒物来源；阻止毒物继续侵入人体；明确诊断，有的放矢；促进生命器官功能的恢复；及时解毒和促进毒物排出。

38 硫化氢中毒后，在进行人员救护的同时，现场毒物如何处理？

在中毒者救出现场后，做好现场监护。在毒物扩散区域设立警示标志防止其他人员进入。其余救护人员随时向指挥者汇报现场实际情况，搜索毒物扩散源。找到后立即关闭毒物扩散源阀门或联系切断泄漏设备并对操作进行相应调整。无法维持操作时，切除事故工段或装置停工。毒物泄漏源切除后用非净化风、蒸汽或清水冲散高浓度毒物，加速扩散，防止聚集。现场经过处理联系环保监测部门，对现场进行检测，达标后撤除警示标志。

39 简述炼油厂易发生硫化氢中毒的岗位及预防措施。

岗位：气体脱硫、硫黄回收、酸性水处理、油品车间等生产部门接触硫化氢气体机会多的职工；质量检验分析工；维修工；防腐试验工。

预防措施：对设备(泵、阀门等)勤检查、勤维修，杜绝“跑、冒、滴、漏”；在易发生硫化氢泄漏的岗位须安装通风排毒设施；两人同时上岗，其中一人站在上风向监护；上岗时戴好防毒面具；一旦发生急性中毒早发现，快抢救。

40 为防止硫化氢中毒，甲乙类油罐在进油、出油、调和时有何要求？

禁止进行采样、检尺、测温(罐壁固定测温除外)、更换或拆检安全附件等罐顶作业，罐内液面静止 30min 后，方可进行上述作业。

41 在含酸性气、瓦斯介质的设备上从事采样、脱水、检修等作业时有何要求?

为防止硫化氢中毒，在粗汽油罐、轻质油罐及含酸性气、瓦斯介质的设备上从事采样、检尺、脱水、堵漏、检修等作业时，应选用适用的防毒面具，并有两人同时到现场，站在上风向，一人作业，一人监护。

42 在生产现场发现一人中毒倒下，该如何处理?

请他人赶快电话通知生产管理部门和医院急救室；简单问清在什么地方，估计会是什么毒物；佩戴好防毒面具或氧气呼吸器，请一人就近监护，最好有两人同去，随时联系；将患者移到空气新鲜温度适宜的地方，立即解开妨碍呼吸和血液流通的一切东西，如衣服和皮肤被毒物污染，须脱去衣服，并注意保暖；检查中毒者是否有心跳、呼吸。如无呼吸，立即做人工呼吸；无心跳，则胸外挤压心脏。如果心跳、呼吸存在，只是眼睛和皮肤受化学物质玷污，用流动清洁水冲洗。

43 简述常用人工呼吸方法的类型及适用范围。

1）俯卧压背法。用于中毒、窒息、触电、溺水者，但对胸背部受伤者不宜采用。

2）仰卧压胸法。用于气体中毒、触电、窒息等，但对肋骨骨折和溺水者不宜采用。

3）仰卧牵背法。最适用于触电者和孕妇，但对手臂骨折和溺水者不宜采用。

4）口对口吹气法。是国内外一致推荐的人工呼吸法，效果好。但对从呼吸道排出剧毒物质的中毒者避免采用。

44 举例说明生产过程中毒物存在的几种形态。

气态：氮氧化物等。

固态：氰化钠等。

液态：苯、甲醇等。

粉尘：粉煤灰等。

烟尘：电焊烟尘。

雾：硫酸雾。

45 什么是“工业三废”?

废水、废气、废渣。

46 环境保护指的是什么？

环境保护一般是指人类为解决现实或潜在的环境问题，协调人类与环境的关系，保护人类的生存环境、保障经济社会的可持续发展而采取的各种行动的总称。

47 空气污染的概念是什么？

由于人类活动和自然过程引起某种物质进入大气中，达到足够的浓度，经过足够的时间，并因此而危害人体健康、舒适感、环境。

48 硫黄回收装置三废来源及处理情况是什么？

硫黄回收装置三废来源及处理情况是：

（1）废水

硫黄回收装置排放的废水主要是含油污水、含硫污水、生产废水等。

（2）废气污染源及污染物

硫黄回收装置排放的废气主要是硫黄回收烟道气、硫化氢、二氧化硫、氨、轻烃、轻油气等。

（3）废渣

硫黄回收装置排放的废渣主要是催化剂、脱臭剂、活性炭等。

49 装置毒性及腐蚀性物质危害是什么？

硫黄回收装置内毒性及腐蚀性物质职业危害程度分级与职业接触限值见表5-1。

表5-1 装置内毒性及腐蚀性物质职业危害程度分级与职业接触限值

物料名称	急性毒性	侵入途径	使用条件	职业危害程度分级	工作场所空气中有毒物质接触限值/(mg/m^3)		
					最高	时间加权平均	短时间接触
H_2S	高	吸入	密闭	Ⅱ	10		
氨	低	吸入、皮肤	密闭	Ⅳ		20	30
燃料气	低	吸入	密闭				
MDEA	低	吸入	密闭				
硫黄		吸入、皮肤	密闭		10		

50 装置主要危险物料的火灾危险类别是什么？

硫黄回收装置属于甲类火灾危险性装置，原料、辅助材料及产品为可燃性气体或液体，装置大部分地区为爆炸危险2区。因此，从物料的输送、加工及产品的输出，火灾、爆炸危险是主要的不安全因素。主要危险物料的火灾危险类别见表 5-2。

表 5-2 主要危险物料火灾危险类别

物料名称	使用条件	爆炸危险类别		爆炸极限	闪点/℃	自燃点/℃	火灾危险类别	灭火方法
		组别	级别					
H_2S	密闭	T3	ⅡB	4.3%~45%(体)	气体	246	甲	泡沫、二氧化碳、雾状水
氨	密闭	T1	ⅡA	16%~25%(体)	气体	650	乙	泡沫、二氧化碳、雾状水
燃料气	密闭						甲	泡沫、二氧化碳、雾状水
MDEA	密闭			0.9%~8.4%(体)	135	265	丙B	泡沫、二氧化碳、雾状水
硫黄	密闭			2.3g/m^3		255	乙	雾状水、沙

51 水污染主要有哪几类？

水污染主要有油的污染，酚、氰化物、硫化物的污染，酸、碱的污染，重金属的污染，固体、悬浮物的污染，有机物的污染，营养物质的污染和热污染。

52 化学耗氧量(COD)的意义是什么？

化学耗氧量简称 COD(Chemical Oxygen Demand)，也称化学需氧量，表示用化学氧化剂(重铬酸钾、高锰酸钾)氧化废水中可氧化的污染物(有机物、亚硝酸盐、亚铁盐、硫化物)的过程中所消耗的氧。

COD 越高说明水被污染的越严重，是表明水污染程度的重要综合指标，单位为 mg/L。

53 生化耗氧量(BOD)的意义是什么？

生化耗氧量简称 BOD(Biochemical Oxygen Demand)，也称生化需氧量，表示水中有机污染物经微生物氧化分解所需要的氧量。一般用 BOD 表示，其意义是水样在 20℃情况下，五天内由微生物氧化分解有机物所消耗的氧量。

BOD 越高，说明好氧微生物消耗的氧量越高，微生物生长越快。在特定的时间内微生物的生长与水体中有机物的成分成正比，所以说 BOD 越高说明水体受到有机物的污染越严重。

BOD 是表示水污染程度的重要综合指标，单位是 mg/L。

54 为什么 SO_2 易引起鼻炎？

因为 SO_2 水溶液是一种中强酸，人吸入 SO_2 后，将会在鼻腔内生成中强酸，会严重腐蚀鼻腔引起鼻炎。

55 生产中预防 H_2S 污染的主要措施是什么？

生产中预防 H_2S 污染的主要措施包括：

1）在生产 H_2S 的生产岗位上，应加强通风，使 H_2S 浓度降至 $10mg/m^3$ 以下。

2）进入可能有 H_2S 的岗位、车间、阴井等处，应先进行测定或开放通风，置换空气，不能贸然进入。

3）在进入含有 H_2S 的场所，有人监护，作业人员要佩戴防毒面具，系好安全带，以便随时救护。

4）生产过程要密闭。

5）H_2S 自动报警器应完好投用。

56 H_2S 的泄漏处理及灭火措施是什么？

H_2S 的泄漏处理及灭火措施包括：迅速撤离泄漏污染区人员至上风处，并立即进行隔离，小泄漏时隔离 150m，大泄漏时隔离 300m，严格限制出入，切断火源。应急处理人员戴自给正压式呼吸器，穿防静电工作服，从上风处进入现场，尽可能切断泄漏源，合理通风，加速扩散。如有条件，喷雾状水稀释、溶解，构筑围堤或挖坑收容产生的大量废水。

H_2S 着火时消防人员必须穿全身防火防毒服，在上风向灭火，切断气源。若不能切断气源，则不允许熄灭泄漏处的火焰。灭火剂：雾状水、抗溶性泡沫、干粉。

57 NH_3 泄漏处理及灭火措施是什么？

迅速撤离泄漏污染区人员至上风处，并立即隔离 150m，严格限制出入，切断火源。应急处理人员戴自给正压式呼吸器，穿防静电工作服。尽可能切断泄漏源。合理通风，加速扩散。高浓度泄漏区，喷含盐酸的雾状水中和、稀释、溶解。构筑围堤或挖坑收容产生的大量废水。漏气容器要妥善处理，修复、检验后再用。

NH_3 着火时消防人员必须穿全身防火防毒服，在上风向灭火。切断气源。若不能切断气源，则不允许熄灭泄漏处的火焰。喷水冷却容器，可能的话将容器从火场移至空旷处。灭火剂：雾状水、抗溶性泡沫、二氧化碳、沙土。

58 硫泄漏处理及灭火措施是什么？

隔离泄漏污染区，限制出入，切断火源，建议应急处理人员戴防尘面具（全面罩），穿一般作业工作服，不要直接接触泄漏物。小量泄漏：避免扬尘，用洁净的铲子收集于干燥、洁净、有盖的容器中，转移至安全场所。大量泄漏：用塑料布、帆布覆盖。使用无火花工具收集回收或运至废物处理场所处置。

硫着火时遇小火用沙土闷熄，遇大火可用雾状水灭火。切勿将水流直接射至熔融物，以免引起严重的流淌火灾或引起剧烈的沸溅。消防人员须戴好防毒面具，在安全距离以外，在上风向灭火。

59 手提式干粉灭火器使用方法是什么？

使用手提式干粉灭火器时，将灭火器提到起火地点，上下颠倒几次，一只手握住喷嘴，对准火源，另一只手撕去铅封，拔出保险销，压下弹簧开关，干粉即可喷出。扑救地面油火时，要平射，左右摆动，由近及远，快速推进，要注意防止复燃。

60 推车式干粉灭火器使用方法是什么？

将灭火器推到起火地点，一手握住喷粉胶管，对准火源，另一只手逆时针方向旋转动力瓶手轮，待压力表指针达到 0.98MPa 时，打开灭火器开关，干粉即可喷出。左右摇摆喷管，快速推进，防止复燃。

61 什么是雷电？

雷电是积累大量电荷的云层相互接近到一定的距离，发生激烈的放电现象；放电时，出现耀眼的闪光，同时因放电温度高达 20000℃，造成空气受热急剧膨胀，产生轰鸣，这就是闪电和雷鸣。

62 雷电有什么危害？

雷电的危害有：

1）高电压产生高压冲击波，损坏电气设备，造成停电，火灾爆炸。

2）高电流产生高热能，损坏电气电线，引起火灾爆炸。

3）高电流通过被击物时，在被击物缝隙的气体剧烈膨胀，缝隙中的水分也急剧蒸发为大量气体，致使被击物破坏或爆裂。

63 防范雷击的措施有哪些？

防范雷击的措施有：

1）装设避雷针。

2）装设避雷线。

3）采用避雷网或避雷带。

64 防止触电的防护措施有哪些？

防止触电的防护措施：绝缘、屏护、遮栏、安全间距、保护接地、接零、使用漏电保护器、使用安全电压。

65 手持式电动工具日常检查项目有哪些?

手持式电动工具日常检查项目有:

1）外壳手柄是否有裂纹和破损。

2）保护接地和接零线连接是否正确，牢固可靠。

3）软电缆或软线是否完好无损，插头是否完整无损。

4）开关动作是否正常、灵活，有无缺陷、破裂。

5）电气保护装置是否良好，机械保护装置是否良好。

6）工具转动部分是否灵活无障碍。

66 静电指的是什么?

静电是由两种不同的物体相互接触摩擦、感应等而产生的电荷。

67 静电有哪些危害?

静电的主要危害有：因静电而产生火花，引起火灾或爆炸；静电放电对人体造成电击；使生产增加因静电而引起的困难或使产品质量降低。

静电引燃的界限：静电非导体的引燃电位约为30kV。GB 12158—2006《防止静电事故通用导则》中第7.1.2条指出，当两导体电极间的电位低于1.5kV时，将不会因静电放电使最小点燃能量大于或等于0.25mJ的烷烃类石油蒸气引燃。但有些情况下，产生引燃的界限还要小，有的标准规定约5kV。防止人体遭受静电非导体电击的带电电位约10kV以下。

静电对人体的影响：若人体静电超过2~3kV，当人接触接地金属时则会产生静电电击，若静电电压很高，则会对人体心理和生理造成一定的影响。

68 静电引燃的条件是什么?

静电电荷要成为引燃的火源，必须充分满足下述四个条件:

1）必须有静电电荷的产生。

2）必须有足以产生火花的静电电荷的积聚。

3）必须有合适的火花间隙，使积聚的电荷以引燃的火花形式放电。

4）在火花间隙中必须有可燃性液体的蒸气-空气的混合物。

69 防止静电危害的方法有哪些?

防止静电危害的方法有：接地法、泄漏法、中和法、工艺控制法等。

1）接地法：接地是消除静电危害最简单的方法，主要是将设备或管道等金属导体与大地进行电气上的连接，使金属导体上的静电泄入大地，与大地接近同电位。接地主要用来消除导电体上的静电，不宜用来消除绝缘体上的静电。如果是绝缘体带有静电，将绝缘体直接接地反而容易发生火花放电。

2）泄漏法：采取增湿措施和采用抗静电添加剂，促使静电电荷从绝缘体上自行消散。

3）中和法：中和法是消除静电危害的重要措施。静电中和法是在静电电荷密集的地方设法产生带电离子，将该处静电电荷中和掉。静电中和法可用来消除绝缘体上的静电。可运用感应中和器、高压中和器、放射线中和器等装置消除静电危害。

4）工艺控制法：在工艺上，还可以采用适当措施，限制静电的产生，控制静电电荷的积累。例如：用齿轮传动代替皮带传动，减少摩擦；降低液体、气体或粉尘物质的流速，限制静电的产生；保持传动带的正常拉力，防止打滑；灌注液体的管道通到容器底部或紧贴侧壁，避免液体冲击和飞溅；等等。还有不属于以上四项措施的其他措施，例如为了防止人体静电造成的危害，工作人员可以穿抗静电工作服和工作鞋，采取通风、除尘等措施也有利于防止静电的危害。

70 哪些场所或情况应做静电接地？

凡爆炸、火灾危险场所内可能产生静电危险的设备和管道，均应采取静电接地措施。

71 静电接地有哪些注意事项？

静电接地注意事项有：

1）连接的支、干线与接地体等处，应采用螺栓紧固法相连接。

2）在设备或管道的金属体的一定位置上设有专用的接地连接端板，在端板与接地支线之间，加挠性跨线用螺栓紧固法连接。

3）设备、管道用金属法兰连接时，其接触电阻不大于 10Ω，可以认为接触面之间有足够的静电导通性，在一般情况下，可不另装跨接线。

4）每年应对各固定设备接地电阻进行 1 次测量，并建立测量数据档案，如果被测设备电阻值不符合规定，立即检修。

设备、管道上静电接地连接点位置的选择：不受外力伤害；便于检查维修；便于与接地干线相连；不妨碍操作。

为防止人体静电危害，着装应注意在爆炸危险场所不穿易产生静电的服装和鞋靴。

72 电气设备着火应选用什么灭火器扑救？

电气设备着火应选用 1211 灭火器扑救。

73 液化气槽车装气时，必须按规定安装接地线，其目的是什么？

安装接地线的目的是导走静电。

74 在有爆炸性粉尘的厂房内，应使用什么样的照明灯具？

在有爆炸性粉尘的厂房内，应使用防爆式照明灯具。

75 如发现人员触电，呼吸、脉搏及心脏跳动停止，应采取什么样的救护措施？

如发现人员触电，呼吸、脉搏及心脏跳动停止，立即就地施行人工呼吸，进行紧急救护。

76 人工呼吸每分钟吹多少次？胸外心脏挤压法的挤压次数是多少？

人工呼吸 14~16 次/min。

胸外心脏挤压法的挤压次数是 60~80 次/min。

77 简述使用厂房的金属结构、管道或其他金属物搭接起来作为导线的危害性。

使用这些金属物作为焊接电缆，很容易引起触电，同时会因接触不好产生火花或发热，引起火灾。

78 变配电间采取防止小动物进入的措施，主要目的是什么？

变配电间采取防止小动物进入的措施，主要目的是防止引起短路。

79 电气检修应严格执行“电气三票”制度，“电气三票”是指什么？

“电气三票”是指操作票、工作票、临时用电票。

80 哪几种特殊作业须与架空电线保持一定的安全距离？

高空作业、起吊作业须与架空电线保持一定的安全距离。

81 什么叫安全电压？

安全电压是指人体较长时间接触而不致发生触电危险的电压。

82 什么是电流伤害事故？

电流伤害事故即触电事故，说得准确一些，应是人体触及电流所发生的事故。在高压触电事故中，往往不是人体触及带电体，而是接近带电体至一定程度时，期间击穿放电造成的。电流通过人体内部的触电叫电击；电流的热效应和机械效应对人体的局部伤害叫电伤。电伤也属于触电事故，但与电击比较起来，严重程度要低一些。

为了避免电流伤害事故的发生，操作人员必须加强电气设备安全技术知识的普及，自觉地按规章办事。在危险高压区应设置醒目的安全警告标志，严格执行“人身安全十大禁令”的有关规定。表 5-3 列出了电流强度大小对人体的影响。

表 5-3　电流强度大小对人体的影响

电流强度/mA	对人体的影响	
	交流电(50Hz)	直流电
0.6~1.5	开始有感觉，手指麻刺	无感觉
2~3	手指强烈麻刺，颤抖	无感觉
5~7	手部痉挛	热感
8~10	手指剧痛，勉强可以摆脱电源	热感增多
20~25	手迅速麻痹，不能自立，呼吸困难	手部轻微痉挛
50~80	呼吸麻痹，心室开始颤抖	手部痉挛，呼吸困难

83　防止人体触及绝缘损坏的电气设备引起的触电事故采取的措施有哪些?

防止人体触及绝缘损坏的电气设备引起的触电事故采取的措施有接地、保护接零、重复接地。

84　触电急救的要点是什么?

触电急救的要点是迅速使触电者离开电源，然后根据触电者的具体情况，进行相应的救治。

85　安全电压的临时灯有几种？简述其使用范围。

安全电压的临时灯有三种：12V、24V、36V。

特别潮湿或设备容器特别危险的工作场所应采用 12V 安全电压临时灯，有电击危险环境中使用的手持照明灯和局部照明灯应采用 24V 和 36V 安全电压。

《中国石化临时用电作业安全管理规定》：行灯电压不应超过 36V，在特别潮湿的场所或塔、釜、槽、罐等金属设备内作业装设的临时照明灯电压不应超过 12V。

86　引起着火的火源途径和方式主要有哪些?

1）明火：如焊接火、炉火、香烟等。

2）明火花：如电气开关的接触火花、静电火花。

3）雷击：云层在瞬间高压放电引起的火。

4）加热自燃起火：如熬沥青加热引起自燃。

5）可燃物质接触被加热体的表面：如油棉纱接触高温介质的管道引起自燃。

6）辐射作用：衣服挂在高温炉附近引起着火。

7）由于摩擦作用：如轴承的油箱缺乏润滑油发热起火。

8）聚焦及高能作用：使用老花眼镜、铝板等对日光的聚焦作用和反射作用引起着火；激光照射引起着火烧毁。

9）对某些液态物质施加压力进行压缩，产生很大的热量，也会导致可燃物着火，如柴油发动机起火的工作原理。

10）与其他物质接触引起自燃起火，如钾、钠、钙等金属与水接触；可燃物体与氧化剂接触，如木屑、棉花、稻草与硝酸接触等。

87 引起火灾的主要原因有哪些?

引起火灾的主要原因归纳为以下几方面：

1）对防火工作重要性缺乏认识，思想麻痹，是发生火灾事故的主要思想根源。

2）对生产工艺、设备防火管理不善是发生火灾事故的重要原因。

3）设计不完善，为防火工作留下隐患，成为火灾事故的根源。

4）对明火、火源、易燃易爆物质控制不严，管理不善，是引起火灾事故的直接原因。

5）防火责任制贯彻不落实，消防组织不健全，不能坚持防火检查，消防器材管理不善及供应不足是导致火灾蔓延扩大的重要原因。

88 简述灭火的基本思路。

根据燃烧的原理，灭火的基本思路是：采用破坏燃烧必须具备的基本条件和燃烧的反应过程的措施，防止燃烧三要素同时存在相互作用。

89 什么是爆炸?

爆炸是物质自一种状态迅速转变到另一种状态，并在瞬间放出巨大的能量，同时产生巨大响声的现象。

90 常见的爆炸有哪两类?

常见的爆炸有物理爆炸和化学爆炸。

物理爆炸：由于物质状态或压力发生突变而引起的爆炸称为物理爆炸，如蒸汽锅炉的爆炸便属于此类。

化学爆炸：由于物质发生极迅速的化学反应，产生高温高压而引起的爆炸称为化学爆炸。化学爆炸前后物质的性质和成分均发生了根本的变化。化学爆炸又可分为简单分解爆炸、复杂分解爆炸、爆炸性混合物爆炸、分解爆炸性气体的爆炸。

91 发生爆炸的基本因素是什么?

造成爆炸的基本因素是：

1）温度。

2）压力。

3）爆炸物的浓度。

4）着火源。

92 爆炸与爆破的区别是什么?

物质猛烈而突然急速地进行化学反应，由一种相状态迅速地转变成另一种相状态，并在瞬间释放出大量能量的现象，称为爆炸，又称为化学爆炸，如炸药爆炸。

由于设备内部物质的压力超过了设备的本身强度，内部物质急剧冲出而引起，纯属物理性的变化过程，这种现象称为爆破，又称为物理性的爆炸，如蒸汽锅炉超压爆炸。

93 什么是爆炸浓度极限?

可燃气体、粉尘或可燃液体的蒸气与空气形成的混合物遇火源发生爆炸的浓度范围，称为浓度爆炸极限。通常用可燃气体在空气中的体积百分比(%)来表示。

94 爆炸极限的定义是什么?

可燃气体与空气或其他氧化剂的混合物，并不是在任何混合比例下都可燃烧或可爆炸的，而且混合物的比例不同，燃烧速度也不同。

当可燃气体的浓度低于或高于某一极限值时，火焰不再蔓延。可燃气体或蒸气在空气达到刚好足以使火焰蔓延的最低浓度称为该气体的爆炸下限。同样，达到刚足以使火焰蔓延的最高浓度称为该气体的爆炸上限。

可燃液体除了爆炸浓度极限外，还有一个爆炸温度极限。因为液体的蒸气浓度是在一定温度下形成的，可燃液体在一定温度下，由于蒸发而形成等于爆炸浓度极限的气体浓度，这时的温度即为爆炸温度极限。

95 影响爆炸极限的主要因素有哪些？

爆炸极限随着原始温度、原始压力、介质的影响、容器的尺寸和材质、着火源等因素而变化。

1）原始温度：原始温度越高，爆炸极限越大，即爆炸下限降低，上限升高。

2）原始压力：压力增高，爆炸极限扩大，其上限提高较下限更为显著，原始压力降低，爆炸范围缩小，降到一定数值时，上下限互相合为一点，压力再降低则不易爆炸。

3）介质的影响：爆炸混合物加入惰性气体，爆炸范围将缩小，当惰性气体达到一定浓度时，可使混合物不能爆炸。

4）容器尺寸和材质：容器尺寸减少，爆炸范围缩小。

5）着火源：着火源的能量、热表面面积及着火源与混合物接触时间对爆炸极限均有影响。

96 粉尘粒度对爆炸极限的影响是什么？

爆炸性粉尘的粒度越小即颗粒直径越小，且空气中爆炸性粉尘含量每升毫克数不变时，相当于粉尘与空气中的 O_2 接触面积加大，点燃后会使其氧化反应较充分又较迅速，所以粉尘爆炸下限随粉尘粒度减小而下降。

97 简述爆炸性危险物质的分类。

1）一般的爆炸性危险物质：可燃气体；易燃流体，即闪点在45℃以下的流体；闪点低于或等于现场环境温度的液体；爆炸下限小于或等于66g/m^{3}的悬浮状可燃粉尘，可燃纤维。

2）危险性较大的爆炸性物质：闪点≤28℃液体和爆炸下限≤10%的可燃气体；爆炸混合物的级别为四级，组别为d级、e级的可燃气，如二硫化碳等；导电性的金属粉尘，如镁、铝粉等。

98 石油化工原料及产品的火灾危险性有哪几个特点？

石油化工原料及产品的火灾危险性特点有：易燃烧、易蒸发、易爆炸、易产生静电、易流动扩散、易沸腾突溢。

99 简述石油化工生产中限制火灾蔓延的安全装置的种类。

石油化工生产中限制火灾蔓延的安全装置的种类有：安全液封、水封井、阻火器、单向阀、阻火闸门、火星熄灭器。

100 乙炔高度易燃，有严重火灾危险，一旦发生火灾用什么来灭火？

一旦发生乙炔火灾应使用干粉、二氧化碳喷水雾、泡沫灭火剂等进行灭火。

101 简述石油化工生产中防火防爆的基本措施。

石油化工生产中防火防爆的基本措施有：

1）火源控制。

2）火灾爆炸危险物质安全处理。

3）工艺参数安全控制。

4）自动控制与安全联锁保险。

5）限制火灾爆炸扩散蔓延措施。

6）防火防爆“三同时”管理。

102 在易燃易爆的生产设备上动火检修，应遵守哪些安全要求？

1）切断与生产设备相连通部分，关闭阀门，加上盲板，做好隔离防火措施。

2）用惰性气体进行置换，分析易燃易爆气体含量小于0.5%，氧含量<0.5%，用空气置换惰性气体，20%<氧含量<22%，以动火前30min分析数据为准，如果要进入容器内动火，有毒气体应符合卫生浓度，20%<氧含量<22%。

3）经有关主管领导人签字批准，超过批准动火时间，必须重新进行取样分析，合格和批准后方可再次动火。

103 为什么硫化亚铁能引起火灾？

硫化亚铁是在储存、输送含硫石油过程中形成的，由于硫化亚铁化学性质不稳定，硫化铁与空气接触便会很快氧化，同时放出大量的热，由于热量增加，温度升高，氧化的速度随之加快，如此继续下去，它就会逐渐变成褐色，随后出现淡青色烟，当温度升至600~700℃时，氧化的地方便会燃烧起来，其热量足以使石油蒸气起火。

104 如何防止硫化亚铁自燃？

防止的方法是阻止氧气(空气)与硫化亚铁的接触，如发现有硫化亚铁自燃现象，应立即采取水冲洗、隔离氧气(空气)等措施，保证设备安全。

105 一般采用什么措施防止油、瓦斯、蒸汽、有毒介质等沿管道窜入施工区域？

一般采用加盲板的安全措施防止油、瓦斯、蒸汽、有毒介质等沿管道窜入施工区域。

106 气焊作业时，氧气瓶、乙炔瓶与动火点之间的距离为多少？氧气瓶与乙炔瓶的距离为多少？

施工作业时氧气瓶、乙炔瓶与动火点距离一般不小于10m。氧气瓶与乙炔瓶的距离应保持在 5m 以上。

107 风速多大时严禁高处动火？

风速大于五级(含五级)时，严禁露天高处动火作业。

108 易燃易爆装置区进行检修时，对下水道、管沟应采取什么安全措施？

易燃易爆装置区进行检修时，对下水道、管沟应采取的安全措施有：

1）污油清扫干净。

2）封盖，加盖石棉布，防止瓦斯外溢及火花掉入。

109 为防止检修现场的高压气瓶发生爆炸事故，应采取什么措施？

检修现场的高压气瓶在烈日下暴晒是非常危险的，应采取遮阳措施。

110 打开设备人孔时，顺序是什么？

打开设备人孔时，顺序是自上而下，即应先打开设备最上面的人孔，然后自上而下依次打开其余人孔。这样有利于自然通风，使可燃气体很快逸出，防止设备内残存可燃气体，避免发生安全事故。

111 封闭设备人孔时，顺序是什么？

封闭设备人孔时，顺序是自下而上依次进行，主要是为了使设备内空气流通(上部仍可能有人进设备检查)。

112 简述须办理进入设备作业票的设备范围。

凡在生产区域内进入或探入炉、塔、釜、罐、槽车以及管道、烟道、隧道、下水道、沟、坑、井、池、涵洞等封闭、半封闭设施及场所作业均应办理进入设备作业票。

113 为防止进设备作业造成窒息事故，设备内氧气含量应保持多少？

为防止进设备作业造成窒息事故，设备内氧气含量应保持在 19.5%以上。

114 简述外来施工单位进入生产装置现场检修时的查验票证。

外委检修项目的检修人员须进行三级教育，查安全教育台账；进入生产装置现场检修须有生产车间签发的检修许可证；动火时须办理动火票；进设备作业时须办理进入设备作业票；破路动土时须办理动土许可证；临时用电须办理临时用电票等。

115 什么样的管线不能用压缩空气吹扫?

瓦斯线、高温管线、闪点低于28℃的油管线不能用压缩空气吹扫。

116 管线扫线时，应注意什么?

1）检查扫线介质(如风、汽等)是否在规定的范围内。

2）用蒸汽通扫线时，要先排净冷凝水，然后缓缓开汽，减轻水击。

3）开阀后，通过声音和温度判断是否正常，发现问题后，应立即联系处理。

4）通扫线时，尽量向压力较小处进行，可减少阻力。

117 工艺设备管线放压注意事项是什么?

在生产过程中对承受液化石油气产品的工艺设备、管线因生产需要，常要进行紧急放压和正常放压操作，但无论是紧急放压还是正常放压(维修前放压)都必须控制好放压速度，放压负荷要缓慢增加，严防突然放压而使设备剧烈振动、设备损坏的事故发生，一般放压速度不大于4m/s。

118 简述高空作业对劳动保护工器具的穿戴使用基本要求。

穿软底鞋，不能穿拖鞋、硬底鞋；戴好安全帽并系好帽带；佩戴好安全带，安全带高挂低用，不能拴在有尖锐棱角的构件上，使用工具箱或工具袋，禁止用手抛掷。

119 进入设备容器以前，必须做好哪些工作?

对设备、容器、管道应按规定的时间进行彻底的蒸汽吹扫、热水蒸煮、酸碱中和、氮气置换、空气置换，使其内部不含有残渣、余气，取样分析应符合安全技术要求。分析合格后，用符合其工艺等级要求的盲板堵上，使之与相应的设备管道、系统隔绝，设备外人孔口要有专人监护，测定合格后经安全环保部门签字许可，施工人员方可进入工作，未经测定合格的设备任何人不得入内。

120 在进设备作业前，应对哪些要素分析测定合乎要求才允许进入作业?

氧气含量、可燃气体含量、有毒气体含量。

121 简述检修前的准备工作有哪些内容。

制定检修方案，进行安全教育；解除危险因素，落实安全措施；切断电源，挂警示牌；办理特殊作业许可证。

122 简述检修结束后的安全工作要求。

检修后应进行检查、试车、验收、交接。检查包括清理现场，检查安全防护装置是否恢复，清点核对盲板抽出情况；试车应在工完料尽场地清后进行，试车内容包括温度、压力、安全阀、仪表等的检查，不同的设备试车内容不同。试车后应对操作工进行安全教育，使其弄清设备、管路、阀门开关变动情况，保证开车后的安全。

123 停工检修四项基本要求是什么?

停工检修四项基本要求是：

1）地漏必须用沙袋堵好。

2）下水井必须封好。

3）盲板必须安装好。

4）管线必须吹扫干净。

124 氢气瓶、氧气瓶、氮气瓶、乙炔瓶的外表面颜色分别是什么?

为能辨别气瓶充装的是何种气体，避免因混装而发生事故，各类气瓶应按GB/T 7144—2016《气瓶颜色标志》将气瓶涂敷颜色。氢气瓶、氧气瓶、氮气瓶、乙炔瓶的外表面颜色分别为：淡绿、淡(酞)蓝、黑、白。

125 为什么氧气瓶口不能沾染油脂?

油脂特别是含有不饱和酸的油脂，很容易氧化发热甚至引起燃烧。如果氧气瓶口上沾染油脂，当氧气高速喷出时，高压气流与瓶口摩擦产生的热量加速油脂氧化，极易引起燃烧甚至引起气瓶爆炸。

126 已用过的气瓶，能否改装另一种气体?

气瓶安全监察规程规定，气瓶应尽量做到专用。如果确需改装，必须取得充气单位的同意。改装的气瓶必须符合监察规程，进行专门的置换清洗，换装相应的附件，更改表面的漆色、标记。

127 安全阀应定期校验，周期为多长?

一般情况下 12 月/次。

128 压力容器检修时应注意做好哪些安全工作?

在检修工作前，除要用盲板切断有联系的管道外，必须打开人孔、手孔。进入易燃有毒介质的容器时应对容器进行清洗和置换，加强通风，容器外要有专人监护。使用电动工具电压，不得超过 12V。严禁带压紧固带压部件的螺栓。检修后必须进行彻底清理，防止物品残留在容器内。

129 什么情况下的容器必须装设安全阀(爆破片)和压力指示表?

在生产过程中可能因物料的化学反应使其内压增加的容器；盛装液化气体的容器；压力来源处没有安全阀和压力表的容器；最高工作压力小于压力来源处压力的容器；由于生产工作介质(如黏性大、腐蚀、有毒)等原因，安全阀不能可靠地工作时，应装设爆破片代替安全阀，或采用爆破片与安全阀共用的重叠式结构。

130 简述厂级安全检查表的用途及包括的主要内容，突出重点是什么?

主要用于全厂性安全检查，也可供安监部门进行日常检查时使用。其主要内容包括：各装置的安全可靠性、要害部位、主要安全装置与设施、危险品储存与使用、消防设施、操作管理及遵章守纪等。检查要突出要害部位，注意集中在大面的检查上。

131 通常说的“四个重大事故为零”是指什么?

重大设备事故为零、重大火灾爆炸事故为零、死亡事故为零、重大交通事故为零。

132 事故类别分为哪些类?

事故类别分为火灾、爆炸、设备、中毒和窒息、高处坠落、物体打击、机械伤害等 17 类。

1）火灾事故。在生产经营活动中，由于各种原因引起的火灾，造成人员伤亡或财产损失的事故。

2）爆炸事故。在生产经营活动中，由于各种原因引起的爆炸，造成人员伤亡或财产损失的事故。

3）设备事故。由于设计、制造、安装、施工、使用、检维修、管理等原因造成机械、动力、电气、仪表、容器、运输设备、管道等设备及建(构)筑物等损坏，造成损失或影响生产的事故。

4）中毒和窒息事故。有毒物质通过不同途径进入体内引起某些生理功能或组织器官受到急性健康损害，或机体因急性缺氧晕倒甚至死亡的事故。

5）高处坠落事故。在高处作业中发生坠落造成伤亡的事故，不包括触电坠落事故。

6）物体打击事故。物体在重力或其他外力的作用下产生运动，打击人体造成的人身伤亡事故，不包括因机械设备、车辆、起重机械、坍塌等引发的物体打击。

7）机械伤害事故。机械设备运动(静止)部件、工具、加工件直接与人体接触引起的夹击、碰撞、剪切、卷入、绞绕、甩出、切割、切断、刺扎等伤害。

8）车辆伤害事故。企业机动车辆在场(厂)内或管辖区道路行驶中引起的人体坠落或物体倒塌、下落、挤压、撞车或倾覆等造成的人身伤亡事故，不包括起重设备提升、牵引车辆和车辆停驶时发生的事故。

9）起重伤害事故。各种起重作业(包括起重机安装、检修、试验)中发生的挤压、坠落(吊具、吊重)、折臂、倾翻、倒塌等引起的对人的伤害。

10）触电事故。电流流经人体或带电体与人体间发生放电而造成的人身伤害。

11）淹溺事故。人落水之后，因呼吸阻塞导致的急性缺氧致窒息而造成的伤亡事故。

12）灼烫事故。由于火焰烧伤、高温物体烫伤、化学灼伤(酸、碱及酸碱性物质引起的体内外灼伤)、物理灼伤(光、放射性物质引起的体内外灼伤)而引起的人身伤亡事故。

13）坍塌事故。物体在外力或重力作用下，超过自身的强度极限或因结构稳定性破坏而造成的陷落和倒塌事故，如土石塌方、脚手架坍塌、堆置物倒塌等。

14）冒顶片帮事故。指矿井工作面、巷道侧壁由于支护不当、压力过大造成的坍塌，称为片帮；顶板垮落为冒顶。二者常同时发生，简称为冒顶片帮。适用于矿山、地下开采、掘进及其他坑道作业发生的坍塌事故。

15）透水事故。指矿山、地下开采或其他坑道作业时，意外水源带来的伤亡事故。适用于井巷与含水岩层、地下含水带、溶洞或被淹巷道、地面水域相通时，涌水成灾的事故。不适用于地面水害事故。

16）场(厂)内交通事故。车辆在场(厂)内因过错或者意外造成的人身伤亡或者财产损失的事件。

17）其他事故。

133 事故责任分为哪些？分别指的是什么？

事故责任分为：

1）直接责任。

2）直接管理责任。

3）管理责任。

4）直接领导责任。

5）领导责任。

直接责任是指在职责范围内，不履行或者不正确履行自己的职责，对事故的发生起直接的、决定性作用的责任。

直接管理责任是指在职责范围内，对直接分管的工作不负责任，对直接下属的工作不检查、不监督，对事故的发生起决定性作用的责任。

管理责任是指在管理职责范围内，不履行或者不正确履行职责，对事故的发生起间接的、主要作用的责任。

直接领导责任是指在职责范围内，对直接主管的工作不负责任，不履行或者不正确履行职责，对事故的发生负主要的领导责任。

领导责任是指在职责范围内，对应管的工作或者参与决定的工作不履行或者不正确履行职责，对事故的发生负次要的领导责任。

134 中国石化对事故处分类型有哪些？

处分类型分为：警告、记过、记大过、降级、撤职、留用察看、开除。也可以给予谈话提醒、批评教育、责令检查、诫勉等组织处理。应当追究党纪责任的，依照规定给予党纪处分。

135 发生一般A级及以上级别事故时，中国石化处分问责是怎么规定的？

发生一般A级及以上级别事故，对事故单位(直属企业的下一级)主要负责人一律先停职后调查，对事故直接管理责任者一律撤职，对事故直接责任者一律留用察看并下岗培训。

136 发生一般B级及以上级别事故时，中国石化处分问责是怎么规定的？

发生一般B级及以上事故，企业的主要领导在全系统做检查。企业党委向集团公司党组做书面检查。内部承包商发生事故，对业主及承包商均要进行调查。

137 中国石化按事故的严重程度、事故性质，将事故划分为哪几个级别？

《中国石化生产安全事故事件管理规定》，生产安全事故分级为：

1）特别重大事故。指造成30人以上死亡，或者100人以上重伤(包括急性工业中毒，下同)，或者1亿元以上直接经济损失的事故。

2）重大事故。指造成10人以上30人以下死亡，或者50人以上100人以下重伤，或者5000万元以上1亿元以下直接经济损失的事故。

3）较大事故。指造成3人以上10人以下死亡，或者10人以上50人以下重伤，或者1000万元以上5000万元以下直接经济损失的事故。

4）一般A级事故。指造成3人以下死亡的事故，或者3人以上10人以下重伤，或者10人以上轻伤，或者300万元以上1000万元以下直接经济损失的事故，或者造成较大影响的火灾爆炸、井喷事故。

5）一般B级事故。指3人以下重伤，或者3人以上10人以下轻伤，或者

100万元以上300万元以下直接经济损失的事故，或者造成较大影响的泄漏、未造成较大影响的井喷、持续燃烧30min以上的火灾爆炸事故。

6）一般C级事故。指造成一定影响的泄漏，或者持续燃烧30min以内且未造成较大影响的火灾爆炸事故，或者在企业管辖区域内，外单位发生承担主要责任的1人伤亡事故。

井控事故对应的生产安全事故级别，根据伤亡情况和直接经济损失确定。

上述各条中所称的“以上”包括本数，所称的“以下”不包括本数。

138 什么是安全事故的“提级管理”？

“提级管理”是指在事故调查、责任追究上进行提级，但仍按照原事故级别进行统计。

139 什么情况下对生产安全事故进行“提级管理？”

符合下列条款之一的，给予“提级管理”，责任追究时加重处罚。

1）引起党中央、国务院领导同志高度关注，并有明确批示或者指示的事故；或被国家、省政府挂牌督办的事故。

2）性质恶劣、舆情处置不力，受到公众广泛关注，引起主流媒体持续跟踪报道，对公司造成重大负面影响的事故。

3）存在对事故隐瞒不报、谎报或拖延不报的行为(承包商瞒报、谎报或拖延不报的，业主单位承担同等责任)。

4）已经查出的隐患未及时治理或安全防范措施不落实引发的事故。

5）阻碍、干涉事故调查处理，故意破坏事故现场，拒绝接受调查以及拒绝提供真实情况和资料的违法行为。

140 在发生的事故中，因“三违”造成的事故占很大的比重。“三违”指什么？

违章指挥，违章作业，违反劳动纪律。

141 什么叫轻伤事故？

轻伤事故是指造成职工肢体伤残，或某些器官功能性或器质性轻度损伤，伤害后果不太严重的事故。表现为劳动能力的轻度或暂时丧失。一般休工在1个工作日或1个工作日以上，105个工作日以下的事故。

142 什么是事故的“四不放过”原则？

事故原因未查清不放过，有关责任人未受到处理不放过，责任人和其他员工没有受到教育不放过，整改措施未落实不放过。

143 什么是伤亡事故的直接经济损失？

指因事故造成人身伤亡及善后处理支出的费用和毁坏财产的价值。

144 企业职工因违反劳动纪律造成伤亡事故，是否按伤亡事故统计？

由于职工违反劳动纪律而发生伤亡事故，其中属于在劳动过程中发生的，或者虽不在劳动过程中，但与企业设备有关的，都应报告统计。

145 发生事故后，应保护好事故现场，如何理解？

在事故调查组未进入事故现场前，企业应派专人看护现场，任何人不得擅自移动和取走现场物件。因抢救人员和国家财产，防止事故扩大而需移动现场部分物件时，必须做出标识绘制事故现场图、摄影或录像并详细说明。清理事故现场要经事故调查组同意后方可进行。

146 简述起重机械造成伤害事故的类型。

起重机械事故，按发生的原因可分为挤压事故、高处坠落事故、重物坠落事故、倒塌、折断、倾翻事故、触电事故、撞击事故等。

147 简述造成机械伤害的几种形式。

造成机械伤害的形式有：碰撞、夹击、剪切、卷入、接触等。

148 简述传动部件安装防护装置的一般要求。

使操作者不能接近运转中的可动零部件；防护装置与可动零部件之间不应产生接触危险；防护装置应便于检查维修，并不得成为新的危险源。

149 动火作业指的是什么？

动火作业是指在具有火灾爆炸危险场所内进行的涉火施工作业。主要包括各类焊接、热切割、明火作业及产生火花的其他作业等。

150 动火作业的主要类型有哪些？

1）气焊、电焊、铅焊、锡焊、塑料焊等各种焊接作业及气割、等离子切割机、砂轮机、磨光机等各种金属切割作业。

2）使用喷灯、液化气炉、火炉、电炉等明火作业。

3）烧（烤、煨）管线、熬沥青、炒沙子、铁锤击（产生火花）物件，喷砂和产生火花的其他作业。

4）生产装置和罐区连接临时电源并使用非防爆电器设备和电动工具。

5）使用雷管、炸药等进行爆破作业。

151 什么是“固定动火区”？

固定动火区是指在非火灾爆炸危险场所划出的专门用于动火的作业区域。

152 固定动火区检查认定周期是多长？

固定动火区每半年检查认定 1 次。

153 固定动火区外的动火作业分为哪几个级别？

固定动火区外的动火作业分特级、一级和二级动火三个级别。

154 简述“三不动火”的概念。

动火作业执行“三不动火”原则，即无动火作业许可证不动火、动火监护人不在现场不动火、安全风险防控措施不落实不动火。

155 一张动火许可证是否可以进行两处动火？

一张动火作业许可证只限一处动火，实行一处(一个动火地点)、一证(动火作业许可证)，不能用一张许可证进行多处动火。

156 炼化企业动火作业分级分为哪几种？

1）特级动火作业。

2）一级动火作业。

3）二级动火作业。

157 炼化企业特级动火作业指的是哪些动火作业？

1）带有可燃或有毒介质的设备、管线、容器(不含带有可燃介质的储罐)等部位上进行的动火作业。

2）码头泊位油轮停泊期间，从油轮边缘起向外延伸 35m 以内区域的动火作业。

3）当日 22 时到次日 6 时期间的一级动火作业。

4）在运行中的重大危险源罐区防火堤内的动火作业。

5）环氧乙烷罐区及装车台区域的动火作业。

6）工业污水处理场(污水回用系统除外)、易燃易爆循环水场和工业含水系统的隔油池、油沟，以及距上述地点 15m 范围内区域的动火作业。

7）带压不置换动火作业。

8）存在可燃物受限空间的动火作业。

9）停工检修经吹扫、处理、化验分析合格的工艺生产装置可燃气体、液化烃、可燃液体及有毒介质的首次动火作业。

158 炼化企业一级动火作业指的是哪些动火作业？

1）正在运行的工艺生产装置区动火作业。

2）可燃气体、液化烃、可燃液体及有毒介质的泵房和机房内动火作业。

3）可燃气体、液化烃、可燃液体充装站，以及可燃液体罐区、液化烃罐区防火堤外的动火作业。

4）经吹扫、处理、化验分析合格，并与系统采取有效隔离、不再释放有毒有害、可燃气体的油罐内检修和喷砂防腐类动火作业。

5）可燃气体、液化烃、可燃液体、有毒介质的装卸作业区，洗槽站动火作业。

6）码头泊位油轮停泊期间，从油轮边缘向外延伸 35m 以外（含 35m）、70m 以内（含 70m）的区域动火作业。

7）泊位无油轮停靠时在主靠作业平台区域动火作业。

8）切出运行，经吹扫、处理、化验分析合格（不包括重油）的系统工艺设备管线和油轮、驳船动火作业。

9）危险化学品库、空分的纯氧系统等动火作业。

10）厂区管廊上的动火作业。

159 炼化企业二级动火作业指的是哪些动火作业？

1）停工检修经吹扫、处理、化验分析合格的工艺生产装置动火作业。

2）从易燃易爆、有毒有害装置或系统拆除，经吹扫、处理、分析合格，且运到安全地点的设备和管线动火作业。

3）码头泊位油轮停泊期间，从油轮作业平台边缘起向外延伸 70m 以外（不含 70m）的区域动火作业。

4）泊位无油轮停泊时，从主靠作业平台边缘起向外延伸到 30m 范围内的区域动火作业。

5）生产装置区、罐区的非防爆场所及防火间距以外的区域（包括操作室、变配电间、办公室等）动火作业。

6）路作业站、固体产品站台、仓库、车库、木材加工厂房等禁火区动火作业。

7）厂区主干道两侧绿化施工等动火作业。

8）厂区内，除特级、一级动火作业外的其他各类临时动火作业。

160 特级动火作业许可证是如何审批的？

特级动火许可证由基层单位上一级安全管理人员会签，上一级单位安全分管负责人审批签发。动火作业许可证审批人应现场确认基层单位和施工单位落实安全风险防控措施后，方可审批签发许可证。

161 一级动火作业许可证是如何审批的？

一级动火许可证由基层单位上一级安全管理人员会签，基层单位负责人审批签发。动火作业许可证审批人应现场确认基层单位和施工单位落实安全风险防控措施后，方可审批签发许可证。

162 二级动火作业许可证是如何审批的？

二级动火许可证由基层单位负责人审批签发。动火作业许可证审批人应现场确认基层单位和施工单位落实安全风险防控措施后，方可审批签发许可证。

163 动火作业人职责有哪些？

动火作业人职责：

1）动火作业人应持有有效的作业资格证书。

2）动火作业人应严格执行“三不动火”原则，对不符合要求、动火部位标识不清晰的，有权拒绝动火。

164 动火监护人职责有哪些？

1）动火监护人应持有监护资格证，佩戴明显标识；应有较强的责任心，具备应急处置能力；基层单位动火监护人应了解动火区域生产过程，熟悉工艺操作和设备状况。

2）核查动火作业人员的有效资格证书。

3）检查动火作业人员配备和使用的个体防护装备满足作业要求。

4）检查与动火点相连接的管线、容器等设备，确保物料切断和能量隔离有效，作业部位贴挂标识。

5）检查动火点周围可燃气体、可燃液体排放和可燃溶剂清洗、喷漆等作业环境风险防控措施的落实情况。

6）检查动火点及周边环境可燃气体检测分析结果，确保作业环境符合要求。

7）当发现动火部位与许可证不相符或安全风险防控措施不落实时，有权制止动火；当动火出现异常情况时应及时采取措施，有权停止动火；对动火作业人不执行“三不动火”且不听劝阻时，有权收回许可证，并向上级报告。

8）动火过程中，监护人不得擅自离开作业现场且不得从事与监护无关的工作。确需离开时，收回动火作业人的动火作业许可证，暂停动火作业。

165 动火作业前的安全风险分析都有哪些内容？

1）动火作业前，基层单位应组织施工单位运用工作安全分析 JSA（Job Safety Analysis）方法，对现场和作业全过程存在的安全风险进行分析，根据识别出的安全风险，从技术、管理和个体防护等方面制定相应的风险防控措施，并将结果记录在作业许可证中。

2）动火作业涉及可燃介质的管道、容器时，应对物料特性、能量状况等情况开展安全风险分析，并制定相应的风险防控措施。

3）动火作业前，应对动火点周围的孔洞、窨井、地沟、水封设施、污水井等作业环境的可燃气体进行检测分析，确保动火环境安全风险可控。

4）动火作业中断需恢复时，开票人应对前期工作安全分析 JSA 结果进行复核，确认无变化后方可恢复。当工艺条件、作业条件、作业方式或作业环境改变时，应重新开展工作安全分析 JSA。

5）动火作业前，开票人应组织相关专业人员对监护人和作业人员进行安全交底，并在动火部位贴挂标识。交底内容包括作业内容、存在的安全风险、风险防控措施、施工作业环境和应急处置要求等。

166 动火采样分析是如何要求的？

1）特级、一级动火作业前，必须采样送化验室（中心）进行分析；二级首次动火作业前，应采样送化验室（中心）进行分析或现场采用两台符合要求的便携式检测仪，采取检测数据比对校正的方式进行动火分析。如化验分析时间超过30min，则应在化验结果送达的同时使用便携式检测仪进行检测，检测数据与超时的化验中心分析合格结果比对均为合格时，方可进行动火作业。

2）动火作业前应使用符合 GB 15322《可燃气体探测器》、GB/T 50493《石油化工可燃气体和有毒气体检测报警设计标准》要求且具有声光报警功能的便携式或移动式可燃、有毒气体检测仪、氧气检测仪进行检测。检测数据作为动火依据，填入作业许可证。

3）动火分析的检测点要有代表性，在较大的设备内动火，应对上、中、下（左、中、右）各部位进行检测分析；在较长的物料管线上动火，应在彻底隔绝区域内分段分析。

4）当可燃气体爆炸下限大于或等于4%时，分析检测数据不大于0.5%（体）为合格；可燃气体爆炸下限小于4%时，分析检测数据不大于0.2%（体）为合格；在生产、使用、储存氧气的设备上进行动火作业，设备内氧含量不应超过23.5%

（体）。对采用惰性气体置换的系统检测分析，不得采用触媒燃烧式检测仪直接进行检测。

5）动火分析有效期。分析取样与动火作业开始时间间隔不应超过 30min；特级、一级动火作业中断时间超过 30min，二级动火作业中断时间超过 60min，应重新进行气体分析。每日动火前均应进行气体分析，监护人应佩戴便携式报警仪进行全程动态监测。

6）应连续检测动火作业的设备及管道内可燃气体浓度，发现气体浓度超限报警时，须立即停止作业。

7）在不小于动火点 15m 范围内应对大气环境进行检测分析，确保动火作业环境符合要求。

167 动火作业风险防控措施有哪些？

1）凡在生产、储存、输送可燃物料的设备、容器及管道上动火，应首先切断物料来源并进行可靠能量隔离，系统需彻底吹扫、清洗、置换，经分析合格后方可动火，严禁采用水封或仅关闭阀门代替盲板作为隔断措施。因条件限制无法进行清洗、置换而确需进行动火作业时，应进行充分的风险分析，制定作业方案及应急措施，并按照特级动火管理要求执行。

2）动火点周围或其下方地面有可燃物、电缆桥架孔洞、窨井、地沟、水封设施、污水井等，应检查分析并采取清理或封盖等措施；对于动火点周围 15m 范围内有可能泄漏易燃、可燃物料的设备设施，应采取隔离措施；对于受热分解可产生易燃易爆、有毒有害物质的场所，应检查分析并采取清理或封盖等防护措施；高处动火作业应采取防止火花飞溅、散落等措施。

3）在动火前应清除现场一切可燃物，并准备好消防器材。动火期间，距动火点 30m 内严禁排放各类可燃气体，15m 内严禁排放各类可燃液体。距动火点 10m 范围内不应同时进行可燃溶剂清洗、喷漆和可燃粉尘清扫等作业。

4）在受限空间内进行动火、临时用电作业时，严禁同时进行刷漆、喷漆作业或使用可燃溶剂清洗等其他可能散发易燃气体、易燃液体的作业。

5）在动火作业过程中，当作业内容或环境条件发生变化，可能危及作业安全时，应立即停止作业，许可证同时废止。

6）动火作业涉及其他管辖区域时，由相关单位共同落实风险防控措施，方可动火。

7）动火作业区域应设置警戒线，无关人员及设备不应进入动火区域；动火作业人员应在动火点的上风向作业，并避开介质和封堵物可能喷出的方向。

8）使用电焊机作业时，电焊机与动火点的间距不应超过 10m，否则应按照动火作业的要求对电焊机存放位置进行单独管理。

9）使用气焊、气割动火作业时，乙炔瓶应直立放置，不得卧放使用。氧气瓶与乙炔瓶的间距不应小于 5m，二者与动火点间距不应小于 10m，并应采取防晒和防倾倒措施；乙炔瓶应安装回火装置。

10）装置开停工期间，原则上停止一切明火作业；应急情况下必须进行的动火作业，现场制定并落实风险防控措施，经现场总指挥同意，按照动火作业审批流程审批后，方可动火作业。

11）在有可燃物构件和使用可燃物作防腐内衬的设备内部进行动火作业时，应采取防火隔绝措施。

12）在厂内铁路沿线 25m 以内动火作业时，如遇装有危险化学品的火车通过或停留时，应立即停止作业。

13）遇五级(含五级)风以上天气，原则上禁止露天动火作业；因生产确需动火时，动火作业应升级管理。

168 特级动火作业风险防控措施有哪些？

特级动火作业除满足动火作业风险防控措施外，还应符合以下规定：

1）应预先制定作业方案，落实安全防火及应急措施。

2）应预先通知生产管理部门及有关单位，必要时安排消防现场监护。

3）在设备或管道上进行特级动火作业时，设备内应保持正压条件。

4）对于带压不置换动火作业，应连续检测动火作业点周围的可燃气体浓度，发现气体浓度超限报警时，须立即停止作业。

5）存有纯氧或受热分解爆炸、自爆的物料管道和设备设施上不得进行动火作业。

6）在生产装置运行不稳定的情况下，严禁进行带压不置换动火作业。

7）在盛装或输送可燃气体、可燃液体、有毒有害介质的运行设备、管线、容器(不含带有可燃介质的储罐)上进行焊接作业时，业务主管部门必须对施工方案进行确认，对设备、容器、管线进行测厚，并在动火作业许可证上签字。

169 硫黄粉尘环境下动火作业有什么特殊要求？

涉及可燃性粉尘环境下的动火作业应严格执行 GB 15577《粉尘防爆安全规程》有关要求，并落实以下规定：

1）动火前，应清除作业现场 15m 范围内的可燃粉尘。

2）动火作业区段内涉粉尘作业设备应停止运行。

3）动火作业的区段应与其他区段有效隔断。

4）动火作业后应全面检查现场，确保设备内、外无热熔渣遗留，防止粉尘阴燃。

5）动火作业期间和作业完成后的冷却期间，应采取措施，防止粉尘进入明火作业现场。

170 特级动火作业许可证的有效时间是多少？

特级动火作业许可证的有效时间不超过 8h。

171 一级动火作业许可证的有效时间是多少？

一级动火作业许可证的有效时间不超过 8h。

172 二级动火作业许可证的有效时间是多少

二级动火作业许可证的有效时间不超过 72h。

173 特级、一级、二级动火作业许可证的保存期限是多少？

保存期限至少 1 年。

174 简述特种作业的定义。

特种作业是指劳动过程中容易发生伤亡事故对操作者本人，尤其对他人和周围设施的安全有重大危害的作业。

175 特种作业人员是指什么样的人？

从事特殊工种和特种设备操作的人员。

176 特种作业人员的考核、发证、复审工作由哪个部门负责？

安全生产监督管理部门。

177 取得《特种作业人员操作证》者几年复审一次？

特种作业操作证每 3 年复审 1 次。

特种作业人员在特种作业操作证有效期内，连续从事本工种 10 年以上，严格遵守有关安全生产法律法规的，经原考核发证机关或者从业所在地考核发证机关同意，特种作业操作证的复审时间可以延长至每 6 年 1 次。

178 离开特种作业岗位多长时间的特种作业人员，须重新进行安全技术考核？

《特种作业人员安全技术培训考核管理规定》第三十二条规定：离开特种作业岗位 6 个月以上的特种作业人员，应当重新进行实际操作考试，经确认合格后方可上岗作业。

179 简述岗位安全技术练兵的内容。

安全技术、安全技能和安全知识学习；岗位操作和专业技术训练；防火、防爆、防中毒窒息及自我保护能力训练；生产异常情况紧急处理训练和反事故演练；人员紧急救护训练。

180 通道附近的洞口、坑槽处，要设置什么防护措施？

除设置牢靠的防护设施外，夜间还应设置红灯。

181 什么是临边作业？在进行临边作业时，应采取什么安全措施？

在建筑施工中，由于工作面的边缘没有围护设施或虽有围护设施，但其高度低于80cm时，在工作面上的作业统称为临边作业。

在进行临边作业时，必须设置防护栏杆、安全网等防护设施。

182 什么是交叉作业？交叉作业中应注意哪些事项？

建筑施工作业过程中，操作人员在不同的部位，不同的高度、不同的工序同时作业，称为交叉作业。交叉作业上下做好协调，尽量使上部与下部操作人员不在同一垂直方向上操作，使下部作业人员的位置能在上部落物可能坠落半径范围之外。当不能满足要求时，应设置安全隔离层。

183 简述劳动保护用品的概念。

劳动保护用品是指在生产劳动过程中，为了防止各种职业中毒和外伤、保障劳动者在劳动过程中的安全健康，而发给的各种预防性、能起保护作用的用品。

184 通常所说的劳动保护“三宝”是指什么？

安全带、安全网、安全帽。

185 安全帽的定义是什么？

安全帽是对使用者头部受坠落物或小型飞溅物体等其他特定因素引起的伤害起防护作用的帽子。

186 简述安全帽的防护机理。

安全帽的半球形能将冲击负荷分散到尽可能大的表面，以减少头顶单位面积上的压强，防止冲击力集中于某一点。外壳圆且光滑的表面，能使坠落物体向外侧偏离，头顶与帽壳间的空间和衬垫能吸收和消耗传递到帽壳上的部分能量，不使其全部传递到头部和颈部。

187 简述安全帽的分类。

安全帽按性能分为普通型（CP）和特殊型（CT）。普通型安全帽是用于一般作业场所，具备基本防护性能的安全帽产品；特殊型安全帽是除具备基本防护性能外，还具备一项或多项特殊性能的安全帽产品，适用于与其性能相应的特殊作业场所。

带有电绝缘性能的特殊型安全帽按耐受电压大小分为G级和E级。G级电绝缘测试电压为2200V，E级电绝缘测试电压为20000V。

188 每顶安全帽应有什么标记?

安全帽的标识由永久标识和制造商提供的信息组成。

1）永久标识：

安全帽的永久标识是指位于产品主体内侧，并在产品整个生命周期内一直保持清晰可辨的标识，至少应包括以下内容：

① 采用标准编号GB 2811—2019。

② 制造厂名。

③ 生产日期(年、月)。

④ 产品名称(由生产厂命名)。

⑤ 产品的分类标记。

⑥ 产品的强制报废期限。

2）制造商提供的信息：

每顶安全帽均要提供一个含有下列信息的材料，可以使用印刷品、图册或耐磨不干胶贴等形式，提供给最终使用者。至少应包括以下内容：

① 警示“使用安全帽时应根据头围大小调节帽箍或下颌带，以保证佩戴牢固，不会意外偏移或滑落”。

② 警示“安全帽在经受严重冲击后，即使没有明显损坏，也必须更换”。

③ 警示“除非按制造商的建议进行，否则对安全帽配件进行的任何改造和更换都会给使用者带来危险”。

④ 是否可以在外表面涂敷油漆、溶剂、不干胶贴的声明。

⑤ 制造商的名称、地址和联系方式。

⑥ 为合格品的声明及资料。

⑦ 适用和不适用场所。

⑧ 适用头围的大小。

⑨ 安全帽的报废判别条件和使用期限。

⑩ 调整、装配、使用、清洁、消毒、维护、保养和储存方面的说明和建议。

⑪ 可使用的附件和备件(如果有)的详细说明。

⑫ 质量(应提供该产品的自身质量，便于使用者选择)。

189 塑料、玻璃钢安全帽的使用期限是多长?

安全帽的使用期限从产品制造完成之日计算，一般情况下塑料安全帽不超2.5年，玻璃钢安全帽不超3.5年。具体以安全帽上标识为准。

190 简述实行生产许可证的防坠落类防护用品有哪几种。

安全带、安全网、安全绳三种。

191 简述带电作业类绝缘手套在外观检查时须报废的几种情况。

颜色不均匀；裂缝缺口修剪损伤、撕裂；气泡；杂质和表面凹陷；喷霜、发黏、发脆；筒口没有耐久性标志。

192 电工登高作业安全用具有哪些?

安全带、安全绳、升降板、脚扣、梯子。

193 简述安全网的作用。

安全网主要是防止人、物坠落或用来避免减轻坠落及物体打击伤害。

194 稀有气体指的是哪些气体?

稀有气体是指元素周期表上所有0族元素对应的气体单质，也称为惰性气体。在常温常压下，它们都是无色无味的单原子气体，很难进行化学反应。稀有气体共有7种，它们是氦(H_e)、氖(N_e)、氩(A_r)、氪(K_r)、氙(X_e)、氡(R_n，放射性)、气奥(O_g，放射性，人造元素)。其中O_g是以人工合成的稀有气体，原子核非常不稳定，半衰期很短，只有5ms。

195 为什么把惰性气体改称稀有气体?

1991年，原全国自然科学名词审定委员会公布的《化学名词》中正式规定，把惰性气体改称为稀有气体。其理由在于惰性气体的“惰性”是相对的。这里的“惰性”指的是惰性气体都是由最外层有八个电子(氦最外层两个电子已排满)的稳定结构的单原子构成。因此，长期以来人们一直认为惰性气体不可能与其他物质反应生成化合物。但事实并非如此，1962年英国化学家巴特利特(Bartlett)通过实验，得到了惰性气体的第一个化合物六氟铂酸氙($X_eP_tF_6$)。以后人们又陆续制得了二氟化氙、四氟化氙、二氟化氪等。但到现在为止，还没有制得氩、氖、氦的化合物，人们对稀有气体的研究还在继续进行。

196 阐述硫黄回收装置稀有气体的特性和毒害原因。

硫黄回收装置稀有气体有氮气和二氧化碳。

氮气为无色无味而又难溶于水的气体，密度为 1.25kg/m^3，比空气略轻，不助燃，不易燃，不导电，化学性质稳定。

二氧化碳为无色无味可溶于水的气体，密度为 1.997kg/m^3(0℃，101.325kPa)，比空气重得多，可以像倒水一样从这里倒到那里而不跑掉。不助燃、不易燃、不导电，化学性质稳定。

氮气、二氧化碳本身并无毒性，进入稀有气体浓度很高的设备里，由于缺氧人很快就会窒息，产生所谓中毒。

197 预防稀有气体中毒的措施有哪些？

1）停工检修，凡是用稀有气体置换过的设备应当设法再用空气置换几次，使氧含量不低于 20%(体)。

2）需要进行检修的设备，事先应将上下人孔(法兰，阀门)打开，构成气体对流条件，保持自然通风良好。

3）自然通风不良的设备，进入工作前应用胶皮带向里面吹压缩空气，或戴长管防毒面具进入。

4）进入容器设备要身系安全带和绳，外面有人监护，并规定好联络信号，隔几分种联络一次，以防发生意外。

198 遇到稀有气体中毒如何急救？

1）接到不正常信号或联络不通，监护人员要设法迅速将工作者从设备里救出，移至空气新鲜的地方。

2）如挽救有困难，应立即报告求援，严禁在未采取安全措施情况下进去抢救。

3）若发生窒息，要立即进行人工呼吸，并向医院打急救电话，报告生产管理部门人员。

199 分析噪声对人体的危害。

噪声首先给人们一个烦躁的不舒服的感觉，噪声对人体危害是多方面的，有如下几点：

1）噪声影响正常生活。

2）噪声对人体听觉有损伤。

3）噪声会引起多种疾病。

4）噪声降低工人的劳动效率。

5）给生产活动和社会经济造成损失。

200 国家规定工业企业厂区各类地点噪声分别是多少？

GB/T 50087—2013《工业企业噪声控制设计规范》规定：

工业企业噪声脉冲噪声 C 声级峰值不得超过 140dB(A)。

工作场所为生产车间(每周工作 5d，每天工作 8h,)其噪声限值为 85dB(A)。

工作场所为车间值班室、观察室、休息室、办公室、实验室、设计室室内背景噪声级，其噪声限值为 70dB(A)。

工作场所为正常工作状态下的精密装配线、精密加工车间、计算机房，其噪声限值为 70dB(A)。

工作场所为主控制室、集中控制室、通信室、电话总机室、消防值班室、一般办公室、会议室、设计室、实验室室内背景噪声级，其噪声限值为 60dB(A)。

工作场所为医务室、教室、值班宿舍室内背景噪声级，其噪声限值为 55dB(A)。

201 噪声控制的基本途径有哪些？

1）降低声源噪声：改造生产工艺和选用低噪声设备；提高机械加工及装配精度，减少机械振动和摩擦产生的噪声；对高压、高速气流要降低压差和流速或改变气流喷嘴形状。

2）在传播途径上控制：在总体布局上合理设计，将主要噪声源远离安静的车间、试验室和办公室；利用屏障阻止噪声传播；利用声源的指向性特点来控制噪声，将各排气放空口指向天空及旷野。

3）对接受者进行防护：对工人进行个人防护，如佩戴耳塞、耳罩、头盔等用品；采取工人轮换作业，缩短工人进入高噪声环境的工作时间。

202 试分析事故发生的主要原因有哪些。

发生事故，其原因是多方面的，除自然灾害外，主要有以下几种原因：

1）设计上的不足：如厂址选择不好，平面布置不合理，安全距离不符合要求，生产工艺不成熟，从而给生产带来难以克服的先天性的隐患。

2）设备上的缺陷：如设计上考虑不周，材质选择不当，制造安装质量低劣，缺乏维护及更新。

3）操作上的错误：如违反操作规程，操作错误，不遵守安全规章制度。

4）管理上的漏洞：如制度不健全，人事管理上不足，工人缺乏培训和教育。

5）领导指挥不当。

6）不遵守劳动纪律，工作不负责任，缺乏主人翁责任感等。

203 为什么说液化石油气的破坏性强？

液化石油气的爆炸速度为2000～3000m/s，火焰温度达2000℃，闪点在0℃以下，最小引燃能量在0.2～0.8mJ，在标准情况下1m^3石油气安全燃烧，发热量高达104500kJ，由于燃烧值大，爆炸速度快，瞬间就会完成化学性爆炸，所以，爆炸的威力大，其破坏性也就很强。

204 为什么说液化石油气具有冻伤危险？

液化石油气是加压液化的石油气体，储存于罐或钢瓶中，在使用时，又由液态减压汽化为气态，一旦设备、容器、管线破漏或瓶阀崩开，大量液化气喷出，由液态急剧减压变为气态，大量吸热，结霜冻冰，如果喷到人身上，就会造成冻伤。

205 酸性水的收集和输送遵循的原则是什么？

1）从设备、装置排放的酸性水应设单独的系统收集，不应进入一般含油污水系统。

2）酸性水应用密闭管道输送，不得采取明渠排放，以防止硫化氢、氨等有毒有害气体从酸性水中释放，污染环境，存放酸性水的储罐顶放空应有处理措施。

3）含硫化氢酸性水的采样，应用密闭循环系统。

4）酸性水管道，不得埋地铺设，不得穿越居住区或人员集中的生产管理区。

5）在酸性水的排放口、采样口、罐区附近和容易泄漏的场所，应用不易渗漏的建筑材料铺设地面，并设围堰，防止有毒液体渗入土壤。

第六章　事故处理知识

1　简述装置紧急事故处理的原则。

装置在正常生产期间，由于设备故障、系统原因、操作失误、机械磨损、氧化腐蚀等原因引起操作波动和设备异常，这时应采取必要的措施，调整操作参数或做紧急停工处理，消除和避免事故扩大，确保装置的安全生产。若遇到下列事故之一，应按紧急停工处理：

1）关键设备无法启动，备用设备无法启动。

2）设备管线泄漏严重。

3）长时间停循环水、停汽、停电、停风。

4）重大的火灾爆炸事故。

5）邻近装置发生重大事故，严重威胁本装置操作。

6）硫化氢气体大量逸出。

紧急停工前，当班班长要向生产管理部门和车间值班人员汇报(特殊情况可先处理后汇报)，在值班员和班长的指挥下，要迅速、冷静、果断作出有关决定，以防事故的扩大。在紧急停工处理过程中，应力争做到不跑、不漏、不串、不冒罐、不超温、不超压、不串压、不损坏设备、不发生人身事故，在紧急停工过程中，在允许的条件下，尽量维持局部循环，或按正常停工方法进行处理。

2　什么是“13510”原则?

指 1min 内应急响应，及时采取能量隔离、切断物料等关键操作动作，确保事态不扩大；3min 内退守稳态，由班长研判并下达指令，岗位员工 3min 内实施退守稳态操作；5min 内消、气防联动，消、气防救援力量于 5min 内到达现场，与属地单位配合开展应急处置工作；10min 内协议应急队到达现场。

3　气体脱硫及溶剂再生单元紧急停工的一般步骤是什么?

1）及时通知车间、生产管理部门，一般情况下，待延迟焦化装置、加氢裂化装置做出生产调整后，按上级安排进行如下紧急停工处理。在非常紧急的情况下，也必须加强与延迟焦化装置、加氢裂化装置联系。

2）关闭再生塔塔底重沸器蒸汽，停0.4MPa(表)低压蒸汽。

3）关停所有机泵、风机，酸性气改排酸性气火炬线，关闭酸性气至硫黄回收单元控制阀。

4）停止富液进装置，关闭富液闪蒸罐、再生塔液位控制阀。

5）富液闪蒸罐压力下降后，关闭闪蒸罐顶烃类放火炬阀。

6）停工过程中要防止超温、超压、降温、降量过快损坏设备。

7）若短时间内不能开工，则按正常停工处理。

4 简述气体脱硫及溶剂再生单元停循环水现象。

气体脱硫及溶剂再生单元内用到循环水的是溶剂再生塔顶后冷器及机泵冷却水。

气体脱硫及溶剂再生单元停循环水的现象：

1）气体脱硫及溶剂再生单元塔顶回流罐液位将下降，压力上升，回流液温度将升高，溶剂再生塔底温度上升。

2）贫液入气体脱硫及溶剂再生单元溶剂储罐的温度将逐步上升。

3）贫液入上游脱硫装置的温度将升高造成各脱硫塔的操作温度上升，影响正常操作。

5 简述气体脱硫及溶剂再生单元停循环水短时间停水处理方法。

1）内操岗位：

① 降低气体脱硫及溶剂再生单元再生塔的塔底温度，控制重沸器加热蒸汽量。

② 适当减小塔顶回流量。

③ 通知上游脱硫单元操作人员，适当减小外送贫液量。

④ 通知硫黄回收岗位，加强酸性气分液罐的脱水工作。

2）外操岗位：

① 打开溶剂再生塔顶后冷器循环水的排凝阀，放净蒸汽，避免来水时产生汽阻。

② 机泵冷却水改新鲜水。

③ 通知相关装置或单元(如加氢裂化装置、延迟焦化装置、酸性水汽提单元)操作人员，检查各脱硫塔的液位情况，及富液是否有发泡现象产生。

④ 保证再生塔顶空气冷却器最大冷却效果。

6 简述气体脱硫及溶剂再生单元停循环水长时间停水处理方法。

1）内操岗位：

① 按紧急停工处理方案进行处理。

② 控制塔底重沸器加热蒸汽流量逐步降低气体脱硫及溶剂再生单元再生塔的温度，直至关闭调节阀。

③ 适当减小回流量，直至关闭流量调节阀。

④ 通知上游脱硫操作人员，适当减小外送贫液量。

⑤ 通知硫黄回收岗位，加强酸性气分液罐的脱水工作。

⑥ 维持各塔的液位，待来水后再按开工程序进行开工。

2）外操岗位：

① 按紧急停工处理方案进行处理。

② 打开溶剂再生塔顶后冷器循环水的排凝阀，放净蒸汽避免来水时产生汽阻。

③ 机泵冷却水改新鲜水。

④ 通知相关装置或单元（如加氢裂化装置、延迟焦化装置、酸性水汽提单元）操作人员，检查各脱硫塔的液位情况，及富液是否有发泡现象产生。

⑤ 保证再生塔顶空气冷却器最大冷却效果。

⑥ 维持各塔的液位，待来水后再按开工程序进行开工。

7 简述气体脱硫及溶剂再生单元停电现象。

1）机泵全部停运。

2）气体脱硫及溶剂再生单元再生塔温度升高，压力将升高。

3）照明灯、指示灯将全部熄灭。

4）会造成 DCS 瞬间停机，过数秒后 DCS 会自动运行。

5）气体脱硫及溶剂再生单元再生塔进料不正常或不进料，塔底液面下降。

6）溶剂再生塔顶后冷器的管、壳程温度将升高。

8 简述气体脱硫及溶剂再生单元瞬时停电或短时间停电处理方法。

1）内操岗位：

① 将气体脱硫及溶剂再生单元再生塔塔底重沸器的蒸汽量下调，即关小调节阀，切忌降温太快使塔形成负压。

② 维持各罐、塔的液位。

③ 各停运机泵正常开启后调整进料量，调整各罐、塔的液位控制，直到平稳生产。

④ 加强与生产管理部门及上游脱硫单元的联系。

⑤ 待来电后再按开工程序进行开工。

2）外操岗位：

① 关闭各停运机泵出口阀，重新启动停运的机泵。

② 检查现场指示仪表与设备是否正常。

③ 待来电后再按开工程序进行开工。

9 简述气体脱硫及溶剂再生单元长时间停电处理方法。

1）内操岗位：

① 按紧急停工处理方案进行处理。

② 将气体脱硫及溶剂再生单元再生塔塔底重沸器的蒸汽量下调，即关小调节阀，切忌降温太快使塔形成负压。

③ 密切注意各塔液位，调节溶剂再生塔顶回流罐液位，若液位较高，开回流泵副线向再生塔输送，调节其液位。

④ 关闭酸性气去硫黄回收单元调节阀，同时改放酸性气火炬。

⑤ 加强与生产管理部门及上游脱硫单元的联系，视情况请示是否考虑停工。

⑥ 来电后，按开工程序开工，及时调整操作稳定生产。

2）外操岗位：

① 按紧急停工处理方案进行处理。

② 关闭各泵出口阀，通知电工关闭各泵的电源。

③ 如出现液控阀漏量，应及时关闭下游阀，以维持塔的液位。

④ 检查现场指示仪表与设备是否正常。

⑤ 来电后，按开工程序开工，及时调整操作稳定生产。

10 简述气体脱硫及溶剂再生单元停蒸汽现象。

1）塔底重沸器流量表指示变小。

2）气体脱硫及溶剂再生单元再生塔塔底温度明显下降，塔整体温度下降。

3）气体脱硫及溶剂再生单元再生塔塔底液位明显上升，塔的压力下降。

4）贫液内 H_2S 含量将增加。

5）在冬季有可能会造成单元仪表停运。

11 简述气体脱硫及溶剂再生单元停蒸汽处理方法。

因为本单元工艺消耗蒸汽为 0.4MPa(表)低低压蒸汽，当供应蒸汽中断时，首先查明原因，如果只是 0.4MPa(表)低低压蒸汽供应中断，可考虑用 1.0MPa(表)低压蒸汽通过连通阀往本单元串汽，维持生产；如果 1.0MPa(表)低压蒸汽也中断，按实际情况依如下方法处理：

1）气体脱硫及溶剂再生单元短时间停蒸汽的处理方法：

① 内操岗位：

(a) 开大再生塔底蒸汽调节阀开度。

(b) 关小塔顶回流调节阀开度。

(c) 视情况调节好脱硫塔、溶剂再生塔顶回流罐压力。

(d) 注意各调节仪表的运行情况，冬季如有冻凝现象，立即通知外操人员改副线控制。

(e) 尽量维持各塔和容器的液位。

(f) 来蒸汽后，按开工程序开工，及时调整操作稳定生产。

② 外操岗位：

(a) 加强巡检，及时与内操联系现场实际值与DCS值的对应情况。

(b) 注意各调节仪表的运行情况(冬季)如有冻凝现象，立即通知外操改副线控制。

(c) 检查脱硫塔、溶剂再生塔的压力情况(切忌形成负压)，如果压力较低可向塔内充氮气，维持系统压力。

(d) 检查各换热设备的运行情况，特别是有无泄漏现象发生。

(e) 来蒸汽后，按开工程序开工，及时调整操作稳定生产。

2) 气体脱硫及溶剂再生单元长时间停蒸汽的处理方法：

① 内操岗位：

(a) 视上游脱硫单元是否停送溶剂、本单元是否做停工处理，听从生产管理部门安排。

(b) 关闭脱硫塔、溶剂再生塔塔底温控阀。

(c) 关小塔顶回流调节阀开度，视情况调节脱硫塔、溶剂再生塔回流罐压力。

(d) 注意各调节仪表的运行情况(冬季)，如有冻凝现象，立即通知外操人员改副线控制。

(e) 尽量维持各塔和容器的液位。

(f) 来蒸汽后，按开工程序开工，及时调整操作稳定生产。

② 外操岗位：

(a) 按紧急停工处理方案进行处理。

(b) 密切注意各塔的液位，如液控阀漏量，应及时用下游阀开度进行调节，以维持塔的液位。

(c) 检查各换热设备的运行情况，特别是有无泄漏现象发生。

(d) 检查脱硫塔、溶剂再生塔的压力、温度情况(切忌形成负压)，如果压力较低可向塔内冲氮气，维持系统压力。

(e) 来蒸汽后，按开工程序开工，及时调整操作稳定生产。

12 简述气体脱硫及溶剂再生单元停仪表风现象及处理方法。

1) 气体脱硫及溶剂再生单元停仪表风的现象：

所有控制调节阀失灵，操作参数变化较大。

2）气体脱硫及溶剂再生单元停仪表风的处理方法：

① 内操岗位：

(a) 及时通知外操人员，非净化风串净化风，若非净化风也停，则按如下方法处理：

(b) 及时将各工艺参数通知外操人员，配合好外操人员用副线控制好各工艺参数。

(c) 及时了解情况：仪表风是否能马上恢复、其他区域仪表风是否能串过来，并且串过来压力是否合适。

② 外操岗位：

(a) 必须搞清楚单元内控制阀属于“FC”或“FO”类型，防止误操作。

(b) 迅速打开脱硫塔、溶剂再生塔塔顶后冷器蒸汽流控阀的副线阀，并根据参数指示值调节好副线开度。

(c) 迅速关闭或关小压控的下游阀，并根据参数指示值调节好副线开度。

(d) 迅速打开各液控或与液控串级的流控的副线阀，并根据参数指示值调节好副线开度。

(e) 做好检查工作，发现问题及时处理，待来风后再逐步恢复各调节阀的正常开度。

13 气体脱硫及溶剂再生单元贫液过滤系统堵塞如何处理？

气体脱硫及溶剂再生单元贫液过滤系统的正常生产方案是：再生后贫液大部分走再生塔液控阀，小部分再生贫液经过过滤系统后经流控阀，两股贫液汇合后去各脱硫系统。当贫液过滤器堵塞时，具体处理方案如下：

1）贫液全部改走液控阀主线，关闭贫液过滤系统的上、下游手阀，打开底部放空，将废胺液排放到废胺液罐，将贫液过滤系统泄压为零。

2）打开过滤器盖子，拿出滤芯，检查是否还可用，可用则用清水冲洗干净，否则换上新的滤芯；在放入滤芯前，须将过滤器内部用清水冲洗干净，然后放入滤芯，垫上密封垫圈，紧好盖子。

3）紧好盖子后，关闭底部放空阀；开启贫液过滤系统的上游阀，进行试压，直至不漏。

4）开启贫液过滤系统上、下游手阀，投用过滤系统流控阀控制好过滤贫液流量，投用过滤器贫液过滤系统。

14 简述胺液过滤器和酸性水过滤器检修时采取的措施。

当过滤器需要检修时，将过滤器出入口阀关闭，操作人员两人以上，戴空气呼吸器，打开排凝阀，用新鲜水冲洗和稀释排凝液，用水冲洗过滤器直到符合要求为止。

15 酸性水汽提单元紧急停工的一般步骤是什么？

单元紧急停工的一般步骤包括：

1）关闭汽提塔塔底重沸器 0.4MPa(表)低压蒸汽热源，停所有机泵、风机。

2）关闭酸性气至硫黄回收单元阀，改排酸性气火炬。

3）关闭净化水出装置阀，将净化水改入原料水罐。

4）视原料水罐液位情况，装置继续收原料水或停原料水进装置。

5）停工过程中要防止超温、超压、降温、降量过快损坏设备。

6）若短时间内不能开工，则按正常停工处理。

16 简述酸性水汽提单元停电现象。

酸性水汽提单元停电现象：

1）机泵全部停运。

2）酸性水汽提塔整体温度升高，压力将升高。

3）照明灯、指示灯将全部熄灭。

4）DCS 会造成瞬间停机，过数秒后 DCS 会自动运行。

5）酸性水汽提塔进料不正常或不进料，塔底液面下降。

6）冷进料流量表与热进料流量表指示偏小，或为零。

7）净化水出装置温度将升高。

17 简述酸性水汽提单元瞬时停电或短时间停电处理方法。

酸性水汽提单元瞬时停电或短时间停电处理方法：

(1) 内操岗位：

① 将酸性水汽提塔塔底重沸器的蒸汽量调节阀关小，切忌使塔形成负压。

② 联系上游用水装置，视情况关闭净化水出装置调节阀。

③ 维持好各塔、罐液面、压力。

(2) 外操岗位：

① 重新启动因停电而停止的运行泵。

② 检查原料水罐的水封罐运行情况。

③ 注意观察原料水罐的液位情况。

18 简述酸性水汽提单元长时间停电处理方法。

酸性水汽提单元长时间停电处理方法：

1）内操岗位：

① 按紧急停工处理方案进行处理。

② 将酸性水汽提塔塔底重沸器的蒸汽量调节阀关小，切忌使塔形成负压。

③ 关闭净化水出装置调节阀。

④ 关闭酸性气去硫黄回收单元调节阀。

⑤ 来电后，按开工程序开工，及时调整操作稳定生产。

2）外操岗位：

① 关闭外排的净化水。

② 检查原料水罐的水封罐运行情况。

③ 注意观察原料水罐的液位情况。

④ 关闭各机泵出口阀，联系电工关闭各泵的电源开关。

⑤ 检查各换热设备的运行情况，特别是有无泄漏现象发生。

⑥ 检查酸性水汽提塔的压力情况。

⑦ 来电后，按开工程序开工，及时调整操作稳定生产。

19 简述酸性水汽提单元停 0.4MPa(表)蒸汽的现象及处理方法。

因为本单元工艺消耗蒸汽为 0.4MPa(表)低低压蒸汽，当供应蒸汽中断时，首先查明原因，如果只是 0.4MPa(表)低低压蒸汽供应中断，可请示生产管理部门考虑用系统管网 1.0MPa(表)低压蒸汽通过连通阀往 0.4MPa(表)低低压蒸汽系统管网串汽，维持生产；如果 1.0MPa(表)低压蒸汽也中断或不能串通，按实际情况依如下方法处理：

1）酸性水汽提单元停 0.4MPa(表)蒸汽的现象：

① 塔底重沸器流量表指示为零。

② 汽提塔底温度明显下降，塔整体温度下降。

③ 汽提塔液位上升，塔压力下降。

④ 净化水质量不合格。

⑤ 在冬季有可能会造成单元仪表停运。

2）酸性水汽提单元短时间停 0.4MPa(表)蒸汽的处理方法：

① 内操岗位：

(a) 关小酸性水汽提塔的进料调节阀，视情况调节塔顶回流量，维持酸性水汽提塔的液位、压力、温度。

(b) 关闭外排的净化水。

(c) 来蒸汽后，按开工程序开工，并及时调整操作稳定生产。

(d) 硫黄回收单元密切注意酸性气来量的变化。

② 外操岗位：

（a）将酸性水原料泵输送量通过流控阀控制，减少进塔酸性水量。

（b）将净化水泵停运，净化水增压泵来净化水走不合格线进酸性水储罐打循环，将空冷停运。

（c）注意观察原料水罐的液位情况，检查原料水罐的水封罐运行情况。

（d）检查各换热设备的运行情况，特别是有无泄漏现象发生。

（e）检查酸性水汽提塔的压力情况（切忌形成负压）。

（f）来蒸汽后，按开工程序开工，及时调整操作稳定生产。

3）酸性水汽提单元长时间停0.4MPa（表）蒸汽的处理方法：

① 内操岗位：

（a）按紧急停工处理方案进行处理。

（b）关闭酸性水汽提塔的进料调节阀以维持塔的液位、压力、温度。

（c）关闭外排的净化水，将净化水返回原料水罐。

（d）注意各调节仪表的运行情况（冬季），如有冻凝现象，立即通知外操人员改副线控制。

（e）来蒸汽后，按开工程序开工，并及时调整操作，稳定生产。

② 外操岗位：

（a）将原料泵停运。

（b）将净化水泵停运，净化水增压泵来净化水走不合格线进原料水罐打循环，将空冷停运。

（c）注意观察原料水罐的液位情况，检查原料水罐的水封罐运行情况。

（d）关闭酸性气出装置阀。

（e）检查各换热设备的运行情况，特别是有无泄漏现象发生。

（f）检查酸性水汽提塔的压力情况（切忌形成负压）。

（g）来蒸汽后，按开工程序开工，并及时调整操作稳定生产。

20 简述酸性水汽提单元停仪表风的现象及处理方法。

1）酸性水汽提单元停仪表风的现象：

① 所有控制调节阀失灵。

② 操作参数变化较大。

2）酸性水汽提单元停仪表风的处理方法：

① 内操岗位：

（a）及时通知外操人员，非净化风串净化风，若非净化风也停则按如下方法处理：

（b）及时将各工艺参数通知给外操，配合好外操用副线控制好各工艺参数。

（c）及时了解情况：仪表风是否能马上恢复、其他区域仪表风是否能串过来，并且串过来压力是否合适。

② 外操岗位：

（a）必须搞清楚单元内控制阀属于“FC”还是“FO”类型，防止误操作。

（b）迅速关闭酸性水汽提塔液控的下游阀，根据塔液位表值调节好下游阀开度。

（c）迅速打开酸性水汽提塔底重沸器蒸汽流控阀的副线阀，并根据参数指示值调节好副线开度。

（d）迅速打开净化水出装置流控阀的副线阀，并根据参数指示值调节好副线开度。迅速打开冷热流进料控阀的副线阀，并根据内操值调节好副线。

（e）迅速打开酸性气压控阀的副线阀，并根据参数指示值调节好副线开度。

（f）迅速打开塔顶温控串级顶循流控阀的副线阀，根据参数指示值调节好副线开度。

（g）做好检查工作，发现问题及时处理，待来风后再逐步恢复各调节阀的正常开度。

21 简述主汽提塔进料泵故障的现象及处理方法。

1）主汽提塔进料泵故障的现象：

① 进料不正常或不进料，塔底液面下降。

② 汽提塔进料流量表指示回零。

③ 酸性水储罐液位上升。

2）主汽提塔进料泵故障的处理方法：

① 在短时间内可以处理好的，做如下相应的处理：

（a）停止塔、罐底抽出，维持酸性水汽提塔的液面同时注意原料水罐的液位。

（b）降低蒸汽量，维持塔及系统的温度和压力。

（c）有备用泵切换继续生产。

（d）故障泵切换后，冲洗，切断电源，联系维保人员修理。

② 无备用泵，做如下相应的处理：

（a）报告车间及生产管理部门做紧急停工处理。

（b）关闭酸性气、净化水出装置阀门，汽提塔底维持一定的热源。

（c）调整硫黄回收单元操作。

（d）联系维保人员处理。

(e) 处理完后立即恢复生产，调整操作，并汇报生产管理部门。

22 简述汽提塔淹塔的原因及处理方法。

汽提塔淹塔的原因：酸性水处理量过大，降液管来不及排液，降液管满造成塔盘上有很高的液面，塔顶液面满，中部温度下降，塔压差增加，侧线带出大量的液体，净化水质量极差，若不及时处理，塔顶酸性气也会带液。

汽提塔淹塔的处理方法：若发现及时，降低酸性水处理量，降低重沸器蒸汽量，调低塔底液面，净化水改入酸性水罐，过段时间，恢复正常后，净化水分析合格即可改出装置；若发现不及时，则装置做紧急停工处理，把塔内液体全部排入酸性水罐，再重新开工。

23 简述酸性水汽提塔塔顶酸性气线堵塞现象、原因和处理方法。

1）酸性水汽提塔塔顶酸性气线堵塞的现象：

酸性水汽提塔塔顶压力升高，塔顶温度下降，酸性气流量降低。

2）酸性水汽提塔塔顶酸性气线堵塞的原因：

酸性水汽提塔操作不当，引起塔顶带水，在流速慢、温度低的情况下 H_2S、NH_3 和 CO_2 等生成 NH_4HS、NH_4HCO_3 盐类结晶，堵塞管线。

3）酸性水汽提塔顶酸性气线堵塞的处理方法：

① 联系有关单位，做紧急停工处理。

② 适当提高塔顶温度，加强塔顶分液罐脱水。

③ 加强管线伴热力量。

④ 堵塞严重情况下，紧急停工后用蒸汽吹扫处理。

24 简述酸性水汽提单元塔、容器及管线泄漏的原因及处理方法。

1）酸性水汽提单元塔、容器及管线泄漏的原因：

设备管线使用时间长，或材质不符合选材导则要求，介质为 H_2S、NH_3 的水溶液腐蚀性大，同时在管线弯头、设备接管等处由于流速大，腐蚀速度较快，之后导致设备或管线产生泄漏现象。

2）酸性水汽提单元塔、容器及管线泄漏的处理方法：

① 塔的泄漏(包括入塔阀后和出塔阀前管线)：

(a) 切断进料，切断热源，降温、降压，同时决定是否撤液位。

(b) 根据泄漏部位吹扫或用水冲洗后联系有关单位和部门处理。

② 容器的泄漏(包括入容器阀后和出容器阀前管线破裂)：

(a) 酸性水储罐、单元换热器等发生泄漏可根据情况切换使用，然后做冲洗吹扫联系处理，可以不必停工处理。

（b）酸性水汽提塔顶回流罐发生泄漏时应切断进料，关闭其出入口阀门，液相排往原料罐，切断热源，降温降压，同时决定是否撤液位。根据泄漏部位引蒸汽吹扫或用水冲洗后联系有关单位和部门处理。

③ 管线的泄漏：

（a）管线两端有阀门的，应将两端阀门关闭，用排凝接汽吹扫或接水冲洗处理。

（b）若关键管线泄漏应做紧急停工处理，并用蒸汽吹扫或接水冲洗，处理完毕后，联系有关单位处理。

25 简述酸性水原料中断现象及处理方法。

1）酸性水原料中断的现象：

① 酸性水原料罐液位迅速下降，压力下降，液控阀全关。

② 酸性气流量降低或回零，酸性气燃烧炉温度、压力下降，炉膛无明火，废热锅炉发汽量下降，炉后温度下降，反应床层温差减小。

2）酸性水原料中断的处理方法：

① 可根据时间长短选择不同的处理方法。

② 时间短，可按照紧急处理方法进行处理：酸性水汽提单元降低进料量，情况紧急可用高水位罐向低水位罐补水，延长停工处理时间，尽量避免停工，但过程要严格控制液位，防止汽提塔原料水中的含油量增加，影响系统操作而被迫停工。硫黄回收岗位炉膛温度不低于900℃时可不考虑改瓦斯燃烧，维持操作但注意配风情况，严禁过氧，造成反应器床层着火。

③ 停进料的时间长，经车间、生产管理部门同意后按照紧急停工处理，酸性水汽提单元改循环操作；硫黄回收单元密切注意酸性气燃烧炉的燃烧情况，并考虑补瓦斯燃料；检查运转设备运转情况，严禁抽空；压力容器严禁超压、负压；防止换热设备温度变化较大，造成密封大量泄漏。

26 硫黄回收单元紧急停工的一般步骤是什么？

硫黄回收单元紧急停工的一般步骤包括：

1）启用酸性气燃烧炉和尾气焚烧炉自保。按 ESD 操作方法，检查各自保阀门动作情况：

① 短时间内不能开工，则按正常停工处理。关闭装置进料阀。

② 关闭酸性气燃烧炉的空气阀。

③ 打开装置至酸性气火炬阀。

④ 打开酸性气燃烧炉的氮气吹扫阀。

⑤ 关闭燃料气阀。

⑥ 关闭长明灯阀。

2）立即联系生产管理部门、火炬岗位，酸性气经酸性气线排至火炬。

3）各余热锅炉、三级硫冷凝器、尾气蒸汽发生器都维持液位，视压力大小关闭蒸汽出口阀或打开放空阀。

4）停运所有运行机泵。

5）关闭酸性气余热加热器、一、二级转化反应器入口加热器和尾气一、二级加热器入口蒸汽阀。

6）通过系统蒸汽管网，维持各设备及管线夹套伴热蒸汽压力。

7）若短时间内即可开工，三级硫冷凝器引低压蒸汽保护。

8）切断氢气进料。

27 硫黄回收联合装置发生哪些事故需紧急停工？

硫黄回收联合装置发生以下事故需紧急停工：

1）长时间大面积停电，装置供电中断。

2）长时间供水（除盐水、循环水）中断，装置无法维持生产。

3）发生着火、爆炸、酸性气大量泄漏及其他重要设备事故，威胁装置安全生产。

28 简述硫黄回收停除氧水的现象及处理方法。

硫黄回收联合装置硫黄回收单元除氧水压力等级分低压 1.0MPa（表）与高压 5.6MPa（表）两类。

1）硫黄回收停除氧水的现象：

① 一、二级转化反应器与尾气加氢反应器入口气体蒸汽加热器温控急剧动作。

② 硫黄回收系统的所有余热锅炉、蒸汽发生器、一、二、三级冷却器的液位将下降甚至没有液位。

2）硫黄回收停除氧水的处理方法：

① 短时间停除氧水（不超过 10min）：

内操岗位：

（a）降低酸性气燃烧炉的温度，减少入炉酸性气量，相应减少入炉配风量，剩余酸性气改排酸性气火炬系统。

（b）尾气炉降低瓦斯量，降低尾气焚烧炉炉膛温度。

（c）迅速关闭余热锅炉液控阀，防止倒串。

（d）迅速关闭一、二、三级冷却器的液控阀，防止倒串。

（e）一、二、三级冷却器、蒸汽发生器的液位视情况改为蒸汽保护。

(f) 加大还原气急冷塔冷却水循环量。

(g) 待来水后按开工程序进行开工。

外操岗位:

(a) 及时与内操人员联系检查各工艺参数。

(b) 加强尾气捕集器的排污操作。

(c) 待来水后按开工程序进行开工。

② 长时间停除氧水:

长时间停除氧水按紧急停工进行处理。

29 简述硫黄回收单元停电的现象。

硫黄回收单元停电的现象有:

1) 风机全部停运。

2) 照明灯、指示灯全部熄灭。

3) DCS 瞬间停机, 过数秒后 DCS 会自动运行。

4) 酸性气燃烧炉的炉火熄灭温度会迅速下降。

5) 尾气炉的炉火熄灭温度会迅速下降。

6) 会造成速断阀自动关闭。

7) 尾气炉烟窗将冒出淡黄色的烟。

30 简述硫黄回收单元瞬时停电或短时间停电的处理方法。

硫黄回收单元瞬时停电或短时间停电的处理方法(对于瞬时停电可灵活处理):

1) 内操岗位:

① 及时将各工艺参数通知给外操人员, 配合外操人员用副线控制好各工艺参数。

② 将酸性气改火炬排放。

③ 迅速关小瓦斯温控阀的下游阀, 并根据仪表值调节好阀门开度。

④ 一、二、三级冷却器、蒸汽发生器的液位视情况改为蒸汽保护。

2) 外操岗位:

① 佩戴空气呼吸器迅速关闭所有风机的出口阀, 并关闭电源开关。

② 将酸性气改火炬排放。

③ 加强捕集器的排污操作。

④ 一、二、三级冷却器的液位视情况改为蒸汽保护。

⑤ 来电后, 按开工程序开工, 并及时调整操作稳定生产。

31 简述硫黄回收单元长时间停电处理方法。

硫黄回收单元长时间停电处理方法:

1）内操岗位：

① 酸性气改放火炬。

② 迅速关小瓦斯温控阀的下游阀，并根据仪表值调节好阀门开度。

③ 按紧急停工程序进行停工处理。

2）外操岗位：

① 佩戴空气呼吸器迅速关闭所有风机的出口阀，并关闭电源开关。

② 将酸性气改火炬排放。

③ 加强捕集器的排污操作。

④ 按紧急停工程序进行停工处理。

32 简述硫黄回收单元停蒸汽的现象及处理方法。

硫黄回收单元在正常生产中，所有管线伴热及夹套伴热低压蒸汽全部由三级冷凝冷却器及还原尾气蒸汽发生器自产，所有加热中压蒸汽全部为余热锅炉自产。因此，一旦出现低压或高压蒸汽全部中断事故，必定是除氧水中断。此时，硫黄回收单元只能按紧急停工处理。

33 简述硫黄回收单元停仪表风的现象及处理方法。

1）硫黄回收单元停仪表风的现象：

① 所有控制调节阀失灵。

② 操作参数变化较大。

2）硫黄回收单元停仪表风的处理方法：

① 内操岗位：

（a）及时通知外操人员，非净化风串净化风，若非净化风也停，则按紧急停工处理。

（b）及时将各工艺参数通知外操人员，配合外操人员用副线控制好各工艺参数。

（c）及时了解情况：仪表风是否能马上恢复、其他区域仪表风是否能串过来，并且串过来压力是否合适。

② 外操岗位：

按紧急停工处理，防止憋压、串料。

34 简述硫黄回收单元停循环冷水的处理方法。

离心鼓风机冷却水改用新鲜水代替，否则按酸性气燃烧炉停车按钮，酸性气燃烧炉做紧急停工处理（装置切断进料、停酸性气燃烧炉）。酸性气燃烧炉紧急停工后操作人员到现场检查，根据现场玻璃板、压力表和温度计的指示判断装置焖炉情况，发现问题及时处理，一旦装置循环水恢复正常，按装置开工步骤启动酸性气燃烧炉。

35 简述硫黄回收单元断料(停酸性气)的处理方法。

按酸性气燃烧炉停车按钮，酸性气燃烧炉做紧急停工处理(装置切断进料、停酸性气燃烧炉)。酸性气燃烧炉紧急停工后操作人员到现场检查，根据现场玻璃板、压力表和温度计的指示判断装置焖炉情况，发现问题及时处理，一旦装置酸性气流量恢复正常，按装置开工步骤启动酸性气燃烧炉。

36 制硫系统压力降升高的原因有哪些?

硫黄回收单元系统压力降是一个非常重要的控制点，从酸性气进酸性气燃烧炉压力为0.073MPa(表)到尾气焚烧后排大气压力为0.002MPa(表)，整个单元压力降为0.071MPa(表)。压力降主要集中部位在可能存在液硫的部位。正常生产时，各个排污点应视生产操作情况定期进行排污，以防系统液硫杂物积聚过多造成系统堵塞。系统压力升高时，应根据系统各部位压力的指示和各排污点排污情况，果断分析堵塞部位，及时进行处理。

系统压力升高的原因有：

1）冷凝冷却器管束堵塞。

2）捕集器堵塞。

3）反应器床层堵塞。

4）液硫线堵塞。

5）烟囱底部堵塞。

6）催化剂粉化，阻力大。

7）冷凝冷却器或夹套向系统内漏。

8）冷凝冷却器出口温度低。

9）酸性气来量增加。

37 简述制硫系统压力降升高的处理方法。

制硫系统压力降升高的处理方法：

1）放掉壳程内除氧水，提高壳程蒸汽压力和温度，使堵塞的硫黄熔化。

2）提高伴热蒸汽压力和温度，使堵塞的硫黄熔化。

3）提高反应器入口温度，减少反应器床层堆积的液硫。

4）提高伴热蒸汽压力和温度，使结晶硫黄熔化，并加强各低点排污。堵塞较严重时，需停工处理。

5）定期打开烟囱底部人孔，清除烟囱底部积物。

6）停工更换催化剂。

7）确定泄漏部位，停工处理。

8）停止冷凝器上水，用蒸汽保护。

9）稳定气体脱硫及溶剂再生单元与酸性水汽提单元操作，如果不能稳定操作将酸性气燃烧炉过程气改至尾气焚烧炉。

38 酸性气燃烧炉入口酸性气带液、带烃有什么危害？

酸性气燃烧炉入口酸性气带液、带烃的危害有：

1）将增加炉的燃烧负荷，风机供风将剧增，如配风不够，产品质量降级，催化剂结焦，造成压力上升，堵塞系统设备管线，还可能引起酸性气燃烧炉爆炸。

2）系统压力降上升，尾气焚烧炉将发生二次燃烧，而酸性气燃烧炉温度反而剧降，生产难以控制。

3）原料气带水严重时，将降低酸性气燃烧炉温度，还可能引起酸性气燃烧炉爆炸，严重影响反应进行。

4）胺的存在将使催化剂失活，反应无温升，堵塞系统设备管线，造成系统压力降上升。

5）大量带水，将使炉子熄火，损坏保温衬里，严重影响生产，水分多还直接影响产品质量和催化剂活性。

6）水汽的存在将增加设备和管线的腐蚀。

39 酸性气燃烧炉入口酸性气带液、带烃的主要原因有哪些？

1）酸性水汽提单元来酸性气带液原因：

① 酸性水汽提塔塔顶温度控制太高。

② 酸性水汽提塔塔顶分液罐液面控制太高。

③ 酸性水汽提塔塔顶压力控制太高或压力波动较大。

④ 酸性水汽提塔冲塔。

2）酸性水汽提单元来酸性气带烃原因：

① 酸性水汽提单元脱气、除油效果差。

② 酸性水脱气罐压力、液面控制超高。

③ 酸性水储罐没有及时撇油，导致罐内污油界面太低引起酸性水泵抽污油。

④ 上游装置（常减压、焦化、加氢裂化装置等）来酸性水带烃、带油太严重。

3）气体脱硫及溶剂再生单元来酸性气带水、带溶剂原因：

① 溶剂再生塔塔顶空气冷却器、水冷却器冷却效果差。

② 溶剂再生塔冲塔。

③ 溶剂再生塔塔顶回流罐液位控制太高。

4）气体脱硫及溶剂再生单元来酸性气带烃原因：

① 富液闪蒸罐操作压力太高。

② 富液闪蒸罐液位控制太高。

③ 富液闪蒸罐进塔富液温度低。

④ 进闪蒸罐富液流量偏大并波动大。

⑤ 焦化、加氢裂化装置来富液带液态烃太严重。

5）尾气处理来酸性气带水、带溶剂原因：

① 尾气处理溶剂再生塔塔顶空气冷却器、水冷却器冷却效果差。

② 尾气处理溶剂再生塔冲塔。

③ 尾气处理溶剂再生塔塔顶回流罐液位控制太高。

6）酸性气分液罐脱液效果差原因：

① 酸性气分液罐伴热蒸汽给的过大。

② 酸性气分液罐排液不畅或操作不当造成液位满或太高。

③ 酸性气分液罐破沫网脱落或腐蚀严重，不能起到破沫作用。

④ 尾气处理与气体脱硫及溶剂再生单元来酸性气流量波动大。

7）酸性气入炉入口吹扫低压蒸汽阀（两处）内漏。

40 一、二级转化反应器入口加热器管束泄漏如何处理？

硫黄回收单元一、二级转化反应器入口过程气是通过酸性气燃烧炉余热锅炉所产中压蒸汽加热至反应所需温度的，当一、二级转化反应器入口加热器出现管束泄漏时，中压蒸汽往系统过程气泄漏，导致制硫系统压力上升，加热蒸汽量明显减少，转化反应器床层温度上升，液硫池压力上升，尾气处理外甩酸性水量增加。一旦出现一、二级转化反应器入口加热器出现管束泄漏时，硫黄回收单元做紧急停工处理，气体脱硫及溶剂再生单元、酸性水汽提单元酸性气改放酸性气火炬，联系修理一、二级转化反应器入口加热器。同时检查转化反应催化剂是否存在粉化现象，如果存在较为严重粉化情况时，则需更换催化剂，硫黄回收单元按正常停工处理。

41 尾气一、二级加热器管束泄漏如何处理？

制硫系统来尾气首先与酸性气燃烧炉所产中压蒸汽经尾气一级加热器加热后，与尾气焚烧炉蒸汽过热器所产过热中压蒸汽经尾气二级加热器加热到反应器入口所需温度进行加氢还原反应。当尾气一、二级加热器出现管束泄漏时，中压蒸汽往系统过程气泄漏，导致尾气还原吸收系统压力上升，加热蒸汽量明显减少，加氢反应器床层温度上升，尾气吸收急冷塔外甩酸性水量增加等现象。一旦出现尾气一、二级加热器出现管束泄漏时，尾气系统做如下处理：

1）硫黄回收系统来尾气全部经跨线进尾气焚烧炉，注意调整尾气焚烧炉燃料气与配风。

2）停系统来还原氢气，尾气还原吸收系统进行氮气置换、逐步降温处理。

3）尾气还原吸收及尾气溶剂再生部分做紧急停工处理。

4）联系修理尾气一、二级加热器。

5）检查加氢反应催化剂粉化情况，如果存在较为严重的粉化情况，则加氢催化剂必须更换。

6）处理完毕，尾气还原吸收系统按正常开工步骤开工。

42 如何处理 H_2S/SO_2 在线分析仪故障？

H_2S/SO_2 在线分析仪投用是否正常，直接影响到装置的硫转化率。若在线分析仪发生故障，应确保酸性气燃烧炉微调空气流量器到自动。同时联系化验人员提高二级反应器出口尾气 H_2S 和 SO_2 浓度分析频率，并根据尾气中 H_2S/SO_2 浓度，及时调整酸性气燃烧炉主空气与微空气流量。一旦 H_2S/SO_2 在线分析仪修复，操作人员应立即投入使用。

43 如何处理 H_2 在线分析仪故障？

H_2 在线分析仪投用是否正常，直接影响加氢还原工段的正常运行，若 H_2 在线分析仪发生故障时，应立即把 H_2 流量调节阀切换手动操作，同时联系化验人员提高尾气中 H_2 浓度分析频率，并根据尾气中 H_2 浓度，调整 H_2 流量。一旦 H_2 在线分析仪修复，操作人员应立即投入使用。

44 余热锅炉烧干事故如何处理？

余热锅炉发生烧干事故时处理方法如下：

1）装置余热锅炉 DCS 和现场液位计指示为“0”、余热锅炉入口脱氧水和出口蒸汽流量指示为“0”、余热锅炉出口过程气或烟气温度过高，则可判断余热锅炉烧干。装置做紧急停工处理，汇报车间与生产管理部门，联系仪表人员，打开余热锅炉壳程蒸汽放空阀泄压，并根据烧干程度做相应处理。

2）若壳程蒸汽泄压至常压后，打开排污阀，壳程还有大量除氧水放出，则可缓慢加入除氧水冷却，然后才能恢复生产。

3）若壳程蒸汽泄压至常压后，打开排污阀，壳程没有除氧水放出，则可缓慢加入蒸汽冷却，然后再加入除氧水冷却。

4）若余热锅炉出现外壁温度过高、管束发生泄漏等异常情况，则请示上级主管部门处理。

45 硫封破坏导致酸性气泄漏的原因、现象及处理方法各是什么？

1）硫封破坏导致酸性气泄漏的原因：

硫黄回收系统压力超过0.05MPa(表)(主要由原料带液、系统堵塞、设备内漏等造成)。

2）硫封破坏导致酸性气泄漏的现象：

① 有烟气从硫封罐或硫储罐冒出。

② 系统压力突然下降。

③ 酸性气流量、燃烧空气流量突然大幅度上升。

3）硫封破坏导致酸性气泄漏的处理方法：

① 请示生产管理部门，做紧急停工处理。

② 酸性气改放火炬，停止配风。

③ 在装置周围做明显的禁入标志，现场有人监护，以免不知情人员误入而造成伤害。

④ 待系统压力降下来后，佩戴空气呼吸器关闭硫封罐至硫储罐的阀门。

⑤ 用非净化风吹散周围的烟气，达到施工条件的标准。

⑥ 引合格酸性气开工，建立硫封。

⑦ 若因为设备内漏或系统堵塞造成硫封破坏，则应处理有关设备或系统。

46 简述硫黄回收风机跳闸酸性气倒窜的原因、现象及处理方法。

1）硫黄回收风机跳闸酸性气倒窜的原因：

① 电气故障。

② 风机超温、超电流。

2）硫黄回收风机跳闸酸性气倒窜的现象：

① 酸性气燃烧炉配风突然下降。

② 风机运转声消失。

③ 风机出口单向阀关闭不严时炉内酸性气倒窜由风机冒出。

3）硫黄回收风机跳闸酸性气倒窜的处理方法：

① 联系有关单位，做紧急停工处理。

② 酸性气改放火炬。

③ 在装置周围做明显的禁入标志，现场有人监护，以免造成人员伤害。

④ 佩戴空气呼吸器，迅速关闭空气、酸性气入炉阀门。

⑤ 用非净化风吹散周围的酸性气，使其降至10mg/m^3以下。

⑥ 切除跳闸风机，开启备用风机按开工步骤恢复生产。

47 简述塔顶安全阀起跳的现象及处理方法。

1）塔顶安全阀起跳的现象：

① 塔内超压，仪表指示突然增大。

② 憋压时间长。

2）塔顶安全阀起跳的处理方法：

① 视压力升高情况，降低加热蒸汽量，降低塔的处理量。

② 打开塔顶安全阀副线阀。

③ 塔内压力下降后，详细检查安全阀起跳后能否复原。

④ 安全阀起跳后能复原、不内漏的话继续生产。

⑤ 安全阀起跳后泄漏严重，如果没有在线备用安全阀，一般应停工处理，并关闭安全阀上下游阀，更换安全阀或重新定压。

48 简述机泵事故处理原则。

机泵事故处理原则：

1）迅速切换备用机泵。

2）如果机泵输送的介质为酸性水、液硫、胺液等有毒有害物质，检修时必须将泵内物质处理干净，H_2S 浓度小于 10μg/g。处理时要用新鲜水冲洗，将泵出口阀、入口阀关闭，慢慢打开泵排凝阀，操作员必须佩戴空气呼吸器，当泵内物体放完后将水带插入泵入口放空阀，打开泵出口排凝阀冲洗泵体，达到要求后方可检修。

49 简述装置排凝阀或液面堵塞原因、现象及采取的处理方法。

1）装置排凝阀或液面堵塞的原因：

在时间长情况下，胺液、酸性水、酸性气、液硫携带的杂质较多，容易在排凝阀和液位计底部堆积，堵塞阀门和液位计。

2）装置排凝阀或液面堵塞的现象：

排凝阀排不出液体，液位计显示假液位。

3）装置排凝阀或液面堵塞的处理方法：

① 关闭排凝阀的上下游阀门。

② 两人到场，佩戴空气呼吸器，一人打开排凝阀，用铁丝疏通，另一人监护。

③ 排出的液体用桶接收，用新鲜水稀释排出的液体，稀释达到排放标准后排放。

④ 用非净化风吹散放出的气体。

50 DCS 出现黑屏处理预案是什么？

（1）处理原则

因雷击可能会使得 UPS（不间断电源）掉电，此时 DCS 屏幕因失电而发生黑屏现象，且各控制回路都自动处于“MAN”状态并锁位，即现场各控制阀开度处于掉电前状态。由于无法通过 DCS 屏幕对装置现场各参数进行监控和调节，故出现该状态非常危险，如果无法在短时间内恢复，在请示车间、生产管理部门后装置需紧急停工，并在停工过程中，密切注意各主要就地压力表、液位计，流量可参考就地一次表读数(量程乘以百分数)，严防设备超温、超压，确保各套装置安全。如果能在短时间内恢复，外操人员密切注意各室外控制阀，及各主要就地压力表、液位计的状况，流量可参考就地一次表读数(量程乘以百分数)，严防设备超温、超压，确保各套装置安全生产，DCS 重新启动后迅速恢复正常控制。

（2）处理方案

如果 DCS 出现黑屏无法在短时间内恢复，按装置紧急停工步骤处理。

51 简述尾气焚烧炉风机事故现象及处理原则。

1）尾气焚烧炉风机事故现象：

① 尾气焚烧炉风机出口压力显示异常。

② 尾气焚烧炉风机入口流量异常。

③ 尾气焚烧炉风机喘振。

④ 尾气焚烧炉风机油温、油压异常。

⑤ 尾气焚烧炉风机润滑油冷却系统异常。

⑥ 尾气焚烧炉风机轴承振动过大。

⑦ 尾气焚烧炉风机出、入口阀卡死。

2）尾气焚烧炉风机事故处理：

① 巡检时应对尾气焚烧炉风机进行重点检查，发现尾气焚烧炉风机运行异常，应立即联系钳工处理。

② 若尾气焚烧炉风机故障，尾气焚烧炉风机出口流量降低联锁值时尾气焚烧炉安全联锁动作，尾气焚烧炉紧急停车。

③ 操作人员应迅速向生产管理部门汇报，在 30min 内及时启动备用风机、尾气焚烧炉。

④ 30min 仍未启动尾气焚烧炉，将引发克劳斯系统全面停车，上游降量，酸性气放火炬，及时启动备用风机，按紧急开工步骤开工。

52 简述制硫鼓风机事故现象及处理原则。

1）制硫鼓风机事故现象：

① 主风机出口压力显示异常。

② 主风机入口流量异常。

③ 主风机喘振。

④ 主风机油温、油压异常。

⑤ 主风机润滑油冷却系统异常。

⑥ 主风机轴承振动过大。

⑦ 主风机出入口阀门卡。

2）制硫鼓风机事故处理：

① 巡检时应对空气鼓风机进行重点检查，发现空气鼓风机运行异常，应立即切换至备用鼓风机，并联系维保人员修理。

② 若空气鼓风机出现故障，酸性气燃烧炉空气流量下降，当流量降至联锁值时，安全联锁动作，装置紧急停车。

③ 应迅速向生产管理部门汇报，酸性气放火炬，并及时启动备用鼓风机。

④ 按装置紧急开工步骤，首先启动克劳斯单元，待克劳斯单元正常后再启动 RAR 单元。

⑤ 联系维保人员修理出现故障的空气鼓风机，并尽快使该空气鼓风机进入备用状态。

53 简述再生塔冲塔原因、现象及处理方法。

再生塔冲塔直接影响溶剂循环，造成溶剂跑损，使尾气净化能力下降。

1）再生塔冲塔的原因：

① 塔顶酸性气排量太大。

② 重沸器蒸汽量过大，塔底温度偏高。

③ 重沸器蒸汽压力偏高，汽化量大。

④ 富液进塔量过大。

⑤ 塔盘有杂物堵塞。

⑥ 富液大量带烃类。

2）再生塔冲塔的现象：

① 塔顶回流罐突然充满。

② 酸性气空气冷却器、水冷却器出口温度突然升高。

③ 再生塔内部温差减小。

3）再生塔冲塔的处理方法：

① 用压控调节酸性气排量。

② 根据塔底温度，合理降低重沸器蒸汽量。

③ 投用好减温减压器，平稳蒸汽压力和温度。

④ 短时间停工，对塔盘进行清洗处理。

⑤ 降低闪蒸罐压力，增强闪蒸效果。

54 简述急冷塔压降异常原因、现象及处理方法。

由于积硫或堵塞会造成急冷塔压降上升，从而使整个系统压力升高，严重时迫使尾气处理部分停车，因此在操作中要特别引起重视，精心操作。

1）急冷塔压降异常的原因：

① 入塔尾气 SO_2 含量多。

② 急冷水循环量低。

③ 加氢催化剂失活。

2）急冷塔压降异常的现象：

① 塔盘压降指示升高。

② 现场压力表指示升高。

③ 急冷水 pH 值过高或过低。

④ 加氢反应器无温升。

3）急冷塔压降异常的处理方法：

① 控制好克劳斯部分配风，避免尾气中 SO_2 含量高。

② 控制急冷水 pH 值为 7。

③ 提高急冷水循环量。

④ 找出催化剂失活原因，及时调整操作。

55 简述液硫线堵塞原因、现象及处理方法。

由于硫黄的特殊流动性能，温度不足会引起硫黄的凝固，造成系统压力的升高，平时操作应勤检查、勤判断分析，及时处理。

1）液硫线堵塞的原因：

① 蒸汽压力不足，硫黄凝固。

② 液硫线夹套内管杂物堵塞。

③ 疏水器堵塞。

2）液硫线堵塞的现象：

① 用固硫试验，液硫线固硫不熔化。

② 硫封罐液硫量减少或无液硫。

③ 系统压力缓慢升高。

3）液硫线堵塞的处理方法：

① 提高伴热蒸汽压力。

② 定期清理疏水器以确保伴热管线畅通。

③ 定期清理液硫硫封罐顶部 V 形过滤器，使液硫夹套内管保持畅通。

56 简述溶剂发泡原因、现象及处理方法。

溶剂发泡会造成溶剂吸收效果恶化，净化尾气质量超标，增加溶剂损耗。

1）溶剂发泡的原因：

① 溶剂中携带管线中的固体杂质。

② 设备材质不合格，溶剂中携带 FeS。

③ 溶剂配制或存放时没有氮气隔离。

④ 配制溶剂的介质不符合要求。

⑤ 溶剂储罐清理不彻底。

⑥ 过滤器未投用。

2）溶剂发泡的现象：

① 还原气吸收塔压降增加。

② 还原气吸收塔或再生塔液位突然下降。

③ 溶剂黑、脏且不透明。

④ 还原气吸收塔顶净化尾气 H_2S 含量超标。

⑤ 还原气吸收塔或再生塔冲塔。

3）溶剂发泡的处理方法：

① 配制溶剂时选用凝结水。

② 溶剂配制存放时要氮气隔离。

③ 溶剂循环部位相关设备材质、防腐符合要求。

④ 溶剂储罐清洗打扫彻底。

⑤ 投用好过滤器，对溶剂进行连续和有效过滤。

⑥ 发泡后注适量消泡剂消除。

⑦ 发泡严重时置换部分溶剂。

⑧ 装置检修停工时要进行化学清洗钝化。

57 简述硫黄池温度高的原因、现象及处理方法。

硫黄池正常操作温度为 130~150℃，若液硫池气相温度达到 170℃ 并继续上升，说明池内着火，应及时处理。

1）硫黄池温度高的原因：

① 脱气空气量太大。

② 废气后路不通。

2）硫黄池温度高的现象：

① 气相温度达到 170℃。

② 液硫池通风口冒烟。

3）硫黄池温度高的处理方法：

① 停脱气空气或脱气系统联锁。

② 通入低低压蒸汽降温灭火。

③ 检查后路系统，确保通畅。

58 简述硫封冲破原因、现象及处理方法。

硫封冲破导致过程气外溢，过程气中有 H_2S 和 SO_2 易使人中毒，并污染环境。

1）硫封冲破的原因：

① 系统压力瞬间超高。

② 液硫线堵塞。

2）硫封冲破的现象：

① 过程气外溢。

② 周围环境恶化。

③ 人无法靠近。

3）硫封冲破的处理方法：

① 降低处理负荷。

② 找出系统压力瞬间超高的原因并及时处理。

③ 戴好防毒面具，间断启闭该硫封罐入口阀门，使硫封自然形成。